左传今注

（春秋）左丘明 著　李梦生 注释　Zuozhuan Jinzhu

凤凰出版传媒集团 凤凰出版社

图书在版编目(CIP)数据

左传今注/(春秋)左丘明著;李梦生注释. — 南京:凤凰出版社,2008.12

ISBN 978-7-80729-213-5

Ⅰ. 左… Ⅱ. ①左…②李… Ⅲ. ①中国-古代史-春秋时代-编年体②左传-注释 Ⅳ. K225.04

中国版本图书馆 CIP 数据核字(2008)第 181369 号

书　　名　左传今注
著　　者　(春秋)左丘明 著　李梦生 注释
责任编辑　卞　岐　汪允普
出版发行　凤凰出版传媒集团
　　　　　凤凰出版社(原江苏古籍出版社)
　　　　　南京市中央路 165 号　邮编 210009
　　　　　发行部电话 025—83223462
集团网址　凤凰出版传媒网　http://www.ppm.cn
照　　排　南京理工出版信息技术有限公司
印　　刷　通州市印刷总厂有限公司
　　　　　通州市金沙镇经济开发区朝霞路 180 号　邮编 226300
开　　本　718×1005 毫米　1/16
印　　张　49.25
字　　数　662 千字
版　　次　2008 年 12 月第 1 版　2008 年 12 月第 1 次印刷
标准书号　ISBN 978-7-80729-213-5
定　　价　88.00 元

目　录

卷三 庄公

卷四　闵公

卷五　僖公上

卷六　僖公中

卷七　僖公下

卷八　文公上

卷九　文公下

卷十　宣公上

卷十一　宣公下

卷十二　成公上

卷十三　成公下

卷十四　襄公一

卷十五　襄公二

卷十六　襄公三

卷十七 襄公四

卷十八 襄公五

卷十九 襄公六

卷二十 昭公一

卷二十一 昭公二

卷二十二 昭公三

卷二十三　昭公四

卷二十四　昭公五

卷二十五　昭公六

卷二十六　昭公七

卷二十七　定公上

卷二十八　定公下

卷二十九　哀公上

卷三十　哀公下

前　言

《左传》全称《左氏春秋》或《春秋左氏传》，是中华古籍中彪炳千秋的重要文献。

"春秋"本来是中国古代纪事史书的通称，各国都有自己的《春秋》，因为现在流传下来的只有鲁国的《春秋》，所以《春秋》也就顺理成章地成了鲁《春秋》的专用名词。《春秋》的作者，一向认为是孔子，说是哀公十四年（前481），西狩获麟，孔子有感于自己的道义不行于天下，所以取鲁史所修《春秋》进行加工编撰，要想让人们从中得到扬善弃恶的教训。全书纪事从隐公元年（前722）至哀公十六年（前479），计244年，后人因此称这一时期为"春秋时代"。书虽用的是鲁国纪元，却兼记各国事，所以它不仅是中国现存的第一部编年史，也是现存的第一部中国通史。

孔子作《春秋》的缘始，较早也是较权威、系统的阐述见于《汉书·艺文志》：

> 古之王者，世有史官，君举必书，所以慎言行、昭法式也。左史记言，右史记事。事为《春秋》，言为《尚书》。帝王靡不同之。周室既微，载籍残缺，仲尼思存前圣之业，乃称曰："夏礼吾能言之，杞不足征也。殷礼吾能言之，宋不足征也。文献不足故也，足则吾能征之矣。"以鲁周公之国，礼文备物，史官有法，故与左丘明观其史记，据行事，仍人道，因兴以立功，就败以成罚，假日月以定历数，藉朝聘以正礼乐，有所褒讳贬损，不可书见，口授弟子……

由此论述，可见孔子仅据鲁史作《春秋》是出于不得已，也因此可以推论《春秋》记事前简后繁也多少与文献不足有关。

《春秋》记事的目的，据后人阐发，主要是劝惩。一是劝恶扬善，即提倡道义，从成败中引发教训。《左传》成公十四年（前577）引君子的话说："《春秋》之称，微而显，志而晦，婉而成章，尽而不污，惩恶而劝善。"意思是说，《春秋》言辞不多而意义显明，叙事真实而意义深远，用语委婉而顺理成章，尽其事实而无所歪曲，警戒邪恶而奖励善良。孟子说："世衰道微，邪说暴行有作，臣弑其君者有之，子弑其父者有之。孔子惧，作《春秋》。《春秋》，天子之事也，是故孔子曰：'知我者其惟《春秋》乎！罪我者其惟《春秋》乎！'"（《孟子·滕文公下》)可见,《春秋》之作,是孔子用以定名分,制法度,以息邪说,以禁暴行的。其二是提倡尊王攘夷,提倡王霸、王道,强调以社会等级次序为核心的"礼"。如《春秋》对中原国家与所谓夷狄之国(如楚、秦)的称呼就截然不同,凡书公、侯,书字、名,几乎都指中原国家;凡书国、氏、人等,都是夷狄。中原国家有善事,便及时记录,唯恐不得闻于后世(如书齐桓召陵之盟,晋文城濮之战),有过则往往予以开脱(如齐桓灭项,则书"师灭项";晋文召周天子,则曰"王狩")。反之,楚、秦有善事则轻描淡写(如楚入蔡、伐郑以"州"称,来聘问则称"荆人"),有恶则不屑一录(如商人杀其君,止书"楚子卒")。这些,都与孔子其他著作中所宣扬的儒家思想是一致的,所以《春秋》一直被奉为儒家的重要经典,历代治《春秋》的思想家、学者辈出。

然而,《春秋》本身的文字十分简练,一件轰轰烈烈的大事,书中通常只有一句话,使人读后不得要领,犹如一篇文章只有标题没有具体内容。《史记·孔子世家》又说孔子"为《春秋》,笔则笔,削则削"。笔就是记录下来,削就是删除不写。这笔削之间,都被认为有大道理存在,被称之为"春秋笔法",存在"一字褒贬",有"微言大义"。所以就出现了专门解《春秋》的人,他们解《春秋》的专著就是"经传"。《汉书·艺文志》说,孔子将对《春秋》的褒贬口授弟子,"弟子退而异言,丘明恐弟子各安其意,以失其真,故论本事而作传,明夫子不以空言说经也"。以左丘明为孔子同时人,最早作经传。《汉书》又说:"及末世口说流行,故有公羊、谷梁、邹、夹之传,四家之中,公羊、谷梁立于学官,邹氏无师,夹氏未有书。"以《春秋》为"五经"之一,始于汉武帝时。武帝建元五年(前136)设五经博士,治《易》、《尚书》、《诗》、《礼》、《春秋》,后以《春秋》与《左传》合为一经。唐又合《周礼》、《仪礼》、《公羊》、《谷梁》为"九经",至唐开成时,加《孝经》、《论语》、《尔雅》称"十二经",宋再加《孟子》称"十三经"。由此可见,历代统治者对《春秋》经、传的重视程度。

左氏、公羊、谷梁三家所传,侧重点不同,观点也不完全相同,所以古人认为,对《春秋》,信者传信,疑者传疑,因此在经与传之间、传与传之间,都没有刻意求一。宋大理学家朱熹在《朱子语类》中说:"《左传》是史家,《公》、《谷》是经学。史学者记得事却详,于道理上便差;经学者于义理上有功,然记事多误。"宋胡安国说:"学经以传为案,则当阅《左氏》;玩辞以义为主,则当习《公》、《谷》。"宋叶梦得《春秋传序》也说:"《左传》传事不传经,是以详于史而事未必实;《公羊》传义不传事,是以详于经而义未必当。"这些话,都较准确地概括了三传各自的特点。

《左传》的作者，相传为左丘明。左丘明，有人说是鲁君子，也有人说是鲁国的史官。《左传》的成书年代，也一向众说纷纭。到了宋代，经学家开始怀疑《左传》不出于左丘明之手，有人认为是战国初年魏国史官所作；又有人提出递相增补的看法，认为其中吴起加入的最多。又因为《左传》常有无经之传及经传相异的地方，所以被人认为“自是一家书”，“不主为经发”（《晋书·王接传》）。不过许多人不同意这一观点，认为“《左氏》经之与传，犹衣之表里相持而成。经而无传，使圣人闭目思之，十年不能知也”（桓谭《新论》）。

《左传》起于隐公元年（前722），止于哀公二十七年（前468），有无经之传十一年。它详细地记载了这一时期各国的重大事件与重要人物的生平行事。它善于把复杂的事写得有条不紊，剪裁得当，又善于以优美流畅的笔墨叙事写人，所以杜预《春秋左传序》说它“其文缓，其旨远”，赞赏它的委婉与含蓄。由于《左传》具备了这些特点与长处，所以，在今天来看，它不仅是部经书，又是一部史书，更是一部杰出的文学作品。

作为经书，《左传》与《公羊》、《谷梁》专主解经不同。首先，它往往依附于事实，通过对事、对人的评论，迎合《春秋》大义，进行辨析、论述；通过书中人物之口及“君子曰”等形式，宣扬儒家道统。其次，它通过大量史实，从叙事的角度表明自己的立场、宗旨，达到与经密切配合的目的。全书最为突出的是对“礼”与“义”的宣传。礼是儒家维护社会秩序、维护道统的准则，而“义”是“礼”的内涵，所以全书不断地强调它们的作用。如晋文公想称霸天下，子犯就以“民未知义，未安其居”，“民未知礼，未生其共”（僖公二十七年）的道理来开导他利民崇礼，终于一举成功。在全书中，反复出现“礼，国之干也”（僖公十一年）、“礼，身之干也”（成公十三年）一类话；又不断用“礼也”二字来赞赏某事合乎礼，用“非礼也”三字来批评某事不合乎礼。同样，左氏认为“礼以行义，信以守礼”（僖公二十八年），所以书中总是将“义”放在重要位置，说“君子动则思礼，行则思义，不为利回，不为义疚”（昭公三十一年）。通过这样的宣传，劝人为善，惩治诛挞恶人，达到使人明白“善不可失，恶不可长”的目的。这些，不仅与《春秋》精神一致，也进一步阐发了儒家学说的要义。

《左传》作为儒家经典，被研究了两千多年，尤其是成为科举入仕的敲门砖后，更不知有多少人逐字逐句地推敲钩稽。传《左传》者，汉张苍、贾谊、尹咸、刘歆、许淑等，说颇殽杂。贾逵援《公》、《谷》释《左》，晋杜预修《左》释经，虽各有发明,异同错见,鲜有定论。后人注释、正义,摭引繁复,抵忤益甚。独宋胡安国著传进讲,列在学官,受到大多数学者认同。我们今天读《左传》,不可能也没有必要再像古人那样钻牛角尖地去品味其中的"微言大义",所以《左传》"经"的意义自可退居次要地位,而史与文学作品的意义则显得更为重要。

虽说现存最早的历史书是《春秋》,但真正具有史传特点的作品则为《左传》,《春秋》只是史纲,《左传》才有血肉,有内容。而这种以史兼经的形式,对后世史书的写作影响深远,所以明王守仁有"五经亦只是史,史以明善恶、示训戒"(《传习录》卷上)的话。《左传》记事,有人统计过,盟会一百零九次,会见九十七次,"侵六十、伐二百十有三、战二十三、围四十、入二十七……",可见头绪纷杂,事件繁多。而作者写来,条分缕析,前后呼应,或简捷明快,或生动细致,这些都已成为后世史家的圭臬。今天读《左传》,不仅要从此了解史实,更重要的是要学会通过这些史实,从中找出借鉴,即总结历史的经验为今天所用。如读越王句践复国的史实,就应该借鉴句践善于忍辱、卧薪尝胆、与人民同苦的精神。读五霸崛起,就应充分注意他们的用人唯贤的做法,从齐桓公任用管仲,晋文公重用从亡诸臣,秦穆公信任蹇叔、百里奚等,牢记"得士者昌,失士者亡"这一道理。通过子产不毁乡校,领会"防言如同防川"的治国方法;通过郑子皮对子产的态度,认识到善于举荐人才、使用人才的重要性。像这样的例子还可以随手举出许多,都是在阅读时应该反复品味、举一反三的。

《左传》在散文上的成就,一向受到推崇,尤其是它长于描绘战争,善于铺叙辞令,更为人赞不绝口。前者可举城濮之战与殽之战为代表。城濮之战是晋、楚间第一次大战,也是《左传》重点记载的一次战争。文章详细描述了战争的起因、开始与经过。在具体写战争时,又分两层来叙述:先写临战前楚成王不想打,而子玉坚持要打,内部不统一,已失去取胜先机;而晋国则君臣同心,一方面通过外交手段孤立楚国,一方面利用敌人的弱点,从气势上压倒敌人。在交战时,晋国避强击弱,先剪除楚军右翼,再用假装退兵之计,击败楚军左翼,逼使子玉收兵。文章最后又交代了晋兵获胜后的举动,为晋文公称霸作铺垫。全文条理清晰,委婉曲折,摇曳多姿,成为后世史书及传记类文章的典范。殽之战,作者又别出心裁,另具一格。文章写的是秦、晋在争夺霸权过程中的一场关键战役,但具体写战斗的只有一句话,全篇则着重于围绕战前战后作盘旋。在结构上可以分为四个部分,却一脉贯联。第一部分写战争起因及蹇叔哭师，说明秦军远距离偷袭，违反战争规律，预示秦军必败；第二部分写王孙满观秦师及弦高犒师，秦兵偷袭不成，说明秦国骄兵必败，与蹇叔的分析呼应；第三部分写秦、晋交战；第四部分是余波，写文嬴释帅与秦穆公引咎自责。整文虽是记事，却处处突出人物，以人物的语言来表现性格神态，其中蹇叔与先轸的形象尤为生动，呼之欲出。

《左传》中记叙论辩辞令的名篇很多，这些言论，或抓住大国、霸主喜欢标榜自己，以仁义道德为幌子的特点，做好圈套让人钻；或引类设譬，不露声色地向君主劝讽，往往言词精炼，说服力很强。如著名的屈完回答齐桓公的一段话，切中齐桓公小题大做、色厉内荏的特点，理直气壮地进行反驳。前后两番对答，针锋相对，词气凛然，终于迫使齐桓公匆匆讲和收兵。又如烛之武退秦师的一篇说辞，抓住灭郑对秦无利作为论辩的核心，指出亡郑的结果是“陪邻”，“邻之厚，君之薄也”，在主动表示与秦和好的前提下离间秦、晋两国关系，最终使秦穆公退兵。像这样精彩隽永的篇节，还可举出不少，尝鼎一脔，可知全味了。

通过以上简单的介绍，我们基本上已可以明了《左传》的成就与它的特点。尽管《左传》以当时的标准来衡量称不上深奥古僻，但对今天的一般读者来说，阅读时仍不免有很多障碍，所以有必要加以注释。这次注释，采用《四部丛刊》影印的宋刻杜预注《春秋经传集解》为底本，参校了 1936 年世界书局据清武英殿本影印的《春秋三传》。注释主要对人名、地名及个别难词加以诠解。在注时，参考了前人的不少注本，特别是杨伯峻先生的《春秋左传注》一书，对我的帮助尤大。杨先生不仅将诸家注释予以鳌别归纳汇集，一书起了多书的作用，免去我不少翻检之劳；而杨先生所作的辨解、疏释，更使我获益良多，谨在此特别说明，以志仰止之意。

卷一　隐公

【传】

惠公元妃孟子①,孟子卒,继室以声子②,生隐公③。

宋武公生仲子④,仲子生而有文在其手,曰"为鲁夫人",故仲子归于我⑤。生桓公而惠公薨⑥,是以隐公立而奉之⑦。

【注释】

① 惠公:鲁惠公,名弗皇,鲁国第十三世君。公元前 768—前 723 年在位。元妃:国君或诸侯的嫡妻。孟子:宋国人。子是宋姓。　② 声子:"声"是谥号。诸侯始娶,例以同姓之国侄女或妹随嫁,称"媵",元妃死则次妃摄治内事。声子为孟子随嫁媵,所以称继室,不称夫人。　③ 隐公:名息姑。惠公子。惠公死,桓公尚幼,隐公摄行君事。公元前 722—前 712 年在位。　④ 宋武公:名司空。公元前 765—前 748 年在位。　⑤ 归:出嫁。我:指鲁国。《春秋》是鲁国的国史,所以自称"我"。　⑥ 薨:去世。周时,周王(天子)死称崩,诸侯死称薨,大夫死称卒。　⑦ 是以:因此。立:这里指摄政。

隐 公 元 年

【经】

元年春①,王正月②。

三月,公及邾仪父盟于蔑③。

夏五月,郑伯克段于鄢④。

秋七月,天王使宰咺来归惠公、仲子之赗⑤。

九月,及宋人盟于宿⑥。

冬十有二月,祭伯来⑦。

公子益师卒⑧。

【注释】

① 元年:公元前 722 年。　② 王正月:周历正月。周历以建子之月为正月,夏历以建寅之月为正月。今农历沿用夏历。周正月相当夏历十一月。③ 邾仪父:邾,国名,后封为子爵国。曹姓。地当今山东邹城市境。仪父,名克,邾国君。蔑:姑蔑,鲁地。在今山东泗水县东。　④ 郑伯:郑庄公。公元前 743—前 701 年在位。克:战胜。段:共叔段,庄公弟。鄢:今河南鄢陵县。　⑤ 天王:周王。指周平王。公元前 770—前 720 年在位。宰咺(xuǎn):宰为官名,名咺。赗(fèng):助丧用的车马束帛等财物。　⑥ 及:与。宿:国名,地在今山东东平县。风姓,男爵。　⑦ 祭(zhài)伯:祭为国名,时食采邑于王畿;伯为爵名。祭伯为周王卿士。　⑧ 公子益师:字众父,鲁公子。

【传】

元年春,王周正月。不书即位①,摄也。

三月,公及邾仪父盟于蔑,邾子克也。未王命②,故不书爵。曰仪父,贵之也③。公摄位而欲求好于邾,故为蔑之盟。

夏四月,费伯帅师城郎④。不书,非公命也。

【注释】

① 不书:指《春秋》不记载。　② 未王命:邾国当时还没正式受周王的封爵。这两句是对《春秋》经文的解释,与上“不书即位,摄也”同,就是后世所称的“传”。　③ 贵:尊重。　④ 费伯:鲁大夫。城:修建城墙。郎:鲁邑,在今山东鱼台县。

初,郑武公娶于申①,曰武姜②。生庄公及共叔段③。庄公寤生④,惊姜氏,故名曰寤生,遂恶之。爱共叔段,欲立之。亟请于武公⑤,公弗许。

【注释】

① 郑武公:名掘突,桓公子。公元前 770—前 744 年在位。郑国,姬姓。申:国名,姜姓。地在今河南南阳市。　② 武姜:姜为姓,即武公妻姜氏。③ 共(gōng)叔段:共为国名,在今河南辉县市。段后来逃到共。叔为长幼次序,次于伯。段是庄公的弟弟,所以称为“共叔段”。　④ 寤生:倒生,出

生时足先出,是难产的一种。　⑤ 亟:多次。

及庄公即位,为之请制①。公曰:“制,岩邑也②,虢叔死焉。佗邑唯命③。”请京④,使居之,谓之京城大叔。祭仲曰⑤:“都城过百雉⑥,国之害也。先王之制:大都不过叁国之一⑦,中五之一,小九之一。今京不度⑧,非制也,君将不堪⑨。”公曰:“姜氏欲之,焉辟害⑩?”对曰:“姜氏何厌之有⑪?不如早为之所⑫,无使滋蔓⑬,蔓,难图也。蔓草犹不可除,况君之宠弟乎?”公曰:“多行不义必自毙,子姑待之⑭。”

【注释】

① 制:在今河南荥阳市境内。原为东虢君领地,东虢为郑灭,地入郑。请制:请求以制邑作封地。　② 岩邑:险要的城市。　③ 佗:同“他”。④ 京:在今河南荥阳市。　⑤ 祭(zhài)仲:郑大夫,名足。其先为祭地封人。⑥ 都城:一般的城市。雉:长三丈、高一丈为一雉。　⑦ 叁:同“三”。叁国之一:国都的三分之一。　⑧ 不度:不合制度规定。　⑨ 不堪:有所不利,受到危害。　⑩ 辟:同“避”。　⑪ 厌:满足。　⑫ 早为之所:及早做好打算。　⑬ 滋蔓:滋生蔓延。　⑭ 姑:姑且。

既而大叔命西鄙、北鄙贰于己①。公子吕曰②:“国不堪贰,君将若之何?欲与大叔,臣请事之③;若弗与,则请除之,无生民心。”公曰:“无庸④,将自及⑤。”大叔又收贰以为己邑,至于廪延⑥。子封曰:“可矣,厚将得众⑦。”公曰:“不义不昵⑧,厚将崩。”大叔完聚⑨,缮甲兵⑩,具卒乘⑪,将袭郑⑫。夫人将启之⑬。公闻其期,曰:“可矣!”命子封帅车二百乘以伐京。京叛大叔段,段入于鄢,公伐诸鄢。五月辛丑,大叔出奔共⑭。

【注释】

① 鄙:边境。贰:不专一。贰于己:此指背叛国君,听从自己的管辖。② 公子吕:郑大夫,字子封。　③ 事:侍奉,听他的命令。　④ 无庸:用不着(这样)。　⑤ 自及:自作自受,自食恶果。　⑥ 廪延:在今河南延津县北。　⑦ 厚:指土地广大。　⑧ 不义不昵:指上不尊重国君是不

义,下不亲爱兄长是不昵。 ⑨ 完聚:修理城墙,屯聚粮食。 ⑩ 缮:制造,修理。甲兵:衣甲武器。 ⑪ 卒乘:卒为步兵,乘为车兵。 ⑫ 郑:指郑国国都。 ⑬ 启:开,导。此指作内应。 ⑭ 出奔:逃亡。

书曰:"郑伯克段于鄢。"段不弟①,故不言弟;如二君②,故曰克;称郑伯,讥失教也;谓之郑志③。不言出奔,难之也④。

【注释】

① 不弟:没有恪守做弟弟的本分。 ② 如二君:如同两个国家的国君争战。 ③ 郑志:郑庄公的意愿。 ④ 难之:谓史官下笔有为难的地方。

遂置姜氏于城颍①,而誓之曰:"不及黄泉②,无相见也。"既而悔之。颍考叔为颍谷封人③,闻之,有献于公。公赐之食,食舍肉。公问之,对曰:"小人有母,皆尝小人之食矣,未尝君之羹,请以遗之④。"公曰:"尔有母遗,繄我独无⑤!"颍考叔曰:"敢问何谓也?"公语之故,且告之悔。对曰:"君何患焉?若阙地及泉⑥,隧而相见⑦,其谁曰不然?"公从之。公入而赋:"大隧之中,其乐也融融⑧!"姜出而赋:"大隧之外,其乐也泄泄⑨!"遂为母子如初。

【注释】

① 城颍:今河南临颍西北。 ② 黄泉:地下之泉。指死后埋在地下。 ③ 颍考叔:郑人。颍谷:即城颍之谷。封人:管理守护疆界的官。 ④ 遗(wèi):赠送。 ⑤ 繄(yī):语助词,用在句首。 ⑥ 阙:同"掘"。 ⑦ 隧:地道。 ⑧ 融融:和乐的样子。 ⑨泄泄:舒畅快乐。

君子曰:"颍考叔,纯孝也,爱其母,施及庄公①。《诗》曰②:'孝子不匮③,永锡尔类④',其是之谓乎⑤!"

【注释】

① 施(yì):推广,扩展。 ② 所引诗见今本《诗·大雅·既醉》。 ③ 匮:穷尽。 ④ 锡:同"赐"。尔类:与自己同类的人。 ⑤ 其是之谓:说的就是这样的情况。

秋七月，天王使宰咺来归惠公、仲子之赗。缓①，且子氏未薨②，故名。天子七月而葬，同轨毕至③。诸侯五月，同盟至④。大夫三月，同位至⑤。士逾月，外姻至⑥。赠死不及尸⑦，吊生不及哀⑧，豫凶事⑨，非礼也。

【注释】

① 缓：来晚了。　② 子氏：即仲子，子为姓。　③ 同轨：车轨狭窄相同。指周天子所分封的诸侯。　④ 同盟：结盟的国家。　⑤ 同位：官位相同。　⑥ 外姻：有婚姻关系而结成的亲戚。　⑦ 尸：指还未下葬。　⑧ 吊生：向活着的人吊丧。　⑨ 豫凶事：人没死而先送助丧物品。

八月，纪人伐夷①。夷不告②，故不书。

有蜚③。不为灾，亦不书。

【注释】

① 纪：国名，姜姓，地在今山东寿光市。子爵。夷：国名，妘姓。地在今山东即墨市。　② 告：报告。　③ 蜚：一种害虫，专吃稻花，使稻不扬穗。

惠公之季年①，败宋师于黄②。公立，而求成焉③。九月，及宋人盟于宿，始通也④。

【注释】

① 季年：晚年。　② 黄：宋城，在今河南杞县北。　③ 成：讲和。④ 通：往来交好。

冬十月庚申，改葬惠公。公弗临①，故不书。惠公之薨也，有宋师②，大子少③，葬故有阙，是以改葬。卫侯来会葬④，不见公，亦不书。

【注释】

① 临：到场哭泣哀悼。　② 有宋师：指正与宋人作战。　③ 大子：即太子。　④ 卫侯：卫为侯爵，时卫君为卫桓公完。会葬：参加葬礼。

郑共叔之乱，公孙滑出奔卫①。卫人为之伐郑，取廪延。郑人以王师、虢师伐卫南鄙②。请师于邾。邾子使私于公子豫③，豫请往,公弗许,遂行,及邾人、郑人盟于翼④。不书,非公命也。

【注释】

① 公孙滑:共叔段之子。 ② 虢:此指西虢国,地在今河南陕县。鄙:边境。 ③ 私:请兵。公子豫:鲁大夫。 ④ 翼:邾地,在今山东费县西南。

新作南门。不书,亦非公命也。

十二月,祭伯来,非王命也。

众父卒。公不与小敛①,故不书日②。

【注释】

① 小敛:给死者穿衣。 ② 不书日:不记载具体的日子。

隐公二年

【经】

二年春①,公会戎于潜②。

夏五月,莒人入向③。

无骇帅师入极④。

秋八月庚辰,公及戎盟于唐⑤。

九月,纪裂繻来逆女⑥。

冬十月,伯姬归于纪⑦。

纪子帛、莒子盟于密⑧。

十有二月乙卯,夫人子氏薨⑨。

郑人伐卫⑩。

【注释】

① 二年:公元前721年。 ② 戎:国名,地在今山东菏泽市西南。潜:鲁地。在今山东济宁市。 ③ 莒:国名,嬴姓,一作己姓,子爵。地在今山东莒县。入:攻入。向:国名。在今山东莒县南。 ④ 无骇:鲁司空。极:鲁国的附庸小国,姬姓。地在今山东鱼台县。 ⑤ 唐:鲁地。在今山东鱼台县东。 ⑥ 裂繻:纪大夫,字子帛。逆:迎接。此指迎亲。

⑦ 伯姬:鲁女。　⑧ 密:莒邑,在今山东昌邑市东南。　⑨ 子氏:即仲子。仲子为宋武公女,子为宋姓。　⑩ 伐:杜预注:“凡师有钟鼓曰伐。”

【传】

二年春,公会戎于潜,修惠公之好也。戎请盟,公辞。

莒子娶于向,向姜不安莒而归①。夏,莒人入向,以姜氏还。

司空无骇入极,费庈父胜之②。

戎请盟。秋,盟于唐,复修戎好也。

九月,纪裂繻来逆女,卿为君逆也。

冬,纪子帛、莒子盟于密,鲁故也③。

郑人伐卫,讨公孙滑之乱也④。

【注释】

① 不安莒:在莒不安心。　② 费庈(qíng)父:即费伯。胜之:指灭亡了极国。　③ 鲁故:莒、鲁不和,纪侯娶鲁女,因派大夫与莒结盟,使莒、鲁和解,所以说“鲁故”。　④ 公孙滑之乱:指卫人助公孙滑攻取郑廪延事。

隐公三年

【经】

三年春①,王二月己巳,日有食之。

三月庚戌,天王崩②。

夏四月辛卯,君氏卒③。

秋,武氏子来求赙④。

八月庚辰,宋公和卒⑤。

冬十有二月,齐侯、郑伯盟于石门⑥。

癸未,葬宋穆公。

【注释】

① 三年:公元前720年。　② 天王:周平王。　③ 君氏:即隐公母声子。　④ 武氏子:周大夫之嗣。时平王丧,新王未得行其爵命,听命于家

宰。鲁国当时不供奉周王丧，所以武氏子来求赙。赙：助丧用的金帛财物。⑤ 宋公和：即宋穆公，名和，武公司空之子，宣公力之弟，在位九年（前728—前720）。　⑥ 齐侯：齐僖公。公元前730—前698年在位。齐国，侯爵，姜姓。郑伯：郑庄公。石门：齐地。在今山东平阴县北，长清县西南。

【传】

三年春，王三月壬戌，平王崩。赴以庚戌①，故书之。

夏，君氏卒。声子也。不赴于诸侯，不反哭于寝②，不祔于姑③，故不曰薨。不称夫人，故不言葬。不书姓④，为公故，曰君氏。

【注释】

① 赴：同“讣”，讣告。周平王是壬戌日去世，想让诸侯早日临丧，故提早十二天，说是庚戌日死的。　② 寝：帝王宗庙中的后殿，是存衣冠的地方。③ 祔：祭名，将新死的人的神主放在祖先神主旁合祭。姑：婆婆。按：夫人丧礼，例应讣告诸侯，反哭于寝，祔于祖姑。三礼成，才称“薨”，书“葬”，称“夫人”。　④ 不书姓：杜注：“辟正夫人也。”即表示与夫人有别。下称“君氏”，又有别于妾媵。

郑武公、庄公为平王卿士①。王贰于虢②，郑伯怨王，王曰“无之”。故周、郑交质③，王子狐为质于郑④，郑公子忽为质于周⑤。王崩，周人将畀虢公政⑥。四月，郑祭足帅师取温之麦⑦。秋，又取成周之禾⑧。周、郑交恶⑨。

【注释】

① 卿士：周朝的执政官。　② 贰于虢：指偏信虢公，想把权力分一部分归虢公。虢：指西虢公，仕于周。　③ 交质：交换人质。　④ 王子狐：周平王的儿子。　⑤ 郑公子忽：郑庄公太子，后即位为昭公。　⑥ 畀(bì)：交给。　⑦ 祭足：即祭仲，郑大夫。温：周王畿内小国，地在今河南温县南。　⑧ 成周：周地，地在今河南洛阳市东。　⑨ 交恶：互相憎恨。

君子曰：“信不由中①，质无益也。明恕而行②，要之以礼③，虽无有质，谁能间之④？苟有明信⑤，涧溪沼沚之毛⑥，蘋蘩薀藻之菜⑦，筐筥锜釜之器⑧，潢汙行潦之水⑨，可荐于鬼神⑩，可羞于王公⑪,而况君子结二国之信,行之以礼,又焉用质?《风》有《采蘩》、《采蘋》⑫,《雅》有《行苇》、《泂酌》⑬,昭忠信也⑭。"

【注释】

① 信:诚信。中:同"衷",内心。 ② 明恕:互相体谅。 ③ 要:约束。 ④ 间:离间。 ⑤ 明信:彼此了解,诚信相待。 ⑥ 涧溪:都是山间小沟。沼沚(zhǐ):均为小池塘。毛:植物。这里指野草。 ⑦ 蘋:浅水中所长的植物。蘩:俗称白蒿,草本植物。薀藻:聚集的水草。菜:此指野菜。 ⑧ 筐筥(jǔ):竹制盛器,方叫筐,圆叫筥。锜釜:均为炊具。有脚的名锜,无脚的叫釜。 ⑨ 潢:积水池。汙(wū):池塘。行潦:道路上的积水。 ⑩ 荐:进献。 ⑪ 羞:进奉食品。 ⑫《采蘩》、《采蘋》:均是《诗·召南》篇名,写妇女采集野菜以供祭祀。 ⑬《行苇》、《泂酌》:均是《诗·大雅》篇名。《行苇》写周祖先宴享老人的仁德,歌颂忠厚。《泂酌》写汲取行潦之水供宴享。 ⑭ 昭:表明。忠信:忠诚信用。意为只要表明忠信,用普通、低贱的东西祭祀也没有关系。

武氏子来求赙,王未葬也。

宋穆公疾,召大司马孔父而属殇公焉①,曰:"先君舍与夷而立寡人②,寡人弗敢忘。若以大夫之灵③,得保首领以没④,先君若问与夷,其将何辞以对?请子奉之,以主社稷⑤,寡人虽死,亦无悔焉。"对曰:"群臣愿奉冯也⑥。"公曰:"不可。先君以寡人为贤,使主社稷,若弃德不让⑦,是废先君之举也,岂曰能贤?光昭先君之令德⑧,可不务乎⑨?吾子其无废先君之功。"使公子冯出居于郑。八月庚辰,宋穆公卒,殇公即位。

【注释】

① 孔父:名嘉,官大司马。属(zhǔ):嘱托,托付。殇公:名与夷,宣公之子,穆公之侄,公元前719—前711年在位。 ② 先君:指宋宣公。寡人:诸侯谦词,意即寡德之人。 ③ 灵:威灵。意即托各大夫之福,仗各位之力。 ④ 保首领:即善终。 ⑤ 社稷:本土谷之神,引申为国家。 ⑥ 冯(píng):公子冯,后即位为庄公。 ⑦ 弃德不让:丢弃道德,不让位给与夷。 ⑧ 光昭:发扬。令德:美好的品德。 ⑨ 务:专力从事。

君子曰："宋宣公可谓知人矣。立穆公，其子飨之①，命以义夫。《商颂》曰②：'殷受命咸宜③，百禄是荷④。'其是之谓乎！"

【注释】

① 飨：享受。宋宣公立穆公，穆公卒，仍以宣公子立之，故云"其子飨之"。 ②《商颂》曰：下引诗见《诗·商颂·玄鸟》。 ③ 咸宜：均合乎道义。 ④ 荷：任，承受。

冬，齐、郑盟于石门，寻卢之盟也①。庚戌，郑伯之车偾于济②。

【注释】

① 寻：重续。卢：齐地，在今山东长清县西南。 ② 偾(fèn)：翻倒。济：济水，在今山东境内。杜注说"既盟而遇大风"，所以《左传》特地记下这一变故。

卫庄公娶于齐东宫得臣之妹①，曰庄姜，美而无子，卫人所为赋《硕人》也②。又娶于陈③，曰厉妫，生孝伯，早死。其娣戴妫生桓公④，庄姜以为己子。

公子州吁，嬖人之子也⑤，有宠而好兵。公弗禁，庄姜恶之。石碏谏曰⑥："臣闻爱子，教之以义方⑦，弗纳于邪。骄、奢、淫、泆⑧，所自邪也。四者之来，宠禄过也。将立州吁，乃定之矣，若犹未也，阶之为祸⑨。夫宠而不骄，骄而能降⑩，降而不憾⑪，憾而能眕者，鲜矣⑫。且夫贱妨贵，少陵长，远间亲，新间旧⑬，小加大⑭，淫破义⑮，所谓六逆也。君义，臣行⑯，父慈，子孝，兄爱，弟敬，所谓六顺也。去顺效逆，所以速祸也⑰。君人者将祸是务去⑱，而速之，无乃不可乎？"弗听。其子厚与州吁游⑲，禁之，不可。桓公立，乃老⑳。

【注释】

① 卫庄公：名扬，武公子，在位二十三年(前757—前735)。东宫：太子所居。得臣：齐庄公的太子。 ②《硕人》：见《诗·卫风》。诗写庄姜的美貌，车马服饰的讲究、婚姻的美满等。 ③ 陈：国名，妫(guī)姓。 ④ 娣：妹妹。一般指同嫁一个丈夫的妹妹。桓公：卫桓公，公元前734—前719年

在位。　⑤ 嬖(bì)人:受宠爱的人。此指宠妾。　⑥ 石碏(què):卫大夫。　⑦ 义方:指正确的礼仪规矩。　⑧ 泆:同"逸",荒淫放荡。　⑨ 阶之为祸:成为酿成祸乱的阶梯。　⑩ 骄而能降:骄傲而能安心于地位的下降。　⑪ 降而不憾:地位下降而能无所怨恨。　⑫ 眕(zhěn):克制。鲜:稀少。　⑬ 新:州吁母后娶而得宠,故云新。　⑭ 小加大:权势小的超越权势大的。　⑮ 淫破义:邪恶破坏道义。　⑯ 臣行:臣子受命执行。　⑰ 速:招致。　⑱ 务:勉力从事。去:消除。　⑲ 厚:石厚,石碏之子。　⑳ 老:告老退休。

隐公四年

【经】

四年春①,王二月,莒人伐杞②,取牟娄③。

戊申,卫州吁弑其君完④。

夏,公及宋公遇于清⑤。

宋公、陈侯、蔡人、卫人伐郑⑥。

秋,翚帅师会宋公、陈侯、蔡人、卫人伐郑⑦。

九月,卫人杀州吁于濮⑧。

冬十有二月,卫人立晋⑨。

【注释】

① 四年:公元前719年。　② 杞:国名,姒氏,伯爵,始封雍丘,即今河南杞县。后多次迁封。时居青州,近莒国。　③ 取:谓很容易攻下。牟娄:杞邑。在今山东诸城市。　④ 州吁:卫庄公庶子,卫桓公异母弟。弑:以下杀上曰"弑"。完:卫桓公。　⑤ 宋公:宋殇公与夷。遇:临时定期,简化礼节相见,称遇。清:卫邑,在今山东东阿县北。　⑥ 陈侯:陈桓公,公元前744—前707年在位。蔡:国名,姬姓,侯爵,始封河南上蔡。　⑦ 翚:公子翚,鲁大夫。不称他为公子,是因为他出兵不出于鲁君之命。⑧ 濮:河名,在陈国,流经今河南。　⑨ 晋:公子晋,立为卫宣公,在位十九年(前718—前700年)。

【传】

四年春，卫州吁弑桓公而立。公与宋公为会，将寻宿之盟①。未及期，卫人来告乱。夏，公及宋公遇于清。

【注释】

① 寻：重叙。宿之盟：事在隐公元年（前 722）。

宋殇公之即位也，公子冯出奔郑，郑人欲纳之①。及卫州吁立，将修先君之怨于郑②，而求宠于诸侯以和其民③，使告于宋曰④："君若伐郑以除君害，君为主，敝邑以赋与陈、蔡从⑤，则卫国之愿也。"宋人许之。于是⑥，陈、蔡方睦于卫，故宋公、陈侯、蔡人、卫人伐郑，围其东门，五日而还。

【注释】

① 纳之：送公子冯回国为君。 ② 先君之怨：指前代国君结下的怨仇。 ③ 求宠：讨好。和其民：使君民关系和协，即安定百姓。 ④ 使：派使者。 ⑤ 敝邑：谦称自己国家。赋：兵赋，指作战所需的人力财物。从：跟从，从属。 ⑥ 于是：在这时候。

公问于众仲曰①："卫州吁其成乎？"对曰："臣闻以德和民，不闻以乱。以乱，犹治丝而棼之也②。夫州吁，阻兵而安忍③。阻兵无众④，安忍无亲，众叛亲离，难以济矣⑤。夫兵犹火也，弗戢⑥，将自焚也。夫州吁弑其君而虐用其民⑦，于是乎不务令德⑧，而欲以乱成，必不免矣。"

【注释】

① 众仲：鲁大夫。 ② 治丝：把丝理清。棼：纷乱。 ③ 阻兵：倚仗武力。安忍：安于残忍。 ④ 无众：失去民众。 ⑤ 济：成功。 ⑥ 戢（jí）：停止，收藏。此指控制，收敛。 ⑦ 虐用：暴虐地使用。 ⑧ 务：致力。令德：美好的德行。

秋，诸侯复伐郑。宋公使来乞师，公辞之。羽父请以师会之①，公弗许，固请而行②。故书曰"翚帅师"，疾之也③。诸侯之师败郑徒兵④，取其禾而还。

【注释】

① 羽父：即公子翚。　② 固请：执意请求。　③ 疾：憎恶。　④ 徒兵：步兵。

州吁未能和其民，厚问定君于石子①。石子曰："王觐为可②。"曰："何以得觐？"曰："陈桓公方有宠于王，陈、卫方睦，若朝陈使请③，必可得也。"厚从州吁如陈。石碏使告于陈曰："卫国褊小，老夫耄矣④，无能为也。此二人者，实弑寡君，敢即图之⑤。"陈人执之而请莅于卫⑥。九月，卫人使右宰丑莅杀州吁于濮⑦，石碏使其宰獳羊肩莅杀石厚于陈⑧。

君子曰："石碏，纯臣也⑨，恶州吁而厚与焉⑩。'大义灭亲'，其是之谓乎！"

【注释】

① 厚：石厚，卫臣。定君：稳定州吁国君的地位。石子：石碏，石厚的父亲。　② 王觐：朝见周天子。依例，周天子同意某诸侯朝见，某诸侯便取得合法身份。　③ 朝：当时诸侯相会亦可称朝。　④ 耄：八十岁。此指年老。　⑤ 敢即图之：敢请卫国派人到陈国来处置他们。　⑥ 莅：临，到。　⑦ 右宰丑：右宰是官名，丑是人名。　⑧ 宰：家臣之长。　⑨ 纯臣：纯粹、忠诚不贰的臣子。　⑩ 与焉：参与，一起。此指因此连带把石厚也杀了。

卫人逆公子晋于邢①。冬十二月，宣公即位。书曰"卫人立晋"，众也②。

【注释】

① 逆：迎接。邢：国名，姬姓，侯爵。地在今河北邢台市。　② 众也：按公子晋不当即位，石碏立之，符合大众的愿望，所以《春秋》书"卫人立晋"，称人是因为其得众。详《公羊传》。

隐公五年

【经】

五年春①，公矢鱼于棠②。

夏四月，葬卫桓公。

秋，卫师入郕③。

九月，考仲子之宫④，初献六羽⑤。

邾人、郑人伐宋。

螟⑥。

冬十有二月辛巳，公子弬卒⑦。

宋人伐郑，围长葛⑧。

【注释】

① 五年：公元前 718 年。 ② 矢：陈列。鱼：此指捕鱼的器具。棠：即唐，鲁邑，在今山东鱼台县东北。杜注："书陈鱼，以示非礼也。书棠，讥远地也。" ③ 郕(chéng)：国名，姬姓，伯爵。地在今山东范县。 ④ 考：成，落成。仲子：鲁桓公生母，参卷首传。宫：此指神庙。 ⑤ 初献：古代祭祀，奠爵三次，称初献、亚献、终献。羽：树雉尾于竿，古代舞者执而舞之，称羽。六羽即舞羽的人六行，每行六人。 ⑥ 螟：食禾心的害虫。⑦ 公子弬：即臧僖伯，鲁大夫。封于臧。 ⑧ 长葛：郑邑，今河南长葛市。

【传】

五年春，公将如棠观鱼者。臧僖伯谏曰："凡物不足以讲大事①，其材不足以备器用②，则君不举焉。君将纳民于轨物者也③。故讲事以度轨量谓之轨④，取材以章物采谓之物⑤。不轨不物，谓之乱政。乱政亟行，所以败也。故春蒐夏苗，秋狝冬狩⑥，皆于农隙以讲事也。三年而治兵⑦，入而振旅⑧，归而饮至⑨，以数军实⑩。昭文章⑪，明贵贱，辨等列，顺少长，习威仪也。鸟兽之肉不登于俎⑫，皮革齿牙、骨角毛羽不登于器，则公不射，古之制也。若夫山林川泽之实，器用之资，皂隶之事⑬，官司之守，非君所及也⑭。"公曰：

“吾将略地焉[15]。”遂往，陈鱼而观之，僖伯称疾[16]，不从。书曰“公矢鱼于棠”，非礼也，且言远地也。

【注释】

① 讲：讲习。大事：指祭祀与军事。　② 器用：礼器及军用。　③ 纳：纳入。轨物：法度与礼制。　④ 度：衡量。　⑤ 章：发扬。物采：礼制的光采。　⑥ 春蒐夏苗，秋狝冬狩：蒐、苗、狝、狩分别为四季打猎的称呼。蒐，搜索，猎取没怀胎的兽；苗，猎取践坏庄稼的兽；狝，杀死兽；狩，围猎，各种兽均可取。　⑦ 治兵：外出整治军队。　⑧ 振旅：回来时整顿军伍。　⑨ 饮至：诸侯外出朝觐、会盟、作战归来，到宗庙中饮酒庆贺。　⑩ 数：清点。军实：指车马、人数、器械及所获物品。　⑪ 昭：表明。文章：服饰、旌旗的颜色花纹。　⑫ 登：装入。俎：祭祀时所用的礼器。　⑬ 皂隶：下等贱役。　⑭ 非君所及：不是国君应该过问的。　⑮ 略地：巡视边境。　⑯ 称疾：借口有病。

曲沃庄伯以郑人、邢人伐翼[1]，王使尹氏、武氏助之[2]。翼侯奔随[3]。夏，葬卫桓公。卫乱，是以缓[4]。

【注释】

① 曲沃：在今山西闻喜县。晋昭侯封其叔父成师于曲沃。事详后桓公二年(前 710)。庄伯为成师子。翼：晋邑，曾为晋都城，在今山西翼城县东。　② 尹氏、武氏：都是周世族大夫。　③ 翼侯：即晋鄂侯，昭侯子，孝侯弟。公元前 723—前 718 年在位。随：晋地，在今山西介休市。　④ 缓：推迟。

四月，郑人侵卫牧[1]，以报东门之役[2]。卫人以燕师伐郑[3]。郑祭足、原繁、泄驾以三军军其前[4]，使曼伯与子元潜军军其后[5]。燕人畏郑三军而不虞制人[6]。六月，郑二公子以制人败燕师于北制[7]。君子曰：“不备不虞，不可以师。”

【注释】

① 牧：卫地，在今河南汲县，为卫都郊外。　② 东门之役：见隐公四年(前 719)。　③ 以：带领。燕：南燕国，地在今河南汲县西。　④ 军：驻扎。　⑤ 潜军：偷偷领兵。　⑥ 不虞：没有提防。制：郑邑，一名虎牢。　⑦ 二公子：即曼伯、子元。

曲沃叛王。秋,王命虢公伐曲沃而立哀侯于翼①。

卫之乱也,郕人侵卫,故卫师入郕。

【注释】

① 哀侯:晋鄂侯子,名光。在位八年(前717—前710年)。

九月,考仲子之宫,将《万》焉①。公问羽数于众仲。对曰:"天子用八②,诸侯用六,大夫四,士二。夫舞所以节八音而行八风③,故自八以下。"公从之。于是初献六羽,始用六佾也④。

【注释】

①《万》:舞名。 ② 八:指八行,六十四人。下六为六行三十六人,四为四行十六人,二为二行四人。 ③ 节:调节。八音:指金(钟)、石(磬)、丝(琴、瑟)、竹(箫、管)、土(埙)、木(柷、敔)、匏(笙)、革(鼓)。行:传播。八风:东方谷风,东南方清明风,南方凯风,西南方凉风,西方阊阖风,西北方不周风,北方广莫风,东北方融风。 ④ 佾(yì):乐舞的行列。

宋人取邾田。邾人告于郑曰:"请君释憾于宋①,敝邑为道②。"郑人以王师会之,伐宋,入其郛③,以报东门之役。宋人使来告命④。公闻其入郛也,将救之,问于使者曰:"师何及?"对曰:"未及国⑤。"公怒,乃止⑥,辞使者曰:"君命寡人同恤社稷之难⑦,今问诸使者,曰'师未及国',非寡人之所敢知也。"

【注释】

① 释憾:报复解恨。 ② 道:向导。 ③ 郛:外城。 ④ 告命:即策书,指以国君名义发往他国的文书。 ⑤ 国:指国都。 ⑥ 止:停止出兵。 ⑦ 恤:忧虑。

冬十二月辛巳,臧僖伯卒。公曰:"叔父有憾于寡人①,寡人弗敢忘。"葬之加一等。

宋人伐郑,围长葛,以报入郛之役也。

【注释】

① 叔父:诸侯称同姓大夫,长曰伯父,少曰叔父。有憾:指谏阻观捕鱼而隐公不听从的不愉快事。

隐公六年

【经】

六年春①，郑人来渝平②。

夏五月辛酉，公会齐侯③，盟于艾④。

秋七月⑤。

冬，宋人取长葛。

【注释】

① 六年：公元前717年。 ② 渝平：弃怨修好。渝，改变。平，和而不结盟。 ③ 齐侯：齐僖公。 ④ 艾：在今山东临沂市西。 ⑤ 秋七月：《春秋》体例，该季有事则记录，如果无事就列该季度首月，以备四时。

【传】

六年春，郑人来渝平，更成也①。

翼九宗五正顷父之子嘉父逆晋侯于随②，纳诸鄂③。晋人谓之鄂侯。

夏，盟于艾，始平于齐也。

【注释】

① 更成：重新媾和或修好。 ② 九宗：一姓为九族。五正：五官之长。唐叔始封时，受怀姓九宗，职官五正。顷父：与其子嘉父均为晋大夫。晋侯：晋鄂侯，隐公五年(前718)逃到随地。 ③ 鄂：晋邑，在今山西乡宁县南。

五月庚申，郑伯侵陈，大获。往岁，郑伯请成于陈①，陈侯不许②。五父谏曰③：“亲仁善邻，国之宝也。君其许郑④。”陈侯曰：“宋、卫实难⑤，郑何能为？”遂不许。

【注释】

① 成：结好。 ② 陈侯：陈桓公。 ③ 五父：陈公子佗。桓公弟。桓公末年，杀太子免自立。 ④ 其：不如，还是。 ⑤ 实：才是。难：畏难，祸害。

君子曰：“善不可失，恶不可长①，其陈桓公之谓乎！长恶不悛[2]，从自及也[3]。虽欲救之，其将能乎？《商书》曰[4]：'恶之易也[5]，如火之燎于原，不可乡迩[6]，其犹可扑灭？'周任有言曰[7]：'为国家者，见恶如农夫之务去草焉，芟夷蕴崇之[8]，绝其本根，勿使能殖[9]，则善者信矣[10]。'"

【注释】

① 长：滋长。 ② 悛(quān)：改正。 ③ 从：跟着，随后。 ④《商书》：指《尚书》中记载商事的一部分。下引文见《盘庚》篇，无"恶之易也"一句。 ⑤ 易：蔓延。 ⑥ 乡：同"向"，面对。迩：接近。 ⑦ 周任：周大夫，史官。 ⑧ 芟(shān)：割除。夷：削平。蕴崇：堆积。 ⑨ 殖：生长。 ⑩ 信：同"伸"。发展。

秋，宋人取长葛。

冬，京师来告饥[1]。公为之请籴于宋、卫、齐、郑[2]，礼也。

【注释】

① 京师：指周都城。饥：饥荒。谷不熟曰饥。 ② 籴：购进粮食。

郑伯如周，始朝桓王也。王不礼焉。周桓公言于王曰[1]："我周之东迁，晋、郑焉依[2]。善郑以劝来者[3]，犹惧不蔇[4]，况不礼焉？郑不来矣！"

【注释】

① 周桓公：周执政大臣，又称周公黑肩。 ② 焉：是。 ③ 善：好好对待。劝：鼓励。来者：后来的人。 ④ 蔇(qì)：至，及。

隐公七年

【经】

七年春[1]，王三月，叔姬归于纪[2]。

滕侯卒[3]。

夏，城中丘[4]。

齐侯使其弟年来聘[5]。

秋,公伐邾。

冬,天王使凡伯来聘⑥。

戎伐凡伯于楚丘以归⑦。

【注释】

① 七年:公元前716年。　② 叔姬:伯姬之妹。伯姬于隐公二年(前721)出嫁纪国,叔姬当从嫁,因时年幼,所以至此年方出嫁纪国。　③ 滕:国名,姬姓,侯爵。地在今山东滕州市。　④ 中丘:鲁邑,在今山东临沂市东北。　⑤ 齐侯:齐僖公。年:夷仲年。聘:聘问。诸侯间通问修好,例遣大夫执玉帛前往。　⑥ 天王:周桓王。公元前719—前697年在位。凡伯:凡为国名,姬姓,伯爵,地在今河南辉县西南。时凡伯仕周为卿士。⑦ 楚丘:卫地。一说戎地,在今山东曹县东南。以归:指把凡伯逮回国内。

【传】

七年春,滕侯卒。不书名,未同盟也。凡诸侯同盟,于是称名,故薨则赴以名①,告终称嗣也②,以继好息民③,谓之礼经④。

【注释】

① 赴:讣告。诸侯会盟,盟书书名告神,所以死亦以名告各同盟国。② 告终称嗣:报告死去的人名字,通知由谁嗣位。　③ 息民:安定人民。④ 经:法则,原则。

夏,城中丘。书,不时也①。

齐侯使夷仲年来聘,结艾之盟也②。

秋,宋及郑平③。七月庚申,盟于宿。公伐邾,为宋讨也④。

初,戎朝于周,发币于公卿⑤,凡伯弗宾⑥。冬,王使凡伯来聘。还,戎伐之于楚丘以归。

【注释】

① 不时:不合时令。《左传》庄公二十九年(前665)云,凡土木工程,当在秋天农事完毕后开始,冬至前完工。　② 结:牢固,巩固。艾之盟:事在隐公六年(前717)。　③ 平:修好,和好。　④ 为宋讨:宋与郑本结冤,现在和好,所以鲁国伐邾国讨好宋国,因为邾是宋的仇敌,曾与郑同伐宋,宋向鲁告急,而被鲁国拒绝。事见隐公五年(前718)。　⑤ 发币:向公卿们

送礼物。币,束帛。　⑥ 宾:待以客礼。

陈及郑平。十二月,陈五父如郑莅盟。壬申,及郑伯盟,歃如忘[1]。泄伯曰[2]:"五父必不免[3],不赖盟矣[4]。"郑良佐如陈莅盟[5]。辛巳,及陈侯盟,亦知陈之将乱也。

郑公子忽在王所[6],故陈侯请妻之。郑伯许之,乃成昏[7]。

【注释】

① 歃:歃血。会盟时双方口含牲畜的血或以血涂口旁,表示信誓。如忘:心不在焉,漫不经心。　② 泄伯:郑大夫泄驾。　③ 不免:免不了遭祸。④ 赖:依赖。　⑤ 良佐:郑大夫。　⑥ 公子忽:时在周王处,得周王宠爱,所以陈与郑讲和后,即提出婚事。　⑦ 昏:同"婚",此指订婚。

隐公八年

【经】

八年春[1],宋公、卫侯遇于垂[2]。

三月,郑伯使宛来归祊[3]。

庚寅,我入祊。

夏六月己亥,蔡侯考父卒[4]。

辛亥,宿男卒[5]。

秋七月庚午,宋公、齐侯、卫侯盟于瓦屋[6]。

八月,葬蔡宣公。

九月辛卯,公及莒人盟于浮来[7]。

螟。

冬十有二月,无骇卒[8]。

【注释】

① 八年:公元前 715 年。　② 宋公:宋殇公。卫侯:卫宣公。遇:相遇。临时定期,非正规会盟。垂:卫地。在今山东曹县北。　③ 郑伯:郑庄公。宛:郑大夫。归:划归,交割。祊:在今山东费县。　④ 蔡侯:蔡宣

侯。　⑤ 宿男:宿国君,男爵。　⑥ 齐侯:齐僖公。瓦屋:周地,在今河南洧川县。　⑦ 浮来:莒地,在今山东莒县西。　⑧ 无骇卒:杜注:“公不与小敛,故不书日。卒而后赐族,故不书氏。”

【传】

八年春,齐侯将平宋、卫[①],有会期。宋公以币请于卫,请先相见,卫侯许之,故遇于犬丘[②]。

郑伯请释泰山之祀而祀周公[③],以泰山之祊易许田。三月,郑伯使宛来归祊,不祀泰山也。

夏,虢公忌父始作卿士于周。

【注释】

① 平宋、卫:杜预注谓让宋、卫两国与郑国讲和修好。　② 犬丘:即垂。　③ 释泰山之祀而祀周公:释,舍弃。天子祭泰山,诸侯陪祭,因此各国在泰山附近都有汤沐邑,郑邑为祊。当初周成王营王城,有迁都之意,所以赐周公许田(在今山东临沂市西北,一说近许国之田)以为鲁国朝宿之邑。郑国因天子不能复巡狩,所以提出与鲁国交换,各近其国。又因许田有周公别庙,所以郑国说自己不再祭祀泰山而改祀周公。

四月甲辰,郑公子忽如陈逆妇妫[①]。辛亥,以妫氏归。甲寅,入于郑。陈鍼子送女[②]。先配而后祖[③]。鍼子曰:“是不为夫妇。诬其祖矣[④],非礼也,何以能育[⑤]?”

【注释】

① 如:去。逆:迎亲。妫:陈国君之姓。此指陈桓公的女儿。　② 陈鍼子:陈大夫。　③ 先配而后祖:配,成亲。祖,祭告祖庙。凡婚姻,应先祭告祖庙后才去迎亲。郑公子忽所做不合礼,所以陈鍼子对他批评。
④ 诬:欺骗。　⑤ 育:生育。

齐人卒平宋、卫于郑[①]。秋,会于温[②],盟于瓦屋,以释东门之役[③],礼也。

八月丙戌,郑伯以齐人朝王[④],礼也。

公及莒人盟于浮来,以成纪好也[⑤]。

【注释】

① 卒:终于。 ② 温:周畿内小国,在今河南温县。 ③ 释:捐弃。此指捐弃两国因东门战争结下的怨仇。 ④ 以:带领。 ⑤ 以成纪好:隐公二年(前721),纪、莒二国为了鲁国在密地结盟,所以现在鲁与莒国结盟,是成全纪国对修好的努力。

冬,齐侯使来告成三国①。公使众仲对曰:"君释三国之图以鸠其民②,君之惠也。寡君闻命矣,敢不承受君之明德③。"

【注释】

① 告成三国:报告三国讲和的事。 ② 图:图谋,戒备。鸠:安定。③ 明德:完美的德性。

无骇卒。羽父请谥与族①。公问族于众仲。众仲对曰:"天子建德②,因生以赐姓③,胙之土而命之氏④。诸侯以字为谥,因以为族,官有世功⑤,则有官族⑥,邑亦如之⑦。"公命以字为展氏⑧。

【注释】

① 羽父:即公子翚。谥与族:加谥号、赐氏族。 ② 建德:指封有德行的人为诸侯。 ③ 因生:依照出生的地方。 ④ 胙之土:以土地赐与功臣。氏:姓的分支,用以明子孙所自出而确立宗族。 ⑤ 世功:累代做某官而有功劳。 ⑥ 官族:以官名作为氏族。 ⑦ 邑:指封邑。⑧ 展氏:诸侯之子称公子,公子之子称公孙,公孙之子以王父字为氏。无骇是公子展之孙,所以族以展名。

隐 公 九 年

【经】

九年春①,天子使南季来聘②。

三月癸酉,大雨震电③。庚辰,大雨雪④。

挟卒⑤。

夏,城郎⑥。

秋七月。

冬，公会齐侯于防⑦。

【注释】

① 九年：公元前714年。　② 南季：周大夫，南为氏，季为字。③ 震电：打雷闪电。　④ 雨：做动词，下。　⑤ 挟：鲁大夫。⑥ 郎：鲁邑，在今山东曲阜附近。与隐公元年（前722）费伯所城郎为二地。⑦ 齐侯：齐僖公。防：鲁地，在今山东费城东北。

【传】

九年春，王三月癸酉，大雨霖以震，书①，始也②。庚辰，大雨雪，亦如之。书，时失也③。凡雨，自三日以往为霖④。平地尺为大雪。

【注释】

① 书：指记载具体日子。　② 始：开始的日子。　③ 时失：节令气候不正常。　④ 以往：以上。

夏，城郎，书，不时也。

宋公不王①。郑伯为王左卿士②，以王命讨之，伐宋。宋以入郛之役怨公③，不告命④。公怒，绝宋使⑤。

秋，郑人以王命来告伐宋⑥。

冬，公会齐侯于防，谋伐宋也。

【注释】

① 不王：杜预注云"不共王职"，即不朝见周王，不受王节制。　② 郑伯：郑庄公。　③ 入郛之役：见隐公五年（前718）。隐公曾为修好宋而伐郑，宋人仍无和好意。　④ 不告命：没有来报告。　⑤ 绝宋使：断绝了与宋国的来往。　⑥ 郑人以王命来告：前郑伐宋未建功，所以再来告知鲁国。

北戎侵郑①，郑伯御之。患戎师②，曰："彼徒我车，惧其侵轶我也③。"公子突曰④："使勇而无刚者尝寇⑤，而速去之。君为三覆以待之⑥。戎轻而不整⑦，贪而无亲，胜不相让，败不相救。先者见获必务进⑧，进而遇覆必速奔⑨，后者不救，则无继矣。乃可以逞⑩。"

从之。戎人之前遇覆者奔。祝聃逐之⑪。衷戎师⑫,前后击之,尽殪⑬。戎师大奔。十一月甲寅,郑人大败戎师。

【注释】

① 北戎:即山戎,居今河北迁安市,常南侵齐、郑等国。 ② 患:忧虑。 ③ 侵轶:突袭、包抄。 ④ 公子突:庄公子,后即位为厉公。 ⑤ 勇而无刚:勇敢而又不刚强。这样的人去诱敌便不会以后退为耻。尝:试探,诱敌。 ⑥ 覆:埋伏。 ⑦ 轻:轻率,浮躁。整:整肃。 ⑧ 务进:急于前进。 ⑨ 奔:逃跑。 ⑩ 逞:获胜。 ⑪ 祝聃:郑大夫。 ⑫ 衷:包围。 ⑬ 殪:毙。

隐公十年

【经】

十年春①,王二月,公会齐侯、郑伯于中丘②。

夏,翚帅师会齐人、郑人伐宋③。

六月壬戌,公败宋师于菅④。辛未,取郜⑤。辛巳,取防⑥。

秋,宋人、卫人入郑。宋人、蔡人、卫人伐戴⑦。郑伯伐取之。

冬十月壬午,齐人、郑人入郕。

【注释】

① 十年:公元前713年。 ② 齐侯:齐僖公。郑伯:郑庄公。中丘:鲁地,即隐公七年(前716)所筑。 ③ 翚:公子翚(羽父),鲁大夫。因他不待隐公命便去会师,所以直呼其名。 ④ 菅:宋地,在今山东金乡、成武两县间。 ⑤ 郜:宋邑,在今山东成武县东南。因别于郜国,故又称南郜。 ⑥ 防:在今山东金乡县西。以别于鲁防邑,故又称西防。按:鲁与卫、郑一起出兵,鲁国先行,败宋兵。郑兵后到,乘胜攻下郜、防,归于鲁,所以《春秋》称"取"。 ⑦ 戴:国名,子姓。在今河南兰考县东南。

【传】

十年春,王正月①,公会齐侯、郑伯于中丘。癸丑,盟于邓②,为师期③。

【注释】

① 正月:《春秋》载为二月,下"癸丑"为正月二十六日,故《春秋》所载误。② 邓:鲁地。在今山东兖州附近。　　③ 为师期:商定出兵的日期。

夏五月,羽父先会齐侯、郑伯伐宋。

六月戊申,公会齐侯、郑伯于老桃①。壬戌,公败宋师于菅。庚午,郑师入郜;辛未,归于我。庚辰,郑师入防;辛巳,归于我。

君子谓:"郑庄公于是乎可谓正矣。以王命讨不庭②,不贪其土以劳王爵③,正之体也④。"

蔡人、卫人、郕人不会王命⑤。

【注释】

① 老桃:宋地,在今山东济宁市北。　　② 不庭:不朝见天子,不循理。凡地位低的拜见地位高的,均在庭中行礼。　　③ 劳:犒劳。王爵:天子所任命的爵位。鲁国爵尊,郑国爵卑,所以说"以劳王爵",即犒劳爵位尊于自己的国家。　　④ 正之体:符合治理政务的规范。"正"即"政"字。　　⑤ 不会王命:没听从天子命令伐宋。

秋七月庚寅,郑师入郊①。犹在郊,宋人、卫人入郑。蔡人从之②,伐戴。八月壬戌,郑伯围戴。癸亥,克之,取三师焉③。宋、卫既入郑,而以伐戴召蔡人,蔡人怒,故不和而败。

九月戊寅,郑伯入宋。

冬,齐人、郑人入郕,讨违王命也。

【注释】

① 入郊:回师进入自己的郊外。　　② 从之:跟在宋国、卫国军队的后面。　　③ 取:俘获。三师:宋、卫、蔡三国的军队。

隐公十一年

【经】

十有一年春①,滕侯、薛侯来朝②。

夏,公会郑伯于时来③。

秋七月壬午,公及齐侯、郑伯入许④。

冬十有一月壬辰,公薨。

【注释】

① 十有一年:公元前 712 年。 ② 滕:国名,姬姓,侯爵,地在今山东滕州市。此时国君名谥不详。薛:国名,任姓,侯爵,地在今山东滕州市南。此时国君名谥不详。 ③ 郑伯:郑庄公。时来:郑地,一名郲,在今河南荥阳市。 ④ 齐侯:齐僖公。许:国名,姜姓,男爵,地在今河南许昌市。

【传】

十一年春,滕侯、薛侯来朝,争长①。薛侯曰:"我先封。"滕侯曰:"我,周之卜正也②。薛,庶姓也③,我不可以后之。"公使羽父请于薛侯曰④:"君与滕君辱在寡人⑤。周谚有之曰:'山有木,工则度之⑥;宾有礼,主则择之。'周之宗盟,异姓为后。寡人若朝于薛,不敢与诸任齿⑦。君若辱贶寡人⑧,则愿以滕君为请。"薛侯许之,乃长滕侯⑨。

【注释】

① 争长:争班列的先后。 ② 卜正:卜官之长。 ③ 庶姓:同姓以外诸姓。滕与周同姓,均姓姬,而薛国姓任。 ④ 请:这里有开导的意思。⑤ 辱在寡人:说承蒙他们委屈存问鲁君。 ⑥ 工:工匠。度:揣量。⑦ 齿:并列。 ⑧ 贶(kuàng):赐予。 ⑨ 长滕侯:让滕侯排在前。

夏,公会郑伯于郲,谋伐许也。

郑伯将伐许,五月甲辰,授兵于大宫①。公孙阏与颍考叔争车②,颍考叔挟辀以走③,子都拔棘以逐之④,及大逵⑤,弗及,子都怒。

【注释】

① 授兵:分发兵器。大宫:即太宫,祖庙。 ② 公孙阏(è):郑大夫,字子都。 ③ 辀(zhōu):车辕。时分发兵器,车亦为兵器之一,分发时尚未装配驾马,颍考叔为了得到这辆车,所以抢先拿起车辕夹在胳膊下便跑。④ 棘:同"戟"。逐:追赶。 ⑤ 大逵:大路。四通八达的路叫逵。

秋七月,公会齐侯、郑伯伐许。庚辰,傅于许①。颍考叔取郑伯之旗蝥弧以先登②。子都自下射之,颠③。瑕叔盈又以蝥弧登④,周麾而呼曰⑤:“君登矣!”郑师毕登。壬午,遂入许。许庄公奔卫。

【注释】

① 傅:迫近。　② 蝥(máo)弧:旗名。　③ 颠:从城上摔下来。　④ 瑕叔盈:郑大夫。　⑤ 周麾:向四周挥动旗帜。

齐侯以许让公。公曰:“君谓许不共①,故从君讨之。许既伏其罪矣,虽君有命,寡人弗敢与闻②。”乃与郑人。

【注释】

① 不共:共同“恭”,恭顺。不恭,即没有尽到做诸侯对周天子的义务。② 弗敢与闻:谓不敢领受。

郑伯使许大夫百里奉许叔以居许东偏①,曰:“天祸许国②,鬼神实不逞于许君③,而假手于我寡人④。寡人唯是一二父兄不能共亿⑤,其敢以许自为功乎?寡人有弟⑥,不能和协,而使糊其口于四方⑦,其况能久有许乎?吾子其奉许叔以抚柔此民也⑧,吾将使获也佐吾子⑨。若寡人得没于地⑩,天其以礼悔祸于许⑪,无宁兹许公复奉其社稷⑫。唯我郑国之有请谒焉⑬,如旧昏媾⑭,其能降以相从也⑮。无滋他族⑯,实偪处此⑰,以与我郑国争此土也。吾子孙其覆亡之不暇,而况能禋祀许乎⑱?寡人之使吾子处此,不唯许国之为,亦聊以固吾圉也⑲。”

【注释】

① 许叔:许庄公的弟弟,后即位为穆公。东偏:都城东边。　② 天祸:上天降祸。　③ 不逞:不满意。　④ 假:借。　⑤ 父兄:父老兄弟。指同姓臣子。共亿:相安无事。　⑥ 有弟:指共叔段。　⑦ 糊其口:靠薄粥以维持生计。指勉强度日。于四方:指寄食外邦。　⑧ 抚柔:安抚。　⑨ 获:公孙获,郑大夫。　⑩ 得没于地:得以寿终埋葬于地。⑪ 天其以礼:上天或许会依照礼。悔祸:撤除降予的祸害。　⑫ 无:发语

词,无义。宁:宁可。兹:此。 ⑬ 请谒:请求。 ⑭ 昏媾:婚姻,姻亲。 ⑮ 降以相从:屈己从人。即降格同意。 ⑯ 滋:使之蔓延滋长。他族:指别的国家。 ⑰ 实:定居。偪:同“逼”,逼近。处此:留住在这儿。 ⑱ 禋(yīn)祀:祭祀。禋祀许,即替许主持祭祀,意为占领许国。 ⑲ 圉:边境。

乃使公孙获处许西偏,曰:“凡而器用财贿①,无置于许。我死,乃亟去之②。吾先君新邑于此③,王室而既卑矣④,周之子孙日失其序⑤。夫许,大岳之胤也⑥,天而既厌周德矣⑦,吾其能与许争乎?”

【注释】

① 而:你。财贿:财货。 ② 亟:急,快。去之:离开许国。 ③ 先君:指郑武公。新邑:新建都邑。郑原在陕西,武公东迁至新郑。 ④ 既:已经。卑:衰微。 ⑤ 序:同“绪”,前人的功业。 ⑥ 大岳:太岳,上古官名,掌四岳祭祀,是四方诸侯的领袖。 ⑦ 厌:厌弃。

君子谓:“郑庄公于是乎有礼。礼,经国家①,定社稷,序民人②,利后嗣者也。许无刑而伐之③,服而舍之④,度德而处之⑤,量力而行之,相时而动⑥,无累后人,可谓知礼矣。”

【注释】

① 经:治理。 ② 序:使人民有次序等级,不致混乱。 ③ 无刑:不守法度。 ④ 服:服罪。 ⑤ 度:估量。 ⑥ 相时:观察时机。

郑伯使卒出豭①,行出犬鸡②,以诅射颍考叔者③。君子谓:“郑庄公失政刑矣④。政以治民,刑以正邪,既无德政,又无威刑,是以及邪。邪而诅之,将何益矣⑤!”

【注释】

① 卒:军队每一百人为一卒。豭(jiā):公猪。 ② 行:步兵二十五人为一行。 ③ 诅:祭神使之加祸于某人。 ④ 政刑:政治与刑法。 ⑤ 将何益:会有什么好处。

王取邬、刘、蒍、邘之田于郑①,而与郑人苏忿生之田②:温、原、绨、樊、隰郕、欑茅、向、盟、州、陉、隤、怀③。君子是以知桓王之失郑也。恕而行之，德之则也④，礼之经也⑤。已弗能有而以与人，人之不至⑥，不亦宜乎？

【注释】

① 邬、刘：在今河南偃师市西南。䓣、邘：郑邑，在今河南沁阳市。　② 苏忿生：周武王司寇。　③ 温：在今河南温县西南。原：在今河南济源市西北。绨：在今河南沁阳市西南。樊：一名阳樊，在今河南济源市。隰郕：在今河南武陟县西南。欑茅：在今河南修武县西北。向：在今河南济源市南。盟：即孟津，在今河南孟州市。州：在今河南沁阳市东南。陉：在今河南沁阳市西北。隤：在今河南获嘉县西北。怀：在今河南武陟县西南。　④ 则：准则。　⑤ 经：常规。　⑥ 不至：不肯来附。

郑、息有违言①，息侯伐郑。郑伯与战于竟②，息师大败而还。君子是以知息之将亡也。不度德，不量力，不亲亲，不征辞③，不察有罪，犯五不韪而以伐人④，其丧师也，不亦宜乎？

【注释】

① 息：国名，姬姓，侯爵，在今河南息县。违言：言语不合而失和。② 竟：同"境"。　③ 征辞：指考察"违言"的缘起和是非。　④ 韪：是。

冬十月，郑伯以虢师伐宋。壬戌，大败宋师，以报其入郑也①。宋不告命②，故不书。凡诸侯有命，告则书，不然则否。师出臧否③，亦如之。虽及灭国④，灭不告败，胜不告克⑤，不书于策⑥。

【注释】

① 报：报复。　② 命：国家大事、政令。　③ 臧否：善恶得失。④ 灭国：指被灭亡的国家。　⑤ 胜：战胜的国家。克：战胜。　⑥ 策：简策。

羽父请杀桓公，将以求大宰①。公曰："为其少故也，吾将授之矣。使营菟裘②，吾将老焉③。"羽父惧，反谮公于桓公而请弑之。公之为公子也，与郑人战于狐壤④，止焉⑤。郑人囚诸尹氏，赂尹氏而祷于其主钟巫⑥，遂与尹氏归而立其主。十一月，公祭钟巫，齐于社圃⑦，馆于寪氏⑧。壬辰，羽父使贼弑公于寪氏，立桓公而讨寪氏，有死者。不书葬，不成丧也⑨。

【注释】

① 求：谋求担任。大宰：即太宰，又称冢宰，天官之长，辅佐君王治理国家的官。 ② 菟裘：在今山东泗水县境。 ③ 老：养老。 ④ 狐壤：郑地，所在不详。 ⑤ 止：被俘虏。因是自己国家的国君，所以讳言被获，而言止。 ⑥ 主：主祭神。 ⑦ 齐：通“斋”，斋戒。社圃：园名。⑧ 馆：住宿。寪氏：鲁大夫。 ⑨ 不成丧：没有按国君的丧礼为隐公发丧。

卷二　桓公

桓公元年

【经】

元年春①,王正月,公即位。

三月,公会郑伯于垂②,郑伯以璧假许田③。

夏四月丁未,公及郑伯盟于越④。

秋,大水。

冬十月。

【注释】

① 元年:公元前711年。　② 郑伯:郑庄公。垂:卫地,在今山东曹县北。　③ 假:借。《公羊传》说这里是"易",即增加的意思。从下传来看,这里是以璧与祊田两者来交换许田。　④ 越:卫地,近垂。

【传】

元年春,公即位,修好于郑。郑人请复祀周公,卒易祊田①。公许之。三月,郑伯以璧假许田,为周公祊故也。

夏四月丁未,公及郑伯盟于越,结祊成也②。盟曰:"渝盟无享国③。"

【注释】

① 卒:完成。郑国不祭泰山而以祊与鲁国交换许田,动议于隐公八年(前715)。　② 结祊成:巩固交换祊地的友好关系。　③ 渝:改变,违背。

秋,大水。凡平原出水为大水①。

冬,郑伯拜盟②。

宋华父督见孔父之妻于路③,目逆而送之④,曰:"美而艳。"

【注释】

① 出水:被水淹没。 ② 拜盟:拜谢结盟。杜预注说如是郑伯自来,《春秋》又没记载;如是派人来,不应说“郑伯”,疑有谬误。 ③ 华父督:宋大夫,宋戴公之孙,名督,字华父。孔父:孔父嘉,宋司马。 ④ 逆:迎着。送之:目送她远去。

桓公二年

【经】

二年春[①],王正月戊申,宋督弑其君与夷及其大夫孔父[②]。

滕子来朝[③]。

三月,公会齐侯、陈侯、郑伯于稷[④],以成宋乱[⑤]。

夏四月,取郜大鼎于宋[⑥]。戊申,纳于大庙[⑦]。

秋七月,杞侯来朝。

蔡侯、郑伯会于邓[⑧]。

九月,入杞。

公及戎盟于唐[⑨]。冬,公至自唐[⑩]。

【注释】

① 二年:公元前710年。 ② 与夷:宋殇公。 ③ 滕子:滕本为侯爵,见隐公十一年(前712),时降为子爵。 ④ 齐侯:齐僖公。陈侯:陈桓公。郑伯:郑庄公。稷:宋地,在今河南商丘市。 ⑤ 成:平服,平定。宋乱:指华父督弑宋殇公事。 ⑥ 郜:国名,在今山东成武县,文王子所封。⑦ 大庙:指鲁始封周公庙。 ⑧ 蔡侯:蔡桓侯。公元前714—前695年在位。邓:蔡地。在今河南郾城县南。 ⑨ 唐:在今山东鱼台县东。鲁与戎于隐公二年(前721)曾于唐会盟。 ⑩ 至自唐:从唐回来。《春秋》凡记至自某地,都是回国后告于宗庙。

【传】

二年春,宋督攻孔氏,杀孔父而取其妻。公怒,督惧,遂弑殇公。君子以督为有无君之心而后动于恶[①],故先书弑其君。会于稷以成宋乱,为赂故②,立华氏也③。

【注释】

① 动于恶:指杀害大臣的罪恶行为。 ② 赂:贿赂。 ③ 立华氏:确立华督的政治地位。

宋殇公立,十年十一战,民不堪命①。孔父嘉为司马,督为大宰,故因民之不堪命②,先宣言曰③:"司马则然④。"已杀孔父而弑殇公,召庄公于郑而立之⑤,以亲郑。以郜大鼎赂公,齐、陈、郑皆有赂,故遂相宋公⑥。夏四月,取郜大鼎于宋。戊申,纳于大庙,非礼也。

【注释】

① 不堪命:无法承受频繁参与战争的命令。 ② 故:有意。因:承。③ 宣言:扬言。 ④ 则然:要这样做。因司马是主持军事的长官。⑤ 庄公:名冯。在位十九年(前710—前692年)。 ⑥ 相宋公:作为宋国国相。

臧哀伯谏曰①:"君人者将昭德塞违②,以临照百官③,犹惧或失之,故昭令德以示子孙。是以清庙茅屋④,大路越席⑤,大羹不致⑥,粢食不凿⑦,昭其俭也。衮、冕、黻、珽⑧,带、裳、幅、舄⑨,衡、纨、纮、綖⑩,昭其度也。藻率、鞞、鞛⑪,鞶、厉、游、缨⑫,昭其数也。火、龙、黼、黻⑬,昭其文也。五色比象⑭,昭其物也。钖、鸾、和、铃⑮,昭其声也。三辰旂旗⑯,昭其明也。夫德俭而有度,登降有数。文物以纪之⑰,声明以发之,以临照百官,百官于是乎戒惧而不敢易纪律。今灭德立违,而置其赂器于大庙,以明示百官,百官象之⑱,其又何诛焉!国家之败,由官邪也。官之失德,宠赂章也⑲。郜鼎在庙,章孰甚焉?武王克商,迁九鼎于雒邑⑳,义士犹或非之㉑,而况将昭违乱之赂器于大庙,其若之何?"公不听。周内史闻之曰㉒:"臧孙达其有后于鲁乎㉓!君违不忘谏之以德。"

【注释】

① 臧哀伯:一名臧孙达,鲁大夫,僖伯之子。 ② 昭德:昭明善德。

塞违:杜绝邪恶。 ③ 临照:显示,示范。 ④ 清庙:周代祀文王之庙。庙堂必须保持肃穆清净,故名清庙。茅屋:用茅草装饰屋顶。 ⑤ 大路:即玉辂,天子祀天时御用的大车。越(kuò)席:用蒲草织的席子。 ⑥ 大羹:祭祀用的肉汁。不致:不用全五味来调和。 ⑦ 粢食(zī sì):供祭祀用的各类食物。凿:细舂,将糙米加工成精米。 ⑧ 衮:帝王及上公的礼服。冕:帝王、诸侯、卿大夫所戴的礼帽。黻(fú):用作祭服的蔽膝,用皮革制成。珽(tǐng):帝王所持的玉笏,即大圭。 ⑨ 带:指束衣的革带。裳:下身的衣服。幅:邪幅,即绑腿布。舄(xì):履。 ⑩ 衡:系冠冕与发髻的横簪。紞(dǎn):系冠冕两侧悬下的瑱的绳子。纮(hōng):冠冕上的纽带。綖(yān):覆盖在冕上的布。 ⑪ 藻率(lǜ):放置圭、璋等玉器的皮垫子,上绘有花纹。鞞(bǐng)、鞛(běng):佩刀上的装饰品。 ⑫ 鞶(pán):衣服上的大带,皮制。厉:带子下垂的部分。游(liú):即"旒",旌旗边缘悬垂的装饰品。缨:马胸前的装饰品。 ⑬ 火、龙:衣上所绘绣的图像。黼(fǔ)、黻:指衣上的图案。黑白相间称黼,黑青相间称黻。 ⑭ 五色比象:古以器物上的五种颜色,象征天地四方,即东青、南赤、西白、北黑、天玄、地黄;玄不为正色,所以仅称五色。 ⑮ 钖(yáng)、鸾、和、铃:分别系在马头、马勒、车轼、旂上的铃。 ⑯ 三辰:日、月、星。此指画在旗上的图。旂旗:画龙或悬有铃的称旂,画熊虎的称旗。 ⑰ 纪:通"记",标识。 ⑱ 象:学习模仿。⑲ 章:同"彰",显著。 ⑳ 九鼎:传为夏禹所铸,周灭商后,迁九鼎于雒邑(今河南洛阳市)。 ㉑ 义士:指伯夷、叔齐一类人。 ㉒ 内史:掌书王命之事的官。 ㉓ 有后于鲁:指臧哀伯在鲁国后继有人。因臧僖伯曾劝谏隐公不要去棠地观鱼,哀伯发扬其父的精神又谏纳鼎。

秋七月,杞侯来朝,不敬。杞侯归,乃谋伐之。

蔡侯、郑伯会于邓,始惧楚也①。

九月,入杞,讨不敬也。

【注释】

① 楚:国名,芈姓,子爵,亦称荆。楚武王僭号称王,有北侵之志。蔡、郑二国近楚,故聚而会谋。

公及戎盟于唐,修旧好也。冬,公至自唐,告于庙也。凡公行,告于宗庙。反行，饮至、舍爵、策勋焉[1]，礼也。特相会[2]，往来称地[3]，让事也[4]。自参以上[5]，则往称地，来称会，成事也[6]。

【注释】

① 饮至：会盟或讨伐归，合饮于宗庙。舍爵：劝酒。策勋：把勋劳记录在简册上。　② 特相会：单独与一国相会。　③ 往来：无论是我去还是彼来。称：记载。　④ 让事：意为互相谦让，是不设会主的会见。　⑤ 参：同“叁”。　⑥ 成事：设定盟主的会晤。

初，晋穆侯之夫人姜氏以条之役生大子[1]，命之曰仇[2]。其弟以千亩之战生[3]，命之曰成师。师服曰[4]：“异哉，君之名子也！夫名以制义[5]，义以出礼[6]，礼以体政[7]，政以正民[8]。是以政成而民听，易则生乱[9]。嘉耦曰妃[10]，怨耦曰仇，古之命也[11]。今君命大子曰仇，弟曰成师，始兆乱矣，兄其替乎[12]？”

【注释】

① 晋穆侯：名费生，晋第九代君王。条：晋地。在今山西运城市北。大子：太子。　② 仇：即晋文侯。　③ 千亩：在今山西安泽县北。　④ 师服：晋臣。　⑤ 名以制义：名字是用来表示道义。　⑥ 出礼：产生礼仪。　⑦ 体政：体现政事。　⑧ 正民：端正、规范人民。　⑨ 易：相反。　⑩ 嘉耦：好的配偶。妃：相匹配、比美。　⑪ 古之命：古代的名称。　⑫ 兄：做哥哥的。替：废，衰颓。

惠之二十四年[1]，晋始乱，故封桓叔于曲沃[2]，靖侯之孙栾宾傅之[3]。师服曰：“吾闻国家之立也，本大而末小[4]，是以能固。故天子建国[5]，诸侯立家[6]，卿置侧室[7]，大夫有贰宗[8]，士有隶子弟[9]，庶人工商各有分亲[10]，皆有等衰[11]。是以民服事其上而下无觊觎[12]。今晋，甸侯也[13]，而建国[14]。本既弱矣，其能久乎？”

【注释】

① 惠：鲁惠公。惠公二十四年(前 745)为周平王二十六年，这年晋文侯仇卒，子昭侯伯即位。　② 桓叔：即成师。曲沃：在今山西闻喜县东。③ 靖侯：名宜臼，厉侯福之子。　④ 本：根本。末：枝叶。　⑤ 国：指诸侯之国。　⑥ 家：指分封卿大夫之家。　⑦ 侧室：嫡子外的儿子。

⑧ 贰宗:大夫受封于诸侯,其嫡子为小宗,次者为贰宗,犹如卿的侧室辅佐嫡室。　⑨ 隶子弟:士卑,禄无法自赡,所以以子弟为仆隶。　⑩ 庶人:平民。各有分亲:言平民、工匠、商人没有身份高低尊卑,故以亲疏为分别。⑪ 等衰:依次而下的等级。　⑫ 觊觎(jì yú):非分的冀望或希图。⑬ 甸侯:周公以九州制为九服,邦畿方千里,其外每五百里谓之一服,侯、甸、男、采、卫、蛮六服为中国,夷、镇、蕃三服为夷狄。晋系甸服之诸侯。　⑭ 建国:另封曲沃。

惠之三十年,晋潘父弑昭侯而纳桓叔①,不克。晋人立孝侯②。

惠之四十五年,曲沃庄伯伐翼③,弑孝侯。翼人立其弟鄂侯④。鄂侯生哀侯⑤。哀侯侵陉庭之田⑥。陉庭南鄙启曲沃伐翼⑦。

【注释】

① 潘父:晋大夫。　② 孝侯:名平,昭侯之子。公元前 739—前 724 年在位。　③ 曲沃庄伯:桓叔成师之子,名鱓。翼:晋都城。　④ 鄂侯:名郄。公元前 723—前 718 年在位。　⑤ 哀侯:名光。公元前 717—前 710 年在位。　⑥ 陉庭:在翼南边境。　⑦ 启:导,引。

桓公三年

【经】

三年春正月①,公会齐侯于嬴②。

夏,齐侯、卫侯胥命于蒲③。

六月,公会杞侯于郕。

秋七月壬辰朔④,日有食之,既⑤。

公子翚如齐逆女⑥。

九月,齐侯送姜氏于讙⑦。公会齐侯于讙。夫人姜氏至自齐。

冬,齐侯使其弟年来聘⑧。

有年⑨。

【注释】

① 三年:公元前 709 年。　② 齐侯:齐僖公。嬴:齐邑,在今山东莱芜市

西北。　③ 卫侯:卫宣公。胥命:互相申约,但不歃血设盟,即普通的会晤。蒲:卫地,在今河南长垣县。　④ 朔:初一。　⑤ 既:尽,全。　⑥ 逆:迎接。此指迎亲。　⑦ 讙:鲁地,在今山东肥城市。　⑧ 聘:外交访问。古时公女出嫁他国,亦例派大夫随加聘问。　⑨ 有年:指五谷皆丰收。

【传】

三年春,曲沃武公伐翼①,次于陉庭②。韩万御戎③,梁弘为右④,逐翼侯于汾隰⑤,骖絓而止⑥,夜获之,及栾共叔⑦。

【注释】

① 曲沃武公:曲沃庄伯鱓之子。　② 次:驻扎。凡行军所至,再宿为信,过信为次。　③ 韩万:曲沃庄伯之弟。御戎:驾驭戎车。　④ 梁弘:曲沃臣。右:车右,司执戈。　⑤ 翼侯:即哀侯。汾隰(xí):汾水边低地。汾水源出山西宁武,南流至河津市入黄河。　⑥ 骖:车两旁的马。絓:纠结。指哀侯的驾车之马被林木挂住。　⑦ 及:指同时俘获。栾共叔:哀侯傅,名成。

会于嬴,成昏于齐也①。

夏,齐侯、卫侯胥命于蒲,不盟也。

公会杞侯于郕,杞求成也②。

【注释】

① 昏:同"婚"。成昏,指订婚。　② 求成:请求和好。

秋,公子翚如齐逆女。修先君之好,故曰公子。齐侯送姜氏,非礼也。凡公女嫁于敌国①,姊妹则上卿送之,以礼于先君②;公子则下卿送之③;于大国,虽公子亦上卿送之;于天子,则诸卿皆行,公不自送;于小国,则上大夫送之。

【注释】

① 公女:指本国国君的姊妹、女儿。敌国:对等的国家。　② 以礼于先君:用于表示对上一代国君的尊重。　③ 公子:国君的女儿。

冬,齐仲年来聘,致夫人也①。

芮伯万之母芮姜恶芮伯之多宠人也②,故逐之,出居于魏③。

【注释】

① 致夫人:对夫人姜氏表达慰问。 ② 芮:国名,姬姓,伯爵,地在今陕西大荔县东南。宠人:宠姬。 ③ 魏:即魏城,在今山西芮城县。

桓公四年

【经】

四年春正月[①],公狩于郎[②]。

夏,天王使宰渠伯纠来聘[③]。

【注释】

① 四年:公元前708年。 ② 狩:冬天打猎。郎:鲁邑,在今山东曲阜附近。 ③ 宰:官名,掌王家内外事物。渠伯纠:渠为氏,伯纠为名。时伯纠摄父之职,出聘列国,所以《春秋》书名以讥之。

【传】

四年春正月,公狩于郎。书时,礼也[①]。

夏,周宰渠伯纠来聘。父在,故名。

秋,秦师侵芮,败焉,小之也[②]。

冬,王师、秦师围魏,执芮伯以归[③]。

【注释】

① 书时,礼也:此解释冬天打猎合乎礼,所以书时。 ② 小:轻敌。③ 芮伯:芮伯万,见桓公三年(前709)传。秦攻芮败,因此攻魏城,把已被放逐的芮伯带回国,想重立他为芮君。

桓公五年

【经】

五年春正月[①],甲戌,己丑[②],陈侯鲍卒[③]。

夏,齐侯、郑伯如纪[④]。

天王使仍叔之子来聘⑤。

葬陈桓公。

城祝丘⑥。

秋，蔡人、卫人、陈人从王伐郑。

大雩⑦。

螽⑧。

冬，州公如曹⑨。

【注释】

① 五年：公元前707年。　② 甲戌，己丑：甲戌为前年十二月二十一日，己丑为此年正月六日。陈国内乱，在上述日子发了两次讣告，《春秋》写两个日子，系事于本年，是存疑慎事。　③ 陈侯鲍：即陈桓公。　④ 齐侯：齐僖公。郑伯：郑庄公。　⑤ 仍叔：周大夫。　⑥ 祝丘：在今山东临沂市东南。　⑦ 大雩(yú)：旱祭，即求雨之祭。　⑧ 螽(zhōng)：蝗虫。　⑨ 州：国名，姜姓，公爵。都淳于，即今山东安丘市东北淳于城。曹：国名，姬姓，伯爵。都陶丘，即今山东定陶县。

【传】

五年春正月，甲戌，己丑，陈侯鲍卒，再赴也①。于是陈乱。文公子佗杀大子免而代之。公疾病而乱作，国人分散，故再赴。

夏，齐侯、郑伯朝于纪，欲以袭之。纪人知之。

【注释】

① 赴：同"讣"。

王夺郑伯政①，郑伯不朝。

秋，王以诸侯伐郑，郑伯御之。王为中军②；虢公林父将右军③，蔡人、卫人属焉；周公黑肩将左军④，陈人属焉。

【注释】

① 王夺郑伯政：指周桓王罢免郑庄公卿士官职，不让他参与周朝政。② 为：率领。中军：周天子三军，分中、左、右。　③ 虢公林父：即虢仲，时为周卿士。　④ 周公黑肩：即周桓公，名黑肩。

郑子元请为左拒以当蔡人、卫人①，为右拒以当陈人，曰："陈乱，民莫有斗心，若先犯之②，必奔。王卒顾之，必乱。蔡、卫不枝③，固将先奔。既而萃于王卒④，可以集事⑤。"从之。曼伯为右拒⑥，祭仲足为左拒，原繁、高渠弥以中军奉公⑦，为鱼丽之陈⑧，先偏后伍，伍承弥缝。战于繻葛⑨，命二拒曰："旝动而鼓⑩。"蔡、卫、陈皆奔，王卒乱，郑师合以攻之，王卒大败。祝聃射王中肩⑪，王亦能军⑫。祝聃请从之⑬。公曰："君子不欲多上人⑭，况敢陵天子乎⑮！苟自救也，社稷无陨⑯，多矣⑰。"

夜，郑伯使祭足劳王⑱，且问左右⑲。

【注释】

① 郑子元：郑公子。拒：方阵，用来抵御敌军进攻。 ② 犯：进攻。 ③ 枝：同"支"，支持。 ④ 萃：聚集，集中。 ⑤ 集事：成功。 ⑥ 曼伯：即檀伯，郑大夫。 ⑦ 原繁：郑大夫。高渠弥：郑卿，亦称高伯。 ⑧ 鱼丽之陈：陈同"阵"。鱼丽阵是由车卒编组组成的一种阵法。兵车一队分为二偏，每偏二十五乘车；以步卒五人为伍，在车后。伍用以弥补偏间的缝隙。 ⑨ 繻(xū)葛：郑地，今河南长葛。 ⑩ 旝(kuài)：大旗。 ⑪ 祝聃：郑臣。射：远距离射箭。 ⑫ 王亦能军：谓周天子的军队虽败不乱，有秩序地退却。一说"亦"为"不"字之误，谓王师大败，溃不成军。 ⑬ 从：追击。 ⑭ 上人：出人之上，超越别人。 ⑮ 陵：侵侮。 ⑯ 陨：坠落、颠覆。 ⑰ 多：满足。 ⑱ 劳：慰问。 ⑲ 问：问候。左右：指周群臣。

仍叔之子①，弱也。

秋，大雩，书，不时也。凡祀，启蛰而郊②，龙见而雩③，始杀而尝④，闭蛰而烝⑤。过则书。

冬，淳于公如曹⑥。度其国危⑦，遂不复⑧。

【注释】

① 仍叔之子：杜预注谓下当脱"来聘"二字。 ② 启蛰：即惊蛰。郊：郊祀，以祈农事。 ③ 龙：苍龙，东方角、亢、氐、房、心、尾、箕七星宿的总称。七宿现在夏四月。夏四月雩祭为预为百谷祈雨，是常规祭祀，与旱祭的雩祭不同。 ④ 始杀：指初秋开始形成肃杀之气。尝：祭名，秋谷登场，天子

尝新,先荐宗庙。　⑤ 闭蛰:昆虫蛰伏。时当冬十月。烝:祭名,冬天祭祀宗庙。　⑥ 淳于公:即州公。　⑦ 度:估计。　⑧ 不复:没有回国。

桓公六年

【经】

六年春正月①,实来②。

夏四月,公会纪侯于成③。

秋八月壬午,大阅④。

蔡人杀陈佗。

九月丁卯,子同生⑤。

冬,纪侯来朝。

【注释】

① 六年:公元前706年。　② 这句是承上年“州公如曹”句。州公去曹后未返国,此时来鲁国。“实来”,即“来”,“实”有定居意。《左传》说是因为来而不归,因此这样写,以别于一般的来。一说“实来”为“当时之常言”。③ 成:在今山东宁阳县北。　④ 阅:阅兵,即检阅兵车及驾车的马。⑤ 同:公子同,后即位为庄公。公元前693—前662年在位。

【传】

六年春,自曹来朝。书曰“实来”,不复其国也①。

【注释】

① 复:回,返回。

楚武王侵随①,使薳章求成焉②,军于瑕以待之③。随人使少师董成④。鬥伯比言于楚子曰⑤:“吾不得志于汉东也⑥,我则使然⑦。我张吾三军而被吾甲兵⑧,以武临之,彼则惧而协以谋我⑨,故难间也⑩。汉东之国随为大,随张必弃小国⑪,小国离,楚之利也。少师侈⑫,请羸师以张之⑬。”熊率且比曰⑭:“季梁在⑮,何益?”鬥伯比曰:“以为后图,少师得其君。”王毁军而纳少师⑯。

【注释】

① 楚武王：名熊通，楚第十七任国君。公元前740—前690年在位。随：姬姓国，侯爵，其地在今湖北随州市。 ② 薳(wěi)章：楚大夫。成：和议。 ③ 瑕：随地，在今湖北随州市。 ④ 少师：官名。董：主持。 ⑤ 鬥伯比：楚大夫，令尹子文之父。 ⑥ 汉东：指汉水以东地区的小国，如江、黄、六等国。 ⑦ 我则使然：指是由于自己失策而导致如此。 ⑧ 张：张大，扩展。被吾甲兵：整顿武器装备。 ⑨ 协：联合起来。 ⑩ 间：离间，乘隙。 ⑪ 张：此指自高自大。 ⑫ 侈：狂妄自大。 ⑬ 羸师：使军队表现疲弱状态。 ⑭ 熊率且(jū)比：楚大夫。 ⑮ 季梁：随之贤臣。 ⑯ 毁军：毁损军容。故意让军容不整。

少师归，请追楚师，随侯将许之。季梁止之曰："天方授楚①，楚之羸，其诱我也，君何急焉？臣闻小之能敌大也，小道大淫②。所谓道，忠于民而信于神也。上思利民，忠也；祝史正辞③，信也。今民馁而君逞欲，祝史矫举以祭④，臣不知其可也。"公曰："吾牲牷肥腯⑤，粢盛丰备⑥，何则不信？"对曰："夫民，神之主也。是以圣王先成民而后致力于神⑦。故奉牲以告曰'博硕肥腯'⑧，谓民力之普存也，谓其畜之硕大蕃滋也⑨，谓其不疾瘯蠡也⑩，谓其备腯咸有也⑪。奉盛以告曰'洁粢丰盛'，谓其三时不害而民和年丰也⑫。奉酒醴以告曰'嘉栗旨酒'⑬，谓其上下皆有嘉德而无违心也。所谓馨香⑭，无谗慝也⑮。故务其三时，修其五教⑯，亲其九族⑰，以致其禋祀⑱。于是乎民和而神降之福，故动则有成。今民各有心，而鬼神乏主，君虽独丰，其何福之有！君姑修政而亲兄弟之国，庶免于难。"随侯惧而修政，楚不敢伐。

【注释】

① 授：付予好运，照顾。 ② 道：得道，有道义。淫：淫虐乱政。 ③ 祝史：主持祭祀的官。正辞：讲实话，无虚言诡语。 ④ 矫举：诈称功德以欺骗鬼神。 ⑤ 牲：牛、羊、猪。牷(quán)：毛色纯一的牲畜。腯(tū)：肥壮。 ⑥ 粢(zī)：粮食。粢盛，装在祭器中的粮食。 ⑦ 成民：谓养民而使之有成就。 ⑧ 博硕：宽广硕大。 ⑨ 蕃滋：蕃育滋生。 ⑩ 瘯蠡(cù luǒ)：家畜疫病，皮毛上生疥癣。蠡，此通瘰。 ⑪ 咸有：兼

备。　⑫ 三时:指春、夏、秋农忙时季。三时不害,即农时不受扰害。⑬ 嘉:善也。栗:借为洌,清也,洁也。旨酒:美酒。　⑭ 馨香:芳香远闻。⑮ 谗:谗言,诬陷别人的坏话。慝(tè):邪恶。　⑯ 五教:指父义、母慈、兄友、弟恭、子孝。　⑰ 九族:说法不一。一说自高、曾至曾孙、玄孙九代。一说已族之外,加外祖父、外祖母、岳父、岳母、姨母之子、姑母之子、姊妹之子、女之子。　⑱ 禋(yīn)祀:祭祀鬼神。

夏,会于成,纪来咨谋齐难也①。

北戎伐齐②,齐侯使乞师于郑③。郑大子忽帅师救齐④。六月,大败戎师,获其二帅大良、少良,甲首三百⑤,以献于齐。于是,诸侯之大夫戍齐⑥,齐人馈之饩⑦,使鲁为其班⑧,后郑。郑忽以其有功也,怒,故有郎之师⑨。

【注释】

① 咨谋齐难:指商讨如何对付齐国灭纪的企图。　② 北戎:即山戎,居今河北迁安市一带。　③ 齐侯:齐僖公禄父。　④ 大子忽:即公子忽,见隐公三年(前720)传。大子,即太子。　⑤ 甲首:披甲之人的首级。⑥ 戍齐:指帮助齐国防守边境。　⑦ 馈:赠送。饩:牲腥之类食品。⑧ 为其班:确定各国的先后次序。　⑨ 郎:鲁邑,在今山东鱼台县东北。郎之师,指桓公十年(前702),郑合齐、卫伐鲁之役。

公之未昏于齐也,齐侯欲以文姜妻郑大子忽①。大子忽辞,人问其故,大子曰:"人各有耦②,齐大,非吾耦也。《诗》云:'自求多福③。'在我而已,大国何为?"君子曰:"善自为谋。"及其败戎师也,齐侯又请妻之,固辞。人问其故,大子曰:"无事于齐,吾犹不敢。今以君命奔齐之急④,而受室以归⑤,是以师昏也⑥。民其谓我何?"遂辞诸郑伯。

【注释】

① 文姜:齐僖公女,襄公妹,嫁鲁桓公。　② 耦:同"偶",匹配。③ 自求多福:见《诗·大雅·文王》。谓求福在已,非由人,所以下文有"在我而已"的话。　④ 奔齐之急:奔救齐国的急难。　⑤ 受室:即娶妇。⑥ 以师昏:以战争要取婚姻。昏,同"婚"。

秋，大阅，简车马也。

九月丁卯，子同生。以大子生之礼举之，接以大牢①，卜士负之②，士妻食之③。公与文姜、宗妇命之④。

【注释】

① 接：子生三日父见之，称接。大牢：即太牢，牛。或云牛、羊、猪。 ② 卜士：以占卜选定一位士。负：抱。 ③ 食：为奶妈。 ④ 宗妇：宗族中年高位崇的妇女。命：命名。

公问名于申繻①。对曰："名有五：有信，有义，有象，有假，有类。以名生为信②，以德命为义③，以类命为象④，取于物为假⑤，取于父为类⑥。不以国，不以官，不以山川，不以隐疾，不以畜牲，不以器币。周人以讳事神，名，终将讳之。故以国则废名，以官则废职，以山川则废主，以畜牲则废祀，以器币则废礼。晋以僖侯废司徒⑦，宋以武公废司空⑧，先君献、武废二山⑨，是以大物不可以命。"公曰："是其生也，与吾同物⑩，使之曰同。"

【注释】

① 申繻(xū)：鲁大夫。 ② 以名生：当为"以生名"，即以生时特征命名，如鲁公子友生时手有文如"友"字，便取名"友"。 ③ 以德命：即以祥瑞的字来命名，如文王名昌，武王名发。 ④ 以类命：以相类似的东西来命名。如孔子头如尼丘，取名为丘。 ⑤ 取于物：用物品来命名。如孔鲤生时有人送鱼，即取名为鲤。 ⑥ 取于父：用与父亲相类似的意思命名。如下桓公子与其同日生，所以名同。 ⑦ 僖侯：名司徒，所以因避讳废司徒一官。 ⑧ 武公：名司空，以避讳改司空官名为司城。 ⑨ 献、武：鲁献公名具，鲁武公名敖，鲁人避讳，废山名，改以其乡名为山名。 ⑩ 物：据昭公七年(前535)传，岁、时、日、月、星、辰为六物。同与桓公同日生，故云"同物"。

冬，纪侯来朝，请王命以求成于齐①，公告不能。

【注释】

① 请王命：谓请桓公转求得到周天子的命令。

桓 公 七 年

【经】

七年春二月己亥①,焚咸丘②。

夏,谷伯绥来朝③。

邓侯吾离来朝④。

【注释】

① 七年:公元前705年。 ② 焚:放火烧田,驱使野兽外逃,然后围猎。咸丘:鲁地,在今山东巨野县东南。 ③ 谷:国名,伯爵,地在今湖北谷城县。 ④ 邓:国名,曼姓,侯爵,地在今河南邓州市。

【传】

七年春,谷伯、邓侯来朝。名,贱之也。

夏,盟、向求成于郑①,既而背之。

秋,郑人、齐人、卫人伐盟、向。王迁盟、向之民于郏②。

冬,曲沃伯诱晋小子侯③,杀之。

【注释】

① 盟、向:二邑名,隐公十一年(前712)周天子以与郑交换者。郑当时对二邑名义上有所有权,实际上没得到。有人推测二邑必与郑有兵事,所以现在与郑求和。 ② 郏(jiā):一名王城,即今河南洛阳市。 ③ 曲沃伯:曲沃武公。诱:诱骗。小子侯:晋哀侯子,晋十六世君。公元前709—前707年在位。

桓 公 八 年

【经】

八年春正月己卯①,烝②。

天王使家父来聘③。

夏五月丁丑,烝。

秋,伐邾。

冬十月,雨雪④。

祭公来⑤,遂逆王后于纪⑥。

【注释】

① 八年:公元前704年。　② 桓公五年(前707)传云:"闭蛰而烝,过则书。"闭蛰当夏正十月,此年春正月当夏正十二月,烝祭过时,所以《春秋》记载。下同。　③ 家父:周大夫。　④ 雨雪:下雪。　⑤ 祭公:周天子的三公。时周天子与纪国通婚,因纪国小,所以由鲁国代为主持,祭公因此先至鲁,后迎亲。　⑥ 遂:接着,然后。

【传】

八年春,灭翼①。

随少师有宠。楚鬥伯比曰:"可矣。仇有衅②,不可失也。"

夏,楚子合诸侯于沈鹿③。黄、随不会④。使薳章让黄⑤。楚子伐随,军于汉、淮之间。

【注释】

① 此事与上年传语相接。翼为晋都城。　② 衅:此指弱点。　③ 沈鹿:楚地,在今湖北钟祥市东。　④ 黄:国名,嬴姓,地在今河南潢川县。　⑤ 让:责备。

季梁请下之①,弗许而后战,所以怒我而怠寇也。少师谓随侯曰:"必速战。不然,将失楚师②。"随侯御之,望楚师③。季梁曰:"楚人上左④,君必左⑤,无与王遇⑥。且攻其右,右无良焉,必败。偏败,众乃携矣⑦。"少师曰:"不当王,非敌也⑧。"弗从。战于速杞⑨,随师败绩⑩。随侯逸⑪,鬥丹获其戎车⑫,与其戎右少师⑬。

秋,随及楚平。楚子将不许,鬥伯比曰:"天去其疾矣⑭,随未可克也。"乃盟而还。

【注释】

① 下之:屈服。　② 失楚师:错过战胜楚军的机会。　③ 望:眺望。　④ 上左:尊重左。上,同"尚"。　⑤ 君:指随侯。随侯在左,则

正对楚右军，不与楚王遇。　⑥ 遇：即“当”，正面相对。　⑦ 携：离散。⑧ 非敌：不是地位同等的敌国。　⑨ 速杞：随地，在今湖北应山县西。⑩ 败绩：作战大败。庄公十一年（前 683）传：“大崩曰败绩。”　⑪ 逸：逃跑。⑫ 鬥丹：楚大夫。戎车：君王所乘兵车。　⑬ 与：擒获。戎右：即车右。　⑭ 疾：指随少师。

冬，王命虢仲立晋哀侯之弟缗于晋①。

祭公来，遂逆王后于纪，礼也。

【注释】

① 虢仲：即周朝卿士虢公林父。

桓公九年

【经】

九年春①，纪季姜归于京师②。

夏四月。

秋七月。

冬，曹伯使其世子射姑来朝③。

【注释】

① 九年：公元前 703 年。　② 纪季姜：纪侯女，周桓王后。季是排行，姜是姓。　③ 曹伯：曹桓公。公元前 756—前 702 年在位。世子：即太子。

【传】

九年春，纪季姜归于京师。凡诸侯之女行①，唯王后书。

巴子使韩服告于楚②，请与邓为好。楚子使道朔将巴客以聘于邓③。邓南鄙鄾人攻而夺之币④，杀道朔及巴行人。楚子使薳章让于邓⑤，邓人弗受。

【注释】

① 行：出嫁。　② 巴：国名，子爵，姬姓。国始在湖北襄樊附近，战国时迁入四川。韩服：巴国行人。行人掌接待来往宾客，通使外邦。　③ 道

朔:楚大夫。巴客:即韩服。 ④ 鄾(yōu):在今湖北襄樊市。一说为国名。币:聘问带的礼物。 ⑤ 让:责问。

夏,楚使鬥廉帅师及巴师围鄾①。邓养甥、聃甥帅师救鄾②。三逐巴师③,不克。鬥廉衡陈其师于巴师之中④,以战,而北⑤。邓人逐之,背巴师而夹攻之⑥。邓师大败,鄾人宵溃。

【注释】

① 鬥廉:楚大夫。 ② 养甥、聃甥:邓大夫。 ③ 逐:进攻,冲击。 ④ 衡:同“横”。 ⑤ 北:同“背”,败走。 ⑥ 背巴师:指邓军追楚师,出于巴军之外。

秋,虢仲、芮伯、梁伯、荀侯、贾伯伐曲沃①。

冬,曹大子来朝,宾之以上卿,礼也。

享曹大子。初献,乐奏而叹。施父曰②:“曹大子其有忧乎,非叹所也③。”

【注释】

① 梁:国名,伯爵,嬴姓,地在今陕西韩城市。荀:国名,侯爵,姬姓,地在今山西新绛县。贾:国名,伯爵,姬姓,地在今山西襄汾县。 ② 施父:鲁大夫。 ③ 非叹所:这里不是叹息的地方。

桓公十年

【经】

十年春①,王正月庚申,曹伯终生卒。

夏五月,葬曹桓公。

秋,公会卫侯于桃丘②,弗遇。

冬十有二月丙午,齐侯、卫侯、郑伯来战于郎③。

【注释】

① 十年:公元前702年。 ② 桃丘:在今山东东阿县。桓公往桃丘会卫宣公,然卫已应齐、郑请,助兵伐鲁,故未赴会。 ③ 齐侯:齐僖公。

郑伯:郑庄公。郎:近鲁都曲阜。

【传】

十年春,曹桓公卒。

虢仲谮其大夫詹父于王①。詹父有辞②,以王师伐虢。夏,虢公出奔虞③。

秋,秦人纳芮伯万于芮④。

【注释】

① 詹父:虢仲属下大夫。　② 有辞:有理。　③ 虞:国名,公爵,姬姓,地在今山西平陆县。　④ 纳:送回。芮伯于桓公四年(前 708)被秦所执。

初,虞叔有玉①,虞公求旃②,弗献。既而悔之,曰:"周谚有之:'匹夫无罪,怀璧其罪。'吾焉用此,其以贾害也③。"乃献之。又求其宝剑。叔曰:"是无厌也。无厌,将及我④。"遂伐虞公,故虞公出奔共池⑤。

【注释】

① 虞叔:虞公的弟弟。　② 旃:"之焉"的合音。　③ 贾(gǔ)害:得祸。　④ 将及我:言由物而害及我的生命。　⑤ 共池:在今山西平陆县西。

冬,齐、卫、郑来战于郎,我有辞也①。

初,北戎病齐②,诸侯救之。郑公子忽有功焉。齐人饩诸侯,使鲁次之。鲁以周班后郑③。郑人怒,请师于齐。齐人以卫师助之,故不称侵伐。先书齐、卫,王爵也④。

【注释】

① 有辞:是有理的一方。　② 病齐:伐齐而使齐病,暗示齐国无法抵御。　③ 周班:周室封爵的次序。后郑:把郑国排在后面。　④ 王爵:即周班。此段追叙事,详桓公六年(前 706)。

桓公十一年

【经】

十有一年春正月[①],齐人、卫人、郑人盟于恶曹[②]。

夏五月癸未,郑伯寤生卒。

秋七月,葬郑庄公。

九月,宋人执郑祭仲[③]。突归于郑[④]。郑忽出奔卫。

柔会宋公、陈侯、蔡叔盟于折[⑤]。

公会宋公于夫钟[⑥]。

冬十有二月,公会宋公于阚[⑦]。

【注释】

① 十有一年:公元前701年。 ② 恶曹:杜预注"地阙",即不详何地。或以为在河南延津县。 ③ 祭仲:即祭足。 ④ 突:公子突,太子忽之弟,后即位为厉公,公元前700—前697年在位。 ⑤ 柔:鲁大夫。宋公:宋庄公。陈侯:陈厉公,公元前706—前700年在位。蔡叔:蔡大夫,一云即蔡桓侯之弟。折:不详。 ⑥ 夫钟:在今山东汶上县。 ⑦ 阚(kàn):在今山东汶上县。

【传】

十一年春,齐、卫、郑、宋盟于恶曹。

楚屈瑕将盟贰、轸[①]。郧人军于蒲骚[②],将与随、绞、州、蓼伐楚师[③]。莫敖患之[④]。鬥廉曰:"郧人军其郊,必不诫[⑤],且日虞四邑之至也[⑥]。君次于郊郢以御四邑[⑦],我以锐师宵加于郧。郧有虞心而恃其城,莫有斗志。若败郧师,四邑必离。"莫敖曰:"盍请济师于王[⑧]?"对曰:"师克在和[⑨],不在众。商,周之不敌,君之所闻也。成军以出[⑩],又何济焉?"莫敖曰:"卜之。"对曰:"卜以决疑,不疑何卜?"遂败郧师于蒲骚,卒盟而还。

【注释】

① 屈瑕:楚大夫。贰:国名,与轸国均在今湖北应城市。 ② 郧:亦作䢵,

国名,子爵,地在今湖北郧县。蒲骚:郧邑,在今湖北广水市西北。　③ 绞:国名,地在今湖北郧县西北。州:国名,地在今湖北监利县东。蓼:国名,在今河南唐河县南。　④ 莫敖:官名。屈瑕时官莫敖。　⑤ 诫:警戒。⑥ 虞:望,期望。　⑦ 次:止,到达。郊郢:楚地,当离楚都不远。　⑧济师:增加军队。　⑨ 克:战胜。和:团结。　⑩ 成军:整顿好军队。

郑昭公之败北戎也①,齐人将妻之,昭公辞。祭仲曰:"必取之。君多内宠,子无大援,将不立②。三公子③,皆君也。"弗从。

夏,郑庄公卒。

【注释】

① 郑昭公:即太子忽。败北戎:在桓公六年(前706)。　② 将不立:谓将难以立为君。　③ 三公子:指太子忽之弟子突、子亹、子仪。其母皆有宠。

初,祭封人仲足有宠于庄公,庄公使为卿①。为公娶邓曼②,生昭公,故祭仲立之。宋雍氏女于郑庄公③,曰雍姞,生厉公。雍氏宗④,有宠于宋庄公,故诱祭仲而执之,曰:"不立突,将死。"亦执厉公而求赂焉。祭仲与宋人盟,以厉公归而立之。

秋九月丁亥,昭公奔卫。己亥,厉公立。

【注释】

① 使为卿:谓庄公将祭仲自封人擢为卿,执国政。　② 邓曼:邓国之女,曼姓。　③ 雍氏:宋大夫,姞姓,故嫁郑庄公之女名雍姞。女于:把女儿嫁给。　④ 宗:通"崇",有声誉。

桓公十二年

【经】

十有二年春正月①。

夏六月壬寅,公会杞侯、莒子②,盟于曲池③。

秋七月丁亥,公会宋公、燕人④,盟于穀丘⑤。

八月壬辰,陈侯跃卒⑥。

公会宋公于虚[7]。

冬十有一月,公会宋公于龟[8]。

丙戌,公会郑伯[9],盟于武父[10]。

丙戌,卫侯晋卒[11]。

十有二月,及郑师伐宋。丁未,战于宋。

【注释】

① 十有二年:公元前700年。 ② 杞侯:杞靖侯。 ③ 曲池:在今山东宁阳县北。 ④ 宋公:宋庄公。 ⑤ 谷丘:宋邑,在今河南商丘东南。 ⑥ 陈侯跃:陈厉公。 ⑦ 虚:宋地,在今河南延津县东。 ⑧ 龟:宋地,在今河南睢县。 ⑨ 郑伯:郑厉公。 ⑩ 武父:郑地,在今山东东明县西南。 ⑪ 卫侯晋:卫宣公。

【传】

十二年夏,盟于曲池,平杞、莒也[1]。

公欲平宋、郑。秋,公及宋公盟于句渎之丘[2]。宋成未可知也,故又会于虚。冬,又会于龟。宋公辞平,故与郑伯盟于武父,遂帅师而伐宋,战焉,宋无信也。

君子曰:"苟信不继,盟无益也。《诗》云:'君子屡盟,乱是用长[3]。'无信也。"

【注释】

① 平杞、莒:使杞、莒和好。隐公四年(前719),莒伐杞,二国始不和。 ② 句渎之丘:即谷丘。 ③ 所引诗见《小雅·巧言》。是用:即是以。长:滋长。

楚伐绞,军其南门。莫敖屈瑕曰:"绞小而轻[1],轻则寡谋,请无扞采樵者以诱之[2]。"从之。绞人获三十人。明日,绞人争出,驱楚役徒于山中[3]。楚人坐其北门而覆诸山下[4],大败之,为城下之盟而还。

伐绞之役,楚师分涉于彭[5]。罗人欲伐之[6],使伯嘉谍之[7],三巡数之[8]。

【注释】

① 小而轻:国小而人轻躁易动。　② 捍:保护。　③ 驱:追赶。役徒:即采樵者。　④ 坐:守,等待。覆:设伏。　⑤ 涉:渡过。彭:彭水,今名南河,源出湖北房县,在谷城县流入汉水。　⑥ 罗:国名,熊姓,地在今湖北宜城市。　⑦ 伯嘉:罗大夫。谍:侦察。　⑧ 巡:遍。数之:计楚军人数的多寡。

桓公十三年

【经】

十有三年春二月①,公会纪侯、郑伯②。己巳,及齐侯、宋公、卫侯、燕人战③。齐师、宋师、卫师、燕师败绩。

三月,葬卫宣公。

夏,大水。

秋七月。

冬十月。

【注释】

① 十有三年:公元前699年。　② 纪侯:纪靖侯。郑伯:郑厉公。③ 齐侯:齐僖公。宋公:宋庄公。卫侯:卫惠公,公元前699—前697年在位。

【传】

十三年春,楚屈瑕伐罗,鬥伯比送之。还,谓其御曰:"莫敖必败。举趾高①,心不固矣②。"遂见楚子曰③:"必济师④。"楚子辞焉,入告夫人邓曼⑤。邓曼曰:"大夫其非众之谓⑥,其谓君抚小民以信,训诸司以德⑦,而威莫敖以刑也⑧。莫敖狃于蒲骚之役⑨,将自用也⑩,必小罗⑪。君若不镇抚⑫,其不设备乎。夫固谓君训众而好镇抚之⑬,召诸司而劝之以令德,见莫敖而告诸天之不假易也⑭。不然,夫岂不知楚师之尽行也⑮。"楚子使赖人追之⑯,不及。

【注释】

① 举趾高:举步自高,谓骄傲自满。　② 不固:指防备敌人的心不

固。　③ 见:请见。楚子:楚武王。　④ 济:增加。　⑤ 邓曼:楚武王夫人,与前郑庄公夫人邓曼非一人。　⑥ 大夫:指鬥伯比。非众之谓:言不是单纯要求增加军队人数。　⑦ 诸司:诸有司,指一般官吏。⑧ 威:震慑。刑:刑法。　⑨ 狃:贪惑,习以为常。　⑩ 自用:自以为是,听不进别人的话。　⑪ 小:轻视。　⑫ 镇抚:镇压抚绥。此指戒饬。⑬ 固:本,原来。　⑭ 假易:宽纵。　⑮ 楚师之尽行:楚国的军队已全部出发。　⑯ 赖:国名,子爵,地在今湖北随州市北。赖人指赖国仕于楚的人。

莫敖使徇于师曰①:"谏者有刑。"及鄢②,乱次以济③。遂无次,且不设备。及罗,罗与卢戎两军之④,大败之。莫敖缢于荒谷⑤,群帅囚于冶父以听刑⑥。楚子曰:"孤之罪也。"皆免之。

【注释】

① 徇:宣告,号令。　② 鄢:水名。源出湖北保康县,流经南漳、宜城,入汉水。　③ 乱次:次序混乱。济:渡河。　④ 卢戎:南蛮夷国,地在今湖北南漳县。两军之:两面驻扎,即两面夹攻。　⑤ 荒谷:与下"冶父"均楚地,在今湖北荆州市东南。　⑥ 听刑:听候施刑,即请罪。

宋多责赂于郑①,郑不堪命,故以纪、鲁及齐与宋、卫、燕战。不书所战②,后也③。

郑人来请修好④。

【注释】

① 责:索取。　② 所战:战于何处。　③ 后:谓鲁国军队迟到。④ 此语当与下年传语相连。

桓公十四年

【经】

十有四年春正月①,公会郑伯于曹。

无冰②。

夏五③。

郑伯使其弟语来盟。

秋八月壬申，御廪灾④。乙亥，尝⑤。

冬十有二月丁巳，齐侯禄父卒⑥。

宋人以齐人、蔡人、卫人、陈人伐郑。

【注释】

① 十有四年：公元前 698 年。　② 无冰：古例于二月藏冰，此年气候和暖，无冰可藏，故《春秋》记载。　③ 夏五：杜注云："不书月，有阙文。"　④ 御廪：藏君王所耕田产的粮食，其粮用以祭祀。灾：天火。　⑤ 尝：秋天祭祀宗庙。　⑥ 齐侯禄父：齐僖公。

【传】

十四年春，会于曹，曹人致饩①，礼也。

夏，郑子人来寻盟②，且修曹之会。

秋八月壬申，御廪灾。乙亥，尝。书，不害也③。

冬，宋人以诸侯伐郑，报宋之战也④。焚渠门⑤，入及大逵⑥；伐东郊，取牛首⑦；以大宫之椽归⑧，为卢门之椽⑨。

【注释】

① 饩：食物。生曰饩，熟曰饔。　② 子人：郑伯弟语之字。寻盟：重修桓公十二年(前 700)武父之盟。　③ 不害：不以御廪灾为惧。御廪失火，属天示警，人主当惧而反省。而桓公三天后仍举行尝祭，所以《春秋》记录。　④ 报宋之战：报复前年郑国攻打宋国的那次战争。　⑤ 渠门：郑都城门。　⑥ 大逵：四通八达的街道。　⑦ 牛首：郑郊，在今河南通许县东北。　⑧ 大宫：太庙。　⑨ 卢门：宋城门名。

桓公十五年

【经】

十有五年春二月①，天王使家父来求车②。

三月乙未，天王崩。

夏四月己巳，葬齐僖公。

五月,郑伯突出奔蔡。

郑世子忽复归于郑③。

许叔入于许④。

公会齐侯于艾⑤。

邾人、牟人、葛人来朝⑥。

秋九月,郑伯突入于栎⑦。

冬十有一月,公会宋公、卫侯、陈侯于袲⑧,伐郑。

【注释】

① 十有五年:公元前697年。 ② 天王:周桓王。 ③ 复归:复其位。世子忽即郑昭公。 ④ 许叔:许穆公新臣。郑等三国灭许,使居许东偏,事见隐公十一年(前712)。 ⑤ 齐侯:齐襄公。公元前697—前686年在位。艾:在山东临沂市西。 ⑥ 牟:国名,地在今山东莱芜市东。葛:国名,嬴姓,地在今山东,具体所在不详。邾、牟、葛均小国,其君来朝见,因国小,所以称"人"。 ⑦ 栎:郑邑,在今河南禹州市。 ⑧ 宋公:宋庄公。卫侯:卫惠公。陈侯:陈庄公,公元前699—前693年在位。袲(yí):宋地,在今安徽宿州市。

【传】

十五年春,天王使家父来求车,非礼也。诸侯不贡车服,天子不私求财。

祭仲专,郑伯患之,使其婿雍纠杀之①。将享诸郊②。雍姬知之,谓其母曰:"父与夫孰亲?"其母曰:"人尽夫也,父一而已,胡可比也?"遂告祭仲曰:"雍氏舍其室而将享子于郊③,吾惑之,以告。"祭仲杀雍纠,尸诸周氏之汪④。公载以出⑤,曰:"谋及妇人,宜其死也。"

【注释】

① 雍纠:郑大夫,祭仲的女婿,当为雍姞族人。 ② 享诸郊:在郊区宴请祭仲。 ③ 舍其室:不在家里。 ④ 尸:陈尸。周氏:郑大夫。汪:水池。 ⑤ 载:载雍纠尸体。出:出奔,逃亡。

夏，厉公出奔蔡。

六月乙亥，昭公入①。

许叔入于许。

公会齐侯于艾，谋定许也。

【注释】

① 入：进入郑国。

秋，郑伯因栎人杀檀伯①，而遂居栎。

冬，会于袲，谋伐郑，将纳厉公也②。弗克而还③。

【注释】

① 因：依靠。檀伯：郑守栎大夫。　② 纳：送厉公回国。　③ 弗克：没有战胜。

桓公十六年

【经】

十有六年春正月①，公会宋公、蔡侯、卫侯于曹②。

夏四月，公会宋公、卫侯、陈侯、蔡侯伐郑③。

秋七月，公至自伐郑。

冬，城向④。

十有一月，卫侯朔出奔齐。

【注释】

① 十有六年：公元前696年。　② 宋公：宋庄公。蔡侯：蔡桓侯。卫侯：卫惠公，名朔。　③ 陈侯：陈庄公。　④ 向：在今山东莒县南。一度为莒邑。

【传】

十六年春正月，会于曹，谋伐郑也①。

夏，伐郑。

秋七月，公至自伐郑[2]，以饮至之礼也[3]。

冬，城向。书，时也。

【注释】

① 前年冬谋送郑厉公回国没有成功，所以再次商议。 ② 至自伐郑：从攻打郑国的战役回到鲁国。 ③ 饮至：见隐公五年(前718)传注。

初，卫宣公烝于夷姜[1]，生急子，属诸右公子[2]。为之娶于齐，而美，公取之，生寿及朔，属寿于左公子。夷姜缢。宣姜与公子朔构急子[3]。公使诸齐，使盗待诸莘[4]，将杀之。寿子告之，使行[5]，不可，曰："弃父之命，恶用子矣！有无父之国则可也。"及行，饮以酒，寿子载其旌以先[6]，盗杀之。急子至，曰："我之求也[7]，此何罪[8]？请杀我乎！"又杀之。二公子故怨惠公[9]。

十一月，左公子泄、右公子职立公子黔牟。惠公奔齐。

【注释】

① 烝：以下淫上。指和母辈通奸。夷姜：庄公妾，宣公庶母。 ② 属：使傅之。右公子：名职。右公子之称，缘由不详，或云"左右媵之子，因以为号"。 ③ 宣姜：即齐女。构：挑拨离间，诬陷。 ④ 盗：指派人伪装为强盗。莘：卫地，在今山东莘县。 ⑤ 行：逃走。 ⑥ 载其旌以先：把急子的旌旗载在自己的车上走在前。 ⑦ 我之求：该死的是我。 ⑧ 此：指寿子。 ⑨ 二公子：即左、右公子。惠公：即公子朔，桓公十三年(前699)立为卫侯。

桓公十七年

【经】

十有七年春正月丙辰[1]，公会齐侯、纪侯盟于黄[2]。

二月丙午，公会邾仪父，盟于趡[3]。

夏五月丙午，及齐师战于奚[4]。

六月丁丑，蔡侯封人卒。

秋八月,蔡季自陈归于蔡⑤。

癸巳,葬蔡桓侯。

及宋人、卫人伐邾。

冬十月朔,日有食之。

【注释】

① 十有七年:公元前 695 年。　② 齐侯:齐襄公。黄:齐地,在今山东淄博市淄川东北。　③ 趡(cuī):鲁地,当在今山东泗水县与邹城市之间。　④ 奚:当在今山东滕州市。　⑤ 蔡季:蔡桓侯封人之弟,名献舞,时由陈国送回国,即位,为哀侯,公元前 694—前 675 年在位。

【传】

十七年春,盟于黄,平齐、纪,且谋卫故也。

及邾仪父盟于趡,寻蔑之盟也①。

夏,及齐师战于奚,疆事也。于是齐人侵鲁疆,疆吏来告,公曰:"疆埸之事②,慎守其一而备其不虞③。姑尽所备焉。事至而战④,又何谒焉⑤?"

【注释】

① 蔑之盟:事在隐公元年(前 722)。　② 疆埸:边境。　③ 其一:指自己一方的土地。备:预备、防备。不虞:意外。　④ 事:戎事,指外国侵略。　⑤ 谒:谒告,请示。

蔡桓侯卒,蔡人召蔡季于陈。秋,蔡季自陈归于蔡,蔡人嘉之也。

伐邾,宋志也①。

冬十月朔,日有食之。不书日,官失之也。天子有日官,诸侯有日御。日官居卿以底日②,礼也。日御不失日,以授百官于朝。

【注释】

① 宋志:鲁伐邾是违背了当年与邾国的盟约,所以强调"宋志"。　② 居卿:天子日官即太史,朝位特尊,与卿相同。底(zhǐ):杜注云:"平也,谓平历数。"即推算。

初，郑伯将以高渠弥为卿①，昭公恶之，固谏，不听。昭公立，惧其杀己也，辛卯，弑昭公而立公子亹②。君子谓昭公知所恶矣。公子达曰③："高伯其为戮乎④，复恶已甚矣⑤。"

【注释】

① 郑伯：郑庄公。 ② 公子亹（wěi）：昭公弟，无谥号。 ③ 公子达：鲁大夫。 ④ 高伯：伯为高渠弥之字。 ⑤ 复恶：再次为恶。高渠弥先为昭公所厌恶，又因此而杀君，所以说他"复恶"。已甚：太过分。

桓公十八年

【经】

十有八年春①，王正月，公会齐侯于泺②。

公与夫人姜氏遂如齐。

夏四月丙子，公薨于齐③。

丁酉，公之丧至自齐。

秋七月。

冬十有二月己丑，葬我君桓公。

【注释】

① 十有八年：公元前694年。 ② 齐侯：齐襄公。泺：在今山东济南市西北。 ③ 桓公在齐被杀，经言"薨"，是为本国君王讳。

【传】

十八年春，公将有行①，遂与姜氏如齐。申繻曰②："女有家③，男有室④，无相渎也⑤，谓之有礼。易此必败⑥。"公会齐侯于泺，遂及文姜如齐。齐侯通焉⑦。公谪之⑧，以告⑨。

【注释】

① 有行：有出行的举动。 ② 申繻：见桓公六年（前706）注。 ③ 家：指丈夫。 ④ 室：妻子。 ⑤ 渎：亵渎，轻慢。 ⑥ 易：改变，违反。 ⑦ 通：通奸。 ⑧ 谪：责备。 ⑨ 以告：指文姜把这事告诉了齐襄公。

夏四月丙子，享公。使公子彭生乘公①，公薨于车②。

鲁人告于齐曰："寡君畏君之威，不敢宁居③，来修旧好，礼成而不反④，无所归咎⑤，恶于诸侯⑥。请以彭生除之⑦。"齐人杀彭生。

【注释】

① 乘公：扶持桓公上车。　② 公薨于车：《公羊传》说齐襄公派彭生抱桓公上车时，故意拉折他的肋骨，所以桓公死在车上。　③ 宁居：安居不动。　④ 不反：没能回国。　⑤ 归咎：归罪于某人身上。　⑥ 恶于诸侯：在诸侯中造成了恶劣的影响。　⑦ 除：消除。

秋，齐侯师于首止①，子亹会之，高渠弥相②。七月戊戌，齐人杀子亹而轘高渠弥③。祭仲逆郑子于陈而立之④。是行也，祭仲知之⑤，故称疾不往。人曰："祭仲以知免。"仲曰："信也⑥。"

【注释】

① 首止：卫地，在今河南睢县附近。　② 相：做助手，任相礼。③ 轘(huàn)：车裂。　④ 郑子：昭公弟子仪。　⑤ 祭仲知之：祭仲知齐国不怀好意，曾劝子亹勿去。见《史记·郑世家》。　⑥ 信：确实如此。

周公欲弑庄王而立王子克①。辛伯告王②，遂与王杀周公黑肩。王子克奔燕③。

初，子仪有宠于桓王，桓王属诸周公。辛伯谏曰："并后④，匹嫡⑤，两政⑥，耦国⑦，乱之本也。"周公弗从，故及⑧。

【注释】

① 王子克：庄王弟子仪。　② 辛伯：周大夫。　③ 燕：指南燕。④ 并后：妾的地位等同王后。　⑤ 匹嫡：庶子等同嫡子。　⑥ 两政：二卿有同等的权力。　⑦ 耦国：大城市规模与都城相等。　⑧ 及：指遭到祸害。

卷三　庄公

庄公元年

【经】

元年春①,王正月。

三月,夫人孙于齐②。

夏,单伯送王姬③。

秋,筑王姬之馆于外④。

冬十月乙亥,陈侯林卒⑤。

王使荣叔来锡桓公命⑥。

王姬归于齐。

齐师迁纪郱、鄑、郚⑦。

【注释】

① 元年:公元前693年。　② 夫人:庄公母。孙:同“逊”,避让。鲁人责备文姜,文姜出奔齐国,不言“奔”,言孙,是避讳。　③ 单伯:周卿士。王姬:天子之女。王姬嫁齐,以同姓诸侯鲁国国君为主婚,所以单伯先将王姬送到鲁国,准备出嫁。　④ 馆:馆舍。外:城外。　⑤ 陈侯林:陈庄公。　⑥ 荣叔:周大夫。锡桓公命:赐予桓公爵服等赏命。天子赐诸侯命,可在即位时,也可在即位后或死后。锡,赐。　⑦ 郱(píng)、鄑(zī)、郚(wǔ):三邑皆纪邑。齐欲灭纪,故迁其民而取其地。

【传】

元年春,不称即位,文姜出故也。

三月,夫人孙于齐。不称姜氏,绝不为亲①,礼也。

秋,筑王姬之馆于外。为外,礼也②。

【注释】

① 绝不为亲：断绝母子关系。因姜氏有杀夫之罪，因此庄公不认其为母，是合乎礼的。　② 为外，礼也：当时庄公在守丧期，恐齐侯到鲁国迎亲，势必在宗庙行礼，如拒绝又有违周天子命令，所以在城外筑馆，这是合于变通之礼。

庄公二年

【经】

二年春①，王二月，葬陈庄公。

夏，公子庆父帅师伐於馀丘②。

秋七月，齐王姬卒③。

冬十有二月，夫人姜氏会齐侯于禚④。

乙酉，宋公冯卒⑤。

【注释】

① 二年：公元前692年。　② 公子庆父：鲁庄公之弟。於馀丘：或云邾国之邑，或云国名。其地当近鲁。　③ 齐王姬：周女，齐襄公夫人。④ 禚(zhuó)：齐地，在今山东长清县。　⑤ 宋公冯：宋庄公。

【传】

二年冬，夫人姜氏会齐侯于禚。书，奸也①。

【注释】

① 奸：通奸。

庄公三年

【经】

三年春①，王正月，溺会齐师伐卫②。

夏四月，葬宋庄公。

五月，葬桓王。

秋，纪季以酅入于齐③。

冬，公次于滑④。

【注释】

① 三年：公元前691年。 ② 溺：公子溺，鲁大夫。 ③ 纪季：纪侯之弟。酅(xī)：纪国邑名，在今山东临淄东。 ④ 次：住两夜以上。滑：郑地，在今河南睢县西北。

【传】

三年春，溺会齐师伐卫，疾之也①。

夏五月，葬桓王，缓也②。

秋，纪季以酅入于齐，纪于是乎始判③。

冬，公次于滑，将会郑伯谋纪故也④。郑伯辞以难⑤。凡师，一宿为舍，再宿为信，过信为次。

【注释】

① 疾：厌恶。杜注说"疾其专命而行，故去氏"。 ② 缓：葬期拖延了很久。桓王死了七年才葬，故曰缓。 ③ 判：分裂。纪侯居纪，纪季入齐为附庸。 ④ 郑伯：郑子仪。 ⑤ 难：国有祸难。时郑厉公居栎，时时准备入郑复位，子仪自顾不暇，故辞。

庄公四年

【经】

四年春①，王二月，夫人姜氏享齐侯于祝丘②。

三月，纪伯姬卒③。

夏，齐侯、陈侯、郑伯遇于垂④。

纪侯大去其国⑤。

六月，齐侯葬纪伯姬。

秋七月。

冬，公及齐人狩于禚[6]。

【注释】

① 四年：公元前 690 年。　② 齐侯：齐襄公。祝丘：鲁地。在今山东临沂市南。　③ 纪伯姬：鲁女，即隐公二年（前 721）纪裂繻所迎取者。④ 陈侯：陈宣公，公元前 692—前 648 年在位。郑伯：郑子仪。垂：在今山东曹县北。　⑤ 大去：去而不返。　⑥ 齐人：指齐襄公。禚：在今山东长清县。

【传】

四年春，王三月，楚武王荆尸[1]，授师孑焉[2]，以伐随。将齐[3]，入告夫人邓曼曰："余心荡[4]。"邓曼叹曰："王禄尽矣！盈而荡[5]，天之道也[6]，先君其知之矣，故临武事，将发大命[7]，而荡王心焉。若师徒无亏[8]，王薨于行[9]，国之福也。"王遂行，卒于樠木之下[10]。令尹鬥祁、莫敖屈重除道梁溠[11]，营军临随。随人惧，行成。莫敖以王命入盟随侯，且请为会于汉汭而还[12]。济汉而后发丧。

【注释】

① 荆尸：楚武王新创的一种阵法。　② 孑：戟。　③ 齐：同斋。授兵器例在太庙，故先须斋戒。　④ 荡：散乱不安。　⑤ 盈：饱满。⑥ 天之道：天所作的启示。　⑦ 大命：征伐命令。　⑧ 师徒：军队。无亏：没有损失。　⑨ 行：路上。　⑩ 樠木：山名，在今湖北钟祥市东。或言为树木名。　⑪ 令尹：楚执政大臣。除道：开路。梁：桥。此指修筑桥。溠（zhà）：河名，今名扶恭河，流经今湖北随州市一带。　⑫ 汭：水弯曲之处。

纪侯不能下齐[1]，以与纪季[2]。夏，纪侯大去其国，违齐难也[3]。

【注释】

① 下齐：屈服于齐国。　② 以与纪季：指把自己所统治的地方交给纪季。　③ 违：避。难：迫害。

庄公五年

【经】

五年春[1],王正月。

夏,夫人姜氏如齐师。

秋,郳犁来来朝[2]。

冬,公会齐人、宋人、陈人、蔡人伐卫。

【注释】

① 五年:公元前689年。 ② 郳(ní):附庸小国,其先出于邾,后为小邾。地在今山东滕州市境内。

【传】

五年秋,郳犁来来朝。名,未王命也[1]。

冬,伐卫,纳惠公也[2]。

【注释】

① 未王命:没得到周天子的封爵。 ② 纳惠公:送卫惠公回国。卫惠公朔于桓公十六年(前696)出逃到齐国。

庄公六年

【经】

六年春[1],王正月,王人子突救卫[2]。

夏六月,卫侯朔入于卫[3]。

秋,公至自伐卫。

螟。

冬,齐人来归卫俘[4]。

【注释】

① 六年:公元前688年。 ② 王人:周朝的小官。 ③ 卫侯朔:即卫惠公。桓公十六年(前696)逃亡到齐国。 ④ 归卫俘:诸传皆云"归卫

宝”,杜注以为《经》有误。俘,囚犯,俘虏。

【传】

六年春,王人救卫。夏,卫侯入,放公子黔牟于周①,放宁跪于秦②,杀左公子泄、右公子职,乃即位。君子以二公子之立黔牟为不度矣③。夫能固位者,必度于本末而后立衷焉④。不知其本,不谋;知本之不枝⑤,弗强⑥。《诗》云:“本枝百世⑦。”

冬,齐人来归卫宝,文姜请之也。

【注释】

① 放:放逐。　② 宁跪:卫大夫。　③ 不度:不度于本末。即考虑不周到。　④ 衷:中,中庸,指兼顾本末的主意。　⑤ 本之不枝:指根本深厚,但没有枝叶辅助。　⑥ 强:勉强拥立。　⑦ 引句见《诗·大雅·文王》,意为根本与枝叶都茂盛,那么百世昌盛。

楚文王伐申①,过邓,邓祁侯曰:“吾甥也②。”止而享之。骓甥、聃甥、养甥请杀楚子③,邓侯弗许。三甥曰:“亡邓国者,必此人也。若不早图,后君噬齐④,其及图之乎⑤!图之,此为时矣。”邓侯曰:“人将不食吾余⑥。”对曰:“若不从三臣,抑社稷实不血食⑦,而君焉取余⑧?”弗从。还年⑨,楚子伐邓。十六年,楚复伐邓,灭之。

【注释】

① 楚文王:公元前 689—前 677 年在位。申:申国,见隐公元年(前 722)注。　② 吾甥:楚武王夫人邓曼为邓祁侯之姐妹,所以文王为祁侯之甥。　③ 骓甥、聃甥、养甥:均邓大夫,亦均为邓祁侯之甥。　④ 噬齐:同“噬脐”,人无法咬到自己肚脐,以喻后悔来不及。　⑤ 其及图之:现在下手还来得及。　⑥ 不食吾余:唾弃之意。　⑦ 血食:祭祀时必杀牲畜,称血食。不血食,即神灵得不到祭祀。指国家灭亡。　⑧ 君焉取余:(神灵得不到祭祀)君王从何处得到祭祀剩余的肉来供宾客。　⑨ 还年:伐申还之年。

庄公七年

【经】

七年春①，夫人姜氏会齐侯于防②。

夏四月辛卯，夜，恒星不见③。夜中，星陨如雨④。

秋，大水。

无麦、苗⑤。

冬，夫人姜氏会齐侯于谷⑥。

【注释】

① 七年：公元前687年。 ② 防：鲁地，在今山东费县东北。 ③ 恒星：日常所见的星。见：同"现"。 ④ 星陨如雨：据传，谓星"与雨偕"，《公羊》与《谷梁》均云星陨似雨。 ⑤ 无麦、苗：周历秋相当于夏历夏天，所以成熟的麦遭雨无收，黍稷的苗也漂没。 ⑥ 谷：齐地，在今山东东阿县。

【传】

七年春，文姜会齐侯于防，齐志也①。

夏，恒星不见，夜明也。星陨如雨，与雨偕也。

秋，无麦苗，不害嘉谷也②。

【注释】

① 齐志：是齐襄公的意愿。 ② 不害嘉谷：因黍稷还有时间补种，故云。

庄公八年

【经】

八年春①，王正月，师次于郎以俟陈人、蔡人②。

甲午，治兵③。

夏，师及齐师围郕④，郕降于齐师。

秋,师还。

冬十有一月癸未,齐无知弑其君诸儿⑤。

【注释】

① 八年:公元前686年。　② 郎:鲁邑,在今山东鱼台县。　③ 治兵:授兵器,例在太庙进行。　④ 郕:国名,姬姓,地在今山东范县。　⑤ 无知:公孙无知,齐庄公之孙。诸儿:齐襄公。

【传】

八年春,治兵于庙,礼也。

夏,师及齐师围郕,郕降于齐师。仲庆父请伐齐师①。公曰:"不可。我实不德,齐师何罪?罪我之由②。《夏书》曰:'皋陶迈种德,德,乃降③。'姑务修德以待时乎④!"秋,师还。君子是以善鲁庄公⑤。

【注释】

① 仲庆父:即公子庆父,庄公之弟。　② 罪我之由:乃"罪由我"之倒装。　③ "皋陶"三句:所引《尚书》已佚,《古文尚书》将此二句入《大禹谟》篇。皋陶,舜之臣,掌刑狱事。迈,勉力。种德,培育德行。乃降,别人自然降服。　④ 姑:且。　⑤ 善:称赞。

齐侯使连称、管至父戍葵丘①。瓜时而往,曰:"及瓜而代。"期戍②,公问不至③。请代,弗许。故谋作乱。僖公之母弟曰夷仲年④,生公孙无知,有宠于僖公,衣服礼秩如適⑤,襄公绌之⑥。二人因之以作乱⑦。连称有从妹在公宫,无宠,使间公⑧,曰:"捷,吾以女为夫人⑨。"

【注释】

① 连称、管至父:皆齐大夫。葵丘:在今山东淄博市临淄附近。　② 期戍:到了接替代戍的时候。　③ 公问:襄公遣代之命。　④ 母弟:同母弟。　⑤ 衣服礼秩如適:所享衣服礼数品秩皆同嫡子。適,指襄公。　⑥ 绌:降低其待遇。　⑦ 因:依。　⑧ 间:窥伺机会。　⑨ 女:同"汝"。

冬十二月,齐侯游于姑棼①,遂田于贝丘②。见大豕,从者曰:"公子彭生也③!"公怒曰:"彭生敢见!"射之,豕人立而啼。公惧,队于车④,

伤足丧屦⑤。反,诛屦于徒人费⑥,弗得,鞭之,见血。走出,遇贼于门,劫而束之⑦。费曰:“我奚御哉⑧!”袒而示之背,信之。费请先入,伏公而出斗⑨,死于门中⑩。石之纷如死于阶下⑪。遂入,杀孟阳于床⑫,曰:“非君也,不类⑬。”见公之足于户下,遂弑之,而立无知。

【注释】

① 姑棼:齐地,当在今山东博兴县附近。 ② 田:同“畋”,打猎。贝丘:在今山东博兴县南。 ③ 公子彭生:被齐襄公作替罪羊杀死,事见桓公十八年(前 694)。 ④ 队:通“坠”。 ⑤ 丧:失去。 ⑥ 诛:责,求。徒人费:执徒役者,名费。一说当作“侍人”,即“寺人”。 ⑦ 劫而束之:劫持他把他捆绑起来。 ⑧ 我奚御:我怎么会抵抗你们。 ⑨ 伏公:把齐襄公藏了起来。 ⑩ 门中:门洞下。 ⑪ 石之纷如:齐小臣。⑫ 孟阳:小臣,伪装齐侯睡床上,故被杀。 ⑬ 不类:不像。

初,襄公立,无常①。鲍叔牙曰②:“君使民慢③,乱将作矣。”奉公子小白出奔莒④。乱作,管夷吾、召忽奉公子纠来奔⑤。

初,公孙无知虐于雍廪⑥。

【注释】

① 无常:政令无常,言行无准。 ② 鲍叔牙:齐大夫,公子小白之傅。③ 君使民慢:言君王政令无常,使人民生出慢易之心。 ④ 公子小白:僖公庶子,襄公弟。无知死后入即位,是为桓公。公元前 685—前 643 年在位。⑤ 管夷吾:即管仲,公子纠之傅,后相桓公。召忽:齐大夫,亦公子纠之傅。公子纠:小白的庶兄。来奔:指逃到鲁国。 ⑥ 雍廪:公孙无知封邑渠丘的大夫。此句与下庄公九年(前 685)传事相连。

庄公九年

【经】

九年春①,齐人杀无知。

公及齐大夫盟于蔇②。

夏,公伐齐,纳子纠。齐小白入于齐。

秋七月丁酉，葬齐襄公。

八月庚申，及齐师战于干时[③]，我师败绩[④]。

九月，齐人取子纠，杀之。

冬，浚洙[⑤]。

【注释】

① 九年：公元前685年。　② 蔇(jì)：鲁地，在今山东苍山县。　③ 干时：时水之旁，其流旱则干，故地名干时，在今山东桓台县附近。　④ 败绩：大败。　⑤ 洙：洙水，在鲁国境内。

【传】

九年春，雍廪杀无知。

公及齐大夫盟于蔇，齐无君也。

夏，公伐齐，纳子纠。桓公自莒先入。

秋，师及齐师战于干时，我师败绩，公丧戎路[①]，传乘而归[②]。秦子、梁子以公旗辟于下道[③]，是以皆止[④]。

【注释】

① 戎路：国君乘坐的兵车。　② 传乘：乘驿传的车子。传，驿。乘，轻便车。或云转乘他车。　③ 秦子、梁子：庄公御者与车右。辟：同“避”。下道：旁边的小路。　④ 止：被俘。

鲍叔帅师来言曰[①]：“子纠，亲也，请君讨之[②]。管、召，仇也，请受而甘心焉[③]。”乃杀子纠于生窦[④]，召忽死之[⑤]。管仲请囚，鲍叔受之，及堂阜而税之[⑥]。归而以告曰：“管夷吾治于高傒[⑦]，使相可也[⑧]。”公从之。

【注释】

① 来言：到鲁国来致说辞。　② 讨：诛杀。　③ 受：指交给齐国处置。甘心：称心，快意。　④ 生窦：在今山东菏泽市北。　⑤ 死之：为子纠而自杀。　⑥ 堂阜：齐、鲁交界地，在今山东蒙阴县西北。税：脱，释放。　⑦ 治：治国之才。高傒：齐上卿。治于高傒，意为治国之才高过高傒。　⑧ 相：辅佐。

庄公十年

【经】

十年春①,王正月,公败齐师于长勺②。

二月,公侵宋③。

三月,宋人迁宿④。

夏六月,齐师、宋师次于郎⑤。

公败宋师于乘丘⑥。

秋九月,荆败蔡师于莘⑦,以蔡侯献舞归⑧。

冬十月,齐师灭谭⑨。谭子奔莒。

【注释】

① 十年:公元前684年。 ② 长勺:在今山东曲阜市北。 ③ 侵:攻打。凡军队作战,有钟鼓称伐,无钟鼓称侵。 ④ 宿:不详,或言即今江苏宿迁市。 ⑤ 郎:在今山东曲阜附近。 ⑥ 乘丘:在今山东兖州市。 ⑦ 荆:即楚。莘:蔡地,当在今河南汝南县境。 ⑧ 蔡侯献舞:蔡哀侯。 ⑨ 谭:小国,在今山东济南市东南。

【传】

十年春,齐师伐我。公将战,曹刿请见①。其乡人曰:"肉食者谋之②,又何间焉③。"刿曰:"肉食者鄙④,未能远谋。"乃入见。问:"何以战?"公曰:"衣食所安⑤,弗敢专也,必以分人。"对曰:"小惠未遍,民弗从也。"公曰:"牺牲玉帛⑥,弗敢加也⑦,必以信。"对曰:"小信未孚⑧,神弗福也⑨。"公曰:"小大之狱,虽不能察,必以情。"对曰:"忠之属也,可以一战⑩,战则请从。"公与之乘⑪,战于长勺。

【注释】

① 曹刿(guì):鲁人,一作曹沫。 ② 肉食者:食肉者,指作官有俸禄的人。 ③ 间:参与。 ④ 鄙:鄙薄,目光短浅。 ⑤ 安:安身。 ⑥ 牺牲玉帛:指祭神用的牛、羊、豕及宝玉、绸帛。 ⑦ 加:增加。言有一定的度数,不夸大。 ⑧ 孚:信服。 ⑨ 福:保佑。 ⑩ 以:凭借。 ⑪ 与之乘:与他同乘一辆兵车。

公将鼓之,刿曰:“未可。”齐人三鼓,刿曰:“可矣。”齐师败绩。公将驰之[①],刿曰:“未可。”下,视其辙[②],登,轼而望之[③],曰:“可矣。”遂逐齐师。

既克,公问其故,对曰:“夫战,勇气也。一鼓作气,再而衰,三而竭。彼竭我盈,故克之。夫大国难测也,惧有伏焉。吾视其辙乱,望其旗靡[④],故逐之。”

【注释】

① 驰:驱车追赶。　② 辙:车轮行过的痕迹。　③ 轼:车前横木。④ 靡:倒下。

夏六月,齐师、宋师次于郎。公子偃曰[①]:“宋师不整,可败也。宋败,齐必还,请击之。”公弗许。自雩门窃出[②],蒙皋比而先犯之[③]。公从之,大败宋师于乘丘。齐师乃还。

【注释】

① 公子偃:鲁大夫。　② 雩门:鲁南城西门。　③ 皋比:虎皮。此指把虎皮蒙在马上。犯:攻打。

蔡哀侯娶于陈,息侯亦娶焉。息妫将归,过蔡。蔡侯曰:“吾姨也[①]。”止而见之,弗宾[②]。息侯闻之,怒,使谓楚文王曰:“伐我,吾求救于蔡而伐之[③]。”楚子从之。秋九月,楚败蔡师于莘,以蔡侯献舞归。

【注释】

① 姨:小姨,即妻妹。　② 弗宾:不以礼相待。　③ “吾求救”句:谓我向蔡国求救,蔡来救我,你便可乘机伐蔡。

齐侯之出也[①],过谭,谭不礼焉。及其入也,诸侯皆贺,谭又不至。冬,齐师灭谭,谭无礼也。谭子奔莒,同盟故也[②]。

【注释】

① 齐侯:齐桓公小白。出:逃亡国外。　② 同盟:谭国与莒国是同盟国。

庄公十一年

【经】

十有一年春①,王正月。

夏五月戊寅,公败宋师于鄑②。

秋,宋大水。

冬,王姬归于齐③。

【注释】

① 十有一年:公元前683年。 ② 鄑(zī):鲁地,具体所在不详。 ③ 鲁为主婚人,故记载。

【传】

十一年夏,宋为乘丘之役故侵我。公御之,宋师未陈而薄之①,败诸鄑。凡师,敌未陈曰败某师,皆陈曰战,大崩曰败绩②,得俊曰克③,覆而败之曰取某师④,京师败曰王师败绩于某。

【注释】

① 陈:列成阵势。薄:迫近。 ② 大崩:大败崩溃。 ③ 得俊:战胜而俘获敌军中雄俊之士。 ④ 覆:埋伏。

秋,宋大水。公使吊焉①,曰:"天作淫雨②,害于粢盛③,若之何不吊④?"对曰:"孤实不敬⑤,天降之灾,又以为君忧,拜命之辱⑥。"臧文仲曰⑦:"宋其兴乎。禹、汤罪己⑧,其兴也悖焉⑨。桀、纣罪人,其亡也忽焉⑩。且列国有凶称孤⑪,礼也。言惧而名礼,其庶乎⑫。"既而闻之曰公子御说之辞也⑬。臧孙达曰⑭:"是宜为君⑮,有恤民之心。"

【注释】

① 吊:慰问。 ② 淫雨:大雨不停。 ③ 粢盛:供祭祀用的禾黍。此指百谷。 ④ 不吊:此指皇天不怜恤。 ⑤ 孤:诸侯平日自称寡人,

在凶、服称孤。　⑥ 拜命之辱:谦词,谓敬承厚意,实不敢当。　⑦ 臧文仲:即臧孙辰,鲁大夫。　⑧ 禹、汤罪己:禹曾下车泣囚,以为罪在自己;汤遇旱祷雨,有“罪当朕躬”之句。　⑨ 悖:同“勃”,盛状。　⑩ 忽:速度很快。　⑪ 有凶:指有凶荒之灾。　⑫ 其庶:犹言“庶几于兴”,与上“宋其兴乎”呼应。　⑬ 公子御说:庄公子,闵公弟,后即位为桓公。　⑭ 臧孙达:即臧哀伯。　⑮ 是宜为君:这个人可以做国君。

冬,齐侯来逆共姬[1]。

乘丘之役,公以金仆姑射南宫长万[2],公右歂孙生搏之[3]。宋人请之[4]。宋公靳之[5],曰:“始吾敬子,今子,鲁囚也,吾弗敬子矣。”病之[6]。

【注释】

① 齐侯:齐桓公。　② 金仆姑:箭名。南宫长万:宋勇士,一作南宫万,又称宋万。　③ 右:车右。搏:活捉。　④ 宋人请之:指宋人请求鲁国放回了南宫长万。　⑤ 靳:取笑,羞弄。　⑥ 病:怀恨,不满。

庄公十二年

【经】

十有二年春[1],王三月,纪叔姬归于酅[2]。

夏四月。

秋八月甲午,宋万弑其君捷及大夫仇牧[3]。

冬十月,宋万出奔陈。

【注释】

① 十有二年:公元前682年。　② 纪叔姬:鲁女,嫁纪国,时纪季以酅入齐,国亡,故书“归于酅”。　③ 宋万:即南宫长万。捷:宋闵公。

【传】

十二年秋,宋万弑闵公于蒙泽[1]。遇仇牧于门,批而杀之[2]。遇大宰督于东宫之西,又杀之。立子游[3]。群公子奔萧[4],公子御说奔亳[5]。南宫牛、猛获帅师围亳[6]。

【注释】

① 蒙泽:在今河南商丘市东北蒙县故城。据《公羊传》载,这时候,宋闵公再次嘲笑南宫长万,所以南宫长万杀死了他。 ② 批:用手打击。③ 子游:宋公子。 ④ 萧:宋邑,地在今安徽萧县。 ⑤ 亳(bó):宋邑,在今河南商丘市北。 ⑥ 南宫牛:南宫长万之子。猛获:南宫长万的同党。

冬十月,萧叔大心及戴、武、宣、穆、庄之族以曹师伐之①。杀南宫牛于师②,杀子游于宋③,立桓公。猛获奔卫。南宫万奔陈,以乘车辇其母④,一日而至⑤。

【注释】

① 萧叔大心:萧邑大夫,叔为行第,大心为名。戴、武、宣、穆、庄:均为宋前代国君。 ② 于师:即于亳,因师在亳。 ③ 宋:指宋国都。 ④ 乘车:乘人的车,非兵车。辇其母:载其母。此谓南宫长万亲自拉车。 ⑤ 一日而至:言其多力,因宋、陈二国隔二百六十里。

宋人请猛获于卫,卫人欲勿与。石祁子曰①:"不可。天下之恶一也,恶于宋而保于我,保之何补?得一夫而失一国,与恶而弃好,非谋也②。"卫人归之。亦请南宫万于陈,以赂。陈人使妇人饮之酒,而以犀革裹之③,比及宋,手足皆见④。宋人皆醢之⑤。

【注释】

① 石祁子:卫大夫。 ② 非谋:不是好的计谋。 ③ 犀革:犀牛皮。 ④ 手足皆见:谓南宫长万力大,一路挣扎得犀牛皮破裂,露出手脚。⑤ 醢(hǎi):剁为肉酱。

庄 公 十 三 年

【经】

十有三年春①,齐侯、宋人、陈人、蔡人、邾人会于北杏②。

夏六月,齐人灭遂③。

秋七月。

冬,公会齐侯,盟于柯④。

【注释】

① 十有三年:公元前 681 年。 ② 齐侯:齐桓公。齐桓公以诸侯主天下之盟,此为始。下各国,依《春秋》例,也有可能与会的是国君。北杏:齐地,当在今山东东阿县。 ③ 遂:国名,妫姓,地在今山东宁阳县西北。 ④ 柯:齐邑,在今山东阳谷县东北。

【传】

十三年春,会于北杏,以平宋乱,遂人不至。夏,齐人灭遂而戍之。

冬,盟于柯,始及齐平也①。

宋人背北杏之会②。

【注释】

① 自庄公十年,鲁、齐二国凡两战,至此讲和。 ② 此句当与下一年传文相连。背:违背。

庄公十四年

【经】

十有四年春①,齐人、陈人、曹人伐宋。

夏,单伯会伐宋②。

秋七月,荆入蔡③。

冬,单伯会齐侯、宋公、卫侯、郑伯于鄄④。

【注释】

① 十有四年:公元前 680 年。 ② 单伯:周大夫。 ③ 入:有二义,一指攻获大城,一指攻下城而不占有它。 ④ 齐侯:齐桓公。宋公:宋桓公,公元前 681—前 651 年在位。卫侯:卫惠公。郑伯:郑厉公。鄄(juàn):卫地,在今山东鄄城县西北。

【传】

十四年春,诸侯伐宋,齐请师于周。夏,单伯会之,取成于宋而还。

郑厉公自栎侵郑，及大陵①，获傅瑕②。傅瑕曰："苟舍我，吾请纳君。"与之盟而赦之。六月甲子，傅瑕杀郑子及其二子而纳厉公③。

【注释】

① 大陵：在今河南临颍县北。 ② 傅瑕：郑臣。 ③ 郑子：即子仪。

初，内蛇与外蛇斗于郑南门中，内蛇死。六年而厉公入。公闻之，问于申繻曰："犹有妖乎①？"对曰："人之所忌②，其气焰以取之③，妖由人兴也。人无衅焉④，妖不自作。人弃常则妖兴⑤，故有妖。"

【注释】

① 这句话的意思是：郑厉公的归国为君，难道是由于妖孽吗？ ② 所忌：指顾忌的事。 ③ 其气焰以取之：由他的气焰所决定。 ④ 衅：空隙，裂痕。此指人的缺陷。 ⑤ 常：通常之道。

厉公入，遂杀傅瑕。使谓原繁曰①："傅瑕贰②，周有常刑，既伏其罪矣。纳我而无二心者，吾皆许之上大夫之事③，吾愿与伯父图之。且寡人出，伯父无里言④，入，又不念寡人⑤，寡人憾焉。"对曰："先君桓公命我先人典司宗祏⑥。社稷有主而外其心，其何贰如之？苟主社稷，国内之民其谁不为臣？臣无二心，天之制也。子仪在位十四年矣，而谋召君者，庸非贰乎？庄公之子犹有八人，若皆以官爵行赂劝贰而可以济事，君其若之何？臣闻命矣。"乃缢而死。

【注释】

① 原繁：郑大夫，郑厉公的伯父。 ② 贰：贰心，不忠心。 ③ 上大夫：即卿。 ④ 里言：谓不将国内情况向厉公通报。 ⑤ 念：此指亲附。 ⑥ 典司：掌管。宗祏(shí)：宗庙中藏主的石室。此即指守宗庙。

蔡哀侯为莘故①，绳息妫以语楚子②。楚子如息，以食入享③，遂灭息,以息妫归,生堵敖及成王焉。未言,楚子问之,对曰:"吾一妇人而事二夫,纵弗能死,其又奚言?"楚子以蔡侯灭息,遂伐蔡。秋七月,楚入蔡。

君子曰[4]:"《商书》所谓'恶之易也,如火之燎于原,不可乡迩,其犹可扑灭'者,其如蔡哀侯乎[5]!"

冬,会于鄄,宋服故也[6]。

【注释】

① 为莘故:指庄公十年(前684)战于莘,蔡哀侯被俘事。　② 绳:誉,夸奖。楚子:楚文王。　③ 以食入享:设享礼招待息侯。　④ 君子曰:此段语已见引于隐公六年(前717)。　⑤ 其如蔡哀侯乎:恐怕就是指蔡哀侯这样的人吧!　⑥ 服:顺服。

庄公十五年

【经】

十有五年春[1],齐侯、宋公、陈侯、卫侯、郑伯会于鄄[2]。

夏,夫人姜氏如齐[3]。

秋,宋人、齐人、邾人伐郳[4]。

郑人侵宋。

冬十月。

【注释】

① 十有五年:公元前679年。　② 齐侯:齐桓公。宋公:宋桓公。陈侯:陈宣公。卫侯:卫惠公。郑伯:郑厉公。　③ 姜氏:文姜,齐僖公女,鲁桓公夫人。　④ 郳(ní):或云即小邾,或云另是一郳,地不可考。

【传】

十五年春,复会焉,齐始霸也。

秋,诸侯为宋伐郳。郑人间之而侵宋[1]。

【注释】

① 间:乘其空隙,乘机。

庄公十六年

【经】

十有六年春①,王正月。

夏,宋人、齐人、卫人伐郑。

秋,荆伐郑②。

冬十有二月,会齐侯、宋公、陈侯、卫侯、郑伯、许男、滑伯、滕子同盟于幽③。

郳子克卒④。

【注释】

① 十有六年:公元前678年。 ② 荆:即楚。 ③ 齐侯:齐桓公。宋公:宋桓公。陈侯:陈宣公。卫侯:卫惠公。郑伯:郑厉公。许男:许穆公。滑:国名,姬姓,地在今河南偃师市。幽:宋地,在今河南兰考县内。 ④ 郳子克:即郳仪父,名克。

【传】

十六年夏,诸侯伐郑,宋故也。

郑伯自栎入,缓告于楚①。秋,楚伐郑,及栎,为不礼故也。

郑伯治与于雍纠之乱者②。九月,杀公子阏③,刖强钼④。公父定叔出奔卫⑤。三年而复之,曰:"不可使共叔无后于郑。"使以十月入,曰:"良月也⑥,就盈数焉⑦。"君子谓:"强钼不能卫其足⑧。"

【注释】

① 缓告:没有及时通知。 ② 雍纠之乱:事见庄公十年(前684)。 ③ 公子阏:及下句的强钼,皆祭仲党羽,公子阏或当作"公孙阏"。 ④ 刖(yuè):断足。 ⑤ 公父定叔:共叔段之孙。定为谥号。 ⑥ 良月:好月份。古以奇数之月为恶月,偶数为良月。 ⑦ 盈数:满数,满于十。 ⑧ 不能卫其足:喻指不能预先设法避开灾害。

冬,同盟于幽,郑成也。

王使虢公命曲沃伯以一军为晋侯①。初,晋武公伐夷②,执夷诡诸[3]，芳国请而免之[4]。既而弗报，故子国作乱[5]，谓晋人曰："与我伐夷而取其地[6]。"遂以晋师伐夷，杀夷诡诸。周公忌父出奔虢[7]。惠王立而复之[8]。

【注释】

① 王：周僖王。公元前681—前677年在位。曲沃伯：即曲沃武公（晋武公），时统一晋国。一军：一万二千五百人，车五百乘。周制，王六军，大国三军，次国二军，小国一军。　② 夷：周采地名，地不详。　③ 夷诡诸：周大夫。　④ 芳国：周大夫，王子颓之师。　⑤ 子国：即芳国。　⑥ 与：跟随。　⑦ 周公忌父：周朝卿士。　⑧ 惠王：周惠王，于庄公十八年（前676）即位。

庄公十七年

【经】

十有七年春[1]，齐人执郑詹[2]。

夏，齐人歼于遂[3]。

秋，郑詹自齐逃来。

冬，多麋[4]。

【注释】

① 十有七年：公元前677年。　② 郑詹：郑大夫叔詹，郑执政大臣。或云为"郑之卑微者"。　③ 歼：杀光。遂：国名，在今山东宁阳县西北，庄公十三年（前681）被齐所灭。　④ 多麋：周之冬当夏之秋，麋多则伤害庄稼，所以作为灾害现象而记载。麋，鹿的一种。

【传】

十七年春，齐人执郑詹，郑不朝也。

夏，遂因氏、颌氏、工娄氏、须遂氏飨齐戍[1]，醉而杀之，齐人歼焉。

【注释】

① 颌：音gé，又音hé。因氏、颌氏、工娄氏、须遂氏为遂的强宗。飨：宴请。齐戍：戍守在遂的齐军。

庄公十八年

【经】

十有八年春①,王三月,日有食之。

夏,公追戎于济西②。

秋,有蜮③。

冬十月。

【注释】

① 十有八年:公元前676年。 ② 戎:南戎。地在今山东菏泽市西南。济西:济水之西。 ③ 蜮(yù):即蜮,食稻叶的虫。

【传】

十八年春,虢公、晋侯朝王①,王飨醴②,命之宥③,皆赐玉五瑴④,马三匹,非礼也。王命诸侯,名位不同,礼亦异数,不以礼假人⑤。

【注释】

① 虢公:虢公醜。晋侯:武公子献公诡诸,公元前676—前651年在位。 ② 醴:甜酒。 ③ 宥:回敬。 ④ 瑴:亦作珏,玉一对。 ⑤ 假:借。假人,即不按规定给人。虢公与晋侯二人爵位不同,但赏赐一样,所以说"以礼假人",是"非礼"。

虢公、晋侯、郑伯使原庄公逆王后于陈①。陈妫归于京师,实惠后②。

夏,公追戎于济西。不言其来,讳之也③。

秋,有蜮,为灾也。

【注释】

① 郑伯:郑厉公。原庄公:周卿士。 ② 实:就是。 ③ 讳之:因戎来袭鲁而鲁不知,所以讳言其来。

初,楚武王克权①,使鬥缗尹之②。以叛,围而杀之。迁权于那处③,使阎敖尹之④。及文王即位,与巴人伐申而惊其师⑤。巴人叛楚而伐那处,取之,遂门于楚⑥。阎敖游涌而逸⑦,楚子杀之,其族为乱。冬,巴人因之以伐楚⑧。

【注释】

① 权:国名,子姓,地在今湖北当阳市东南。　② 鬥缗:楚大夫。尹之:以权为县,以鬥缗为县尹。　③ 那处:楚地,在今湖北荆门市东南。　④ 阎敖:楚大夫。　⑤ 惊:惊扰。　⑥ 门于楚:攻打楚都的城门。　⑦ 涌:湖名,即今湖北监利县东南乾港湖。逸:逃走。　⑧ 因之:此指乘乱。

庄公十九年

【经】

十有九年春①,王正月。

夏四月。

秋,公子结媵陈人之妇于鄄②,遂及齐侯、宋公盟③。

夫人姜氏如莒。

冬,齐人、宋人、陈人伐我西鄙④。

【注释】

① 十有九年:公元前675年。　② 公子结:鲁大夫。媵:陪嫁。诸侯娶于一国,二国以庶出之女陪嫁称媵。时卫女嫁陈宣公为夫人,鲁女陪嫁。鄄:卫地,在今山东鄄城县西北。　③ 齐侯:齐桓公。宋公:宋桓公。　④ 鄙:边境。

【传】

十九年春①,楚子御之,大败于津②。还,鬻拳弗纳③。遂伐黄④,败黄师于踖陵⑤。还,及湫⑥,有疾。夏六月庚申卒,鬻拳葬诸夕室⑦,亦自杀也,而葬于绖皇⑧。

【注释】

① 此段与上一年传文相连。　② 津:在今湖北荆州市南。　③ 鬻拳:楚大阍(守城门的官)。弗纳:不肯开门让他进城。　④ 黄:国名,嬴姓,

地在今河南潢川县西。 ⑤ 踖(què)陵:黄地。 ⑥ 湫:在今湖北钟祥市北。 ⑦ 夕室:或谓地名,或谓楚国君主冢墓所在之称。 ⑧ 绖皇:地宫的前庭。

初,鬻拳强谏楚子,楚子弗从,临之以兵①,惧而从之。鬻拳曰:"吾惧君以兵②,罪莫大焉。"遂自刖也③。楚人以为大阍,谓之大伯④,使其后掌之⑤。君子曰:"鬻拳可谓爱君矣,谏以自纳于刑⑥,刑犹不忘纳君于善。"

【注释】

① 临之以兵:用武器对着楚王。 ② 惧:威胁。 ③ 刖:斩腿。 ④ 大伯:同"太伯"。 ⑤ 使其后:让他的子孙后代。 ⑥ 自纳于刑:自己对自己施刑。

初,王姚嬖于庄王①,生子颓。子颓有宠,蒍国为之师。及惠王即位②,取蒍国之圃以为囿③,边伯之宫近于王宫④,王取之。王夺子禽祝跪与詹父田⑤,而收膳夫之秩⑥,故蒍国、边伯、石速、詹父、子禽祝跪作乱,因苏氏⑦。秋,五大夫奉子颓以伐王,不克,出奔温⑧。苏子奉子颓以奔卫。卫师、燕师伐周⑨。冬,立子颓。

【注释】

① 王姚:周庄王妾,姚姓。嬖:受宠。 ② 惠王:庄王孙,僖王子。 ③ 圃:种菜的园子。囿:圈养牲畜的地方。 ④ 边伯:周大夫。 ⑤ 子禽祝跪:周大夫。杜注以为二人,但与下"五大夫"之数不合。 ⑥ 膳夫:管饮食的官。此指石速。秩:俸禄。 ⑦ 因:依靠。苏氏:苏忿生家人。隐公十一年(前 712),周桓王曾夺苏忿生十二邑之田,苏氏因此恨周室。 ⑧ 温:苏氏属邑。 ⑨ 燕:南燕。

庄公二十年

【经】

二十年春①,王二月,夫人姜氏如莒。

夏，齐大灾[2]。

秋七月。

冬，齐人伐戎。

【注释】

① 二十年：公元前674年。　② 大灾：大火。《春秋》言“灾”，皆为火灾。

【传】

二十年春，郑伯和王室[1]，不克。执燕仲父[2]。夏，郑伯遂以王归。王处于栎[3]。秋，王及郑伯入于邬[4]，遂入成周，取其宝器而还。冬，王子颓享五大夫，乐及遍舞[5]。郑伯闻之，见虢叔，曰：“寡人闻之，哀乐失时[6]，殃咎必至。今王子颓歌舞不倦，乐祸也。夫司寇行戮，君为之不举[7]，而况敢乐祸乎！奸王之位[8]，祸孰大焉？临祸忘忧，忧必及之。盍纳王乎[9]？”虢公曰：“寡人之愿也。”

【注释】

① 郑伯：郑厉公。和：调和。　② 燕仲父：南燕君主。　③ 栎：郑邑，今河南禹州市。　④ 邬：郑地，在今河南偃师市西南。　⑤ 遍舞：所有的舞蹈。　⑥ 失时：不是时候。　⑦ 举：君王进餐奏乐为“举”。不举，即废食、撤乐。　⑧ 奸：同“干”，犯。　⑨ 盍纳王乎：何不让惠王复位呢？

庄公二十一年

【经】

二十有一年春[1]，王正月。

夏五月辛酉，郑伯突卒[2]。

秋七月戊戌，夫人姜氏薨。

冬十有二月，葬郑厉公。

【注释】

① 二十有一年：公元前673年。　② 郑伯：郑厉公。

【传】

二十一年春,胥命于弭①。夏,同伐王城②。郑伯将王自圉门入③,虢叔自北门入,杀王子颓及五大夫。郑伯享王于阙西辟④,乐备⑤。王与之武公之略⑥,自虎牢以东。原伯曰⑦:“郑伯效尤⑧,其亦将有咎⑨。”五月,郑厉公卒。

【注释】

① 胥命:诸侯相见,约言而不歃血。弭:郑地,在今河南密县。 ② 王城:周都城,今河南洛阳。 ③ 将:侍,奉。王:指周惠王。圉门:王城南门。 ④ 阙:王宫前的双柱。西辟:西边的房屋。 ⑤ 乐备:备六代之乐,即黄帝之《云门》、《大卷》,尧之《大咸》,舜之《大韶》,禹之《大夏》,汤之《大濩》,周武王之《大武》。诸侯享王奏全套乐舞是不合礼的。 ⑥ 武公:郑武公。略:经略的土地。虎牢之东的土地为周平王赐郑武公,后失之。 ⑦ 原伯:原庄公,周卿士。 ⑧ 尤:罪过。此指郑厉公效王子颓奏乐及遍舞。 ⑨ 咎:灾、殃。

王巡虢守①,虢公为王宫于玤②,王与之酒泉③。郑伯之享王也,王以后之鞶鉴予之④。虢公请器,王予之爵⑤。郑伯由是始恶于王⑥。冬,王归自虢。

【注释】

① 王巡虢守:王巡视虢公所守土地。守,同“狩”,天子到诸侯所在地称巡狩。 ② 玤:虢地,在今河南渑池县。 ③ 酒泉:周邑,具体所在不详。 ④ 鞶:大带,亦名绅带。鞶鉴,说法不一,或谓以镜子为装饰的带子。 ⑤ 爵:酒器。 ⑥ 郑伯:此指厉公子文公。爵为礼器,比鞶鉴珍贵,所以郑文公对周惠王不满。

庄公二十二年

【经】

二十有二年春①,王正月,肆大眚②。

癸丑,葬我小君文姜③。

陈人杀其公子御寇④。

夏五月。

秋七月丙申，及齐高傒盟于防⑤。

冬，公如齐纳币⑥。

【注释】

① 二十有二年：公元前 672 年。　② 肆大眚（shěng）：大赦有罪之人。肆，同“赦”。眚，罪、过。　③ 小君：对国母礼葬的称呼。　④ 公子御寇：陈太子。　⑤ 高傒：齐上卿。防：东防，鲁地，在今山东费县东北。⑥ 纳币：纳聘礼。币，帛。

【传】

二十二年春，陈人杀其大子御寇。陈公子完与颛孙奔齐①。颛孙自齐来奔。

【注释】

① 公子完：陈厉公之子，后仕齐，改田氏，卒谥敬仲。五世后昌大。颛孙：陈公子，与完均为太子党。到鲁后，为颛孙氏。

齐侯使敬仲为卿①。辞曰：“羁旅之臣②，幸若获宥③，及于宽政④，赦其不闲于教训而免于罪戾⑤，弛于负担⑥，君之惠也，所获多矣。敢辱高位，以速官谤⑦？请以死告。《诗》云⑧：‘翘翘车乘⑨，招我以弓⑩。岂不欲往，畏我友朋⑪。’”使为工正⑫。

【注释】

① 齐侯：齐桓公。　② 羁旅：客居在外。　③ 宥：赦免。④ 宽政：指齐国宽大的政令。　⑤ 闲：同“娴”，熟谙。　⑥ 弛：宽免，放下。　⑦ 速：召致。官谤：因不称职而受到官员指责。　⑧《诗》：原诗已逸。　⑨ 翘翘：远貌。　⑩ 招我以弓：古代聘士用弓。　⑪ 畏我友朋：怕受到朋友的讽刺责备。　⑫ 工正：掌百工之官。

饮桓公酒，乐。公曰：“以火继之①。”辞曰：“臣卜其昼，未卜其夜，不敢。”君子曰：“酒以成礼，不继以淫②，义也。以君成礼，弗纳于淫，仁也。”

【注释】

① 火:灯火。继之:以继昼饮。　　② 淫:过分,过度。杜注:"夜饮为淫乐。"

初,懿氏卜妻敬仲[1],其妻占之,曰:"吉。是谓'凤皇于飞[2],和鸣锵锵[3],有妫之后[4],将育于姜[5]。五世其昌,并于正卿[6]。八世之后,莫之于京[7]。'"陈厉公,蔡出也[8]。故蔡人杀五父而立之[9],生敬仲。其少也,周史有以《周易》见陈侯者[10],陈侯使筮之,遇《观》䷓之《否》䷋[11]。曰:"是谓'观国之光,利用宾于王[12]'。此其代陈有国乎?不在此,其在异国;非此其身,在其子孙。光远而自他有耀者也。《坤》,土也。《巽》,风也。《乾》,天也。风为天于土上,山也。有山之材而照之以天光,于是乎居土上。故曰:'观国之光,利用宾于王。'庭实旅百[13],奉之以玉帛[14],天地之美具焉,故曰:'利用宾于王。'犹有观焉,故曰其在后乎。风行而著于土[15],故曰其在异国乎。若在异国,必姜姓也。姜,大岳之后也。山岳则配天,物莫能两大。陈衰,此其昌乎!"

及陈之初亡也[16],陈桓子始大于齐[17]。其后亡也[18],成子得政[19]。

【注释】

① 懿氏:陈大夫。卜:用龟灼兆以占吉凶。　　② 于飞:飞。于为语助,无义。　　③ 锵锵:状鸣声相和嘹亮。　　④ 有妫:陈为舜后,妫姓。　⑤ 姜:齐国之姓。　　⑥ 正卿:卿之长。　　⑦ 京:大。此指相抗。　⑧ 蔡出:蔡女所生。姊妹之子曰出。　　⑨ 蔡人杀五父:见桓公六年(前706)。　　⑩ 周史:周朝太史。　　⑪《观》之《否》:《观》与《否》俱卦名。《观》,坤下巽上;《否》,坤下乾上。两卦六爻之上二爻与下三爻皆同,惟第四爻有异,乃《观》之六四变为《否》之九四。凡占,以初占之卦为主,再任取六爻之一变易之,即得次卦,然后合其卦象、爻辞以定吉凶。这次占卜,初卦为《观》,取第四爻变易为《否》,故得"《观》之《否》"。　　⑫ 用:于。宾于王:为王上宾。⑬ 庭实:诸侯朝见天子或互相聘问,必将礼物陈列庭上,称庭实。旅:陈。百:言其多。　　⑭ 玉帛:乾为金玉,坤为布帛,故云。　　⑮ 风行而著于土:巽为风,坤为土,巽在坤上,故云。风行,则当迁于外国。　　⑯ 初亡:指昭公八年(前534)楚灭陈。　　⑰ 陈桓子:敬仲五世孙陈无宇。　　⑱ 后

亡:指哀公十七年(前478)楚再灭陈。　⑲ 成子:即陈常,一作田常,敬仲八世孙,专齐国政。

庄公二十三年

【经】

二十有三年春①,公至自齐。

祭叔来聘②。

夏,公如齐观社③。

公至自齐。

荆人来聘。

公与齐侯遇于谷④。

萧叔朝公⑤。

秋,丹桓宫楹⑥。

冬十有一月,曹伯射姑卒⑦。

十有二月甲寅,公会齐侯盟于扈⑧。

【注释】

① 二十有三年:公元前671年。　② 祭叔:周大夫。　③ 社:祀社神。　④ 谷:齐地,在今山东东阿县。　⑤ 萧叔:萧叔大心。　⑥ 丹:用朱色漆漆之。桓宫:桓公之庙。楹:柱子。据《谷梁传》,天子诸侯之庙柱用微青黑色,用红色非礼。　⑦ 曹伯射姑:曹庄公。　⑧ 扈:不详。杜注云郑地,在今河南沁阳市。

【传】

二十三年夏,公如齐观社,非礼也。曹刿谏曰:"不可。夫礼,所以整民也①。故会以训上下之则②,制财用之节③;朝以正班爵之义④,帅长幼之序⑤;征伐以讨其不然。诸侯有王⑥,王有巡守,以大习之⑦。非是,君不举矣⑧。君举必书,书而不法⑨,后嗣何观⑩?"

【注释】

① 整:整治。 ② 会:会见。训:训示。则:法则。 ③ 节:规定,标准。 ④ 朝:朝见。班爵:排列爵位。 ⑤ 帅:率,遵循。 ⑥ 有王:指朝聘于天子。 ⑦ 大习:习朝会制度。 ⑧ 举:出行。 ⑨ 不法:不合法度。 ⑩ 后嗣:子孙后代。观:借鉴。

晋桓、庄之族逼①,献公患之。士芀曰②:“去富子③,则群公子可谋也已。”公曰:“尔试其事。”士芀与群公子谋,谮富子而去之。

秋,丹桓宫之楹。

【注释】

① 桓:桓叔。庄:庄伯。二人为曲沃武公的父与祖。逼:谓过于强盛而威逼公族。 ② 士芀:晋大夫。 ③ 富子:桓、庄族中多智谋者。

庄公二十四年

【经】

二十有四年春①,王三月,刻桓宫桷②。

葬曹庄公。

夏,公如齐逆女。

秋,公至自齐。

八月丁丑,夫人姜氏入③。

戊寅,大夫、宗妇觌④,用币⑤。

大水。

冬,戎侵曹。

曹羁出奔陈⑥。

赤归于曹⑦。

郭公⑧。

【注释】

① 二十有四年:公元前 670 年。 ② 刻:镂刻。桷:椽子。准备迎

亲，所以装饰宫室。　③ 姜氏：哀姜。　④ 宗妇：同姓大夫的夫人。一说大夫、宗妇为一，因大夫无见君夫人之礼。觌(dí)：见。　⑤ 币：玉帛之属。　⑥ 羁：杜注为曹太子。或云为曹君。　⑦ 赤：曹僖公。公元前670—前662年在位。　⑧ 杜注以为下有阙误。

【传】

二十四年春，刻其桷，皆非礼也①。御孙谏曰②："臣闻之，俭，德之共也③；侈，恶之大也。先君有共德而君纳诸大恶，无乃不可乎？"

【注释】

① 皆：指上一年用朱漆漆桓公庙柱子。　② 御孙：鲁大夫。　③ 共(hóng)：大。

秋，哀姜至。公使宗妇觌，用币，非礼也。御孙曰："男贽大者玉帛①，小者禽鸟，以章物也②。女贽不过榛栗枣脩，以告虔也③。今男女同贽，是无别也。男女之别，国之大节也，而由夫人乱之，无乃不可乎？"

【注释】

① 贽：礼物。古人进见，手执礼物表示恭敬。公、侯、伯、子、男五等诸侯执玉，诸侯太子及小国国君等执帛，卿执羔，大夫执雁，庶人执雉，工商执鸡。② 章物：以所执物表明身份。　③ 脩：干肉。虔：敬。

晋士蒍又与群公子谋，使杀游氏之二子①。士蒍告晋侯曰②："可矣。不过二年，君必无患。"

【注释】

① 游氏之二子：亦桓、庄之族。　② 晋侯：晋献公。

庄公二十五年

【经】

二十有五年春①，陈侯使女叔来聘②。

夏五月癸丑,卫侯朔卒③。

六月辛未朔,日有食之。鼓④,用牲于社⑤。

伯姬归于杞⑥。

秋,大水。鼓,用牲于社、于门。

冬,公子友如陈⑦。

【注释】

① 二十有五年:公元前 669 年。 ② 陈侯:陈宣公。女叔:陈卿,女为氏,叔为字。聘:聘问。 ③ 卫侯朔:卫惠公。 ④ 鼓:击鼓。 ⑤ 用牲于社:用牺牲祭祀社神。 ⑥ 归于杞:出嫁到杞国。 ⑦ 公子友:即季友,庄公弟。去陈为报聘。

【传】

二十五年春,陈女叔来聘,始结陈好也。嘉之,故不名。

夏六月辛未朔,日有食之。鼓,用牲于社,非常也①。唯正月之朔②,慝未作③,日有食之,于是乎用币于社,伐鼓于朝④。

【注释】

① 非常:非礼之常,即非礼。 ② 正月:正阳之月,即夏历四月,周历六月。 ③ 慝:阴气。正月是阳气用事之月,其时阴气未作。 ④ 伐鼓:击鼓。朝:朝廷。

秋,大水。鼓,用牲于社、于门,亦非常也。凡天灾①,有币无牲。非日月之眚②,不鼓。

【注释】

① 天灾:日、月食,发大水。 ② 眚:灾。

晋士芀使群公子尽杀游氏之族,乃城聚而处之①。冬,晋侯围聚②,尽杀群公子。

【注释】

① 聚:晋邑,在今山西绛县东南。 ② 晋侯:晋献公。

庄公二十六年

【经】

二十有六年春[①],公伐戎。

夏,公至自伐戎。

曹杀其大夫。

秋,公会宋人、齐人伐徐[②]。

冬十有二月癸亥朔,日有食之。

【注释】

① 二十有六年:公元前668年。　② 徐:国名,嬴姓,地在今安徽泗县西北。

【传】

二十六年春,晋士蒍为大司空。

夏,士蒍城绛[①],以深其宫[②]。

秋,虢人侵晋。冬,虢人又侵晋[③]。

【注释】

① 城绛:加固绛都的城墙。绛,在今山西翼城县东。　② 深:高。此指加高宫墙。　③ 按:这一年传文与经文不相呼应。杜预解释说:"此年经传各自言其事者,或经是直文,或策书虽存而简牍散落,不究其本末,故传不复申解,但言传事而已。"

庄公二十七年

【经】

二十有七年春[①],公会杞伯姬于洮[②]。

夏六月,公会齐侯、宋公、陈侯、郑伯[③],同盟于幽。

秋,公子友如陈,葬原仲[④]。

冬,杞伯姬来[⑤]。

莒庆来逆叔姬⑥。

杞伯来朝⑦。

公会齐侯于城濮⑧。

【注释】

① 二十有七年:公元前 667 年。 ② 洮:鲁地,在今河南省范县西南。 ③ 齐侯:齐桓公。宋公:宋桓公。陈侯:陈宣公。郑伯:郑文公,公元前 672—前 628 年在位。 ④ 原仲:陈大夫。 ⑤ 来:女子归宁,即回娘家。 ⑥ 庆:莒大夫。叔姬:庄公女。 ⑦ 杞伯:杞惠公。 ⑧ 城濮:卫地,在今河南省范县南。

【传】

二十七年春,公会杞伯姬于洮,非事也①。天子非展义不巡守②,诸侯非民事不举,卿非君命不越竟③。

夏,同盟于幽,陈、郑服也。

秋,公子友如陈,葬原仲,非礼也。原仲,季友之旧也。

冬,杞伯姬来,归宁也。凡诸侯之女,归宁曰来,出曰来归④。夫人归宁曰如某,出曰归于某。

【注释】

① 非事:与民事无关。 ② 展义:宣扬德义。 ③ 竟:同“境”。 ④ 出:见弃于夫家。来归:来而不再返回。

晋侯将伐虢,士蔿曰:“不可。虢公骄,若骤得胜于我,必弃其民。无众而后伐之,欲御我谁与①?夫礼乐慈爱,战所畜也②。夫民让事、乐和、爱亲、哀丧而后可用也。虢弗畜也,亟战将饥③。”

王使召伯廖赐齐侯命④,且请伐卫,以其立子颓也⑤。

【注释】

① 与:从。 ② 畜:具备。 ③ 饥:指没有士气。 ④ 召伯廖:周惠王卿士。命:宠命。 ⑤ 立子颓:拥立王子颓为国君。事见庄公十九年(前 675)。

庄公二十八年

【经】

二十有八年春[①]，王三月甲寅，齐人伐卫。卫人及齐人战，卫人败绩。

夏四月丁未，邾子琐卒。

秋，荆伐郑。公会齐人、宋人救郑。

冬，筑郿[②]。

大无麦禾[③]。

臧孙辰告籴于齐[④]。

【注释】

① 二十有八年：公元前 666 年。　② 郿：当在今山东东平县西南，鲁下邑。　③ 此事在冬天记载，杜注云："书于冬者，五谷毕入，计食不足而后书也。"　④ 臧孙辰：鲁大夫，即臧文仲。告籴：请买粮食。

【传】

二十八年春，齐侯伐卫。战，败卫师。数之以王命[①]，取赂而还。

【注释】

① 齐侯：齐桓公。数：责。因齐国是奉周天子命伐卫，所以用周王的名义责备卫国。

晋献公娶于贾[①]，无子。烝于齐姜[②]，生秦穆夫人及大子申生[③]。又娶二女于戎，大戎狐姬生重耳[④]，小戎子生夷吾[⑤]。晋伐骊戎[⑥]，骊戎男女以骊姬[⑦]，归生奚齐。其娣生卓子[⑧]。

【注释】

① 贾：国名。姬姓，在今山西襄汾县东。　② 烝：以下淫上。齐姜：杜注云武公妾。　③ 秦穆夫人：秦穆公的夫人。秦穆公，公元前 659—前 621 年在位。　④ 大戎：唐叔后代，姬姓，以狐为氏。　⑤ 小戎：允姓之戎。子：女子。　⑥ 骊戎：国名，姬姓，男爵，地在今陕西西安市。　⑦ 女：纳女于人。　⑧ 娣：同嫁一夫的妹妹。

骊姬嬖①,欲立其子,赂外嬖梁五与东关嬖五②,使言于公曰:“曲沃,君之宗也③。蒲与二屈④,君之疆也⑤。不可以无主。宗邑无主则民不威,疆埸无主则启戎心⑥。戎之生心,民慢其政,国之患也。若使大子主曲沃,而重耳、夷吾主蒲与屈,则可以威民而惧戎,且旌君伐⑦。”使俱曰⑧:“狄之广莫⑨,于晋为都⑩。晋之启土,不亦宜乎?”晋侯说之。夏,使大子居曲沃,重耳居蒲城,夷吾居屈。群公子皆鄙,唯二姬之子在绛⑪。二五卒与骊姬谮群公子而立奚齐,晋人谓之“二五耦”⑫。

【注释】

① 嬖:受到宠爱。 ② 外嬖:男宠。 ③ 宗:宗邑。曲沃是桓公所封,其先宗庙所在地。 ④ 蒲:在今山西隰县北。二屈:在今山西吉县,南屈与北屈相毗邻,故称二屈。 ⑤ 疆:边疆之邑。 ⑥ 埸(yì):界。疆埸亦边疆之义。 ⑦ 旌:表彰。伐:功勋。 ⑧ 使俱曰:让他们二人一起进言。 ⑨ 狄:戎狄,指晋境外之地。广莫:广大无边。 ⑩ 都:都邑。 ⑪ 绛:晋都城。 ⑫ 二五耦:谓梁五与东关嬖五二人朋比为奸。两人共耕曰耦。

楚令尹子元欲蛊文夫人①,为馆于其宫侧而振万焉②。夫人闻之,泣曰:“先君以是舞也,习戎备也。今令尹不寻诸仇雠③,而于未亡人之侧,不亦异乎!”御人以告子元④。子元曰:“妇人不忘袭仇,我反忘之!”

【注释】

① 子元:武王子,文王弟。蛊:蛊惑,诱奸。文夫人:文王夫人,即息妫。 ② 振万:万为武舞名,舞时振铎为节拍,故称振万。 ③ 寻:用。 ④ 御人:夫人的侍者。

秋,子元以车六百乘伐郑,入于桔柣之门①。子元、鬥御强、鬥梧、耿之不比为旆②,鬥班、王孙游、王孙喜殿③。众车入自纯门④,及逵市⑤。县门不发⑥,楚言而出⑦。子元曰:“郑有人焉⑧。”诸侯救郑,楚师夜遁。郑人将奔桐丘⑨,谍告曰:“楚幕有乌。”乃止。

【注释】

① 桔柣(dié)之门:郑远郊的门。 ② 旆:前军。 ③ 殿:殿后,后军。 ④ 纯门:郑外郭门。 ⑤ 逵市:内城外大路上的市场。 ⑥ 县门:县同"悬"。县门,内城闸门。不发:不放下来。 ⑦ 言:商议。 ⑧ 有人:有能人。 ⑨ 桐丘:在今河南扶沟县西。

冬,饥。臧孙辰告籴于齐,礼也①。

筑郿,非都也。凡邑有宗庙先君之主曰都,无曰邑。邑曰筑,都曰城。

【注释】

①《周书·籴匡篇》说遇大灾荒,卿士向邻国请求购粮。所以说臧孙辰此举合乎礼。

庄公二十九年

【经】

二十有九年春①,新延厩②。

夏,郑人侵许。

秋,有蜚。

冬十有二月,纪叔姬卒③。

城诸及防④

【注释】

① 二十有九年:公元前 665 年。 ② 新:更新,重建。延厩:马厩名。 ③ 纪叔姬:鲁女,以庄公十二年(前 682)出嫁纪国。 ④ 诸:在今山东诸城市西南。防:即东防,在今山东费县东北。

【传】

二十九年春,新作延厩。书,不时也。凡马日中而出①,日中而入②。

夏,郑人侵许。凡师有钟鼓曰伐,无曰侵,轻曰袭③。

秋，有蜚。为灾也。凡物不为灾不书。

【注释】

① 日中：春分，秋分。出：出厩。 ② 入：入厩。 ③ 轻：轻装快速进攻。

冬十二月，城诸及防，书，时也。凡土功①，龙见而毕务②，戒事也③。火见而致用④，水昏正而栽⑤，日至而毕⑥。

樊皮叛王⑦。

【注释】

① 土功：土木工程。 ② 龙：苍龙七宿，周正十一月、夏正九月晨现于东方。毕务：农事完成。 ③ 戒事：准备开工。 ④ 火：大火，心宿，夏正十月初出现于东方。致用：把一切应用的工具运到现场。 ⑤ 水：大水，即定星。昏：黄昏。正：正南。水星十月出现。栽：筑土，打夯。 ⑥ 日至：冬至。 ⑦ 樊皮：周大夫。

庄公三十年

【经】

三十年春①，王正月。

夏，次于成②。

秋七月，齐人降鄣③。

八月癸亥，葬纪叔姬。

九月庚午朔，日有食之。鼓，用牲于社。

冬，公及齐侯遇于鲁济④。

齐人伐山戎⑤。

【注释】

① 三十年：公元前 664 年。 ② 成：在今山东宁阳北。 ③ 鄣：纪邑，在今江苏赣榆县。 ④ 齐侯：齐桓公。鲁济：济水流经鲁国的一段。 ⑤ 山戎：北戎，地在今河北北部。

【传】

三十年春[①],王命虢公讨樊皮。夏四月丙辰,虢公入樊,执樊仲皮[②],归于京师。

【注释】

① 此节接上年传。　② 樊仲皮:即樊皮,皮为名,仲为排行。

楚公子元归自伐郑,而处王宫。鬥射师谏[①],则执而梏之[②]。秋,申公鬥班杀子元[③],鬥穀於菟为令尹[④],自毁其家以纾楚国之难[⑤]。

冬,遇于鲁济,谋山戎也,以其病燕故也[⑥]。

【注释】

① 鬥射师:或谓即鬥廉,或谓是鬥般。　② 梏:铐上手铐。　③ 申公:申邑县尹。楚君自称王,称县尹为公。　④ 鬥穀於菟(wū tú):即令尹子文。　⑤ 毁其家:拿出家中的财物。毁,减少。纾:缓。　⑥ 燕:北燕,召公奭之后,都蓟(今北京市)。

庄公三十一年

【经】

三十有一年春[①],筑台于郎[②]。

夏四月,薛伯卒。

筑台于薛[③]。

六月,齐侯来献戎捷[④]。

秋,筑台于秦[⑤]。

冬,不雨。

【注释】

① 三十有一年:公元前 663 年。　② 郎:在今山东曲阜附近。郎台一名泉台,在曲阜南逵泉。　③ 薛:此薛为鲁邑名,具体所在不详。④ 献:致物于人。捷:俘虏。　⑤ 秦:在今山东范县。

【传】

三十一年夏六月，齐侯来献戎捷，非礼也。凡诸侯有四夷之功[①]，则献于王，王以警于夷[②]。中国则否[③]。诸侯不相遗俘[④]。

【注释】

① 四夷：东夷、西戎、南蛮、北狄，是对华夏以外四方部落的总称。功：讨伐取得胜利。 ② 警：警诫。 ③ 中国：从属于周的诸侯国；中原华夏。 ④ 遗：赠送。

庄公三十二年

【经】

三十有二年春[①]，城小谷[②]。

夏，宋公、齐侯遇于梁丘[③]。

秋七月癸巳，公子牙卒[④]。

八月癸亥，公薨于路寝[⑤]。

冬十月己未，子般卒[⑥]。

公子庆父如齐[⑦]。

狄伐邢[⑧]。

【注释】

① 三十有二年：公元前662年。 ② 小谷：齐邑，管仲采邑，在今山东东阿县。 ③ 宋公：宋桓公。齐侯：齐桓公。遇：非正式会见。梁丘：宋邑，在今山东成武县东北。 ④ 公子牙：庄公弟，即叔牙，一名僖叔。 ⑤ 路寝：正寝，古天子诸侯常居治事之所。 ⑥ 子般：庄公太子。 ⑦ 公子庆父：庄公长弟。 ⑧ 邢：姬姓国，地在今河北邢台市。

【传】

三十二年春，城小谷，为管仲也。

齐侯为楚伐郑之故[①]，请会于诸侯。宋公请先见于齐侯。夏，遇于梁丘。

【注释】

① 楚伐郑:在庄公二十八年(前666)。

秋七月,有神降于莘[①]。惠王问诸内史过曰[②]:“是何故也?”对曰:“国之将兴,明神降之,监其德也[③];将亡,神又降之,观其恶也。故有得神以兴,亦有以亡。虞、夏、商、周皆有之。”王曰:“若之何?”对曰:“以其物享焉[④],其至之日,亦其物也[⑤]。”王从之。内史过往,闻虢请命[⑥],反曰[⑦]:“虢必亡矣,虐而听于神[⑧]。”

【注释】

① 莘:虢地,在今河南三门峡市。　② 内史过:周大夫。　③ 监:临,视察。　④ 物:祭品,祭服。　⑤ 其至之日,亦其物:古以干支纪日,每个日子祭神有相应的祭品。如戊、己日祭用心,玉、服皆黄;庚、辛日祭用肝,玉、服皆白。各神祭祀有一定制度,但此神无祀典可依,所以以其始降的日子为祭日,依该日相应祭品祭祀。　⑥ 请命:即下文请神赐田。⑦ 反:同“返”,回国。　⑧ 虐:暴虐。

神居莘六月。虢公使祝应、宗区、史嚚享焉[①]。神赐之土田。史嚚曰:“虢其亡乎!吾闻之,国将兴,听于民;将亡,听于神。神,聪明正直而一者也[②],依人而行[③]。虢多凉德[④],其何土之能得!”

【注释】

① 祝应、宗区、史嚚(yín):太祝应、宗人区、太史嚚。　② 一:专一。③ 依人而行:根据其人的情况而决定应否赐福。　④ 凉德:薄德,虐民之政。

初,公筑台临党氏[①],见孟任[②],从之[③]。閟[④],而以夫人言[⑤],许之,割臂盟公[⑥],生子般焉。雩[⑦],讲于梁氏[⑧],女公子观之[⑨],圉人荦自墙外与之戏[⑩]。子般怒,使鞭之。公曰:“不如杀之,是不可鞭。荦有力焉,能投盖于稷门[⑪]。”

【注释】

① 党氏:党家,姓任。　② 孟任:党氏女。　③ 从之:紧紧尾随她。④ 閟:关门。此指孟任把门关上。　⑤ 以夫人言:庄公答应立她为夫人。⑥ 割臂:划破手臂滴血歃盟。　⑦ 雩:求雨祭祀。　⑧ 讲:讲习,演习。

⑨ 女公子:子般之妹。或谓梁氏女。　⑩ 圉人:掌养马放牧的官。与之戏:即调戏女公子。　⑪ 盖:门扇。稷门:鲁都南门。

公疾,问后于叔牙。对曰:“庆父材。”问于季友[1],对曰:“臣以死奉般。”公曰:“乡者牙曰庆父材[2]。”成季使以君命命僖叔待于鍼巫氏[3],使鍼季鸩之[4],曰:“饮此则有后于鲁国,不然,死且无后。”饮之,归及逵泉而卒[5],立叔孙氏[6]。

【注释】

① 季友:公子友,庄公三弟,即成季。　② 乡者:以前。乡,通“向”。③ 僖叔:即叔牙。鍼(qián)巫:即鍼季,鲁大夫。鍼姓,巫为职或名,季乃字。④ 鸩:鸟名,羽毛有毒,古人用以为毒酒杀人。　⑤ 逵泉:在曲阜东南五里。　⑥ 立叔孙氏:以僖叔的后代为叔孙氏。

八月癸亥,公薨于路寝。子般即位,次于党氏[1]。冬十月己未,共仲使圉人荦贼子般于党氏[2]。成季奔陈。立闵公[3]。

【注释】

① 次:居住。　② 共仲:即庆父。贼:杀害。　③ 闵公:庄公子,名启方,《史记》作名开。

卷四　闵公

闵公元年

【经】

元年春[①],王正月。

齐人救邢。

夏六月辛酉,葬我君庄公。

秋八月,公及齐侯盟于落姑[②]。季子来归[③]。

冬,齐仲孙来[④]。

【注释】

① 元年:公元前661年。　② 齐侯:齐桓公。落姑:齐地。一云在今山东平阴县,一云在博兴县。　③ 季子:公子友,即季友。　④ 仲孙:仲孙湫,齐大夫。

【传】

元年春,不书即位,乱故也。

狄人伐邢。管敬仲言于齐侯曰[①]:"戎狄豺狼,不可厌也[②]。诸夏亲昵,不可弃也。宴安鸩毒[③],不可怀也[④]。《诗》云[⑤]:'岂不怀归,畏此简书[⑥]。'简书,同恶相恤之谓也[⑦]。请救邢以从简书。"齐人救邢。

【注释】

① 管敬仲:即管仲。　② 厌:满足。　③ 宴安:安乐。　④ 怀:怀恋。　⑤《诗》:见《诗·小雅·出车》。　⑥ 简书:盟书。　⑦ 同恶相恤:对付共同的敌人,互相之间援助。

夏六月,葬庄公,乱故,是以缓。

秋八月,公及齐侯盟于落姑,请复季友也[①]。齐侯许之,使召诸陈，公次于郎以待之②。“季子来归”，嘉之也③。

【注释】

① 复：回国。 ② 郎：在鲁都曲阜近郊。 ③ 嘉之：谓称他“季子”，是赞美他。

冬，齐仲孙湫来省难。书曰“仲孙”，亦嘉之也。仲孙归曰：“不去庆父①，鲁难未已。”公曰：“若之何而去之？”对曰：“难不已，将自毙，君其待之。”公曰：“鲁可取乎？”对曰：“不可，犹秉周礼②。周礼，所以本也。臣闻之，国将亡，本必先颠，而后枝叶从之。鲁不弃周礼，未可动也。君其务宁鲁难而亲之③。亲有礼，因重固④，间携贰⑤，覆昏乱，霸王之器也⑥。”

【注释】

① 时庆父已回到鲁国，故云。 ② 秉：秉持，实施。 ③ 其：应当。务宁鲁难：从事于安定鲁国的祸难。 ④ 因：依靠。重固：稳定坚固。⑤ 间：离间。携贰：内部不和，离心离德。 ⑥ 器：策略，方法。

晋侯作二军①，公将上军，大子申生将下军。赵夙御戎②，毕万为右③，以灭耿、灭霍、灭魏④。

【注释】

① 晋侯：晋献公。二军：晋本一军，现扩为二军。 ② 赵夙：晋大夫，赵衰之兄。御戎：为君王战车的驾驶。 ③ 毕万：晋大夫，毕公高之后。④ 耿：姬姓国，地在今山西河津市东南。霍：姬姓国，地在今山西霍州西南。魏：姬姓国，地在今山西芮城县东北。

还，为大子城曲沃。赐赵夙耿，赐毕万魏，以为大夫。士𫇭曰：“大子不得立矣，分之都城而位以卿①，先为之极②，又焉得立，不如逃之，无使罪至。为吴大伯③，不亦可乎？犹有令名④，与其及也⑤。且谚曰：‘心苟无瑕，何恤乎无家⑥。’天若祚大子，其无晋乎。”

卜偃曰⑦：“毕万之后必大。万，盈数也；魏，大名也；以是始赏⑧，天启之矣。天子曰兆民，诸侯曰万民。今名之大，以从盈数，其必有众⑨。”

【注释】

① 位以卿：卿始有军行，晋献公令申生将下军，所以说“位以卿”。② 先为之极：言身位储君，又位于卿，已到了极点。③ 吴大伯：即吴太伯，周太王嫡子，知其父欲立弟季历，避位而逃到吴地，为吴始祖。④ 令名：好的名声。⑤ 与其及也：意为胜过留下来获罪。⑥ 恤：忧患。⑦ 卜偃：晋掌卜的大夫。⑧ 始赏：开始受封赏。⑨ 必有众：一定能得到人民。

初，毕万筮仕于晋。遇《屯》䷂之《比》䷇①。辛廖占之②，曰：“吉。《屯》固《比》入③，吉孰大焉？其必蕃昌。震为土④，车从马⑤，足居之⑥，兄长之⑦，母覆之⑧，众归之⑨，六体不易⑩，合而能固⑪，安而能杀⑫，公侯之卦也⑬。公侯之子孙⑭，必复其始⑮。”

【注释】

①《屯》：卦象为震下坎上，初爻九“—”变为六“--”，即为《比》，坤下坎上。② 辛廖：晋大夫。③《屯》固《比》入：《屯》，艰险之象，因此坚固。《比》，亲密之象，所以能入。④ 震为土：震变为坤，坤为地，故言“为土”。⑤ 车从马：震为车，坤为马。震变为坤，故言“从马”。⑥ 足居之：震为足，震变为坤，安静之象，所以说“足居之”。⑦ 兄长之：震为长男，初爻变，是最长之意，故云。⑧ 母覆之：坤为母，故云。⑨ 众归之：坤为众。⑩ 六体：指以上六义。⑪ 合而能固：《比》卦有合之义，《屯》卦有固之义。⑫ 安而能杀：《比》卦有坤，坤为土安之象。《屯》卦有震，震为雷杀之象。以坤承震之变，所以说“安而能杀”。⑬ 公侯之卦：总结以上卦象而断言。《屯》之初九曰“利建侯”，《比》之大象曰“建万国，亲诸侯”，均言为公侯之卦。⑭ 公侯之子孙：毕万为毕公高之后。⑮ 复其始：回复始初的地位。

闵公二年

【经】

二年春①，王正月，齐人迁阳②。

夏五月乙酉,吉禘于庄公[3]。

秋八月辛酉,公薨。

九月,夫人姜氏孙于邾[4]。

公子庆父出奔莒。

冬,齐高子来盟[5]。

十有二月,狄入卫。

郑弃其师。

【注释】

① 二年:公元前660年。 ② 迁:迁移。阳:国名,姬姓,地在今山东沂水县西南。 ③ 吉禘:禘,大祭。大祭后告吉,故称吉禘。 ④ 孙:同"逊",出奔。哀姜因淫而出奔,故称"姜氏"。 ⑤ 高子:齐大夫高傒。

【传】

二年春,虢公败犬戎于渭汭[1]。舟之侨曰[2]:"无德而禄,殃也。殃将至矣。"遂奔晋。

夏,吉禘于庄公,速也[3]。

【注释】

① 犬戎:戎之一种,即后世匈奴。渭汭:渭水流入黄河处,即今陕西华阴市东北。 ② 舟之侨:虢大夫。 ③ 速:古代三年之丧,实二十五月而毕,然后入庙大祭。庄公时去世仅二十一月,故云"速"。

初,公傅夺卜齮田[1],公不禁。秋八月辛丑,共仲使卜齮贼公于武闱[2]。成季以僖公适邾[3]。共仲奔莒,乃入,立之。以赂求共仲于莒,莒人归之。及密[4],使公子鱼请[5],不许。哭而往[6],共仲曰:"奚斯之声也。"乃缢。闵公,哀姜之娣叔姜之子也,故齐人立之。共仲通于哀姜[7],哀姜欲立之。闵公之死也,哀姜与知之,故孙于邾。齐人取而杀之于夷[8],以其尸归,僖公请而葬之。

【注释】

① 卜齮(yǐ):鲁大夫。 ② 共仲:即公子庆父。贼:杀。武闱:路寝的旁门。 ③ 僖公:《史记》以为闵公弟,杜注谓闵公庶兄。 ④ 密:鲁

地,在今山东费县北。 ⑤ 公子鱼:鲁贤臣,字奚斯。 ⑥ 哭而往:谓公子鱼因请求赦免庆父未获允许,哭着回来。 ⑦ 通:私通。 ⑧ 夷:或以为鲁地,具体所在不详。

成季之将生也,桓公使卜楚丘之父卜之①。曰:“男也。其名曰友,在公之右。间于两社②,为公室辅。季氏亡,则鲁不昌。”又筮之,遇《大有》☲之《乾》☰③,曰:“同复于父④,敬如君所⑤。”及生,有文在其手曰“友”,遂以命之⑥。

【注释】

① 卜楚丘之父:名不详。 ② 两社:鲁国有两社,即周社、亳社。间于两社,即在两社之间,官执政大臣。 ③《大有》:卦名,乾下离上。《乾》:乾上乾下。《大有》的上卦离变为乾,象征子与父同德。乾为君,离为臣,离变为乾,又象征君臣同心。 ④ 同复于父:尊贵如同父亲。 ⑤ 敬如君所:受到敬重如同国君。 ⑥ 命:名。

冬十二月,狄人伐卫。卫懿公好鹤,鹤有乘轩者①。将战,国人受甲者皆曰②:“使鹤,鹤实有禄位,余焉能战!”公与石祁子玦③,与宁庄子矢④,使守,曰:“以此赞国⑤,择利而为之。”与夫人绣衣,曰:“听于二子。”渠孔御戎,子伯为右,黄夷前驱,孔婴齐殿。及狄人战于荧泽⑥,卫师败绩,遂灭卫。卫侯不去其旗,是以甚败。狄人囚史华龙滑与礼孔以逐卫人。二人曰:“我,大史也,实掌其祭。不先,国不可得也。”乃先之。至则告守曰:“不可待也⑦。”夜与国人出。狄入卫,遂从之⑧,又败诸河。

【注释】

① 轩:大夫所乘的车。 ② 受甲:接受武器甲胄出战的人。 ③ 石祁子:卫大夫。玦:一种玉器,环形而有缺口,常用以表示决心或决绝。 ④ 宁庄子:名速,卫正卿。矢:箭。与矢则表示誓言、防御。 ⑤ 赞国:辅助国家。 ⑥ 荧泽:在今河南淇县东。 ⑦ 待:抵御。 ⑧ 从:追击。

初,惠公之即位也少①,齐人使昭伯烝于宣姜②。不可,强之。生齐子、戴公、文公、宋桓夫人、许穆夫人。文公为卫之多患也,先适齐。及败,宋桓公逆诸河③,宵济。卫之遗民男女七百有三十人,益之以共、滕之民为五千人④,立戴公以庐于曹⑤。许穆夫人赋《载驰》⑥。齐侯使公子无亏帅车三百乘、甲士三千人以戍曹⑦。归公乘马⑧,祭服五称⑨,牛羊豕鸡狗皆三百,与门材⑩。归夫人鱼轩⑪,重锦三十两⑫。

【注释】

① 惠公:卫懿公的父亲。 ② 昭伯:卫惠公庶兄。宣姜:齐女,惠公之母。烝是以下犯上,不一定是通奸,这里即臣子娶君夫人之意。 ③ 逆:迎接。 ④ 共、滕:均卫邑,共在今河南辉县市,滕所在不详。 ⑤ 庐:居住。曹:卫邑,在今河南滑县西南。 ⑥《载驰》:见《诗·鄘风》。 ⑦ 齐侯:齐桓公。公子无亏:即公子武孟,其母为卫姬。 ⑧ 归:同"馈"。乘马:驾车之马。 ⑨ 称:单衣复衣配套曰称。 ⑩ 门材:为门户的材料。 ⑪ 鱼轩:装饰鱼皮的车子。 ⑫ 重锦:厚实的细锦。两:匹。

郑人恶高克①,使帅师次于河上,久而弗召,师溃而归。高克奔陈。郑人为之赋《清人》②。

【注释】

① 高克:郑大夫。 ②《清人》:见《诗·郑风》。诗讽刺文公斥逐臣子不依常道,导致国危师亡。

晋侯使大子申生伐东山皋落氏①。里克谏曰②:"大子奉冢祀社稷之粢盛③,以朝夕视君膳者也,故曰冢子。君行则守,有守则从。从曰抚军,守曰监国,古之制也。夫帅师,专行谋④,誓军旅⑤,君与国政之所图也⑥,非大子之事也。师在制命而已⑦。禀命则不威,专命则不孝,故君之嗣適不可以帅师⑧。君失其官,帅师不威,将焉用之?且臣闻皋落氏将战,君其舍之。"公曰:"寡人有子,未知其谁立焉。"不对而退。见大子,大子曰:"吾其废乎?"对曰:"告之以临民⑨,教之以军旅⑩,不共是惧⑪,何故废乎?且子惧不孝,无惧弗得立。修己而不责人,则免于难。"

【注释】

① 东山皋落氏:赤狄别种,居住在今山西垣曲县。　② 里克:亦称里季,晋大夫。　③ 冢祀:祭祀。冢,大。粢盛:置于祭具中的谷物。　④ 专行谋:专谋断略。　⑤ 誓:号令。　⑥ 国政:国之正卿。图:策谋。⑦ 师:此指领兵作战。制命:专制军队之号令。　⑧ 適:同"嫡"。　⑨ 告之以临民:指命令太子居曲沃,是以治理百姓之道训太子。　⑩ 教之以军旅:言使太子将下军,是以统兵之事教太子。　⑪ 共:同"恭"。

大子帅师,公衣之偏衣①,佩之金玦。狐突御戎②,先友为右③。梁馀子养御罕夷④,先丹木为右⑤。羊舌大夫为尉⑥。先友曰:"衣身之偏,握兵之要,在此行也,子其勉之。偏躬无慝⑦,兵要远灾⑧,亲以无灾,又何患焉!"狐突叹曰:"时,事之征也⑨。衣,身之章也⑩。佩,衷之旗也⑪。故敬其事则命以始⑫,服其身则衣之纯⑬,用其衷则佩之度⑭。今命以时卒,闷其事也⑮;衣之尨服⑯,远其躬也⑰;佩以金玦,弃其衷也。服以远之,时以闷之,尨凉冬杀⑱,金寒玦离⑲,胡可恃也?虽欲勉之,狄可尽乎?"梁馀子养曰:"帅师者受命于庙,受脤于社⑳,有常服矣。不获而尨㉑,命可知也㉒。死而不孝,不如逃之。"罕夷曰:"尨奇无常,金玦不复㉓,虽复何为,君有心矣。"先丹木曰:"是服也,狂夫阻之㉔。曰'尽敌而反'。敌可尽乎!虽尽敌,犹有内谗,不如违之㉕。"狐突欲行。羊舌大夫曰:"不可。违命不孝,弃事不忠。虽知其寒㉖,恶不可取,子其死之。"大子将战,狐突谏曰:"不可。昔辛伯谂周桓公云㉗:'内宠并后,外宠二政,嬖子配適,大都耦国,乱之本也。'周公弗从,故及于难。今乱本成矣,立可必乎?孝而安民㉘,子其图之,与其危身以速罪也。"

【注释】

① 偏衣:左右异色,其半似公服。　② 狐突:字伯行,晋大夫。③ 先友:晋大夫。　④ 梁馀子养:晋大夫,梁馀氏,名子养。罕夷:晋下军卿。　⑤ 先丹木:晋大夫。　⑥ 羊舌大夫:名不详。尉:军尉,军中执法官。　⑦ 偏躬:分自己一半衣服。慝(tè):恶意。　⑧ 兵要远灾:威

权在己,可以远离灾害。 ⑨ 征:征象。 ⑩ 章:标志。 ⑪ 衷:内心。旗:表现。 ⑫ 命以始:谓当在春夏二季赏。 ⑬ 纯:古代以纯色为贵。 ⑭ 度:常度。佩当以玉为之,今赏以金玦,故云。 ⑮ 閟:闭塞。閟其事,指不敬其事,使之不通达。 ⑯ 尨服:杂色服。 ⑰ 远其躬:疏远他。 ⑱ 尨凉冬杀:杂色表示凉薄,冬天是肃杀的节气。 ⑲ 金寒玦离:金意味寒冷,玦表示决绝。 ⑳ 脤:社肉。此指出兵前受脤。 ㉑ 不获而尨:没得到按规定的衣服而得到杂色衣服。 ㉒ 命:指献公的命令。意为献公不怀好意。 ㉓ 金玦不复:玦表示决绝。故云。 ㉔ 阻之:对之有疑。 ㉕ 违:去,别离。 ㉖ 寒:寒薄。 ㉗ 辛伯:周大夫。谂:告。周桓公:名黑肩,周朝卿。下引文见桓公十八年(前 694)。 ㉘ 孝而安民:奉身为孝,不战为安民。

成风闻成季之繇①,乃事之②,而属僖公焉,故成季立之。

僖之元年,齐桓公迁邢于夷仪③。二年,封卫于楚丘④。邢迁如归,卫国忘亡。

卫文公大布之衣⑤,大帛之冠⑥,务材训农⑦,通商惠工,敬教劝学,授方任能⑧。元年革车三十乘⑨,季年乃三百乘⑩。

【注释】

① 成风:庄公妾,僖公的母亲。 ② 事:结以为援。 ③ 夷仪:在今山东聊城市西。 ④ 楚丘:卫地,在今河南滑县西。 ⑤ 大布:粗布。 ⑥ 大帛:大白,粗帛。 ⑦ 务材:种植有用的树。训:劝导。 ⑧ 授方:制定为官的法则。 ⑨ 革车:蒙革之车,即战车。 ⑩ 季年:末年,或以为指僖公末年。

卷五　僖公上

僖公元年

【经】

元年春①,王正月。

齐师、宋师、曹师次于聂北②,救邢。

夏六月,邢迁于夷仪。

齐师、宋师、曹师城邢。

秋七月戊辰,夫人姜氏薨于夷③,齐人以归。

楚人伐郑。

八月,公会齐侯、宋公、郑伯、曹伯、邾人于柽④。

九月,公败邾师于偃⑤。

冬十月壬午,公子友帅师败莒师于郦⑥,获莒挐⑦。

十有二月丁巳,夫人氏之丧至自齐⑧。

【注释】

① 元年:公元前 659 年。　② 聂北:当即今山东聊城西北博平镇。　③ 姜氏:哀姜。　④ 齐侯:齐桓公。宋公:宋桓公。郑伯:郑文公。曹伯:曹昭公,公元前 661—前 653 年在位。柽:在今河南淮阳县西北。　⑤ 偃:邾地,在今山东费县南。　⑥ 郦:鲁地,具体所在不详。　⑦ 莒挐:莒君之弟。　⑧ 夫人氏:夫人姜氏。

【传】

元年春,不称即位,公出故也①。公出复入,不书,讳之也。讳国恶,礼也。

诸侯救邢。邢人溃,出奔师②。师遂逐狄人③,具邢器用而迁之[4],师无私焉[5]。

【注释】

① 出:出逃在外。 ② 师:指诸侯驻扎在聂北的军队。 ③ 师:此指诸侯的军队。 ④ 具:装载。 ⑤ 无私:无所私取。

夏,邢迁于夷仪,诸侯城之,救患也。凡侯伯[1],救患、分灾、讨罪[2],礼也。

秋,楚人伐郑,郑即齐故也[3]。盟于荦[4],谋救郑也。

九月,公败邾师于偃,虚丘之戍将归者也[5]。

【注释】

① 侯伯:诸侯之伯,即霸主。此指齐桓公。 ② 分灾:诸侯有灾,分谷帛之属赈救。 ③ 即:亲近。 ④ 荦:即柽。 ⑤ 虚丘:地不详。当为邾地。

冬,莒人来求赂。公子友败诸郦,获莒子之弟挐。非卿也,嘉获之也[1]。公赐季友汶阳之田及费[2]。

夫人氏之丧至自齐。君子以齐人之杀哀姜也为已甚矣[3],女子,从人者也。

【注释】

① 此言莒挐不是卿,《春秋》记载,是为了表彰公子友俘获敌人的功劳。 ② 汶阳:汶水以北的地方。费:今山东费县。 ③ 已甚:做得过了头。

僖 公 二 年

【经】

二年春[1],王正月,城楚丘[2]。

夏五月辛巳,葬我小君哀姜[3]。

虞师、晋师灭下阳[4]。

秋九月,齐侯、宋公、江人、黄人盟于贯[5]。

冬十月,不雨。

楚人侵郑。

【注释】

① 二年:公元前658年。　② 楚丘:卫地,在今河南滑县西。　③ 小君:即君夫人。诸侯之母礼葬后的尊称。　④ 下阳:即夏阳,虢邑,在今山西平陆县。　⑤ 齐侯:齐桓公。宋公:宋桓公。江:国名,嬴姓,地在今河南息县西南。黄:国名,地在今河南潢川。贯:宋地,在今山东曹县南。

【传】

二年春,诸侯城楚丘而封卫焉①。不书所会,后也②。

【注释】

① 封:分封。古建诸侯,必分之土地,立疆界,聚土为封以记之。所以建立国家称封国。卫已亡,重新建立,所以称封。　② 后:僖公迟到了。

晋荀息请以屈产之乘与垂棘之璧①,假道于虞以伐虢②。公曰③:"是吾宝也。"对曰:"若得道于虞,犹外府也④。"公曰:"宫之奇存焉⑤。"对曰:"宫之奇之为人也,懦而不能强谏,且少长于君⑥,君昵之,虽谏,将不听。"乃使荀息假道于虞,曰:"冀为不道⑦,入自颠軨⑧,伐鄍三门⑨。冀之既病⑩,则亦唯君故⑪。今虢为不道,保于逆旅⑫,以侵敝邑之南鄙。敢请假道以请罪于虢。"虞公许之,且请先伐虢。宫之奇谏,不听,遂起师。夏,晋里克、荀息帅师会虞师伐虢⑬,灭下阳。先书虞,贿故也。

【注释】

① 荀息:又称荀叔,晋大夫。屈产之乘:屈地所出的良马。垂棘之璧:垂棘所出的玉璧。屈,晋地,在今山西吉县。垂棘,晋地,在今山西潞城市。② 假:借。　③ 公:晋献公。　④ 外府:外库。　⑤ 宫之奇:虞大夫。　⑥ 少长于君:从小与君王一起长大。　⑦ 冀:国名,地在今山西河津市。　⑧ 颠軨:虞地,即虞坂,在今山西平陆县东北。　⑨ 鄍:虞邑,亦在平陆县东北。　⑩ 冀之既病:我国伐冀让冀国受到损伤。⑪ 则亦唯君故:这是为了君王的缘故。　⑫ 保:堡垒,碉楼。逆旅:客舍。⑬ 里克:晋大夫。

秋，盟于贯，服江、黄也。

齐寺人貂始漏师于多鱼①。

虢公败戎于桑田②。晋卜偃曰："虢必亡矣。亡下阳不惧，而又有功，是天夺之鉴③，而益其疾也④。必易晋而不抚其民矣⑤，不可以五稔⑥。"

冬，楚人伐郑，鬥章囚郑聃伯⑦。

【注释】

① 寺人：宦官而任宫中侍御者。各书"寺人貂"一作"竖貂"、"竖刁"。漏师：泄露军队中机密。多鱼：地名，所在不详。 ② 桑田：在今河南灵宝市。 ③ 鉴：镜子。 ④ 疾：此指罪恶。 ⑤ 易：轻视。 ⑥ 稔：谷一年一熟为一稔。 ⑦ 鬥章：楚大夫。聃伯：郑大夫。

僖公三年

【经】

三年春①，王正月，不雨。

夏四月，不雨。

徐人取舒②。

六月，雨。

秋，齐侯、宋公、江人、黄人会于阳谷③。

冬，公子友如齐莅盟。

楚人伐郑。

【注释】

① 三年：公元前657年。 ② 舒：国名，偃姓。地在今安徽舒城县一带。 ③ 齐侯：齐桓公。宋公：宋桓公。阳谷：今山东阳谷县。

【传】

三年春，不雨。夏六月，雨。自十月不雨至于五月，不曰旱，不为灾也。

秋，会于阳谷，谋伐楚也。

齐侯为阳谷之会，来寻盟[①]。冬，公子友如齐莅盟。

【注释】

① 来寻盟：派人来重温旧好。

楚人伐郑，郑伯欲成[①]。孔叔不可[②]，曰："齐方勤我[③]，弃德不祥。"

齐侯与蔡姬乘舟于囿，荡公[④]。公惧，变色，禁之，不可。公怒，归之[⑤]，未之绝也[⑥]。蔡人嫁之。

【注释】

① 郑伯：郑文公。　② 孔叔：郑大夫。　③ 勤：劳。勤我，为我勤劳。　④ 荡：把船弄得不停地摇晃。　⑤ 归之：把她送回蔡国。　⑥ 绝：断绝关系。

僖公四年

【经】

四年春[①]，王正月，公会齐侯、宋公、陈侯、卫侯、郑伯、许男、曹伯侵蔡[②]。蔡溃。遂伐楚，次于陉[③]。

夏，许男新臣卒。

楚屈完来盟于师[④]，盟于召陵[⑤]。

齐人执陈辕涛涂[⑥]。

秋，及江人、黄人伐陈。

八月，公至自伐楚。

葬许穆公。

冬十有二月，公孙兹帅师会齐人、宋人、卫人、郑人、许人、曹人侵陈[⑦]。

【注释】

① 四年：公元前 656 年。　② 齐侯：齐桓公。宋公：宋桓公。陈侯：陈宣公。卫侯：卫文公。郑伯：郑文公。许男：许穆公。曹伯：曹昭公。

③ 陉：楚地，依杜注，在今河南郾城县南。 ④ 屈完：楚大夫。 ⑤ 召陵：在今河南郾城县。 ⑥ 辕涛涂：陈大夫。 ⑦ 公孙兹：鲁大夫，叔牙之子，即叔孙戴伯。

【传】

四年春，齐侯以诸侯之师侵蔡。蔡溃，遂伐楚。楚子使与师言曰："君处北海，寡人处南海，唯是风马牛不相及也①。不虞君之涉吾地也，何故？"管仲对曰："昔召康公命我先君大公曰②：'五侯九伯③，女实征之，以夹辅周室④。'赐我先君履，东至于海，西至于河，南至于穆陵⑤，北至于无棣⑥。尔贡包茅不入⑦，王祭不共⑧，无以缩酒⑨，寡人是征。昭王南征而不复⑩，寡人是问。"对曰："贡之不入，寡君之罪也，敢不共给？昭王之不复，君其问诸水滨⑪。"师进，次于陉。

【注释】

① 风：牛马牝牡相诱相逐。 ② 召康公：召公奭。大公：即太公望，齐始封君。 ③ 五侯：公、侯、伯、子、男五等爵位的诸侯。九伯：九州之长。 ④ 夹辅：左右辅助。 ⑤ 穆陵：楚地，在今湖北麻城市北。 ⑥ 无棣：在今河北卢龙县。 ⑦ 包茅：包扎捆束好的菁茅。菁茅是一种带刺的草，用来滤酒。 ⑧ 共：通"供"。 ⑨ 缩酒：滤酒去掉渣滓。 ⑩ 昭王：周昭王。周昭王南征楚国，渡汉水时，当地人用胶粘的船给他乘。船到中流散架，周昭王及臣属都被淹死。不复：不回。 ⑪ 昭王时，汉水非楚地，故云。

夏，楚子使屈完如师①。师退，次于召陵②。齐侯陈诸侯之师③，与屈完乘而观之。齐侯曰："岂不穀是为④？先君之好是继。与不穀同好，如何？"对曰："君惠徼福于敝邑之社稷⑤，辱收寡君，寡君之愿也。"齐侯曰："以此众战，谁能御之？以此攻城，何城不克？"对曰："君若以德绥诸侯⑥，谁敢不服？君若以力，楚国方城以为城⑦，汉水以为池，虽众，无所用之。"屈完及诸侯盟。

【注释】

① 楚子：楚成王。 ② 次：驻扎。 ③ 陈：摆开，陈列。 ④ 不穀：不善。谦词。 ⑤ 徼(yāo)福：求福。社稷：指国家、土地。 ⑥ 绥：

安抚。　⑦ 方城：山名，在淮水以南，江、汉以北。

陈辕涛涂谓郑申侯曰①："师出于陈、郑之间，国必甚病②。若出于东方，观兵于东夷③，循海而归，其可也。"申侯曰："善。"涛涂以告，齐侯许之。申侯见，曰："师老矣④，若出于东方而遇敌，惧不可用也。若出于陈、郑之间，共其资粮屝屦⑤，其可也。"齐侯说，与之虎牢⑥。执辕涛涂。秋，伐陈，讨不忠也。

【注释】

① 申侯：郑大夫。　② 病：指供应烦费。　③ 观兵：耀武扬威。东夷：指郯、莒之类东方小国。　④ 老：久出而疲惫。　⑤ 屝屦：指粗鞋。屝，草鞋。屦，麻鞋。　⑥ 虎牢：郑邑，即制。

许穆公卒于师，葬之以侯，礼也。凡诸侯薨于朝会①，加一等；死王事②，加二等。于是有以衮敛③。

冬，叔孙戴伯帅师会诸侯之师侵陈。陈成，归辕涛涂。

【注释】

① 朝会：朝见，相会。　② 王事：受周天子命征伐。许为男爵，死于为周伐楚，故加二等，以侯爵礼葬。　③ 衮：衮衣，天子的礼服。

初，晋献公欲以骊姬为夫人，卜之，不吉；筮之，吉。公曰："从筮。"卜人曰："筮短龟长①，不如从长。且其繇曰②：'专之渝③，攘公之羭④。一薰一莸⑤，十年尚犹有臭⑥。'必不可。"弗听。立之，生奚齐。其娣生卓子。及将立奚齐，既与中大夫成谋⑦。姬谓大子曰："君梦齐姜，必速祭之。"大子祭于曲沃，归胙于公。公田⑧，姬置诸宫六日。公至，毒而献之。公祭之地⑨，地坟⑩；与犬，犬毙；与小臣，小臣亦毙。姬泣曰："贼由大子⑪。"大子奔新城⑫，公杀其傅杜原款。或谓大子："子辞⑬，君必辩焉。"大子曰："君非姬氏，居不安，食不饱。我辞，姬必有罪。君老矣，吾又不乐⑭。"曰："子其行乎！"大子曰："君实不察其罪，被此名也以出，人谁纳我？"十二月戊申，缢于新城。姬遂谮二公子曰："皆知之⑮。"重耳奔蒲，夷吾奔屈。

【注释】

① 筮短龟长：龟卜成象，著筮成数，象先数后，以先为长，以后为短。② 繇：占卜所得之辞。 ③ 专之渝：谓专宠必变乱。渝，变。 ④ 攘：除，夺。羭：羊之肥美者。喻专宠之变将夺公之好。羭，指申生。 ⑤ 薰：香草。指申生等。莸：臭草，指骊姬等。 ⑥ 十年尚犹有臭：谓香臭共处则香不敌臭，喻善易消而恶难除。 ⑦ 中大夫：里克。 ⑧ 田：出猎。⑨ 祭：洒，泼。 ⑩ 坟：隆起。 ⑪ 贼：阴谋。 ⑫ 新城：即曲沃。⑬ 辞：陈状自辩。 ⑭ 吾又不乐：意谓我怎么再能令他不高兴。⑮ 皆知之：指都参与了下毒的事。

僖公五年

【经】

五年春①，晋侯杀其世子申生②。

杞伯姬来，朝其子③。

夏，公孙兹如牟④。

公及齐侯、宋公、陈侯、卫侯、郑伯、许男、曹伯会王世子于首止⑤。

秋八月，诸侯盟于首止。

郑伯逃归，不盟。

楚人灭弦⑥，弦子奔黄。

九月戊申朔，日有食之。

冬，晋人执虞公。

【注释】

① 五年：公元前655年。 ② 申生死于去岁冬，《春秋》记载是根据晋国来报告的时间。 ③ 朝其子：带其子来朝。 ④ 牟：鲁之邻国。⑤ 齐侯：齐桓公。宋公：宋桓公。陈侯：陈宣公。卫侯：卫文公。郑伯：郑文公。许男：许僖公。曹伯：曹昭公。王世子：周惠王太子郑。首止：卫地，在今河南睢县附近。 ⑥ 弦：国名，姬姓，地在今河南潢川县北。

【传】

五年春，王正月辛亥朔，日南至①。公既视朔②，遂登观台以望③，而书，礼也。凡分、至、启、闭④，必书云物⑤，为备故也。

【注释】

① 日南至：即冬至日。　② 视朔：诸侯于每月朔日（初一）告庙，称告朔；然后于太庙听一月之政事，谓视朔。　③ 观台：宫门前高台上的门屋。一说即太庙中的台。　④ 分：春分、秋分。至：夏至、冬至。启：立春、立夏。闭：立秋、立冬，因阴气用事，故称闭，与阳气用事为启对。　⑤ 云物：云气的颜色。古以云气颜色以占吉凶。

晋侯使以杀大子申生之故来告。初，晋侯使士蔿为二公子筑蒲与屈，不慎①，置薪焉。夷吾诉之②。公使让之③。士蔿稽首而对曰④："臣闻之，无丧而戚，忧必仇焉⑤。无戎而城⑥，仇必保焉⑦。寇仇之保，又何慎焉！守官废命不敬，固仇之保不忠，失忠与敬，何以事君？《诗》云⑧：'怀德惟宁，宗子惟城⑨。'君其修德而固宗子，何城如之？三年将寻师焉⑩，焉用慎？"退而赋曰："狐裘龙茸⑪，一国三公⑫，吾谁适从⑬？"及难，公使寺人披伐蒲⑭。重耳曰："君父之命不校⑮。"乃徇曰⑯："校者吾仇也。"逾垣而走。披斩其袪⑰，遂出奔翟⑱。

【注释】

① 不慎：不慎重。古代筑城，以木板为框，中实泥土，今将筑城木材中杂以薪（柴），所以说"不慎"。　② 诉之：指向晋献公控告。　③ 让：责备。④ 稽首：俯首下拜至地，是最敬重的礼。　⑤ 仇：应，对。此指相应而生。⑥ 戎：战争，兵事。　⑦ 仇必保：言城为寇仇所保障、凭藉。　⑧《诗》云：出《诗·大雅·板》。　⑨ 宗子：群公子。《诗》言怀德以安，宗子便坚固如城。　⑩ 寻：用。　⑪ 龙茸：同"蒙茸"。乱貌。　⑫ 三公：或以为指献公、重耳、夷吾。以意推之，当指尊贵者很多，犹如狐裘蒙茸。　⑬ 适：专。适从，听从谁。　⑭ 寺人披：宦官，一作"寺人勃鞮"。　⑮ 校：对敌，抵抗。⑯ 徇：宣示。　⑰ 袪：衣袖。　⑱ 翟：即狄，此指邻晋国的狄地。

夏，公孙兹如牟，娶焉。

会于首止，会王大子郑，谋宁周也①。

陈辕宣仲怨郑申侯之反己于召陵②，故劝之城其赐邑③，曰："美城之，大名也，子孙不忘。吾助子请。"乃为之请于诸侯而城之，美。遂谮诸郑伯曰："美城其赐邑，将以叛也。"申侯由是得罪。

【注释】

① 宁周：安定周室。时周太子郑因惠后宠少子带，地位不宁，故齐桓公作首止之会，以巩固太子地位。这次会议不出于周惠王的意思，所以周惠王使郑伯逃盟。 ② 辕宣仲：即辕涛涂。 ③ 赐邑：指齐桓公所赐的虎牢。

秋，诸侯盟。王使周公召郑伯，曰："吾抚女以从楚①，辅之以晋，可以少安。"郑伯喜于王命而惧其不朝于齐也，故逃归不盟。孔叔止之曰："国君不可以轻②，轻则失亲。失亲患必至，病而乞盟③，所丧多矣，君必悔之。"弗听，逃其师而归。

【注释】

① 抚：安抚。 ② 轻：轻举妄动。 ③ 病：此指陷入困境。

楚鬥穀於菟灭弦，弦子奔黄。于是江、黄、道、柏方睦于齐①，皆弦姻也。弦子恃之而不事楚，又不设备，故亡。

【注释】

① 于是：当时。道：国名，地当在今河南确山县北，或云在息县西南。柏：国名，地在今河南舞阳县。

晋侯复假道于虞以伐虢。宫之奇谏曰："虢，虞之表也①。虢亡，虞必从之。晋不可启②，寇不可玩③，一之谓甚，其可再乎？谚所谓'辅车相依④，唇亡齿寒'者，其虞、虢之谓也。"公曰："晋，吾宗也⑤，岂害我哉？"对曰："大伯、虞仲⑥，大王之昭也⑦。大伯不从⑧，是以不嗣。虢仲、虢叔，王季之穆也⑨，为文王卿士，勋在王室，藏于盟府⑩。将虢是灭，何爱于虞？且虞能亲于桓、庄乎⑪？其爱之也？桓、庄之族何罪，而以为戮，不唯逼乎？亲以宠逼，犹尚害之，况以国乎？"公曰："吾享祀丰絜⑫，神必据我⑬。"对曰："臣闻之，鬼神非人实亲，惟德是依。故《周书》曰⑭：‘皇天无亲，惟德是辅。’又曰：‘黍稷非馨⑮，明德惟馨。’又曰：‘民不易物，惟德繄物⑯。’如是，则非德，民不和，神不享矣。神所冯依⑰，将在德矣。若晋取虞而明德以荐馨香，神其吐之乎？”弗听，许晋使。宫之奇以其族行，曰：“虞不腊矣⑱，在此行也，晋不更举矣⑲。”

【注释】

① 表：外围，屏障。　② 启：启发，开端。　③ 玩：忽视。　④ 辅：车箱两边的夹板。一说辅为面颊而车为牙床。　⑤ 宗：同宗。二国均姬姓。　⑥ 大伯：即泰伯，周太王长子，吴始祖。虞仲：泰伯之弟，与泰伯一起逃往江南。　⑦ 大王：周太王，即古公亶父，周文王之祖父。昭：古代宗庙神主排列分昭、穆两行，昭左穆右，始祖后第一代为昭，第二代为穆，依次而推。泰伯、虞仲为太王之子，故云“昭”。　⑧ 不从：不跟从他父亲。泰伯避位逃江南。　⑨ 王季：后稷十三代孙，排位为昭，虢仲、虢叔为其子，排位为穆，二人为东虢、西虢始封国君。　⑩ 盟府：主管策勋封赏盟约的官府。　⑪ 桓：曲沃桓叔，晋献公曾祖父。庄：曲沃庄伯，晋献公祖父。二族被晋献公杀尽。　⑫ 絜：同“洁”。　⑬ 据：依从，凭借。　⑭《周书》：载周历史之书，已佚。　⑮ 黍稷：指祭祀用的谷类。　⑯ 繄：是。⑰ 冯依：凭借，依靠。　⑱ 腊：年终时的祭祀。　⑲ 更举：再次出兵。

八月甲午，晋侯围上阳①。问于卜偃曰：“吾其济乎？”对曰：“克之。”公曰：“何时？”对曰：“童谣云：‘丙之晨②，龙尾伏辰③，均服振振④，取虢之旂⑤。鹑之贲贲⑥，天策焞焞⑦，火中成军⑧，虢公其奔⑨。’其九月、十月之交乎。丙子旦，日在尾，月在策，鹑火中，必是时也。”

【注释】

① 上阳：虢国都城，在今河南陕县南。　② 丙：指丙子。　③ 龙尾：指尾宿，为苍龙七宿之六。辰：日月之会。伏辰，指日行至尾，光为日夺，伏而不见。　④ 均服：当作“袀服”，戎服，黑色。或云凡戎事，上下同服。振振：盛貌。　⑤ 取虢之旂：古战以取得对方旗为荣，取旗即获胜。⑥ 鹑：鹑火，柳宿，为朱鸟七宿之三。贲贲：状柳宿形状。　⑦ 天策：傅说星。焞(tūn)焞：光盛貌。　⑧ 火中：指鹑星出现于南方。成军：勒兵整

旅。 ⑨ 其:将要。

冬十二月丙子朔①,晋灭虢,虢公丑奔京师②。师还,馆于虞③,遂袭虞,灭之,执虞公及其大夫井伯④,以媵秦穆姬⑤。而修虞祀,且归其职贡于王⑥。

故书曰:"晋人执虞公。"罪虞,且言易也。

【注释】

① 冬十二月丙子朔:此用周历,即夏历十月初一。 ② 京师:王城,周都城,即今河南洛阳。 ③ 馆:客舍。这里作动词,意为居住。 ④ 井伯:虞大夫。 ⑤ 媵:陪嫁。秦穆姬:晋献公女,秦穆公夫人。 ⑥ 职贡:职役赋税等。

僖 公 六 年

【经】

六年春①,王正月。

夏,公会齐侯、宋公、陈侯、卫侯、曹伯伐郑②,围新城③。

秋,楚人围许。

诸侯遂救许。

冬,公至自伐郑。

【注释】

① 六年:公元前 654 年。 ② 齐侯:齐桓公。宋公:宋桓公。陈侯:陈宣公。卫侯:卫文公。曹伯:曹昭公。 ③ 新城:在今河南省新密。

【传】

六年春,晋侯使贾华伐屈①。夷吾不能守,盟而行。将奔狄②,郤芮曰③:"后出同走④,罪也⑤。不如之梁⑥。梁近秦而幸焉⑦。"乃之梁。

【注释】

① 晋侯:晋献公。贾华:晋右行大夫。 ② 狄:即翟,参僖公五年(前

655)传。　③ 郤芮:晋大夫。　④ 后出同走:谓在重耳以后出走却到同一个地方。　⑤ 罪也:等于承认(骊姬诬陷的)罪。　⑥ 梁:国名,在今陕西韩城市南。　⑦ 幸:谓得秦之幸。幸:信任。

夏,诸侯伐郑,以其逃首止之盟故也。围新密①,郑所以不时城也②。

【注释】

① 新密:即新城。以郑新筑,故称新城。　② 所以不时城:就是不当筑城时所筑的。

秋,楚子围许以救郑①。诸侯救许,乃还。

冬,蔡穆侯将许僖公以见楚子于武城②。许男面缚衔璧③,大夫衰绖④,士舆榇。楚子问诸逢伯⑤,对曰:"昔武王克殷,微子启如是⑥。武王亲释其缚,受其璧而祓之⑦,焚其榇,礼而命之,使复其所⑧。"楚子从之。

【注释】

① 楚子:楚成王。　② 武城:今河南南阳市。　③ 面缚:反绑。④ 衰绖:丧服。　⑤ 逢伯:楚大夫。　⑥ 微子启:殷纣王之庶兄。⑦ 祓:除去凶恶之礼。　⑧ 复其所:让他回到原先的封地。

僖 公 七 年

【经】

七年春①,齐人伐郑。

夏,小邾子来朝②。

郑杀其大夫申侯。

秋七月,公会齐侯、宋公、陈世子款、郑世子华③,盟于宁母④。

曹伯班卒⑤。

公子友如齐。

冬,葬曹昭公。

【注释】

① 七年:公元前 653 年。 ② 小邾子:即郳犁来。 ③ 齐侯:齐桓公。宋公:宋桓公。 ④ 宁母:鲁地,在今山东鱼台县。 ⑤ 曹伯:曹昭公。

【传】

七年春,齐人伐郑。孔叔言于郑伯曰:“谚有之曰:‘心则不竞①,何惮于病②。’既不能强,又不能弱,所以毙也。国危矣,请下齐以救国③。”公曰:“吾知其所由来矣,姑少待我。”对曰:“朝不及夕,何以待君?”夏,郑杀申侯以说于齐,且用陈辕涛涂之谮也④。

【注释】

① 则:如果。竞:强,争竞。 ② 病:屈辱。 ③ 下:屈服。④ 用:听信。辕涛涂之谮见僖公五年(前 655)。

初,申侯,申出也,有宠于楚文王。文王将死,与之璧,使行,曰:“唯我知女,女专利而不厌①,予取予求,不女疵瑕也②。后之人将求多于女,女必不免。我死,女必速行。无适小国,将不女容焉。”既葬,出奔郑,又有宠于厉公。子文闻其死也③,曰:“古人有言曰:‘知臣莫若君。’弗可改也已④。”

【注释】

① 专利:一心谋利。厌:满足。 ② 疵瑕:用作动词,指不怪罪。③ 子文:即楚令尹鬥穀於菟。 ④ 弗可改也已:意为这话真是不变的真理。

秋,盟于宁母,谋郑故也。管仲言于齐侯曰:“臣闻之,招携以礼①,怀远以德,德礼不易②,无人不怀。”齐侯修礼于诸侯,诸侯官受方物③。

【注释】

① 携:离。此指有二心的国家。 ② 不易:不违背。 ③ 方物:土特产。

郑伯使大子华听命于会。言于齐侯曰:“泄氏、孔氏、子人氏三族①,实违君命。君若去之以为成②,我以郑为内臣③,君亦无所不利焉。”齐侯将许之。管仲曰:“君以礼与信属诸侯④,而以奸终之⑤,无乃不可乎?子父不奸之谓礼,守命共时之谓信⑥。违此二者,奸莫大焉。”公曰:“诸侯有讨于郑,未捷。今苟有衅⑦,从之,不亦可乎?”对曰:“君若绥之以德⑧,加之以训辞,而帅诸侯以讨郑,郑将覆亡之不暇⑨,岂敢不惧?若总其罪人以临之⑩,郑有辞矣,何惧?且夫合诸侯以崇德也,会而列奸,何以示后嗣?夫诸侯之会,其德刑礼义,无国不记。记奸之位⑪,君盟替矣⑫。作而不记,非盛德也。君其勿许,郑必受盟。夫子华既为大子而求介于大国⑬,以弱其国,亦必不免。郑有叔詹、堵叔、师叔三良为政⑭,未可间也⑮。”齐侯辞焉。子华由是得罪于郑。

【注释】

① 泄氏、孔氏、子人氏:三族为郑大族,和太子华不睦。　② 去之:除掉他们。以为成:以此来与我国讲和。　③ 内臣:国内的臣属。　④ 属(zhǔ):会合。　⑤ 奸(gān):犯,扰乱。　⑥ 守命:忠实地遵照使命办事。共时:重视时机。　⑦ 衅:嫌隙。此指郑太子华不忠实于君父之命。⑧ 绥:安抚。　⑨ 覆亡:救亡。　⑩ 总:统领。罪人:指太子华。其出卖郑国,是郑之罪人。　⑪ 记奸之位:记载让奸邪小人列于君位。　⑫ 替:废。指丧失威信,盟约无效。　⑬ 介:凭借。　⑭ 叔詹、堵叔、师叔:均为郑大夫。　⑮ 未可间:还没有空子可钻。

冬,郑伯请盟于齐。

闰月①,惠王崩。襄王恶大叔带之难②,惧不立,不发丧而告难于齐。

【注释】

① 闰月:闰十二月。　② 恶:患,畏。襄王即王太子郑,公元前651—前619年在位。齐曾为定其位而会于首止,时怕惠王宠子大叔带作难,故惧不立而暂不发布丧事的消息并向齐告急。

僖公八年

【经】

八年春①,王正月,公会王人、齐侯、宋公、卫侯、许男、曹伯、陈世子款②,盟于洮③。郑伯乞盟④。

夏,狄伐晋。

秋七月,禘于大庙⑤,用致夫人⑥。

冬十有二月丁未⑦,天王崩。

【注释】

① 八年:公元前652年。 ② 王人:周朝使者。齐侯:齐桓公。宋公:宋桓公。卫侯:卫文公。许男:许僖公。曹伯:曹共公,公元前652—前618年在位。 ③ 洮:在今山东鄄城县南。 ④ 郑伯:郑文公。 ⑤ 禘:大祭。 ⑥ 致:把神主放入太庙。夫人:哀姜。 ⑦ 此月日依周朝讣告发丧日,实周天子已死一年。

【传】

八年春,盟于洮,谋王室也。郑伯乞盟,请服也。襄王定位而后发丧。

晋里克帅师,梁由靡御①,虢射为右②,以败狄于采桑③。梁由靡曰:"狄无耻,从之必大克④。"里克曰:"惧之而已,无速众狄⑤。"虢射曰:"期年⑥,狄必至,示之弱矣。"

夏,狄伐晋,报采桑之役也,复期月⑦。

【注释】

① 梁由靡:晋大夫。 ② 虢射:晋大夫。 ③ 采桑:在今山西乡宁县西。晋败狄为补叙去年事。 ④ 从之:追击他们。 ⑤ 速:招惹。⑥ 期年:一年。 ⑦ 复:应验。期月:即期年。

秋,禘而致哀姜焉,非礼也。凡夫人不薨于寝①,不殡于庙②,不赴于同③,不祔于姑④,则弗致也。

冬,王人来告丧,难故也,是以缓。

【注释】

① 寝:寝宫,即卧室。　② 殡:停棺。　③ 赴:发讣告。同:同盟国。　④ 祔:陪祀。

宋公疾,大子兹父固请曰[①]:"目夷长[②],且仁,君其立之。"公命子鱼,子鱼辞,曰:"能以国让,仁孰大焉?臣不及也,且又不顺[③]。"遂走而退[④]。

【注释】

① 兹父:后即位为襄公。固:坚决,再三。　② 目夷:字子鱼,兹父庶兄。　③ 不顺:立庶废嫡,不符合礼制。　④ 走:快步。

僖公九年

【经】

九年春[①],王三月丁丑,宋公御说卒[②]。

夏,公会宰周公、齐侯、宋子、卫侯、郑伯、许男、曹伯于葵丘[③]。

秋七月乙酉,伯姬卒。

九月戊辰,诸侯盟于葵丘。

甲子,晋侯佹诸卒[④]。

冬,晋里克杀其君之子奚齐。

【注释】

① 九年:公元前651年。　② 宋公:宋桓公。　③ 宰周公:即宰孔,食邑于周,官太宰。齐侯:齐桓公。宋子:宋襄公,公元前650—前637年在位。此时因在丧期,故称"子"不称爵。卫侯:卫文公。郑伯:郑文公。许男:许僖公。曹伯:曹共公。葵丘:在今河南兰考县。　④ 晋侯:晋献公。

【传】

九年春,宋桓公卒,未葬而襄公会诸侯,故曰子。凡在丧,王曰小童,公侯曰子[①]。

【注释】

① 公侯:指公、侯、伯、子、男五等诸侯。

夏,会于葵丘,寻盟,且修好,礼也。王使宰孔赐齐侯胙,曰:"天子有事于文武[1],使孔赐伯舅胙[2]。"齐侯将下拜。孔曰:"且有后命。天子使孔曰:'以伯舅耋老[3],加劳,赐一级,无下拜。'"对曰:"天威不违颜咫尺[4],小白余敢贪天子之命无下拜[5]?恐陨越于下[6],以遗天子羞。敢不下拜?"下[7],拜,登,受。

【注释】

① 有事:有祭祀之事。文武:周文王与周武王。 ② 伯舅:天子对异姓诸侯的尊称。 ③ 耋(dié):七十岁。 ④ 颜:面。咫尺:极近。八寸为咫。 ⑤ 贪:妄自,有不该受而受之意。 ⑥ 陨越:坠落,跌倒。此指有违礼法。 ⑦ 下:下阶。

秋,齐侯盟诸侯于葵丘,曰:"凡我同盟之人,既盟之后[1],言归于好。"宰孔先归,遇晋侯曰[2]:"可无会也。齐侯不务德而勤远略[3],故北伐山戎,南伐楚,西为此会也。东略之不知,西则否矣。其在乱乎[4]。君务靖乱,无勤于行[5]。"晋侯乃还。

【注释】

① 既:既经。 ② 晋侯:晋献公。献公后到,所以在路上相遇。 ③ 勤远略:忙于向远方进攻。略,征伐。 ④ 其在乱乎:此句有省略,意为晋国要担心的是内乱。时晋献公宠骊姬,杀太子,内乱之兆已萌,所以宰孔劝他。 ⑤ 勤:忙于。行:指赴会。

九月,晋献公卒,里克、丕郑欲纳文公[1],故以三公子之徒作乱[2]。

【注释】

① 丕(pēi)郑:晋大夫。文公:重耳。 ② 三公子:指申生、重耳、夷吾。

初,献公使荀息傅奚齐,公疾,召之,曰:"以是藐诸孤辱在大夫[1],其若之何?"稽首而对曰:"臣竭其股肱之力,加之以忠贞。其济,君之灵也;不济,则以死继之。"公曰:"何谓忠贞?"对曰:"公家之利，知无不为，忠也；送往事居，耦俱无猜②，贞也。”及里克将杀奚齐，先告荀息曰：“三怨将作③，秦、晋辅之，子将何如？”荀息曰：“将死之。”里克曰：“无益也。”荀叔曰：“吾与先君言矣，不可以贰④。能欲复言而爱身乎⑤？虽无益也，将焉辟之⑥？且人之欲善，谁不如我？我欲无贰而能谓人已乎⑦？”

【注释】

①藐诸孤：弱小的孤儿。又，藐有卑贱意。辱在：托付。　②耦：两者，即死者与活者。无猜：没有猜疑。此句意为使对生者不愧，死者即使复生也对之无愧。　③三怨：指三公子之徒。　④贰：改变。　⑤复言：再作诺言，指背前诺。　⑥辟：同“避”。　⑦已：止。

冬十月，里克杀奚齐于次①。书曰：“杀其君之子。”未葬也。荀息将死之，人曰：“不如立卓子而辅之。”荀息立公子卓以葬。

【注释】

①次：丧次。即守丧的草庐。

十一月，里克杀公子卓于朝，荀息死之。君子曰：“《诗》所谓‘白圭之玷，尚可磨也；斯言之玷，不可为也’①，荀息有焉。”

【注释】

①所引诗见《诗·大雅·抑》。玷：玉之瑕疵。

齐侯以诸侯之师伐晋，及高梁而还①，讨晋乱也。令不及鲁，故不书。

【注释】

①高梁：晋邑，在今山西临汾市东北。

晋郤芮使夷吾重赂秦以求入，曰：“人实有国，我何爱焉？入而能民①，土于何有②？”从之。齐隰朋帅师会秦师③，纳晋惠公④。

秦伯谓郤芮曰⑤：“公子谁恃⑥？”对曰：“臣闻亡人无党，有党必有仇。夷吾弱不好弄⑦，能斗不过⑧，长亦不改，不识其他。”

【注释】

① 能民:得民。　② 土于何有:"何有于土"的倒装,意谓入国为君为要,土地不足惜。晋惠公此番为求秦,赂河外列城五,这两句是为赂土作辩解。　③ 隰朋:齐大夫。　④ 晋惠公:即夷吾。公元前650—前637年在位。　⑤ 秦伯:秦穆公。　⑥ 公子:夷吾。　⑦ 弱:小,幼。弄:贪玩。　⑧ 不过:不为已甚,有节制。

公谓公孙枝曰[①]:"夷吾其定乎?"对曰:"臣闻之,唯则定国[②]。《诗》曰:'不识不知,顺帝之则[③]。'文王之谓也。又曰:'不僭不贼,鲜不为则[④]。'无好无恶,不忌不克之谓也[⑤]。今其言多忌克,难哉!"公曰:"忌则多怨,又焉能克?是吾利也。"

【注释】

① 公孙枝:秦大夫,字子桑。　② 唯则:行为合乎法则。　③ 引诗见《诗·大雅·皇矣》。帝:天帝。则:法则。　④ 引诗见《诗·大雅·抑》。僭:差错。贼:残害。　⑤ 克:胜,好胜。

宋襄公即位,以公子目夷为仁,使为左师以听政,于是宋治。故鱼氏世为左师[①]。

【注释】

① 鱼氏:目夷字子鱼,其后以鱼为氏。

僖公十年

【经】

十年春[①],王正月,公如齐。

狄灭温,温子奔卫。

晋里克弑其君卓,及其大夫荀息[②]。

夏,齐侯、许男伐北戎[③]。

晋杀其大夫里克。

秋七月。

冬,大雨雪。

【注释】

① 十年:公元前650年。　② 事在去年,经列今年,杜注谓是讣告之期。　③ 齐侯:齐桓公。许男:许僖公。北戎:山戎。

【传】

十年春,狄灭温,苏子无信也①。苏子叛王即狄②,又不能于狄③,狄人伐之,王不救,故灭。苏子奔卫。

【注释】

① 苏子:温国君,周司寇苏公之后,以苏为氏。　② 叛王:事见庄公十九年(前675)。　③ 不能于狄:与狄相处不和睦。

夏四月,周公忌父、王子党会齐隰朋立晋侯①。晋侯杀里克以说②。将杀里克,公使谓之曰:"微子则不及此③。虽然,子弑二君与一大夫,为子君者不亦难乎?"对曰:"不有废也,君何以兴?欲加之罪,其无辞乎?臣闻命矣。"伏剑而死④。于是丕郑聘于秦,且谢缓赂⑤,故不及⑥。

【注释】

① 周公忌父:周卿士。王子党:周大夫。晋侯:晋惠公。　② 以说:以不篡自解,示讨恶之意。　③ 微:无。不及此:指做不了国君。　④ 伏剑:以剑自杀。　⑤ 缓赂:指推迟割让国土给秦国。　⑥ 不及:没与里克一起被杀。

晋侯改葬共大子①。秋,狐突适下国②,遇大子③,大子使登,仆④,而告之曰:"夷吾无礼⑤,余得请于帝矣,将以晋畀秦⑥,秦将祀余。"对曰:"臣闻之,神不歆非类⑦,民不祀非族。君祀无乃殄乎⑧?且民何罪?失刑乏祀⑨,君其图之。"君曰:"诺,吾将复请。七日新城西偏,将有巫者而见我焉。"许之,遂不见。及期而往,告之曰:"帝许我罚有罪矣,敝于韩⑩。"

【注释】

① 共大子:太子申生。　② 下国:曲沃。　③ 遇大子:指仿佛如梦

而见到太子。 ④ 仆:为其御。狐突本为太子御。 ⑤ 无礼:此无礼指晋惠公夷吾时烝于太子申生的夫人。 ⑥ 畀:付。 ⑦ 歆:享。非类:不是自己同族。 ⑧ 殄:灭绝。 ⑨ 失刑:处罚不当。指因怒夷吾而迁延及人民。 ⑩ 敝于韩:败于韩。韩指韩原,在今山西芮城县。晋惠公后于僖公十五年(前645)与秦战于韩,被俘。

丕郑之如秦也,言于秦伯曰:"吕甥、郤称、冀芮实为不从①,若重问以召之②,臣出晋君,君纳重耳,蔑不济矣③。"

【注释】

① 吕甥:姓瑕吕,名饴甥,字子金,晋大夫,食采于阴,故又称阴饴甥。郤称:郤芮同族,晋大夫。冀芮:即郤芮,食采于冀。不从:谓不同意割地与秦。 ② 重问:下重聘。问,聘问的礼物。 ③ 蔑:无。

冬,秦伯使泠至报问①,且召三子。郤芮曰:"币重而言甘,诱我也。"遂杀丕郑、祁举及七舆大夫②:左行共华、右行贾华、叔坚、骓歂、累虎、特宫、山祁,皆里、丕之党也。丕豹奔秦③,言于秦伯曰:"晋侯背大主而忌小怨④,民弗与也,伐之必出⑤。"公曰:"失众⑥,焉能杀⑦? 违祸⑧,谁能出君?"

【注释】

① 泠至:秦大夫。报问:回聘。 ② 七舆大夫:侯伯七命,副车七乘,所以有七舆大夫之官。 ③ 丕豹:丕郑之子。 ④ 背大主:指背秦穆公,不实行诺言割地。忌小怨:指忌里、丕等人。 ⑤ 出:被赶走。 ⑥ 失众:得不到民众支持。 ⑦ 焉能杀:怎么能杀死这么多人(指众大夫)。 ⑧ 违祸:避祸。此谓晋国人逃避祸患惟恐不及。

僖公十一年

【经】

十有一年春①,晋杀其大夫丕郑父②。

夏,公及夫人姜氏会齐侯于阳谷③。

秋八月，大雩。

冬，楚人伐黄。

【注释】

① 十有一年：公元前649年。　② 丕郑父：即丕郑，父为对男子的尊称。杀丕郑事在前一年，此为来告之期。　③ 姜氏：声姜。杜注云妇人与公同出为非礼。齐侯：齐桓公。阳谷，齐地，今山东阳谷县。

【传】

十一年春，晋侯使以丕郑之乱来告①。天王使召武公、内史过赐晋侯命②。受玉惰③。过归，告王曰："晋侯其无后乎！王赐之命而惰于受瑞，先自弃也已，其何继之有？礼，国之干也④；敬，礼之舆也⑤。不敬则礼不行，礼不行则上下昏，何以长世⑥？"

【注释】

① 晋侯：晋惠公。　② 天王：周襄王。召武公：名过，周卿士。内史过：周大夫。赐晋侯命：诸侯即位，天子赐爵命，是一种荣誉。　③ 惰：懈怠，无精打采。　④ 干：主干。　⑤ 礼之舆：无敬则礼不行，所以说敬是礼之舆。舆，车。　⑥ 长世：维持长久。

夏，扬、拒、泉、皋、伊、雒之戎同伐京师①，入王城，焚东门。王子带召之也。秦、晋伐戎以救周。秋，晋侯平戎于王②。

黄人不归楚贡③。冬，楚人伐黄。

【注释】

① 扬、拒、泉、皋、伊、雒之戎：都是离周都城洛阳不远的戎人。　② 平戎于王：让戎人与周王讲和。　③ 归：上交。

僖公十二年

【经】

十有二年春①，王三月庚午，日有食之。

夏，楚人灭黄。

秋七月。

冬十有二月丁丑,陈侯杵臼卒[②]。

【注释】

① 十有二年:公元前648年。 ② 陈侯:陈宣公。

【传】

十二年春,诸侯城卫楚丘之郛[①],惧狄难也。

黄人恃诸侯之睦于齐也,不共楚职[②],曰:“自郢及我九百里[③],焉能害我?”夏,楚灭黄。

【注释】

① 楚丘:卫国都。郛:外城。 ② 职:贡物。 ③ 郢:楚都,今湖北荆州市。

王以戎难故,讨王子带。

秋,王子带奔齐。冬,齐侯使管夷吾平戎于王[①],使隰朋平戎于晋。

【注释】

① 齐侯:齐桓公。管夷吾:管仲。

王以上卿之礼飨管仲,管仲辞曰:“臣,贱有司也[①],有天子之二守国、高在[②]。若节春秋来承王命,何以礼焉?陪臣敢辞[③]。”王曰:“舅氏[④],余嘉乃勋[⑤],应乃懿德[⑥],谓督不忘[⑦]。往践乃职[⑧],无逆朕命。”管仲受下卿之礼而还。

君子曰:“管氏之世祀也宜哉!让不忘其上。《诗》曰:‘恺悌君子,神所劳矣[⑨]。’”

【注释】

① 贱有司:谦词,自称官职低下。 ② 国、高:国子、高子,齐卿。大国立三卿,其二卿由天子任命。 ③ 陪臣:凡诸侯之臣对天子自称陪臣。④ 舅氏:指齐桓公。天子称异姓诸侯为伯舅。 ⑤ 乃:你的。 ⑥ 应乃懿德:接受你的美德。 ⑦ 谓:可谓。督:深厚。 ⑧ 践:执行。

⑨ 所引诗见《诗·大雅·旱麓》。恺悌:乐易,平易近人。劳:劳来,保佑。

僖公十三年

【经】

十有三年春①,狄侵卫。

夏四月,葬陈宣公。

公会齐侯、宋公、陈侯、卫侯、郑伯、许男、曹伯于咸②。

秋九月,大雩。

冬,公子友如齐。

【注释】

① 十有三年:公元前 647 年。 ② 齐侯:齐桓公。宋公:宋襄公。陈侯:陈穆公,公元前 647—前 632 年在位。卫侯:卫文公。郑伯:郑文公。许男:许僖公。曹伯:曹共公。咸:卫地,在今河南濮阳市东南。

【传】

十三年春,齐侯使仲孙湫聘于周,且言王子带①。事毕,不与王言。归,复命曰:"未可。王怒未怠②,其十年乎?不十年,王弗召也。"

【注释】

① 言王子带:时王子带出奔齐国,齐想让周王同意王子带回国。 ② 怠:缓,懈。

夏,会于咸,淮夷病杞故①,且谋王室也②。

秋,为戎难故,诸侯戍周,齐仲孙湫致之③。

【注释】

① 淮夷:或以为居住淮河一带的夷人,或以为国名。病:扰乱。 ② 谋王室:此指商议安定周王室。 ③ 致:领戍卒前往。

冬,晋荐饥①,使乞籴于秦②。秦伯谓子桑③:"与诸乎?"对曰:"重施而报,君将何求?重施而不报,其民必携④,携而讨焉,无众必败。"谓百里[5]:"与诸乎?"对曰:"天灾流行,国家代有,救灾恤邻,道也。行道有福。"

【注释】

① 荐饥:麦、禾都不熟。即大饥荒。荐,重、厚。 ② 乞籴:求贷粮、购粮。 ③ 秦伯:秦穆公。子桑:即公孙枝。 ④ 携:离。 ⑤ 百里:或谓即大夫百里奚。

丕郑之子豹在秦,请伐晋。秦伯曰:"其君是恶,其民何罪?"秦于是乎输粟于晋,自雍及绛相继[1],命之曰"泛舟之役"[2]。

【注释】

① 雍:秦都,今陕西凤翔县。绛:晋都,在今山西翼城东。 ② 命:称,名。

僖公十四年

【经】

十有四年春[1],诸侯城缘陵[2]。

夏六月,季姬及鄫子遇于防[3],使鄫子来朝。

秋八月辛卯,沙鹿崩[4]。

狄侵郑。

冬,蔡侯肸卒[5]。

【注释】

① 十有四年:公元前646年。 ② 缘陵:杞邑,在今山东昌乐县东南。诸侯为杞筑城防淮夷。 ③ 季姬:僖公女,嫁鄫国。鄫:国名,姒姓,地在今山东枣庄市东。 ④ 沙鹿:山名,在今河北大名县东。 ⑤ 蔡侯:蔡穆侯。

【传】

十四年春,诸侯城缘陵而迁杞焉。不书其人,有阙也[1]。

鄫季姬来宁[2],公怒,止之,以鄫子之不朝也。夏,遇于防,而使来朝。

秋八月辛卯，沙鹿崩。晋卜偃曰："期年将有大咎，几亡国[3]。"

【注释】

① 阙：杜注谓"器用不足，城池未固而去，为惠不终也"。毛奇龄谓阙指阙文。　② 宁：归宁。　③ 几：预兆。

冬，秦饥，使乞籴于晋，晋人弗与。庆郑曰[1]："背施无亲[2]，幸灾不仁，贪爱不祥，怒邻不义。四德皆失，何以守国？"虢射曰[3]："皮之不存，毛将安傅[4]？"庆郑曰："弃信背邻，患孰恤之？无信患作，失援必毙，是则然矣。"虢射曰："无损于怨而厚于寇[5]，不如勿与。"庆郑曰："背施幸灾，民所弃也。近犹仇之[6]，况怨敌乎？"弗听。退曰："君其悔是哉[7]！"

【注释】

① 庆郑：晋大夫。　② 背施：背弃恩施。　③ 虢射：晋大夫。④ 傅：同"附"。此处以皮喻答应割给秦的土地，以毛喻不给秦粮食。意为前者结怨已深，虽与粮已无济于事。　⑤ 无损于怨：言给粮不能减少秦对晋的怨恨。厚于寇：增加敌人的实力。　⑥ 近：亲近的人。　⑦ 其：将要。

僖公十五年

【经】

十有五年春[1]，王正月，公如齐。

楚人伐徐。

三月，公会齐侯、宋公、陈侯、卫侯、郑伯、许男、曹伯[2]，盟于牡丘[3]，遂次于匡[4]。公孙敖帅师及诸侯之大夫救徐[5]。

夏五月，日有食之。

秋七月，齐师、曹师伐厉[6]。

八月，螽[7]。

九月，公至自会。

季姬归于鄫。

已卯晦，震夷伯之庙[⑧]。

冬，宋人伐曹。

楚人败徐于娄林[⑨]。

十有一月壬戌，晋侯及秦伯战于韩[⑩]。获晋侯。

【注释】

① 十有五年：公元前645年。 ② 齐侯：齐桓公。宋公：宋襄公。陈侯：陈穆公。卫侯：卫文公。郑伯：郑文公。许男：许僖公。曹伯：曹共公。 ③ 牡丘：在今山东聊城市东北。 ④ 次：驻扎。匡：在今山东金乡县北。一云在河南长垣县西南。 ⑤ 公孙敖：庆父之子孟穆伯。 ⑥ 厉：国名，一云在湖北随州市，一云在河南鹿邑县。 ⑦ 螽(zhōng)：蝗虫。 ⑧ 夷伯：杜注云鲁大夫展氏之祖父。 ⑨ 娄林：在今安徽泗县东北。 ⑩ 晋侯：晋惠公。秦伯：秦穆公。韩：韩原，晋地，在今山西芮城县。

【传】

十五年春，楚人伐徐，徐即诸夏故也[①]。三月，盟于牡丘，寻葵丘之盟[②]，且救徐也。孟穆伯帅师及诸侯之师救徐，诸侯次于匡以待之。

夏五月，日有食之。不书朔与日，官失之也。

秋，伐厉，以救徐也。

【注释】

① 即：亲近。诸夏：中原地区诸侯。 ② 寻：重修。葵丘之盟：在僖公九年(前651)。

晋侯之入也，秦穆姬属贾君焉[①]，且曰："尽纳群公子[②]。"晋侯烝于贾君，又不纳群公子，是以穆姬怨之。晋侯许赂中大夫[③]，既而皆背之。赂秦伯以河外列城五[④]，东尽虢略[⑤]，南及华山[⑥]，内及解梁城[⑦]，既而不与。晋饥，秦输之粟；秦饥，晋闭之籴。故秦伯伐晋。

【注释】

① 属:嘱托,托付晋惠公照顾。贾君:太子申生的夫人。　② 尽:全部。群公子:晋武公、献公族人。　③ 中大夫:指晋国的里克、丕郑等帮助他回国的人。　④ 列城:诸城。　⑤ 虢略:在今河南灵宝县。　⑥ 华山:在陕西华阴市,当时为秦、晋交界处。　⑦ 内:河内。解(xiè)梁:在今山西永济市。

卜徒父筮之①,吉,"涉河,侯车败②"。诘之,对曰:"乃大吉也,三败必获晋君③。其卦遇《蛊》䷑④,曰:'千乘三去⑤,三去之余,获其雄狐。'夫狐蛊,必其君也。《蛊》之贞,风也;其悔,山也。岁云秋矣⑥,我落其实而取其材⑦,所以克也。实落材亡,不败何待?"

【注释】

① 卜徒父:秦之卜人。　② 侯:指晋侯。　③ 三败:打败他们三次。　④《蛊》:巽下,艮上。艮为狐,主五爻,五为君位,故曰雄狐。凡内卦为贞,外卦为悔。《蛊》内卦为巽,巽为风;外卦为艮,艮为山。　⑤ 千乘:诸侯。去:遮挡。　⑥ 云:语助。　⑦ "我落"句:巽为内卦,代表秦;艮为外卦,代表晋。秦为风,晋为山,风吹山上故成落实取材之象。

三败及韩。晋侯谓庆郑曰:"寇深矣,若之何?"对曰:"君实深之,可若何?"公曰:"不孙①。"卜右②,庆郑吉,弗使。步扬御戎③,家仆徒为右④,乘小驷⑤,郑入也⑥。庆郑曰:"古者大事⑦,必乘其产,生其水土而知其人心,安其教训而服习其道⑧,唯所纳之⑨,无不如志⑩。今乘异产以从戎事,及惧而变⑪,将与人易⑫。乱气狡愤⑬,阴血周作⑭,张脉偾兴⑮,外强中干。进退不可⑯,周旋不能⑰。君必悔之。"弗听。

【注释】

① 不孙:无礼。孙,同"逊",恭顺。　② 右:车右。　③ 步扬:晋大夫,食采于步。　④ 家仆徒:晋大夫。　⑤ 小驷:马名。　⑥ 入:指赠送。　⑦ 大事:指战争。　⑧ 服习:反复练习,熟悉。　⑨ 唯所纳之:无论在什么场合使用。　⑩ 如志:令人满意。　⑪ 及惧而变:遇到意外惊惧便会失常。　⑫ 易:相反。　⑬ 乱气:呼吸无节奏。狡:乖戾。

愤:暴躁。　⑭ 阴血:体内之血。周作:周身发作。　⑮ 脉:血管。偾兴:兴奋。　⑯ 不可:不听指挥。　⑰ 周旋:旋转驰逐。不能:不灵活。

九月,晋侯逆秦师①,使韩简视师②,复曰:“师少于我,斗士倍我。”公曰:“何故?”对曰:“出因其资③,入用其宠④,饥食其粟,三施而无报,是以来也。今又击之,我怠秦奋⑤,倍犹未也。”公曰:“一夫不可狃⑥,况国乎!”遂使请战,曰:“寡人不佞⑦,能合其众而不能离也,君若不还,无所逃命。”秦伯使公孙枝对曰:“君之未入,寡人惧之;入而未定列⑧,犹吾忧也。苟列定矣,敢不承命。”韩简退曰:“吾幸而得囚⑨。”

【注释】

① 逆:迎战。　② 韩简:晋大夫。视师:侦察秦军情况。　③ 出因其资:谓晋惠公当年逃亡在外靠秦资助。　④ 入:回国为君。宠:厚爱。　⑤ 怠:松懈。　⑥ 狃:狎,轻侮。　⑦ 不佞:不聪明,不才。　⑧ 定列:定君位。　⑨ 幸而得囚:能落得被俘虏的下场已是幸运。

壬戌,战于韩原,晋戎马还泞而止①。公号庆郑②。庆郑曰:“愎谏违卜③,固败是求④,又何逃焉。”遂去之。梁由靡御韩简,虢射为右,辂秦伯⑤,将止之⑥。郑以救公误之⑦,遂失秦伯⑧。秦获晋侯以归。晋大夫反首拔舍从之⑨。秦伯使辞焉,曰:“二三子何其戚也?寡人之从君而西也,亦晋之妖梦是践⑩,岂敢以至⑪?”晋大夫三拜稽首曰:“君履后土而戴皇天,皇天后土实闻君之言,群臣敢在下风⑫。”

【注释】

① 还(xuán)泞:在泥泞中盘旋。止:出不来。　② 号:呼叫。　③ 愎:执拗。　④ 固:本来。　⑤ 辂(yà):迎,遇上。　⑥ 止之:俘获他。　⑦ 郑以救公误之:庆郑来招呼他们去救晋惠公,因而耽误了时机。　⑧ 失:指没有捉住。　⑨ 反首:披散头发。拔舍:拔营。　⑩ 妖梦:指狐突遇申生事,见僖公十年(前650)。践:应验。　⑪ 以至:太过分。　⑫ 下风:在下风头,比喻卑下。此谓等在下面听从吩咐。

穆姬闻晋侯将至，以大子罃、弘与女简璧登台而履薪焉①，使以免服衰绖逆②，且告曰："上天降灾，使我两君匪以玉帛相见③，而以兴戎。若晋君朝以入，则婢子夕以死；夕以入，则朝以死。唯君裁之！"乃舍诸灵台④。

【注释】

① 大子罃(yíng)：秦太子，后即位为康公。弘：太子罃的弟弟。履薪：站在柴上，表示要自焚。　② 免(wèn)服：即"绕服"，丧服。衰(cuī)绖：亦为丧服。绖是麻布做的带子。　③ 玉帛：古代通问时用作礼物。　④ 舍：安顿。灵台：秦宫名，在都城郊外。

大夫请以入。公曰："获晋侯，以厚归也①。既而丧归②，焉用之？大夫其何有焉？且晋人戚忧以重我③，天地以要我④。不图晋忧⑤，重其怒也；我食吾言，背天地也。重怒难任⑥，背天不祥，必归晋君。"公子絷曰⑦："不如杀之，无聚慝焉⑧。"子桑曰："归之而质其大子，必得大成⑨。晋未可灭而杀其君，只以成恶⑩。且史佚有言曰⑪：'无始祸⑫，无怙乱⑬，无重怒。'重怒难任，陵人不祥⑭。"乃许晋平。

【注释】

① 厚：丰厚的收获。　② 既而丧归：如果接下来发生丧事。　③ 重：使之重视，打动。　④ 要：要挟。　⑤ 图：考虑。　⑥ 任：承受，担当。　⑦ 公子絷：字子显，秦大夫。　⑧ 聚慝：积聚邪恶。　⑨ 成：讲和。　⑩ 成恶：使关系更恶化。　⑪ 史佚：周史官。　⑫ 始祸：倡导祸乱。　⑬ 怙乱：乘乱取利。　⑭ 陵：欺陵。

晋侯使郤乞告瑕吕饴甥①，且召之。子金教之言曰②："朝国人而以君命赏③，且告之曰：'孤虽归，辱社稷矣。其卜贰圉也。④'"众皆哭。晋于是乎作爰田⑤。吕甥曰："君亡之不恤，而群臣是忧，惠之至也，将若君何？"众曰："何为而可？"对曰："征缮以辅孺子⑥。诸侯闻之，丧君有君，群臣辑睦，甲兵益多，好我者劝⑦，恶我者惧，庶有益乎！"众说⑧，晋于是乎作州兵⑨。

【注释】

① 郤乞：晋大夫，时随晋惠公在秦。瑕吕饴甥：即吕甥、吕饴甥、阴饴甥。姓瑕吕，名饴甥，食采于阴。　② 子金：吕饴甥之字。　③ 朝：召见。④ 卜贰圉：卜日立子圉为君。贰，指太子。　⑤ 爰田：分公田之税应入公者以赏赐群臣。　⑥ 征缮：财赋、军赋曰征，修治曰缮。孺子：指子圉。⑦ 劝：勉励。　⑧ 说：同"悦"，高兴。　⑨ 作州兵：改革兵制，使军队扩大。

初，晋献公筮嫁伯姬于秦，遇《归妹》䷵之《睽》䷥[1]。史苏占之曰[2]："不吉。其繇曰：'士刲羊[3]，亦无衁也[4]。女承筐，亦无贶也[5]。西邻责言[6]，不可偿也。《归妹》之《睽》，犹无相也[7]。'《震》之《离》，亦《离》之《震》，为雷为火[8]，为嬴败姬，车说其輹[9]，火焚其旗[10]，不利行师，败于宗丘[11]。《归妹》《睽》孤[12]，寇张之弧[13]，侄其从姑[14]，六年其逋，逃归其国，而弃其家[15]，明年其死于高梁之虚[16]。"

【注释】

①《归妹》：震上、兑下。上六变为上九，阴变阳，成《睽》，离上、兑下。② 史苏：晋主卜筮之臣。　③ 刲：刺，杀。　④ 衁(huāng)：血。⑤ 贶：赐，与。　⑥ 责言：责备的话。　⑦ 无相：无助。《归妹》，嫁女之卦，《睽》，乖离之象，所以说"无相"。　⑧ 为雷为火：震为雷，离为火。⑨ 车说其輹：说，同"脱"。輹，车下的伏兔。因震为车，兑为毁折，故云。⑩ 火焚其旗：离为火，故云。　⑪ 宗丘：即韩原。　⑫《归妹》《睽》孤：《归妹》为嫁女，《睽》为乖离之象，《易·睽》上九云："睽孤，见豕负涂，载鬼一车，先张之弧，后说之弧。"意为睽违至极，孤独狐疑，遂酿成种种幻觉。　⑬ 寇张之弧：谓敌人将要拉弓射我。　⑭ 侄其从姑：指后子圉为质入秦。⑮ 弃其家：抛弃其妻。子圉娶怀嬴。　⑯ 高梁：晋邑，在今山西临汾市。

及惠公在秦，曰："先君若从史苏之占，吾不及此夫！"韩简侍，曰："龟，象也；筮，数也。物生而后有象，象而后有滋[1]，滋而后有数。先君之败德，及可数乎[2]？史苏是占，勿从何益[3]？《诗》曰：'下民之孽，匪降自天，僔沓背憎，职竞由人[4]。'"

【注释】

① 滋：滋生蕃衍。　② 及可数乎："数可及乎"的倒语，数指筮数。③ 勿：发语词，无义。　④ 引诗见《诗·小雅·十月之交》。僔沓：议论纷纷。背憎：背后彼此憎恨。职：主，主要。竞：争竞。

震夷伯之庙，罪之也，于是展氏有隐慝焉①。

冬，宋人伐曹，讨旧怨也②。

楚败徐于娄林，徐恃救也③。

【注释】

① 隐慝：人所不知的罪恶。　② 旧怨：指庄公十四年（前680）曹国与齐、陈攻打宋国。　③ 恃救：恃齐救。

十月，晋阴饴甥会秦伯，盟于王城①。秦伯曰："晋国和乎？"对曰："不和。小人耻失其君而悼丧其亲，不惮征缮以立圉也，曰：'必报仇，宁事戎狄②。'君子爱其君而知其罪，不惮征缮以待秦命，曰：'必报德，有死无二。'以此不和。"秦伯曰："国谓君何③？"对曰："小人戚，谓之不免。君子恕④，以为必归。小人曰：'我毒秦，秦岂归君？'君子曰：'我知罪矣，秦必归君。贰而执之，服而舍之，德莫厚焉，刑莫威焉。服者怀德，贰者畏刑。此一役也，秦可以霸。纳而不定，废而不立，以德为怨，秦不其然。'"秦伯曰："是吾心也。"改馆晋侯，馈七牢焉⑤。

【注释】

① 王城：在今陕西大荔县。　② 宁：宁可。　③ 国：指国中的人。④ 恕：推己及人。　⑤ 牢：一牛一羊一猪为一牢。

蛾析谓庆郑曰①："盍行乎？"对曰："陷君于败，败而不死，又使失刑②，非人臣也。臣而不臣，行将焉入？"十一月，晋侯归。丁丑，杀庆郑而后入。

【注释】

① 蛾析：晋大夫。　② 失刑：不能实施刑罚。

是岁，晋又饥，秦伯又饩之粟[①]，曰：“吾怨其君而矜其民[②]。且吾闻唐叔之封也[③]，箕子曰[④]：‘其后必大。’晋其庸可冀乎[⑤]！姑树德焉，以待能者。”于是秦始征晋河东[⑥]，置官司焉[⑦]。

【注释】

① 饩（xì）：赠送。 ② 矜：哀怜。 ③ 唐叔：武王子，成王弟，名虞，晋始封祖。 ④ 箕子：殷贤大夫，纣之诸父。 ⑤ 庸：福。冀：尽。⑥ 征晋河东：征收晋国划归的黄河以东地区的赋税。 ⑦ 置官司：设置官员管理。

卷六　僖公中

僖公十六年

【经】

十有六年春①,王正月戊申朔,陨石于宋五②。是月,六鹢退飞过宋都③。

三月壬申,公子季友卒。

夏四月丙申,鄫季姬卒。

秋七月甲子,公孙兹卒。

冬十有二月,公会齐侯、宋公、陈侯、卫侯、郑伯、许男、邢侯、曹伯于淮④。

【注释】

① 十有六年:公元前 644 年。　② 陨:落。　③ 鹢:水鸟。退飞:高飞遇风而退。宋人以为灾异。　④ 齐侯:齐桓公。宋公:宋襄公。陈侯:陈穆公。卫侯:卫文公。郑伯:郑文公。许男:许僖公。曹伯:曹共公。淮:今江苏盱眙县。

【传】

十六年春,陨石于宋五,陨星也。六鹢退飞过宋都,风也。周内史叔兴聘于宋,宋襄公问焉,曰:“是何祥也①?吉凶焉在?”对曰:“今兹鲁多大丧②,明年齐有乱,君将得诸侯而不终③。”退而告人曰:“君失问。是阴阳之事,非吉凶所在也。吉凶由人,吾不敢逆君故也④。”

【注释】

① 祥:杜注:"吉凶之先见者。"即征兆。 ② 今兹:今年。 ③ 得:谓得到拥戴。 ④ 逆:违背。

夏,齐伐厉不克,救徐而还。

秋,狄侵晋,取狐厨、受铎①,涉汾,及昆都②,因晋败也。

王以戎难告于齐③,齐征诸侯而戍周。

【注释】

① 狐厨:杜注为一邑,或谓两邑,与受铎均在今山西襄汾县之汾水西。 ② 昆都:在山西临汾市南,汾水之东。 ③ 王:周襄王。

冬,十一月乙卯,郑杀子华①。

十二月会于淮,谋鄫,且东略也。城鄫,役人病②,有夜登丘而呼曰:"齐有乱。"不果城而还。

【注释】

① 子华:郑太子,参僖公七年(前 653)传。 ② 役人:劳工。病:疲弊。

僖公十七年

【经】

十有七年春①,齐人、徐人伐英氏②。

夏,灭项③。

秋,夫人姜氏会齐侯于卞④。

九月,公至自会。

冬十有二月乙亥,齐侯小白卒。

【注释】

① 十有七年:公元前 643 年。 ② 英氏:国名,偃姓,其地或以为在安徽金寨县,或以为在六安市。是服从于楚的小国。 ③ 项:国名,地在今河南项城市。 ④ 卞:鲁邑,在今山东泗水县东。

【传】

十七年春，齐人为徐伐英氏，以报娄林之役也[①]。

夏，晋大子圉为质于秦，秦归河东而妻之[②]。惠公之在梁也，梁伯妻之。梁嬴孕，过期，卜招父与其子卜之[③]。其子曰："将生一男一女。"招曰："然。男为人臣[④]，女为人妾。"故名男曰圉，女曰妾。及子圉西质，妾为宦女焉[⑤]。

【注释】

① 娄林之役：事在僖公十五年（前645）。　② 河东：即晋割给秦的河东五城。　③ 卜招父：梁大卜。　④ 臣：与下妾均指为人奴婢。　⑤ 宦女：侍女。

师灭项。淮之会，公有诸侯之事未归而取项[①]。齐人以为讨[②]，而止公[③]。

秋，声姜以公故，会齐侯于卞。九月，公至。书曰"至自会"，犹有诸侯之事焉，且讳之也。

【注释】

① 诸侯之事：即国家事务。　② 以为讨：以此事声讨鲁僖公。　③ 止：拘捕。为自己国君讳，故不言"执"而言"止"。

齐侯之夫人三：王姬，徐嬴，蔡姬，皆无子。齐侯好内[①]，多内宠，内嬖如夫人者六人[②]：长卫姬[③]，生武孟[④]；少卫姬，生惠公[⑤]；郑姬，生孝公[⑥]；葛嬴，生昭公[⑦]；密姬，生懿公[⑧]；宋华子，生公子雍。公与管仲属孝公于宋襄公，以为大子。雍巫有宠于卫共姬[⑨]，因寺人貂以荐羞于公[⑩]，亦有宠，公许之立武孟。

【注释】

① 好内：好女色。　② 内嬖：即内宠。如夫人：谓受宠爱礼秩与夫人相同。　③ 长卫姬：即卫共姬，以卫姬有二，故以长、少区别。　④ 武孟：即公子无亏。桓公卒后即位，三月后为国人所杀。　⑤ 惠公：即公子元，继懿公后为君，在位十年（公元前608—前599年）。　⑥ 孝公：公子昭，继无亏后为君，在位十年（公元前642—前633年）。　⑦ 昭公：即公子

潘,继孝公为君,在位二十年(公元前632—前613年)。　⑧ 懿公:即公子商人。昭公卒,子舍立,商人杀舍自立,在位四年(公元前612—前609年)。⑨ 雍巫:即易牙,名巫。雍谓饔人,即职膳厨事。　⑩ 羞:通馐。

管仲卒,五公子皆求立[1]。冬十月乙亥,齐桓公卒。易牙入,与寺人貂因内宠以杀群吏[2],而立公子无亏。孝公奔宋。十二月乙亥赴,辛巳夜殡[3]。

【注释】

① 五公子:指孝公以外的五个公子。　② 群吏:诸执政、大夫。③ 辛巳上距桓公卒日六十七日,据载,桓公尸虫爬出户外。

僖公十八年

【经】

十有八年春[1],王正月,宋公、曹伯、卫人、邾人伐齐[2]。

夏,师救齐。

五月戊寅,宋师及齐师战于甗[3],齐师败绩。

狄救齐。

秋八月丁亥,葬齐桓公。

冬,邢人、狄人伐卫。

【注释】

① 十有八年:公元前642年。　② 宋公:宋襄公。曹伯:曹共公。③ 甗(yán):齐地,在今山东济南市历城。

【传】

十八年春,宋襄公以诸侯伐齐。三月,齐人杀无亏[1]。

郑伯始朝于楚[2],楚子赐之金[3],既而悔之,与之盟曰:"无以铸兵。"故以铸三钟。

【注释】

① 宋襄公受齐桓公嘱托立孝公,此时带着孝公伐齐,所以齐人杀无亏以

平宋怒。②郑伯:郑文公。③楚子:楚成王。金:指铜。

齐人将立孝公,不胜四公子之徒①,遂与宋人战。夏五月,宋败齐师于甗,立孝公而还。

秋八月,葬齐桓公。

【注释】

①四公子:指无亏、孝公以外四公子。

冬,邢人、狄人伐卫,围菟圃①。卫侯以国让父兄子弟及朝众曰②:"苟能治之,燬请从焉。"众不可,而后师于訾娄③。狄师还。

梁伯益其国而不能实也④,命曰新里⑤,秦取之⑥。

【注释】

①菟圃:卫地,当在今河南长垣县境。②卫侯:卫文公。朝众:指各位大夫。③訾娄:在今河南滑县西南。④益:扩展。实:徙其民居住。⑤新里:秦占领后称为新城,在今陕西澄城县东北。⑥此与下一年起首为一传,为后人割裂。

僖公十九年

【经】

十有九年春①,王三月,宋人执滕子婴齐。

夏六月,宋公、曹人、邾人盟于曹南②。鄫子会盟于邾③。己酉,邾人执鄫子用之④。

秋,宋人围曹。

卫人伐邢⑤。

冬,会陈人、蔡人、楚人、郑人盟于齐。

梁亡。

【注释】

①十有九年:公元前641年。②曹南:曹国南部边境。杜注说曹国虽然与会,但不服,无地主之礼,所以不称会盟具体地点,而曰"曹南"。

③ 鄫子到邾国会盟,《公羊传》认为是迟到的缘故。 ④ 用:用作牲畜,即作祭物。 ⑤ 伐邢:伐邢事在围曹事前,杜注云是依据通报时间排列。

【传】

十九年春,遂城而居之。

宋人执滕宣公。

夏,宋公使邾文公用鄫子于次睢之社①,欲以属东夷②。司马子鱼曰③:"古者六畜不相为用,小事不用大牲,而况敢用人乎?祭祀以为人也。民,神之主也。用人,其谁飨之?齐桓公存三亡国以属诸侯④,义士犹曰薄德。今一会而虐二国之君,又用诸淫昏之鬼⑤,将以求霸,不亦难乎?得死为幸⑥!"

【注释】

① 次睢:不详何地。杜注云在睢水边,"水次有妖神,东夷皆社祠之"。一云在今山东临沂市。 ② 属东夷:使东夷来归附自己。 ③ 司马子鱼:即公子目夷。 ④ 存三亡国:指桓公平鲁乱立僖公、筑夷仪封邢、城楚丘封卫。 ⑤ 淫昏之鬼:即次睢之神。 ⑥ 得死:犹言善终。

秋,卫人伐邢,以报菟圃之役。于是卫大旱,卜有事于山川①,不吉。宁庄子曰:"昔周饥,克殷而年丰。今邢方无道,诸侯无伯②,天其或者欲使卫讨邢乎?"从之,师兴而雨③。

【注释】

① 有事:有祭祀之事。 ② 无伯:齐桓公已死,故无霸主。 ③ 师兴:军队聚集。

宋人围曹,讨不服也。子鱼言于宋公曰:"文王闻崇德乱而伐之①,军三旬而不降②,退修教而复伐之③,因垒而降④。《诗》曰:'刑于寡妻,至于兄弟,以御于家邦⑤。'今君德无乃犹有所阙,而以伐人,若之何?盍姑内省德乎⑥?无阙而后动。"

【注释】

① 崇:崇侯虎。其国在今陕西户县东。 ② 军三旬:军队进攻了三

旬。　③ 修教：修明教化。　④ 因垒：依前所筑壁垒。谓没有新筑壁垒，也未增添兵力。　⑤ 所引诗见《诗·大雅·思齐》。刑：同型，示范。寡妻：嫡妻。御：治理。《诗》言文王之教，由近及远。　⑥ 内：退。省德：自省自己德行如何。

陈穆公请修好于诸侯以无忘齐桓之德。冬，盟于齐，修桓公之好也。

梁亡。不书其主，自取之也。初，梁伯好土功[①]，亟城而弗处[②]，民罢而弗堪[③]，则曰："某寇将至。"乃沟公宫[④]，曰："秦将袭我。"民惧而溃，秦遂取梁。

【注释】

① 土功：土建。　② 亟：多次。处：居住。　③ 罢：同"疲"。　④ 沟：做动词，开沟。

僖公二十年

【经】

二十年春[①]，新作南门[②]。

夏，郜子来朝[③]。

五月乙巳，西宫灾[④]。

郑人入滑。

秋，齐人、狄人盟于邢。

冬，楚人伐随。

【注释】

① 二十年：公元前 640 年。　② 南门：本名稷门，僖公重建，比别门高大，改名高门。　③ 郜子：郜为姬姓国，但据隐公十年(前 713)、桓公二年(前 710)经、传已亡于宋，故诸家解释不一，或谓是失地之君，或谓另是一部。　④ 西宫：鲁宫名，鲁有东、西、北宫。灾：火灾。

【传】

二十年春，新作南门。书，不时也。凡启塞从时①。

滑人叛郑而服于卫。夏，郑公子士、泄堵寇帅师入滑②。

秋，齐、狄盟于邢，为邢谋卫难也。于是卫方病邢③。

【注释】

① 启塞：启指城门阖扇。塞指贯门扇的横木，即键。《礼记·月令》谓仲春修阖扇，孟冬修键闭。 ② 公子士：郑大夫，郑文公子。泄堵寇：郑大夫。 ③ 病：担忧。

随以汉东诸侯叛楚。冬，楚鬥穀於菟帅师伐随，取成而还。君子曰："随之见伐，不量力也。量力而动，其过鲜矣。善败由己①，而由人乎哉？《诗》曰：'岂不夙夜？谓行多露②。'"

【注释】

① 善败：同"成败"。 ② 所引诗见《诗·召南·行露》。夙夜：早晚，朝夕。这里是早夜的意思，即天未明。行：道路。

宋襄公欲合诸侯，臧文仲闻之，曰："以欲从人则可，以人从欲鲜济。"①

【注释】

① 此条与下一年传当为一传。

僖公二十一年

【经】

二十有一年春①，狄侵卫。

宋人、齐人、楚人盟于鹿上②。

夏，大旱。

秋，宋公、楚子、陈侯、蔡侯、郑伯、许男、曹伯会于盂③。

执宋公以伐宋④。

冬，公伐邾。

楚人使宜申来献捷⑤。

十有二月癸丑,公会诸侯盟于薄⑥,释宋公。

【注释】

① 二十有一年:公元前 639 年。　② 鹿上:宋地,在今安徽阜阳市南。　③ 宋公:宋襄公。楚子:楚成王。陈侯:陈穆公。蔡侯:蔡庄公,公元前 645—前 592 年在位。郑伯:郑文公。许男:许僖公。曹伯:曹共公。盂:宋地,在今河南睢县。　④ 执宋公:杜注云不写谁执宋公,是因为宋公无德而争盟,为诸侯所疾,“故总见众国共执之文”。　⑤ 宜申:鬥宜申。献捷:指进奉宋国的俘虏与战利品。　⑥ 薄:即亳,宋邑,在今河南商丘市北。

【传】

二十一年春,宋人为鹿上之盟,以求诸侯于楚①。楚人许之。公子目夷曰:“小国争盟,祸也。宋其亡乎,幸而后败。”

【注释】

① 求诸侯于楚:时中原诸侯郑、陈、蔡等国已依附楚国,所以宋襄公求楚让这些诸侯听命于自己。

夏,大旱。公欲焚巫尪①。臧文仲曰:“非旱备也②。修城郭③,贬食省用④,务穑劝分⑤,此其务也。巫尪何为⑥?天欲杀之,则如勿生,若能为旱,焚之滋甚⑦。”公从之。是岁也,饥而不害。

【注释】

① 尪:仰面突胸的人。杜注云:此类人因天哀怜他们,怕下雨下入他们的鼻子,所以天旱。　② 非旱备:不是防备旱灾的方法。　③ 修城郭:恐敌人乘灾来攻,又以工代赈。　④ 贬食:降低、减少饮食。　⑤ 务穑:致力稼穑。劝分:劝人分财施舍。　⑥ 何为:能起什么作用。　⑦ 滋甚:加重旱情。

秋,诸侯会宋公于盂。子鱼曰:“祸其在此乎!君欲已甚①,其何以堪之?”于是楚执宋公以伐宋。冬,会于薄以释之。子鱼曰:“祸犹未也,未足以惩君。”

任、宿、须句、颛臾[②]，风姓也。实司大皞与有济之祀[③]，以服事诸夏。邾人灭须句，须句子来奔，因成风也[④]。成风为之言于公曰："崇明祀[⑤]，保小寡[⑥]，周礼也。蛮夷猾夏[⑦]，周祸也。若封须句，是崇皞、济而修祀纾祸也[⑧]。"

【注释】

① 已甚：太过分。 ② 任：国名，故城在今山东济宁市。宿：国名，地在今山东东平县。须句：国名，在今山东东平县。颛臾：国名，地在今山东费县。 ③ 司：主。大皞：太皞，即伏羲氏，为上述四国之祖先。有济：济水。 ④ 成风：庄公之妾，僖公之母，须句人。 ⑤ 明祀：指太皞与济水之祭祀。 ⑥ 小寡：小国寡民。 ⑦ 猾：乱。 ⑧ 修祀：俞樾认为当为"修礼"之误，否则与上重复。纾：缓解。

僖公二十二年

【经】

二十有二年春[①]，公伐邾，取须句。

夏，宋公、卫侯、许男、滕子伐郑[②]。

秋八月丁未，及邾人战于升陉[③]。

冬十有一月己巳朔，宋公及楚人战于泓[④]，宋师败绩。

【注释】

① 二十有二年：公元前638年。 ② 宋公：宋襄公。卫侯：卫文公。许男：许僖公。 ③ 升陉：鲁地，不详为今何地。 ④ 泓：水名，在今河南柘城县北。

【传】

二十二年春，伐邾，取须句，反其君焉，礼也。

三月，郑伯如楚。夏，宋公伐郑。子鱼曰："所谓祸在此矣。"

初，平王之东迁也，辛有适伊川[①]，见被发而祭于野者[②]，曰："不及百年，此其戎乎！其礼先亡矣。"

秋，秦、晋迁陆浑之戎于伊川[③]。

【注释】

① 辛有：周大夫。伊川：伊水所经之地，在今河南嵩县至伊川县一带。② 被发：即披发。披发为当时夷狄之俗。　③ 陆浑之戎：戎之一种，本居瓜州。

晋大子圉为质于秦，将逃归，谓嬴氏曰[①]："与子归乎？"对曰："子，晋大子，而辱于秦，子之欲归，不亦宜乎？寡君之使婢子侍执巾栉[②]，以固子也[③]。从子而归，弃君命也。不敢从，亦不敢言。"遂逃归。

【注释】

① 嬴氏：即怀嬴，太子圉妻。　② 婢子：《礼记·曲礼》："自世妇以下自称曰婢子。"执巾栉：谦语，即为妻。　③ 固子：使你安心。

富辰言于王曰[①]："请召大叔[②]。《诗》曰：'协比其邻，昏姻孔云[③]。'吾兄弟之不协，焉能怨诸侯之不睦？"王说。王子带自齐复归于京师，王召之也。

【注释】

① 富辰：周大夫。王：周襄王。　② 大叔：王子带。　③ 所引诗见《诗·小雅·正月》。协比：今作"洽比"，意同，均言协和亲密。昏姻孔云：亲戚之间，友好来往。

邾人以须句故出师。公卑邾[①]，不设备而御之。臧文仲曰："国无小，不可易也。无备，虽众不可恃也。《诗》曰：'战战兢兢，如临深渊，如履薄冰[②]。'又曰：'敬之敬之，天惟显思，命不易哉[③]！'先王之明德，犹无不难也，无不惧也，况我小国乎！君其无谓邾小，蜂虿有毒[④]，而况国乎？"弗听。八月丁未，公及邾师战于升陉，我师败绩。邾人获公胄，县诸鱼门[⑤]。

【注释】

① 卑：轻视。　② 所引诗见《诗·小雅·小旻》。战战兢兢：恐惧小心的样子。　③ 所引诗见《诗·周颂·敬之》。敬：警惕。天惟显思：意为天理昭彰不可欺。命：保全国运。　④ 虿：一种毒虫，长尾名虿，短尾名蝎。　⑤ 县：同悬。鱼门：邾国城门。

楚人伐宋以救郑。宋公将战，大司马固谏曰："天之弃商久矣[①]，君将兴之，弗可赦也已。"弗听。冬十一月己巳朔，宋公及楚人战于泓。宋人既成列[②]，楚人未既济[③]。司马曰："彼众我寡，及其未既济也请击之。"公曰："不可。"既济而未成列，又以告。公曰："未可。"既陈而后击之[④]，宋师败绩。公伤股，门官歼焉[⑤]。

【注释】

① 天之弃商：上天不肯降福给商。商，即宋，其先为微子，其地为商旧都周围地区。 ② 成列：排成战斗行列。 ③ 未既济：还没有完全渡过河。 ④ 陈：同"阵"，摆阵势。 ⑤ 门官：国君的亲军侍卫。杜注云："守门者，师行则在君左右。"

国人皆咎公[①]。公曰："君子不重伤[②]，不禽二毛[③]。古之为军也，不以阻隘也[④]。寡人虽亡国之余，不鼓不成列[⑤]。"子鱼曰："君未知战。勍敌之人隘而不列[⑥]，天赞我也。阻而鼓之，不亦可乎？犹有惧焉。且今之勍者，皆吾敌也。虽及胡耇[⑦]，获则取之，何有于二毛？明耻教战[⑧]，求杀敌也。伤未及死，如何勿重？若爱重伤，则如勿伤；爱其二毛，则如服焉。三军以利用也[⑨]，金鼓以声气也[⑩]。利而用之，阻隘可也；声盛致志[⑪]，鼓儳可也[⑫]。"

【注释】

① 咎：归罪，指责。 ② 重伤：杀伤已受伤的人。 ③ 禽：同"擒"。二毛：头发花白。指老人。 ④ 阻隘：险要的地势。 ⑤ 鼓：击鼓，号令进军攻击。 ⑥ 勍敌：劲敌，强敌。 ⑦ 胡耇(gǒu)：年纪很老的人。 ⑧ 明耻：宣明失败误国是耻辱的道理。 ⑨ 三军：诸侯大国设上、中、下三军。利用：凭借有利条件来作战。 ⑩ 声气：以声音鼓励士气。 ⑪ 声盛：谓金鼓之声大作。致志：鼓起斗志。 ⑫ 儳(chǎn)：阵列不整齐。

丙子晨，郑文夫人芈氏、姜氏劳楚子于柯泽[①]。楚子使师缙示之俘馘[②]。君子曰："非礼也。妇人送迎不出门，见兄弟不逾阈[③]，戎事不迩女器[④]。"

【注释】

① 柯泽：郑地，具体所在不详。 ② 师缙：楚国乐师。俘：俘虏。馘(guó)：战争中割下杀死者左耳以计功。 ③ 阈：门限。 ④ 迩：接近。女器：女子使用的东西。

丁丑，楚子入享于郑，九献[①]，庭实旅百[②]，加笾豆六品[③]。享毕，夜出，文芈送于军，取郑二姬以归[④]。叔詹曰："楚王其不没乎[⑤]！为礼卒于无别[⑥]，无别不可谓礼，将何以没？"诸侯是以知其不遂霸也。

【注释】

① 九献：敬酒九次。 ② 庭实旅百：院子里陈设的礼品上百。旅，陈。 ③ 加笾豆六品：笾、豆皆容器，装食品。以上礼均为享天子或上公所用。 ④ 二姬：姬姓二女。此谓楚成王带走了两个郑国女子。郑，姬姓。 ⑤ 没：善终。 ⑥ 卒于无别：最终男女无别。

僖公二十三年

【经】

二十有三年春[①]，齐侯伐宋[②]，围缗[③]。

夏五月庚寅，宋公兹父卒[④]。

秋，楚人伐陈。

冬十有一月，杞子卒[⑤]。

【注释】

① 二十有三年：公元前637年。 ② 齐侯：齐孝公。 ③ 缗：在今山东省金乡县东北。 ④ 宋公：宋襄公。 ⑤ 杞子：杞成公。按杞入春秋称侯，后贬为伯，至此用夷礼，故又贬称子。国君亡例书名，因不是同盟国，所以又仅书"杞子"。

【传】

二十三年春，齐侯伐宋，围缗，以讨其不与盟于齐也。

夏五月，宋襄公卒，伤于泓故也。

秋,楚成得臣帅师伐陈[①],讨其贰于宋也[②]。遂取焦、夷[③],城顿而还[④]。子文以为之功,使为令尹。叔伯曰[⑤]:“子若国何?”对曰:“吾以靖国也[⑥]。夫有大功而无贵仕[⑦],其人能靖者与有几?”

【注释】

① 成得臣:字子玉,楚大夫。 ② 贰于宋:背叛楚国,与宋交好。 ③ 焦:在今安徽亳州市。夷:在今安徽亳州市东南七十里。 ④ 顿:国名,姬姓,地在今河南项城市。 ⑤ 叔伯:即芍吕臣,楚大夫。 ⑥ 靖:安定。 ⑦ 贵仕:高的职务官位。

九月,晋惠公卒。怀公命无从亡人[①]。期,期而不至,无赦。狐突之子毛及偃从重耳在秦[②],弗召。冬,怀公执狐突曰:“子来则免。”对曰:“子之能仕,父教之忠,古之制也。策名委质[③],贰乃辟也[④]。今臣之子,名在重耳,有年数矣。若又召之,教之贰也。父教子贰,何以事君?刑之不滥,君之明也,臣之愿也。淫刑以逞[⑤],谁则无罪?臣闻命矣。”乃杀之。卜偃称疾不出,曰:“《周书》有之:‘乃大明服[⑥]。’已则不明而杀人以逞,不亦难乎[⑦]?民不见德而唯戮是闻,其何后之有[⑧]?”

【注释】

① 无从亡人:不要跟随逃亡的重耳。 ② 狐突:晋大夫。毛:狐毛。偃:狐偃,字子犯。 ③ 策名:名书于策上,指出仕。委质:指臣给君送上礼物,表示做人臣子。 ④ 辟:罪。 ⑤ 淫刑以逞:滥施刑罚来满足自己的欲望。 ⑥ 乃大明服:《尚书·康诰》文,言君大明,臣子乃服。 ⑦ 难:指难以维持下去。 ⑧ 何后之有:谓他的后代不可能持续下去。

十一月,杞成公卒。书曰“子”,杞,夷也[①]。不书名,未同盟也。凡诸侯同盟,死则赴以名,礼也。赴以名,则亦书之,不然则否,辟不敏也[②]。

【注释】

① 夷:杞本非夷,因同夷礼,故视同夷人。 ② 不敏:不审。辟不敏,避免失审而误书。

晋公子重耳之及于难也①，晋人伐诸蒲城。蒲城人欲战，重耳不可，曰："保君父之命而享其生禄②，于是乎得人③。有人而校④，罪莫大焉。吾其奔也。"遂奔狄，从者狐偃、赵衰、颠颉、魏武子、司空季子⑤。狄人伐廧咎如⑥，获其二女：叔隗、季隗，纳诸公子。公子取季隗，生伯儵、叔刘；以叔隗妻赵衰，生盾。将适齐，谓季隗曰："待我二十五年，不来而后嫁。"对曰："我二十五年矣，又如是而嫁，则就木焉⑦，请待子。"处狄十二年而行。

【注释】

① 及于难：遭遇祸难。指被骊姬陷害。　② 保：依靠。生禄：从采邑中得到赋税收入，供给自己生活，所以叫生禄。禄，俸禄。　③ 得人：得到人们的拥护。　④ 校：同"较"，对抗，较量。　⑤ 赵衰(cuī)：字子馀。颠颉(jié)：晋大夫。魏武子：名犨(chōu)，晋大夫。司空季子：又名胥臣、臼季，字季子，官司空。　⑥ 廧(qiáng)咎(gāo)如：狄的一种，隗姓，居今河南安阳市附近。　⑦ 就木：进棺材。

过卫，卫文公不礼焉①。出于五鹿②，乞食于野人③，野人与之块④，公子怒，欲鞭之。子犯曰："天赐也⑤。"稽首，受而载之。

【注释】

① 不礼：不加礼遇。　② 五鹿：卫地，在今河南濮阳市南。　③ 野人：乡下人。　④ 块：土块。　⑤ 天赐：得土象征得到国家，所以狐偃以为天赐。

及齐，齐桓公妻之，有马二十乘①，公子安之。从者以为不可，将行，谋于桑下。蚕妾在其上②，以告姜氏。姜氏杀之，而谓公子曰："子有四方之志，其闻之者吾杀之矣。"公子曰："无之。"姜曰："行也。怀与安③，实败名。"公子不可。姜与子犯谋，醉而遣之。醒，以戈逐子犯。

【注释】

① 乘：马四匹为一乘。　② 蚕妾：养蚕的女奴。上：树上。　③ 怀：眷恋。安：贪图安乐。

及曹,曹共公闻其骈胁①,欲观其裸。浴,薄而观之②。僖负羁之妻曰③:“吾观晋公子之从者,皆足以相国④。若以相,夫子必反其国。反其国,必得志于诸侯⑤。得志于诸侯而诛无礼,曹其首也。子盍蚤自贰焉⑥?”乃馈盘飧⑦,置璧焉。公子受飧反璧⑧。

【注释】

① 骈胁:肋骨并列连成一片。 ② 薄:迫近。 ③ 僖负羁:曹大夫。 ④ 相国:做国家的辅佐。 ⑤ 得志于诸侯:谓达到称霸于诸侯的目的。 ⑥ 贰:表示不同。 ⑦ 盘飧(sūn):盘中盛着饭菜。 ⑧ 反:归还。

及宋,宋襄公赠之以马二十乘。

及郑,郑文公亦不礼焉。叔詹谏曰:“臣闻天之所启①,人弗及也。晋公子有三焉,天其或者将建诸!君其礼焉。男女同姓②,其生不蕃,晋公子,姬出也③,而至于今,一也。离外之患④,而天不靖晋国,殆将启之,二也。有三士足以上人而从之⑤,三也。晋、郑同侪⑥,其过子弟⑦,固将礼焉,况天之所启乎?”弗听。

【注释】

① 启:开。这里是赞助之意。 ② 男女:此指父母。 ③ 姬出:重耳母狐姬,晋为姬姓国,所以是“男女同姓”。 ④ 离:同“罹”,遭受。 ⑤ 三士:指狐偃、赵衰、贾佗。上人:居人之上。 ⑥ 同侪:同等。 ⑦ 过子弟:即“子弟过”。

及楚,楚子飨之①,曰:“公子若反晋国,则何以报不穀②?”对曰:“子女玉帛则君有之③,羽毛齿革则君地生焉④。其波及晋国者⑤,君之余也,其何以报君?”曰:“虽然,何以报我?”对曰:“若以君之灵,得反晋国,晋、楚治兵,遇于中原,其辟君三舍⑥。若不获命⑦,其左执鞭弭⑧,右属櫜鞬⑨,以与君周旋⑩。”子玉请杀之⑪。楚子曰:“晋公子广而俭⑫,文而有礼。其从者肃而宽⑬,忠而能力⑭。晋侯无亲⑮,外内恶之⑯。吾闻姬姓,唐叔之后,其后衰者也,其将由晋公子乎!天将兴之,谁能废之⑰。违天必有大咎。”乃送诸秦。

【注释】

① 楚子:楚成王。　② 不穀:不善。古代诸侯自称的谦词。　③ 子女:男女奴隶。　④ 羽:孔雀、翡翠等用作装饰的鸟羽。毛:兽毛。齿:象牙。革:牛皮。　⑤ 波:散播、流传。　⑥ 辟:同"避",退让。舍:古代行军三十里为一舍。　⑦ 获命:指不能取得对方谅解,获得对方允许。⑧ 弭:弓。　⑨ 属(zhǔ):佩,系。櫜(gāo):箭袋。鞬:盛弓的袋。　⑩ 周旋:本意是应酬、打交道,这里是对付、较量之意。　⑪ 子玉:成得臣。⑫ 广而俭:志向远大而态度谦逊。　⑬ 肃:严肃。宽:宽厚。　⑭ 力:效力。　⑮ 晋侯:指当时为君的晋惠公。无亲:没人亲近。　⑯ 恶:憎恨,厌恶。　⑰ 废:衰败。

秦伯纳女五人,怀嬴与焉①。奉匜沃盥②,既而挥之。怒曰:"秦、晋匹也③,何以卑我!"公子惧,降服而囚④。他日,公享之。子犯曰:"吾不如衰之文也⑤,请使衰从。"公子赋《河水》⑥,公赋《六月》⑦。赵衰曰:"重耳拜赐。"公子降,拜,稽首,公降一级而辞焉⑧。衰曰:"君称所以佐天子者命重耳,重耳敢不拜?"

【注释】

① 怀嬴:晋太子圉之妻。　② 奉匜(yí):捧着盛水器。沃盥:浇水洗手洗脸。这是新婚时礼节。　③ 匹:相等。　④ 降服:换了衣服。囚:自我囚禁。　⑤ 文:有文采,善辞令。　⑥《河水》:逸诗篇名,大意说黄河水归入大海。重耳以海喻秦,暗示自已如河入海般事奉秦。　⑦《六月》:《诗·小雅》篇名,写尹吉甫佐周宣王征伐,振兴文、武事业。秦穆公借此说重耳将来定能称霸诸侯,扶助周天子。　⑧ 降一级:走下一级台阶。

僖公二十四年

【经】

二十有四年春①,王正月。

夏,狄伐郑。

秋七月。

冬,天王出居于郑②。

晋侯夷吾卒③。

【注释】

① 二十有四年:公元前636年。　② 天王:周襄王。居:天子以天下为家,所以不书其逃亡,而曰居。　③ 晋侯夷吾:晋惠公。因晋文公定位以后才发讣告,故系于此。或以为错简,原文当在二十三年冬。

【传】

二十四年春,王正月,秦伯纳之。不书,不告入也。及河①,子犯以璧授公子,曰:"臣负羁绁从君巡于天下②,臣之罪甚多矣。臣犹知之,而况君乎?请由此亡③。"公子曰:"所不与舅氏同心者④,有如白水⑤。"投其璧于河。济河,围令狐⑥,入桑泉⑦,取臼衰⑧。二月甲午,晋师军于庐柳⑨。秦伯使公子絷如晋师⑩,师退,军于郇⑪。辛丑,狐偃及秦、晋之大夫盟于郇。壬寅,公子入于晋师。丙午,入于曲沃。丁未,朝于武宫⑫。戊申,使杀怀公于高梁⑬。不书,亦不告也。

【注释】

① 河:黄河。　② 负羁绁:背着马笼头、马缰绳。这是当时从行者的客套话。　③ 亡:离开。因子犯在逃亡过程中曾触犯过重耳,怕重耳为君后报复,所以有此请求。　④ 所:如果。舅氏:狐偃父狐突为重耳舅父。　⑤ 有如:意为有神明为证。　⑥ 令狐:晋地,在今山西临猗县。　⑦ 桑泉:在今临猗县临晋镇东北。　⑧ 臼衰(cuī):在今山西运城市。　⑨ 庐柳:在今临猗县境内。　⑩ 公子絷:秦大夫。　⑪ 郇:在今临猗县西南。　⑫ 武宫:重耳祖父曲沃武公的神庙。　⑬ 高梁:在今山西临汾市。

吕、郤畏偪①,将焚公宫而弑晋侯②。寺人披请见,公使让之③,且辞焉,曰:"蒲城之役,君命一宿④,女即至。其后余从狄君以田渭滨,女为惠公来求杀余⑤,命女三宿,女中宿至。虽有君命,何其速也。夫袪犹在,女其行乎!"对曰:"臣谓君之入也,其知之矣。若犹未也,又将及难。君命无二,古之制也。除君之恶,唯力是视。蒲人、狄人,余何有焉?今君即位,其无蒲、狄乎⑥?齐桓公置射钩而使管仲相,君若易之,何辱命焉?行者甚众,岂唯刑臣。"公见之,以难告。三月,晋侯潜会秦伯于王城⑦。己丑晦,公宫火,瑕甥、郤芮不获公,乃如河上,秦伯诱而杀之。晋侯逆夫人嬴氏以归。秦伯送卫于晋三千人⑧,实纪纲之仆⑨。

【注释】

① 吕、郤:晋大夫吕饴甥、郤芮。畏偪:害怕受到迫害。二人均为晋惠公党。 ② 公宫:国君所住宫。 ③ 让:责备。 ④ 一宿:一夜。意为第二天。 ⑤ 求:搜索。 ⑥ 此蒲、狄借指反对者。 ⑦ 王城:秦地,在今陕西大荔县东。 ⑧ 卫:卫士。 ⑨ 纪纲之仆:管理门户的仆人。

初,晋侯之竖头须①,守藏者也②。其出也,窃藏以逃,尽用以求纳之③。及入,求见,公辞焉以沐④。谓仆人曰:"沐则心覆⑤,心覆则图反⑥,宜吾不得见也。居者为社稷之守,行者为羁绁之仆,其亦可也,何必罪居者?国君而仇匹夫,惧者甚众矣。"仆人以告,公遽见之。

【注释】

① 竖:未成年仆人。 ② 守藏:保管财物。 ③ 求纳:设法让重耳回国。 ④ 辞焉:同"辞之"。重耳不知头须窃财为己出力,故不见他。 ⑤ 覆:倒。 ⑥ 图:思考。

狄人归季隗于晋而请其二子①。文公妻赵衰②,生原同、屏括、楼婴③。赵姬请逆盾与其母,子余辞。姬曰:"得宠而忘旧,何以使人?必逆之。"固请,许之。来,以盾为才,固请于公以为嫡子,而使其三子下之,以叔隗为内子而己下之④。

【注释】

① 请其二子:请求留下季隗所生二子伯儵、叔刘。 ② 妻:以女嫁。 ③ 原同、屏括、楼婴:同、括、婴为名,原、屏、楼是三人的采邑。 ④ 内子:正妻。

晋侯赏从亡者,介之推不言禄①,禄亦弗及。推曰:"献公之子九人,唯君在矣。惠、怀无亲,外内弃之。天未绝晋,必将有主。主晋祀者，非君而谁？天实置之，而二三子以为己力[2]，不亦诬乎[3]？窃人之财，犹谓之盗，况贪天之功以为己力乎？下义其罪，上赏其奸，上下相蒙[4]，难与处矣！”其母曰：“盍亦求之，以死谁怼[5]？”对曰：“尤而效之[6]，罪又甚焉，且出怨言，不食其食。”其母曰：“亦使知之若何？”对曰：“言，身之文也。身将隐，焉用文之？是求显也。”其母曰：“能如是乎？与女偕隐。”遂隐而死。晋侯求之，不获，以绵上为之田[7]，曰：“以志吾过，且旌善人。”

【注释】

① 介之推：一作“介子推”，从文公逃亡的小臣。 ② 二三子：指从亡之臣。 ③ 诬：欺罔。 ④ 蒙：欺。 ⑤ 怼：怨。 ⑥ 尤：过，罪。 ⑦ 绵上：在今山西介休市。田：私田，供祭祀用。

郑之入滑也[1]，滑人听命。师还，又即卫。郑公子士、泄堵俞弥帅师伐滑[2]。王使伯服、游孙伯如郑请滑。郑伯怨惠王之入而不与厉公爵也[3]，又怨襄王之与卫、滑也，故不听王命而执二子。王怒，将以狄伐郑。富辰谏曰：“不可。臣闻之，大上以德抚民[4]，其次亲亲以相及也[5]。昔周公吊二叔之不咸[6]，故封建亲戚以蕃屏周[7]。管蔡郕霍，鲁卫毛聃，郜雍曹滕，毕原酆郇[8]，文之昭也。邘晋应韩[9]，武之穆也。凡蒋邢茅胙祭[10]，周公之胤也。召穆公思周德之不类[11]，故纠合宗族于成周而作诗，曰：‘常棣之华，鄂不韡韡，凡今之人，莫如兄弟[12]。’其四章曰：‘兄弟阋于墙[13]，外御其侮。’如是，则兄弟虽有小忿，不废懿亲[14]。今天子不忍小忿以弃郑亲，其若之何？庸勋亲亲[15]，昵近尊贤，德之大者也。即聋从昧，与顽用嚚[16]，奸之大者也。弃德崇奸，祸之大者也。郑有平、惠之勋[17]，又有厉、宣之亲[18]，弃嬖宠而用三良[19]，于诸姬为近，四德具矣。耳不听五声之和为聋，目不别五色之章为昧，心不则德义之经为顽，口不道忠信之言为嚚，狄皆则之，四奸具矣。周之有懿德也，犹曰‘莫如兄弟’，故封建之。其怀柔天下也，犹惧有外侮，扞御侮者莫如亲亲，故以亲屏周。召穆公亦云[20]。今周德既衰，于是乎又渝周、召以从诸奸[21]，无乃不可乎？民未忘祸[22]，王又兴之，其若文、武何[23]？”王弗听，使颓叔、桃子出狄师。夏，狄伐郑，取栎[24]。王德狄人，将以其女为后。富辰谏曰：“不可。臣闻之曰：‘报者倦矣，施者未厌。’狄固贪惏[25]，王又启之，女德无极，妇怨无终，狄必为患。”王又弗听。

【注释】

① 郑之入滑：事在僖公二十年（前640）。　② 泄堵俞弥：亦称“堵俞弥”，郑大夫。　③ 不与厉公爵：事在庄公二十一年（前673）。　④ 大上：最上等的人。大，同“太”。　⑤ 以相及：由近及远。　⑥ 吊：伤。二叔：管叔、蔡叔。咸：终。　⑦ 封建：分封土地，建立国家。　⑧ 以上十六国，皆文王子。管：在今河南郑州市。毛：封邑在陕西扶风县，后迁河南宜阳县。聃：即冉，封地在河南开封附近。雍：在今河南修武县。毕：在今陕西西安市西北。原：在今河南济源市。酆：亦作“丰”，在今陕西户县东。郇：在今山西临猗县西南。　⑨ 以上四国皆武王子。邘：在今河南沁阳市西北。应：在今河南宝丰县西南。韩：在今河北固安县。　⑩ 以上六国，为周公后代。蒋：在河南固始县。茅：在今山东金乡县。胙：在今河南延津县北。祭：在今河南郑州市东北。　⑪ 召穆公：召公虎，为召康公十六世孙。类：善。⑫ 所引诗见《诗·小雅·常棣》。常棣：落叶乔木，春开花。鄂不：今作“萼不”，即花萼、花跗。韡韡：光明貌。　⑬ 阋：不和，争斗。　⑭ 懿亲：美好的亲戚。　⑮ 庸勋：对有功劳的人酬劳。　⑯ 嚚（yíng）：妄，恶。⑰ 平、惠之勋：平王东迁、惠王出奔，郑国都出过大力。　⑱ 厉、宣之亲：郑始封祖桓公友是周厉王之子，宣王同母弟。　⑲ 嬖宠：宠臣。此指郑杀嬖臣申侯、宠子子华。三良：叔詹、堵叔、师说。　⑳ 召穆公亦云：指召穆公作诗事。　㉑ 渝：变，改。从诸奸：指用狄军。　㉒ 民未忘祸：指以前子颓乱、叔带召狄之事。　㉓ 若文、武何：谓将废文王、武王功业。㉔ 栎：今河南禹州市。　㉕ 贪惏：同“贪婪”。

初，甘昭公有宠于惠后①，惠后将立之，未及而卒。昭公奔齐，王复之，又通于隗氏②。王替隗氏③。颓叔、桃子曰：“我实使狄，狄其怨我。”遂奉大叔，以狄师攻王。王御士将御之，王曰：“先后其谓我何④？宁使诸侯图之。”王遂出。及坎欿⑤，国人纳之。秋，颓叔、桃子奉大叔，以狄师伐周，大败周师，获周公忌父、原伯、毛伯、富辰。王出适郑，处于氾[⑥]。大叔以隗氏居于温[⑦]。

【注释】

① 甘昭公：即王子带、太叔带，封于甘，昭为谥号。 ② 隗氏：即新立为后的狄女。 ③ 替：废。 ④ 先后：指惠后。 ⑤ 坎欿：在今河南巩义市东南。 ⑥ 氾：在今河南襄城县南。 ⑦ 温：在今河南温县西南。

郑子华之弟子臧出奔宋，好聚鹬冠[①]。郑伯闻而恶之，使盗诱之。八月，盗杀之于陈、宋之间。君子曰："服之不衷[②]，身之灾也。《诗》曰：'彼己之子，不称其服[③]。'子臧之服，不称也夫。《诗》曰'自诒伊戚'[④]，其子臧之谓矣。《夏书》曰'地平天成'[⑤]，称也。"

【注释】

① 鹬：一种水鸟。 ② 衷：合度。 ③ 所引诗见《诗·曹风·候人》。彼己之子：那个人儿。 ④ 所引诗见《诗·小雅·小明》。伊戚：烦恼忧伤。 ⑤《夏书》：杜注："夏书，逸书。地平其化，天成其施，上下相称为宜。"

宋及楚平。宋成公如楚，还入于郑。郑伯将享之，问礼于皇武子[①]。对曰："宋，先代之后也，于周为客，天子有事膰焉[②]，有丧拜焉[③]，丰厚可也。"郑伯从之，享宋公有加，礼也。

【注释】

① 皇武子：郑卿。 ② 有事：有祭祀之事。膰(fán)：宗庙祭肉。此用作动词，谓送祭肉。 ③ 有丧：指周天子有丧事。

冬，王使来告难曰："不穀不德，得罪于母弟之宠子带[①]，鄙在郑地氾[②]，敢告叔父。"臧文仲对曰："天子蒙尘于外，敢不奔问官守[③]？"王使简师父告于晋[④]，使左鄢父告于秦[⑤]。天子无出，书曰"天王出居于郑"，辟母弟之难也。天子凶服降名[⑥]，礼也。郑伯与孔将鉏、石甲父、侯宣多省视官具于氾[⑦]，而后听其私政，礼也。

【注释】

① 母弟："弟"当为"氏"之讹。 ② 鄙：野居。 ③ 奔问：赶快去慰问。官守：王之群臣。奔问官守，即"奔问左右"之意，为谦恭之词。 ④ 简师父：周大夫。 ⑤ 左鄢父：周大夫。 ⑥ 降名：指称"不穀"。 ⑦ 孔

将钽、石甲父、侯宣多：皆郑大夫。官：指周王随官。具：器用。

卫人将伐邢，礼至曰[①]："不得其守[②]，国不可得也。我请昆弟仕焉。"乃往，得仕[③]。

【注释】

① 礼至：卫大夫。　② 守：即"官守"之守，此指邢国正卿国子。③ 此条与下年"春卫人伐邢"本为一传。

僖公二十五年

【经】

二十有五年春[①]，卫侯燬灭邢[②]。

夏四月癸酉，卫侯燬卒。

宋荡伯姬来逆妇[③]。

宋杀其大夫[④]。

秋，楚人围陈，纳顿子于顿[⑤]。

葬卫文公。

冬十有二月癸亥，公会卫子、莒庆[⑥]，盟于洮[⑦]。

【注释】

① 二十有五年：公元前635年。　② 卫侯燬：卫文公。杜注："卫、邢同姬姓，恶其亲亲相灭，故称名罪之。"　③ 荡伯姬：鲁女而嫁宋大夫荡氏者。　④ 此条无传，不知所杀何人。　⑤ 杜注说顿国国君迫于陈而逃到楚国，所以楚国围陈，送顿君回国。　⑥ 卫子：卫成公，公元前634—前600年在位。不称爵，因父死未逾年。莒庆：莒大夫。　⑦ 洮：鲁地，近莒。

【传】

二十五年春，卫人伐邢，二礼从国子巡城[①]，掖以赴外[②]，杀之。正月丙午，卫侯燬灭邢，同姓也，故名。礼至为铭曰[③]："余掖杀国子，莫余敢止。"

【注释】

① 二礼:礼氏兄弟。 ② 赴:通"仆",跌倒。外:城外。 ③ 为铭:在铜器上刻铭文。

秦伯师于河上,将纳王。狐偃言于晋侯曰:"求诸侯,莫如勤王。诸侯信之[1],且大义也。继文之业而信宣于诸侯[2],今为可矣。"使卜偃卜之,曰:"吉。遇黄帝战于阪泉之兆[3]。"公曰:"吾不堪也。"对曰:"周礼未改。今之王,古之帝也。"公曰:"筮之。"筮之,遇《大有》䷍之《睽》䷥[4],曰:"吉。遇'公用享于天子'之卦[5]。战克而王享,吉孰大焉。且是卦也,天为泽以当日[6],天子降心以逆公,不亦可乎?《大有》去《睽》而复[7],亦其所也。"晋侯辞秦师而下[8]。三月甲辰,次于阳樊[9]。右师围温,左师逆王。夏四月丁巳,王入于王城,取大叔于温,杀之于隰城[10]。

【注释】

① 信:信任。 ② 文:晋文侯仇,曾率兵护送周平王东迁立国。信:信用。 ③ 黄帝战于阪泉:黄帝与炎帝战,于阪泉(今河北涿鹿县)战败炎帝,成为各部落领袖。 ④《大有》:乾下离上。《睽》:兑下离上。 ⑤ 公用享于天子:《大有》九三的爻辞。公,群臣。 ⑥ 天为泽以当日:乾为天,兑为泽,离为日。《大有》变《睽》,乾变为兑,故云。 ⑦ 复:指《大有》变《睽》,最终仍将复到本卦。此象征天子复位。 ⑧ 辞秦师而下:辞退秦军,顺黄河而下。 ⑨ 阳樊:在今河南济源市东南。 ⑩ 隰城:在今河南武涉县。

戊午,晋侯朝王,王享醴,命之宥[1]。请隧[2],弗许,曰:"王章也[3]。未有代德而有二王[4],亦叔父之所恶也。"与之阳樊、温、原、欑茅之田[5]。晋于是始启南阳[6]。

阳樊不服,围之。苍葛呼曰[7]:"德以柔中国[8],刑以威四夷[9],宜吾不敢服也。此谁非王之亲姻,其俘之也[10]!"乃出其民。

【注释】

① 宥:敬酒。 ② 隧:隧葬。掘地为通道下葬曰隧,是天子的葬礼。③ 王章:天子所用的典章。 ④ 代德:取代周室有天下的德行。 ⑤ 原:

在今河南济源西北。欑茅:在今河南修武西北。　⑥ 启:开辟疆土。南阳:地在黄河北,太行山南,故名南阳,相当于今新乡地区,上述四邑均属南阳。　⑦ 苍葛:当为阳樊人的首领。　⑧ 柔:怀柔,安抚。　⑨ 四夷:指华夏以外的蛮、夷、戎、狄。　⑩ 其:难道可以。

秋,秦、晋伐鄀①。楚鬥克、屈御寇以申、息之师戍商密②。秦人过析隈③,入而系舆人以围商密④,昏而傅焉⑤。宵,坎血加书⑥,伪与子仪、子边盟者。商密人惧曰:“秦取析矣,戍人反矣。”乃降秦师。秦师囚申公子仪、息公子边以归。楚令尹子玉追秦师,弗及,遂围陈,纳顿子于顿。

【注释】

① 鄀(nuò):秦、楚界上小国,地在今河南内乡县。　② 鬥克:字子仪,时为楚申公(楚地方长官称公)。屈御寇:字子边,时为楚息公。商密:鄀国国都。　③ 析隈:鄀地,今内乡、淅川县之西北境皆属析。或将隈断属下,谓丹水之曲。　④ 舆人:众人。此谓秦军假装把自己的士兵冒充俘虏。　⑤ 傅:迫近。　⑥ 坎血加书:古设盟,挖地为坎,杀牲于其上,取血以告神,歃血,加盟书于其上。

冬,晋侯围原,命三日之粮①。原不降,命去之。谍出,曰:“原将降矣。”军吏曰②:“请待之。”公曰:“信,国之宝也,民之所庇也。得原失信,何以庇之?所亡滋多。”退一舍而原降。迁原伯贯于冀③。赵衰为原大夫,狐溱为温大夫④。

【注释】

① 三日之粮:携带三日之粮。　② 军吏:军官。　③ 伯贯:周守原之大夫。冀:在今山西河津市东北。　④ 狐溱(zhēn):狐毛的儿子。

卫人平莒于我。十二月,盟于洮,修卫文公之好,且及莒平也。

晋侯问原守于寺人勃鞮①。对曰:“昔赵衰以壶飧从,径②,馁而弗食。”故使处原。

【注释】

① 寺人勃鞮:即寺人披。　② 径:指晋侯行大路,赵衰走小路,两人失散。

僖公二十六年

【经】

二十有六年春①，王正月己未，公会莒子、卫宁速②，盟于向③。

齐人侵我西鄙。公追齐师至酅④，弗及。

夏，齐人伐我北鄙。

卫人伐齐。

公子遂如楚乞师⑤。

秋，楚人灭夔⑥，以夔子归。

冬，楚人伐宋，围缗。公以楚师伐齐，取谷⑦。公至自伐齐。

【注释】

① 二十有六年：公元前634年。 ② 莒子：莒兹丕公。宁速：卫大夫宁庄子。 ③ 向：莒地，在今山东莒县南。 ④ 酅(xī)：齐地，在今山东东阿县南。 ⑤ 公子遂：即东门襄仲、东门遂、仲遂，庄公子，鲁卿。遂为名，襄为谥，仲为字，东门为氏。 ⑥ 夔：国名，芈姓，地在今湖北秭归县。 ⑦ 谷：在今山东东阿县。

【传】

二十六年春，王正月，公会莒兹丕公、宁庄子，盟于向，寻洮之盟也。齐师侵我西鄙，讨是二盟也。夏，齐孝公伐我北鄙。卫人伐齐，洮之盟故也①。公使展喜犒师②，使受命于展禽③。

【注释】

① 洮之盟故：是履行(去年)在洮地盟约的缘故。 ② 展喜：鲁大夫。犒师：犒劳齐军。 ③ 受命：请教如何措词。展禽：名获，字禽，谥惠，食邑于柳下，故又称柳下惠。展喜是他弟弟。

齐侯未入竟①，展喜从之②，曰："寡君闻君亲举玉趾，将辱于敝邑，使下臣犒执事。"齐侯曰："鲁人恐乎？"对曰："小人恐矣，君子则否。"齐侯曰："室如县罄③，野无青草，何恃而不恐？"对曰："恃先王之命。昔周公、大公股肱周室，夹辅成王。成王劳之而赐之盟，曰：

‘世世子孙,无相害也。’载在盟府[4],大师职之[5]。桓公是以纠合诸侯而谋其不协,弥缝其阙而匡救其灾,昭旧职也。及君即位,诸侯之望曰:‘其率桓之功[6]。’我敝邑用不敢保聚[7],曰:‘岂其嗣世九年而弃命废职,其若先君何?君必不然。’恃此以不恐。”齐侯乃还。

【注释】

① 竟:同“境”。 ② 从之:从而见齐侯。 ③ 室如县罄:罄同“磬”。磬悬挂,中高两边低,中间空虚。此言百姓贫乏,室中一无所有,虽房舍高起,两檐低垂,但如悬磬,内中空空。 ④ 载在盟府:载,载书,即盟约。盟府,藏盟约处。 ⑤ 大师职之:谓由太师职掌。杜注以为太师即齐姜太公。 ⑥ 率:因循。 ⑦ 用:因此。保聚:保城聚众。

东门襄仲、臧文仲如楚乞师,臧孙见子玉而道之伐齐、宋[1],以其不臣也。

夔子不祀祝融与鬻熊[2],楚人让之,对曰:“我先王熊挚有疾[3],鬼神弗赦而自窜于夔。吾是以失楚,又何祀焉?”秋,楚成得臣、鬥宜申帅师灭夔[4],以夔子归。

【注释】

① 子玉:即楚令尹成得臣。道:引导。 ② 祝融、鬻熊:皆楚之祖先,夔为楚之别封,依礼当祭祀。 ③ 熊挚:楚嫡子,有疾不得嗣位,故别封为夔子。 ④ 鬥宜申:字子西,楚司马。

宋以其善于晋侯也,叛楚即晋。冬,楚令尹子玉、司马子西帅师伐宋,围缗。

公以楚师伐齐,取穀。凡师能左右之曰“以”。寘桓公子雍于穀,易牙奉之以为鲁援[1]。楚申公叔侯戍之。桓公之子七人,为七大夫于楚。

【注释】

① 杜注说公子雍本与齐孝公争立,所以让他居谷以威胁齐。

卷七　僖公下

僖公二十七年

【经】

二十有七年春[①],杞子来朝[②]。

夏六月庚寅,齐侯昭卒[③]。

秋八月乙未,葬齐孝公。

乙巳,公子遂帅师入杞。

冬,楚人、陈侯、蔡侯、郑伯、许男围宋[④]。

十有二月甲戌,公会诸侯,盟于宋。

【注释】

① 二十有七年:公元前633年。　② 杞子:杞桓公。　③ 齐侯:齐孝公。　④ 楚人:指楚成王。陈侯:陈穆公。蔡侯:蔡庄侯。郑伯:郑文公。许男:许僖公。

【传】

二十七年春,杞桓公来朝,用夷礼,故曰子。公卑杞[①],杞不共也。[②]

夏,齐孝公卒。有齐怨,不废丧纪,礼也。

秋,入杞,责礼也[③]。

【注释】

① 卑:看不起。　② 共:同"恭",恭敬。　③ 责礼:责备杞桓公无礼。

楚子将围宋,使子文治兵于睽[①],终朝而毕,不戮一人。子玉复治兵于蒍[②],终日而毕,鞭七人,贯三人耳[③]。国老皆贺子文[④],子文饮之酒。蒍贾尚幼[⑤],后至,不贺。子文问之,对曰:

“不知所贺。子之传政于子玉,曰:‘以靖国也。’靖诸内而败诸外,所获几何?子玉之败,子之举也。举以败国,将何贺焉?子玉刚而无礼,不可以治民⑥。过三百乘,其不能以入矣⑦。苟入而贺,何后之有?”

【注释】

① 治兵:演习兵事。睽:楚地,具体所在不详。　② 蒍:楚地,具体所在不详。　③ 贯耳:用箭穿耳。　④ 贺子文:贺他举荐得人。　⑤ 蒍贾:字伯嬴,孙叔敖之父。后为楚著名贤大夫。　⑥ 治民:此当指治军,故下有“过三百乘”云云。　⑦ 入:返回国家。

冬,楚子及诸侯围宋,宋公孙固如晋告急。先轸曰①:“报施救患,取威定霸,于是乎在矣。”狐偃曰:“楚始得曹而新昏于卫,若伐曹、卫,楚必救之,则齐、宋免矣。”于是乎蒐于被庐②,作三军,谋元帅。赵衰曰:“郤縠可。臣亟闻其言矣③。说礼乐而敦诗书④。诗书,义之府也。礼乐,德之则也。德义,利之本也。《夏书》曰⑤:‘赋纳以言⑥,明试以功,车服以庸⑦。’君其试之。”乃使郤縠将中军,郤溱佐之。使狐偃将上军,让于狐毛,而佐之。命赵衰为卿,让于栾枝、先轸⑧。使栾枝将下军,先轸佐之。荀林父御戎,魏犨为右。

【注释】

① 先轸:晋大夫,一名原轸。　② 蒐:检阅,阅兵。被庐:晋地,不详今所在。　③ 亟:多次。　④ 敦:崇尚。　⑤《夏书》曰:引语见《尚书·益稷》。　⑥ 赋纳:广泛听取。　⑦ 庸:报酬。　⑧ 栾枝:晋大夫,字贞子。

晋侯始入而教其民①,二年,欲用之。子犯曰:“民未知义,未安其居。”于是乎出定襄王,入务利民,民怀生矣②。将用之。子犯曰:“民未知信,未宣其用。”于是乎伐原以示之信③。民易资者不求丰焉④,明征其辞⑤。公曰:“可矣乎?”子犯曰:“民未知礼,未生其共⑥。”于是乎大蒐以示之礼,作执秩以正其官⑦,民听不惑而后用之[8]。出穀戍，释宋围，一战而霸，文之教也。

【注释】

① 教：教化、训练。② 怀：眷恋。生：生计，产业。③ 伐原：事见僖公二十五年（前635）传。④ 易资：交易，作买卖。⑤ 明征其辞：说话算话。⑥ 共：恭敬之心。⑦ 作：设置。执秩：主管禄位爵位的官。⑧ 听：辨别能力。

僖公二十八年

【经】

二十有八年春[1]，晋侯侵曹[2]。晋侯伐卫。

公子买戍卫[3]，不卒戍[4]，刺之[5]。

楚人救卫。

三月丙午，晋侯入曹，执曹伯[6]，畀宋人[7]。

夏四月己巳，晋侯、齐师、宋师、秦师及楚人战于城濮[8]，楚师败绩。

楚杀其大夫得臣。

卫侯出奔楚[9]。

五月癸丑，公会晋侯、齐侯、宋公、蔡侯、郑伯、卫子、莒子[10]，盟于践土[11]。陈侯如会[12]。

公朝于王所。

六月，卫侯郑自楚复归于卫。

卫元咺出奔晋[13]。

陈侯款卒。

秋，杞伯姬来。

公子遂如齐。

冬，公会晋侯、齐侯、宋公、蔡侯、郑伯、陈子、莒子、邾子、秦人于温[14]。

天王狩于河阳[15]。壬申，公朝于王所。

晋人执卫侯，归之于京师。

卫元咺自晋复归于卫。

诸侯遂围许⑯。

曹伯襄复归于曹，遂会诸侯围许。

【注释】

①二十有八年：公元前632年。　②晋侯：晋文公。　③公子买：字子丛，鲁大夫。　④不卒戍：没满期便离开。这是向楚国解释之词，非事实。　⑤刺：杀。　⑥曹伯：曹共公。　⑦畀：送交。　⑧城濮：卫地，在今山东范县。　⑨卫侯：卫成公。　⑩齐侯：齐昭公。宋公：宋成公。蔡侯：蔡庄侯。郑伯：郑文公。卫子：卫成公时出居于外，其弟叔武奉盟，故称子。莒子：莒兹丕公。　⑪践土：在今河南原阳县西南。⑫陈侯：陈穆公。陈本附楚，楚败惧晋，故赴会，但未与盟。　⑬元咺：卫大夫。　⑭陈子：陈共公，公元前631—前614年在位。未卒丧，故称子。秦人：秦穆公。　⑮河阳：在今河南孟州西。　⑯围许：时诸侯均从晋，惟许从楚，故伐之。

【传】

二十八年春，晋侯将伐曹，假道于卫，卫人弗许。还①，自南河济②。侵曹伐卫。正月戊申，取五鹿③。

【注释】

①还：往回走。　②南河：即棘津、济津，在河南淇县南，延津县北，河道早湮。　③五鹿：卫地，在今河南濮阳市南。

二月，晋郤縠卒。原轸将中军，胥臣佐下军①，上德也②。

晋侯、齐侯盟于敛盂③。卫侯请盟，晋人弗许。卫侯欲与楚，国人不欲，故出其君以说于晋。卫侯出居于襄牛④。

【注释】

①胥臣：即司空季子，又名臼季。　②上：同“尚”。先轸以下军佐越级将中军，故曰上德。　③敛盂：卫地，在今河南濮阳市南。　④襄牛：卫地，在今河南睢县。

公子买戍卫，楚人救卫，不克。公惧于晋，杀子丛以说焉①。谓楚人曰："不卒戍也。"

【注释】

① 子丛：公子买字。

晋侯围曹，门焉①，多死，曹人尸诸城上②，晋侯患之，听舆人之谋曰："称舍于墓③。"师迁焉，曹人凶惧④，为其所得者棺而出之。因其凶也而攻之。三月丙午，入曹。数之⑤，以其不用僖负羁而乘轩者三百人也，且曰："献状⑥。"令无入僖负羁之宫而免其族，报施也。魏犨、颠颉怒曰："劳之不图⑦，报于何有！"爇僖负羁氏⑧。魏犨伤于胸，公欲杀之而爱其材，使问，且视之。病⑨，将杀之。魏犨束胸见使者曰："以君之灵，不有宁也⑩？"距跃三百⑪，曲踊三百⑫。乃舍之，杀颠颉以徇于师⑬，立舟之侨以为戎右⑭。

【注释】

① 门：攻打城门。　② 尸：陈尸。　③ 称：声言。舍于墓：意思是将发掘曹国的坟墓。　④ 凶惧：惊扰害怕。凶，通"汹"，惊扰不安。　⑤ 数：数说，列举其罪状而责问。　⑥ 献状：供认情况。　⑦ 劳：功劳。　⑧ 爇(ruò)：焚烧。　⑨ 病：伤势重。　⑩ 宁：安宁。　⑪ 距跃：朝上跳。三百：形容多次。　⑫ 曲踊：向前跳。　⑬ 徇：宣告。　⑭ 舟之侨：本虢大夫而投奔晋国者。

宋人使门尹般如晋师告急①。公曰："宋人告急，舍之则绝，告楚不许。我欲战矣，齐、秦未可，若之何？"先轸曰："使宋舍我而赂齐、秦，籍之告楚②。我执曹君而分曹、卫之田以赐宋人。楚爱曹、卫，必不许也。喜赂怒顽③，能无战乎？"公说，执曹伯，分曹、卫之田以畀宋人。

【注释】

① 门尹般：宋大夫，名般。　② 籍：凭借，依靠。　③ 顽：顽固。指楚国不肯解围。

楚子入居于申①，使申叔去谷②，使子玉去宋，曰："无从晋师③。

晋侯在外十九年矣,而果得晋国。险阻艰难,备尝之矣;民之情伪④,尽知之矣。天假之年,而除其害⑤。天之所置,其可废乎?《军志》曰:'允当则归。'又曰:'知难而退。'又曰:'有德不可敌。'此三志者⑥,晋之谓矣。"

【注释】

① 入:退回。 ② 去谷:撤离谷地。 ③ 从:追随。这里是周旋、交战之意。 ④ 情伪:真假。情:实。 ⑤ 害:指晋怀公、吕饴甥等人。⑥ 志:记载。

子玉使伯棼请战①,曰:"非敢必有功也,愿以间执谗慝之口②。"王怒,少与之师,唯西广、东宫与若敖之六卒实从之③。

【注释】

① 伯棼:即鬥椒,字子越,楚大夫。 ② 间执:堵塞。 ③ 西广:楚军分左右广,西广即右广。若敖:子玉为若敖氏,此指他本族军队。六卒:一卒为一百人。或谓一卒为兵车三十乘,然则六卒为一百八十乘,恐一族无此兵力,亦与"少与之师"不合。且前𫇭贾言子玉若将三百乘以上必败,可见三百乘非小数。下文晋全国之兵亦仅七百乘,每乘士卒七十五人,计五万多人。

子玉使宛春告于晋师曰①:"请复卫侯而封曹,臣亦释宋之围。"子犯曰:"子玉无礼哉!君取一,臣取二,不可失矣②。"先轸曰:"子与之③。定人之谓礼,楚一言而定三国,我一言而亡之。我则无礼,何以战乎?不许楚言,是弃宋也,救而弃之,谓诸侯何?楚有三施,我有三怨,怨仇已多,将何以战?不如私许复曹、卫以携之④,执宛春以怒楚,既战而后图之。"公说,乃拘宛春于卫,且私许复曹、卫。曹、卫告绝于楚⑤。

【注释】

① 宛春:楚大夫。 ② 不可失:不可失去战斗的时机。 ③ 与:答应。 ④ 携:离间。 ⑤ 告绝:宣布绝交。

子玉怒,从晋师①。晋师退。军吏曰:"以君辟臣,辱也。且楚师老矣,何故退?”子犯曰:“师直为壮[②],曲为老。岂在久乎?微楚之惠不及此[③],退三舍辟之,所以报也。背惠食言,以亢其仇[④],我曲楚直。其众素饱[⑤],不可谓老。我退而楚还,我将何求?若其不还,君退臣犯,曲在彼矣。”退三舍。楚众欲止,子玉不可。夏四月戊辰,晋侯、宋公、齐国归父、崔夭、秦小子慭次于城濮[⑥]。楚师背酅而舍[⑦],晋侯患之,听舆人之诵,曰:“原田每每[⑧],舍其旧而新是谋。”公疑焉[⑨]。子犯曰:“战也。战而捷,必得诸侯。若其不捷,表里山河[⑩],必无害也。”公曰:“若楚惠何?”栾贞子曰[⑪]:“汉阳诸姬[⑫],楚实尽之。思小惠而忘大耻,不如战也。”晋侯梦与楚子搏,楚子伏己而盬其脑[⑬],是以惧。子犯曰:“吉。我得天[⑭],楚伏其罪,吾且柔之矣[⑮]。”

【注释】

① 从晋师:撤离宋国来与晋军对垒。 ② 直:理直。壮:气壮。 ③ 微:没有。 ④ 亢:捍卫,庇护。 ⑤ 饱:指士气饱满。 ⑥ 国归父、崔夭:齐大夫。小子慭(yìn):秦穆公之子。 ⑦ 酅(xī):山陵险阻处。 ⑧ 原田:高而平的田。每每:茂盛的样子。士兵在此是以田地轮播为譬,希望建立新功。 ⑨ 疑:迟疑不决。 ⑩ 表里山河:外有河,内有山。指可以坚守,没有危害。山指太行山,河指黄河。 ⑪ 栾贞子:即栾枝。 ⑫ 汉阳:汉水以北。 ⑬ 盬(gǔ):吸。 ⑭ 得天:晋侯仰面,所以得天。 ⑮ 柔之:将他驯伏。脑髓是阴柔之物,楚王吸之,所以象征他被降服。

子玉使鬥勃请战[①],曰:“请与君之士戏,君冯轼而观之[②],得臣与寓目焉。”晋侯使栾枝对曰:“寡君闻命矣。楚君之惠未之敢忘,是以在此。为大夫退,其敢当君乎?既不获命矣[③],敢烦大夫谓二三子[④],戒尔车乘[⑤],敬尔君事[⑥],诘朝将见[⑦]。”

【注释】

① 鬥勃:楚大夫。 ② 冯轼:靠着车前横木。冯,同“凭”。 ③ 获命:获停战之命。 ④ 二三子:诸位。 ⑤ 戒:备。 ⑥ 敬:严肃、谨慎。君事:犹言国事。 ⑦ 诘朝(jié zhāo):明晨。

晋车七百乘,韅、靷、鞅、靽[①]。晋侯登有莘之虚以观师[②],曰:

"少长有礼,其可用也。"遂伐其木以益其兵③。己巳,晋师陈于莘北,胥臣以下军之佐当陈、蔡。子玉以若敖之六卒将中军,曰:"今日必无晋矣。"子西将左④,子上将右⑤。胥臣蒙马以虎皮,先犯陈、蔡⑥。陈、蔡奔,楚右师溃。狐毛设二旆而退之。栾枝使舆曳柴而伪遁,楚师驰之⑦。原轸、郤溱以中军公族横击之⑧。狐毛、狐偃以上军夹攻子西,楚左师溃。楚师败绩。子玉收其卒而止⑨,故不败⑩。

【注释】

① 韅(xiǎn)、靷(yǐn)、鞅、靽(bàn):战马的皮甲之类。背上的甲名韅,胸前的名靷,马颈之革叫鞅,絷马足之绳叫靽。　② 有莘之虚:古莘国废墟,当在今山东曹县西北。　③ 兵:兵器。　④ 子西:即司马鬥宜申。⑤ 子上:即鬥勃。　⑥ 犯:冲击。　⑦ 驰:急追。　⑧ 公族:晋公室子弟所组成的军队。　⑨ 收其卒:收兵。卒,指若敖六卒。　⑩ 不败:没有崩溃。

晋师三日馆谷①,及癸酉而还。甲午,至于衡雍②,作王宫于践土。

【注释】

① 馆谷:住其地,食楚军之粮。　② 衡雍:地在今河南原阳县西。

乡役之三月①,郑伯如楚致其师②,为楚师既败而惧,使子人九行成于晋③。晋栾枝入盟郑伯。五月丙午,晋侯及郑伯盟于衡雍。丁未,献楚俘于王,驷介百乘④,徒兵千。郑伯傅王⑤,用平礼也⑥。己酉,王享醴,命晋侯宥。王命尹氏及王子虎、内史叔兴父策命晋侯为侯伯⑦,赐之大辂之服⑧,戎辂之服⑨,彤弓一,彤矢百⑩,玈弓矢千⑪,秬鬯一卣⑫,虎贲三百人⑬。曰:"王谓叔父,敬服王命,以绥四国,纠逖王慝⑭。"晋侯三辞,从命。曰:"重耳敢再拜稽首⑮,奉扬天子之丕显休命⑯。"受策以出,出入三覲⑰。

【注释】

① 乡:过去的,之前。　② 致其师:派兵助楚。　③ 子人九:郑大

夫。 ④ 驷介:驷马而被甲者。 ⑤ 傅:相。 ⑥ 平礼:用周平王之于晋文侯仇的礼节。 ⑦ 策命:以策书命令。侯伯:诸侯之长。 ⑧ 大辂:天子所乘车。服:指相应的礼服。 ⑨ 戎辂:戎车,战车。 ⑩ 彤弓、彤矢:用红色涂饰的弓、矢。 ⑪ 玈弓矢:黑色涂饰的弓矢。从《尚书·文侯之命》"彤弓一,彤矢百,卢(玈)弓一、卢矢百"意来看,"玈弓矢千",玈弓当赐十把。 ⑫ 秬鬯(jù chàng):用黑黍加郁金草酿造的酒。卣(yǒu):中型酒尊,椭圆形,大腹。 ⑬ 虎贲:勇士。 ⑭ 纠逖:纠察惩治。 ⑮ 敢:表敬副词,无意。 ⑯ 丕:大。显:明。休命:赏赐与策命。 ⑰ 出入:前后。三觐:诸说不一。或云始至、享醴、离开三觐,或云献俘、享醴、受策三觐。

卫侯闻楚师败,惧,出奔楚,遂适陈,使元咺奉叔武以受盟。癸亥,王子虎盟诸侯于王庭,要言曰①:"皆奖王室②,无相害也。有渝此盟,明神殛之,俾队其师③,无克祚国④,及而玄孙,无有老幼。"君子谓是盟也信,谓晋于是役也能以德攻。

【注释】

① 要:约。 ② 奖:辅助。 ③ 队:同"坠",陨。 ④ 无克祚国:不能享有国家。

初,楚子玉自为琼弁玉缨①,未之服也。先战,梦河神谓己曰:"畀余,余赐女孟诸之麋②。"弗致也。大心与子西使荣黄谏③,弗听。荣季曰:"死而利国,犹或为之,况琼玉乎?是粪土也,而可以济师,将何爱焉?"弗听。出,告二子曰:"非神败令尹,令尹其不勤民④,实自败也。"既败,王使谓之曰:"大夫若入,其若申、息之老何⑤?"子西、孙伯曰⑥:"得臣将死,二臣止之曰:'君其将以为戮。'"及连谷而死⑦。晋侯闻之而后喜可知也,曰:"莫余毒也已!蒍吕臣实为令尹⑧,奉己而已⑨,不在民矣⑩。"

【注释】

① 琼弁:马冠,戴在马鬣毛前,弁饰以琼玉。玉缨:玉饰的马鞅。 ② 孟诸:宋国的薮泽,在今河南商丘市北。麋:同"湄",水草相交处。 ③ 大心:子玉之子。荣黄:即荣季,楚大夫。 ④ 不勤民:不以民事为重。 ⑤ 申、息

之子弟皆从子玉出征，死者众多，故云。老：父老。　⑥ 孙伯：即大心。⑦ 连谷：不详所在。子玉至连谷犹不闻赦，故自杀。　⑧ 蒍吕臣：即叔伯。⑨ 奉己：言其自守，无大志。　⑩ 不在民：不为人民考虑。

或诉元咺于卫侯曰①："立叔武矣。"其子角从公，公使杀之。咺不废命②，奉夷叔以入守③。六月，晋人复卫侯。宁武子与卫人盟于宛濮④，曰："天祸卫国，君臣不协，以及此忧也。今天诱其衷⑤，使皆降心以相从也⑥。不有居者，谁守社稷？不有行者，谁扞牧圉⑦？不协之故，用昭乞盟于尔大神以诱天衷。自今日以往，既盟之后，行者无保其力⑧，居者无惧其罪。有渝此盟，以相及也。明神先君，是纠是殛。"国人闻此盟也，而后不贰。卫侯先期入⑨，宁子先，长牂守门⑩，以为使也⑪，与之乘而入。公子歂犬、华仲前驱。叔武将沐，闻君至，喜，捉发走出⑫，前驱射而杀之。公知其无罪也，枕之股而哭之。歂犬走出，公使杀之。元咺出奔晋。

【注释】

① 诉：指造谣。　② 不废命：不废卫侯之命。　③ 夷叔：即叔武。夷为谥号。　④ 宁武子：名俞，卫大夫。宛濮：在今河南长垣县西南。⑤ 天诱其衷：当时俗语，即天心在我。　⑥ 降心：放弃成见。　⑦ 扞：保卫。牧圉：养牛马的人。　⑧ 保：恃。力：功劳。　⑨ 先期：在约定的日子以前。　⑩ 长牂：卫大夫。　⑪ 使：国君的使者。　⑫ 捉：握。

城濮之战，晋中军风于泽，亡大旆之左旃①。祁瞒奸命②，司马杀之，以徇于诸侯，使茅茷代之。师还。壬午，济河。舟之侨先归，士会摄右③。秋七月丙申，振旅④，恺以入于晋⑤。献俘授馘，饮至大赏⑥，征会讨贰。杀舟之侨以徇于国，民于是大服。君子谓："文公其能刑矣，三罪而民服⑦。《诗》云：'惠此中国，以绥四方⑧。'不失赏刑之谓也。"

【注释】

① 旃：旗旁长旒，用帛为之。　② 祁瞒：掌军马与旗章之官。奸命：犯军令。　③ 士会：士蒍之孙，成伯之子。先食邑随，后徙封范。又称士

季、随季、随武子、范武子等。 ④ 振旅:整顿军伍。 ⑤ 恺:唱凯歌。⑥ 饮至:诸侯外出归来,在宗庙中饮酒庆贺。 ⑦ 三罪:杀三罪人。指颠颉、祁瞒、舟之侨。 ⑧ 所引诗见《诗·大雅·民劳》。

冬,会于温,讨不服也①。

【注释】

① 不服:指卫、许两国。

卫侯与元咺讼,宁武子为辅①,鍼庄子为坐②,士荣为大士③。卫侯不胜。杀士荣,刖鍼庄子,谓宁俞忠而免之。执卫侯,归之于京师,置诸深室④。宁子职纳櫜饘焉⑤。元咺归于卫,立公子瑕。

【注释】

① 辅:辅相卫成公。 ② 坐:代替卫成公。因臣无与君对质之理,故令人代替。 ③ 大士:治狱之官,质正其事。 ④ 深室:另外设立的囚室。 ⑤ 櫜饘:供衣食。

是会也①,晋侯召王,以诸侯见,且使王狩。仲尼曰②:"以臣召君,不可以训③。"故书曰:"天王狩于河阳。"言非其地也,且明德也。

壬申,公朝于王所。

丁丑,诸侯围许。

【注释】

① 是会:温之会。 ② 仲尼:孔子。 ③ 训:法则。

晋侯有疾,曹伯之竖侯獳货筮史①,使曰以曹为解:"齐桓公为会而封异姓②,今君为会而灭同姓。曹叔振铎③,文之昭也。先君唐叔,武之穆也。且合诸侯而灭兄弟,非礼也。与卫偕命,而不与偕复,非信也。同罪异罚,非刑也。礼以行义,信以守礼,刑以正邪,舍此三者,君将若之何?"公说,复曹伯,遂会诸侯于许。

【注释】

① 货:贿赂。 ② 封异姓:齐桓公封邢、卫,于齐为异姓。 ③ 叔振铎:曹始封祖。

晋侯作三行以御狄[①]，荀林父将中行，屠击将右行，先蔑将左行。

【注释】

① 三行：犹三军。晋已有三军，于此时又设三军，古天子六军，以别于天子，故别称“行”。

僖公二十九年

【经】

二十有九年春[①]，介葛卢来[②]。

公自至围许。

夏六月，会王人、晋人、宋人、齐人、陈人、蔡人、秦人，盟于翟泉[③]。

秋，大雨雹。

冬，介葛卢来。

【注释】

① 二十有九年：公元前 631 年。　② 介葛卢：介，东夷小国，或谓在今山东胶州市。葛卢，介君之名。　③ 翟泉：一作狄泉，在今河南洛阳城外。

【传】

二十九年春，介葛卢来朝，舍于昌衍之上[①]。公在会[②]，馈之刍米[③]，礼也。

【注释】

① 昌衍：即昌平山，在今山东曲阜市东南。　② 在会：指会诸侯围许。　③ 刍米：干草粮食。

夏，公会王子虎、晋狐偃、宋公孙固、齐国归父、陈辕涛涂、秦小子慭，盟于翟泉，寻践土之盟，且谋伐郑也。卿不书[①]，罪之也。在礼，卿不会公、侯，会伯、子、男可也。

【注释】

① 卿：指狐偃等人。依例，卿参加盟会当记名。

秋，大雨雹，为灾也。

冬，介葛卢来，以未见公，故复来朝。礼之，加燕好[1]。介葛卢闻牛鸣，曰："是生三牺[2]，皆用之矣[3]，其音云。"问之而信[4]。

【注释】

① 燕：燕礼。好：上等财货。谓在设晏款待时赠送给他上等礼品。 ② 牺：宗庙所用贡品。 ③ 用：祭祀。 ④ 信：果然如此。

僖公三十年

【经】

三十年春[1]，王正月。

夏，狄侵齐。

秋，卫杀其大夫元咺及公子瑕。

卫侯郑归于卫[2]。

晋人、秦人围郑。

介人侵萧[3]。

冬，天王使周公来聘[4]。

公子遂如京师，遂如晋。

【注释】

① 三十年：公元前630年。 ② 卫侯：卫成公。 ③ 萧：宋邑，在今安徽萧县。 ④ 天王：周襄王。

【传】

三十年春，晋人侵郑，以观其可攻与否。狄间晋之有郑虞也[1]，夏，狄侵齐。

【注释】

① 间：乘隙，乘机。有郑虞：指防备郑国。

晋侯使医衍鸩卫侯[1]。宁俞货医[2]，使薄其鸩，不死。公为之请，纳玉于王与晋侯，皆十瑴[3]。王许之。秋，乃释卫侯。卫侯使赂周歂、冶廑，曰："苟能纳我，吾使尔为卿。"周、冶杀元咺及子适、子仪[4]。公入祀先君。周、冶既服将命[5]，周歂先入，及门，遇疾而死。冶廑辞卿[6]。

【注释】

① 鸩：毒药。　② 货：贿赂。　③ 瑴(jué)：玉一双。　④ 子适：即公子瑕，时为卫君。子仪：公子瑕之弟。　⑤ 既服将命：穿好礼服，准备接受卿命。　⑥ 冶廑见周歂暴死，心中害怕，所以不敢接受卿位。

九月甲午，晋侯、秦伯围郑[1]，以其无礼于晋，且贰于楚也[2]。晋军函陵[3]，秦军氾南[4]。佚之狐言于郑伯曰[5]："国危矣，若使烛之武见秦君，师必退。"公从之。辞曰："臣之壮也，犹不如人，今老矣，无能为也已。"公曰："吾不能早用子，今急而求子，是寡人之过也。然郑亡，子亦有不利焉。"许之。夜缒而出[6]，见秦伯，曰："秦、晋围郑，郑既知亡矣。若亡郑而有益于君，敢以烦执事。越国之鄙远，君知其难也，焉用亡郑以陪邻？邻之厚，君之薄也。若舍郑以为东道主，行李之往来[7]，共其乏困[8]，君亦无所害。且君尝为晋君赐矣，许君焦、瑕[9]，朝济而夕设版焉[10]，君之所知也。夫晋何厌之有？既东封郑[11]，又欲肆其西封[12]，若不阙秦[13]，将焉取之？阙秦以利晋，唯君图之。"秦伯说，与郑人盟，使杞子、逢孙、杨孙戍之，乃还。

【注释】

① 秦伯：秦穆公。　② 贰于楚：对晋贰而结好于楚。　③ 函陵：在今河南新郑市北。　④ 氾南：氾水之南，在今河南中牟县南，距函陵很近。⑤ 佚之狐：郑大夫。郑伯：郑文公。　⑥ 缒：用绳子缚在身上吊下城。⑦ 行李：使臣。　⑧ 共：同"供"。　⑨ 焦、瑕：在今河南陕县附近，晋惠公曾答应割给秦国。　⑩ 设版：即设防。古代修城以版为夹，中实土。⑪ 封：此指占有土地，扩张自己的领地。　⑫ 肆：任意。　⑬ 阙：同"缺"，亏损，损害。

子犯请击之,公曰:"不可。微夫人之力不及此①。因人之力而敝之②,不仁。失其所与③,不知④。以乱易整⑤,不武。吾其还也。"亦去之。

【注释】

① 夫人:那个人。指秦穆公。 ② 敝:失败,此指伤害。 ③ 与:友好。 ④ 知:同"智"。 ⑤ 乱:动乱,指关系破裂、互相攻战。整:互相友好和睦。

初,郑公子兰出奔晋,从于晋侯。伐郑,请无与围郑。许之,使待命于东①。郑石甲父、侯宣多逆以为大子②,以求成于晋,晋人许之。

【注释】

① 东:晋东部边界。 ② 石甲父:即石癸,郑大夫。侯宣多:郑大夫。

冬,王使周公阅来聘,飨有昌歜、白、黑、形盐①。辞曰:"国君,文足昭也②,武可畏也,则有备物之飨以象其德③。荐五味,羞嘉谷④,盐虎形,以献其功⑤。吾何以堪之?"

东门襄仲将聘于周⑥,遂初聘于晋⑦。

【注释】

① 昌歜(chán):用蒲根切制成的咸菜。白:熬稻。黑:熬黍。形盐:形似虎的盐。② 昭:显扬。 ③ 备物之飨以象其德:谓在宴请时备有象征德行的食物。 ④ 羞:进献。 ⑤ 献(yí):同"仪",象。 ⑥ 东门襄仲:公子遂。 ⑦ 初:春秋以来,鲁国第一次去晋聘问,故曰初。

僖公三十一年

【经】

三十有一年春①,取济西田②。

公子遂如晋。

夏四月,四卜郊不从③,乃免牲④,犹三望⑤。

秋七月。

冬，杞伯姬来求妇⑥。

狄围卫。十有二月，卫迁于帝丘⑦。

【注释】

① 三十有一年：公元前629年。　② 济西：济水之西。　③ 郊：于郊外祭祀天地。不从：不吉。　④ 免牲：免而不杀为郊祀所准备的牺牲。⑤ 望：望祭。鲁三望，郑玄以为望祭东海、泰山及淮水。　⑥ 求妇：杜注谓为其子成婚。　⑦ 帝丘：今河南濮阳市西南。

【传】

三十一年春，取济西田，分曹地也。使臧文仲往，宿于重馆①。重馆人告曰："晋新得诸侯，必亲其共②，不速行，将无及也。"从之。分曹地，自洮以南③，东傅于济④，尽曹地也。

襄仲如晋⑤，拜曹田也⑥。

【注释】

① 重馆：重地的候馆。重，在今山东鱼台县西。　② 共：同"恭"，指对自己恭顺的人。　③ 洮：在今山东鄄城县西南。　④ 傅：靠着。⑤ 襄仲：即公子遂。　⑥ 拜：拜谢。

夏四月，四卜郊，不从，乃免牲，非礼也。犹三望，亦非礼也。礼不卜常祀，而卜其牲、日①，牛卜日曰牲②。牲成而卜郊，上怠慢也③。望，郊之细也④。不郊，亦无望可也。

【注释】

① 卜其牲、日：卜问用此牛及牲献之日是否吉利。　② 牛卜日曰牲：占卜得到吉日，则牛改名称牲。　③ 怠慢：杜注谓怠于吉庆的典礼，慢渎龟策。　④ 细：细节。

秋，晋蒐于清原①，作五军以御狄②。赵衰为卿。

冬，狄围卫，卫迁于帝丘。卜曰三百年。卫成公梦康叔曰③："相夺予享④。"公命祀相。宁武子不可，曰："鬼神非其族类，不歆其祀。

杞、鄫何事[⑤]？相之不享于此，久矣，非卫之罪也，不可以间成王、周公之命祀[⑥]。请改祀命。”

郑泄驾恶公子瑕[⑦]，郑伯亦恶之[⑧]，故公子瑕出奔楚。

【注释】

① 清原：在今山西稷山县东南。 ② 五军：晋原有三军三行，此时废三行，立新军之上、下军。 ③ 康叔：周武王弟，封为卫君，为卫国的先祖。 ④ 相：夏后帝启之孙，帝仲康之子，居帝丘。 ⑤ 杞、鄫：二国皆夏代之后，宜祀之，今却不祀。 ⑥ 间：干、犯，违反。 ⑦ 泄驾：郑大夫。公子瑕：文公子。 ⑧ 郑伯：郑文公。

僖公三十二年

【经】

三十有二年春[①]，王正月。

夏四月己丑，郑伯捷卒[②]。

卫人侵狄。

秋，卫人及狄盟[③]。

冬十有二月己卯，晋侯重耳卒[④]。

【注释】

① 三十有二年：公元前628年。 ② 郑伯：郑文公。 ③ 卫人与狄盟，未言何地，杜注谓在狄人的庐帐内结盟。 ④ 晋侯：晋文公。

【传】

三十二年春，楚鬥章请平于晋，晋阳处父报之[①]。晋、楚始通。

夏，狄有乱。卫人侵狄，狄请平焉。秋，卫人及狄盟。

【注释】

① 报：回聘。

冬，晋文公卒。庚辰，将殡于曲沃[①]，出绛，柩有声如牛。卜偃使大夫拜，曰：“君命大事[②]。将有西师过轶我[③]，击之，必大捷焉。”

杞子自郑使告于秦，曰："郑人使我掌其北门之管④，若潜师以来，国可得也。"穆公访诸蹇叔⑤，蹇叔曰："劳师以袭远，非所闻也。师劳力竭，远主备之，无乃不可乎！师之所为，郑必知之。勤而无所⑥，必有悖心⑦。且行千里，其谁不知？"公辞焉⑧。召孟明、西乞、白乙⑨，使出师于东门之外。蹇叔哭之，曰："孟子，吾见师之出而不见其入也。"公使谓之曰："尔何知？中寿⑩，尔墓之木拱矣。"蹇叔之子与师，哭而送之，曰："晋人御师必于殽⑪。殽有二陵焉⑫：其南陵，夏后皋之墓也⑬；其北陵，文王之所辟风雨也。必死是间，余收尔骨焉。"秦师遂东。

【注释】

①殡：把灵柩埋葬进墓穴。　②大事：战争、祭祀等类事。　③轶：超越。　④管：钥匙。　⑤访：访问。这里有请教之意。蹇叔：秦老臣，曾为上大夫。　⑥勤而无所：辛苦一场而无所收获。　⑦悖：违逆，背叛。　⑧辞：不接受他的意见。　⑨孟明：百里孟明，名视，故又称孟明视。西乞：名术。白乙：名丙。三人为秦军统帅。　⑩中寿：一般指六七十岁。　⑪殽：崤山，在今河南洛宁县西北六十里，西接陕县，东接渑池。当时为晋要塞，从秦往郑必经此地。　⑫二陵：两座山陵，即东、西崤山。两山相距三十五里，山多险坡，路窄难行。　⑬夏后皋：夏帝皋。后：帝，天子。

僖公三十三年

【经】

三十有三年春①，王二月，秦人入滑。

齐侯使国归父来聘②。

夏四月辛巳，晋人及姜戎败秦师于殽③。

癸巳，葬晋文公。

狄侵齐。

公伐邾，取訾娄④。

秋，公子遂帅师伐邾。

晋人败狄于箕⑤。

冬十月，公如齐。十有二月，公自至齐。乙巳，公薨于小寝⑥。

陨霜不杀草⑦，李、梅实⑧。

晋人、陈人、郑人伐许。

【注释】

① 三十有三年：公元前627年。 ② 齐侯：齐昭公。 ③ 姜戎：姜姓之戎，居晋南。 ④ 訾娄：邾地。 ⑤ 箕：一说在今山西太谷县，一说在蒲县。 ⑥ 小寝：诸侯三寝室之一，即燕寝。 ⑦ 陨：降。 ⑧ 实：结实。

【传】

三十三年春，秦师过周北门①，左右免胄而下②。超乘者三百乘③。王孙满尚幼④，观之，言于王曰："秦师轻而无礼⑤，必败。轻则寡谋，无礼则脱⑥。入险而脱，又不能谋，能无败乎？"

【注释】

① 周北门：周都洛邑的北门。 ②左右：战车的御者左右执弓箭、戈盾的战士。免胄：脱去头盔。表示对周天子致敬。 ③ 超乘：跳跃着上车。这是轻浮无礼的动作。 ④ 王孙满：周大夫。 ⑤ 轻：轻浮，轻佻。无礼：依礼，兵车过周都应脱下盔甲，收起兵器。 ⑥ 脱：脱略，粗心。

及滑，郑商人弦高将市于周①，遇之。以乘韦先②，牛十二犒师，曰："寡君闻吾子将步师出于敝邑③，敢犒从者。不腆敝邑④，为从者之淹⑤，居则具一日之积⑥，行则备一夕之卫。"且使遽告于郑⑦。郑穆公使视客馆⑧，则束载、厉兵、秣马矣⑨。使皇武子辞焉，曰："吾子淹久于敝邑，唯是脯资饩牵竭矣⑩。为吾子之将行也，郑之有原圃⑪，犹秦之有具囿也⑫。吾子取其麋鹿以闲敝邑⑬，若何？"杞子奔齐，逢孙、杨孙奔宋。孟明曰："郑有备矣，不可冀也⑭。攻之不克，围之不继，吾其还也。"灭滑而还。

【注释】

① 市:买卖商品。　② 乘韦:四张熟牛皮。乘:四。先:古时送礼,先送薄礼,再送重礼。　③ 步师:行军。出于:经过。　④ 不腆:不丰厚。⑤ 淹:淹滞,耽搁。　⑥ 积:粮食。此指军需及生活用品。　⑦ 遽告:急忙报告。遽,驿车。古代传递紧急公文,每到驿站即换马,迅速奔驰。⑧ 客馆:宾馆。杞子等人住处。　⑨ 束载:捆束行李。厉兵:磨砺兵器。秣马:喂马。　⑩ 脯资饩牵:泛指食物。脯,干肉。资,粮食。饩,已杀的牲口。牵,未杀的牲口。　⑪ 原圃:郑畜养禽兽供打猎的场所,在今河南中牟县西北。　⑫ 具囿:秦畜养禽兽供打猎的场所,在今陕西凤翔县境。⑬ 闲:此指减轻负担。　⑭ 不可冀:指没有希望灭郑。

齐国庄子来聘①,自郊劳至于赠贿②,礼成而加之以敏③。臧文仲言于公曰:"国子为政,齐犹有礼,君其朝焉。臣闻之,服于有礼,社稷之卫也④。"

【注释】

① 国庄子:即国归父。　② 郊劳:使者至受聘者之郊,受聘国国君派卿朝服迎接,用束锦为礼,犒劳使者。赠贿:聘事结束,宾行,舍于郊外。国君又派卿赠以礼物。郊劳为聘礼开始,赠贿为结束。　③ 敏:审视,恰当。④ 卫:保障。

晋原轸曰①:"秦违蹇叔,而以贪勤民,天奉我也②。奉不可失,敌不可纵。纵敌患生,违天不祥。必伐秦师。"栾枝曰③:"未报秦施而伐其师,其为死君乎④?"先轸曰:"秦不哀吾丧而伐吾同姓⑤,秦则无礼,何施之为?吾闻之,一日纵敌,数世之患也。谋及子孙,可谓死君乎?"遂发命,遽兴姜戎⑥。子墨衰绖⑦,梁弘御戎,莱驹为右。夏四月辛巳,败秦师于殽,获百里孟明视、西乞术、白乙丙以归。遂墨以葬文公。晋于是始墨⑧。

【注释】

① 原轸:即先轸,封于原。② 奉:送。③ 栾枝:晋大夫,字枝子。④ 其为死君乎:死君,指晋文公,时在殡,故称。为:有。全句意为难道心目中还有死去的君王吗?　⑤ 同姓:指滑国,与晋皆姬姓。　⑥ 兴:聚

集，动员。 ⑦ 子：指文公子襄公驩，君死未葬，故称子。墨：染黑。衰绖：丧服。 ⑧ 始墨：开始以黑色为丧服。

文嬴请三帅①，曰："彼实构吾二君②，寡君若得而食之③，不厌，君何辱讨焉④！使归就戮于秦，以逞寡君之志，若何？"公许之。先轸朝，问秦囚。公曰："夫人请之，吾舍之矣⑤。"先轸怒曰："武夫力而拘诸原⑥，妇人暂而免诸国⑦。堕军实而长寇仇⑧，亡无日矣。"不顾而唾⑨。公使阳处父追之，及诸河，则在舟中矣。释左骖⑩，以公命赠孟明。孟明稽首曰："君之惠，不以累臣衅鼓⑪，使归就戮于秦，寡君之以为戮，死且不朽。若从君惠而免之，三年将拜君赐⑫。"

【注释】

① 文嬴：晋文公夫人。 ② 构：挑拨离间。指引起这场战争。 ③ 寡君：指秦穆公。文嬴是秦女，故称。 ④ 讨：此指惩罚。 ⑤ 舍之：放掉他们。 ⑥ 原：原野。此指战场。 ⑦ 暂：通"渐"，欺骗。免：赦免，放走。 ⑧ 堕：同"隳"，即"毁"，毁弃，丢掉。军实：战果。长：助长。 ⑨ 不顾：不回头，即当面。 ⑩ 骖：车驾在前两侧的马。 ⑪ 累臣：被囚系的臣子，指俘虏。衅鼓：以血涂在鼓上。古代新器如钟、鼓等造成，定要涂血以示隆重。 ⑫ 意谓三年后再来报仇。

秦伯素服郊次①，乡师而哭曰②："孤违蹇叔以辱二三子，孤之罪也。"不替孟明③，曰④："孤之过也，大夫何罪？且吾不以一眚掩大德⑤。"

【注释】

① 郊次：驻扎在郊外。 ② 乡：向。 ③ 替：废除。 ④ "曰"字，各本无，据王念孙引《文选·西征赋》注、《白帖》补。 ⑤ 眚(shěng)：目病生翳，此指小错。

狄侵齐，因晋丧也。

公伐邾，取訾娄，以报升陉之役①。邾人不设备。秋，襄仲复伐邾②。

【注释】

① 升陉之役：在僖公二十二年(前638)。 ② 襄仲：即公子遂。

狄伐晋,及箕。八月戊子,晋侯败狄于箕。郤缺获白狄子①。先轸曰:"匹夫逞志于君而无讨②,敢不自讨乎?"免胄入狄师,死焉。狄人归其元③,面如生。

【注释】

① 白狄子:白狄首领。白狄为狄之别种,居陕西。　② 逞志于君:对君王无礼,指唾襄公事。无讨:没受到惩罚。　③ 元:头。

初,臼季使过冀①,见冀缺耨②,其妻馌之③。敬,相待如宾。与之归,言诸文公曰:"敬,德之聚也。能敬必有德。德以治民,君请用之。臣闻之,出门如宾,承事如祭,仁之则也。"公曰:"其父有罪④,可乎?"对曰:"舜之罪也殛鲧⑤,其举也兴禹。管敬仲⑥,桓之贼也,实相以济。《康诰》曰⑦:'父不慈,子不祗⑧,兄不友,弟不共,不相及也。'《诗》曰:'采葑采菲,无以下体⑨。'君取节焉可也⑩。"文公以为下军大夫。反自箕,襄公以三命命先且居将中军⑪,以再命命先茅之县赏胥臣曰⑫:"举郤缺,子之功也。"以一命命郤缺为卿,复与之冀,亦未有军行⑬。

【注释】

① 臼季:即司空季子、胥臣,臼为食邑,季为字。冀:今山西河津市。原为国,僖公时为晋所灭。　② 冀缺:即郤缺。耨:除草。　③ 馌:送饭。④ 其父:郤缺父郤芮,为惠公党,僖公二十四年(前636)曾欲杀文公。⑤ 殛:流放。鲧:大禹的父亲。　⑥ 管敬仲:管仲。　⑦ 今《康诰》无此文。　⑧ 祗:敬。　⑨ 所引诗见《诗·邶风·谷风》。葑:蔓菁。菲:萝卜。无以下体:不要抛弃它的根。　⑩ 取节:使用他的长处。　⑪ 三命:命,按等级赐予臣下仪物、服饰,共分九等,以多为贵。公侯之卿三命,即三等。先且居:先轸子。　⑫ 先茅:晋大夫,时绝后。　⑬ 军行:在军中任职,晋军原分军与行,时全改为军。

冬,公如齐,朝,且吊有狄师也。反,薨于小寝①,即安也②。

晋、陈、郑伐许,讨其贰于楚也。

【注释】

① 小寝:为诸侯燕安之所。 ② 即安:贪图安适。凡有疾病,当移居路寝,鲁僖公未移,而住燕安的小寝,故云。

楚令尹子上侵陈、蔡①。陈、蔡成,遂伐郑,将纳公子瑕。门于桔柣之门②。瑕覆于周氏之汪③。外仆髡屯禽之以献④。文夫人敛而葬之郐城之下⑤。

【注释】

① 令尹子上:即鬥勃。 ② 门:攻打城门。桔柣之门:郑远郊之门。③ 覆:战车翻倒。汪:泥塘。 ④ 禽:同"擒",杜注谓杀死。传无明文,或是擒而郑穆公杀之,亦通。 ⑤ 文夫人:郑文公夫人。郐:本为国,妘姓,为郑桓公灭。地在今河南新密市。

晋阳处父侵蔡,楚子上救之,与晋师夹泜而军①。阳子患之,使谓子上曰:"吾闻之,文不犯顺②,武不违敌③。子若欲战,则吾退舍,子济而陈,迟速唯命,不然纾我④。老师费财⑤,亦无益也。"乃驾以待⑥。子上欲涉,大孙伯曰⑦:"不可。晋人无信,半涉而薄我⑧,悔败何及,不如纾之。"乃退舍。阳子宣言曰:"楚师遁矣。"遂归。楚师亦归。大子商臣谮子上曰:"受晋赂而辟之,楚之耻也,罪莫大焉。"王杀子上。

【注释】

① 泜(zhì):水名,在今河南叶县东北,今名沙河。 ② 文:不恃武力行政。顺:顺应,顺服。 ③ 违:避。 ④ 纾:纾缓。此句言不然的话,你退舍,让我渡河。 ⑤ 老:师久为老。 ⑥ 驾:驾好车马。 ⑦ 大孙伯:即成大心。 ⑧ 薄:同"迫",逼近。

葬僖公,缓作主①,非礼也。凡君薨,卒哭而祔②,祔而作主,特祀于主③,烝、尝、禘于庙④。

【注释】

① 主:神主。 ② 卒哭:终哭,葬后十四日终哭。祔:将新死者神主入于主庙。 ③ 特:单独。 ④ 烝、尝、禘:均为祭名。

卷八　　文公上

文公元年

【经】

元年春[①]，王正月，公即位。

二月癸亥，日有食之。

天王使叔服来会葬[②]。

夏四月丁巳，葬我君僖公。

天王使毛伯来锡公命[③]。

晋侯伐卫[④]。

叔孙得臣如京师[⑤]。

卫人伐晋。

秋，公孙敖会晋侯于戚[⑥]。

冬十月丁未，楚世子商臣弑其君頵。

公孙敖如齐。

【注释】

① 元年：公元前626年。　② 天王：周襄王。叔服：周内史。　③ 毛伯：周卿士，字卫。毛为国名，伯为爵位。　④ 晋侯：晋襄公。公元前627—前621年在位。　⑤ 叔孙得臣：即庄叔得臣，桓公之孙。　⑥ 公孙敖：庆父之子。戚：卫邑，在今河南濮阳市北。

【传】

元年春，王使内史叔服来会葬。公孙敖闻其能相人也，见其二子焉[①]。叔服曰："谷也食子[②]，难也收子[③]。谷也丰下[④]，必有后于鲁国。"

【注释】

① 见其二子:引二子出来相见。 ② 谷:文伯。食子:奉祭祀供养。 ③ 难:惠叔。收子:收葬。 ④ 丰下:颐颔丰满。

于是闰三月[1],非礼也。先王之正时也,履端于始[2],举正于中[3],归余于终[4]。履端于始,序则不愆。举正于中,民则不惑。归余于终,事则不悖。

夏四月丁巳,葬僖公。

王使毛伯卫来锡公命,叔孙得臣如周拜。

【注释】

① 据江永考证,该年无闰三月,左氏误记。 ② 履端于始:以冬至为开始。 ③ 举正于中:以正朔之月为中。或言按天象之正,分冬至、夏至、春分、秋分。 ④ 归余于终:置闰月于岁终。故此言闰三月非礼。

晋文公之季年,诸侯朝晋。卫成公不朝,使孔达侵郑,伐绵、訾[1],及匡[2]。晋襄公既祥[3],使告于诸侯而伐卫,及南阳。先且居曰:"效尤,祸也。请君朝王,臣从师。"晋侯朝王于温,先且居、胥臣伐卫。五月辛酉朔,晋师围戚。六月戊戌,取之,获孙昭子[4]。卫人使告于陈。陈共公曰:"更伐之,我辞之[5]。"卫孔达帅师伐晋。君子以为古[6]。古者越国而谋[7]。

秋,晋侯疆戚田,故公孙敖会之。

【注释】

① 绵:不详所在。訾:疑即訾娄。 ② 匡:在今河南长垣县西南。 ③ 祥:此指小祥,即父母丧周年后。 ④ 孙昭子:卫武公四世孙,戚为其采邑。 ⑤ 辞之:为之请和。 ⑥ 古:同"估",粗略。 ⑦ 越国而谋:让别的国家给自己谋划。

初,楚子将以商臣为大子[1],访诸令尹子上。子上曰:"君之齿未也,而又多爱[2],黜乃乱也。楚国之举[3],恒在少者。且是人也,蜂目而豺声,忍人也[4],不可立也。"弗听。

既又欲立王子职而黜大子商臣。商臣闻之而未察[5]，告其师潘崇曰："若之何而察之？"潘崇曰："享江芈而勿敬也[6]。"从之。江芈怒曰："呼，役夫[7]！宜君王之欲杀女而立职也。"告潘崇曰："信矣。"潘崇曰："能事诸乎[8]？"曰："不能。""能行乎？"曰："不能。""能行大事乎[9]？"曰："能。"

【注释】

① 楚子：楚成王。　② 爱：指内宠。　③ 举：指立国君。　④ 忍人：残忍的人。　⑤ 察：证实。　⑥ 江芈：楚成王的妹妹，嫁于江。⑦ 役夫：骂人的话，犹"奴才"。　⑧ 诸：指王子职。　⑨ 行大事：指举行政变，杀死成王。

冬十月，以宫甲围成王[1]。王请食熊蹯而死[2]，弗听。丁未，王缢。谥之曰灵，不瞑；曰成，乃瞑。穆王立，以其为大子之室与潘崇，使为大师，且掌环列之尹[3]。

【注释】

① 宫甲：太子宫中的武士。　② 熊蹯（fán）：熊掌。熊掌难熟，楚成王想借此拖延时间，等到救兵。　③ 为大子之室：做太子时的宫室。环列之尹：宫廷警卫官。

穆伯如齐[1]，始聘焉，礼也。凡君即位，卿出并聘[2]，践修旧好[3]，要结外援，好事邻国，以卫社稷，忠信卑让之道也。忠，德之正也；信，德之固也；卑让，德之基也。

【注释】

① 穆伯：即公孙敖。　② 并：遍，普遍。　③ 践：同"缵"，继。

殽之役，晋人既归秦帅，秦大夫及左右皆言于秦伯曰："是败也，孟明之罪也，必杀之。"秦伯曰："是孤之罪也。周芮良夫之诗曰[1]：'大风有隧[2]，贪人败类[3]。听言则对[4]，诵言如醉[5]。匪用其良，覆俾我悖[6]。'是贪故也，孤之谓矣。孤实贪以祸夫子，夫子何罪？"复使为政。

【注释】

① 芮良夫:周厉王时卿士。下引诗见《诗·大雅·桑柔》,为芮良夫讽刺厉王所作。 ② 有隧:风疾速的样子。 ③ 贪人:贪财犯法之人。类:良善。 ④ 听言:顺从的话。 ⑤ 诵言:劝谏的话。醉:假装喝醉。⑥ 覆俾我悖:反而说我与礼相背。

文公二年

【经】

二年春①,王二月甲子,晋侯及秦师战于彭衙②,秦师败绩。

丁丑,作僖公主。

三月乙巳,及晋处父盟。

夏六月,公孙敖会宋公、陈侯、郑伯、晋士縠③,盟于垂陇④。

自十有二月不雨,至于秋七月。

八月丁卯,大事于大庙⑤,跻僖公⑥。

冬,晋人、宋人、陈人、郑人伐秦。

公子遂如齐纳币⑦。

【注释】

① 二年:公元前625年。 ② 晋侯:晋襄公。彭衙:秦邑,在今陕西白水县东北。 ③ 宋公:宋成公,公元前636—前620年在位。陈侯:陈共公。郑伯:郑穆公,公元前627—前606年在位。 ④ 垂陇:郑地,在今河南荥阳市东北。 ⑤ 大事:祭祀之事。 ⑥ 跻僖公:升僖公。僖公与闵公为兄弟,此升僖公神主位于闵公之上。 ⑦ 纳币:送聘礼。币:帛。

【传】

二年春,秦孟明视帅师伐晋,以报殽之役。二月,晋侯御之。先且居将中军,赵衰佐之。王官无地御戎①,狐鞫居为右②。甲子,及秦师战于彭衙。秦师败绩。晋人谓秦"拜赐之师"③。

【注释】

① 王官无地:晋大夫。王官为采邑。 ② 狐鞫居:狐偃族人,食邑于

续,故又称续简伯、续鞫居。 ③ 拜赐之师:孟明回国时有“三年将拜君赐”语,故以此讽刺。

战于殽也,晋梁弘御戎,莱驹为右。战之明日,晋襄公缚秦囚,使莱驹以戈斩之。囚呼,莱驹失戈,狼瞫取戈以斩囚,禽之以从公乘①,遂以为右。箕之役,先轸黜之而立续简伯。狼瞫怒。其友曰:“盍死之?”瞫曰:“吾未获死所。”其友曰:“吾与女为难②。”瞫曰:“《周志》有之③:‘勇则害上④,不登于明堂⑤。’死而不义,非勇也。共用之谓勇⑥。吾以勇求右,无勇而黜,亦其所也⑦。谓上不我知⑧,黜而宜,乃知我矣。子姑待之。”及彭衙,既陈,以其属驰秦师,死焉。晋师从之,大败秦师。君子谓:“狼瞫于是乎君子。诗曰:‘君子如怒,乱庶遄沮⑨。’又曰:‘王赫斯怒,爰整其旅⑩。’怒不作乱,而以从师,可谓君子矣。”

【注释】

① 禽之:指擒莱驹。 ② 与女为难:与你一起发难。指杀死先轸。 ③ 周志:周书。此引语见今《逸周书·大匡篇》。 ④ 则:如果。 ⑤ 明堂:太庙行礼处。不登于明堂,谓死后不能入明堂配享。 ⑥ 共用:死于国用。 ⑦ 亦其所:恰当。如犯上是无勇,那么遭黜便为恰当。 ⑧ 上:指先轸。 ⑨ 所引诗见《诗·小雅·巧言》。遄:疾。沮:止。 ⑩ 所引诗见《诗·大雅·皇矣》。王:周文王。赫斯:即赫然,怒貌。爰:于是。旅:队伍。

秦伯犹用孟明。孟明增修国政,重施于民①。赵成子言于诸大夫曰②:“秦师又至,将必辟之③。惧而增德,不可当也。诗曰:‘毋念尔祖,聿修厥德④。’孟明念之矣。念德不怠,其可敌乎?”

【注释】

① 重施于民:给人民优厚的恩惠。 ② 赵成子:赵衰。 ③ 辟:同“避”。 ④ 所引诗见《诗·大雅·文王》,毋、聿都是语首助词。

丁丑,作僖公主,书,不时也。

晋人以公不朝来讨。公如晋。夏四月己巳,晋人使阳处父盟公以耻之。书曰:"及晋处父盟。"以厌之也①。适晋不书,讳之也。公未至②,六月,穆伯会诸侯及晋司空士縠盟于垂陇,晋讨卫故也。书士縠,堪其事也③。陈侯为卫请成于晋,执孔达以说④。

【注释】

① 厌:憎恶。 ② 未至:没回到鲁国。 ③ 堪:能胜任。 ④ 以说:以讨好晋国。说,同"悦"。

秋八月丁卯,大事于大庙,跻僖公,逆祀也①。于是夏父弗忌为宗伯②,尊僖公,且明见曰③:"吾见新鬼大,故鬼小。先大后小,顺也。跻圣贤④,明也。明、顺,礼也。"

【注释】

① 逆祀:不依顺序祭祀。 ② 于是:这时。夏父弗忌:鲁大夫。宗伯:掌礼之官。 ③ 明见:宣布他所见到的。 ④ 圣贤:此指僖公。

君子以为失礼。礼无不顺。祀,国之大事也,而逆之,可谓礼乎?子虽齐圣①,不先父食久矣②。故禹不先鲧③,汤不先契④,文、武不先不窋⑤。宋祖帝乙⑥,郑祖厉王⑦,犹上祖也⑧。是以《鲁颂》曰:"春秋匪解,享祀不忒,皇皇后帝,皇祖后稷⑨。"君子曰礼,谓其后稷亲而先帝也。《诗》曰:"问我诸姑,遂及伯姊⑩。"君子曰礼,谓其姊亲而先姑也。仲尼曰:"臧文仲,其不仁者三,不知者三。下展禽⑪,废六关⑫,妾织蒲⑬,三不仁也。作虚器⑭,纵逆祀,祀爰居⑮,三不知也。"

【注释】

① 齐圣:聪明圣哲。 ② 不先父食:子不先父食,譬喻后立之君之位不能在先立之君之上。 ③ 鲧:禹之父。 ④ 契:汤的十三世祖。 ⑤ 不窋:弃(后稷)之子,周武王十四世祖。 ⑥ 帝乙:微子父。宋始封于微子。 ⑦ 厉王:郑桓公父。郑始封于桓公。 ⑧ 上:同"尚"。 ⑨ 引诗见《诗·鲁颂·閟宫》。解:懈。忒:差误。皇皇后帝:上天。 ⑩ 所引诗见《诗·邶风·泉水》。姑:父之姊妹。伯姊:姐妹。 ⑪ 展禽:即柳下惠。下展禽,使展禽居下位。 ⑫ 废六关:杜注谓废弃塞关、阳关等六关,

“所以禁绝末游，而废之”。　⑬ 妾织蒲：妾织蒲席，言卖之而与民争利。⑭ 作虚器：指私蓄大蔡之龟，作室以居之。有其器而无其位，所以称“虚器”。⑮ 祀爰居：爰居为海鸟，曾止于鲁东门外三日，臧文仲令人祭之。

冬，晋先且居、宋公子成、陈辕选、郑公子归生伐秦[①]，取汪[②]，及彭衙而还，以报彭衙之役。卿不书[③]，为穆公故，尊秦也，谓之崇德。

【注释】

① 公子成：宋庄公之子。辕选：或云为辕涛涂之后。公子归生：字子家。或云郑灵公之弟。　② 汪：当近彭衙，在今陕西白水县附近。　③ 卿：上述各国主将皆各国之卿。卿伐人国，依例当书。

襄仲如齐纳币，礼也。凡君即位，好舅甥[①]，修昏姻，娶元妃以奉粢盛[②]，孝也。孝，礼之始也。

【注释】

① 好舅甥：通好舅甥之国。齐、鲁世为婚姻。　② 元妃：初配夫人。粢盛：祭祀。

文公三年

【经】

三年春[①]，王正月，叔孙得臣会晋人、宋人、陈人、卫人、郑人伐沈[②]。沈溃。

夏五月，王子虎卒[③]。

秦人伐晋。

秋，楚人围江[④]。

雨螽于宋[⑤]。

冬，公如晋。十有二月己巳，公及晋侯盟[⑥]。

晋阳处父帅师伐楚以救江。

【注释】

① 三年：公元前624年。　② 沈：国名，地在今安徽阜阳市西北。

③ 王子虎:周太宰,一称王叔文公。 ④ 江:国名,在今河南息县西南。 ⑤ 雨螽:杜注谓螽自上而坠,宋人因其死为得天祐,喜而来告。 ⑥ 晋侯:晋襄公。

【传】

三年春,庄叔会诸侯之师伐沈[①],以其服于楚也。沈溃。凡民逃其上曰溃,在上曰逃。

卫侯如陈,拜晋成也。

夏四月乙亥,王叔文公卒,来赴,吊如同盟[②],礼也。

【注释】

① 庄叔:庄为叔孙得臣之谥,叔为字。 ② 吊如同盟:王子虎为周卿士,此以同盟诸侯礼吊之。故云吊如同盟。

秦伯伐晋,济河焚舟[①],取王官[②],及郊。晋人不出,遂自茅津济[③],封殽尸而还[④]。遂霸西戎,用孟明也。

君子是以知秦穆公之为君也,举人之周也,与人之壹也[⑤];孟明之臣也,其不解也[⑥],能惧思也;子桑之忠也[⑦],其知人也,能举善也。《诗》曰“于以采蘩,于沼于沚,于以用之,公侯之事”[⑧],秦穆有焉。“夙夜匪解,以事一人”[⑨],孟明有焉。“诒厥孙谋,以燕翼子”[⑩],子桑有焉。

【注释】

① 济河焚舟:表示拼死作战的决心。 ② 王官:在今山西闻喜县西。 ③ 茅津:在今山西平陆县。 ④ 封:堆土作坟,树立标记。 ⑤ 壹:专一。 ⑥ 解:同“懈”。 ⑦ 子桑:公孙枝。孟明及其父百里奚皆公孙枝所举荐。 ⑧ 所引诗见《诗·召南·采蘩》。蘩(fán):白蒿。沼:水池。沚:水中小洲。 ⑨ 所引诗见《诗·大雅·烝民》。夙夜:早晚。 ⑩ 所引诗见《诗·大雅·文王有声》。诒:遗留。厥:其。燕:安乐。翼:辅助。

秋,雨螽于宋,队而死也[①]。

楚师围江。晋先仆伐楚以救江。冬,晋以江故告于周。王叔桓公、晋阳处父伐楚以救江[2]，门于方城，遇息公子朱而还[3]。

【注释】

① 队：同“坠”。　② 王叔桓公：王叔文公之子，周卿士。　③ 门于方城：攻打方城的城门。息公子朱：息公，楚国息县之尹。子朱，名。杜注云是役子朱为帅，子朱还，故晋师亦还。

晋人惧其无礼于公也[1]，请改盟。公如晋，及晋侯盟。晋侯飨公，赋《菁菁者莪》[2]。庄叔以公降[3]，拜，曰：“小国受命于大国，敢不慎仪？君贶之以大礼[4]，何乐如之？抑小国之乐，大国之惠也。”晋侯降，辞，登，成拜。公赋《嘉乐》[5]。

【注释】

① 无礼于公：指去年使阳处父与文公结盟以辱之事。　②《菁菁者莪》：《诗·小雅》篇名，杜注谓取其中“既见君子，乐且有仪”句。　③ 以：示意。　④ 大礼：指飨礼。　⑤《嘉乐》：《诗·大雅》篇名，杜注谓取其中“显显令德，宜民宜人，受禄于天”句。

文公四年

【经】

四年春[1]，公至自晋。

夏，逆妇姜于齐。

狄侵齐。

秋，楚人灭江。

晋侯伐秦[2]。

卫侯使宁俞来聘[3]。

冬十有一月壬寅，夫人风氏薨[4]。

【注释】

① 四年：公元前623年。　② 晋侯：晋襄公。　③ 卫侯：卫成公。　④ 风氏：僖公母。

【传】

四年春,晋人归孔达于卫,以为卫之良也,故免之。

夏,卫侯如晋拜。曹伯如晋[①],会正[②]。

逆妇姜于齐,卿不行,非礼也。君子是以知出姜之不允于鲁也[③]。曰:"贵聘而贱逆之[④],君而卑之[⑤],立而废之[⑥],弃信而坏其主[⑦],在国必乱,在家必亡。不允宜哉[⑧]!《诗》曰:'畏天之威,于时保之[⑨]。'敬主之谓也。"

【注释】

① 曹伯:曹共公。 ② 会正:会商纳贡赋之政。 ③ 出姜:即文公此次所娶齐女。允:终。 ④ 贵聘:公子遂纳聘礼,故谓贵聘。 ⑤ 君:即小君,国君夫人。不以卿迎,故云卑之。 ⑥ 立而废之:立为夫人,又不以礼相迎,等于废之。 ⑦ 主:内主,即夫人。 ⑧ 不允宜哉:意为没有好结果是很正常的。 ⑨ 所引诗见《诗·周颂·我将》。于时:于是。保之:保国家。

秋,晋侯伐秦,围邧、新城[①],以报王官之役[②]。

楚人灭江,秦伯为之降服、出次、不举[③],过数[④]。大夫谏,公曰:"同盟灭,虽不能救,敢不矜乎[⑤]!吾自惧也。"君子曰:"《诗》云:'惟彼二国,其政不获。惟此四国,爰究爰度[⑥]。'其秦穆之谓矣。"

【注释】

① 邧(yuán):在今陕西澄城县南。新城:在今陕西澄城县东北。 ② 王官之役:见文公三年(前624)传。 ③ 降服:素服。出次:避开正寝不居。不举:去盛馔而撤乐。 ④ 过数:谓超过礼数。 ⑤ 矜:哀怜,哀悼。 ⑥ 所引诗见《诗·大雅·皇矣》。二国:指夏、商两朝末期。不获:不得人心。四国:四方诸侯国。究、度:谋求安宁。

卫宁武子来聘,公与之宴,为赋《湛露》及《彤弓》[①]。不辞,又不答赋。使行人私焉[②]。对曰:"臣以为肄业及之也[③]。昔诸侯朝正于王[④],王宴乐之,于是乎赋《湛露》,则天子当阳[⑤],诸侯用命也。诸侯敌王所忾而献其功[⑥],王于是乎赐之彤弓一[⑦],彤矢百,玈弓矢千[⑧],

以觉报宴⑨。今陪臣来继旧好，君辱贶之，其敢干大礼以自取戾⑩？”

冬，成风薨。

【注释】

①《湛露》及《彤弓》：均为《诗·小雅》篇名。《湛露》为周王宴诸侯的诗，《彤弓》为周王宴赏有功诸侯的诗。鲁文公赋之，皆不合于礼，所以宁俞不辞不答。　②行人：外交人员。私：私下探问。　③肄业：练习。这是宁俞佯为不知，以为托词。　④朝正：正月朝贺。　⑤当阳：天子南面，向明而治。　⑥忾：恨怒。　⑦彤：红色。　⑧玈：黑色。　⑨觉：明，明彰。以觉报宴：用来彰显他们的功劳和庆功的宴会。　⑩干：犯。戾：罪。

文公五年

【经】

五年春①，王正月，王使荣叔归含②，且赗③。

三月辛亥，葬我小君成风。王使召伯来会葬④。

夏，公孙敖如晋。

秦人入鄀⑤。

秋，楚人灭六⑥。

冬十月甲申，许男业卒⑦。

【注释】

①五年：公元前622年。　②王：周襄王。荣叔：周大夫。含：死者口中所含珠玉。　③赗：以车马束帛助丧。　④召伯：召昭公，周卿。⑤鄀(ruò)：国名，时都商密，即今河南淅川县丹水古城。后迁河南内乡县。⑥六：国名，地在今安徽六安市北。　⑦许男：许僖公。

【传】

五年春，王使荣叔来含且赗①，召昭公来会葬，礼也。

初，鄀叛楚即秦，又贰于楚。夏，秦人入鄀。

【注释】

①来含：一作“来归含”，与经一致。含且赗，天子对诸侯及夫人葬事之

礼节。

六人叛楚即东夷。秋，楚成大心、仲归帅师灭六[1]。冬，楚子燮灭蓼[2]。臧文仲闻六与蓼灭，曰："皋陶、庭坚不祀忽诸[3]。德之不建，民之无援，哀哉！"

【注释】

① 仲归：即子家。 ② 蓼：国名，庭坚之后，地在今河南固始县。 ③ 皋陶：六为皋陶之后。忽诸：忽焉，一转眼。

晋阳处父聘于卫，反过宁[1]。宁嬴从之[2]，及温而还[3]。其妻问之。嬴曰："以刚[4]。《商书》曰：'沉渐刚克，高明柔克[5]。'夫子壹之[6]，其不没乎[7]。天为刚德，犹不干时[8]，况在人乎？且华而不实[9]，怨之所聚也。犯而聚怨[10]，不可以定身。余惧不获其利而离其难[11]，是以去之。"

晋赵成子、栾贞子、霍伯、臼季皆卒[12]。

【注释】

① 反：同"返"。宁：晋邑，在今河南获嘉县西北。 ② 宁嬴：掌逆旅的大夫。 ③ 温：温山，在今河南修武县北。 ④ 以：太。 ⑤ 所引《商书》见《尚书·洪范》。沉渐：即沉潜，指柔和不外露。克：克服。高明：性格高爽明朗。 ⑥ 壹之：得其一，言刚而高明。 ⑦ 不没：得不到善终。 ⑧ 不干时：不干犯四时顺序。 ⑨ 华而不实：开花而不结果，喻言过其行。 ⑩ 犯：指刚强便侵犯人。 ⑪ 离：同"罹"，遭受。 ⑫ 赵成子：赵衰。栾贞子：栾枝。霍伯：先且居。臼季：胥臣。

文公六年

【经】

六年春[1]，葬许僖公。

夏，季孙行父如陈[2]。

秋，季孙行父如晋。

八月乙亥，晋侯骧卒③。

冬十月，公子遂如晋，葬晋襄公。

晋杀其大夫阳处父。

晋狐射姑出奔狄④。

闰月，不告月⑤，犹朝于庙。

【注释】

① 六年：公元前621年。　② 季孙行父：季友孙。　③ 晋侯：晋襄公。　④ 狐射姑：晋大夫，狐偃子，食邑于贾，字季，故一称贾季。　⑤ 告月：即告朔，每月以朔日告神，用特羊祭，祭后听朝（即听朔），然后祭于诸庙，谓朝庙。

【传】

六年春，晋蒐于夷①，舍二军②。使狐射姑将中军，赵盾佐之③。阳处父至自温，改蒐于董④，易中军。阳子，成季之属也⑤，故党于赵氏，且谓赵盾能，曰："使能，国之利也。"是以上之。宣子于是乎始为国政⑥，制事典⑦，正法罪⑧，辟狱刑⑨，董逋逃⑩，由质要⑪，治旧洿⑫，本秩礼⑬，续常职⑭，出滞淹⑮。既成，以授大傅阳子与大师贾佗⑯，使行诸晋国，以为常法。

【注释】

① 夷：周采地。　② 舍二军：僖公三十一年（前629），晋作五军，今裁减二军，恢复三军。　③ 赵盾：赵衰子。　④ 董：在今山西万荣县。一说在闻喜县东北。　⑤ 成季：赵衰谥号。　⑥ 宣子：赵盾。宣为谥号。　⑦ 事典：办事的章程规则。　⑧ 正法罪：根据罪之大小设定刑罚，即刑法律令。　⑨ 辟狱刑：清理狱囚、积案。辟，理。　⑩ 董逋逃：督促追捕逃犯。董：督。　⑪ 由：用。质：契约。要：账目。　⑫ 洿（wū）：污秽，指不便于民、不利于国的弊政。　⑬ 本秩礼：纠正、明确贵贱等级。　⑭ 续常职：有废阙的官，任贤使能，使恢复正常。　⑮ 出滞淹：荐举沉沦的贤能，授以官职。　⑯ 阳子：即阳处父。贾佗：晋卿，从晋文公出亡群臣之一。

臧文仲以陈、卫之睦也，欲求好于陈。夏，季文子聘于陈，且娶焉。

秦伯任好卒[①],以子车氏之三子奄息、仲行、鍼虎为殉,皆秦之良也。国人哀之,为之赋《黄鸟》[②]。君子曰:“秦穆之不为盟主也宜哉!死而弃民[③]。先王违世[④],犹诒之法,而况夺之善人乎!《诗》曰:‘人之云亡,邦国殄瘁[⑤]。’无善人之谓。若之何夺之?”

【注释】

① 秦伯:秦穆公。 ②《黄鸟》:见《诗·秦风》。 ③ 弃民:对人民不利。 ④ 违世:离世,去世。 ⑤ 所引诗见《诗·大雅·瞻卬》。殄瘁:病。

古之王者知命之不长[①],是以并建圣哲[②],树之风声[③],分之采物[④],著之话言[⑤],为之律度,陈之艺极[⑥],引之表仪[⑦],予之法制,告之训典[⑧],教之防利[⑨],委之常秩,道之礼则[⑩],使无失其土宜[⑪],众隶赖之,而后即命[⑫]。圣王同之[⑬]。今纵无法以遗后嗣,而又收其良以死,难以在上矣。君子是以知秦之不复东征也。

【注释】

① 知命之不长:知道自己不可能长生不老,总有一天会死去。 ② 并:普遍。圣哲:贤能的人。 ③ 风声:风化声教。 ④ 分之采物:分别按品级给予服饰。 ⑤ 著:写在竹帛上。话言:善言。 ⑥ 艺极:准则。 ⑦ 表仪:表率。 ⑧ 训典:先王之书。 ⑨ 防利:限止不正当得利。 ⑩ 道:同“导”,教导。 ⑪ 土宜:因地制宜。 ⑫ 即命:离开世上。 ⑬ 圣王同之:圣人与古之王同。

秋,季文子将聘于晋,使求遭丧之礼以行[①]。其人曰:“将焉用之?”文子曰:“备豫不虞,古之善教也。求而无之,实难。过求何害?”

【注释】

① 遭丧之礼:遇到丧事所应备的应用物品。据《仪礼》,分为五等。按季孙行父因闻晋侯疾,故有此举。

八月乙亥,晋襄公卒。灵公少,晋人以难故[①],欲立长君。赵孟曰[②]:“立公子雍。好善而长,先君爱之[③],且近于秦。秦,旧好也。置善则固,事长则顺,立爱则孝,结旧则安。为难故,故欲立长君，有此四德者，难必抒矣。”贾季曰：“不如立公子乐。辰嬴嬖于二君[4]，立其子，民必安之。”赵孟曰：“辰嬴贱，班在九人[5]，其子何震之有[6]？且为二嬖[7]，淫也。为先君子，不能求大而出在小国，辟也[8]。母淫子辟，无威。陈小而远[9]，无援，将何安焉？杜祁以君故[10]，让偪姞而上之，以狄故[11]，让季隗而已次之，故班在四。先君是以爱其子而仕诸秦，为亚卿焉。秦大而近，足以为援，母义子爱，足以威民，立之不亦可乎？”使先蔑、士会如秦，逆公子雍。贾季亦使召公子乐于陈，赵孟使杀诸郫[12]。贾季怨阳子之易其班也[13]，而知其无援于晋也，九月，贾季使续鞫居杀阳处父。书曰：“晋杀其大夫。”侵官也[14]。

【注释】

① 难：患难。晋时有何难，史无记载。　② 赵孟：即赵盾。　③ 先君：指晋文公。　④ 辰嬴：即晋怀公之妻怀嬴，后嫁文公。　⑤ 班：位次。　⑥ 震：威。　⑦ 二嬖：为二君所宠。　⑧ 辟：同“僻”，卑陋。⑨ 陈小而远：公子乐时在陈国。　⑩ 杜祁：公子雍之母。君：指晋襄公，为偪姞之子。　⑪ 以狄故：狄为晋之强邻。　⑫ 郫：晋邑，在今河南济源县西。　⑬ 易其班：撤换他中军元帅的职务。　⑭ 侵官：逾越了职权。君王已命帅，阳处父改命他人，所以说他“侵官”。

冬十月，襄仲如晋，葬襄公。

十一月丙寅，晋杀续简伯[1]。贾季奔狄。宣子使臾骈送其帑[2]。夷之蒐，贾季戮臾骈[3]，臾骈之人欲尽杀贾氏以报焉。臾骈曰：“不可。吾闻前志有之曰‘敌惠敌怨，不在后嗣’[4]，忠之道也。夫子礼于贾季，我以其宠报私怨，无乃不可乎？介人之宠[5]，非勇也。损怨益仇[6]，非知也。以私害公，非忠也。释此三者[7]，何以事夫子？”尽具其帑，与其器用财贿，亲帅扞之[8]，送致诸竟[9]。

【注释】

① 续简伯：即续鞫居。　② 帑：同“孥”，妻子。　③ 戮：同“辱”。④ 前志：当指以前的志书。敌惠敌怨：对人有恩惠，与对人有仇怨。　⑤ 介：因。　⑥ 损怨：减少我之怨气。此句意为杀贾季以减少我的怨气，宣子将复

怨己，是增加仇恨。 ⑦ 释：舍弃。 ⑧ 扞：保卫。 ⑨ 竟：同“境”。

闰月不告朔，非礼也。闰以正时①，时以作事②，事以厚生③，生民之道，于是乎在矣。不告闰朔，弃时政也，何以为民④？

【注释】

① 正时：古人置闰于岁末，弥补差数，校正四时。 ② 作事：安排农事。 ③ 厚生：使生活富足。 ④ 为民：治民。

文公七年

【经】

七年春①，公伐邾。

三月甲戌，取须句②。遂城郚③。

夏四月，宋公王臣卒④。

宋人杀其大夫。

戊子，晋人及秦人战于令狐⑤。

晋先蔑奔秦。

狄侵我西鄙。

秋八月，公会诸侯、晋大夫，盟于扈⑥。

冬，徐伐莒。

公孙敖如莒莅盟。

【注释】

① 七年：公元前620年。 ② 须句：国名，在今山东东平。 ③ 郚(wú)：鲁邑，当在今山东泗水县东南。 ④ 宋公：宋成公。 ⑤ 令狐：晋地，在今山西临猗。 ⑥ 扈：郑地，在今河南原阳县西。

【传】

七年春，公伐邾，间晋难也①。三月甲戌，取须句，置文公子焉②，非礼也③。

夏四月，宋成公卒。于是公子成为右师④，公孙友为左师⑤，乐豫为司马⑥，鳞矔为司徒⑦，公子荡为司城⑧，华御事为司寇⑨。

【注释】

① 间(jiàn)：乘机。　② 文公子：郑文公之子。　③ 非礼：灭人国而以其君之子为守，故为无礼。　④ 公子成：宋庄公之子。　⑤ 公孙友：公子目夷之子。　⑥ 乐豫：戴公玄孙。　⑦ 鳞矔：桓公之孙。　⑧ 公子荡：桓公子。司城：即司空。　⑨ 华御事：华督之孙。

昭公将去群公子①，乐豫曰："不可。公族，公室之枝叶也，若去之则本根无所庇荫矣。葛藟犹能庇其本根②，故君子以为比③，况国君乎？此谚所谓'庇焉而纵寻斧焉'者也④，必不可，君其图之。亲之以德，皆股肱也，谁敢携贰⑤？若之何去之？"不听。

【注释】

① 昭公：宋成公少子，名杵臼。公元前619—前611年在位。成公卒，成公弟御杀太子及大司马公孙固自立，宋人共杀御而立昭公。事见《史记·宋世家》，与《左传》记事不合。　② 葛藟(lěi)：蔓草，一名巨荒，浆果可食。③ 君子以为比：《诗·王风·葛藟》有"绵绵葛藟，在河之浒。终远兄弟，谓他人父"云云，序说是王族刺平王弃其九族。又，《诗·周南·樛木》有"南有樛木，葛藟累之"句。　④ 庇焉而纵寻斧：意为树荫遮盖庇护你，你却对它任意用斧砍。　⑤ 携贰：怀有二心。

穆、襄之族率国人以攻公，杀公孙固、公孙郑于公宫。六卿和公室，乐豫舍司马以让公子卬①，昭公即位而葬。书曰："宋人杀其大夫。"不称名，众也，且言非其罪也。

【注释】

① 公子卬：昭公之弟。

秦康公送公子雍于晋，曰："文公之入也无卫，故有吕、郤之难①。"乃多与之徒卫②。穆嬴日抱大子以啼于朝③，曰："先君何罪？其嗣亦何罪？舍適嗣不立而外求君④，将焉置此？"出朝，则抱以适赵氏，顿首于宣子曰："先君奉此子也而属诸子，曰：'此子也才,吾受子之赐;不才,吾唯子之怨。'今君虽终,言犹在耳,而弃之,若何?"宣子与诸大夫皆患穆嬴,且畏偪⑤,乃背先蔑而立灵公⑥,以御秦师。

【注释】

① 吕、郤之难:吕饴甥、郤芮之难,见僖公二十四年(前636)。 ② 徒卫:步兵护卫。 ③ 穆嬴:晋襄公夫人,灵公母。 ④ 適:同"嫡"。⑤ 畏偪:畏国人以大义相逼。或云恐其宗与大夫相逼。 ⑥ 背先蔑:背弃先蔑。先蔑出迎公子雍为君,时已还朝。此言背先蔑,即背公子雍。

箕郑居守①。赵盾将中军,先克佐之②。荀林父佐上军。先蔑将下军,先都佐之。步招御戎,戎津为右。及堇阴③,宣子曰:"我若受秦④,秦则宾也;不受,寇也。既不受矣,而复缓师⑤,秦将生心⑥。先人有夺人之心,军之善谋也。逐寇如追逃,军之善政也。"训卒利兵,秣马蓐食⑦,潜师夜起。戊子,败秦师于令狐,至于刳首⑧。己丑,先蔑奔秦,士会从之。

【注释】

① 箕郑:时为上军元帅,因令其留守,故荀林父独自领上军。 ② 先克:先且居之子。 ③ 堇阴:晋地,在今山西临猗县东。 ④ 受:接受。指接受公子雍。 ⑤ 缓师:滞留秦军。 ⑥ 生心:指生怀疑之心。⑦ 蓐:厚。蓐食,即饱餐。 ⑧ 刳首:在临猗县西。

先蔑之使也,荀林父止之,曰:"夫人、大子犹在,而外求君,此必不行。子以疾辞,若何?不然将及。摄卿以往可也①,何必子?同官为寮,吾尝同寮,敢不尽心乎!"弗听,为赋《板》之三章②,又弗听。及亡,荀伯尽送其帑及其器用财贿于秦,曰:"为同寮故也。"

【注释】

① 摄卿:以大夫代卿。 ②《板》:《诗·大雅》篇名。其第三章云:"我虽异事,及尔同寮。我即尔谋,听我嚣嚣。我言维服,勿以为笑。先民有言,询于刍荛。"荀林父赋之,取其中同寮为他人谋划,应当听从之意。

士会在秦三年，不见士伯[①]。其人曰[②]："能亡人于国[③]，不能见于此，焉用之？"士季曰："吾与之同罪，非义之也，将何见焉？"及归[④]，遂不见。

【注释】

① 士伯：即先蔑。　② 其人：士会的从人。　③ 亡人于国：言俱逃亡出晋国。　④ 及归：一直到回国。

狄侵我西鄙，公使告于晋。赵宣子使因贾季问酆舒[①]，且让之[②]。酆舒问于贾季曰："赵衰、赵盾孰贤？"对曰："赵衰，冬日之日也。赵盾，夏日之日也。"

【注释】

① 酆舒：狄人的执政官。　② 让：责备。

秋八月，齐侯、宋公、卫侯、郑伯、许男、曹伯会晋赵盾盟于扈[①]，晋侯立故也。公后至，故不书所会。凡会诸侯，不书所会，后也。后至，不书其国，辟不敏也[②]。

【注释】

① 齐侯：齐昭公。宋公：宋昭公。卫侯：卫成公。郑伯：郑穆公。许男：许昭公。曹伯：曹共公。　② 辟不敏：避免出差错。因后至，不知诸侯位次。

穆伯娶于莒[①]，曰戴己，生文伯，其娣声己生惠叔。戴己卒，又聘于莒，莒人以声己辞[②]，则为襄仲聘焉[③]。冬，徐伐莒。莒人来请盟。穆伯如莒莅盟，且为仲逆。及鄢陵[④]，登城见之，美，自为娶之。仲请攻之，公将许之。叔仲惠伯谏曰[⑤]："臣闻之，兵作于内为乱，于外为寇，寇犹及人[⑥]，乱自及也。今臣作乱而君不禁，以启寇仇，若之何？"公止之，惠伯成之[⑦]。使仲舍之，公孙敖反之[⑧]，复为兄弟如初。从之。

【注释】

① 穆伯：即公孙敖。　② 以声己辞：言声己当继戴己为正室，不必另

聘。　③ 襄仲：即公子遂，公孙敖的从父昆弟。　④ 鄢陵：在今山东临沭县。　⑤ 叔仲惠伯：鲁桓公子僖叔牙的孙子。　⑥ 及人：伤及外人。与敌寇作战，双方都有伤亡，故云及人。　⑦ 成之：和解之。　⑧ 反：送回。指把莒女送回莒国。

晋郤缺言于赵宣子曰："日卫不睦[1]，故取其地，今已睦矣，可以归之。叛而不讨，何以示威？服而不柔[2]，何以示怀？非威非怀，何以示德？无德，何以主盟？子为正卿，以主诸侯，而不务德，将若之何？《夏书》曰[3]：'戒之用休[4]，董之用威[5]，劝之以《九歌》，勿使坏。'九功之德皆可歌也，谓之九歌。六府、三事，谓之九功。水、火、金、木、土、谷，谓之六府。正德、利用、厚生，谓之三事。义而行之，谓之德、礼。无礼不乐[6]，所由叛也[7]。若吾子之德莫可歌也，其谁来之[8]？盍使睦者歌吾子乎？"宣子说之。

【注释】

① 日：往日。　② 柔：怀柔。　③ 古文《尚书》将以下文及郤缺语采入《大禹谟》。　④ 休：美，喜庆。　⑤ 董：督。　⑥ 不乐：没有可歌颂的。　⑦ 所由叛：叛乱由此产生。　⑧ 来：归附。

文公八年

【经】

八年春[1]，王正月。

夏四月。

秋八月戊申，天王崩[2]。

冬十月壬午，公子遂会晋赵盾，盟于衡雍[3]。

乙酉，公子遂会雒戎[4]，盟于暴[5]。

公孙敖如京师，不至而复。丙戌，奔莒。

螽[6]。

宋人杀其大夫司马，宋司城来奔。

【注释】

① 八年：公元前619年。　② 天王：周襄王。　③ 衡雍：在今河南原阳县西。　④ 雒戎：居于洛水一带的戎。　⑤ 暴：即暴隧，在今河南原阳县西。　⑥ 杜注云："为灾，故书。"

【传】

八年春，晋侯使解扬归匡、戚之田于卫①，且复致公婿池之封②，自申至于虎牢之境③。

夏，秦人伐晋，取武城④，以报令狐之役。

秋，襄王崩。

晋人以扈之盟来讨⑤。

【注释】

① 晋侯：晋灵公。解扬：晋大夫。匡、戚之田：原卫田，在今河南濮阳。② 复致：重新归还。公婿池：或云晋君女婿，名池；或云池为人名，公婿为氏。公婿池之封，谓公婿池所划定的疆界。　③ 申：在今河南巩义东、荥阳西之汜水境。虎牢：在汜水西北。申与虎牢原皆郑地。　④ 武城：在今陕西华县东北。　⑤ 扈之盟，文公迟到，故晋讨其不敬。

冬，襄仲会晋赵孟，盟于衡雍，报扈之盟也①，遂会伊、雒之戎。书曰"公子遂"，珍之也②。

穆伯如周吊丧，不至，以币奔莒③，从己氏焉④。

【注释】

① 报：补偿。　② 珍：尊重。　③ 币：指所带吊丧的礼物。④ 己氏：即前所退还的莒女。

宋襄夫人，襄王之姊也，昭公不礼焉。夫人因戴氏之族①，以杀襄公之孙孔叔、公孙钟离及大司马公子卬，皆昭公之党也。司马握节以死②，故书以官。司城荡意诸来奔③，效节于府人而出④。公以其官逆之⑤，皆复之⑥。亦书以官，皆贵之也。

【注释】

① 戴氏之族：戴公的后代。杜注云华、乐、皇三氏皆戴族。　② 节：

符节。 ③ 荡意诸:公子荡之孙。 ④ 效:致。府人:掌管百物之官。《周礼·天官》有内府、外府、玉府。 ⑤ 以其官逆之:按他原来官品迎接。照例,接待逃亡之臣应按原官降位安置。 ⑥ 皆复之:对他随行官属也都以原官接待。杜注谓皆请宋复其官,似误。

夷之蒐,晋侯将登箕郑父、先都①,而使士縠、梁益耳将中军。先克曰:"狐、赵之勋②,不可废也。"从之。先克夺蒯得田于堇阴。故箕郑父、先都、士縠、梁益耳、蒯得作乱。

【注释】

① 登:提升。箕郑父原佐新上军,先都佐新下军,此欲提升,杜注说是让他们统帅上军。 ② 狐、赵:狐偃、赵衰。

文 公 九 年

【经】

九年春①,毛伯来求金②。

夫人姜氏如齐。

二月,叔孙得臣如京师。辛丑,葬襄王。

晋人杀其大夫先都。

三月,夫人姜氏至自齐。

晋人杀其大夫士縠及箕郑父。

楚人伐郑。

公子遂会晋人、宋人、卫人、许人救郑。

夏,狄侵齐。

秋八月,曹伯襄卒。

九月癸酉,地震。

冬,楚子使椒来聘③。

秦人来归僖公、成风之禭④。

葬曹共公。

【注释】

① 九年:公元前618年。　② 毛伯:周卿士。求金:即求赙。时天子未葬,故不称王命。求赙为无礼,详隐公三年(前720)注。　③ 楚子:楚穆王。椒:即子越椒,又称鬥椒。字子越,又字伯棼。令尹子文从子。④ 禭:死者的衣服。僖公、成风已死多年,不知何故至此时方送助丧物。

【传】

九年春,王正月己酉,使贼杀先克[1]。乙丑,晋人杀先都、梁益耳。

毛伯卫来求金,非礼也。不书王命,未葬也。

【注释】

① 此承上年传文,谓箕郑父等人派杀手杀先克。

二月,庄叔如周。葬襄王。

三月甲戌,晋人杀箕郑父、士縠、蒯得。

范山言于楚子曰[1]:"晋君少,不在诸侯[2],北方可图也。"楚子师于狼渊以伐郑[3]。囚公子坚、公子尨及乐耳[4]。郑及楚平。公子遂会晋赵盾、宋华耦、卫孔达、许大夫救郑,不及楚师。卿不书[5],缓也,以惩不恪[6]。

【注释】

① 范山:楚大夫。　② 不在诸侯:用心不在称霸诸侯。　③ 狼渊:在今河南许昌市西。　④ 公子坚、公子尨、乐耳:均为郑大夫。　⑤ 卿不书:依例卿领兵征战均当书名,赵盾、华耦、孔达均为卿。　⑥ 恪:敬。

夏,楚侵陈,克壶丘[1],以其服于晋也。秋,楚公子朱自东夷伐陈[2],陈人败之,获公子茷[3]。陈惧[4],乃及楚平。

【注释】

① 壶丘:陈邑,在今河南新蔡县东南。　② 公子朱:楚息邑长官。③ 公子茷(fèi):楚公子。　④ 陈惧:杜注云陈以小胜大,故惧。

冬,楚子越椒来聘[1],执币傲[2]。叔仲惠伯曰:"是必灭若敖氏之宗[3]。傲其先君,神弗福也。"

【注释】

① 子越椒:令尹子文从子。 ② 傲:不敬。 ③ 若敖氏:楚宗族,子越椒为若敖后代。

秦人来归僖公、成风之襚,礼也。诸侯相吊贺也,虽不当事①,苟有礼焉,书也,以无忘旧好。

【注释】

① 不当事:不及时。

文公十年

【经】

十年春①,王正月辛卯,臧孙辰卒②。

夏,秦伐晋。

楚杀其大夫宜申③。

自正月不雨,至于秋七月。

及苏子盟于女栗④。

冬,狄侵宋。

楚子、蔡侯次于厥貉⑤。

【注释】

① 十年:公元前617年。 ② 臧孙辰:即臧文仲,庄公二十八年(前666)为卿,至此已五十年。杜注云"公与小敛,故书日"。 ③ 宜申:鬥宜申,即子西,原任楚司马。 ④ 苏子:周卿士。女栗:今不详何地。 ⑤ 楚子:楚穆王,公元前625—前614年在位。蔡侯:蔡庄侯。厥貉:当在今河南项城市境。

【传】

十年春,晋人伐秦,取少梁①。夏,秦伯伐晋②,取北徵③。

【注释】

① 少梁:即梁国,僖公时为秦所灭。 ② 秦伯:秦康公,公元前620—

前609年在位。　③ 北徵：当为晋邑，今不详何地。

初，楚范巫矞似谓成王与子玉、子西曰[①]："三君皆将强死[②]。"城濮之役，王思之，故使止子玉曰："毋死。"不及。止子西，子西缢而县绝[③]，王使适至，遂止之，使为商公[④]。沿汉溯江，将入郢[⑤]。王在渚宫[⑥]，下，见之。惧而辞曰[⑦]："臣免于死，又有谗言，谓臣将逃，臣归死于司败也[⑧]。"王使为工尹[⑨]。又与子家谋弑穆王。穆王闻之，五月，杀鬥宜申及仲归[⑩]。

【注释】

① 范巫矞似：范地的巫者名矞似。　② 强死：无病而死。即横死。　③ 县绝：所悬的绳子断了。事见僖公二十八年(前632)。　④ 商公：商地的长官。商，在今河南淅川县南。　⑤ 郢：楚都，在今湖北荆州市北。　⑥ 渚宫：楚之别宫，在今荆州市。　⑦ 辞：指解释。　⑧ 司败：楚官名，相当于司寇，掌刑法。　⑨ 工尹：掌百工之官。　⑩ 仲归：即子家。

秋七月，及苏子盟于女栗，顷王立故也。

陈侯、郑伯会楚子于息[①]。冬，遂及蔡侯次于厥貉，将以伐宋。宋华御事曰："楚欲弱我也[②]。先为之弱乎[③]，何必使诱我[④]？我实不能，民何罪？"乃逆楚子，劳[⑤]，且听命。遂道以田孟诸[⑥]。宋公为右盂[⑦]，郑伯为左盂。期思公复遂为右司马[⑧]，子朱及文之无畏为左司马[⑨]。命夙驾载燧[⑩]，宋公违命，无畏抶其仆以徇[⑪]。或谓子舟曰[⑫]："国君不可戮也[⑬]。"子舟曰："当官而行，何强之有？《诗》曰：'刚亦不吐，柔亦不茹[⑭]。''毋纵诡随，以谨罔极[⑮]。'是亦非辟强也，敢爱死以乱官乎[⑯]！"

厥貉之会，麇子逃归[⑰]。

【注释】

① 陈侯：陈共公。郑伯：郑穆公。　② 弱我：使我顺服。　③ 先为之弱：谓我主动示弱。　④ 诱：逼迫。　⑤ 劳：慰劳。　⑥ 道：导。田：打猎。孟诸：宋泽薮，在今河南商丘北。　⑦ 盂：阵名，即圆阵。　⑧ 期思公：期思的地方长官。期思，楚邑，地当在今河南固始县西北。

⑨ 文之无畏:即申舟。文为氏,申为食邑,舟为字。 ⑩ 夙驾:早驾。燧:取火工具。 ⑪ 抶:笞击。徇:号令。 ⑫ 子舟:即无畏。 ⑬ 戮:同“辱”。 ⑭ 所引诗见《诗·大雅·烝民》,二句倒。茹:食。 ⑮ 所引诗见《诗·大雅·民劳》。诡随:诡谲欺诈。罔极:无标准,放荡不正。⑯ 乱官:放弃职守。 ⑰ 麇:国名,地在今湖北郧县。此句与下年传为一事,为人割裂。

卷九 文公下

文公十一年

【经】

十有一年春①,楚子伐麇。

夏,叔彭生会晋郤缺于承筐②。

秋,曹伯来朝③。

公子遂如宋。

狄侵齐。

冬十月甲午,叔孙得臣败狄于鹹④。

【注释】

① 十有一年:公元前616年。 ② 叔彭生:即叔仲惠伯。承筐:宋地。当在今河南睢县西。 ③ 曹伯:曹文公,公元前617—前595年在位。④ 鹹:鲁地,在今山东巨野县南。或云在山东曹县。

【传】

十一年春,楚子伐麇,成大心败麇师于防渚①。潘崇复伐麇,至于钖穴②。

夏,叔仲惠伯会晋郤缺于承筐,谋诸侯之从于楚者。

秋,曹文公来朝,即位而来见也。

襄仲聘于宋,且言司城荡意诸而复之③,因贺楚师之不害也。

【注释】

① 防渚:麇地,即今湖北房县。 ② 钖(yáng)穴:在今陕西白河县东。 ③ 复之:让他回国。

鄋瞒侵齐①,遂伐我。公卜使叔孙得臣追之,吉。侯叔夏御庄叔[2],绵房甥为右,富父终甥驷乘[3]。冬十月甲午,败狄于鹹,获长狄侨如[4]。富父终甥摏其喉以戈[5],杀之,埋其首于子驹之门[6],以命宣伯[7]。

【注释】

① 鄋(sōu)瞒:狄国名,传为防风氏之后,釐姓,或谓漆姓。活动于山东境内。 ② 庄叔:即得臣。 ③ 驷乘:古兵车一般三人乘,乘四人则第四人称驷乘,为车右的助手。 ④ 长狄:狄之一种。侨如:鄋瞒国君。⑤ 摏:撞击。 ⑥ 子驹之门:鲁都北郭之西门。 ⑦ 命:名。宣伯:叔孙得臣之子叔孙侨如。

初,宋武公之世,鄋瞒伐宋,司徒皇父帅师御之,耏班御皇父充石[1],公子穀甥为右,司寇牛父驷乘,以败狄于长丘[2],获长狄缘斯[3],皇父之二子死焉。宋公于是以门赏耏班,使食其征[4],谓之耏门。晋之灭潞也[5],获侨如之弟焚如。齐襄公之二年[6],鄋瞒伐齐,齐王子成父获其弟荣如,埋其首于周首之北门[7]。卫人获其季弟简如[8],鄋瞒由是遂亡。

郕大子朱儒自安于夫钟[9],国人弗徇[10]。

【注释】

① 皇父充石:即司徒皇父。 ② 长丘:在今河南封丘县南。③ 缘斯:侨如祖先。 ④ 征:指城门税。 ⑤ 晋之灭潞:在宣公十五年(前594)。 ⑥ 齐襄公之二年:齐襄公二年(前696)为鲁桓公十六年,下距宣公十五年(前594)有一百多年,决无此理,故诸家谓襄公为惠公之误。⑦ 周首:齐邑,在今山东东阿县东。 ⑧ 卫人获其季弟:杜注谓伐齐退走,至卫被获。 ⑨ 自安:自己安居。夫钟:郕邑,在今山东汶上县。⑩ 徇:顺服。

文公十二年

【经】

十有二年春[1],王正月,郕伯来奔[2]。

杞伯来朝③。

二月庚子,子叔姬卒④。

夏,楚人围巢⑤。

秋,滕子来朝。

秦伯使术来聘⑥。

冬十有二月戊午,晋人、秦人战于河曲⑦。

季孙行父帅师城诸及郓⑧。

【注释】

① 十有二年:公元前 615 年。　② 郕伯:此指郕太子朱儒。　③ 杞伯:杞桓公。　④ 子叔姬:杞桓公夫人。　⑤ 巢:国名,偃姓,地在今安徽巢湖市。　⑥ 秦伯:秦康公。术:西乞术。　⑦ 河曲:晋地,在今山西永济市南。　⑧ 诸:在今山东诸城市。郓:在今山东沂水县东北。

【传】

十二年春,郕伯卒,郕人立君。大子以夫钟与郕邽来奔①。公以诸侯逆之,非礼也。故书曰:"郕伯来奔。"不书地,尊诸侯也②。

【注释】

① 郕邽:一云郕邑名,一云郕国的宝圭。当以后说为是。　② 尊诸侯:杜注言既将太子当诸侯接待,所以不说他送人土地,以表示尊重诸侯。

杞桓公来朝,始朝公也。且请绝叔姬而无绝昏①,公许之。二月,叔姬卒,不言杞,绝也。书叔姬,言非女也②。

楚令尹大孙伯卒③,成嘉为令尹④。群舒叛楚。夏,子孔执舒子平及宗子⑤,遂围巢。

秋,滕昭公来朝,亦始朝公也。

【注释】

① 无绝昏:不断绝与鲁国的婚姻关系。杞桓公休叔姬,而立其妹为夫人,故云。　② 非女:不是未出嫁的女子。　③ 大孙伯:成大心。　④ 成嘉:成大心之弟,字子孔。　⑤ 舒子平:舒国国君,名平。宗子:宗为国名,地当在安徽舒城及庐江、巢湖一带。子:春秋时对蛮夷之君多称子。

秦伯使西乞术来聘，且言将伐晋。襄仲辞玉曰①：“君不忘先君之好，照临鲁国，镇抚其社稷，重之以大器②，寡君敢辞玉。”对曰：“不腆敝器③，不足辞也。”主人三辞④。宾答曰：“寡君愿徼福于周公、鲁公以事君⑤，不腆先君之敝器⑥，使下臣致诸执事以为瑞节⑦，要结好命⑧，所以藉寡君之命，结二国之好，是以敢致之。”襄仲曰：“不有君子，其能国乎？国无陋矣⑨。”厚贿之。

【注释】

① 玉：使者所带的礼物，如圭、璋一类。辞玉为聘礼中礼节之一。② 大器：圭、璋。 ③ 腆：厚。 ④ 主人：指襄仲。 ⑤ 鲁公：周公子伯禽。 ⑥ 先君之敝器：杜注云出聘必定要告于太庙，所以将礼物称为先君之器。 ⑦ 节：信。 ⑧ 要结：约。好命：友好之命。 ⑨ 国无陋：谓国家有君子就不鄙陋。

秦为令狐之役故，冬，秦伯伐晋，取羁马①。晋人御之。赵盾将中军，荀林父佐之。郤缺将上军，臾骈佐之。栾盾将下军②，胥甲佐之③。范无恤御戎，以从秦师于河曲。臾骈曰：“秦不能久，请深垒固军以待之④。”从之。

【注释】

① 羁马：晋邑，在今山西永济市南。 ② 栾盾：栾枝子。 ③ 胥甲：胥臣子。 ④ 深垒：加高壁垒。固军：巩固军营。

秦人欲战，秦伯谓士会曰：“若何而战①？”对曰：“赵氏新出其属曰臾骈，必实为此谋，将以老我师也。赵有侧室曰穿②，晋君之婿也，有宠而弱③，不在军事④，好勇而狂⑤，且恶臾骈之佐上军也。若使轻者肆焉⑥，其可。”秦伯以璧祈战于河⑦。

【注释】

① 若何：采取什么方法。因晋深垒固军不战，所以秦康公有此一问。② 侧室：支子。赵穿为赵盾从父兄弟。 ③ 弱：年少。 ④ 在：察，知。⑤ 狂：狂妄。 ⑥ 轻者：勇而不刚强。肆：冲突。 ⑦ 祈战：祈求作战胜利。

十二月戊午，秦军掩晋上军[①]，赵穿追之，不及。反，怒曰："裹粮坐甲[②]，固敌是求，敌至不击，将何俟焉？"军吏曰："将有待也。"穿曰："我不知谋，将独出。"乃以其属出。宣子曰："秦获穿也，获一卿矣。秦以胜归，我何以报[③]？"乃皆出战，交绥[④]。秦行人夜戒晋师曰："两君之士皆未憖也[⑤]，明日请相见也。"臾骈曰："使者目动而言肆[⑥]，惧我也，将遁矣。薄诸河[⑦]，必败之。"胥甲、赵穿当军门呼曰："死伤未收而弃之，不惠也；不待期而薄人于险[⑧]，无勇也。"乃止。秦师夜遁。复侵晋，入瑕[⑨]。

城诸及郓，书，时也。

【注释】

① 掩：冲击后即退。　② 坐甲：披甲。　③ 报：回报国人。　④ 交绥：刚交战即退。　⑤ 憖(yīn)：损伤。　⑥ 目动而言肆：杜注："目动，心不安；言肆，声放失常节。"　⑦ 薄：同"迫"。　⑧ 不待期：秦军约好明天再战，晋军当夜出即为"不待期"。　⑨ 瑕：在今河南陕县附近。

文公十三年

【经】

十有三年春[①]，王正月。

夏五月壬午，陈侯朔卒[②]。

邾子蘧蒢卒。

自正月不雨，至于秋七月。

大室屋坏[③]。

冬，公如晋。

卫侯会公于沓[④]。

狄侵卫。

十有二月己丑，公及晋侯盟[⑤]。

公还自晋。郑伯会公于棐[⑥]。

【注释】

① 十有三年：公元前 614 年。 ② 陈侯：陈共公。未记其安葬事，因鲁国未去参加葬礼。 ③ 大室：太庙之室。太庙为二层，屋上有屋，即重屋。此屋坏，指上层屋坏。 ④ 卫侯：卫成公。沓：不详所在。 ⑤ 晋侯：晋灵公，公元前 620—前 607 年在位。 ⑥ 郑伯：郑穆公。棐：郑地，在今河南新郑市东。

【传】

十三年春，晋侯使詹嘉处瑕①，以守桃林之塞②。

晋人患秦之用士会也，夏，六卿相见于诸浮③。赵宣子曰："随会在秦④，贾季在狄，难日至矣，若之何？"中行桓子曰⑤："请复贾季，能外事，且由旧勋⑥。"郤成子曰⑦："贾季乱，且罪大，不如随会，能贱而有耻，柔而不犯，其知足使也⑧，且无罪。"乃使魏寿馀伪以魏叛者⑨，以诱士会，执其帑于晋⑩，使夜逸。请自归于秦，秦伯许之。履士会之足于朝⑪。秦伯师于河西，魏人在东⑫。寿馀曰："请东人之能与夫二三有司言者⑬，吾与之先。"使士会。士会辞曰："晋人，虎狼也，若背其言，臣死，妻子为戮，无益于君，不可悔也。"秦伯曰："若背其言，所不归尔帑者，有如河！"乃行。绕朝赠之以策⑭，曰："子无谓秦无人，吾谋适不用也。"既济，魏人噪而还⑮。秦人归其帑。其处者为刘氏⑯。

【注释】

① 晋侯：晋灵公。詹嘉：晋大夫。 ② 桃林之塞：在今河南灵宝市阌乡西，与瑕邑隔河相对。 ③ 诸浮：在晋都近郊。 ④ 随会：即士会。 ⑤ 中行桓子：即荀林父，曾将中行，故以为氏。 ⑥ 旧勋：其父狐偃有大功。 ⑦ 郤成子：郤缺。 ⑧ 知：同"智"。 ⑨ 魏寿馀：毕万之后，魏为封邑。 ⑩ 帑：指寿馀的妻子儿女。 ⑪ 履：指暗中蹑其足。 ⑫ 东：黄河之东。 ⑬ 东人：河东人，即晋国人。 ⑭ 绕朝：秦大夫。策：马鞭。一云策书。 ⑮ 噪：群呼。魏人见计策得逞，故欢呼而回。 ⑯ 其处者：士会家族留秦未返晋者。刘氏：士会始祖为尧时的刘累，故留秦者复刘之姓氏。

邾文公卜迁于绎[1]。史曰[2]："利于民而不利于君。"邾子曰："苟利于民，孤之利也。天生民而树之君[3]，以利之也。民既利矣，孤必与焉。"左右曰："命可长也，君何弗为？"邾子曰："命在养民。死之短长，时也[4]。民苟利矣，迁也，吉莫如之！"遂迁于绎。五月，邾文公卒。君子曰："知命。"

【注释】

① 绎：邾邑，在今山东邹城市峄山南。　② 史：太史。　③ 树：立，安置。　④ 时：时运。

秋七月，大室之屋坏，书，不共也[1]。

冬，公如晋，朝，且寻盟。卫侯会公于沓，请平于晋。公还，郑伯会公于棐，亦请平于晋。公皆成之。郑伯与公宴于棐，子家赋《鸿雁》[2]。季文子曰："寡君未免于此[3]。"文子赋《四月》[4]。子家赋《载驰》之四章[5]。文子赋《采薇》之四章[6]。郑伯拜，公答拜。

【注释】

① 不共：对祖先不尊敬。　② 子家：郑大夫公子归生。《鸿雁》：《诗·小雅》篇名。凡赋诗不言某章，皆指第一章。《鸿雁》首章云："鸿雁于飞，肃肃其羽。之子于征，劬劳于野。爰及矜人，哀此鳏寡。"归生以鳏寡比郑，欲鲁文公为之奔走，与晋讲和。　③ 未免于此：言自己也是鳏寡。是季文子的托词。　④《四月》：《诗·小雅》篇名。首章云："四月维夏，六月徂暑。先祖匪人，胡宁忍乎？"借此言自己奔驰道路之苦。　⑤《载驰》：《诗·鄘风》篇名。其第四章云："我行其野，芃芃其麦。控于大邦，谁因谁极。"言依靠大邦救援。　⑥《采薇》：《诗·小雅》篇名。其第四章中有"戎车既驾，四牡业业。岂敢定居，一月三捷"句，此借言将为郑奔波不安居，使事成功。

文公十四年

【经】

十有四年春[1]，王正月，公至自晋。

邾人伐我南鄙。

叔彭生帅师伐邾[2]。

夏五月乙亥，齐侯潘卒[3]。

六月，公会宋公、陈侯、卫侯、郑伯、许男、曹伯、晋赵盾[4]，癸酉，同盟于新城[5]。

秋七月，有星孛入于北斗[6]。

公至自会。

晋人纳捷菑于邾[7]，弗克纳。

九月甲申，公孙敖卒于齐。

齐公子商人弑其君舍[8]。

宋子哀来奔[9]。

冬，单伯如齐[10]。

齐人执单伯。

齐人执子叔姬[11]。

【注释】

① 十有四年：公元前 613 年。 ② 叔彭生：即叔仲惠伯。 ③ 齐侯潘：齐昭公。 ④ 宋公：宋昭公。陈侯：陈灵公，公元前 613—前 599 年在位。卫侯：卫成公。郑伯：郑穆公。许男：许昭公。曹伯：曹文公，公元前 617—前 595 年在位。 ⑤ 新城：宋地，在今河南商丘市南。 ⑥ 孛：彗星。此用作动词。 ⑦ 捷菑：邾公子。 ⑧ 舍：时继昭公即位为君。 ⑨ 子哀：高哀，宋大夫。 ⑩ 单伯：周卿士。 ⑪ 子叔姬：昭姬，鲁女嫁于齐昭公者。

【传】

十四年春，顷王崩。周公阅与王孙苏争政，故不赴[1]。凡崩、薨[2]，不赴则不书。祸、福[3]，不告亦不书。惩不敬也。

【注释】

① 赴：发讣告。 ② 崩、薨：天子死曰崩，诸侯死曰薨。 ③ 祸、福：出逃为祸，回国归位为福。

邾文公之卒也，公使吊焉，不敬。邾人来讨，伐我南鄙，故惠伯伐郑。

子叔姬妃齐昭公[1]，生舍。叔姬无宠，舍无威。公子商人骤施于国[2]，而多聚士，尽其家，贷于公有司以继之[3]。夏五月，昭公卒，舍即位。

【注释】

① 妃：同“配”。　② 商人：齐桓公子。骤：多次。　③ 公有司：掌公室财物的人。

邾文公元妃齐姜生定公，二妃晋姬生捷菑。文公卒，邾人立定公，捷菑奔晋。

六月，同盟于新城，从于楚者服[1]，且谋邾也。

秋七月乙卯夜，齐商人弑舍而让元[2]。元曰：“尔求之久矣。我能事尔，尔不可使多蓄憾[3]，将免我乎[4]？尔为之。”

【注释】

① 从于楚者：指陈、郑、宋三国。　② 元：商人兄，后即位为齐惠公。公元前608—前599年在位。　③ 此句意为如果我接受你的建议为君，你便因此而多蓄怨恨，所以我不受君位。　④ 免我：让我免于死难。

有星孛入于北斗，周内史叔服曰：“不出七年，宋、齐、晋之君皆将死乱。”

晋赵盾以诸侯之师八百乘纳捷菑于邾。邾人辞曰：“齐出貜且长[1]。”宣子曰：“辞顺而弗从，不祥。”乃还。

【注释】

① 齐出：齐女所生。貜且（jué qū）：即邾定公。

周公将与王孙苏讼于晋，王叛王孙苏[1]，而使尹氏与聃启讼周公于晋[2]。赵宣子平王室而复之。

楚庄王立[3]，子孔、潘崇将袭群舒，使公子燮与子仪守而伐舒蓼[4]。二子作乱，城郢而使贼杀子孔，不克而还。八月，二子以楚子出，将如商密。庐戢梨及叔麇诱之[5]，遂杀鬥克及公子燮。

初，鬥克囚于秦，秦有殽之败，而使归求成，成而不得志。公子燮求令尹而不得，故二子作乱。

【注释】

① 王叛王孙苏：周匡王原许助王孙苏，此时违背诺言。 ② 尹氏：周卿士。聃启：周大夫。讼：此指为周公讲话。 ③ 楚庄王：公元前 613—前 591 年在位。 ④ 公子燮：庄王之傅。子仪：申公子，庄王之师，即鬥克。舒蓼：群舒之一，在今安徽舒城县及庐江县之间。 ⑤ 庐戢梨：楚庐邑大夫。叔麇：庐戢梨之佐。

穆伯之从己氏也①，鲁人立文伯②。穆伯生二子于莒而求复，文伯以为请。襄仲使无朝③，听命，复而不出，三年而尽室以复适莒④。文伯疾而请曰："谷之子弱⑤，请立难也⑥。"许之。文伯卒，立惠叔。穆伯请重赂以求复，惠叔以为请，许之。将来，九月卒于齐，告丧，请葬⑦，弗许。

【注释】

① 穆伯之从己氏：指穆伯(即公孙敖)逃到莒国跟随莒女。事见文公八年(前 619)。 ② 文伯：穆伯之子，名谷。 ③ 无朝：不得参与朝政。 ④ 尽室：全部家财。 ⑤ 子：文伯之子孟献子仲孙蔑。弱：小。 ⑥ 难：文伯之弟，即惠叔。 ⑦ 请葬：请以卿礼葬。

宋高哀为萧封人①，以为卿，不义宋公而出，遂来奔。书曰："宋子哀来奔。"贵之也②。

【注释】

① 萧：宋邑，今安徽萧县。 ② 贵之：大夫逃亡，均称其名，此称字，所以说"贵之"。贵，尊重。

齐人定懿公①，使来告难②，故书以九月。齐公子元不顺懿公之为政也，终不曰"公"，曰"夫己氏"③。

襄仲使告于王④，请以王宠求昭姬于齐⑤。曰："杀其子，焉用其母？请受而罪之。"冬，单伯如齐，请子叔姬，齐人执之。又执子叔姬。

【注释】

① 定：定其君位。懿公：即商人。　② 告难：告舍被杀之难。③ 夫己氏：犹言那个人。　④ 王：周匡王。　⑤ 王宠：天子的宠爱。昭姬：即子叔姬。

文公十五年

【经】

十有五年春[①]，季孙行父如晋。

三月，宋司马华孙来盟[②]。

夏，曹伯来朝[③]。

齐人归公孙敖之丧。

六月辛丑朔，日有食之。鼓，用牲于社。

单伯至自齐。

晋郤缺帅师伐蔡。戊申，入蔡。

秋，齐人侵我西鄙。

季孙行父如晋。

冬十有一月，诸侯盟于扈[④]。

十有二月，齐人来归子叔姬。

齐侯侵我西鄙[⑤]，遂伐曹，入其郛[⑥]。

【注释】

① 十有五年：公元前612年。　② 华孙：名耦，华为氏。　③ 曹伯：曹文公。　④ 扈：郑地，在今河南原阳县西。　⑤ 齐侯：齐懿公。⑥ 郛：外城。

【传】

十五年春，季文子如晋，为单伯与子叔姬故也。

三月，宋华耦来盟，其官皆从之。书曰"宋司马华孙"，贵之也[①]。公与之宴，辞曰："君之先臣督[②]，得罪于宋殇公，名在诸侯之策[3]。臣承其祀,其敢辱君?请承命于亚旅[4]。"鲁人以为敏。

【注释】

① 贵之:诸侯大夫聘问一般称名,今加以官职,故云贵之。 ② 督:华督,华耦曾祖,于桓公二年(前710)杀宋殇公。 ③ 策:简策。 ④ 亚旅:杜注"上大夫"。

夏,曹伯来朝,礼也。诸侯五年再相朝,以修王命,古之制也。

齐人或为孟氏谋[1],曰:"鲁,尔亲也。饰棺置诸堂阜[2],鲁必取之。"从之。卞人以告[3]。惠叔犹毁以为请[4],立于朝以待命。许之,取而殡之。齐人送之。书曰:"齐人归公孙敖之丧。"为孟氏[5],且国故也[6]。葬视共仲[7]。

【注释】

① 孟氏:公孙敖为庆父之子,孟氏。 ② 饰棺:古人于死人的棺木灵车依不同身份有不同装饰,称饰棺。堂阜:齐、鲁交界地,在今山东蒙阴西北。 ③ 卞人:杜注:"鲁卞邑大夫。"时邑大夫例呼为"人"。卞,在今山东泗水县东。 ④ 毁:哀毁。指居丧期间悲哀过甚使容颜损害。惠叔为公孙敖之子,因公孙敖未葬,故时仍未行卒哭变服之礼,哀毁如初。 ⑤ 为孟氏:孟氏世为鲁卿。 ⑥ 国故:孟氏是国之公族。 ⑦ 葬视共仲:依安葬共仲的礼仪安葬。共仲,即庆父。

声己不视[1],帷堂而哭[2]。襄仲欲勿哭,惠伯曰:"丧,亲之终也。虽不能始[3],善终可也。史佚有言曰:'兄弟致美[4]。'救乏、贺善、吊灾、祭敬、丧哀,情虽不同,毋绝其爱,亲之道也。子无失道,何怨于人?"襄仲说,帅兄弟以哭之。

【注释】

① 声己:公孙敖次妻,惠伯之母。视:视其柩。 ② 帷堂:古人死,尸置堂中小敛,四周围以帷幕,称帷堂。这里是说声己在堂下哭,怨恨公孙敖,不欲见其尸,故在帷外哭。 ③ 虽不能始:谓公孙敖抢襄仲妻事。 ④ 致美:各尽其美。

他年,其二子来[1],孟献子爱之[2],闻于国。或谮之曰:"将杀子。”献子以告季文子。二子曰：“夫子以爱我闻，我以将杀子闻，不亦远于礼乎？远礼不如死。”一人门于句鼆[3]，一人门于戾丘，皆死。

【注释】

① 其二子：穆伯在莒国所生二子。　② 孟献子：即仲孙蔑，鲁大夫。③ 门：守门。杜注云：“句鼆(měng)、戾丘，鲁邑。有寇攻门，二子御之而死。”

六月辛丑朔，日有食之，鼓，用牲于社，非礼也。日有食之，天子不举[1]，伐鼓于社，诸侯用币于社，伐鼓于朝，以昭事神、训民、事君[2]，示有等威[3]，古之道也。

【注释】

① 举：废食撤乐。　② 训民：教训人民。　③ 等威：威仪之等差。

齐人许单伯请而赦之，使来致命。书曰“单伯至自齐”，贵之也。

新城之盟，蔡人不与。晋郤缺以上军、下军伐蔡，曰：“君弱[1]，不可以怠。”戊申，入蔡，以城下之盟而还。凡胜国[2]，曰“灭之”；获大城焉[3]，曰“入之”。

【注释】

① 君弱：指晋灵公尚未成年。　② 胜国：谓绝其社稷，有其土地。③ 获大城：攻入大城，但不取其地而回。

秋，齐人侵我西鄙，故季文子告于晋。

冬十一月，晋侯、宋公、卫侯、蔡侯、陈侯、郑伯、许男、曹伯盟于扈[1]，寻新城之盟，且谋伐齐也。齐人赂晋侯，故不克而还。于是有齐难[2]，是以公不会。书曰：“诸侯盟于扈。”无能为故也。凡诸侯会，公不与，不书，讳君恶也。与而不书，后也。

【注释】

① 晋侯：晋灵公。宋公：宋昭公。卫侯：卫成公。蔡侯：蔡庄侯。陈侯：陈灵公。郑伯：郑穆公。许男：许昭公。曹伯：曹文公。　② 于是：于时。有齐难：即下文齐国侵袭鲁国事。

齐人来归子叔姬,王故也①。

齐侯侵我西鄙,谓诸侯不能也。遂伐曹,入其郛,讨其来朝也。季文子曰:“齐侯其不免乎!已则无礼②,而讨于有礼者,曰:‘女何故行礼!’礼以顺天,天之道也。已则反天,而又以讨人,难以免矣。《诗》曰:‘胡不相畏,不畏于天③?’君子之不虐幼贱,畏于天也。在《周颂》曰:‘畏天之威,于时保之④。’不畏于天,将何能保?以乱取国⑤,奉礼以守,犹惧不终,多行无礼,弗能在矣⑥!”

【注释】

① 王故:因为周匡王命令的缘故。② 无礼:指扣押天子使臣,攻打无罪之国。③ 所引诗见《诗·小雅·雨无正》。④ 所引诗见《诗·周颂·我将》。于时保之:所以能保有福禄。⑤ 以乱取国:指齐懿公杀舍自立。⑥ 在:即“终”,善终。

文公十六年

【经】

十有六年春①,季孙行父会齐侯于阳谷②,齐侯弗及盟③。

夏五月,公四不视朔④。

六月戊辰,公子遂及齐侯盟于郪丘⑤。

秋八月辛未,夫人姜氏薨。

毁泉台⑥。

楚人、秦人、巴人灭庸⑦。

冬十有一月,宋人弑其君杵臼⑧。

【注释】

① 十有六年:公元前611年。② 齐侯:齐懿公。阳谷:今山东阳谷县。③ 弗及:不肯。④ 视朔:朔日告庙后听治本月之政。参文公六年(前621)注。⑤ 郪(qī)丘:齐地,具体所在不详。⑥ 泉台:即郎台,在曲阜南,庄公三十一年(前663)建。⑦ 庸:国名,地在今湖北竹山县东。⑧ 杵臼:宋昭公。弑君,是因为宋昭公无道。

【传】

十六年春，王正月，及齐平。公有疾，使季文子会齐侯于阳谷。请盟，齐侯不肯，曰："请俟君间①。"

夏五月，公四不视朔，疾也。公使襄仲纳赂于齐侯，故盟于郪丘。

【注释】

① 间：病好。

有蛇自泉宫出①，入于国，如先君之数②。

秋八月辛未，声姜薨，毁泉台③。

【注释】

① 泉宫：泉台所在之宫，在曲阜南。　② 先君之数：鲁自伯禽至僖公共十七君。　③ 毁泉台：杜注："鲁公以为蛇妖所出而声姜薨，故坏之。"

楚大饥，戎伐其西南，至于阜山①，师于大林②。又伐其东南，至于阳丘③，以侵訾枝④。庸人帅群蛮以叛楚⑤。麇人率百濮聚于选⑥，将伐楚。于是申、息之北门不启。

【注释】

① 阜山：在今湖北房县南。　② 大林：在今湖北荆门市西北。　③ 阳丘：不详今所在。　④ 訾枝：当在今湖北枝江市。　⑤ 群蛮：指湖北散居各部落蛮人。　⑥ 百濮：散居今湖北石首一带的濮人。选：在今湖北枝江市境。

楚人谋徙于阪高①。芀贾曰："不可。我能往，寇亦能往，不如伐庸。夫麇与百濮，谓我饥不能师，故伐我也。若我出师，必惧而归。百濮离居，将各走其邑，谁暇谋人？"乃出师。旬有五日，百濮乃罢②。自庐以往③，振廪同食④。次于句澨⑤。使庐戢梨侵庸，及庸方城⑥。庸人逐之，囚子扬窗⑦。三宿而逸，曰："庸师众，群蛮聚焉，不如复大师⑧，且起王卒，合而后进。"师叔曰⑨："不可。姑又与之遇以骄之。彼骄我怒，而后可克，先君蚡冒所以服陉隰也⑩。"

又与之遇，七遇皆北，唯裨、儵、鱼人实逐之[11]。庸人曰："楚不足与战矣。"遂不设备。

【注释】

① 阪高:或言在今湖北襄阳市西，或言在今当阳市东北。 ② 罢:各自罢归。 ③ 庐:在今湖北南漳县东。 ④ 振廪:打开当地粮仓。 ⑤ 句澨:在今湖北丹江口市。 ⑥ 方城:在今湖北竹山县东。 ⑦ 子扬窗:庐戢梨的属官。 ⑧ 复大师:再起大军。 ⑨ 师叔:即楚大夫潘尪。 ⑩ 蚡冒:楚武王之兄厉王。陉隰:在今湖北荆州一带。 ⑪ 裨、儵、鱼:均为庸国地名。或云为蛮部落名。实逐之:参与追击楚军。

楚子乘驲[1]，会师于临品[2]，分为二队:子越自石溪，子贝自仞[3]，以伐庸。秦人、巴人从楚师。群蛮从楚子盟，遂灭庸。

【注释】

① 驲:传车，驿车。 ② 临品:当在今湖北丹江口市。 ③ 石溪、仞:均在丹江口市。

宋公子鲍礼于国人[1]。宋饥，竭其粟而贷之[2]。年自七十以上，无不馈诒也，时加羞珍异。无日不数于六卿之门[3]。国之材人[4]，无不事也。亲自桓以下，无不恤也。公子鲍美而艳，襄夫人欲通之，而不可，乃助之施。昭公无道，国人奉公子鲍以因夫人[5]。

【注释】

① 公子鲍:昭公庶弟，后即位为文公。 ② 贷:施予或借贷。 ③ 数:密。言参请不绝。 ④ 材人:贤惠的人。 ⑤ 因:依附。

于是，华元为右师，公孙友为左师，华耦为司马，鳞鑵为司徒，荡意诸为司城，公子朝为司寇。初，司城荡卒，公孙寿辞司城[1]，请使意诸为之。既而告人曰："君无道，吾官近，惧及焉。弃官则族无所庇。子，身之贰也[2]，姑纾死焉[3]。虽亡子，犹不亡族。"既，夫人将使公田孟诸而杀之[4]。公知之，尽以宝行。荡意诸曰："盍适诸侯?"公曰:

"不能其大夫至于君祖母以及国人⑤,诸侯谁纳我?且既为人君,而又为人臣,不如死。"尽以其宝赐左右而使行。夫人使谓司城去公,对曰:"臣之而逃其难,若后君何⑥?"冬十一月甲寅,宋昭公将田孟诸,未至,夫人王姬使帅甸攻而杀之⑦。荡意诸死之。书曰:"宋人弑其君杵臼。"君无道也⑧。

文公即位⑨,使母弟须为司城⑩。华耦卒,而使荡虺为司马⑪。

【注释】

① 公孙寿:公子荡之子。荡卒,其当继位,他推辞,让儿子荡意诸为司城。② 身:我。　③ 纾死:让儿子代位而死,自己可缓死。　④ 田:打猎。孟诸:宋泽薮,在今河南商丘市北。　⑤ 不能:即不得,不见容。　⑥ 若后君何:杜注:"言无以事后君。"　⑦ 夫人王姬:即襄夫人,周室女。帅甸:官名,专管治理公族内部事务。　⑧ 君无道:凡是君王被杀,《春秋》称为"君",便是君无道。　⑨ 文公:公元前 610—前 589 年在位。　⑩ 母弟:同母弟弟。　⑪ 荡虺:荡意诸之弟。

文公十七年

【经】

十有七年春①,晋人、卫人、陈人、郑人伐宋。

夏四月癸亥,葬我小君声姜。

齐侯伐我西鄙②。

六月癸未,公及齐侯盟于谷。诸侯会于扈。

秋,公至自谷。

冬,公子遂如齐。

【注释】

① 十有七年:公元前 610 年。　② 齐侯:齐懿公。

【传】

十七年春,晋荀林父、卫孔达、陈公孙宁、郑石楚伐宋。讨曰:"何故弑君!”犹立文公而还[1]。卿不书,失其所也[2]。

夏四月癸亥,葬声姜。有齐难,是以缓[3]。

【注释】

① 犹立文公而还:据宣公元年(前608)传,晋国收受了宋国的礼物,所以仍然立宋文公而还。 ② 所:应有的立场。 ③ 缓:君夫人死五月当葬,此已九月,故云“缓”。

齐侯伐我北鄙。襄仲请盟。六月,盟于谷。

晋侯蒐于黄父[1],遂复合诸侯于扈[2],平宋也。公不与会,齐难故也。书曰“诸侯”,无功也[3]。

于是,晋侯不见郑伯[4],以为贰于楚也。

【注释】

① 黄父:一名黑壤,在今山西翼城县东北。 ② 诸侯:因言“复合”,知与上年会扈诸侯相同。 ③ 无功:杜注:“刺欲平宋而复不能。” ④ 郑伯:郑穆公。

郑子家使执讯而与之书[1],以告赵宣子,曰:“寡君即位三年[2],召蔡侯而与之事君。九月,蔡侯入于敝邑以行[3]。敝邑以侯宣多之难[4],寡君是以不得与蔡侯偕。十一月,克减侯宣多而随蔡侯以朝于执事[5]。十二年六月,归生佐寡君之嫡夷[6],以请陈侯于楚而朝诸君[7]。十四年七月,寡君又朝,以蒇陈事[8]。十五年五月,陈侯自敝邑往朝于君。往年正月[9],烛之武往朝夷也[10]。八月,寡君又往朝。以陈、蔡之密迩于楚而不敢贰焉,则敝邑之故也。虽敝邑之事君,何以不免?在位之中[11],一朝于襄,而再见于君。夷与孤之二三臣相及于绛,虽我小国,则蔑以过之矣[12]。今大国曰:‘尔未逞吾志。’敝邑有亡,无以加焉。古人有言曰:‘畏首畏尾[13],身其余几。’又曰:‘鹿死不择音[14]。’小国之事大国也,德,则其人也[15],不德,则其鹿也,铤而走险[16],急何能择?命之罔极[17],亦知亡矣。将悉敝赋以待于儵[18],唯执事命之。文公二年六月壬申[19],朝于齐。四年二月壬戌,为齐侵蔡,亦获成于楚。居大国之间而从于强令⑳,岂其罪也?大国若弗图㉑,无所逃命。"

【注释】

① 子家:公子归生,郑执政。执讯:通讯问之官。　② 三年:郑穆公三年(前625),即鲁文公二年。　③ 行:去朝见。　④ 侯宣多之难:郑穆公为侯宣多所立,侯宣多时恃宠专权。　⑤ 克减:消灭。　⑥ 寡君之嫡夷:指郑穆公太子,字子蛮,后即位为郑灵公。　⑦ 请:请命。　⑧ 蒇:完成。⑨ 往年:指郑穆公十七年(前611),鲁文公十六年。　⑩ 烛之武往朝夷:指烛之武为太子夷而往朝晋。　⑪ 在位之中:指郑穆公在君位时。⑫ 则蔑以过之:谓事大国之礼无能再加于此了。　⑬ 畏首畏尾:喻郑北畏晋,南畏楚。　⑭ 音:"荫"通假字。一云即指声音。　⑮ 则其人也:言则以人道相事。　⑯ 铤而走险:铤,急走貌。此言晋如不以德相待,郑国将如鹿将死,不再选择庇荫之地,急走险地,投向楚国。　⑰ 命之罔极:言晋责备没有止境。　⑱ 悉敝赋:尽征军队与军需品。儵:在晋、郑边境。⑲ 文公二年:郑文公二年(前671),即鲁庄公二十三年。　⑳ 强令:大国施加压力命令。　㉑ 图:此指谅解。

晋巩朔行成于郑①,赵穿、公婿池为质焉。

秋,周甘歜败戎于邥垂②,乘其饮酒也。

【注释】

① 巩朔:晋大夫,亦称士庄伯、巩伯。　② 甘歜:王子带之后。邥(shěng)垂:当在今河南洛阳市南。

冬十月,郑大子夷、石楚为质于晋。

襄仲如齐,拜谷之盟。复曰①:"臣闻齐人将食鲁之麦②。以臣观之,将不能③。齐君之语偷④。臧文仲有言曰:'民主偷必死。'"

【注释】

① 复:回国后报告。　② 食鲁之麦:谓将攻打鲁国。　③ 将:推测之词,可能,也许。　④ 偷:苟且,无远志。

文公十八年

【经】

十有八年春①,王二月丁丑,公薨于台下②。

秦伯罃卒③。

夏五月戊戌,齐人弑其君商人④。

六月癸酉,葬我君文公。

秋,公子遂、叔孙得臣如齐。

冬十月,子卒⑤。

夫人姜氏归于齐⑥。

季孙行父如齐。

莒弑其君庶其。

【注释】

① 十有八年:公元前609年。 ② 台下:宫中的台下。知其为暴卒。 ③ 秦伯:秦康公。 ④ 商人:齐懿公。 ⑤ 子:指文公太子恶。凡在葬,公侯称子,但时文公已葬,仍称子,杜注云是鲁人讳弑。 ⑥ 归于齐:返回齐国。

【传】

十八年春,齐侯戒师期①,而有疾,医曰:"不及秋,将死。"公闻之,卜曰:"尚无及期②。"惠伯令龟③,卜楚丘占之曰:"齐侯不及期,非疾也。君亦不闻④。令龟有咎⑤。"二月丁丑,公薨。

【注释】

① 戒师期:下达出兵日期。 ② 尚:希望。无及期:不到那日子就死。 ③ 令龟:即命龟,临卜,以所卜之事告龟。 ④ 公亦不闻:谓文公也听不到这事。意为文公将在此前死去。 ⑤ 有咎:有灾祸。

齐懿公之为公子也,与邴歜之父争田,弗胜。及即位,乃掘而刖之①,而使歜仆②。纳阎职之妻,而使职骖乘③。夏五月,公游于申池④。二人浴于池，歜以扑抶职⑤。职怒。歜曰："人夺女妻而不怒，一抶女庸何伤？"职曰："与刖其父而弗能病者何如⑥？"乃谋弑懿公，纳诸竹中⑦。归，舍爵而行⑧。齐人立公子元。

【注释】

① 掘：把尸体挖出来。刖：斩断脚。② 仆：驾车。③ 骖乘：乘车时在车右之人。④ 申池：在齐都临淄西。⑤ 扑：马鞭。抶：击。⑥ 病：此指报怨。⑦ 竹：竹林。⑧ 舍爵：告奠祖庙。

六月，葬文公。

秋，襄仲、庄叔如齐，惠公立故①，且拜葬也。

文公二妃敬嬴生宣公。敬嬴嬖而私事襄仲②。宣公长而属诸襄仲，襄仲欲立之，叔仲不可③。仲见于齐侯而请之。齐侯新立而欲亲鲁，许之。冬十月，仲杀恶及视而立宣公④。书曰"子卒"，讳之也。仲以君命召惠伯⑤。其宰公冉务人止之⑥，曰："入必死。"叔仲曰："死君命可也。"公冉务人曰："若君命可死，非君命何听？"弗听，乃入，杀而埋之马矢之中。公冉务人奉其帑以奔蔡，既而复叔仲氏⑦。

【注释】

① 惠公：齐惠公，即公子元。② 私事：私下勾结。③ 叔仲：即惠伯，亦即叔彭生。④ 恶及视：太子恶与公子视。⑤ 君：此指太子恶。⑥ 宰：卿大夫家臣之长。⑦ 复叔仲氏：复立其子。其子为叔仲氏。

夫人姜氏归于齐，大归也①。将行，哭而过市曰："天乎，仲为不道②，杀適立庶。"市人皆哭，鲁人谓之哀姜。

【注释】

① 大归：归而不再回来。② 仲：襄仲。

莒纪公生大子仆，又生季佗①，爱季佗而黜仆，且多行无礼于国。仆因国人以弑纪公，以其宝玉来奔，纳诸宣公。公命与之邑，曰："今日必授。"季文子使司寇出诸竟②，曰："今日必达。"公问其故。季文子使大史克对曰③:“先大夫臧文仲教行父事君之礼,行父奉以周旋④,弗敢失队⑤。曰:‘见有礼于其君者,事之如孝子之养父母也。见无礼于其君者,诛之如鹰鹯之逐鸟雀也。’先君周公制《周礼》曰:‘则以观德⑥,德以处事,事以度功,功以食民。’作《誓命》曰⑦:‘毁则为贼⑧,掩贼为藏⑨,窃贿为盗⑩,盗器为奸⑪。主藏之名⑫,赖奸之用⑬,为大凶德,有常无赦⑭,在《九刑》不忘⑮。’行父还观莒仆⑯,莫可则也。孝敬忠信为吉德,盗贼藏奸为凶德。夫莒仆,则其孝敬,则弑君父矣;则其忠信,则窃宝玉矣。其人,则盗贼也;其器,则奸兆也⑰。保而利之,则主藏也。以训则昏⑱,民无则焉。不度于善⑲,而皆在于凶德,是以去之。

【注释】

① 季佗:一名朱,继纪公为渠丘公。 ② 出诸竟:驱逐出鲁境。 ③ 大史克:鲁史官,即里革。 ④ 奉以周旋:奉先训以遵循。 ⑤ 队:同“坠”。 ⑥ 则以观德:以礼的法则来观人之德。 ⑦《誓命》:当亦姬旦所作,并上《周礼》俱亡佚。 ⑧ 毁则:毁弃礼的法则。 ⑨ 掩:藏匿。藏:窝藏、包庇。 ⑩ 贿:财物。 ⑪ 器:指大器、重器,宝物。 ⑫ 主藏之名:指接受莒仆则有窝藏的名声。 ⑬ 赖奸:即利别人所盗宝物。 ⑭ 常:常刑。 ⑮《九刑》:刑书名。 ⑯ 还观:遍观,详察。 ⑰ 奸兆:奸类。因其器属盗得。 ⑱ 训:教训人民。 ⑲ 度:居。

“昔高阳氏有才子八人①:苍舒、隤敳、梼戭、大临、龙降、庭坚、仲容、叔达②,齐圣广渊,明允笃诚③,天下之民谓之‘八恺’④。高辛氏有才子八人⑤:伯奋、仲堪、叔献、季仲、伯虎、仲熊、叔豹、季狸,忠肃共懿,宣慈惠和⑥,天下之民谓之‘八元’⑦。此十六族也,世济其美,不陨其名,以至于尧,尧不能举。舜臣尧,举八恺,使主后土⑧,以揆百事⑨,莫不时序⑩,地平天成。举八元,使布五教于四方,父义、母慈、兄友、弟共、子孝,内平外成⑪。昔帝鸿氏有不才子⑫,掩义隐贼⑬,好行凶德,丑类恶物,顽嚚不友⑭,是与比周⑮,天下之民谓之‘浑敦’⑯。少皞氏有不才子⑰,毁信废忠,崇饰恶言⑱,靖谮庸回⑲,服谗蒐慝⑳,以诬盛德㉑,天下之民谓之‘穷奇'[22]。颛顼氏有不才子[23],不可教训[24],不知话言,告之则顽,舍之则嚚,傲很明德[25],以乱天常,天下之民谓之'梼杌'[26]。此三族也,世济其凶,增其恶名,以至于尧,尧不能去。缙云氏有不才子[27],贪于饮食,冒于货贿[28],侵欲崇侈[29],不可盈厌,聚敛积实,不知纪极[30],不分孤寡,不恤穷匮,天下之民以比三凶,谓之'饕餮'[31]。舜臣尧,宾于四门[32],流四凶族浑敦、穷奇、梼杌、饕餮,投诸四裔[33],以御魑魅[34]。是以尧崩而天下如一,同心戴舜以为天子,以其举十六相,去四凶也。故《虞书》数舜之功[35],曰'慎徽五典[36],五典克从',无违教也。曰'纳于百揆[37],百揆时序',无废事也。曰'宾于四门,四门穆穆'[38],无凶人也。舜有大功二十而为天子[39]。今行父虽未获一吉人,去一凶矣,于舜之功,二十之一也,庶几免于戾乎[40]!"

【注释】

① 高阳氏:帝颛顼。　② 苍舒、隤敳(tuí guī)、梼戭(yǎn)、大临、尨降、庭坚、仲容、叔达:八人皆颛顼苗裔。　③ 齐圣广渊,明允笃诚:此总言八人之德,一字为一事。孔颖达疏云:"齐者,中也,率心由道,举措皆中也。圣者,通也,博达众务,庶事尽通也。广者,宽也,器宇宏大,度量宽弘也。渊者,深也,知能周备,思虑深远也。明者,达也,晓解事务,照见幽微也。允者,信也,终始不愆,言行相副也。笃者,厚也,志性良谨,交游款密也。诚者,实也,秉心纯直,布行贞实也。"　④ 恺:和,言其和于物。　⑤ 高辛氏:帝喾。　⑥ 忠肃共懿,宣慈惠和:此亦总言其德,孔颖达疏云:"忠者,与人无隐,尽心奉上也。肃者,敬也,应机敏达,临事恪勤也。共者,治身克谨,当官理治也。懿者,美也,保己精粹,立行纯厚也。宣者,遍也,应受多方,知思周遍也。慈者,爱出于心,思彼于物也。惠者,性多哀矜,好拯穷匮也。和者,体度宽简,物无乖争也。"　⑦ 元:善之长。　⑧ 后土:地官。禹作司空,平水土,即土地之官。　⑨ 揆:度。　⑩ 时序:顺当。⑪ 内平外成:内指诸夏,外指夷狄。平成,平安和睦。　⑫ 帝鸿氏:黄帝。⑬ 掩义隐贼:压制埋没有义的人,包庇盗贼。　⑭ 顽嚚:心中没有道德观念为顽,口不道忠信之言为嚚。不友:不友爱。　⑮ 比周:靠近、密切。⑯ 浑敦:不开通貌。　⑰ 少皞氏:少皞金天氏,黄帝之子。　⑱ 崇:聚。⑲ 靖:安。庸:用。回:邪。　⑳ 服:行。蒐慝:隐恶。　㉑ 盛德:盛德之人,贤人。　㉒ 穷奇:即共工,其行事穷困,所好奇异。　㉓ 颛顼氏:

即前所言高阳氏。 ㉔ 不可:不知。 ㉕ 傲很:傲慢狠暴。 ㉖ 梼杌:凶顽无匹貌。杜注以为即鲧。 ㉗ 缙云氏:黄帝时官名,相当于夏官。贾逵云为炎帝之苗裔,封于缙云。 ㉘ 冒:贪。 ㉙ 侵欲:侵人之欲望。 ㉚ 纪极:止境。 ㉛ 饕餮(tāo tiè):贪财贪食。 ㉜ 宾于四门:《尚书·舜典》语。谓辟四门,达四聪,以宾礼众贤。 ㉝ 四裔:四面边远地区。 ㉞ 魑魅:山林异气所生精灵。 ㉟《虞书》:《尚书》之首,包括《尧典》、《舜典》、《大禹谟》、《皋陶谟》、《益稷》五篇,下引各句均见《舜典》。数:列举。 ㊱ 徽:美。五典:即前所称"五教"。 ㊲ 百揆:此指百事。㊳ 穆穆:静美貌。 ㊴ 大功二十:即举十六相、去四凶。 ㊵ 戾:罪恶。

宋武氏之族道昭公子①,将奉司城须以作乱②。十二月,宋公杀母弟须及昭公子③,使戴、庄、桓之族攻武氏于司马子伯之馆④。遂出武、穆之族,使公孙师为司城⑤。公子朝卒⑥,使乐吕为司寇⑦,以靖国人⑧。

【注释】

① 武氏之族:武公的族人。道:引领。 ② 司城须:文公母弟。③ 宋公:宋文公。 ④ 司马子伯:即华耦。时华耦已卒。 ⑤ 公孙师:庄公之孙。 ⑥ 公子朝:宋司寇。 ⑦ 乐吕:戴公曾孙。 ⑧ 靖:安定。

卷十　宣公上

宣公元年

【经】

元年春[①],王正月,公即位。

公子遂如齐逆女。

三月,遂以夫人妇姜至自齐[②]。

夏,季孙行父如齐。

晋放其大夫胥甲父于卫。

公会齐侯于平州[③]。

公子遂如齐。

六月,齐人取济西田[④]。

秋,邾子来朝。

楚子、郑人侵陈[⑤],遂侵宋。晋赵盾帅师救陈。

宋公、陈侯、卫侯、曹伯会晋师于棐林[⑥],伐郑。

冬,晋赵穿帅师侵崇[⑦]。

晋人、宋人伐郑。

【注释】

① 元年:公元前 608 年。　② 妇姜:称妇,是由于婆婆尚在。　③ 齐侯:齐惠公。平州:在今山东莱芜市西。　④ 济西田:本曹国地,时予以赂齐。　⑤ 楚子:楚庄王。　⑥ 宋公:宋文公。陈侯:陈灵公。卫侯:卫成公。曹伯:曹文公。棐林:在今河南新郑市东。　⑦ 崇:国名,所在不详,或云在今渭水以北黄河边。

【传】

元年春,王正月,公子遂如齐逆女,尊君命也①。三月,遂以夫人妇姜至自齐,尊夫人也②。

夏,季文子如齐,纳贿以请会。

【注释】

① 尊君命:释经称公子遂的缘故。诸侯之卿出入称名氏,是尊君命。② 尊夫人:释单称遂的缘故。迎亲单称名,是尊重夫人。

晋人讨不用命者①,放胥甲父于卫,而立胥克②。先辛奔齐③。

会于平州,以定公位④。东门襄仲如齐拜成。六月,齐人取济西之田,为立公故,以赂齐也。

【注释】

① 不用命:指文公十二年(前 615)河曲之役,赵穿及胥甲父不肯追击秦兵事。 ② 胥克:胥甲父之子。 ③ 先辛:胥甲父属下大夫。 ④ 定公位:即获得诸侯承认。

宋人之弑昭公也,晋荀林父以诸侯之师伐宋①,宋及晋平。宋文公受盟于晋。又会诸侯于扈,将为鲁讨齐。皆取赂而还。郑穆公曰:"晋不足与也。"遂受盟于楚。陈共公之卒②,楚人不礼焉。陈灵公受盟于晋。秋,楚子侵陈,遂侵宋。晋赵盾帅师救陈、宋。会于棐林,以伐郑也。楚蒍贾救郑,遇于北林③,囚晋解扬④,晋人乃还。

【注释】

① 伐宋:事在文公十七年(前 610)。这一段是补叙当时事。 ② 陈共公之卒:事在文公十三年(前 614)。 ③ 北林:在今河南郑州市东南。④ 囚:俘获囚禁。解扬:晋大夫。

晋欲求成于秦,赵穿曰:"我侵崇,秦急崇,必救之。吾以求成焉。"冬,赵穿侵崇,秦弗与成。晋人伐郑,以报北林之役。

于是,晋侯侈,赵宣子为政,骤谏而不入①,故不竞于楚②。

【注释】

① 骤：多次。不入：不听。　② 竞：同“争”。不竞于楚，即不能与楚国相争斗。

宣公二年

【经】

二年春①，王二月壬子，宋华元帅师及郑公子归生帅师，战于大棘②。宋师败绩，获宋华元。

秦师伐晋。

夏，晋人、宋人、卫人、陈人侵郑。

秋九月乙丑，晋赵盾弑其君夷皋③。

冬十月乙亥，天王崩④。

【注释】

① 二年：公元前607年。　② 大棘：在今河南睢县南。　③ 夷皋：晋灵公。　④ 天王：周匡王。

【传】

二年春，郑公子归生受命于楚，伐宋。宋华元、乐吕御之。二月壬子，战于大棘，宋师败绩，囚华元，获乐吕①，及甲车四百六十乘，俘二百五十人，馘百人②。狂狡辂郑人③，郑人入于井，倒戟而出之，获狂狡。君子曰：“失礼违命，宜其为禽也。戎，昭果毅以听之之谓礼④，杀敌为果，致果为毅。易之⑤，戮也。”

【注释】

① 获：有生擒和死获二义，此与上“囚”对举，知所获为乐吕之尸。乐吕：宋司空。　② 馘（guó）：割取左耳以计战功。　③ 狂狡：宋大夫。辂：迎战。　④ 昭果毅以听之：表明果毅精神以行动。　⑤ 易之：相反。

将战，华元杀羊食士，其御羊斟不与①。及战，曰：“畴昔之羊②，子为政③，今日之事，我为政。”与入郑师④，故败。君子谓：

"羊斟非人也,以其私憾,败国殄民[5],于是刑孰大焉。《诗》所谓'人之无良'者[6],其羊斟之谓乎!残民以逞[7]。"

【注释】

① 羊斟:即叔牂,一作羊羹。 ② 畴昔:从前,前时。 ③ 为政:作主。 ④ 与入:驱入。 ⑤ 殄民:即残民,使民受害。 ⑥ 所引诗见《诗·小雅·角弓》。人之无良:人中的坏人。 ⑦ 以逞:使自己快意。

宋人以兵车百乘、文马百驷以赎华元于郑[1]。半入,华元逃归,立于门外,告而入。见叔牂,曰:"子之马然也。"对曰:"非马也,其人也。"既合而来奔[2]。

【注释】

① 文马:马鬣加文饰的马,或云马毛色有文彩者。 ② 合:对答。来奔:逃来我国。

宋城,华元为植[1],巡功[2]。城者讴曰:"睅其目[3],皤其腹[4],弃甲而复。于思于思[5],弃甲复来。"使其骖乘谓之曰:"牛则有皮,犀兕尚多,弃甲则那[6]?"役人曰:"从其有皮[7],丹漆若何[8]?"华元曰:"去之,夫其口众我寡。"

【注释】

① 植:版筑时所立的木柱,依此定城的广狭。 ② 巡功:视察工地。 ③ 睅:大眼睛。 ④ 皤:大肚子。 ⑤ 于思:大胡子。 ⑥ 那:奈何,算得了什么。 ⑦ 从:同"纵"。 ⑧ 丹漆:涂饰甲的原料。

秦师伐晋,以报崇也,遂围焦[1]。夏,晋赵盾救焦,遂自阴地[2],及诸侯之师侵郑,以报大棘之役。楚鬥椒救郑,曰:"能欲诸侯而恶其难乎[3]?"遂次于郑以待晋师。赵盾曰:"彼宗竞于楚[4],殆将毙矣。姑益其疾[5]。"乃去之。

【注释】

① 焦:在今河南陕县南。 ② 阴地:据杜注,指河南陕县至嵩县间黄河南、秦岭北地区。或谓指河南卢氏县之阴地城。 ③ 欲:得到。恶其难:害怕困难。 ④ 彼宗:指鬥椒所属若敖氏,该宗自子文以来,世为令

尹。竞:强。　⑤ 益其疾:谓示弱以骄之,使他早些灭亡。

晋灵公不君①,厚敛以雕墙②,从台上弹人而观其辟丸也。宰夫胹熊蹯不熟③,杀之,置诸畚,使妇人载以过朝④。赵盾、士季见其手,问其故,而患之。将谏,士季曰:"谏而不入,则莫之继也。会请先⑤,不入则子继之。"三进⑥,及溜⑦,而后视之,曰:"吾知所过矣,将改之。"稽首而对曰:"人谁无过?过而能改,善莫大焉。《诗》曰:'靡不有初,鲜克有终⑧。'夫如是,则能补过者鲜矣。君能有终,则社稷之固也,岂唯群臣赖之?又曰:'衮职有阙,惟仲山甫补之⑨。'能补过也。君能补过,衮不废矣。"犹不改。宣子骤谏,公患之,使钼麑贼之⑩。晨往,寝门辟矣,盛服将朝,尚早,坐而假寐。麑退,叹而言曰:"不忘恭敬,民之主也。贼民之主,不忠。弃君之命,不信。有一于此,不如死也。"触槐而死。

【注释】

① 不君:不合为君之道。　② 敛:聚敛。雕:用彩画装饰。　③ 宰夫:专管国君膳食的厨师。胹(ér):煮。熊蹯(fán):熊掌。　④ 载:扛抬。⑤ 会:士季名会。　⑥ 三进:指进门、入庭、上阶。　⑦ 溜:滴水檐下。⑧ 所引诗见《诗·大雅·荡》。鲜克有终:很少有好的结果。　⑨ 所引诗见《诗·大雅·烝民》。衮:天子之服。衮职,天子的职责。仲山甫:周宣王卿士,辅佐宣王中兴。　⑩ 钼麑(chú ní):晋勇士。贼:杀。

秋九月,晋侯饮赵盾酒,伏甲将攻之。其右提弥明知之,趋登曰①:"臣侍君宴,过三爵,非礼也。"遂扶以下。公嗾夫獒焉②,明搏而杀之。盾曰:"弃人用犬,虽猛何为?"斗且出,提弥明死之。

【注释】

① 趋:快步。　② 嗾:用口发声。獒(áo):猛犬。

初,宣子田于首山①,舍于翳桑②,见灵辄饿,问其病。曰:"不食三日矣。"食之,舍其半。问之,曰:"宦三年矣③,未知母之存否,今近焉,请以遗之。"使尽之,而为之箪食与肉④,置诸橐以与之⑤。

既而与为公介⑥,倒戟以御公徒,而免之。问何故。对曰:"翳桑之饿人也。"问其名居,不告而退,遂自亡也。

【注释】

① 首山:一名首阳山,在山西永济市东南。 ② 舍:休息。翳桑:桑荫。一说为地名。 ③ 宦:贵族家的臣仆。 ④ 箪食:用竹篮盛着饭。 ⑤ 橐:袋子。 ⑥ 介:甲士。

乙丑,赵穿攻灵公于桃园。宣子未出山而复①。太史书曰:"赵盾弑其君。"以示于朝。宣子曰:"不然。"对曰:"子为正卿,亡不越竟,反不讨贼,非子而谁?"宣子曰:"乌呼,'我之怀矣,自诒伊戚②',其我之谓矣!"孔子曰:"董狐③,古之良史也,书法不隐。赵宣子,古之良大夫也,为法受恶。惜也,越竟乃免④。"

【注释】

① 山:指晋边境的山,或谓即河南温山。 ② 所引诗杜注谓逸诗。怀:怀恋。自诒伊戚:自己给自己带来如此的烦恼。 ③ 董狐:即晋太史。④ 竟:同"境"。

宣子使赵穿逆公子黑臀于周而立之①。壬申,朝于武宫。

初,丽姬之乱②,诅无畜群公子③,自是晋无公族④。及成公即位,乃宦卿之適而为之田⑤,以为公族,又宦其馀子亦为馀子⑥,其庶子为公行⑦。晋于是有公族、馀子、公行。赵盾请以括为公族⑧,曰:"君姬氏之爱子也⑨。微君姬氏,则臣狄人也⑩。"公许之。冬,赵盾为旄车之族⑪。使屏季以其故族为公族大夫⑫。

【注释】

① 黑臀:襄公弟,即位为成公。公元前606—前600年在位。 ② 丽姬:即骊姬。 ③ 诅:诅咒,是祭神使之加祸于某人之礼,使人不敢违反。群公子:献公诸子。 ④ 公族:公室子弟的群体。亦特指公族大夫,管公室子弟及卿子弟。 ⑤ 宦:仕。此用作动词,作授职解。適:嫡子。为之田:与之田。 ⑥ 馀子:此指嫡子的同母弟。后一馀子指馀子大夫,杜注谓"治馀子之政"。 ⑦ 庶子:庶出子。公行:掌公之戎行。 ⑧ 括:赵盾异母弟,赵姬之子。 ⑨ 君姬氏:即赵姬,文公女,嫁赵衰。 ⑩ 臣

狄人也：赵盾为狄女叔隗所生，赵姬请于赵衰迎归，立为嫡子。⑪ 旄车之族：即馀子大夫。旄车，诸侯所乘的兵车。⑫ 屏季：即赵括。

宣公三年

【经】

三年春[1]，王正月，郊牛之口伤[2]，改卜牛，牛死，乃不郊。犹三望。

葬匡王。

楚子伐陆浑之戎[3]。

夏，楚人侵郑。

秋，赤狄侵齐[4]。

宋师围曹。

冬十月丙戌，郑伯兰卒[5]。

葬郑穆公。

【注释】

① 三年：公元前606年。② 牛：指用作牺牲的牛，未卜日，故不称牲。其礼详僖公三十一年经及传。③ 楚子：楚庄王。陆浑之戎：戎之一种，本居瓜州。④ 赤狄：狄之一种。⑤ 郑伯兰：即郑穆公。

【传】

三年春，不郊而望，皆非礼也。望，郊之属也。不郊亦无望，可也。

晋侯伐郑，及郔[1]。郑及晋平，士会入盟。

【注释】

① 郔(yán)：一说即廪延，在今河南滑县；一说在今郑州。

楚子伐陆浑之戎，遂至于雒[1]，观兵于周疆[2]。定王使王孙满劳楚子。楚子问鼎之大小轻重焉[3]。对曰："在德不在鼎。昔夏之方有德也，远方图物[4]，贡金九牧[5]，铸鼎象物，百物而为之备，使民知神、奸[6]。故民入川泽山林,不逢不若[7]。螭魅罔两,莫能逢之,用能协于上下以承天休[8]。桀有昏德[9],鼎迁于商,载祀六百[10]。商纣暴虐,鼎迁于周。德之休明[11],虽小,重也[12]。其奸回昏乱,虽大,轻也。天祚明德,有所厎止[13]。成王定鼎于郏鄏[14],卜世三十,卜年七百,天所命也。周德虽衰,天命未改,鼎之轻重,未可问也。"

【注释】

① 雒:洛水,源出陕西洛南,东流经河南省入黄河。　② 观兵:检阅军队。　③ 鼎:九鼎,传夏时用九州贡的铜铸成,代表九州。　④ 图物:把事物画成图像。　⑤ 贡金:贡铜。九牧:九州之牧。牧为一州之长。⑥ 奸:邪恶的东西。　⑦ 不若:不顺,有危害的东西。　⑧ 承:领受。天休:上天赐予的福分。　⑨ 昏德:德行昏聩惑乱。　⑩ 载祀:年代。载与祀均是年的意思。　⑪ 休明:美好光明。　⑫ 重也:言无法搬走。⑬ 厎(zhǐ)止:终限。　⑭ 定鼎:把鼎稳固地安置好。后因指定都建国。郏鄏(jiá rǔ):即今河南洛阳,周王城。

夏,楚人侵郑,郑即晋故也。

宋文公即位,三年,杀母弟须及昭公子,武氏之谋也。使戴、桓之族攻武氏于司马子伯之馆,尽逐武、穆之族[1]。武、穆之族以曹师伐宋。秋,宋师围曹,报武氏之乱也。

【注释】

① 以上事参见文公十八年(前609)传。

冬,郑穆公卒。初,郑文公有贱妾曰燕姞,梦天使与己兰,曰:"余为伯鯈[1]。余,而祖也,以是为而子。以兰有国香,人服媚之如是[2]。"既而文公见之,与之兰而御之。辞曰[3]:"妾不才,幸而有子,将不信[4],敢征兰乎[5]?"公曰:"诺。"生穆公,名之曰兰。

【注释】

① 伯鯈:南燕之祖,姞姓。燕姞为南燕女。　② 服:佩。媚:爱。③ 辞:告。　④ 将:可能。　⑤ 征兰:以兰为信物。

文公报郑子之妃曰陈妫[1]，生子华、子臧。子臧得罪而出。诱子华而杀之南里[2]，使盗杀子臧于陈、宋之间[3]。又娶于江，生公子士。朝于楚，楚人鸩之，及叶而死[4]。又娶于苏[5]，生子瑕、子俞弥。俞弥早卒。泄驾恶瑕[6]，文公亦恶之，故不立也。公逐群公子，公子兰奔晋，从晋文公伐郑。石癸曰："吾闻姬、姞耦，其子孙必蕃。姞，吉人也，后稷之元妃也。今公子兰，姞甥也。天或启之，必将为君，其后必蕃，先纳之可以亢宠[7]。"与孔将钼、侯宣多纳之，盟于大宫而立之[8]，以与晋平。

穆公有疾，曰："兰死，吾其死乎，吾所以生也。"刈兰而卒[9]。

【注释】

① 报：淫。郑子：子仪，文公之叔父，娶于陈。　② 诱子华：事见僖公二十六年(前634)。　③ 杀子臧：事见僖公二十四年(前636)。　④ 叶：楚地，在今河南叶县南。　⑤ 苏：古国名，在今河南温县。　⑥ 泄驾恶瑕：参见僖公三十一年(前629)传。　⑦ 亢宠：保护宠幸，历久不衰。⑧ 大宫：郑祖庙。以上事可参见僖公三十年(前630)传。　⑨ 刈兰：或云穆公欲试己之生死而刈兰，或云有人误刈兰，或云兰开花而人刈之。

宣公四年

【经】

四年春[1]，王正月，公及齐侯平莒及郯[2]，莒人不肯。公伐莒，取向[3]。

秦伯稻卒[4]。

夏六月乙酉，郑公子归生弑其君夷[5]。

赤狄侵齐。

秋，公如齐。

公至自齐。

冬，楚子伐郑[6]。

【注释】

① 四年:公元前605年。 ② 齐侯:齐惠公。平:使讲和。郯:国名,己姓,地在今山东郯城县。 ③ 向:在今山东莒县南,莒邑。 ④ 秦伯稻:秦共公。 ⑤ 夷:郑灵公。 ⑥ 楚子:楚庄王。

【传】

四年春,公及齐侯平莒及郯,莒人不肯。公伐莒,取向,非礼也。平国以礼不以乱[①],伐而不治[②],乱也。以乱平乱,何治之有?无治,何以行礼?

【注释】

① 乱:指用兵。 ② 治:安定。

楚人献鼋于郑灵公。公子宋与子家将见[①]。子公之食指动,以示子家,曰:"他日我如此,必尝异味。"及入,宰夫将解鼋[②],相视而笑。公问之,子家以告。及食大夫鼋,召子公而弗与也[③]。子公怒,染指于鼎,尝之而出。公怒,欲杀子公。

【注释】

① 公子宋:字子公。子家:即公子归生。 ② 解:宰杀、分解。 ③ 弗与:不给他吃。

子公与子家谋先。子家曰:"畜老,犹惮杀之,而况君乎?"反谮子家,子家惧而从之。夏,弑灵公。书曰:"郑公子归生弑其君夷。"权不足也[①]。君子曰:"仁而不武[②],无能达也[③]。"凡弑君,称君[④],君无道也;称臣,臣之罪也。

【注释】

① 权不足:解经独书子家的缘故。言子家权不足御侮,害怕谗言而从,所以书为首恶。按:以上诸家解释均如此。但无论从权位及事之因果,均当以子公为首恶,此恐别有隐情,或具体动手杀君的是公子归生。所谓"权"者,均衡责备子家与郑灵公之谓,故既书臣名以明子家之罪,又书灵公名以明君之罪,所谓"各打五十大板"。 ② 仁而不武:起初回答子公的话是仁,不讨子家是不武。 ③ 无能达:做不成什么事。 ④ 称君:仅称君之名。

郑人立子良[①]，辞曰："以贤则去疾不足，以顺则公子坚长[②]。"乃立襄公。襄公将去穆氏[③]，而舍子良。子良不可，曰："穆氏宜存，则固愿也。若将亡之，则亦皆亡，去疾何为？"乃舍之，皆为大夫。

【注释】

① 子良：公子去疾，穆公庶子。 ② 顺：少长顺序。公子坚：灵公庶弟，去疾之兄，立为襄公。公元前604—前587年在位。 ③ 去穆氏：即赶走自己的兄弟们。

初，楚司马子良生子越椒[①]。子文曰："必杀之。是子也，熊虎之状，而豺狼之声，弗杀，必灭若敖氏矣[②]。谚曰：'狼子野心。'是乃狼也，其可畜乎[③]？"子良不可。子文以为大戚[④]，及将死，聚其族，曰："椒也知政[⑤]，乃速行矣，无及于难。"且泣曰："鬼犹求食，若敖氏之鬼，不其馁而[⑥]？"及令尹子文卒，鬥般为令尹[⑦]，子越为司马。芀贾为工正，谮子扬而杀之，子越为令尹，己为司马。子越又恶之，乃以若敖氏之族圄伯嬴于轑阳而杀之[⑧]，遂处烝野[⑨]，将攻王。王以三王之子为质焉[⑩]，弗受，师于漳澨[⑪]。

【注释】

① 子良：鬥伯比之子，令尹子文之弟。子越椒：即鬥椒，字子越。 ② 若敖氏：楚宗族之一支。熊仪为君时称若敖，平王东迁后，蚡冒的一支以若敖为氏。 ③ 畜：养。 ④ 大戚：极大的忧虑。 ⑤ 知：掌握。 ⑥ 其：将。 ⑦ 鬥般：子文之子。字子扬。 ⑧ 圄：囚禁。伯嬴：即芀贾。轑阳：楚邑，在今湖北荆州市境内。 ⑨ 烝野：在今荆州市境内。 ⑩ 三王：指文王、成王、穆王。 ⑪ 漳澨：漳水边，离荆州市不远。

秋七月戊戌，楚子与若敖氏战于皋浒[①]。伯棼射王[②]，汰辀[③]，及鼓跗[④]，著于丁宁[⑤]。又射汰辀，以贯笠毂[⑥]。师惧，退。王使巡师曰："吾先君文王克息，获三矢焉。伯棼窃其二，尽于是矣。"鼓而进之，遂灭若敖氏。

【注释】

① 皋浒：在今湖北襄阳市西。 ② 伯棼：即子越椒。 ③ 汰

(tài):过。轫:车辕。 ④ 鼓跗:类似现今的鼓架。 ⑤ 丁宁:钲,军中以为号令。 ⑥ 笠毂:车子伞盖上的木头。

初,若敖娶于䢵[①],生鬬伯比。若敖卒,从其母畜于䢵,淫于䢵子之女,生子文焉。䢵夫人使弃诸梦中[②],虎乳之。䢵子田,见之,惧而归,夫人以告,遂使收之。楚人谓乳穀,谓虎於菟,故命之曰鬬穀於菟。以其女妻伯比,实为令尹子文。其孙箴尹克黄使于齐[③],还,及宋,闻乱。其人曰:"不可以入矣。"箴尹曰:"弃君之命,独谁受之?君,天也,天可逃乎?"遂归,复命而自拘于司败[④]。王思子文之治楚国也,曰:"子文无后,何以劝善?"使复其所[⑤],改命曰生。

冬,楚子伐郑,郑未服也。

【注释】

① 若敖:此指子文的祖父。䢵(yún):国名,地在今湖北安陆一带。② 梦:云梦泽。 ③ 箴尹:职司进谏。 ④ 司败:主管司法的官。⑤ 复其所:任原来官职。

宣 公 五 年

【经】

五年春[①],公如齐。

夏,公至自齐。

秋九月,齐高固来逆叔姬[②]。

叔孙得臣卒。

冬,齐高固及子叔姬来。

楚人伐郑。

【注释】

① 五年:公元前604年。 ② 高固:齐大夫,即高宣子。

【传】

五年春,公如齐,高固使齐侯止公①,请叔姬焉。

夏,公至自齐。书,过也②。

秋九月,齐高固来逆女,自为也。故书曰:“逆叔姬。”卿自逆也。

【注释】

① 齐侯:齐惠公。止:留。　② 过:杜注谓:“公既见止,连婚于邻国之臣。”

冬,来,反马也①。

楚子伐郑②,陈及楚平。晋荀林父救郑,伐陈。

【注释】

① 反马:诸侯士大夫娶妇,妇乘母家之车,驾母家之马。婚后三月,夫家留其车而归还其马。　② 楚子:楚庄王。

宣公六年

【经】

六年春①,晋赵盾、卫孙免侵陈②。

夏四月。

秋八月,螽。

冬十月。

【注释】

① 六年:公元前603年。　② 孙免:卫大夫。

【传】

六年春,晋、卫侵陈,陈即楚故也。

夏,定王使子服求后于齐①。

秋,赤狄伐晋。围怀②,及邢丘③。晋侯欲伐之④。中行桓子曰[5]:"使疾其民[6],以盈其贯[7],将可殪也[8]。《周书》曰:'殪戎殷[9]。'此类之谓也。"

【注释】

① 子服:周大夫。 ② 怀:在今河南武涉县南。 ③ 邢丘:在今河南温县东。 ④ 晋侯:晋成公。 ⑤ 中行桓子:即荀林父。 ⑥ 疾:害。疾其民,即危害其民。 ⑦ 盈其贯:即满贯。贯为穿线的绳子。 ⑧ 殪:死。 ⑨《周书》:指《尚书·康诰》。戎殷:大国殷商。

冬,召桓公逆王后于齐[1]。

楚人伐郑,取成而还。

郑公子曼满与王子伯廖语[2],欲为卿。伯廖告人曰:"无德而贪,其在《周易》《丰》䷶之《离》䷝[3],弗过之矣。"间一岁[4],郑人杀之。

【注释】

① 召桓公:周卿士。 ② 公子曼满、王子伯廖:均为郑大夫。 ③《丰》之《离》:《丰》卦第六爻由阴变阳为《离》。故杜注举《丰》上六爻辞说"丰其屋,蔀其家,阒其无人,三岁不觌,凶",谓"义取无德而大其屋,不过三岁,必灭亡"。 ④ 间一岁:过了二年。

宣公七年

【经】

七年春[1],卫侯使孙良夫来盟[2]。

夏,公会齐侯伐莱[3]。

秋,公至自伐莱。

大旱。

冬,公会晋侯、宋公、卫侯、郑伯、曹伯于黑壤[4]。

【注释】

① 七年:公元前602年。 ② 卫侯:卫成公。 ③ 齐侯:齐惠公。莱:国名,地在今山东昌邑市东南。 ④ 晋侯:晋成公。宋公:宋文公。郑

伯:郑襄公。曹伯:曹文公。黑壤:一名黄父,在今山西翼城县东北。

【传】

七年春,卫孙桓子来盟①,始通,且谋会晋也。

夏,公会齐侯伐莱,不与谋也②。凡师出,与谋曰及,不与谋曰会。

【注释】

① 孙桓子:即孙良夫。　② 与谋:参与策划。

赤狄侵晋,取向阴之禾①。

郑及晋平,公子宋之谋也,故相郑伯以会②。冬,盟于黑壤,王叔桓公临之③,以谋不睦④。

【注释】

① 向阴:或谓即向邑,在今河南济源市。　② 相:为相礼。　③ 王叔桓公:周卿士。临:监临。　④ 以谋不睦:以策划对付与晋不和睦的国家。

晋侯之立也,公不朝焉,又不使大夫聘,晋人止公于会。盟于黄父,公不与盟①,以赂免。故黑壤之盟不书,讳之也。

【注释】

① 公不与盟:因被执,故未参与盟誓。

宣公八年

【经】

八年春①,公至自会。

夏六月,公子遂如齐,至黄乃复②。

辛巳,有事于大庙③。仲遂卒于垂④。

壬午,犹绎⑤。万入去籥⑥。

戊子,夫人嬴氏薨⑦。

晋师、白狄伐秦。

楚人灭舒蓼[⑧]。

秋七月甲子，日有食之，既[⑨]。

冬十月己丑，葬我小君敬嬴。雨，不克葬。庚寅，日中而克葬。

城平阳[⑩]。

楚师伐陈。

【注释】

① 八年：公元前 601 年。 ② 至黄乃复：公子遂因病而返，黄为齐邑，在今山东淄川。 ③ 有事：举行禘祭。 ④ 仲遂：即公子遂。垂：齐地，具体所在不详。 ⑤ 犹绎：仍再次举行祭祀。 ⑥ 万：万舞。籥：吹乐器，形如笛。万舞中有籥舞。 ⑦ 嬴氏：宣公之母。 ⑧ 舒蓼：群舒之一，地在今安徽舒城及庐江之间。 ⑨ 既：日全食。 ⑩ 平阳：在今山东新泰市北。

【传】

八年春，白狄及晋平[①]。夏，会晋伐秦。晋人获秦谍，杀诸绛市[②]，六日而苏[③]。

有事于大庙，襄仲卒而绎，非礼也。

楚为众舒叛故，伐舒蓼，灭之。楚子疆之[④]，及滑汭[⑤]，盟吴、越而还[⑥]。

【注释】

① 白狄：狄之别种，居陕西。 ② 绛：晋都城。 ③ 苏：复活。 ④ 楚子：楚庄王。疆：划正其疆界。 ⑤ 滑汭：滑水之曲。滑水今所在不详。 ⑥ 吴：国名，姬姓，太伯之后。初都梅里(今江苏无锡市东)，至诸樊迁吴(今苏州市)。越：少康后代，封于会稽(今浙江绍兴市)，拥有杭州以南、以东土地。

晋胥克有蛊疾[①]，郤缺为政。秋，废胥克，使赵朔佐下军[②]。

冬，葬敬嬴。旱，无麻，始用葛茀[③]。雨，不克葬，礼也。礼，卜葬，先远日[④]，辟不怀也[⑤]。

【注释】

① 蛊：腹中有虫。又为神志错乱之病。 ② 赵朔：赵盾之子。时盾已

死,郤缺为政,令朔代替胥克。　③ 茀:引棺的绳索。亦作绋。　④ 远日:十天以外的日子。　⑤ 辟不怀:避免不怀念死者之心。因择近日有草草求葬之嫌。

城平阳,书,时也。

陈及晋平。楚师伐陈,取成而还。

宣公九年

【经】

九年春①,王正月,公如齐。

公至自齐。

夏,仲孙蔑如京师②。

齐侯伐莱③。

秋,取根牟④。

八月,滕子卒。

九月,晋侯、宋公、卫侯、郑伯、曹伯会于扈⑤。

晋荀林父帅师伐陈。

辛酉,晋侯黑臀卒于扈。

冬十月癸酉,卫侯郑卒。

宋人围滕。

楚子伐郑⑥。

晋郤缺帅师救郑。

陈杀其大夫泄冶。

【注释】

① 九年:公元前600年。　② 仲孙蔑:公孙敖之孙孟献子。　③ 齐侯:齐惠公。　④ 根牟:国名,地在今山东沂水县南。　⑤ 晋侯:晋成公。宋公:宋文公。卫侯:卫成公。郑伯:郑襄公。曹伯:曹文公。　⑥ 楚子:楚庄王。

【传】

九年春，王使来征聘①。夏，孟献子聘于周，王以为有礼，厚贿之。

秋，取根牟，言易也②。

滕昭公卒。

会于扈，讨不睦也。陈侯不会③。晋荀林父以诸侯之师伐陈。晋侯卒于扈，乃还。

冬，宋人围滕，因其丧也。

【注释】

① 王使：周王使者。征聘：示意鲁国遣使往周聘问。　② 言易也：此释“取”字。　③ 陈侯：陈灵公。

陈灵公与孔宁、仪行父通于夏姬①，皆衷其衵服以戏于朝②。泄冶谏曰：“公卿宣淫，民无效焉，且闻不令③，君其纳之④。”公曰：“吾能改矣。”公告二子，二子请杀之，公弗禁，遂杀泄冶。孔子曰：“《诗》云：‘民之多辟，无自立辟⑤。’其泄冶之谓乎！”

【注释】

① 孔宁、仪行父：陈大夫。夏姬：郑穆公女，陈大夫御叔之妻。　② 衵(nì)服：内衣。　③ 闻：名声。令：善。　④ 纳：收藏。　⑤ 所引诗见《诗·大雅·板》。多辟：多邪僻之事。立辟：立为法度。

楚子为厉之役故①，伐郑。

晋郤缺救郑，郑伯败楚师于柳棼②。国人皆喜，唯子良忧曰③：“是国之灾也，吾死无日矣④。”

【注释】

① 厉之役：杜注谓指宣公六年(前 603)楚伐郑之役。　② 柳棼：郑地，今所在不详。　③ 子良：即公子去疾。　④ 死无日：离死没多少日子。

宣公十年

【经】

十年春①，公如齐。

公至自齐。

齐人归我济西田。

夏四月丙辰，日有食之。

己巳，齐侯元卒②。

齐崔氏出奔卫③。

公如齐。

五月，公至自齐。

癸巳，陈夏徵舒弑其君平国④。

六月，宋师伐滕。

公孙归父如齐，葬齐惠公。

晋人、宋人、卫人、曹人伐郑。

秋，天王使王季子来聘⑤。

公孙归父帅师伐邾，取绎⑥。

大水。

季孙行父如齐。

冬，公孙归父如齐。

齐侯使国佐来聘⑦。

饥。

楚子伐郑⑧。

【注释】

① 十年：公元前 599 年。　② 齐侯元：齐惠公。　③ 崔氏：崔杼，齐大夫。　④ 夏徵舒：陈大夫，御叔之子。平国：陈灵公。　⑤ 天王：周定王。王季子：《公羊传》谓天王之母弟。　⑥ 绎：邾邑。　⑦ 齐侯：齐顷公，公元前 598—前 582 年在位。国佐：国归父之子，一称国武子。⑧ 楚子：楚庄王。

【传】

十年春，公如齐。齐侯以我服故①，归济西之田。

夏，齐惠公卒。崔杼有宠于惠公，高、国畏其逼也②，公卒而逐之，奔卫。书曰"崔氏"，非其罪也，且告以族，不以名。凡诸侯之大夫违③，告于诸侯曰："某氏之守臣某，失守宗庙，敢告。"所有玉帛之使者④，则告，不然，则否。

【注释】

① 服：顺服。 ② 高、国：高氏、国氏，世为齐上卿。 ③ 违：离开国家。 ④ 玉帛之使者：指互相聘问往来的国家。玉帛为聘问礼物。

公如齐奔丧。

陈灵公与孔宁、仪行父饮酒于夏氏。公谓行父曰："徵舒似女。"对曰："亦似君。"徵舒病之。公出，自其厩射而杀之①。二子奔楚②。

【注释】

① 厩：马厩。 ② 二子：指孔宁、仪行父。

滕人恃晋而不事宋，六月，宋师伐滕。

郑及楚平。诸侯之师伐郑，取成而还。

秋，刘康公来报聘①。

师伐邾，取绎。

季文子初聘于齐。

冬，子家如齐，伐邾故也。

国武子来报聘。

【注释】

① 刘康公：即王季子，食采于刘，谥康公。报聘：回报孟献子之聘。

楚子伐郑。晋士会救郑，逐楚师于颍北①。诸侯之师戍郑。郑子家卒。郑人讨幽公之乱②，斫子家之棺而逐其族。改葬幽公，谥之曰灵。

【注释】

① 颍北：颍水之北。颍水出河南登封市，东南流经禹州、临颍、西华而南入沙河。 ② 幽公：即郑灵公。

宣公十一年

【经】

十有一年春[①]，王正月。

夏，楚子、陈侯、郑伯盟于辰陵[②]。

公孙归父会齐人伐莒。

秋，晋侯会狄于欑函[③]。

冬十月，楚人杀陈夏徵舒。

丁亥，楚子入陈[④]。纳公孙宁、仪行父于陈。

【注释】

① 十有一年：公元前598年。 ② 楚子：楚庄王。陈侯：按陈灵公时已被杀，成公尚在晋未即位，此陈侯不知为谁。郑伯：郑襄公。辰陵：在今河南淮阳县西。 ③ 欑函：不详。杜注谓狄为会主，晋景公往会，故欑函为狄地。 ④ 入陈：杜注谓楚庄王先杀徵舒，后以陈为县，又复陈，故书入在杀徵舒之后。

【传】

十一年春，楚子伐郑，及栎[①]。子良曰[②]："晋、楚不务德而兵争，与其来者可也[③]。晋、楚无信，我焉得有信？"乃从楚。夏，楚盟于辰陵，陈、郑服也。

【注释】

① 栎：即今河南禹州市。 ② 子良：公子去疾。 ③ 与：服从。

楚左尹子重侵宋[①]，王待诸郔[②]。令尹𫇭艾猎城沂[③]，使封人虑事[④]，以授司徒。量功命日[⑤]，分财用[⑥]，平板干[⑦]，称畚筑[⑧]，程土物[⑨]，议远迩[⑩]，略基趾[⑪]，具𫗦粮[⑫]，度有司[⑬]，事三旬而成，不愆于素[14]。

【注释】

① 子重:即公子婴齐,庄王弟。 ② 郔(yán):在今河南项城市。③ 芀艾猎:即孙叔敖。沂:楚邑,在今河南正阳县。 ④ 封人:筑城的主事官。虑事:筹划,估算工程所需。 ⑤ 量功:估量要多少人工。命日:估算要多少时间。 ⑥ 分:分配。财用:材料工具。 ⑦ 板:筑墙时所用夹板。干:筑墙时树立两头的支柱。 ⑧ 称:均衡。畚筑:盛土之器与筑土之杵。此指运土与筑墙的人力。 ⑨ 程:计算。土物:土方与材料。⑩ 议:议定。远迩:远近。全句谓对施工人员取水取土的地点远近做好规定,以均劳役。 ⑪ 略:巡视。 ⑫ 餱粮:干粮。 ⑬ 度:审度,选定。 ⑭ 素:原计划。

晋郤成子求成于众狄[1],众狄疾赤狄之役,遂服于晋。秋,会于欑函,众狄服也。是行也,诸大夫欲召狄。郤成子曰:"吾闻之,非德,莫如勤,非勤,何以求人?能勤有继[2],其从之也[3]。《诗》曰:'文王既勤止[4]。'文王犹勤,况寡德乎?"

【注释】

① 郤成子:即郤缺。众狄:白狄各部。 ② 有继:杜注:"勤则功继之。" ③ 从:就。指去狄人那儿。 ④ 所引诗见《诗·周颂·赉》。止:语气词。

冬,楚子为陈夏氏乱故,伐陈。谓陈人无动[1],将讨于少西氏[2]。遂入陈,杀夏徵舒,轘诸栗门[3],因县陈[4]。陈侯在晋[5]。

【注释】

① 动:惊动,害怕。 ② 少西氏:夏徵舒祖父名少西,所以称夏家为少西氏。 ③ 轘(huàn):车裂。栗门:陈国城门名。 ④ 县陈:把陈国设为楚国的一个县。 ⑤陈侯:指灵公太子,名午。即位为成公,公元前598—前569年在位。

申叔时使于齐[1],反,复命而退。王使让之曰:"夏徵舒为不道,弑其君,寡人以诸侯讨而戮之,诸侯县公皆庆寡人,女独不庆寡人,何故?”对曰:“犹可辞乎[2]?”王曰:“可哉!”曰:“夏徵舒弑其君,其罪大矣,讨而戮之,君之义也。抑人亦有言曰:‘牵牛以蹊人之田[3],而夺之牛。’牵牛以蹊者,信有罪矣;而夺之牛,罚已重矣。诸侯之从也,曰讨有罪也。今县陈,贪其富也。以讨召诸侯,而以贪归之,无乃不可乎?”王曰:“善哉!吾未之闻也。反之,可乎?”对曰:“可哉!吾侪小人所谓取诸其怀而与之也[4]。”乃复封陈,乡取一人焉以归,谓之夏州[5]。故书曰:“楚子入陈,纳公孙宁、仪行父于陈。”书有礼也。

【注释】

① 申叔时:楚大夫。　② 犹可辞乎:还可以解释几句吗。　③ 蹊(xī):践踏。　④ 侪:辈。　⑤ 夏州:在今湖北汉阳北。

厉之役,郑伯逃归,自是楚未得志焉。郑既受盟于辰陵,又徼事于晋[1]。

【注释】

① 徼:求。此条与下一年传相连。

卷十一　宣公下

宣公十二年

【经】

十有二年春①，葬陈灵公。

楚子围郑②。

夏六月乙卯，晋荀林父帅师及楚子战于邲③，晋师败绩。

秋七月。

冬十有二月戊寅，楚子灭萧④。

晋人、宋人、卫人、曹人同盟于清丘⑤。

宋师伐陈，卫人救陈。

【注释】

① 十有二年：公元前 597 年。　② 楚子：楚庄王。　③ 邲：郑地。邲为河名，即今汴河，晋、楚交战处在今河南荥阳市北。　④ 萧：今安徽萧县。　⑤ 清丘：卫地，在今河南濮阳市西南。

【传】

十二年春，楚子围郑。旬有七日，郑人卜行成，不吉。卜临于大宫①，且巷出车②，吉。国人大临，守陴者皆哭③。楚子退师，郑人修城，进复围之，三月克之。入自皇门④，至于逵路⑤。郑伯肉袒牵羊以逆⑥，曰："孤不天，不能事君，使君怀怒以及敝邑，孤之罪也，敢不唯命是听？其俘诸江南以实海滨，亦唯命。其翦以赐诸侯⑦，使臣妾之⑧，亦唯命。若惠顾前好，徼福于厉、宣、桓、武⑨，不泯其社稷，使改事君，夷于九县⑩，君之惠也，孤之愿也，非所敢望也。敢布腹心⑪，君实图之。"左右曰："不可许也，得国无赦⑫。"王曰:“其君能下人,必能信用其民矣,庸可几乎[13]?”退三十里而许之平。潘尪入盟[14],子良出质[15]。

【注释】

① 临:哭。② 巷出车:把兵车陈列在街巷。表示拼命保卫国家。③ 陴:城上的女墙。此代指城墙。④ 皇门:郑都城门名。⑤ 逵路:大路。⑥ 郑伯:郑襄公。肉袒:脱去上衣,露出身体。⑦ 翦:翦除,灭亡。⑧ 臣妾:做奴仆。⑨ 徼福:求福。厉、宣、桓、武:周厉王、周宣王、郑桓公、郑武公,指郑国祖先。⑩ 夷:等同。九县:指许多县。⑪ 布:披露,陈述。腹心:心里话。⑫ 得国无赦:得到了一个国家,不能再赦免他。⑬ 庸:或许。几:同“冀”,希望。⑭ 潘尪(wāng):楚大夫,也称师叔。⑮ 子良:郑襄公弟。

夏六月,晋师救郑。荀林父将中军,先縠佐之[1]。士会将上军,郤克佐之。赵朔将下军,栾书佐之[2]。赵括、赵婴齐为中军大夫[3]。巩朔、韩穿为上军大夫。荀首、赵同为下军大夫[4]。韩厥为司马[5]。

【注释】

① 先縠:先轸后代,又称原縠。食采于彘,故又称彘子。② 栾书:栾盾之子。③ 赵括、赵婴齐:即屏括、楼婴,赵盾之异母弟。④ 荀首:荀林父弟。赵同:即原同,赵括兄。⑤ 韩厥:曲沃桓叔之后代。

及河[1],闻郑既及楚平,桓子欲还[2],曰:“无及于郑而剿民[3],焉用之?楚归而动,不后[4]。”随武子曰[5]:“善。会闻用师,观衅而动[6]。德刑政事典礼不易[7],不可敌也,不为是征[8]。楚军讨郑,怒其贰而哀其卑,叛而伐之,服而舍之,德刑成矣。伐叛,刑也;柔服[9],德也。二者立矣。昔岁入陈,今兹入郑,民不罢劳[10],君无怨讟[11],政有经矣[12]。荆尸而举[13],商农工贾不败其业[14],而卒乘辑睦[15],事不奸矣[16]。蒍敖为宰,择楚国之令典[17],军行,右辕,左追蓐[18],前茅虑无[19],中权[20],后劲[21],百官象物而动[22],军政不戒而备[23],能用典矣。其君之举也[24],内姓选于亲,外姓选于旧。举不失德，赏不失劳。老有加惠，旅有施舍㉕。君子小人，物有服章。贵有常尊㉖，贱有等威㉗，礼不逆矣。德立，刑行，政成，事时，典从，礼顺，若之何敌之？见可而进，知难而退，军之善政也。兼弱攻昧㉘，武之善经也㉙。子姑整军而经武乎！犹有弱而昧者，何必楚？仲虺有言曰㉚：'取乱侮亡。'兼弱也。《汋》曰㉛：'於铄王师㉜，遵养时晦㉝。'耆昧也㉞。《武》曰㉟：'无竞惟烈㊱。'抚弱耆昧以务烈所，可也。"彘子曰："不可。晋所以霸，师武臣力也。今失诸侯，不可谓力。有敌而不从，不可谓武。由我失霸，不如死。且成师以出，闻敌强而退，非夫也㊲。命为军帅，而卒以非夫，唯群子能，我弗为也。"以中军佐济㊳。

【注释】

① 河：黄河。 ② 桓子：荀林父。 ③ 无及于郑：指来不及救郑。剿：劳。 ④ 不后：不为不及。 ⑤ 随武子：士会。 ⑥ 衅：间隙。观衅，即待机，寻找机会。 ⑦ 不易：合乎其道。 ⑧ 不为是征：不攻打这样的国家。 ⑨ 柔服：以柔安抚。 ⑩ 罢：同"疲"。 ⑪ 怨讟(dú)：怨恨。 ⑫ 经：常规。 ⑬ 荆尸：楚国的一种阵法。荆尸而举，即列阵出兵。 ⑭ 商：行商。贾：坐商。 ⑮ 卒乘：步兵曰卒，车兵曰乘。辑：和。 ⑯ 奸：犯。 ⑰ 令典：好的法典。 ⑱ 追蓐：割草以备休息用。 ⑲ 茅：茅旌。即旄旌，饰有牛尾的旌旗。古行军，前军探路，以旌为标识通知后军，根据不同情况，出示不同旗旌。虑无：防备意外。 ⑳ 中权：中军制谋。 ㉑ 后劲：以精兵为殿后。 ㉒ 百官：军中诸官。象物而动：物，指旌旗。百官各建旌旗，依旗而动。 ㉓ 戒：敕令。 ㉔ 举：选拔人材。 ㉕ 施舍：赐予。 ㉖ 常尊：一定的礼仪以示尊重。 ㉗ 贱有等威：卑贱者也分成等级，使有所畏。 ㉘ 昧：昏暗。 ㉙ 武：用兵。善经：好规则。 ㉚ 仲虺：汤左相。 ㉛《汋》：《诗·周颂》篇名。 ㉜ 於：发语词。铄：美。 ㉝ 遵：率。养：取。时：此。 ㉞ 耆昧：攻昧。 ㉟《武》：《诗·周颂》篇名。 ㊱ 竞：强。烈：功业。全句意为功业举世无双。 ㊲ 夫：丈夫。 ㊳ 济：渡河。

知庄子曰①："此师殆哉。《周易》有之，在《师》䷆之《临》䷒②，曰：'师出以律，否臧凶③。'执事顺成为臧，逆为否。众散为弱④，川壅为泽[5]，有律以如己也[6]，故曰律。否臧，且律竭也[7]。盈而以竭，夭且不整，所以凶也[8]。不行之谓《临》，有帅而不从，《临》孰甚焉！此之谓矣。果遇，必败，彘子尸之[9]。虽免而归，必有大咎。”韩献子谓桓子曰：“彘子以偏师陷，子罪大矣。子为元帅，师不用命，谁之罪也？失属亡师，为罪已重，不如进也。事之不捷，恶有所分，与其专罪，六人同之，不犹愈乎？”师遂济。楚子北，师次于郔。沈尹将中军[10]，子重将左[11]，子反将右[12]，将饮马于河而归。闻晋师既济，王欲还，嬖人伍参欲战[13]。令尹孙叔敖弗欲，曰：“昔岁入陈，今兹入郑，不无事矣。战而不捷，参之肉其足食乎？”参曰：“若事之捷，孙叔为无谋矣。不捷，参之肉将在晋军，可得食乎？”令尹南辕反旆[14]，伍参言于王曰：“晋之从政者新，未能行令。其佐先縠刚愎不仁[15]，未肯用命。其三帅者专行不获，听而无上，众谁适从？此行也，晋师必败。且君而逃臣，若社稷何？”王病之，告令尹，改乘辕而北之，次于管以待之[16]。

【注释】

① 知庄子：即荀首。　② 在《师》之《临》：《师》卦坎下坤上，《临》卦兑下坤上。《师》卦初爻由阴变阳，坎变为兑，成《临》卦。下“师出以律”为《师》初六之爻词。　③ 律：法。否臧：不善。　④ 众散为弱：坎为众，今变为兑，兑为柔弱之象，故云。　⑤ 川壅为泽：坎为川，今变为兑，兑为泽，是川被壅。　⑥ 如：从。全句谓有法律号令者，以其能指挥三军如一人，犹自己指挥自己。　⑦ 竭：尽，穷。　⑧ 盈而以竭，夭且不整，所以凶：言律败则凶。坎为川，川水竭；变为泽，泽水易竭。师出不以律，则律竭。夭为阻塞意，川壅为阻塞，众散为不整。　⑨ 尸：主。　⑩ 沈尹：沈县之尹。⑪ 子重：庄王弟公子婴齐，楚卿。　⑫ 子反：公子侧，楚卿，后官大司马。⑬ 伍参：伍奢之祖父。　⑭ 南辕反旆：回车南向，掉转大旗。言回楚。⑮ 刚愎：刚且狠。　⑯ 管：郑地，在今河南郑州市。

晋师在敖、鄗之间[1]。郑皇戌使如晋师[2]，曰：“郑之从楚，社稷之故也，未有贰心。楚师骤胜而骄，其师老矣，而不设备，子击之，郑师为承[3]，楚师必败。”彘子曰：“败楚服郑，于此在矣，必许之。"栾武子曰[④]:"楚自克庸以来[⑤],其君无日不讨国人而训之于民生之不易[⑥],祸至之无日,戒惧之不可以怠。在军,无日不讨军实而申儆之于胜之不可保[⑦],纣之百克而卒无后,训之以若敖、蚡冒筚路蓝缕[⑧],以启山林。箴之曰:'民生在勤,勤则不匮。'不可谓骄。先大夫子犯有言曰[⑨]:'师直为壮,曲为老。'我则不德,而徼怨于楚,我曲楚直,不可谓老。其君之戎,分为二广,广有一卒[⑩],卒偏之两[⑪]。右广初驾,数及日中[⑫],左则受之,以至于昏。内官序当其夜[⑬],以待不虞。不可谓无备。子良,郑之良也。师叔[⑭],楚之崇也。师叔入盟,子良在楚,楚、郑亲矣。来劝我战,我克则来,不克遂往,以我卜也,郑不可从。"赵括、赵同曰:"率师以来,唯敌是求。克师得属,又何俟?必从彘子。"知季曰[⑮]:"原、屏,咎之徒也[⑯]。"赵庄子曰:"栾伯善哉,实其言[⑰],必长晋国[⑱]。"

【注释】

① 敖、鄗(qiāo):二山名,在河南荥阳市北。 ② 皇戌:郑卿。 ③ 承:后继。 ④ 栾武子:栾书。 ⑤ 克庸:楚灭庸国为文公十六年(前611)事。 ⑥ 讨:治,教训。于:以。 ⑦ 军实:军中官兵。 ⑧ 若敖、蚡冒:皆楚之先君。筚路:柴车。蓝缕:破旧衣服。 ⑨ 子犯:狐偃。 ⑩ 广有一卒:谓每部一卒之车,即三十辆车。 ⑪ 卒偏之两:即每卒分为两偏。 ⑫ 数:漏刻之数。此指时间。 ⑬ 内官:王左右亲近的臣子。序:依次序。 ⑭ 师叔:即潘尪。 ⑮ 知季:即知庄子荀首。 ⑯ 咎:殃咎。徒:同"途"。全句谓二人自取祸殃。 ⑰ 实:实践。 ⑱ 长:长久。

楚少宰如晋师,曰:"寡君少遭闵凶,不能文[①]。闻二先君之出入此行也[②],将郑是训定,岂敢求罪于晋?二三子无淹久。"随季对曰:"昔平王命我先君文侯曰:'与郑夹辅周室,毋废王命。'今郑不率[③],寡君使群臣问诸郑,岂敢辱候人[④]?敢拜君命之辱。"彘子以为谄,使赵括从而更之,曰:"行人失辞。寡君使群臣迁大国之迹于郑[⑤],曰:'无辟敌。'群臣无所逃命[⑥]。"

【注释】

① 不能文：谦词，谓不善辞令。　② 二先君：谓成王与穆王，均曾攻打郑国。出入此行：在这里来往。　③ 率：遵循。　④ 候人：送往迎来之官。此句言不劳楚人迎送。　⑤ 迁大国之迹：外交辞令，意为赶走你们。　⑥ 无所逃命：即非战不可。

楚子又使求成于晋，晋人许之，盟有日矣。楚许伯御乐伯，摄叔为右，以致晋师①。许伯曰："吾闻致师者，御靡旌摩垒而还②。"乐伯曰："吾闻致师者，左射以菆③，代御执辔，御下两马④，掉鞅而还⑤。"摄叔曰："吾闻致师者，右入垒，折馘⑥，执俘而还。"皆行其所闻而复⑦。晋人逐之，左右角之⑧。乐伯左射马而右射人，角不能进，矢一而已⑨。麋兴于前⑩，射麋丽龟⑪。晋鲍癸当其后，使摄叔奉麋献焉，曰："以岁之非时，献禽之未至，敢膳诸从者。"鲍癸止之，曰："其左善射，其右有辞，君子也。"既免。

【注释】

① 致晋师：古战前先使勇士犯敌称致师，即单车挑战。　② 靡旌：车疾行则旗必斜披，因代指快速驾车。摩：迫近。　③ 菆(zōu)：好箭。　④ 两：整齐。　⑤ 掉鞅：拨正马颈上的皮带。　⑥ 折馘：杀死敌人，割下耳朵。　⑦ 行其所闻：照所听说的做了。　⑧ 左右角之：谓张两角左右夹攻。　⑨ 矢一而已：只剩下一支箭了。　⑩ 兴：出现。　⑪ 丽：中。龟：背部。

晋魏锜求公族未得①，而怒，欲败晋师。请致师，弗许。请使，许之。遂往，请战而还。楚潘党逐之，及荧泽②，见六麋，射一麋以顾献曰③："子有军事，兽人无乃不给于鲜④，敢献于从者。"叔党命去之⑤。赵旃求卿未得⑥，且怒于失楚之致师者，请挑战⑦，弗许。请召盟，许之，与魏锜皆命而往⑧。郤献子曰："二憾往矣，弗备必败。"彘子曰："郑人劝战，弗敢从也。楚人求成，弗能好也。师无成命，多备何为?"士季曰："备之善。若二子怒楚，楚人乘我⑨，丧师无日矣。不如备之。楚之无恶，除备而盟，何损于好？若以恶来，有备不败。且虽诸侯相见,军卫不彻,警也。”彘子不可。士季使巩朔、韩穿帅七覆于敖前⑩,故上军不败。赵婴齐使其徒先具舟于河,故败而先济。

【注释】

① 魏锜:魏犨之后,或称吕锜、厨武子。 ② 荧泽:即荥泽,在今河南荥阳市东。 ③ 顾:回头。 ④ 兽人:掌打猎的官。给:足。 ⑤ 叔党:即潘党。去之:不再追赶。 ⑥ 赵旃:赵穿子。 ⑦ 挑战:率军队出战。 ⑧ 皆命:一起受命。 ⑨ 乘:乘势掩杀。 ⑩ 七覆:七处伏兵。

潘党既逐魏锜,赵旃夜至于楚军①,席于军门之外②,使其徒入之。楚子为乘广三十乘,分为左右③。右广鸡鸣而驾,日中而说④。左则受之,日入而说。许偃御右广,养由基为右。彭名御左广,屈荡为右。乙卯,王乘左广以逐赵旃。赵旃弃车而走林,屈荡搏之⑤,得其甲裳。晋人惧二子之怒楚师也,使軘车逆之⑥。潘党望其尘,使骋而告曰:“晋师至矣。”楚人亦惧王之入晋军也,遂出陈。孙叔曰:“进之。宁我薄人⑦,无人薄我。《诗》云:‘元戎十乘,以先启行⑧。’先人也。《军志》曰:‘先人有夺人之心。’薄之也。”遂疾进师,车驰卒奔,乘晋军⑨。桓子不知所为,鼓于军中曰:“先济者有赏⑩。”中军、下军争舟,舟中之指可掬也⑪。

【注释】

① 夜至于楚军:杜注说二人一起受命,但没一起走,赵旃后至。 ② 席:席地而坐。 ③ 分为左右:分为左右两广。 ④ 说:同“税”,卸车。 ⑤ 搏:搏斗。 ⑥ 軘车:专用于屯守的兵车。 ⑦ 薄:迫,靠近。 ⑧ 所引诗见《诗·小雅·六月》。元戎:大戎,冲锋陷阵的兵车。启行:冲破敌军,打开缺口。 ⑨ 乘:掩袭。 ⑩ 济:渡河。此指渡河退回。 ⑪ 掬:捧。此言兵士争舟,先乘者以刀断攀船舷欲上船的人的手指,以免船载人太多。

晋师右移①,上军未动。工尹齐将右拒卒以逐下军②。楚子使唐狡与蔡鸠居告唐惠侯曰③:“不穀不德而贪,以遇大敌,不穀之罪也。然楚不克,君之羞也,敢借君灵以济楚师。”使潘党率游阙四十乘④,从唐侯以为左拒,以从上军。驹伯曰⑤:“待诸乎?”随季曰:“楚师方壮,若萃于我,吾师必尽,不如收而去之。分谤生民⑥,不亦可乎?”殿其卒而退⑦,不败。王见右广,将从之乘。屈荡户之⑧,曰:“君以此始,亦必以终。”自是楚之乘广先左。

【注释】

① 右移:黄河在右,晋军向右逃走渡河。　② 工尹齐:楚大夫,工尹为官名。右拒:右边方阵。　③ 唐狡、蔡鸠居:楚大夫。唐惠侯:唐国国君。唐为楚属国,地在今湖北随州西北。　④ 游阙:指用作机动的兵车。⑤ 驹伯:郤锜,郤克子。　⑥ 分谤生民:分担罪责,保存实力。因逃走则需同罪,不战则保存实力。　⑦ 殿其卒:为上军作后卫。　⑧ 户:止。

晋人或以广队不能进①,楚人惎之脱扃②,少进,马还③,又惎之拔旆投衡④,乃出。顾曰⑤:“吾不如大国之数奔也。”

【注释】

① 广:兵车。队:同“坠”。指陷入坑内。　② 惎(jì):教。扃:车前横木。　③ 还:盘旋不进。　④ 衡:车轭。辕前横木以扼马颈者。⑤ 顾:回头。此指晋军。

赵旃以其良马二,济其兄与叔父,以他马反,遇敌不能去,弃车而走林。逢大夫与其二子乘,谓其二子无顾。顾曰:“赵傁在后①。”怒之,使下,指木曰:“尸女于是②。”授赵旃绥③,以免。明日以表尸之④,皆重获在木下⑤。

【注释】

① 傁:同“叟”。　② 尸:收尸。　③ 绥:挽以上车的绳索。④ 以表:按照标志。　⑤ 重获在木下:谓在那树下找到了他两个儿子叠在一起的尸体。

楚熊负羁囚知罃①。知庄子以其族反之,厨武子御②,下军之士多从之。每射,抽矢,菆,纳诸厨子之房③。厨子怒曰:“非子之求而蒲之爱④,董泽之蒲⑤,可胜既乎⑥?”知季曰:“不以人子⑦,吾子其可得乎?吾不可以苟射故也[8]。"射连尹襄老,获之,遂载其尸。射公子穀臣[9],因之。以二者还。

【注释】

① 熊负羁:楚大夫。知蓥:知武子,知庄子之子,字子羽。 ② 厨武子:魏锜,食邑于厨。 ③ 房:箭房,即箭袋。 ④ 非子之求:不去救自己的儿子。蒲:蒲柳,是制箭杆的材料。 ⑤ 董泽:在今山西闻喜县东北,产蒲。 ⑥ 胜:尽。既:取。 ⑦ 不以人子:捉不到敌人的儿子。 ⑧ 不可以苟射:不随意把好箭用掉。 ⑨ 公子穀臣:楚王之子。

及昏,楚师军于邲,晋之余师不能军,宵济,亦终夜有声[1]。

丙辰,楚重至于邲[2],遂次于衡雍[3]。潘党曰:"君盍筑武军[4],而收晋尸以为京观[5]?臣闻克敌必示子孙,以无忘武功。"楚子曰:"非尔所知也。夫文,止戈为武。武王克商,作《颂》曰:'载戢干戈,载櫜弓矢。我求懿德,肆于时《夏》,允王保之[6]。'又作《武》,其卒章曰:'耆定尔功[7]。'其三曰:'铺时绎思,我徂惟求定[8]。'其六曰:'绥万邦,屡丰年[9]。'夫武,禁暴、戢兵、保大、定功、安民、和众、丰财者也。故使子孙无忘其章。今我使二国暴骨,暴矣;观兵以威诸侯,兵不戢矣。暴而不戢,安能保大?犹有晋在,焉得定功?所违民欲犹多,民何安焉?无德而强争诸侯,何以和众?利人之几[10],而安人之乱,以为己荣,何以丰财?武有七德,我无一焉,何以示子孙?其为先君宫,告成事而已[11]。武非吾功也。古者明王伐不敬,取其鲸鲵而封之[12],以为大戮,于是乎有京观,以惩淫慝[13]。今罪无所,而民皆尽忠以死君命,又可以为京观乎?"祀于河,作先君宫,告成事而还。

【注释】

① 终夜有声:谓军队无法约束,吵闹不停。 ② 重:辎重。 ③ 衡雍:在今河南原阳县。 ④ 武军:杜注谓军营,或谓即坟墓。 ⑤ 京观:高丘,坟山。 ⑥ 所引诗见《诗·周颂·时迈》。戢:收藏兵器。櫜(gāo):弓衣,此作动词。肆:陈设。《夏》:乐歌名。 ⑦ 所引诗见《诗·周颂·武》。耆:致。 ⑧ 所引诗见今《诗·周颂·赉》。铺:今诗作"敷",

布。绎:陈。思:语末助词。徂:往。　⑨ 所引诗见《诗·周颂·桓》。绥:安抚。　⑩ 几:危。　⑪ 成事:战胜。　⑫ 鲸鲵:海中大鱼。此喻指大奸首恶。　⑬淫慝:不敬。

是役也,郑石制实入楚师[1],将以分郑而立公子鱼臣[2]。辛未,郑杀仆叔及子服。君子曰:"史佚所谓毋怙乱者[3],谓是类也。《诗》曰:'乱离瘼矣,爰其适归[4]?'归于怙乱者也夫!"

【注释】

① 石制:郑大夫,字子服。入楚师:招楚师入郑。　② 公子鱼臣:字仆叔。　③ 怙乱:凭借动乱。　④ 所引诗见《诗·小雅·四月》。乱离:兵荒马乱。瘼:疾苦。爰其适归:何处可去,何处可归宿。

郑伯、许男如楚[1]。

秋,晋师归,桓子请死,晋侯欲许之。士贞子谏曰[2]:"不可。城濮之役,晋师三日谷,文公犹有忧色。左右曰:'有喜而忧,如有忧而喜乎?'公曰:'得臣犹在,忧未歇也。困兽犹斗,况国相乎!'及楚杀子玉,公喜而后可知也,曰:'莫余毒也已。'是晋再克而楚再败也[3]。楚是以再世不竞[4]。今天或者大警晋也,而又杀林父以重楚胜,其无乃久不竞乎? 林父之事君也,进思尽忠,退思补过,社稷之卫也,若之何杀之? 夫其败也,如日月之食焉,何损于明?"晋侯使复其位。

【注释】

① 郑伯:郑襄公。许男:许昭公。　② 士贞子:士渥浊,晋大夫。③ 再克:再次胜利。败其军为一胜,杀其国相为一胜。　④ 再世:两世,指成王、穆王两世。不竞:不强。

冬,楚子伐萧,宋华椒以蔡人救萧。萧人囚熊相宜僚及公子丙。王曰:"勿杀,吾退。"萧人杀之。王怒,遂围萧。萧溃。申公巫臣曰[1]:"师人多寒。"王巡三军,拊而勉之。三军之士,皆如挟纩[2]。遂傅于萧。还无社与司马卯言[3],号申叔展[4]。叔展曰:"有麦麴乎[5]?"曰:"无。""有山鞠穷乎[6]?"曰:"无。""河鱼腹疾奈何[7]?"曰:"目于眢井而拯之[8]。""若为茅绖[9],哭井则己[10]。"明日萧溃,申叔视其井,则茅绖存焉,号而出之。

【注释】

① 申公巫臣:申县地方官巫臣,屈氏,故又称屈巫,字子灵。 ② 纩:丝绵。 ③ 还无社:萧大夫。司马卯:楚大夫。 ④ 号:呼。申叔展:楚大夫。 ⑤ 麦麴:酿酒的酒母。 ⑥ 山鞠穷:即芎䓖,草药。按:时两军对垒,不能直言,故问答以隐语。山鞠穷与麦麴代表什么意思,众说不一。或谓二物所以御湿,申叔展暗示他逃泥中以避,而还无社不解,故申叔展进一步以"河鱼腹疾"开导他,无社始明白。 ⑦ 河鱼腹疾:古习语,譬喻因水湿而得病,暗示无社逃于低湿处。 ⑧ 眢井:枯井。此是无社明白了对方的话,表示要躲在枯井中。 ⑨ 茅绖:茅草带子。 ⑩ 己:同"已"。

晋原縠、宋华椒、卫孔达、曹人同盟于清丘[1],曰:"恤病讨贰。"于是卿不书,不实其言也[2]。宋为盟故[3],伐陈。卫人救之。孔达曰:"先君有约言焉[4],若大国讨[5],我则死之。"

【注释】

① 原縠:即先縠。 ② 不实其言:没实行约言。 ③ 宋为盟故:因盟有"讨贰"之约,陈贰于晋,所以宋伐之。 ④ 先君:指卫成公。卫成公与陈共公约好。 ⑤ 大国:指晋国。

宣公十三年

【经】

十有三年春[1],齐师伐莒。

夏,楚子伐宋[2]。

秋,螽。

冬,晋杀其大夫先縠[3]。

【注释】

① 十有三年:公元前 596 年。 ② 楚子:楚庄王。 ③ 杜注云:

"书名,以罪讨。"

【传】

十三年春,齐师伐莒,莒恃晋而不事齐故也。

夏,楚子伐宋,以其救萧也。君子曰:"清丘之盟,唯宋可以免焉①。"

秋,赤狄伐晋,及清②,先縠召之也③。

冬,晋人讨邲之败,与清之师,归罪于先縠而杀之,尽灭其族。君子曰:"恶之来也④,己则取之,其先縠之谓乎!"

【注释】

① 免:免受讥刺。　② 清:即清原,在今山西稷山县西南。　③ 先縠召之:杜注谓"邲战不得志,故召狄欲为变"。　④ 恶:刑戮。

清丘之盟,晋以卫之救陈也讨焉①。使人弗去,曰:"罪无所归②,将加而师③。"孔达曰:"苟利社稷,请以我说④,罪我之由⑤。我则为政而亢大国之讨⑥,将以谁任⑦?我则死之。"

【注释】

① 讨:责问。晋国根据清丘之盟以责备卫国。　② 归:承担。　③ 而:同"尔",你。　④ 请以我说:请以我为解。　⑤ 罪我之由:罪过由我引起。　⑥ 亢:当。　⑦ 任:承担。谓能由谁来承担罪名。

宣公十四年

【经】

十有四年春①,卫杀其大夫孔达。

夏五月壬申,曹伯寿卒。

晋侯伐郑②。

秋九月,楚子围宋③。

葬曹文公。

冬，公孙归父会齐侯于谷④。

【注释】

① 十有四年：公元前595年。 ② 晋侯：晋景公。 ③ 楚子：楚庄王。 ④ 齐侯：齐顷公。谷：齐地，在今山东东阿。

【传】

十四年春，孔达缢而死。卫人以说于晋而免①。遂告于诸侯曰："寡君有不令之臣达②，构我敝邑于大国，既伏其罪矣，敢告。"卫人以为成劳③，复室其子④，使复其位。

【注释】

① 免：免于被讨伐。 ② 不令：不善。 ③ 成劳：旧勋。指助卫成公复国。 ④ 室：以女妻之。

夏，晋侯伐郑，为邲故也。告于诸侯，蒐焉而还①。中行桓子之谋也②，曰："示之以整③，使谋而来④。"郑人惧，使子张代子良于楚⑤。郑伯如楚⑥，谋晋故也。郑以子良为有礼，故召之。

【注释】

① 蒐：简阅车马。 ② 中行桓子：荀林父。 ③ 整：队伍齐整，军纪严明。 ④ 使谋而来：让郑自己考虑来从晋。 ⑤ 子张：穆公孙，即公孙黑肱。代：替代为人质。 ⑥ 郑伯：郑襄公。

楚子使申舟聘于齐，曰："无假道于宋①。"亦使公子冯聘于晋，不假道于郑。申舟以孟诸之役恶宋②，曰："郑昭宋聋③，晋使不害，我则必死。"王曰："杀女，我伐之。"见犀而行④。及宋，宋人止之，华元曰："过我而不假道，鄙我也⑤。鄙我，亡也。杀其使者必伐我，伐我亦亡也。亡一也。"乃杀之。楚子闻之，投袂而起⑥，屦及于窒皇⑦，剑及于寝门之外，车及于蒲胥之市⑧。秋九月，楚子围宋。

【注释】

① 假道：借路。无假道，即不打招呼，径趋而过。 ② 孟诸之役：事见文公十年(前617)。时宋公导楚穆王在孟诸打猎，宋公违命，申舟鞭其仆。③ 昭：眼明。此与下聋借指处事方法，言郑国解事，懂得权衡利害，宋国则

否。　④ 见:引见。把犀引见给楚王。犀,申舟之子。　⑤ 鄙我:以我为边鄙县邑。　⑥ 投袂:即奋袂,甩衣袖。　⑦ 窒皇:路寝前之庭。此句意为侍从送鞋的追到前庭才追上楚王。　⑧ 蒲胥:地名,为楚都之市。

冬,公孙归父会齐侯于谷。见晏桓子[①],与之言鲁乐[②]。桓子告高宣子曰[③]:"子家其亡乎[④],怀于鲁矣[⑤]。怀必贪,贪必谋人。谋人,人亦谋己。一国谋之,何以不亡?"

【注释】

① 晏桓子:名弱,齐大夫,晏婴之父。　② 鲁乐:在鲁的快乐。③ 高宣子:齐卿高固。　④ 子家:归父字。　⑤ 怀:留恋宠信。

孟献子言于公曰[①]:"臣闻小国之免于大国也[②],聘而献物,于是有庭实旅百[③];朝而献功[④],于是有容貌采章[⑤],嘉淑而有加货[⑥],谋其不免也。诛而荐贿[⑦],则无及也。今楚在宋,公其图之。"公说。

【注释】

① 孟献子:仲孙蔑。　② 免:免罪。　③ 庭实旅百:指所献的礼物。参见庄公十二年(前 682)注。　④ 献功:献治国征伐之功。　⑤ 容貌采章:指充作装饰的玄缥玑组、羽毛齿革等物。　⑥ 嘉淑:美好。加货:常额外的礼物。　⑦ 诛:受到责备。荐:进。

宣公十五年

【经】

十有五年春[①],公孙归父会楚子于宋[②]。

夏五月,宋人及楚人平。

六月癸卯,晋师灭赤狄潞氏[③],以潞子婴儿归[④]。

秦人伐晋。

王札子杀召伯、毛伯[⑤]。

秋,螽。

仲孙蔑会齐高固于无娄[⑥]。

初税亩[⑦]。

冬,蝝生[⑧]。

饥。

【注释】

① 十有五年:公元前594年。 ② 楚子:楚庄王。 ③ 潞:国名,赤狄之别种,故称氏。其地当在今山西潞城市东北。 ④ 子:对夷狄之国国君的统称。 ⑤ 王札子:即王子捷。召伯、毛伯:皆周卿士。 ⑥ 无娄:不详今所在。 ⑦ 初税亩:开始按田亩征税。在此以前,施行井田制,有公田,有私田。农奴役于公田,不得报酬,称藉。从此,鲁国废除井田制,承认土地私有权,一律征税。 ⑧ 蝝(yuán):还没生出翅膀的蝗虫幼虫。

【传】

十五年春,公孙归父会楚子于宋。宋人使乐婴齐告急于晋。晋侯欲救之。伯宗曰[①]:"不可。古人有言曰:'虽鞭之长,不及马腹。'天方授楚,未可与争。虽晋之强,能违天乎?谚曰:'高下在心[②]。'川泽纳污[③],山薮藏疾[④],瑾瑜匿瑕[⑤],国君含垢[⑥],天之道也,君其待之。"乃止。使解扬如宋[⑦],使无降楚,曰:"晋师悉起,将至矣。"郑人囚而献诸楚,楚子厚赂之,使反其言,不许,三而许之。登诸楼车[⑧],使呼宋人而告之。遂致其君命[⑨]。楚子将杀之,使与之言曰:"尔既许不穀而反之,何故?非我无信,女则弃之,速即尔刑。"对曰:"臣闻之,君能制命为义[⑩],臣能承命为信,信载义而行之为利[⑪]。谋不失利,以卫社稷,民之主也。义无二信,信无二命。君之赂臣,不知命也。受命以出,有死无霣[⑫],又可赂乎?臣之许君,以成命也。死而成命,臣之禄也[⑬]。寡君有信臣,下臣获考死[⑭],又何求?"楚子舍之以归。

【注释】

① 伯宗:晋大夫。 ② 高下在心:谓处理事情高下屈伸,都在乎心中有数。意为劝晋侯忍耐慎重。 ③ 污:污垢。 ④ 薮:草野。疾:指毒害人的虫蛇。 ⑤ 瑾瑜:均为美玉。 ⑥ 含垢:忍受耻辱。 ⑦ 解扬:晋壮士,字子虎。 ⑧ 楼车:装有望敌楼的兵车。 ⑨ 致:传达。⑩ 制命:制定发布正确的命令。 ⑪ 信载义:以信实去承受道义。

⑫ 霣:同“陨”,毁弃。　⑬ 禄:福。　⑭ 考:成。考死,谓完成命令而死。即死得其所。

夏五月,楚师将去宋。申犀稽首于王之马前,曰:“毋畏知死而不敢废王命[①],王弃言焉。”王不能答。申叔时仆[②],曰:“筑室反耕者[③],宋必听命。”从之,宋人惧,使华元夜入楚师,登子反之床[④],起之曰:“寡君使元以病告[⑤],曰:‘敝邑易子而食,析骸以爨。虽然,城下之盟,有以国毙[⑥],不能从也。去我三十里,唯命是听。’”子反惧,与之盟而告王。退三十里。宋及楚平,华元为质。盟曰:“我无尔诈,尔无我虞[⑦]。”

【注释】

① 毋畏:申毋畏,即申舟。　② 申叔时:楚大夫。仆:驾车。　③ 筑室:建筑房舍。反耕者:叫回耕田的农民。这样做表示楚国将长久留在此地。　④ 子反:楚主将公子侧。　⑤ 病:指困境。　⑥ 有以国毙:宁可让国家灭亡。　⑦ 虞:同“诈”,欺骗。

潞子婴儿之夫人,晋景公之姊也。酆舒为政而杀之[①],又伤潞子之目。晋侯将伐之,诸大夫皆曰:“不可。酆舒有三俊才[②],不如待后之人。”伯宗曰:“必伐之。狄有五罪,俊才虽多,何补焉?不祀,一也。耆酒[③],二也。弃仲章而夺黎氏地[④],三也。虐我伯姬[⑤],四也。伤其君目,五也。怙其俊才[⑥],而不以茂德[⑦],滋益罪也。后之人或者将敬奉德义以事神人,而申固其命[⑧],若之何待之?不讨有罪,曰‘将待后,后有辞而讨焉’,毋乃不可乎?夫恃才与众,亡之道也。商纣由之,故灭。天反时为灾,地反物为妖,民反德为乱,乱则妖灾生。故文反正为乏[⑨]。尽在狄矣。”晋侯从之。六月癸卯,晋荀林父败赤狄于曲梁[⑩]。辛亥,灭潞。酆舒奔卫,卫人归诸晋,晋人杀之。

【注释】

① 酆舒:潞国大臣。　② 俊才:才艺胜人者。　③ 耆:同“嗜”。④ 仲章:杜注谓潞国的贤人。黎氏:黎国,地在今山西长治市西南,后徙黎城

县。 ⑤ 虐:即杀。 ⑥ 怙:恃,凭藉。 ⑦ 茂德:美德、盛德。 ⑧ 申固其命:使国运固强。 ⑨ 文:文字。反正为乏:小篆“正”作“正”,“乏”作“丅”,其形似反。 ⑩ 曲梁:在今山西潞城市。

王孙苏与召氏、毛氏争政[①],使王子捷杀召戴公及毛伯卫。卒立召襄[②]。

秋七月,秦桓公伐晋[③],次于辅氏[④]。壬午,晋侯治兵于稷以略狄土[⑤],立黎侯而还。及洛[⑥],魏颗败秦师于辅氏。获杜回,秦之力人也。

【注释】

① 争政:争做执政。 ② 召襄:召戴公之子。 ③ 秦桓公:公元前603—前577年在位。 ④ 辅氏:晋地,在今陕西大荔县东。 ⑤ 稷:晋地,在今山西稷山县南。略:强取。 ⑥ 洛:在陕西大荔县东南。

初,魏武子有嬖妾[①],无子。武子疾,命颗曰:“必嫁是。”疾病[②],则曰:“必以为殉。”及卒,颗嫁之,曰:“疾病则乱[③],吾从其治也[④]。”及辅氏之役,颗见老人结草以亢杜回[⑤],杜回踬而颠[⑥],故获之。夜梦之曰:“余,而所嫁妇人之父也。尔用先人之治命,余是以报。”

【注释】

① 魏武子:魏犨,魏颗之父。 ② 疾病:病危。 ③ 乱:神智不清。 ④ 治:神智清醒。 ⑤ 亢:遮拦。 ⑥ 踬:绊,行时遇阻碍。颠:摔倒。

晋侯赏桓子狄臣千室[①],亦赏士伯以瓜衍之县[②]。曰:“吾获狄土,子之功也。微子,吾丧伯氏矣[③]。”羊舌职说是赏也[④],曰:“《周书》所谓‘庸庸祗祗’者[⑤],谓此物也夫[⑥]。士伯庸中行伯,君信之,亦庸士伯,此之谓明德矣。文王所以造周,不是过也。故《诗》曰:‘陈锡载周[⑦]。’能施也。率是道也[⑧],其何不济?”

【注释】

① 狄臣:狄人的奴隶。 ② 士伯:士渥浊,曾谏杀荀林父。瓜衍:在今山西孝义市。 ③ 伯氏:荀林父。 ④ 羊舌职:晋大夫,叔向之父。

说:解说。　⑤ 所引《周书》见《书·康诰》。庸:用。祇:敬。　⑥ 物:类。　⑦ 所引诗见《诗·大雅·文王》。陈:布。锡:赐。载:创始。　⑧ 率:遵循。

晋侯使赵同献狄俘于周,不敬。刘康公曰[①]:“不及十年,原叔必有大咎[②],天夺之魄矣。”

初税亩,非礼也。谷出不过藉[③],以丰财也。

冬,蝝生,饥。幸之也[④]。

【注释】

① 刘康公:王季子。　② 原叔:赵同。　③ 藉:赋税。旧井田法用藉法,即农奴无偿耕公田,私田纳税,公田不纳。故《诗·大雅·韩奕》云:“实墉实壑,实亩实籍。”　④ 幸之:何以幸之,不详。杜注谓“未为灾,而书之者,幸其冬生,不为物害”。

宣公十六年

【经】

十有六年春[①],王正月,晋人灭赤狄甲氏及留吁[②]。

夏,成周宣榭火[③]。

秋,郯伯姬来归。

冬,大有年[④]。

【注释】

① 十有六年:公元前593年。　② 甲氏、留吁:赤狄别种。　③ 宣榭:周台榭名。　④ 大有年:大丰收。

【传】

十六年春,晋士会帅师灭赤狄甲氏及留吁、铎辰[①]。三月,献狄俘。晋侯请于王,戊申,以黻冕命士会将中军[②],且为大傅[③]。于是晋国之盗逃奔于秦。羊舌职曰:“吾闻之,禹称善人[④],不善人远,此之谓也夫。《诗》曰:‘战战兢兢,如临深渊,如履薄冰[⑤]。’善人在上也。善人在上,则国无幸民⑥。谚曰:‘民之多幸,国之不幸也。’是无善人之谓也。”

【注释】

① 铎辰:留吁之属。居今山西潞城市、屯留县一带。　② 黻冕:黻为有青黑花纹绣的衣服,冕为礼帽。二者为卿大夫礼服。　③ 大傅:太傅,主刑、礼之官。　④ 称:荐举。　⑤ 所引诗见《诗·小雅·小旻》。战战兢兢:恐惧戒慎貌。　⑥ 幸民:希图侥幸躲避刑法之人。

夏,成周宣榭火,人火之也。凡火,人火曰火,天火曰灾。

秋,郯伯姬来归,出也①。

为毛、召之难故②,王室复乱。王孙苏奔晋③,晋人复之。

【注释】

① 出:休弃。　② 毛、召之难:见去年传。　③ 王孙苏奔晋:杜注云“毛、召之党欲讨苏氏,故出奔”。

冬,晋侯使士会平王室,定王享之,原襄公相礼①,殽烝②。武子私问其故③。王闻之,召武子曰:“季氏,而弗闻乎?王享有体荐④,宴有折俎⑤。公当享,卿当宴,王室之礼也。”武子归而讲求典礼,以修晋国之法。

【注释】

① 原襄公:周大夫。相礼:襄助礼仪。古行朝聘、盟会、享谯、祭祀等礼仪,必有人为相。　② 殽烝:祭祀、宴会杀牲以置于俎曰烝。全只牲畜而不煮熟,称全烝,祭天用之。半只称房烝。节解牲体连肉带骨而置于俎称殽烝,殽烝煮熟可食用。　③ 武子:即士会,谥武,字季。　④ 体荐:即房烝。　⑤ 折俎:即殽烝。

宣公十七年

【经】

十有七年春①,王正月庚子,许男锡我卒。

丁未，蔡侯申卒。

夏，葬许昭公。

葬蔡文公。

六月癸卯，日有食之。

己未，公会晋侯、卫侯、曹伯、邾子同盟于断道②。

秋，公至自会。

冬十有一月壬午，公弟叔肸卒。

【注释】

① 十有七年：公元前592年。　② 晋侯：晋景公。卫侯：卫穆公，公元前599—前589年在位。曹伯：曹宣公，公元前594—前578年在位。断道：晋地，今不详确切地点。

【传】

十七年春，晋侯使郤克征会于齐①。齐顷公帷妇人②，使观之。郤子登，妇人笑于房③。献子怒④，出而誓曰："所不此报⑤，无能涉河！"献子先归，使栾京庐待命于齐，曰："不得齐事⑥，无复命矣。"郤子至，请伐齐，晋侯弗许；请以其私属⑦，又弗许。

【注释】

① 征：召。　② 帷：以布帛作屏障。妇人：指齐顷公母萧同叔子。③ 笑于房：郤克是跛子，故当其登阶时妇人笑之。　④ 献子：即郤克。⑤ 所：如果。　⑥ 不得齐事：没能完成到齐国来的使命。　⑦ 私属：家族。

齐侯使高固、晏弱、蔡朝、南郭偃会①。及敛盂②，高固逃归③。夏，会于断道，讨贰也。盟于卷楚④，辞齐人⑤。晋人执晏弱于野王⑥，执蔡朝于原⑦，执南郭偃于温⑧。苗贲皇使⑨，见晏桓子，归，言于晋侯曰："夫晏子何罪？昔者诸侯事吾先君，皆如不逮，举言群臣不信⑩，诸侯皆有贰志。齐君恐不得礼，故不出，而使四子来。左右或沮之，曰：'君不出，必执吾使。'故高子及敛盂而逃。夫三子者曰：'若绝君好，宁归死焉。'为是犯难而来。吾若善逆彼以怀来者⑪,吾又执之,以信齐沮,吾不既过矣乎?过而不改,而又久之⑫,以成其悔,何利之有焉?使反者得辞⑬,而害来者,以惧诸侯,将焉用之?"晋人缓之,逸⑭。

秋八月,晋师还⑮。

【注释】

① 高固:即高宣子。晏弱:即晏桓子。 ② 敛盂:卫地,在今河南濮阳市东。 ③ 高固逃归:杜注:"闻郤克怒故。" ④ 卷楚:杜注谓即断道。 ⑤ 辞:拒绝。 ⑥ 野王:在今河南沁阳市。 ⑦ 原:在今河南济源市北。 ⑧ 温:在今河南温县。 ⑨ 苗贲皇:楚鬥椒之子,逃至晋,晋以苗邑与之居住,遂仕于晋。 ⑩ 举:皆。 ⑪ 若:应该。 ⑫ 久之:久执之。 ⑬ 反者:指高固。 ⑭ 逸:逃归。下年传有"蔡朝、南郭偃逃归"句,知此逃者仅晏弱一人。 ⑮ 晋师:参加会盟的军队。

范武子将老①,召文子曰②:"燮乎!吾闻之,喜怒以类者鲜③,易者实多④。《诗》曰:'君子如怒,乱庶遄沮;君子如祉,乱庶遄已⑤。'君子之喜怒,以已乱也。弗已者,必益之。郤子其或者欲已乱于齐乎?不然,余惧其益之也。余将老,使郤子逞其志⑥,庶有豸乎⑦?尔从二三唯敬⑧。"乃请老,郤献子为政。

【注释】

① 范武子:即士会,初封随,改封范。老:告老退休。 ② 文子:士燮。士会之子。 ③ 类:合乎礼法。 ④ 易:反其道。 ⑤ 所引诗见《诗·小雅·巧言》。庶:庶几,差不多。遄沮:速止。祉:喜。已:止。 ⑥ 逞其志:满足他的心愿。 ⑦ 豸:解。言患乱得解。 ⑧ 从:跟随。二三:各位大夫。

冬,公弟叔肸卒。公母弟也①。凡大子之母弟②,公在曰公子,不在曰弟。凡称弟,皆母弟也。

【注释】

① 母弟:同母弟。 ② 大子:太子。

宣公十八年

【经】

十有八年春①,晋侯、卫世子臧伐齐②。

公伐杞。

夏四月。

秋七月,邾人戕鄫子于鄫③。

甲戌,楚子旅卒④。

公孙归父如晋。

冬十月壬戌,公薨于路寝⑤。

归父还自晋,至笙⑥,遂奔齐。

【注释】

① 十有八年:公元前 591 年。　② 晋侯:晋景公。　③ 戕:杀死。④ 楚子:楚庄王。　⑤ 路寝:正寝,古天子及诸侯平常居住治事之所。⑥ 笙:今所在无考。

【传】

十八年春,晋侯、卫大子臧伐齐,至于阳谷①。齐侯会晋侯盟于缯②,以公子强为质于晋。晋师还,蔡朝、南郭偃逃归。

【注释】

① 阳谷:今山东阳谷县。　② 齐侯:齐顷公。缯:今所在无考。

夏,公使如楚乞师,欲以伐齐。

秋,邾人戕鄫子于鄫。凡自内虐其君曰弑①,自外曰戕。

楚庄王卒,楚师不出。既而用晋师,楚于是乎有蜀之役②。

【注释】

① 虐:杀。　② 蜀之役:在成公二年(前 589)冬。蜀,鲁地,或谓在山东泰安市西。

公孙归父以襄仲之立公也[①]，有宠，欲去三桓以张公室[②]。与公谋而聘于晋，欲以晋人去之。冬，公薨。季文子言于朝曰："使我杀適立庶以失大援者，仲也夫!"臧宣叔怒曰[③]："当其时不能治也，后之人何罪？子欲去之，许请去之。"遂逐东门氏[④]。子家还，及笙，坛帷[⑤]，复命于介[⑥]。既复命，袒、括发[⑦]，即位哭，三踊而出[⑧]。遂奔齐。书曰："归父还自晋。"善之也。

【注释】

① 襄仲杀恶及视而立宣公，见文公十八年(前609)。归父为襄仲之子。 ② 三桓：鲁大夫孟孙(仲孙)、叔孙、季孙，均为桓公之后，故称三桓。张：扩张，张大。 ③ 臧宣叔：臧孙许，鲁大夫。 ④ 东门氏：即襄仲之族。 ⑤ 坛帷：筑土为坛，设置帷幕。 ⑥ 介：副手。 ⑦ 袒：脱去外衣。括发：以麻束发。 ⑧ 踊：顿足跳跃，遭丧后表示哀痛。

卷十二　成公上

成公元年

【经】

元年春①,王正月,公即位。

二月辛酉,葬我君宣公。

无冰。

三月,作丘甲②。

夏,臧孙许及晋侯盟于赤棘③。

秋,王师败绩于茅戎④。

冬十月。

【注释】

① 元年:公元前590年。　② 丘甲:周制,九夫为井,四井为邑,四邑为丘,四丘为甸。每甸出车一乘,戎马四匹,牛十二头,甲士三人,步卒七十二人。今鲁国将每甸所赋令每丘出之,所以《春秋》记载,讥刺重敛。　③ 晋侯:晋景公,公元前599—前581年在位。赤棘:晋地,今不详何在。④ 茅戎:戎别种,或谓居山西平陆县,或谓居河南修武县。

【传】

元年春,晋侯使瑕嘉平戎于王①,单襄公如晋拜成②。刘康公徼戎③,将遂伐之。叔服曰④:"背盟而欺大国,此必败。背盟不祥,欺大国不义,神人弗助,将何以胜?"不听,遂伐茅戎。三月癸未,败绩于徐吾氏⑤。

【注释】

① 瑕嘉:晋大夫,即詹嘉。　② 单襄公:周卿士,即单朝。　③ 徼(jiǎo)戎:乘戎不备而侥幸败戎。　④ 叔服:周内史。　⑤ 徐吾氏:茅

戎一部。此指徐吾氏所居地。

为齐难故,作丘甲。

闻齐将出楚师,夏,盟于赤棘。

秋,王人来告败。

冬,臧宣叔令修赋、缮完、具守备①,曰:“齐、楚结好,我新与晋盟,晋、楚争盟,齐师必至。虽晋人伐齐,楚必救之,是齐、楚同我也。知难而有备,乃可以逞②。”

【注释】

① 修赋:整顿军赋。缮完:修治城郭。 ② 逞:解。

成公二年

【经】

二年春①,齐侯伐我北鄙②。

夏四月丙戌,卫孙良夫帅师及齐师战于新筑③,卫师败绩。

六月癸酉,季孙行父、臧孙许、叔孙侨如、公孙婴齐帅师会晋郤克、卫孙良夫、曹公子首及齐侯战于鞌④,齐师败绩。

秋七月,齐侯使国佐如师。己酉,及国佐盟于袁娄⑤。

八月壬午,宋公鲍卒⑥。

庚寅,卫侯速卒⑦。

取汶阳田。

冬,楚师、郑师侵卫。

十有一月,公会楚公子婴齐于蜀⑧。

丙申,公及楚人、秦人、宋人、陈人、卫人、郑人、齐人、曹人、邾人、薛人、鄫人盟于蜀。

【注释】

① 二年:公元前 589 年。 ② 齐侯:齐顷公。 ③ 孙良夫:卫大夫,孙林父之父。新筑:卫地,在今河北魏县南。 ④ 公孙婴齐:叔肸之

子，又称仲齐，谥声伯。搴：在今山东济南市历城附近。　⑤ 袁娄：即爰娄，在今山东临淄西。　⑥ 宋公鲍：宋文公。　⑦ 卫侯速：卫穆公。　⑧ 公子婴齐：即子重，楚令尹。蜀：鲁地，或谓在今山东泰安市西。

【传】

二年春，齐侯伐我北鄙，围龙①。顷公之嬖人卢蒲就魁门焉②，龙人囚之。齐侯曰："勿杀！吾与而盟，无入而封③。"弗听，杀而膊诸城上④。齐侯亲鼓，士陵城，三日，取龙，遂南侵及巢丘⑤。

【注释】

① 龙：在今山东泰安市东南。　② 嬖人：宠臣。门：攻打城门。　③ 封：境。　④ 膊：暴露。　⑤ 巢丘：离龙不远。

卫侯使孙良夫、石稷、宁相、向禽将侵齐①，与齐师遇。石子欲还，孙子曰："不可。以师伐人，遇其师而还，将谓君何？若知不能，则如无出。今既遇矣，不如战也。"夏，有……②

【注释】

① 石稷：即石成子，石碏四世孙。宁相：宁俞子。　② 以下有阙文，当记卫军战败事。

石成子曰："师败矣。子不少须①，众惧尽②。子丧师徒③，何以复命？"皆不对。又曰："子，国卿也。陨子④，辱矣。子以众退，我此乃止。"且告车来甚众⑤。齐师乃止，次于鞫居⑥。

【注释】

① 须：等待。此指停止撤退，抵挡齐军。　② 众：全军。　③ 师徒：军队。　④ 陨：损失。　⑤ 车来甚众：谓援军的战车大批来到。　⑥ 鞫居：在今河南封丘县。或云封丘离新筑过远，当为别一地。

新筑人仲叔于奚救孙桓子①，桓子是以免。既，卫人赏之以邑，辞。请曲县、繁缨以朝②，许之。仲尼闻之曰："惜也，不如多与之邑。唯器与名③，不可以假人，君之所司也④。名以出信⑤，信以守器，器以藏礼⑥，礼以行义，义以生利，利以平民⑦，政之大节也[8]。若以假人,与人政也。政亡,则国家从之,弗可止也已。”

【注释】

① 新筑人:指新筑大夫。孙桓子:孙良夫。 ② 曲县:县指悬挂的乐器,如钟、磬类。天子四面悬挂,名宫悬;诸侯三面悬挂,称轩县、曲县;大夫左右悬挂,称判县;士挂东面或阶间,称特县。繁缨:马鬃毛前的装饰,诸侯所用。 ③ 器与名:器具与名号。 ④ 君之所司:国君所管辖。 ⑤ 信:威信。 ⑥藏:体现。 ⑦ 平:治理。 ⑧ 大节:大纲。

孙桓子还于新筑,不入[1],遂如晋乞师。臧宣叔亦如晋乞师。皆主郤献子[2]。晋侯许之七百乘。郤子曰:“此城濮之赋也[3]。有先君之明与先大夫之肃[4],故捷。克于先大夫,无能为役,请八百乘。”许之。郤克将中军,士燮佐上军,栾书将下军,韩厥为司马,以救鲁、卫。臧宣叔逆晋师,且道之[5]。季文子帅师会之。及卫地,韩献子将斩人,郤献子驰,将救之,至则既斩之矣。郤子使速以徇[6],告其仆曰:“吾以分谤也。”

【注释】

① 不入:不入国都。 ② 主郤献子:以郤克为主人。即通过郤克的关系请求出兵。 ③ 赋:兵员的数目。城濮之役,事在僖公二十八年(前632)。 ④ 肃:敏捷。 ⑤ 道:同“导”,向导。 ⑥ 徇:在军中示众。

师从齐师于莘[1]。六月壬申,师至于靡笄之下[2]。齐侯使请战,曰:“子以君师,辱于敝邑,不腆敝赋[3],诘朝请见[4]。”对曰:“晋与鲁、卫,兄弟也,来告曰:‘大国朝夕释憾于敝邑之地[5]。’寡君不忍,使群臣请于大国,无令舆师淹于君地[6]。能进不能退,君无所辱命[7]。”齐侯曰:“大夫之许,寡人之愿也;若其不许,亦将见也。”齐高固入晋师,桀石以投人[8],禽之而乘其车,系桑本焉[9],以徇齐垒[10],曰:“欲勇者贾余馀勇[11]。”

【注释】

① 从:追上。莘:今山东莘县。 ② 靡笄:山名,即今山东济南市千佛山。 ③ 不腆敝赋:外交谦词,不强大的军队。 ④ 诘朝:明天早晨。 ⑤ 朝

夕:早晚。意为不断。释憾:发泄怨气。　⑥ 淹:久留。　⑦ 无所:无须。⑧ 桀:举。　⑨ 桑本:桑树根。　⑩ 徇:遍行。　⑪ 贾:卖。

癸酉,师陈于鞌。邴夏御齐侯[1],逢丑父为右[2]。晋解张御郤克,郑丘缓为右。齐侯曰:“余姑翦灭此而朝食。”不介马而驰之[3]。郤克伤于矢,流血及屦,未绝鼓音,曰:“余病矣[4]!”张侯曰:“自始合,而矢贯余手及肘,余折以御,左轮朱殷[5],岂敢言病?吾子忍之!”缓曰:“自始合,苟有险,余必下推车,子岂识之?然子病矣!”张侯曰:“师之耳目,在吾旗鼓,进退从之。此车一人殿之[6],可以集事[7],若之何其以病败君之大事也?擐甲执兵[8],固即死也。病未及死,吾子勉之!”左并辔[9],右援枹而鼓[10],马逸不能止,师从之。齐师败绩。逐之,三周华不注[11]。

【注释】

① 邴(bǐng)夏:齐大夫。　② 逢(péng)丑父:齐大夫。　③ 介:甲。　④ 病:伤。　⑤ 朱殷:殷红,深红。　⑥ 殿:镇守。　⑦ 集事:成事。　⑧ 擐(huàn):穿。　⑨ 并辔:驾车本双手挽辔,以一手双辔称并辔。　⑩ 枹(fú):鼓槌。郤克受伤,故解张帮他击鼓。　⑪ 三周:绕了三圈。华不(fū)注:山名,在山东济南。

韩厥梦子舆谓己曰[1]:“旦辟左右[2]。”故中御而从齐侯[3]。邴夏曰:“射其御者,君子也。”公曰:“谓之君子而射之,非礼也。”射其左,越于车下[4]。射其右,毙于车中。綦毋张丧车[5],从韩厥,曰:“请寓乘。”从左右,皆肘之,使立于后。韩厥俯[6],定其右[7]。逢丑父与公易位。将及华泉[8],骖絓于木而止[9]。丑父寝于辗中[10],蛇出于其下,以肱击之,伤而匿之,故不能推车而及[11]。韩厥执絷马前[12],再拜稽首,奉觞加璧以进,曰:“寡君使群臣为鲁、卫请,曰:‘无令舆师陷入君地。’下臣不幸,属当戎行,无所逃隐。且惧奔辟而忝两君[13]。臣辱戎士,敢告不敏,摄官承乏[14]。”丑父使公下,如华泉取饮。郑周父御佐车[15],宛茷为右[16],载齐侯以免。韩厥献丑父,郤献子将戮之。呼曰:“自今无有代其君任患者[17],有一于此,将为戮乎!”郤子曰:“人不难以死免其君⑱,我戮之不祥,赦之以劝事君者。”乃免之。

【注释】

① 子舆:韩厥父亲。 ② 左右:车左或车右。 ③ 从:追赶。 ④ 越:坠落。 ⑤ 綦毋张:晋大夫。 ⑥ 俯:弯下身子。 ⑦ 定:放妥当。右:指车右的尸体。 ⑧ 华泉:泉名,在华不注山下,流入济水。 ⑨ 骖:车前两侧的马。絓:同“挂”,绊住。 ⑩ 辗:栈车,以竹木做成的一种车。 ⑪ 及:被追上。以上事为交战前事。 ⑫ 执絷:握着马缰。按以下是韩厥对齐侯行进见礼。但因逢丑父与齐顷公交换了位置,时处车左,所以韩厥误认他为齐顷公,所以发生了让齐顷公逃走的事。 ⑬ 奔辟:奔走逃避。忝:辱。 ⑭ 摄官承乏:暂时充当这个职位。 ⑮ 佐车:副车。 ⑯ 宛茷(yuán fèi):与郑周父俱为齐大夫。 ⑰ 任患:承受祸患。 ⑱ 不难:不畏惧一死。

齐侯免,求丑父,三入三出①。每出,齐师以帅退②。入于狄卒,狄卒皆抽戈楯冒之③。以入于卫师,卫师免之④。遂自徐关入⑤。齐侯见保者⑥,曰:“勉之!齐师败矣。”辟女子⑦,女子曰:“君免乎?”曰:“免矣。”曰:“锐司徒免乎⑧?”曰:“免矣。”曰:“苟君与吾父免矣,可若何!”乃奔。齐侯以为有礼,既而问之,辟司徒之妻也⑨,予之石窌⑩。

【注释】

① 三入三出:三进三出。第一次入,出晋师;第二次入,出狄卒;第三次入,出卫军。 ② 以帅退:拥护着他退出。 ③ 楯:同“盾”。冒:覆盖,护卫。 ④ 免之:使他免于伤害。狄、卫均晋友军,此时不欲太甚,所以都不加害齐顷公。 ⑤ 徐关:齐地,当在今山东淄川附近。 ⑥ 保者:守卫城邑的人。 ⑦ 辟女子:叫女子让道。辟,开道赶走行人。这句有省略,谓齐顷公的前驱开道,有女子拦路,故叫她让开。 ⑧ 锐司徒:不详所指。或谓指管兵器的官。 ⑨ 辟:同壁。辟司徒,管军中营垒的官。 ⑩ 石窌(liù):在今山东长清县东南。

晋师从齐师,入自丘舆①,击马陉②。齐侯使宾媚人赂以纪甗、玉磬与地③。不可,则听客之所为。宾媚人致赂,晋人不可,曰:“必以萧同叔子为质，而使齐之封内尽东其亩。"对曰："萧同叔子非他，寡君之母也。若以匹敌，则亦晋君之母也。吾子布大命于诸侯，而曰：'必质其母以为信。'其若王命何？且是以不孝令也。《诗》曰：'孝子不匮，永锡尔类[④]。'若以不孝令于诸侯，其无乃非德类也乎[⑤]？先王疆理天下物土之宜[⑥]，而布其利[⑦]，故《诗》曰：'我疆我理，南东其亩[⑧]。'今吾子疆理诸侯，而曰'尽东其亩'而已，唯吾子戎车是利，无顾土宜，其无乃非先王之命也乎？反先王则不义，何以为盟主？其晋实有阙。四王之王也[⑨]，树德而济同欲焉[⑩]。五伯之霸也[⑪]，勤而抚之，以役王命。今吾子求合诸侯，以逞无疆之欲[⑫]。《诗》曰：'布政优优，百禄是遒[⑬]。'子实不优，而弃百禄，诸侯何害焉！不然，寡君之命使臣，则有辞矣，曰：'子以君师辱于敝邑，不腆敝赋，以犒从者。畏君之震[⑭]，师徒桡败[⑮]。吾子惠徼齐国之福，不泯其社稷[⑯]，使继旧好，唯是先君之敝器、土地不敢爱[⑰]。子又不许，请收合余烬[⑱]，背城借一。敝邑之幸，亦云从也。况其不幸，敢不唯命是听？'"鲁、卫谏曰："齐疾我矣[⑲]！其死亡者，皆亲昵也。子若不许，仇我必甚。唯子则又何求？子得其国宝，我亦得地，而纾于难，其荣多矣！齐、晋亦唯天所授，岂必晋？"晋人许之，对曰："群臣帅赋舆以为鲁、卫请[⑳]，若苟有以借口而复于寡君[㉑]，君之惠也。敢不唯命是听？"

【注释】

① 丘舆：齐邑，在今山东青州市西南。　② 击：攻打。马陉：在青州西南。　③ 宾媚人：国佐，齐大夫。纪甗(yǎn)：纪国的一件古炊器。　④ 所引诗见《诗・大雅・既醉》。匮：穷尽。　⑤ 德类：道德法式。　⑥ 疆理：定疆界，区分条理。物：物色、考察。　⑦ 布：分布。　⑧ 所引诗见《诗・小雅・信南山》。　⑨ 四王：虞舜、夏禹、商汤、周武。或云指禹、汤、周文、周武。王(wàng)：成就王业。　⑩ 同欲：共同的要求。　⑪ 五伯：即五霸。霸谓"以力假仁"，即能令天下共同效力于天子的诸侯。五霸指夏伯昆吾，商伯大彭、豕韦，周伯齐桓、晋文。　⑫ 无疆：无止境。　⑬ 所引诗见《诗・商颂・长发》。布：施行。优优：宽和的样子。遒：聚集。　⑭ 震：威严。　⑮ 师徒：士兵。桡败：战败。　⑯ 泯：灭亡。　⑰ 敝器：破旧的器物。谦词。　⑱ 余烬：此指残余的军队。　⑲ 疾：痛恨。

⑳ 赋舆:兵车。 ㉑ 借口:指对国君有所交待。

禽郑自师逆公①。秋七月,晋师及齐国佐盟于爰娄,使齐人归我汶阳之田。公会晋师于上鄍②,赐三帅先路三命之服③,司马、司空、舆帅、候正、亚旅④,皆受一命之服。

【注释】

① 禽郑:鲁大夫。 ② 上鄍:在今山东阳谷县。 ③ 三帅:郤克、士燮、栾书。先路:天子、诸侯赐给卿表示等级的车。路,同辂。三命之服:参僖公三十三年(前627)注。 ④ 舆帅:管后勤的官。候正:主管侦察谍报的官。亚旅:上大夫。

八月,宋文公卒。始厚葬,用蜃炭①,益车马,始用殉,重器备②,椁有四阿③,棺有翰桧④。君子谓:"华元、乐举⑤,于是乎不臣。臣治烦去惑者也⑥,是以伏死而争。今二子者,君生则纵其惑,死又益其侈,是弃君于恶也,何臣之为?"

【注释】

① 蜃:大蚌蛤。蜃炭,把蜃烧成灰,放墓穴中以吸潮气。 ② 重:多。器备:用品。 ③ 四阿:架木于棺四周为椁,与棺齐高后仍往上堆,逐步收缩成顶,顶为方形,四面成斜坡,类宫室之四阿,故名。 ④ 翰:棺旁装饰。桧:棺木上的装饰。二者均为天子所用。 ⑤ 乐举:当为宋执政大夫。⑥ 烦:烦乱。

九月,卫穆公卒,晋三子自役吊焉①,哭于大门之外。卫人逆之,妇人哭于门内,送亦如之。遂常以葬②。

【注释】

① 晋三子:晋三位主将郤克、士燮、栾书。役:戎役。指军中。 ② 常:指都依此例。

楚之讨陈夏氏也①,庄王欲纳夏姬,申公巫臣曰:"不可。君召诸侯,以讨罪也。今纳夏姬,贪其色也。贪色为淫,淫为大罚。《周书》曰'明德慎罚',文王所以造周也②。明德,务崇之之谓也。慎罚,务去之之谓也。若兴诸侯,以取大罚,非慎之也。君其图之!”王乃止。子反欲取之,巫臣曰:“是不祥人也!是夭子蛮[3],杀御叔,杀灵侯,戮夏南,出孔、仪,丧陈国,何不祥如是?人生实难,其有不获死乎[4]?天下多美妇人,何必是?”子反乃止。

【注释】

① 楚讨陈夏氏:事在宣公十一年(前598)。　② 以上概括《尚书·康诰》语。　③ 子蛮:杜注谓郑灵公之字,为夏姬之兄。据昭公二十八年(前514)夏姬杀三夫,则子蛮当为夏姬最初之夫。　④ 不获死:不得善终。

王以予连尹襄老。襄老死于邲[1],不获其尸,其子黑要烝焉。巫臣使道焉[2],曰:“归[3],吾聘女。”又使自郑召之,曰:“尸可得也,必来逆之。”姬以告王,王问诸屈巫[4]。对曰:“其信!知罃之父,成公之嬖也,而中行伯之季弟也[5],新佐中军,而善郑皇戌,甚爱此子。其必因郑而归王子与襄老之尸以求之[6]。郑人惧于邲之役而欲求媚于晋,其必许之。”王遣夏姬归。将行,谓送者曰:“不得尸,吾不反矣。”巫臣聘诸郑,郑伯许之。

【注释】

① 死于邲:事见宣公十二年(前597)。　② 道:示意。　③ 归:指回郑国。　④ 屈巫:即巫臣。　⑤ 中行伯:荀林父。　⑥ 王子:即王子縠臣,被荀首擒获。

及共王即位,将为阳桥之役[1],使屈巫聘于齐,且告师期。巫臣尽室以行。申叔跪从其父将适郢[2],遇之,曰:“异哉!夫子有三军之惧[3],而又有《桑中》之喜[4],宜将窃妻以逃者也。”及郑,使介反币,而以夏姬行。将奔齐,齐师新败,曰:“吾不处不胜之国。”遂奔晋,而因郤至,以臣于晋。晋人使为邢大夫[5]。

【注释】

① 阳桥之役:指攻打鲁国,见下文。阳桥,鲁地,在今山东泰安市西北。　② 申叔跪:申叔时之子。　③ 三军之惧:谓负有军事使命,必戒惧从事。　④《桑中》:《诗·鄘风》篇名,写男女幽会。　⑤ 邢:晋邑,

在今河南温县东北。

子反请以重币锢之①,王曰:“止!其自为谋也,则过矣。其为吾先君谋也,则忠。忠,社稷之固也,所盖多矣②。且彼若能利国家,虽重币,晋将可乎?若无益于晋,晋将弃之,何劳锢焉?”

【注释】

① 锢:禁锢,即让晋国不要录用他。 ② 盖:覆盖,庇护。

晋师归,范文子后入①。武子曰②:“无为吾望尔也乎③?”对曰:“师有功,国人喜以逆之,先入,必属耳目焉④,是代帅受名也,故不敢。”武子曰:“吾知免矣。”郤伯见,公曰:“子之力也夫!”对曰:“君之训也,二三子之力也,臣何力之有焉!”范叔见,劳之如郤伯,对曰:“庚所命也⑤,克之制也,燮何力之有焉!”栾伯见,公亦如之,对曰:“燮之诏也,士用命也,书何力之有焉!”

【注释】

① 范文子:士燮。 ② 武子:士会。 ③ 为:同“谓”。全句意谓:你认为我不盼望你吗? ④ 属耳目:引起人们的注意。 ⑤ 庚:荀庚,荀林父子,时将上军,为士燮的上司。

宣公使求好于楚。庄王卒,宣公薨,不克作好。公即位,受盟于晋,会晋伐齐。卫人不行使于楚,而亦受盟于晋,从于伐齐。故楚令尹子重为阳桥之役以救齐。将起师,子重曰:“君弱①,群臣不如先大夫,师众而后可。《诗》曰:‘济济多士,文王以宁②。’夫文王犹用众,况吾侪乎?且先君庄王属之曰:‘无德以及远方,莫如惠恤其民,而善用之。’”乃大户③,已责④,逮鳏⑤,救乏,赦罪,悉师,王卒尽行。彭名御戎,蔡景公为左,许灵公为右。二君弱,皆强冠之⑥。

【注释】

① 弱:年幼。 ② 所引诗见《诗·大雅·文王》。济济:人才众多貌。宁:安。 ③ 大户:清理户口。 ④ 已责:免除人民的债务。 ⑤ 逮鳏:施舍以及于鳏夫。 ⑥ 强冠:勉强行冠礼。任车左、车右必为成年人。

冬，楚师侵卫，遂侵我，师于蜀。使臧孙往[①]，辞曰："楚远而久，固将退矣。无功而受名，臣不敢。"楚侵及阳桥，孟孙请往[②]，赂之以执斫、执针、织纴[③]，皆百人，公衡为质[④]，以请盟。楚人许平。

【注释】

① 臧孙：即臧孙许。　② 孟孙：即孟献子仲孙蔑。　③ 执斫、执针、织纴：均工匠，即木匠、缝工、织布工。　④ 公衡：杜注谓成公子。

十一月，公及楚公子婴齐、蔡侯、许男、秦右大夫说、宋华元、陈公孙宁、卫孙良夫、郑公子去疾及齐国之大夫盟于蜀。卿不书，匮盟也[①]。于是乎畏晋而窃与楚盟，故曰匮盟。蔡侯、许男不书，乘楚车也，谓之失位。君子曰："位其不可不慎也乎！蔡、许之君，一失其位，不得列于诸侯，况其下乎？《诗》曰：'不解于位，民之攸塈[②]。'其是之谓矣。"

【注释】

① 匮盟：缺乏诚意的盟。　② 所引诗见《诗·大雅·假乐》。解：同懈。塈：休息。

楚师及宋，公衡逃归。臧宣叔曰："衡父不忍数年之不宴[①]，以弃鲁国，国将若之何？谁居[②]？后之人必有任是夫！国弃矣[③]。"

是行也，晋辟楚，畏其众也。君子曰："众之不可以已也[④]。大夫为政，犹以众克，况明君而善用其众乎？《大誓》所谓'商兆民离，周十人同'者[⑤]，众也。"

【注释】

① 宴：安。　② 谁居：谁来承担祸患。　③ 国弃：他抛弃了国家。④ 不可以已：不可以不重视。　⑤《大誓》：指《尚书·泰誓》。谓商有亿万人而离心离德，周朝十个人却同心同德。

晋侯使巩朔献齐捷于周[①]，王弗见[②]，使单襄公辞焉，曰："蛮夷戎狄，不式王命[③]，淫湎毁常[④]，王命伐之，则有献捷，王亲受而劳之，所以惩不敬，劝有功也。兄弟甥舅[⑤]，侵败王略[⑥]，王命伐之，告事而已，不献其功，所以敬亲昵，禁淫慝也。今叔父克遂[⑦]，有功于齐,而不使命卿镇抚王室,所使来抚余一人,而巩伯实来,未有职司于王室[⑧],又奸先王之礼[⑨],余虽欲于巩伯[⑩],其敢废旧典以忝叔父[⑪]？夫齐,甥舅之国也,而大师之后也[⑫],宁不亦淫从其欲以怒叔父[⑬],抑岂不可谏诲[⑭]?”士庄伯不能对[⑮]。王使委于三吏[⑯],礼之如侯伯克敌使大夫告庆之礼,降于卿礼一等。王以巩伯宴[⑰],而私贿之,使相告之曰[⑱]:“非礼也,勿籍[⑲]。”

【注释】

①献捷:即献俘。 ②王:周定王。 ③式:用。 ④淫湎:沉湎酒色。 ⑤兄弟甥舅:前者指同姓诸侯,后者指异姓诸侯。 ⑥王略:周王的法略。 ⑦克遂:成功。 ⑧未有职司于王室:巩朔时为上军大夫,尚非由周王室任命的卿。意指来使地位太低。 ⑨奸:违反。 ⑩欲:同“好”,喜爱。 ⑪忝:辱。 ⑫大师:齐始祖吕尚。 ⑬宁不亦:难道是。淫从其欲:放纵私欲。 ⑭不可谏诲:意为无法劝谏,即不可救药。 ⑮士庄伯:即巩朔。 ⑯三吏:即三公。 ⑰以:与。 ⑱相:赞礼。 ⑲籍:史册。勿籍:不要记载在史册上。

成公三年

【经】

三年春[①],王正月,公会晋侯、宋公、卫侯、曹伯伐郑[②]。

辛亥,葬卫穆公。

二月,公至自伐郑。

甲子,新宫灾[③],三日哭。

乙亥,葬宋文公。

夏,公如晋。

郑公子去疾帅师伐许。

公至自晋。

秋,叔孙侨如帅师围棘[④]。

大雩。

晋郤克、卫孙良夫伐廧咎如[5]。

冬十有一月，晋侯使荀庚来聘。

卫侯使孙良夫来聘。

丙午，及荀庚盟。

丁未，及孙良夫盟。

郑伐许。

【注释】

① 三年：公元前 588 年。　② 晋侯：晋景公。宋公：宋共公，公元前 588—前 576 年在位。卫侯：卫定公，公元前 588—前 577 年在位。曹伯：曹宣公。　③ 新宫：宣公庙。　④ 棘：在今山东肥城市南。　⑤ 廧咎如：狄的一种，隗姓，居今河南安阳市附近。

【传】

三年春，诸侯伐郑，次于伯牛[1]，讨邲之役也。遂东侵郑。郑公子偃帅师御之[2]，使东鄙覆诸鄤[3]，败诸丘舆[4]。皇戌如楚献捷。

夏，公如晋，拜汶阳之田。

许恃楚而不事郑，郑子良伐许。

【注释】

① 伯牛：当为郑西部地名，具体所在无考。　② 公子偃：郑穆公子。③ 覆：埋伏。鄤(mǎn)：当为郑东部地名。　④ 丘舆：郑地，今无考。

晋人归公子谷臣与连尹襄老之尸于楚，以求知䓨。于是荀首佐中军矣，故楚人许之。王送知䓨，曰："子其怨我乎？"对曰："二国治戎[1]，臣不才，不胜其任，以为俘馘[2]。执事不以衅鼓，使归即戮，君之惠也。臣实不才，又谁敢怨？"王曰："然则德我乎？"对曰："二国图其社稷，而求纾其民[3]，各惩其忿以相宥也[4]，两释累囚以成其好[5]。二国有好，臣不与及[6]，其谁敢德？"王曰："子归，何以报我？"对曰："臣不任受怨[7]，君亦不任受德，无怨无德，不知所报。"王曰："虽然，必告不穀。"对曰："以君之灵，累臣得归骨于晋[8]，寡君之以为戮，死且不朽。若从君之惠而免之，以赐君之外臣首；首其请于寡君而以戮于宗,亦死且不朽。若不获命,而使嗣宗职,次及于事[9],而帅偏师以修封疆,虽遇执事,其弗敢违[10]。其竭力致死,无有二心,以尽臣礼,所以报也。"王曰:"晋未可与争。"重为之礼而归之。

【注释】

① 治戎:治兵,作战。 ② 俘馘:这里仅为俘虏的意思。 ③ 纾:舒缓。 ④ 惩:懊悔。 ⑤ 累囚:拘禁的囚犯。 ⑥ 臣不与及:与臣无关。 ⑦ 任:担负。 ⑧ 累臣:被拘禁的臣子。 ⑨ 次及于事:轮到我担任国家政事。 ⑩ 违:避。

秋,叔孙侨如围棘。取汶阳之田,棘不服,故围之。

晋郤克、卫孙良夫伐廧咎如,讨赤狄之余焉。廧咎如溃,上失民也[1]。

【注释】

① 杜注谓此为传释经之文,而经无"廧咎如溃"四字,是经阙此四字。

冬十一月,晋侯使荀庚来聘,且寻盟[1]。卫侯使孙良夫来聘,且寻盟[2]。公问诸臧宣叔曰:"中行伯之于晋也,其位在三[3]。孙子之于卫也,位为上卿,将谁先?"对曰:"次国之上卿当大国之中,中当其下,下当其上大夫。小国之上卿当大国之下卿,中当其上大夫,下当其下大夫。上下如是,古之制也。卫在晋,不得为次国。晋为盟主,其将先之。"丙午,盟晋,丁未,盟卫,礼也。

【注释】

① 寻盟:寻成公元年(前590)赤棘之盟。 ② 寻盟:寻宣公七年(前602)之盟。 ③ 位在三:晋郤克为中军主将,位第一;荀首佐中军,位第二;荀庚为上军主将,位第三。

十二月甲戌,晋作六军。韩厥、赵括、巩朔、韩穿、荀骓、赵旃皆为卿[1],赏鞌之功也。

【注释】

① 荀骓:时将晋国新下军。后谥文子。

齐侯朝于晋，将授玉[①]。郤克趋进曰："此行也，君为妇人之笑辱也，寡君未之敢任。"晋侯享齐侯。齐侯视韩厥[②]，韩厥曰："君知厥也乎[③]？"齐侯曰："服改矣。"韩厥登，举爵曰："臣之不敢爱死，为两君之在此堂也[④]。"

【注释】

① 授玉：朝见时礼节之一。　② 视：盯住。　③ 知：认识。　④ 韩厥此语因郤克挖苦齐顷公太过分，所以补救。

荀罃之在楚也，郑贾人有将置诸褚中以出[①]。既谋之，未行，而楚人归之。贾人如晋，荀罃善视之，如实出己。贾人曰："吾无其功，敢有其实乎？吾小人，不可以厚诬君子[②]。"遂适齐。

【注释】

① 褚：装衣物用的囊。出：带出楚国。　② 诬：欺。

成公四年

【经】

四年春[①]，宋公使华元来聘[②]。

三月壬申，郑伯坚卒。

杞伯来朝[③]。

夏四月甲寅，臧孙许卒。

公如晋。

葬郑襄公。

秋，公至自晋。

冬，城郓[④]。

郑伯伐许[⑤]。

【注释】

① 四年：公元前587年。　② 宋公：宋共公。　③ 杞伯：杞桓公。　④ 郓：在今山东郓城县东。　⑤ 郑伯：郑悼公，公元前586—前585年

在位。

【传】

四年春，宋华元来聘，通嗣君也①。

杞伯来朝，归叔姬故也②。

【注释】

① 嗣君：指宋共公。　② 叔姬：鲁女嫁杞伯为夫人者。

夏，公如晋，晋侯见公，不敬。季文子曰："晋侯必不免。《诗》曰：'敬之敬之，天惟显思，命不易哉①！'夫晋侯之命在诸侯矣，可不敬乎？"秋，公至自晋，欲求成于楚而叛晋，季文子曰："不可。晋虽无道，未可叛也。国大臣睦，而迩于我，诸侯听焉，未可以贰。史佚之志有之，曰：'非我族类，其心必异。'楚虽大，非吾族也，其肯字我乎②？"公乃止。

【注释】

① 所引诗见《诗·周颂·敬之》。敬：此指处事警惕。天惟显思：天理昭彰不可欺。命不易：保全国运不容易。　② 字：爱。

冬十一月，郑公孙申帅师疆许田①，许人败诸展陂②。郑伯伐许，取钼任、泠敦之田③。

【注释】

① 疆许田：划定所占许国田地的疆界。　② 展陂：在今河南许昌市西北。　③ 钼任、泠敦：均在许昌。

晋栾书将中军，荀首佐之，士燮佐上军，以救许伐郑，取汜、祭①。楚子反救郑，郑伯与许男讼焉②，皇戌摄郑伯之辞③。子反不能决也，曰："君若辱在寡君④，寡君与其二三臣共听两君之所欲，成其可知也⑤。不然，侧不足以知二国之成⑥。"

晋赵婴通于赵庄姬⑦。

【注释】

① 汜（fán）：在今河南荥阳市西北。祭：在今河南郑州市北。　② 许

男:许灵公。　③ 摄:代。　④ 辱在寡君:外交辞令,意为去朝见楚王。⑤ 成:判断是非曲直。　⑥ 侧:公子侧,即子反。　⑦ 赵婴:即赵婴齐。赵庄姬:赵朔之妻,成公女。此句与下年传文相连。

成公五年

【经】

五年春①,王正月,杞叔姬来归。

仲孙蔑如宋。

夏,叔孙侨如会晋荀首于谷②。

梁山崩③。

秋,大水。

冬十有一月己酉,天王崩④。

十有二月己丑,公会晋侯、齐侯、宋公、卫侯、郑伯、曹伯、邾子、杞伯同盟于虫牢⑤。

【注释】

① 五年:公元前586年。　② 谷:齐地。在今山东东阿县。　③ 梁山:或谓在今陕西韩城市。　④ 天王:周定王。　⑤ 晋侯:晋景公。齐侯:齐顷公。宋公:宋共公。卫侯:卫定公。郑伯:郑悼公。曹伯:曹宣公。邾子:邾定公。杞伯:杞桓公。虫牢:郑地,在今河南封丘县北。

【传】

五年春,原、屏放诸齐①。婴曰:"我在,故栾氏不作②。我亡,吾二昆其忧哉③!且人各有能有不能,舍我何害?"弗听。婴梦天使谓己:"祭余,余福女。"使问诸士贞伯④,贞伯曰:"不识也。"既而告其人曰:"神福仁而祸淫,淫而无罚,福也。祭,其得亡乎⑤?"祭之,之明日而亡⑥。

【注释】

① 原、屏:赵同、赵括。放:指放逐赵婴。　② 栾氏:指栾书等人。作:作乱。　③ 二昆:即二兄,指赵同、赵括。　④ 士贞伯:士渥浊。

⑤ 亡:通"无",免除。 ⑥ 亡:被放逐。

孟献子如宋,报华元也。

夏,晋荀首如齐逆女,故宣伯馈诸谷[①]。

【注释】

① 馈(yùn):为在野行路之人馈送食物。

梁山崩,晋侯以传召伯宗[①]。伯宗辟重[②],曰:"辟传!"重人曰:"待我,不如捷之速也[③]。"问其所,曰:"绛人也。"问绛事焉,曰:"梁山崩,将召伯宗谋之。"问:"将若之何?"曰:"山有朽壤而崩,可若何?国主山川,故山崩川竭,君为之不举[④],降服[⑤],乘缦[⑥],彻乐,出次[⑦],祝币[⑧],史辞[⑨],以礼焉。其如此而已,虽伯宗若之何?"伯宗请见之[⑩],不可。遂以告而从之[⑪]。

【注释】

① 传:传车。伯宗:晋大夫。 ② 辟重:叫装载货物的车让道。 ③ 捷:捷径。 ④ 不举:减膳撤乐。 ⑤ 降服:换去平时华丽的衣服而穿素服。 ⑥ 缦:没有彩绘的车子。 ⑦ 出次:离开寝宫。 ⑧ 祝币:陈列献神的礼物。 ⑨ 史辞:太史作文祭祀。 ⑩ 请见之:请他一起去见景公。 ⑪ 告:告诉景公。

许灵公诉郑伯于楚[①]。六月,郑悼公如楚,讼,不胜,楚人执皇戌及子国[②]。故郑伯归,使公子偃请成于晋。秋八月,郑伯及晋赵同盟于垂棘[③]。

【注释】

① 诉:控告。 ② 子国:穆公子公子发。 ③ 垂棘:晋地,在今山西潞城市北。

宋公子围龟为质于楚而还[①],华元享之。请鼓噪以出[②],鼓噪以复入,曰:"习攻华氏。"宋公杀之。

【注释】

① 围龟:宋文公之子。字子灵。 ② 鼓噪:击鼓呼叫。

冬，同盟于虫牢，郑服也。诸侯谋复会，宋公使向为人辞以子灵之难。

十一月己酉，定王崩。[1]

【注释】

① 杜注云："经在虫牢盟上，传在下，月倒错。众家传悉无此八字，或衍文。"

成公六年

【经】

六年春[1]，王正月，公至自会。

二月辛巳，立武宫[2]。

取鄟[3]。

卫孙良夫帅师侵宋。

夏六月，邾子来朝[4]。

公孙婴齐如晋。

壬申，郑伯费卒[5]。

秋，仲孙蔑、叔孙侨如帅师侵宋。

楚公子婴齐帅师伐郑。

冬，季孙行父如晋。

晋栾书帅师救郑。

【注释】

① 六年：公元前585年。 ② 武宫：纪念武功的建筑。 ③ 鄟(zhuān)：国名，一云地在今山东郯城县北，一云在今兖州一带。 ④ 邾子：邾定公。 ⑤ 郑伯费：郑悼公。

【传】

六年春，郑伯如晋拜成，子游相[1]，授玉于东楹之东[2]。士贞伯曰："郑伯其死乎？自弃也已！视流而行速[3]，不安其位，宜不能久[4]。"

【注释】

① 子游:公子偃字。相:任相礼。 ② 楹:堂上大柱,东西各一。诸侯相见,授玉应在两楹之间的堂上。如身份低的人,方授受于堂与东楹之间,也不当在东楹之东。 ③ 流:如流水,谓其东张西望。 ④ 宜:殆,大概。

二月,季文子以鞌之功立武宫,非礼也。听于人以救其难①,不可以立武②。立武由己,非由人也。

取邿,言易也③。

【注释】

① 听于人:鞌之战是鲁向晋请兵与齐战,鲁军从属于晋军。 ② 立武:建立纪念性建筑以表彰武功。 ③ 此解释经用"取"字。

三月,晋伯宗、夏阳说,卫孙良夫、宁相,郑人,伊、雒之戎、陆浑蛮氏侵宋①,以其辞会也。师于针②,卫人不保③。说欲袭卫,曰:"虽不可入,多俘而归,有罪不及死。"伯宗曰:"不可。卫唯信晋,故师在其郊而不设备。若袭之,是弃信也。虽多卫俘,而晋无信,何以求诸侯?"乃止。师还,卫人登陴④。

【注释】

① 伊、雒之戎:离洛阳不远的戎人。陆浑:陆浑之戎,戎之一种,本居瓜州。蛮氏:戎蛮,居河南汝阳县东南一带。 ② 针:卫邑,在卫都帝丘附近,即今河南濮阳市附近。 ③ 不保:不设防。 ④ 陴:城上女墙。杜注说是卫人知道了夏阳说的计谋故上城守卫。

晋人谋去故绛。诸大夫皆曰:"必居郇瑕氏之地①,沃饶而近盬②,国利君乐,不可失也。"韩献子将新中军,且为仆大夫③。公揖而入。献子从。公立于寝庭,谓献子曰:"何如?"对曰:"不可。郇瑕氏土薄水浅,其恶易觏④。易觏则民愁,民愁则垫隘⑤,于是乎有沉溺重腿之疾⑥。不如新田⑦,土厚水深,居之不疾,有汾、浍以流其恶⑧,且民从教,十世之利也。夫山、泽、林、盬,国之宝也。国饶，则民骄佚。近宝，公室乃贫，不可谓乐。”公说，从之。夏四月丁丑，晋迁于新田。

【注释】

① 郇瑕：杜注为古国。一云即郇邑、瑕邑，在今山西临猗县。② 盬：即盐池，今名解池。③ 仆大夫：太仆之官，掌宫中事。④ 恶：污秽肮脏之物。覯：合，结。⑤ 垫隘：羸弱。⑥ 沉溺：风湿病。重：同“肿”。膇：足肿。⑦ 新田：在今山西侯马市。⑧ 汾、浍：均水名。汾水流经新田西北，浍水在新田注入汾水。

六月，郑悼公卒。

子叔声伯如晋[①]。命伐宋。秋，孟献子、叔孙宣伯侵宋，晋命也。

楚子重伐郑，郑从晋故也。

冬，季文子如晋，贺迁也。

【注释】

① 子叔声伯：即公孙婴齐。

晋栾书救郑，与楚师遇于绕角[①]。楚师还，晋师遂侵蔡。楚公子申、公子成以申、息之师救蔡，御诸桑隧[②]。赵同、赵括欲战，请于武子，武子将许之。知庄子、范文子、韩献子谏曰：“不可。吾来救郑，楚师去我，吾遂至于此，是迁戮也[③]。戮而不已[④]，又怒楚师[⑤]，战必不克。虽克，不令[⑥]。成师以出，而败楚之二县，何荣之有焉？若不能败，为辱已甚[⑦]，不如还也。”乃遂还。

【注释】

① 绕角：杜注为郑地。一云蔡地，在今河南鲁山县东南。② 桑隧：在今河南确山县东。③ 迁戮：转移杀戮对象。④ 不已：不停。⑤ 怒：激怒。⑥ 令：善。⑦ 已：太。

于是，军帅之欲战者众，或谓栾武子曰：“圣人与众同欲，是以济事。子盍从众？子为大政[①]，将酌于民者也。子之佐十一人，其不欲战者,三人而已,欲战者可谓众矣。《商书》曰:'三人占,从二人②。'众故也。"武子曰:"善钧③,从众。夫善,众之主也。三卿为主,可谓众矣。从之,不亦可乎?"

【注释】

① 大政:执政大臣。 ② 所引文见今《尚书·洪范》。 ③ 钧:同"均"。

成公七年

【经】

七年春①,王正月,鼷鼠食郊牛角②,改卜牛。鼷鼠又食其角,乃免牛。

吴伐郯③。

夏五月,曹伯来朝④。

不郊,犹三望⑤。

秋,楚公子婴齐帅师伐郑。

公会晋侯、齐侯、宋公、卫侯、曹伯、莒子、邾子、杞伯救郑⑥。

八月戊辰,同盟于马陵⑦。

公至自会。

吴入州来⑧。

冬,大雩。

卫孙林父出奔晋。

【注释】

① 七年:公元前584年。 ② 鼷鼠:一种小鼠。 ③ 郯:国名,在今山东郯城县。 ④ 曹伯:曹宣公。 ⑤ 三望:望祭三处。 ⑥ 晋侯:晋景公。齐侯:齐顷公。宋公:宋共公。卫侯:卫定公。杞伯:杞桓公。 ⑦ 马陵:卫地,在今河北大名县东南。 ⑧ 州来:国名,地在今安徽凤台县。

【传】

七年春，吴伐郯，郯成。季文子曰："中国不振旅[①]，蛮夷入伐，而莫之或恤，无吊者也夫[②]！《诗》曰：'不吊昊天，乱靡有定[③]。'其此之谓乎！有上不吊[④]，其谁不受乱？吾亡无日矣！"君子曰："知惧如是，斯不亡矣。"

【注释】

① 中国：华夏诸国。振旅：整顿军队。　② 吊：善。　③ 所引诗见《诗·小雅·节南山》。昊天：苍天。　④ 上：谓霸主。

郑子良相成公以如晋，见，且拜师。

夏，曹宣公来朝。

秋，楚子重伐郑，师于氾[①]。诸侯救郑。郑共仲、侯羽军楚师[②]，囚郧公钟仪[③]，献诸晋。八月，同盟于马陵，寻虫牢之盟，且莒服故也。

晋人以钟仪归，囚诸军府[④]。

【注释】

① 氾：在今河南襄城县。　② 军：包围。　③ 郧公：郧县长官。郧，今湖北仙桃市。　④ 军府：军用仓库，亦用以囚禁俘虏。

楚围宋之役[①]，师还，子重请取于申、吕以为赏田[②]，王许之。申公巫臣曰："不可。此申、吕所以邑也，是以为赋[③]，以御北方。若取之，是无申、吕也。晋、郑必至于汉[④]。"王乃止。子重是以怨巫臣。子反欲取夏姬，巫臣止之，遂取以行[⑤]，子反亦怨之。及共王即位，子重、子反杀巫臣之族子阎、子荡及清尹弗忌及襄老之子黑要[⑥]，而分其室[⑦]。子重取子阎之室，使沈尹与王子罢分子荡之室，子反取黑要与清尹之室。巫臣自晋遗二子书，曰："尔以谗慝贪惏事君[⑧]，而多杀不辜。余必使尔罢于奔命以死[⑨]。"

【注释】

① 围宋之役：在宣公十四、十五年(前595、前594)。　② 申：国名，姜姓，地在今河南南阳市。吕：国名，姜姓，地在今河南南阳市西，早为楚灭。

③ 赋:兵赋。 ④ 汉:汉水。 ⑤ 遂取以行:事见成公二年(前 589)。 ⑥ 清尹:官名。 ⑦ 室:家财。 ⑧ 贪惏:贪婪。 ⑨ 罢:同“疲”。奔命:奉命奔驰。

巫臣请使于吴,晋侯许之。吴子寿梦说之。乃通吴于晋,以两之一卒适吴①,舍偏两之一焉②。与其射御③,教吴乘车,教之战陈,教之叛楚。置其子狐庸焉④,使为行人于吴。吴始伐楚,伐巢、伐徐。子重奔命。马陵之会,吴入州来,子重自郑奔命。子重、子反于是乎一岁七奔命。蛮夷属于楚者,吴尽取之,是以始大,通吴于上国⑤。

【注释】

① 两之一卒:合两偏以成一卒车,即兵车三十辆。 ② 舍:留下。偏两之一:一偏的卒车,即十五辆战车。 ③ 射御:射手与驾驭战车的人。 ④ 置:留下。 ⑤ 上国:中原诸国。

卫定公恶孙林父①。冬,孙林父出奔晋。卫侯如晋,晋反戚焉②。

【注释】

① 孙林父:孙良夫之子,谥文,又称孙文子。 ② 反戚:孙林父携戚邑投晋,晋归还卫。戚,在今河南濮阳市北。

成 公 八 年

【经】

八年春①,晋侯使韩穿来言汶阳之田②,归之于齐。

晋栾书帅师侵蔡。

公孙婴齐如莒。

宋公使华元来聘③。

夏,宋公使公孙寿来纳币。

晋杀其大夫赵同、赵括。

秋七月，天子使召伯来赐公命④。

冬十月癸卯，杞叔姬卒。

晋侯使士燮来聘。

叔孙侨如会晋士燮、齐人、邾人伐郯。

卫人来媵⑤。

【注释】

① 八年：公元前583年。　② 晋侯：晋景公。　③ 宋公：宋共公。杜注：“昏聘不使卿。今华元将命，故特书之。宋共无主昏者，自命之，故称使也。”　④ 天子：周简王。召伯：召桓公，周卿士。　⑤ 媵：遣女陪嫁。国君之女出嫁，他国遣女陪嫁。

【传】

八年春，晋侯使韩穿来言汶阳之田，归之于齐。季文子饯之，私焉，曰：“大国制义以为盟主①，是以诸侯怀德畏讨，无有贰心。谓汶阳之田，敝邑之旧也，而用师于齐，使归诸敝邑。今有二命曰：‘归诸齐。’信以行义，义以成命，小国所望而怀也。信不可知，义无所立，四方诸侯，其谁不解体？《诗》曰：‘女也不爽，士贰其行。士也罔极，二三其德②。’七年之中，一与一夺，二三孰甚焉！士之二三，犹丧妃耦③，而况霸主？霸主将德是以④，而二三之，其何以长有诸侯乎？《诗》曰：‘犹之未远，是用大简⑤。’行父惧晋之不远犹而失诸侯也⑥，是以敢私言之。”

【注释】

① 制义：处理事务合符道义。　② 所引诗见《诗·卫风·氓》。此以“女”比鲁，以“士”比晋。爽：过错。罔极：是非没定准。二三：前后不一。③ 妃：同“配”。此言士对女无信义，将失去嘉偶。　④ 以：用。　⑤ 所引诗见《诗·大雅·板》。今《诗》“简”作“谏”。犹：同“猷”，谋略。　⑥ 行父：季文子之名。

晋栾书侵蔡，遂侵楚，获申骊①。楚师之还也，晋侵沈②，获沈子揖初③，从知、范、韩也④。君子曰：“从善如流，宜哉！《诗》曰：

‘恺悌君子，遐不作人⑤。’求善也夫！作人，斯有功绩矣。”是行也，郑伯将会晋师⑥，门于许东门，大获焉。

【注释】

① 申骊：楚大夫。 ② 沈：国名，姬姓，地在今安徽阜阳市西北。 ③ 揖初：沈国君名。杜注将“初”字属下，作“自是”解，然又云前绕角之役听从知、范、韩三人，互相矛盾。 ④ 知、范、韩：荀首、士燮、韩厥。 ⑤ 所引诗见《诗·大雅·旱麓》。恺悌：平易近人。遐不：何不。作人：起用人材。 ⑥ 郑伯：郑成公，公元前584—前571年在位。

声伯如莒①，逆也②。

宋华元来聘，聘共姬也③。

夏，宋公使公孙寿来纳币，礼也。

【注释】

① 声伯：公孙婴齐。 ② 逆：杜注：“自为逆妇。” ③ 共姬：穆姜所生，成公姊妹。嫁宋共公，故称共姬。

晋赵庄姬为赵婴之亡故①，谮之于晋侯，曰：“原、屏将为乱。”栾、郤为征②。六月，晋讨赵同、赵括③。武从姬氏畜于公宫④。以其田与祁奚⑤。韩厥言于晋侯曰：“成季之勋⑥，宣孟之忠⑦，而无后，为善者其惧矣。三代之令王，皆数百年保天之禄。夫岂无辟王⑧？赖前哲以免也。《周书》曰：‘不敢侮鳏寡⑨。’所以明德也。”乃立武，而反其田焉。

【注释】

① 庄姬：晋成公女。 ② 征：证。 ③ 讨：讨伐，诛戮。 ④ 武：赵武，赵朔与庄姬之子。 ⑤ 祁奚：晋大夫，字黄羊。 ⑥ 成季：赵衰。 ⑦ 宣孟：赵盾。 ⑧ 辟：邪僻。 ⑨ 所引句见《尚书·康诰》。

秋，召桓公来赐公命。

晋侯使申公巫臣如吴，假道于莒。与渠丘公立于池上①，曰：“城已恶②！”莒子曰：“辟陋在夷，其孰以我为虞③？”对曰：“夫狡焉思启封疆以利社稷者，何国蔑有？唯然，故多大国矣，唯或思或纵也[4]。勇夫重闭[5]，况国乎？”

【注释】

① 渠丘公：莒国国君，名朱。池：护城河。　② 已：太。恶：坏得厉害。　③ 虞：望。　④ 或思或纵：有的防备而得存，有的放纵而灭亡。⑤ 重闭：层层门户关闭。

冬，杞叔姬卒。来归自杞，故书。

晋士燮来聘，言伐郯也，以其事吴故。公赂之，请缓师。文子不可[1]，曰：“君命无贰，失信不立[2]。礼无加货[3]，事无二成[4]。君后诸侯，是寡君不得事君也[5]。燮将复之。”季孙惧，使宣伯帅师会伐郯。

卫人来媵共姬，礼也。凡诸侯嫁女，同姓媵之，异姓则否。

【注释】

① 文子：即士燮。　② 失信：没完成使命为失信。　③ 礼无加货：按规定的礼物外不能再加财物。　④ 二成：两种结果。　⑤ 不得事君：不能事奉君王。即与鲁绝交。

成公九年

【经】

九年春[1]，王正月，杞伯来逆叔姬之丧以归[2]。

公会晋侯、齐侯、宋公、卫侯、郑伯、曹伯、莒子、杞伯同盟于蒲[3]。

公至自会。

二月，伯姬归于宋。

夏，季孙行父如宋致女[4]。

晋人来媵[5]。

秋七月丙子，齐侯无野卒。

晋人执郑伯。

晋栾书帅师伐郑。

冬十有一月,葬齐顷公。

楚公子婴齐帅师伐莒。庚申,莒溃。

楚人入郓⑥。

秦人、白狄伐晋。

郑人围许。

城中城⑦。

【注释】

① 九年:公元前582年。 ② 杞伯:杞桓公。 ③ 晋侯:晋景公。齐侯:齐顷公。宋公:宋共公。卫侯:卫定公。郑伯:郑成公。曹伯:曹宣公。莒子:莒渠丘公。蒲:卫地,在今河南长垣县。 ④ 致女:女嫁三月,遣大夫聘问,称致女。 ⑤ 媵:媵伯姬。 ⑥ 郓:在今山东沂水县东北。⑦ 中城:据《谷梁传》即曲阜内城。杜注谓在厚丘,即今江苏沭阳,则非鲁境。

【传】

九年春,杞桓公来逆叔姬之丧,请之也。杞叔姬卒,为杞故也①。逆叔姬,为我也。

为归汶阳之田故,诸侯贰于晋。晋人惧,会于蒲,以寻马陵之盟。季文子谓范文子曰:"德则不竞②,寻盟何为?"范文子曰:"勤以抚之,宽以待之,坚强以御之,明神以要之③,柔服而伐贰,德之次也。"是行也,将始会吴,吴人不至。

【注释】

① 为杞故:因为遭杞桓公休弃的缘故。 ② 竞:强。 ③ 要:约束。

二月,伯姬归于宋。

楚人以重赂求郑,郑伯会楚公子成于邓①。

【注释】

① 邓:一在蔡。一在楚,即楚所灭之邓国,在今河南邓州。此当为后者。

夏,季文子如宋致女,复命,公享之。赋《韩奕》之五章①,穆姜出于房②,再拜,曰:"大夫勤辱③,不忘先君以及嗣君④,施及未亡人。先君犹有望也!敢拜大夫之重勤⑤。"又赋《绿衣》之卒章而入⑥。

【注释】

①《韩奕》:《诗·大雅》篇名。第五章述韩姞嫁蹶父,生活安乐,且有美誉。　②穆姜:伯姬之母。房:路寝之北,中间为室,东西两旁为房。③勤辱:辛苦,勤劳。　④先君:宣公,伯姬之父。　⑤重:加倍。⑥《绿衣》:《诗·邶风》篇名。卒章有"我思古人,实获我心"句。

晋人来媵,礼也。

秋,郑伯如晋。晋人讨其贰于楚也,执诸铜鞮①。

栾书伐郑,郑人使伯蠲行成,晋人杀之,非礼也。兵交,使在其间可也②。楚子重侵陈以救郑。

【注释】

①铜鞮:在今山西沁县南。　②使在其间可也:谓两国的使者应允许在其间往来。

晋侯观于军府,见钟仪。问之曰:"南冠而縶者,谁也?"有司对曰:"郑人所献楚囚也。"使税之①,召而吊之②。再拜稽首。问其族,对曰:"泠人也③。"公曰:"能乐乎?"对曰:"先人之职官也,敢有二事?"使与之琴,操南音。公曰:"君王何如?"对曰:"非小人之所得知也。"固问之,对曰:"其为大子也,师保奉之④,以朝于婴齐而夕于侧也⑤。不知其他。"

【注释】

①税:同"脱",释放出来。　②吊:慰问。　③泠人:乐官。泠通"伶"。　④师保:二者都是教育辅导太子的官。　⑤婴齐:公子婴齐,即令尹子重。侧:公子侧,即司马子反。

公语范文子,文子曰:"楚囚,君子也。言称先职,不背本也。乐操土风①,不忘旧也。称大子②,抑无私也③。名其二卿,尊君也。不背本,仁也。不忘旧,信也。无私,忠也。尊君,敏也。仁以接事④,信以守之⑤,忠以成之,敏以行之。事虽大,必济。君盍归之?使合晋、楚之成。"公从之,重为之礼,使归求成。

【注释】

① 土风:本土乐曲,指楚乐。 ② 称:列举。 ③ 抑:语助。④ 接事:处理事情。 ⑤ 守:保持。

冬十一月,楚子重自陈伐莒,围渠丘①。渠丘城恶,众溃,奔莒。戊申,楚入渠丘。莒人囚楚公子平,楚人曰:"勿杀!吾归而俘。"莒人杀之。楚师围莒。莒城亦恶,庚申,莒溃。楚遂入郓,莒无备故也②。

【注释】

① 渠丘:莒邑,在今山东莒县北。 ② 无备:没有设防。即指上不修缮城墙。

君子曰:"恃陋而不备①,罪之大者也。备豫不虞②,善之大者也。莒恃其陋,而不修城郭,浃辰之间③,而楚克其三都,无备也夫!《诗》曰:'虽有丝麻,无弃菅蒯。虽有姬、姜,无弃蕉萃。凡百君子,莫不代匮④。'言备之不可以已也⑤。"

【注释】

① 恃陋:凭仗地处偏僻,即上年莒子所说"辟陋在夷,其孰以我为虞"。 ② 不虞:意外。 ③ 浃辰:十二天。 ④ 所引诗不见今《诗》,杜注云"逸诗"。菅蒯:皆多年生草本植物,古人用以编席、鞋等。姬、姜:黄帝与炎帝的姓,也是周时大姓,古常代指美女。蕉萃:即憔悴。匮:缺少。 ⑤ 已:止。

秦人、白狄伐晋,诸侯贰故也。

郑人围许,示晋不急君也①。是则公孙申谋之,曰:"我出师以围许,为将改立君者,而纾晋使②,晋必归君。"

城中城,书,时也。

十二月,楚子使公子辰如晋[③],报钟仪之使,请修好结成。

【注释】

① 不急君:不急于让国君回国。　② 纾:迟缓,拖延。　③ 楚子:楚共王,公元前590—前560年在位。公子辰:字子商,官大宰。

成公十年

【经】

十年春[①],卫侯之弟黑背帅师侵郑[②]。

夏四月,五卜郊不从[③],乃不郊。

五月,公会晋侯、齐侯、宋公、卫侯、曹伯伐郑[④]。

齐人来媵[⑤]。

丙午,晋侯獳卒。

秋七月,公如晋。

冬十月。

【注释】

① 十年:公元前581年。　② 卫侯:卫定公。　③ 不从:不吉利。④ 晋侯:指晋厉公,时景公疾,晋人立太子为君,公元前580—前573年在位。齐侯:齐灵公,公元前581—前554年在位。宋公:宋共公。曹伯:曹宣公。⑤ 媵:谓媵伯姬。杜注谓齐人异姓,来媵不合于礼。

【传】

十年春,晋侯使籴茷如楚[①],报大宰子商之使也[②]。

卫子叔黑背侵郑,晋命也。

【注释】

① 籴茷:晋大夫。　② 子商:即公子辰。

郑公子班闻叔申之谋[①]。三月,子如立公子繻[②]。夏四月,郑人杀繻,立髡顽[③]。子如奔许。栾武子曰:"郑人立君,我执一人焉,何益?不如伐郑而归其君,以求成焉。"晋侯有疾。五月,晋立大子州蒲以为君，而会诸侯伐郑。郑子罕赂以襄钟[4]，子然盟于修泽[5]，子驷为质[6]。辛巳，郑伯归。

【注释】

① 公子班：即子如。叔申：即公孙申。 ② 公子繻：成公庶兄。 ③ 髡顽：成公太子，后即位为僖公。公元前570—前566年在位。 ④ 子罕：穆公子，即公子喜。襄钟：郑襄公庙之钟。 ⑤ 子然：穆公子。修泽：郑地，在今河南原阳县西南。 ⑥ 子驷：即公子騑，穆公子。

晋侯梦大厉[1]，被发及地，搏膺而踊[2]，曰："杀余孙[3]，不义。余得请于帝矣！"坏大门及寝门而入。公惧，入于室。又坏户。公觉，召桑田巫[4]。巫言如梦。公曰："何如？"曰："不食新矣[5]。"公疾病，求医于秦。秦伯使医缓为之[6]。未至，公梦疾为二竖子[7]，曰："彼，良医也。惧伤我，焉逃之？"其一曰："居肓之上[8]，膏之下[9]，若我何？"医至，曰："疾不可为也。在肓之上，膏之下，攻之不可[10]，达之不及[11]，药不至焉，不可为也。"公曰："良医也。"厚为之礼而归之。六月丙午，晋侯欲麦，使甸人献麦[12]，馈人为之[13]。召桑田巫，示而杀之。将食，张[14]，如厕，陷而卒。小臣有晨梦负公以登天[15]，及日中，负晋侯出诸厕。遂以为殉。

【注释】

① 厉：恶鬼。赵氏之先祖。 ② 搏膺：捶胸。踊：跳跃。 ③ 杀余孙：指成公八年（前583）杀赵同、赵括事。 ④ 桑田：在今河南灵宝县。 ⑤ 新：新麦。 ⑥ 缓：秦国名医。 ⑦ 竖子：儿童。 ⑧ 肓：心与膈膜之间。 ⑨ 膏：心尖脂肪。 ⑩ 攻：指灸。 ⑪ 达：指针。 ⑫ 甸人：管诸侯籍田的官。 ⑬ 馈人：主饮食的官。 ⑭ 张：同"胀"。 ⑮ 小臣：宦官。

郑伯讨立君者，戊申，杀叔申、叔禽[1]。君子曰："忠为令德，非其人犹不可[2]，况不令乎？"

【注释】

① 叔禽：叔申之弟。 ② 非其人：此指郑成公，谓效忠的对象不当。

秋，公如晋。晋人止公，使送葬。于是籴茷未反[①]。冬，葬晋景公。公送葬，诸侯莫在。鲁人辱之，故不书，讳之也。

【注释】

① 从明年传，晋人疑鲁从楚，故待籴茷归而证之。

卷十三　成公下

成公十一年

【经】

十有一年春[①],王三月,公自至晋。

晋侯使郤犨来聘[②]。己丑,及郤犨盟。

夏,季孙行父如晋。

秋,叔孙侨如如齐。

冬十月。

【注释】

① 十有一年:公元前580年。　② 晋侯:晋厉公。郤犨(chōu):晋大夫,郤克从父兄弟。

【传】

十一年春,王三月,公至自晋。晋人以公为贰于楚,故止公。公请受盟,而后使归[①]。

郤犨来聘,且莅盟。

【注释】

① 鲁成公自去年七月去晋,至此共历九月。

声伯之母不聘[①],穆姜曰[②]:“吾不以妾为姒[③]。”生声伯而出之,嫁于齐管于奚。生二子而寡[④],以归声伯。声伯以其外弟为大夫[⑤],而嫁其外妹于施孝叔。郤犨来聘,求妇于声伯。声伯夺施氏妇以与之。妇人曰:“鸟兽犹不失俪,子将若何[⑥]?”曰:“吾不能死亡。”妇人遂行,生二子于郤氏。郤氏亡[⑦],晋人归之施氏,施氏逆诸河,沉其二子。妇人怒曰:“已不能庇其伉俪而亡之,又不能字人之孤而杀之⑧，将何以终？”遂誓施氏⑨。

【注释】

①声伯：即公孙婴齐。不聘：未行媒聘之礼。凡聘则为妻，不聘为妾。②穆姜：鲁宣公夫人。声伯之父与宣公为同母兄弟，故穆姜与声伯母为妯娌。　③姒：兄妻为姒，弟妻为娣。兄弟之妻相互称“姒”。　④二子：据下文为一子一女。　⑤外弟：指其母与管于奚所生子。　⑥子：指其夫施孝叔。　⑦郤氏亡：郤氏被灭在成公十七年（前574）。　⑧字：抚爱。　⑨誓施氏：杜注云：“约誓不复为之妇。”

夏，季文子如晋报聘，且莅盟也。

周公楚恶惠、襄之逼也①，且与伯舆争政②，不胜，怒而出。及阳樊③，王使刘子复之④，盟于鄄而入⑤。三日，复出奔晋。

秋，宣伯聘于齐，以修前好。

【注释】

①周公楚：周王室臣。惠、襄：周惠王、周襄王的后裔、族人。逼：逼迫。②伯舆：周大夫。　③阳樊：在今河南济源市。　④王：周简王。刘子：即刘康公。　⑤鄄：周邑，今不详何地。

晋郤至与周争鄇田①，王命刘康公、单襄公讼诸晋。郤至曰：“温，吾故也，故不敢失。”刘子、单子曰：“昔周克商，使诸侯抚封②，苏忿生以温为司寇，与檀伯达封于河③。苏氏即狄，又不能于狄而奔卫④。襄王劳文公而赐之温⑤，狐氏、阳氏先处之⑥，而后及子。若治其故，则王官之邑也，子安得之？”晋侯使郤至勿敢争。

【注释】

①鄇（hóu）：温别邑，在今河南武陟县境。　②抚：有。　③檀伯达：封于檀而为氏。檀为周邑，在今河南济源县境。与温均近黄河。④苏氏事见僖公十年（前650）。　⑤赐文公温事见僖公二十五年（前635）。　⑥狐氏、阳氏：指狐溱、阳处父。狐溱封温见僖公二十五年（前635），阳处父封温见文公六年（前621）传。

宋华元善于令尹子重，又善于栾武子①。闻楚人既许晋籴茷成，而使归复命矣。冬，华元如楚，遂如晋，合晋、楚之成。

【注释】

① 栾武子：栾书。

秦、晋为成，将会于令狐①。晋侯先至焉，秦伯不肯涉河②，次于王城③，使史颗盟晋侯于河东④。晋郤犨盟秦伯于河西。范文子曰："是盟也何益？齐盟⑤，所以质信也。会所，信之始也。始之不从，其可质乎？"秦伯归而背晋成。

【注释】

① 令狐：晋地，在今山西临猗县。 ② 秦伯：秦桓公。 ③ 王城：秦地，在今陕西大荔县东。 ④ 史颗：秦大夫。 ⑤ 齐：同"斋"。

成公十二年

【经】

十有二年春①，周公出奔晋②。

夏，公会晋侯、卫侯于琐泽③。

秋，晋人败狄于交刚④。

冬十月。

【注释】

① 十有二年：公元前579年。 ② 周公：即周公楚。 ③ 晋侯：晋厉公。卫侯：卫定公。琐泽：杜注谓"地阙"，或云在今河北大名县，或谓在今河北涉县。 ④ 交刚：不详，或云在今山西隰县。

【传】

十二年春，王使以周公之难来告。书曰："周公出奔晋。"凡自周无出①，周公自出故也。

宋华元克合晋、楚之成。夏五月，晋士燮会楚公子罢、许偃。癸亥，盟于宋西门之外，曰："凡晋、楚无相加戎，好恶同之，同恤菑危，备救凶患。若有害楚，则晋伐之。在晋，楚亦如之。交贽往来[2]，道路无壅，谋其不协，而讨不庭[3]。有渝此盟，明神殛之，俾队其师[4]，无克胙国[5]。"郑伯如晋听成[6]。会于琐泽，成故也。

【注释】

① 自周无出：此释《春秋》记周公出奔的缘故。因普天之下皆王土，所以从周朝出逃不用"出"字。　② 交贽往来：使者往来。贽，礼物。　③ 不庭：不来朝见。指叛晋、楚的诸侯。　④ 队：同"坠"，毁败。　⑤ 胙国：享有国家。　⑥ 郑伯：郑成公。听：受。

狄人间宋之盟以侵晋，而不设备。秋，晋人败狄于交刚。

晋郤至如楚聘，且莅盟。楚子享之，子反相，为地室而县焉[1]。郤至将登[2]，金奏作于下[3]，惊而走出。子反曰："日云莫矣[4]，寡君须矣[5]，吾子其入也！"宾曰："君不忘先君之好，施及下臣，贶之以大礼[6]，重之以备乐[7]。如天之福，两君相见，何以代此[8]？下臣不敢。"子反曰："如天之福，两君相见，无亦唯是一矢以相加遗[9]，焉用乐？寡君须矣，吾子其入也！"宾曰："若让之以一矢[10]，祸之大者，其何福之为？世之治也[11]，诸侯闲于天子之事，则相朝也，于是乎有享宴之礼。享以训共俭[12]，宴以示慈惠[13]。共俭以行礼[14]，而慈惠以布政。政以礼成，民是以息。百官承事，朝而不夕，此公侯之所以扞城其民也[15]。故《诗》曰：'赳赳武夫，公侯干城[16]。'及其乱也，诸侯贪冒[17]，侵欲不忌，争寻常以尽其民[18]，略其武夫[19]，以为己腹心股肱爪牙[20]。故《诗》曰：'赳赳武夫，公侯腹心[21]。'天下有道，则公侯能为民干城，而制其腹心[22]。乱则反之。今吾子之言，乱之道也，不可以为法。然吾子，主也，至敢不从？"遂入，卒事。归，以语范文子。文子曰："无礼必食言，吾死无日矣夫！"

【注释】

① 地室：地下室。县：钟、鼓一类悬挂乐器。　② 登：登堂。③ 金奏：以钟镈一类乐器奏九种夏乐。这是诸侯相见时用的礼。④ 莫：同"暮"，此指晚，非晚上之意。　⑤ 须：等待。　⑥ 贶：赠、赐。

⑦ 重：加上。备乐：完整的音乐。即金奏。 ⑧ 代：增加。 ⑨ 无亦：即“亦”之意。加遗：即“加”。此句意为两国国君只能以战争相见。 ⑩ 让：赠，即“加遗”。 ⑪ 治：太平。 ⑫ 共俭：恭敬俭约。 ⑬ 慈惠：慈爱恩惠。 ⑭ 行：推行。 ⑮ 扞城：即“干城”，捍卫。 ⑯ 所引诗见《诗·周南·兔罝》。 ⑰ 贪冒：贪图私利。 ⑱ 寻常：八尺为寻，倍寻为常。此指尺寸之地。尽其民：使其民投于战争而死亡。 ⑲ 略：争取，网罗。 ⑳ 股肱：大腿与手臂。比喻左右得力的臣子。 ㉑ 所引诗见《诗·周南·兔罝》。腹心：原意是君王亲信，这里是贬义，喻帮凶爪牙。 ㉒ 制：控制。

冬，楚公子罢如晋聘，且莅盟。十二月，晋侯及楚公子罢盟于赤棘①。

【注释】

① 赤棘：晋地，具体所在不详。成公元年（前 590）鲁、晋曾于此地会盟。

成公十三年

【经】

十有三年春①，晋侯使郤锜来乞师②。

三月，公如京师③。

夏五月，公自京师，遂会晋侯、齐侯、宋公、卫侯、郑伯、曹伯、邾人、滕人伐秦④。

曹伯卢卒于师。

秋七月，公至自伐秦。

冬，葬曹宣公。

【注释】

① 十有三年：公元前 578 年。 ② 晋侯：晋厉公。 ③ 杜注：“伐秦，道过京师，因朝王。” ④ 齐侯：齐灵公。宋公：宋共公。卫侯：卫定公。郑伯：郑成公。曹伯：曹宣公。

【传】

十三年春，晋侯使郤锜来乞师，将事不敬[①]。孟献子曰："郤氏其亡乎！礼，身之干也。敬，身之基也。郤子无基。且先君之嗣卿也[②]，受命以求师，将社稷是卫，而惰，弃君命也。不亡何为？"

【注释】

① 将事：处理事务。此指传达国君的命令。　② 嗣卿：郤锜父郤克为景公上卿，郤锜为厉公卿，故云"嗣卿"。

三月，公如京师。宣伯欲赐，请先使[①]，王以行人之礼礼焉。孟献子从，王以为介[②]，而重贿之。公及诸侯朝王，遂从刘康公、成肃公会晋侯伐秦。

【注释】

① 先使：先去通报。　② 介：杜注："辅相威仪者。"按古相见，主有相迎宾赞礼，宾有随从通传名介。孟献子跟随成公朝见，所以周王以为介。

成子受脤于社[①]，不敬。刘子曰[②]："吾闻之，民受天地之中以生[③]，所谓命也[④]。是以有动作礼义威仪之则，以定命也。能者养之以福[⑤]，不能者败以取祸。是故君子勤礼，小人尽力。勤礼莫如致敬，尽力莫如敦笃[⑥]。敬在养神，笃在守业。国之大事，在祀与戎，祀有执膰[⑦]，戎有受脤，神之大节也。今成子惰，弃其命矣，其不反乎[⑧]？"

【注释】

① 成子：即成肃公。受脤：接受祭肉。　② 刘子：即刘康公。③ 天地之中：天地间中和之气。古时认为人是得了天地间中和之气而生。④ 命：生命。　⑤ 养之以福：一本作"养以之福"，《汉书》引同。意为有能力的人保持动作礼义威仪的法则就得到福。　⑥ 敦笃：敦厚笃实。⑦ 执膰：祭祀后把祭肉分配给有关人员。　⑧ 反：同"返"，回来。

夏四月戊午，晋侯使吕相绝秦[①]，曰："昔逮我献公[②]，及穆公相好，戮力同心[③]，申之以盟誓，重之以昏姻。天祸晋国，文公如齐，惠公如秦。无禄[④]，献公即世，穆公不忘旧德，俾我惠公用能奉祀于晋⑤。又不能成大勋,而为韩之师⑥。亦悔于厥心,用集我文公⑦,是穆之成也⑧。

【注释】

① 吕相:魏锜之子魏相。 ② 昔逮:自从。 ③ 戮力:并力,合力。 ④ 无禄:没有福禄。即不幸。 ⑤ 用:因而。奉祀:主持祭祀。即为国君。秦纳惠公在僖公十五年(前645)。 ⑥ 韩之师:见僖公十五年(前645)。 ⑦ 集:成就,成全。秦纳文公在僖公二十四年(前636)。 ⑧ 成:成就,成全。

"文公躬擐甲胄①,跋履山川,逾越险阻,征东之诸侯,虞、夏、商、周之胤,而朝诸秦,则亦既报旧德矣。郑人怒君之疆埸②,我文公帅诸侯及秦围郑。秦大夫不询于我寡君,擅及郑盟。诸侯疾之,将致命于秦③。文公恐惧,绥静诸侯④,秦师克还无害⑤,则是我有大造于西也⑥。

【注释】

① 擐(huàn):穿。 ② 怒:侵犯。疆埸(yì):边境。 ③ 致命:拼死决战。 ④ 绥静:安抚。 ⑤ 克还无害:得以安全返回。 ⑥ 造:功劳。西:指秦国,在晋国之西。

"无禄,文公即世,穆为不吊①,蔑死我君②,寡我襄公③,迭我殽地④,奸绝我好⑤,伐我保城⑥,殄灭我费滑⑦,散离我兄弟⑧,挠乱我同盟,倾覆我国家。我襄公未忘君之旧勋,而惧社稷之陨,是以有殽之师。犹愿赦罪于穆公⑨,穆公弗听,而即楚谋我。天诱其衷⑩,成王殒命⑪,穆公是以不克逞志于我⑫。

【注释】

① 吊:吊唁。 ② 蔑死我君:或谓当从《释文》所引作"蔑我死君",与下"寡我襄公"对。蔑:轻视。 ③ 寡:少,这里是欺侮的意思。 ④ 迭:同"轶",突然进犯。 ⑤ 奸绝:遏绝,断绝。 ⑥ 保城:谓边境小城。 ⑦ 费滑:即滑国,费为滑都。秦灭滑见僖公三十三年(前627)。 ⑧ 散离我兄弟:秦伐郑灭滑,二国与晋同为姬姓国,故云。 ⑨ 赦罪:即释罪,求和解。 ⑩ 天诱其衷:当时俗语,即天心在我。 ⑪ 成王:楚成王。秦

通楚谋晋事见文公十四年(前613)。　⑫ 逞:满足。

“穆、襄即世,康、灵即位。康公,我之自出①,又欲阙翦我公室②,倾覆我社稷,帅我蝥贼③,以来荡摇我边疆。我是以有令狐之役。康犹不悛④,入我河曲,伐我涑川⑤,俘我王官⑥,翦我羁马⑦。我是以有河曲之战⑧。东道之不通⑨,则是康公绝我好也。

【注释】

① 我之自出:秦康公为晋献公女伯姬所生。　② 阙翦:损害。　③ 蝥贼:二者均为食苗的害虫,此喻危害国家的人。指晋文公子公子雍,秦曾应晋求送其回国为君,后晋变卦,于是二国战于令狐。见文公七年(前620)传。　④ 悛(quān):悔改。　⑤ 涑川:水名,在今山西西南部。或谓指山西永济市之涑水城。　⑥ 王官:在今山西闻喜县南。秦康公伐涑川、掠王官不见记载。　⑦ 翦:削断。羁马:在今山西永济市南。　⑧ 河曲之战:见文公十二年(前615)传。　⑨ 东道不通:指两国不相往来。

“及君之嗣也①,我君景公引领西望曰:‘庶抚我乎!’君亦不惠称盟②,利吾有狄难③,入我河县④,焚我箕、郜⑤,芟夷我农功⑥,虔刘我边陲⑦。我是以有辅氏之聚⑧。

【注释】

① 君:指秦桓公。　② 称盟:举行盟会。　③ 狄难:时晋军入赤狄作战,见宣公十五年(前594)。　④ 河县:临黄河的县。秦、晋以黄河为界。　⑤ 箕:在今山西蒲县。郜:在今山西祁县。　⑥ 芟夷:收割。农功:指庄稼。　⑦ 虔刘:杀戮。　⑧ 辅氏之聚:辅氏之战,见宣公十五年(前594)。

“君亦悔祸之延,而欲徼福于先君献、穆,使伯车来①,命我景公曰:‘吾与女同好弃恶,复修旧德,以追念前勋。’言誓未就,景公即世。我寡君是以有令狐之会②。君又不祥③,背弃盟誓。白狄及君同州④,君之仇雠,而我之昏姻也⑤。君来赐命曰:‘吾与女伐狄。’寡君不敢顾昏姻,畏君之威,而受命于吏⑥。君有二心于狄⑦,曰:‘晋将伐女。’狄应且憎,是用告我。楚人恶君之二三其德也,亦来告我曰：'秦背令狐之盟，而来求盟于我，昭告昊天上帝、秦三公、楚三王曰[8]："余虽与晋出入[9]，余唯利是视。"不穀恶其无成德[10]，是用宣之，以惩不壹[11]。'

【注释】

① 伯车：秦桓公子，名鍼。　② 令狐之会：见成公十一年（前 580）。③ 不祥：不善。　④ 同州：同在《禹贡》九州之雍州。　⑤ 我之昏姻：白狄女子曾嫁晋文公。　⑥ 受：同"授"。　⑦ 有：同"又"。　⑧ 秦三公：穆、康、共。楚三王：成、穆、庄。　⑨ 出入：往来。　⑩ 不穀：本为周王自贬之称，楚君称王，不敢称"予一人"，乃自称不穀。成德：应有的德行。　⑪ 不壹：表里不一致。

"诸侯备闻此言，斯是用痛心疾首，昵就寡人。寡人帅以听命，唯好是求。君若惠顾诸侯，矜哀寡人，而赐之盟，则寡人之愿也。其承宁诸侯以退[1]，岂敢徼乱？君若不施大惠，寡人不佞[2]，其不能以诸侯退矣。敢尽布之执事，俾执事实图利之[3]！"

【注释】

① 承宁：宁静，平息。　② 不佞：即"不才"。　③ 实图利之：仔细权衡一下利弊。

秦桓公既与晋厉公为令狐之盟，而又召狄与楚，欲道以伐晋，诸侯是以睦于晋。

晋栾书将中军，荀庚佐之。士燮将上军，郤锜佐之。韩厥将下军，荀罃佐之。赵旃将新军，郤至佐之。郤毅御戎[1]，栾鍼为右[2]。孟献子曰："晋帅乘和[3]，师必有大功。"五月丁亥，晋师以诸侯之师及秦师战于麻隧[4]，秦师败绩，获秦成差及不更女父[5]。曹宣公卒于师。师遂济泾，及侯丽而还[6]。迓晋侯于新楚[7]。

【注释】

① 郤毅：郤至之弟，又称步毅。　② 栾鍼：栾书之子。　③ 乘：车上甲士。和：齐心协力。　④ 麻隧：秦地，在今陕西泾阳县。　⑤ 不更：官名，或云即车右。　⑥ 侯丽：当在泾水南岸。　⑦ 新楚：当在今

陕西大荔县。

成肃公卒于瑕。

六月丁卯夜，郑公子班自訾求入于大宫①，不能②，杀子印、子羽③。反军于市。己巳，子驷帅国人盟于大宫，遂从而尽焚之，杀子如、子駹、孙叔、孙知④。

【注释】

① 公子班：其于成公十年（前581）逃往许，此时求归。訾：郑地，今不详。大宫：郑祖庙。　② 不能：没得到同意。　③ 子印、子羽：均为穆公子。④ 子如：即公子班。子駹（páng）：子如弟。孙叔、孙知：子如之子。

曹人使公子负刍守①，使公子欣时逆曹伯之丧。秋，负刍杀其大子而自立也，诸侯乃请讨之，晋人以其役之劳②，请俟他年。冬，葬曹宣公。既葬，子臧将亡③，国人皆将从之。成公乃惧，告罪，且请焉。乃反，而致其邑④。

【注释】

① 公子负刍：与公子欣时均曹宣公庶子，负刍自立，即成公。公元前577—前555年在位。　② 其役：伐秦之役。　③ 子臧：欣时字。④ 致：交还。

成公十四年

【经】

十有四年春①，王正月，莒子朱卒②。

夏，卫孙林父自晋归于卫。

秋，叔孙侨如如齐逆女。

郑公子喜帅师伐许③。

九月，侨如以夫人妇姜氏至自齐④。

冬十月庚寅，卫侯臧卒。

秦伯卒⑤。

【注释】

① 十有四年:公元前577年。　② 莒子朱:即莒渠丘公。　③ 公子喜:穆公子,字子罕。　④ 妇姜氏:时宣公夫人穆姜尚在,故称妇。⑤ 秦伯:即秦桓公。杜注云不称名是未赴以名,参隐公七年(前716)传例。

【传】

十四年春,卫侯如晋[①],晋侯强见孙林父焉,定公不可。夏,卫侯既归,晋侯使郤犫送孙林父而见之。卫侯欲辞,定姜曰[②]:"不可。是先君宗卿之嗣也[③],大国又以为请,不许,将亡。虽恶之,不犹愈于亡乎?君其忍之!安民而宥宗卿[④],不亦可乎?"卫侯见而复之。

【注释】

① 卫侯:卫定公。　② 定姜:定公夫人。　③ 宗卿:同宗而任卿。此指孙良夫。　④ 宗卿:此指孙林父。孙林父出奔前为卫卿。

卫侯飨苦成叔[①],宁惠子相[②]。苦成叔傲。宁子曰:"苦成家其亡乎!古之为享食也,以观威仪、省祸福也。故《诗》曰:'兕觥其觩,旨酒思柔,彼交匪傲,万福来求[③]。'今夫子傲,取祸之道也。"

【注释】

① 飨:同"享",设享礼招待。苦成叔:即郤犫。苦为其采邑,成为谥,叔为字。　② 宁惠子:宁殖,卫大夫。　③ 所引诗见《诗·小雅·桑扈》。兕觥:用犀牛角制成的酒器。觩(qiú):角弯曲的样子。彼:同"匪",非。交:同"儌"。求:聚。

秋,宣伯如齐逆女。称族,尊君命也。

八月,郑子罕伐许,败焉。戊戌,郑伯复伐许。庚子,入其郛[①]。许人平以叔申之封[②]。

【注释】

① 郛:外城。　② 叔申之封:公孙申划定疆域的田地。成公四年(前587),公孙申划定上一年所侵许田疆界,被许国人打败,至此同意割让。

九月,侨如以夫人妇姜氏至自齐。舍族[①],尊夫人也。故君子曰："《春秋》之称②，微而显③，志而晦④，婉而成章，尽而不汙⑤，惩恶而劝善。非圣人谁能修之？"

【注释】

① 舍族：不称叔孙族名。　② 称：言论，记载。　③ 微：言辞不多。　④ 志而晦：叙事真实而意义幽深。　⑤ 尽：尽其事实，没有保留。汙：汙曲。

卫侯有疾，使孔成子、宁惠子立敬姒之子衎以为大子①。

冬十月，卫定公卒。夫人姜氏既哭而息，见大子之不哀也，不内酌饮②，叹曰："是夫也，将不唯卫国之败，其必始于未亡人！乌呼！天祸卫国也夫！吾不获鱄也使主社稷③。"大夫闻之，无不耸惧④。孙文子自是不敢舍其重器于卫⑤，尽置诸戚⑥，而甚善晋大夫⑦。

【注释】

① 孔成子：孔达之子孔烝钽。敬姒：卫定公妾。　② 内：同"纳"。酌：同"勺"。酌饮，指吃粗食饮水，是守丧之礼。　③ 鱄：太子衎的弟弟。　④ 耸惧：悚惧。　⑤ 孙文子：孙林父。舍：放置。重器：宝器。　⑥ 戚：孙林父的封邑。　⑦ 善：交好。孙林父有意与晋大夫交好，以备乱起为援。

成公十五年

【经】

十有五年春①，王二月，葬卫定公。

三月乙巳，仲婴齐卒②。

癸丑，公会晋侯、卫侯、郑伯、曹伯、宋世子成、齐国佐、邾人③，同盟于戚。

晋侯执曹伯，归于京师。

公至自会。

夏六月，宋公固卒。

楚子伐郑④。

秋八月庚辰，葬宋共公。

宋华元出奔晋。

宋华元自晋归于宋。

宋杀其大夫山[⑤]。

宋鱼石出奔楚[⑥]。

冬十有一月，叔孙侨如会晋士燮、齐高无咎、宋华元、卫孙林父、郑公子鳍、邾人会吴于钟离[⑦]。

许迁于叶[⑧]。

【注释】

① 十有五年：公元前 576 年。 ② 仲婴齐：仲遂子，公孙归父弟。③ 晋侯：晋厉公。卫侯：卫献公，公元前 576—前 559 年在位。郑伯：郑成公。曹伯：曹成公。 ④ 楚子：楚共王。 ⑤ 山：即荡泽，官司马，公孙寿之孙。不记他的氏族，是表明他背叛了氏族。 ⑥ 鱼石：公子目夷之曾孙，官左师。 ⑦ 钟离：本为小国，地在今安徽凤阳县东。 ⑧ 叶：在今河南叶县。从此许为楚之附庸。

【传】

十五年春，会于戚，讨曹成公也。执而归诸京师。书曰："晋侯执曹伯。"不及其民也[①]。凡君不道于其民，诸侯讨而执之，则曰某人执某侯。不然，则否。

诸侯将见子臧于王而立之，子臧辞曰："前志有之，曰：'圣达节[②]，次守节，下失节。'为君，非吾节也。虽不能圣，敢失守乎？"遂逃，奔宋。

【注释】

① 不及其民：曹成公的罪仅在杀宣公太子自立，没有危害人民。 ② 达节：进退裕如，知天应命，皆合乎节义。

夏六月，宋共公卒。

楚将北师[①]。子囊曰[②]："新与晋盟而背之，无乃不可乎？"子反曰："敌利则进，何盟之有？"申叔时老矣，在申，闻之，曰："子反必不免。信以守礼，礼以庇身，信礼之亡，欲免得乎？"楚子侵郑，及暴隧③，遂侵卫，及首止④。郑子罕侵楚，取新石⑤。栾武子欲报楚，韩献子曰："无庸。使重其罪，民将叛之。无民，孰战？"

【注释】

① 北师：北侵郑、卫。　② 子囊：庄王子，共王弟子贞。　③ 暴隧：即暴。在今河南原阳县西。　④ 首止：卫地，在今河南睢县附近。　⑤ 新石：楚邑，在今河南叶县。

秋八月，葬宋共公。于是华元为右师，鱼石为左师，荡泽为司马，华喜为司徒①，公孙师为司城②，向为人为大司寇，鳞朱为少司寇③，向带为大宰，鱼府为少宰。荡泽弱公室，杀公子肥④。华元曰："我为右师，君臣之训，师所司也⑤。今公室卑而不能正，吾罪大矣。不能治官⑥，敢赖宠乎⑦？"乃出奔晋。二华，戴族也。司城，庄族也。六官者，皆桓族也。

【注释】

① 华喜：华父督的玄孙。　② 公孙师：庄公孙。　③ 鳞朱：桓公的后代。　④ 公子肥：共公子。一云共公太子。　⑤ 司：执掌。　⑥ 治官：即尽职。　⑦ 赖：利。

鱼石将止华元，鱼府曰："右师反，必讨①，是无桓氏也②。"鱼石曰："右师苟获反，虽许之讨，必不敢。且多大功，国人与之，不反，惧桓氏之无祀于宋也。右师讨，犹有戌在③，桓氏虽亡，必偏④。"鱼石自止华元于河上。请讨，许之，乃反。使华喜、公孙师帅国人攻荡氏，杀子山。书曰："宋杀其大夫山。"言背其族也⑤。

【注释】

① 讨：讨伐荡泽。　② 无桓氏：谓桓公一族也将受牵连被灭。③ 戌：向戌，亦桓族，与华元友善。　④ 偏：一部分。　⑤ 言背其族：此释《春秋》不称山的族名的缘故。

鱼石、向为人、鳞朱、向带、鱼府出舍于睢上①。华元使止之，不可。冬十月，华元自止之，不可，乃反。鱼府曰："今不从，不得入矣。右师视速而言疾,有异志焉。若不我纳,今将驰矣[②]。"登丘而望之,则驰。骋而从之,则决睢澨[③],闭门登陴矣。左师、二司寇、二宰遂出奔楚。

【注释】

① 睢:睢水,流经今河南。此指宋都城外的睢水。 ② 驰:驾车速行。 ③ 睢澨:指睢水堤防。

华元使向戌为左师,老佐为司马[①],乐裔为司寇,以靖国人。

【注释】

① 老佐:戴公五世孙。

晋三郤害伯宗[①],谮而杀之,及栾弗忌[②]。伯州犁奔楚[③]。韩献子曰:"郤氏其不免乎!善人,天地之纪也,而骤绝之[④],不亡何待?"

初,伯宗每朝,其妻必戒之曰:"'盗憎主人,民恶其上[⑤]。'子好直言,必及于难。"

【注释】

① 三郤:郤锜、郤犨、郤至。 ② 栾弗忌:伯宗的党羽。 ③ 伯州犁:伯宗子。后仕楚为太宰。 ④ 骤:屡。 ⑤"盗憎"二句:为当时俗语。言主人未得罪盗贼,而盗贼憎恶主人;在上者未得罪下民,下民常毁恶在上者。

十一月,会吴于钟离,始通吴也。

许灵公畏逼于郑,请迁于楚。辛丑,楚公子申迁许于叶。

成公十六年

【经】

十有六年春[①],王正月,雨,木冰[②]。

夏四月辛未,滕子卒[③]。

郑公子喜帅师侵宋[④]。

六月丙寅朔⑤，日有食之。

晋侯使栾黡来乞师⑥。

甲午晦⑦，晋侯及楚子、郑伯战于鄢陵⑧，楚子、郑师败绩。

楚杀其大夫公子侧。

秋，公会晋侯、齐侯、卫侯、宋华元、邾人于沙随⑨，不见公⑩。

公至自会。

公会尹子、晋侯、齐国佐、邾人伐郑⑪。

曹伯归自京师⑫。

九月，晋人执季孙行父，舍之于苕丘⑬。

冬十月乙亥，叔孙侨如出奔齐。

十有二月乙丑，季孙行父及晋郤犨盟于扈⑭。

公至自会⑮。

乙酉，刺公子偃⑯。

【注释】

① 十有六年：公元前 575 年。　② 木冰：雨水沾附在树上结成冰。③ 滕子：滕文公。　④ 公子喜：即子罕。　⑤ 朔：月初。　⑥ 栾黡：栾书之子。　⑦ 晦：月尽。　⑧ 晋侯：晋厉公。楚子：楚共王。郑伯：郑成公。鄢陵：在今河南鄢陵县北。　⑨ 齐侯：齐灵公。卫侯：卫献公。沙随：宋地，在今河南宁陵县北。　⑩ 不见公：晋厉公不肯会见鲁成公。⑪ 尹子：即尹武公，周卿士。　⑫ 曹伯：曹成公。　⑬ 苕丘：今不详。⑭ 扈：郑地，在今河南原阳县西。　⑮ 至自会：此会指伐郑之役。⑯ 刺：杀。公子偃：成公庶弟。

【传】

十六年春，楚子自武城使公子成以汝阴之田求成于郑①。郑叛晋，子驷从楚子盟于武城②。

【注释】

① 武城：今河南南阳市北。汝阴之田：汝水以南的田地。相当今郏县与叶县之间。② 子驷：即公子骈。从：此指前往。

夏四月,滕文公卒。

郑子罕伐宋,宋将钼、乐惧败诸汋陂[①]。退,舍于夫渠[②],不儆[③],郑人覆之[④],败诸汋陵[⑤],获将钼、乐惧。宋恃胜也。

【注释】

① 汋陂:当在河南宁陵一带。 ② 夫渠:当离汋陂不远。 ③ 不儆:不加警戒。 ④ 覆:设伏掩杀。 ⑤ 汋陵:在今河南宁陵县南。

卫侯伐郑,至于鸣雁[①],为晋故也。

晋侯将伐郑,范文子曰:"若逞吾愿[②],诸侯皆叛,晋可以逞[③]。若唯郑叛,晋国之忧,可立俟也。"栾武子曰[④]:"不可以当吾世而失诸侯,必伐郑。"乃兴师。栾书将中军,士燮佐之。郤锜将上军,荀偃佐之。韩厥将下军,郤至佐新军。荀罃居守。郤犨如卫,遂如齐,皆乞师焉。栾黡来乞师,孟献子曰:"有胜矣[⑤]。"戊寅,晋师起。

【注释】

① 鸣雁:在今河南杞县北。 ② 逞:满足。 ③ 逞:"缢"的假借,缓。 ④ 栾武子:栾书。 ⑤ 有胜:谓晋国胜算在握。

郑人闻有晋师,使告于楚,姚句耳与往[①]。楚子救郑,司马将中军[②],令尹将左[③],右尹子辛将右[④]。过申,子反入见申叔时,曰:"师其何如?"对曰:"德、刑、详、义、礼、信[⑤],战之器也。德以施惠,刑以正邪,详以事神,义以建利,礼以顺时,信以守物。民生厚而德正[⑥],用利而事节[⑦],时顺而物成。上下和睦,周旋不逆[⑧],求无不具,各知其极[⑨]。故《诗》曰:'立我烝民,莫匪尔极[⑩]。'是以神降之福,时无灾害,民生敦厖[⑪],和同以听[⑫],莫不尽力以从上命,致死以补其阙[⑬]。此战之所由克也。今楚内弃其民,而外绝其好,渎齐盟,而食话言,奸时以动[⑭],而疲民以逞。民不知信,进退罪也[⑮]。人恤所底[⑯],其谁致死?子其勉之!吾不复见子矣。"姚句耳先归,子驷问焉,对曰:"其行速,过险而不整[⑰]。速则失志,不整丧列[⑱]。志失列丧,将何以战?楚惧不可用也[⑲]。"

【注释】

① 姚句耳：郑大夫，非正式使者，故云“与往”。　② 司马：即公子侧，字子反。　③ 令尹：即公子婴齐，字子重。　④ 子辛：即公子壬父。　⑤ 详：同“祥”，敬顺，和善。　⑥ 厚：丰厚。　⑦ 用利：有利而用民。事节：事情合于节度。　⑧ 周旋：举措。不逆：顺当。　⑨ 极：准则。　⑩ 所引诗见《诗·周颂·思文》。烝：众。　⑪ 敦庬：敦厚富足。　⑫ 和同：和合一致。　⑬ 阙：杜注“战死者”。　⑭ 奸：违反。正当春耕而用兵，故云“奸时”。　⑮ 进退罪也：进退都是罪过。　⑯ 恤：忧。厎：至。　⑰ 整：整齐。　⑱ 列：阵列。　⑲ 惧：恐怕。

五月，晋师济河。闻楚师将至，范文子欲反，曰：“我伪逃楚①，可以纾忧②。夫合诸侯，非吾所能也，以遗能者。我若群臣辑睦以事君③，多矣。”武子曰：“不可。”六月，晋、楚遇于鄢陵。范文子不欲战，郤至曰：“韩之战，惠公不振旅④。箕之役，先轸不反命⑤。邲之师，荀伯不复从⑥。皆晋之耻也。子亦见先君之事矣。今我辟楚⑦，又益耻也。”文子曰：“吾先君之亟战也⑧，有故。秦、狄、齐、楚皆强，不尽力，子孙将弱。今三强服矣，敌楚而已。唯圣人能外内无患，自非圣人⑨，外宁必有内忧，盍释楚以为外惧乎⑩？”

【注释】

① 伪：同“为”，如果，假如。　② 纾忧：缓和局势。　③ 辑睦：和好。　④ 不振旅：溃败。韩之战见僖公十五年(前645)。　⑤ 反命：回复命令。不反命，指战死。箕之役见僖公三十三年(前627)。　⑥ 不复从：没从原路回兵。指失败。邲之战见宣公十二年(前597)。　⑦ 辟：同“避”。　⑧ 亟：屡次。　⑨ 自：如果。　⑩ 外惧：外部引起警戒者。时晋厉公骄侈，群臣不和，晋国的危机在内而不在外，所以士燮反复申诉不战的道理。

甲午晦，楚晨压晋军而陈①。军吏患之。范匄趋进②，曰：“塞井夷灶③，陈于军中，而疏行首④。晋、楚唯天所授，何患焉？”文子执戈逐之，曰：“国之存亡，天也，童子何知焉？”栾书曰：“楚师轻窕⑤，固垒而待之，三日必退。退而击之，必获胜焉。”郤至曰：“楚有六间⑥,不可失也。其二卿相恶⑦,王卒以旧⑧,郑陈而不整⑨,蛮军而不陈⑩,陈不违晦⑪,在陈而嚣⑫,合而加嚣⑬。各顾其后⑭,莫有斗心,旧不必良⑮,以犯天忌,我必克之。"

【注释】

① 压:迫近。 ② 范匄:士燮之子,又称士匄,谥宣子。 ③ 夷:平。 ④ 疏行首:将行列间道路隔宽。 ⑤ 轻窕:同"轻佻",浮躁。⑥ 间:空隙,缺点。 ⑦ 二卿:指子重、子反。相恶:不和。二人有仇,故后子重逼子反自杀。 ⑧ 旧:一云老兵。一云旧家子弟。 ⑨ 陈:列阵。 ⑩ 蛮:指随楚而来的各部落。 ⑪ 违晦:避开月底。当时认为月底不宜作战。 ⑫ 嚣:喧闹。 ⑬ 合:与敌交战。 ⑭ 各顾其后:各军彼此观望后顾。 ⑮ 旧:老兵。不必:不一定。

楚子登巢车以望晋军①,子重使大宰伯州犁侍于王后。王曰:"骋而左右,何也?"曰:"召军吏也。""皆聚于中军矣。"曰:"合谋也。""张幕矣。"曰:"虔卜于先君也。""彻幕矣。"曰:"将发命也。""甚嚣,且尘上矣。"曰:"将塞井夷灶而为行也。""皆乘矣,左右执兵而下矣。"曰:"听誓也②。""战乎?"曰:"未可知也。""乘而左右皆下矣。"曰:"战祷也。"伯州犁以公卒告王③。苗贲皇在晋侯之侧④,亦以王卒告。皆曰:"国士在⑤,且厚,不可当也。"苗贲皇言于晋侯曰:"楚之良,在其中军王族而已。请分良以击其左右,而三军萃于王卒,必大败之。"公筮之,史曰:"吉。其卦遇《复》☷,曰:'南国蹴⑥,射其元王⑦,中厥目。'国蹴王伤,不败何待?"公从之。有淖于前,乃皆左右相违于淖。步毅御晋厉公,栾鍼为右。彭名御楚共王,潘党为右。石首御郑成公,唐苟为右。栾、范以其族夹公行,陷于淖⑧。栾书将载晋侯,鍼曰:"书退!国有大任⑨,焉得专之?且侵官,冒也;失官,慢也;离局⑩,奸也⑪。有三罪焉,不可犯也。"乃掀公以出于淖⑫。

【注释】

① 巢车:即轈车,上有瞭望台的战车。 ② 听誓:听取军令。 ③ 以公卒告王:把晋军亲兵的情况告诉楚共王。 ④ 苗贲皇:楚鬥椒之子,逃晋。因他熟悉楚国情况,所以也同伯州犁一样,站在晋君之侧。 ⑤ 国

士:指伯州犁。　⑥ 蹙:局迫。可引申为削弱。　⑦ 元王:元首,指国王。⑧ 陷于淖:晋厉公的车陷入泥沼。⑨ 大任:大事。　⑩ 离局:离开岗位。　⑪ 奸:不忠。　⑫ 掀:抬。

癸巳①,潘尫之党与养由基蹲甲而射之②,彻七札焉③。以示王,曰:"君有二臣如此,何忧于战?"王怒曰:"大辱国。诘朝,尔射,死艺④。"吕锜梦射月,中之,退入于泥。占之,曰:"姬姓,日也⑤。异姓,月也。必楚王也。射而中之,退入于泥,亦必死矣。"及战,射共王,中目。王召养由基,与之两矢,使射吕锜,中项,伏弢⑥。以一矢复命。

【注释】

① 癸巳:为甲午前一天。此补叙。② 潘尫之党:潘尫的儿子潘党。蹲甲:叠起披甲。　③ 彻:贯穿。七札:七层甲。　④ 死艺:死在卖弄技艺上。指他有勇无谋,夸口轻敌。　⑤ 姬姓,日也:姬为周天子姓,故以日当之。晋为姬姓国。　⑥ 伏:倒伏。弢:弓套。

郤至三遇楚子之卒,见楚子,必下,免胄而趋风①。楚子使工尹襄问之以弓②,曰:"方事之殷也③,有韎韦之跗注④,君子也。识见不穀而趋⑤,无乃伤乎?"郤至见客,免胄承命,曰:"君之外臣至,从寡君之戎事,以君之灵,间蒙甲胄⑥,不敢拜命。敢告不宁⑦,君命之辱。为事之故,敢肃使者⑧。"三肃使者而退。

【注释】

① 趋风:向前快走。以表示尊敬。　② 工尹襄:工尹为官职,襄为名。问:问候。古代问候必送礼,所以此用弓作礼物。　③ 方事之殷:正当战斗激烈的时候。　④ 韎(mèi)韦:赤色柔皮,古用以制军服。跗注:衣裤相连的军服。　⑤ 识:适,刚才。⑥ 间(jiàn):参加。蒙甲胄:披甲的行列。　⑦ 宁:同"憖",伤。　⑧ 肃:肃拜,即站立,身俯折,两手合拢当心下移。

晋韩厥从郑伯,其御杜溷罗曰:"速从之!其御屡顾,不在马①,可及也。"韩厥曰:"不可以再辱国君②。"乃止。郤至从郑伯,其右茀翰胡曰:"谍辂之③,余从之乘而俘以下。"郤至曰:"伤国君有刑。"亦止。石首曰："卫懿公唯不去其旗，是以败于荧④。"乃内旌于弢中。唐苟谓石首曰："子在君侧，败者壹大⑤。我不如子，子以君免，我请止⑥。"乃死。

【注释】

① 不在马：不专心驾车。 ② 再辱国君：成公二年（前589）鞌之战，韩厥曾追及齐顷公。 ③ 谍辂之：派轻车绕道迎击。 ④ 败于荧：卫懿公败于荧泽，见闵公二年（前660）。 ⑤ 败者壹大：战败了更应一心保护君主。 ⑥ 止：止而抵御晋军。谓死战。

楚师薄于险①，叔山冉谓养由基曰："虽君有命②，为国故，子必射！"乃射，再发，尽殪。叔山冉搏人以投，中车，折轼。晋师乃止。囚楚公子茷。

【注释】

① 薄：迫。 ② 虽君有命：楚共王前叱责养由基，当同时禁止他射箭。

栾鍼见子重之旌，请曰："楚人谓夫旌，子重之麾也。彼其子重也。日臣之使于楚也①，子重问晋国之勇。臣对曰：'好以众整②。'曰：'又何如？'臣对曰：'好以暇③。'今两国治戎，行人不使，不可谓整。临事而食言，不可谓暇。请摄饮焉④。"公许之。使行人执榼承饮⑤，造于子重⑥，曰："寡君乏使，使鍼御持矛⑦，是以不得犒从者，使某摄饮。"子重曰："夫子尝与吾言于楚，必是故也，不亦识乎⑧！"受而饮之，免使者而复鼓⑨。

【注释】

① 日：往日。 ② 好：喜欢。众整：人多而有纪律。 ③ 暇：从容不迫。 ④ 摄饮：送酒去。 ⑤ 榼：酒器。 ⑥ 造：到。 ⑦ 持矛：为车右。古车战，车左善射，车右持矛戟善战。 ⑧ 识：记。谓栾鍼记性很好。 ⑨ 免使者：让使者回去。

旦而战，见星未已。子反命军吏察夷伤①，补卒乘，缮甲兵，展车马②，鸡鸣而食，唯命是听。晋人患之。苗贲皇徇曰③："蒐乘补卒，秣马利兵，修陈固列，蓐食申祷[4]，明日复战。”乃逸楚囚[5]。王闻之，召子反谋。榖阳竖献饮于子反，子反醉而不能见。王曰：“天败楚也夫！余不可以待。”乃宵遁。晋入楚军，三日谷。范文子立于戎马之前[6]，曰：“君幼，诸臣不佞[7]，何以及此？君其戒之！《周书》曰‘惟命不于常’[8]，有德之谓[9]。”

【注释】

① 夷伤：创伤。　② 展：陈列。　③ 徇：宣令。　④ 蓐食：犹饱餐。申：再次。　⑤ 逸楚囚：故意让楚国俘虏逃走。　⑥ 戎马：晋厉公的车马。　⑦ 不佞：没有才能。　⑧ 引文见《尚书·康诰》，意谓天命不会常在不变。　⑨ 有德之谓：是说上天只保佑有德行的人。

楚师还，及瑕[1]，王使谓子反曰：“先大夫之覆师徒者[2]，君不在[3]。子无以为过，不榖之罪也。”子反再拜稽首曰：“君赐臣死，死且不朽。臣之卒实奔，臣之罪也。”子重使谓子反曰：“初陨师徒者[4]，而亦闻之矣[5]。盍图之？”对曰：“虽微先大夫有之，大夫命侧[6]，侧敢不义？侧亡君师，敢忘其死？”王使止之，弗及而卒。

【注释】

① 瑕：在今安徽蒙城县北。　② 先大夫：指子玉。　③ 君不在：国君不在军中。　④ 初陨师徒者：指子玉。　⑤ 而：同“尔”。　⑥ 侧：子反名侧。

战之日，齐国佐、高无咎至于师。卫侯出于卫，公出于坏隤[1]。宣伯通于穆姜[2]，欲去季、孟[3]，而取其室[4]。将行，穆姜送公，而使逐二子。公以晋难告，曰：“请反而听命。”姜怒，公子偃、公子鉏趋过，指之曰：“女不可，是皆君也。”公待于坏隤，申宫儆备[5]，设守而后行，是以后。使孟献子守于公宫。

【注释】

① 坏隤：当在曲阜附近。　② 宣伯：叔孙侨如。穆姜：成公母。③ 季、孟：季文子(季孙行父)、孟献子(仲孙蔑)。　④ 室：家财。　⑤ 申宫：防护宫室。儆备：加强戒备。

秋，会于沙随，谋伐郑也。

宣伯使告郤犨曰："鲁侯待于坏隤以待胜者[①]。"郤犨将新军，且为公族大夫，以主东诸侯。取货于宣伯而诉公于晋侯[②]，晋侯不见公。

【注释】

① 待胜者：杜注："观晋、楚之胜负。" ② 诉：毁谤。

曹人请于晋曰："自我先君宣公即世，国人曰：'若之何忧犹未弭[①]？'而又讨我寡君，以亡曹国社稷之镇公子[②]，是大泯曹也[③]。先君无乃有罪乎？若有罪，则君列诸会矣。君唯不遗德刑，以伯诸侯，岂独遗诸敝邑？敢私布之。"

【注释】

① 未弭：没止息。宣公死，太子接着被杀，故云"忧犹未弭"。 ② 镇：重，重要人物。镇公子，指子臧。 ③ 泯：灭。

七月，公会尹武公及诸侯伐郑。将行，姜又命公如初。公又申守而行。诸侯之师次于郑西，我师次于督扬[①]，不敢过郑。子叔声伯使叔孙豹请逆于晋师[②]，为食于郑郊。师逆以至，声伯四日不食以待之，食使者而后食[③]。

【注释】

① 督扬：郑东地。 ② 子叔声伯：即公子婴齐。叔孙豹：叔孙侨如之弟。请逆于晋师：谓请晋军前来迎接我军。 ③ 使者：晋国的使者。

诸侯迁于制田[①]。知武子佐下军[②]，以诸侯之师侵陈，至于鸣鹿[③]。遂侵蔡。未反，诸侯迁于颍上[④]。戊午，郑子罕宵军之[⑤]，宋、齐、卫皆失军[⑥]。

【注释】

① 制田：在今河南新郑市东北。 ② 知武子：即荀罃。 ③ 鸣鹿：在今河南鹿邑县西。 ④ 颍上：指颍水边。颍水流经今河南登封、禹州、临颍等地，此指禹州之颍。 ⑤ 宵军：夜间袭击。 ⑥ 失军：不成军，

即战败。

曹人复请于晋，晋侯谓子臧："反，吾归而君。"子臧反，曹伯归。子臧尽致其邑与卿而不出。

宣伯使告郤犨曰："鲁之有季、孟，犹晋之有栾、范也，政令于是乎成。今其谋曰：'晋政多门①，不可从也。宁事齐、楚，有亡而已，蔑从晋矣②。'若欲得志于鲁，请止行父而杀之，我毙蔑也而事晋③，蔑有贰矣。鲁不贰，小国必睦。不然，归必叛矣。"

【注释】

① 多门：谓出自各大卿族，不能统一。　② 蔑：不。　③ 蔑：仲孙蔑，即孟献子，时守公宫。

九月，晋人执季文子于苕丘。公还，待于郓①，使子叔声伯请季孙于晋。郤犨曰："苟去仲孙蔑而止季孙行父，吾与子国②，亲于公室。"对曰："侨如之情③，子必闻之矣。若去蔑与行父，是大弃鲁国而罪寡君也。若犹不弃，而惠徼周公之福，使寡君得事晋君，则夫二人者，鲁国社稷之臣也。若朝亡之，鲁必夕亡。以鲁之密迩仇雠④，亡而为仇，治之何及⑤？"郤犨曰："吾为子请邑。"对曰："婴齐，鲁之常隶也，敢介大国以求厚焉⑥？承寡君之命以请，若得所请，吾子之赐多矣，又何求？"

【注释】

① 郓：在今山东郓城县。　② 吾与子国：指让声伯任执政。③ 侨如之情：指侨如与穆姜私通谋夺季氏、孟氏事。　④ 仇雠：指楚国、齐国。　⑤ 治：补救。　⑥ 厚：厚禄。

范文子谓栾武子曰："季孙于鲁，相二君矣。妾不衣帛，马不食粟，可不谓忠乎？信谗慝而弃忠良，若诸侯何？子叔婴齐奉君命无私①，谋国家不贰②，图其身不忘其君。若虚其请③，是弃善人也。子其图之！"乃许鲁平，赦季孙。冬十月，出叔孙侨如而盟之④，侨如奔齐。

【注释】

① 无私:指不受郤犨请邑。 ② 不贰:指等晋使四天不吃饭。 ③ 虚:拒绝。 ④ 出:放逐。

十二月,季孙及郤犨盟于扈。归,刺公子偃①,召叔孙豹于齐而立之。

齐声孟子通侨如②,使立于高、国之间。侨如曰:"不可以再罪。"奔卫,亦间于卿③。

【注释】

① 刺:杀死。 ② 声孟子:齐灵公之母,宋女。 ③ 间于卿:位于卿之间。

晋侯使郤至献楚捷于周,与单襄公语,骤称其伐①。单子语诸大夫曰:"温季其亡乎②!位于七人之下,而求掩其上③。怨之所聚,乱之本也。多怨而阶乱④,何以在位?《夏书》曰:'怨岂在明?不见是图⑤。'将慎其细也⑥。今而明之,其可乎?"

【注释】

① 骤:多次。伐:功劳。 ② 温季:即郤至。 ③ 掩:盖。 ④ 阶乱:祸乱的阶梯。 ⑤ 所引句本逸《书》,今入《五子之歌》。不见是图:看不见的更要防护。 ⑥ 将慎其细:是说对细微之处要谨慎从事。

成公十七年

【经】

十有七年春①,卫北宫括帅师侵郑②。

夏,公会尹子、单子、晋侯、齐侯、宋公、卫侯、曹伯、邾人伐郑③。

六月乙酉,同盟于柯陵④。

秋,公至自会。

齐高无咎出奔莒。

九月辛丑,用郊。

晋侯使荀罃来乞师。

冬，公会单子、晋侯、宋公、卫侯、曹伯、齐人、邾人伐郑。

十有一月，公至自伐郑。

壬申，公孙婴齐卒于貍脤[5]。

十有二月丁巳朔，日有食之。

邾子貜且卒。

晋杀其大夫郤锜、郤犨、郤至。

楚人灭舒庸[6]。

【注释】

① 十有七年，公元前574年。　② 北宫括：成公曾孙。　③ 尹子：尹武公。单子：单襄公。二人皆周大夫。晋侯：晋厉公。齐侯：齐灵公。宋公：宋平公，公元前575—前532年在位。卫侯：卫献公。曹伯：曹成公。④ 柯陵：在今河南许昌市南。　⑤ 貍脤：今不详何地。　⑥ 舒庸：在今安徽舒城一带的小国。

【传】

十七年春，王正月，郑子驷侵晋虚、滑[1]。卫北宫括救晋，侵郑，至于高氏[2]。

【注释】

① 虚：在今河南偃师市。滑：在河南偃师市南。　② 高氏：在今河南禹州市西南。

夏五月，郑大子髡顽、侯獳为质于楚[1]，楚公子成、公子寅戍郑。公会尹武公、单襄公及诸侯伐郑，自戏童至于曲洧[2]。

【注释】

① 侯獳：郑大夫。　② 戏童：在今河南巩义市东南。曲洧：在今河南扶沟县。

晋范文子反自鄢陵，使其祝宗祈死[1]，曰："君骄侈而克敌，是天益其疾也，难将作矣！爱我者惟祝我[2]，使我速死，无及于难，范氏之福也。”六月戊辰，士燮卒。

【注释】

① 祝宗：当即祝史，司祭神记史之事。　② 祝：此指诅咒。

乙酉，同盟于柯陵，寻戚之盟也。

楚子重救郑，师于首止①。诸侯还②。

齐庆克通于声孟子③，与妇人蒙衣乘辇而入于闳④。鲍牵见之⑤，以告国武子⑥，武子召庆克而谓之⑦。庆克久不出，而告夫人曰：“国子谪我⑧！”夫人怒。

【注释】

① 首止：卫地，在今河南睢县。　② 诸侯还：杜注：“畏楚强。”③ 庆克：齐大夫，庆封之父。　④ 蒙衣：杜注谓穿妇女衣服，以衣遮冒。闳：宫中巷门。　⑤ 鲍牵：齐大夫，鲍叔牙曾孙。　⑥ 国武子：即国佐。⑦ 谓：告。　⑧ 谪：谴责。

国子相灵公以会①，高、鲍处守②。及还，将至，闭门而索客③。孟子诉之曰：“高、鲍将不纳君，而立公子角④。国子知之⑤。”秋七月壬寅，刖鲍牵而逐高无咎。无咎奔莒，高弱以卢叛⑥。齐人来召鲍国而立之⑦。

【注释】

① 会：指会合诸侯伐郑。　② 高、鲍：高无咎、鲍牵。　③ 索客：检查旅客。这是国君将回时例行的警戒措施。　④ 公子角：顷公子。⑤ 知：与闻，参与。　⑥ 高弱：高无咎子。卢：高氏采邑，在今山东长清县西南。　⑦ 鲍国：鲍牵弟，谥文子。

初，鲍国去鲍氏而来为施孝叔臣。施氏卜宰①，匡句须吉。施氏之宰，有百室之邑。与匡句须邑，使为宰，以让鲍国，而致邑焉。施孝叔曰：“子实吉。”对曰：“能与忠良，吉孰大焉！”鲍国相施氏忠，故齐人取以为鲍氏后。仲尼曰：“鲍庄子②之知不如葵③，葵犹能卫其足。”

【注释】

① 宰:家宰,家臣之长。　② 鲍庄子:即鲍牵。　③ 葵:一种植物,古人采食其嫩叶。

冬,诸侯伐郑。十月庚午,围郑。楚公子申救郑,师于汝上①。十一月,诸侯还。

【注释】

① 汝上:汝水边。汝水流贯今河南省,是郑与楚的界河。

初,声伯梦涉洹①,或与己琼瑰②,食之,泣而为琼瑰,盈其怀。从而歌之曰:"济洹之水,赠我以琼瑰。归乎!归乎!琼瑰盈吾怀乎!"惧不敢占也③。还自郑,壬申,至于貍脤而占之,曰:"余恐死,故不敢占也。今众繁而从余三年矣④,无伤也⑤。"言之,之莫而卒⑥。

【注释】

① 洹:洹水,即今安阳河,源出山西,流至今河南安阳市,又东至内黄县入卫水。　② 琼瑰:一种次于玉的石头制成的珠子。　③ 惧不敢占:古人死后含珠入殓,所以声伯梦珠以为不祥,不敢占梦。　④ 众繁:这么多人。　⑤ 无伤:没有关系,没事。　⑥ 莫:同"暮"。

齐侯使崔杼为大夫,使庆克佐之,帅师围卢。国佐从诸侯围郑,以难请而归。遂如卢师,杀庆克,以谷叛①。齐侯与之盟于徐关而复之②。十二月,卢降,使国胜告难于晋③,待命于清④。

【注释】

① 谷:齐地,在今山东东阿。　② 徐关:齐地,当在今山东淄川附近。③ 国胜:国佐之子。　④ 清:在今山东聊城市西。

晋厉公侈,多外嬖①。反自鄢陵,欲尽去群大夫,而立其左右。胥童以胥克之废也②,怨郤氏,而嬖于厉公。郤锜夺夷阳五田③,五亦嬖于厉公。郤犨与长鱼矫争田④,执而梏之⑤,与其父母妻子同一辕。既,矫亦嬖于厉公。栾书怨郤至,以其不从己而败楚师也,欲废之。使楚公子茷告公曰[⑥]:“此战也,郤至实召寡君。以东师之未至也[⑦],与军帅之不具也[⑧],曰:‘此必败!吾因奉孙周以事君[⑨]。’”公告栾书,书曰:“其有焉!不然,岂其死之不恤,而受敌使乎[⑩]?君盍尝使诸周而察之[⑪]?”郤至聘于周,栾书使孙周见之。公使觇之[⑫],信[⑬]。遂怨郤至。

【注释】

① 外嬖:受宠爱的大夫。 ② 胥童:胥克之子。宣公八年(前601),郤缺废胥克。 ③ 夷阳五:一作夷羊五。夷羊为复姓。 ④ 长鱼矫:出自秦修鱼氏,嬴姓。 ⑤ 梏:手铐。 ⑥ 公子茷:时被晋俘禁。 ⑦ 东师:指齐、鲁、卫之军。 ⑧ 军帅之不具:晋出动四军,但新军将郤犨出使乞师,下军佐荀罃留守国内,所以说军队的统帅不全。 ⑨ 孙周:一称周子,晋襄公曾孙,以其出于公孙,故称孙周。后嗣位,为晋悼公。⑩ 受敌使:谓鄢陵之战郤至接受楚共王派人送上弓问候他之事。⑪ 尝:试。周:周朝。时孙周在周事单襄公,所以派他去周,看他是否与孙周勾结。 ⑫ 觇:窥视。 ⑬ 信:果见二人交往,遂信公子茷的话。

厉公田,与妇人先杀而饮酒[①],后使大夫杀。郤至奉豕[②],寺人孟张夺之,郤至射而杀之。公曰:“季子欺余[③]。”

厉公将作难,胥童曰:“必先三郤,族大多怨。去大族不逼[④],敌多怨有庸[⑤]。”公曰:“然。”郤氏闻之,郤锜欲攻公,曰:“虽死,君必危。”郤至曰:“人所以立,信、知、勇也。信不叛君,知不害民,勇不作乱。失兹三者,其谁与我?死而多怨,将安用之?君实有臣而杀之[⑥],其谓君何?我之有罪,吾死后矣!若杀不辜,将失其民;欲安,得乎?待命而已!受君之禄,是以聚党[⑦]。有党而争命,罪孰大焉!”

【注释】

① 杀:射杀被围困的野兽。依礼,田猎时诸侯发矢射兽后,依次当由卿、大夫射,妇人不得参与。 ② 奉豕:献上猎获的野猪。 ③ 季子:郤至。欺:欺侮,轻视。因郤至不告而擅杀宦官,故厉公不满。 ④ 不逼:公室不受逼迫。 ⑤ 敌多怨有庸:杜注谓意为讨伐多怨的敌人容易建立功

劳。　⑥ 君实有臣：谓臣子是从属于君王的。　⑦ 聚党：聚养宗党。

壬午，胥童、夷羊五帅甲八百，将攻郤氏。长鱼矫请无用众，公使清沸魋助之①，抽戈结衽②，而伪讼者。三郤将谋于榭③，矫以戈杀驹伯、苦成叔于其位④。温季曰⑤："逃威也⑥！"遂趋。矫及诸其车，以戈杀之，皆尸诸朝⑦。

【注释】

① 清沸魋(tuí)：亦厉公宠臣。　② 结衽：衽，衣襟。结衽，谓互相揪住对方。　③ 榭：建于台上的房屋。谋于榭，指去台榭为他们判断是非。　④ 驹伯：郤锜。苦成叔：郤犨。位：坐处。　⑤ 温季：郤至。　⑥ 逃威：欲逃于无罪而被杀。　⑦ 尸：陈尸。

胥童以甲劫栾书、中行偃于朝①。矫曰："不杀二子，忧必及君。"公曰："一朝而尸三卿，余不忍益也②。"对曰："人将忍君。臣闻乱在外为奸，在内为轨③。御奸以德，御轨以刑。不施而杀④，不可谓德。臣逼而不讨，不可谓刑。德刑不立，奸轨并至。臣请行。"遂出奔狄。公使辞于二子，曰："寡人有讨于郤氏，郤氏既伏其辜矣。大夫无辱⑤，其复职位。"皆再拜稽首曰："君讨有罪，而免臣于死，君之惠也。二臣虽死，敢忘君德？"乃皆归。公使胥童为卿。

【注释】

① 甲：甲士。劫：劫持。　② 不忍益：不忍心再加杀戮。　③ 轨：同"宄"。　④ 施：施恩惠。　⑤ 无辱：不要将被劫持这事当作耻辱。

公游于匠丽氏①，栾书、中行偃遂执公焉。召士丐，士丐辞。召韩厥，韩厥辞，曰："昔吾畜于赵氏，孟姬之谗，吾能违兵②。古人有言曰'杀老牛莫之敢尸③'，而况君乎？二三子不能事君，焉用厥也！"

【注释】

① 匠丽氏：厉公宠臣家。据《晋语》等载，晋厉公卒于翼，则匠丽氏当在翼地。　② 违兵：不肯用兵。孟姬谗杀赵同、赵括时，晋侯、栾氏、郤氏皆

参与进攻赵氏。见成公八年(前583)。　③ 尸:主。

舒庸人以楚师之败也,道吴人围巢[①],伐驾,围厘、虺[②],遂恃吴而不设备。楚公子橐师袭舒庸,灭之。

【注释】

① 道:同“导”,引导。巢:在今安徽巢湖东北。　② 驾、厘:均在今安徽无为县境内。虺:在今安徽庐江县。

闰月乙卯晦[①],栾书、中行偃杀胥童。民不与郤氏,胥童道君为乱[②],故皆书曰:“晋杀其大夫。”

【注释】

① 闰月:闰十二月。　② 道:引导。

成公十八年

【经】

十有八年春[①],王正月,晋杀其大夫胥童[②]。

庚申,晋杀其君州蒲[③]。

齐杀其大夫国佐。

公如晋。

夏,楚子、郑伯伐宋[④]。

宋鱼石复入于彭城[⑤]。

公至自晋。

晋侯使士丐来聘[⑥]。

秋,杞伯来朝[⑦]。

八月,邾子来朝[⑧]。

筑鹿囿[⑨]。

己丑,公薨于路寝。

冬,楚人、郑人侵宋。

晋侯使士鲂来乞师⑩。

十有二月，仲孙蔑会晋侯、宋公、卫侯、邾子、齐崔杼同盟于虚朾⑪。

丁未，葬我君成公。

【注释】

① 十有八年：公元前573年。　② 杜注：“传在前年，经在今春，从告。”　③ 州蒲：晋厉公。　④ 楚子：楚共王。郑伯：郑成公。　⑤ 彭城：今江苏徐州市。　⑥ 晋侯：晋悼公，公元前572—前558年在位。　⑦ 杞伯：杞桓公。　⑧ 邾子：邾宣公。　⑨ 鹿囿：鹿苑。　⑩ 士鲂：士会子，封彘，故又称彘恭子。　⑪ 宋公：宋平公。卫侯：卫献公。虚朾：一云在鲁，即今山东泗水县。一云在宋，在今河南延津县。

【传】

十八年春，王正月庚申，晋栾书、中行偃使程滑弑厉公，葬之于翼东门之外，以车一乘①。使荀䓨、士鲂逆周子于京师而立之②，生十四年矣。大夫逆于清原③，周子曰：“孤始愿不及此。虽及此，岂非天乎？抑人之求君，使出命也④，立而不从，将安用君？二三子用我今日，否亦今日，共而从君⑤，神之所福也。”对曰：“群臣之愿也，敢不唯命是听？”庚午，盟而入，馆于伯子同氏⑥。辛巳，朝于武宫⑦，逐不臣者七人⑧。周子有兄而无慧⑨，不能辨菽麦，故不可立。

【注释】

① 车：指葬车。诸侯葬车当七乘，此仅一乘，即不以诸侯礼安葬。② 周子：即上年之孙周。　③ 清原：在今山西稷山县东南。　④ 使出命：让他发布命令。　⑤ 共而从君：恭敬地服从君王。　⑥ 伯子同：晋大夫。　⑦ 武宫：曲沃武公的神庙。　⑧ 不臣者：助厉公为恶及不臣服新君者，杜注谓“夷羊五之属”。　⑨ 无慧：杜注谓“盖世所谓白痴”。

齐为庆氏之难故①，甲申晦，齐侯使士华免以戈杀国佐于内宫之朝②。师逃于夫人之宫③。书曰：“齐杀其大夫国佐。”弃命④，专杀，以榖叛故也。使清人杀国胜⑤。国弱来奔⑥，王湫奔莱⑦。庆封为大夫⑧，庆佐为司寇。既，齐侯反国弱⑨，使嗣国氏，礼也。

【注释】

① 庆氏之难：国佐杀庆克，见去年传。 ② 士华免：士为官名，掌刑。 ③ 师：众人。指同在内宫朝堂的官员。 ④ 弃命：废弃君王的命令。 ⑤ 国胜：国佐之子。时待命于清。 ⑥ 国弱：国胜之弟。 ⑦ 王湫：国佐同党。 ⑧ 庆封：与庆佐均为庆克子。大夫：在齐位等于卿。 ⑨ 反：召回。

二月乙酉朔，晋悼公即位于朝。始命百官，施舍、已责①，逮鳏寡，振废滞②，匡乏困，救灾患，禁淫慝，薄赋敛，宥罪戾，节器用，时用民，欲无犯时。使魏相、士鲂、魏颉、赵武为卿③。荀家、荀会、栾黡、韩无忌为公族大夫④，使训卿之子弟共俭孝弟。使士渥浊为大傅，使修范武子之法。右行辛为司空⑤，使修士芀之法。弁纠御戎⑥，校正属焉⑦，使训诸御知义。荀宾为右⑧，司士属焉⑨，使训勇力之士时使。卿无共御⑩，立军尉以摄之。祁奚为中军尉⑪，羊舌职佐之。魏绛为司马⑫。张老为候奄⑬。铎遏寇为上军尉⑭。籍偃为之司马⑮，使训卒乘亲以听命⑯。程郑为乘马御⑰，六驺属焉⑱，使训群驺知礼。凡六官之长，皆民誉也。举不失职，官不易方⑲，爵不逾德，师不陵正，旅不逼师⑳，民无谤言，所以复霸也。

【注释】

① 已责：免除对国家所欠债务。 ② 振：起用。 ③ 魏颉：魏颗之子，谥文子。 ④ 荀家、荀会：皆荀偃之族。韩无忌：韩厥之子。 ⑤ 右行辛：贾辛，领右行，故以为氏。 ⑥ 弁纠：即栾纠。 ⑦ 校正：主马官。 ⑧ 荀宾：荀偃之族。 ⑨ 司士：诸卿的车右。 ⑩ 卿无共御：卿即各军主帅、辅佐，原均有固定的御者，此时取消。 ⑪ 祁奚：字黄羊。 ⑫ 魏绛：魏犨子。 ⑬ 张老：张孟。候奄：主斥候之官。 ⑭ 铎遏寇：复姓铎遏，名寇。 ⑮ 籍偃：即籍游。 ⑯ 卒乘：步兵与车兵。亲：步调一致。 ⑰ 程郑：荀氏别族。乘马御：即赞仆，管马的官。 ⑱ 六驺：诸侯的马，即六闲之驺。 ⑲ 官不易方：谓官守其业，无相逾易。 ⑳ 师、正、旅：均官吏名位，正为主将，师辖二千五百人，旅辖五百人。

公如晋，朝嗣君也。

夏六月，郑伯侵宋，及曹门外[①]。遂会楚子伐宋，取朝郏[②]。楚子辛、郑皇辰侵城郜[③]，取幽丘[④]，同伐彭城，纳宋鱼石、向为人、鳞朱、向带、鱼府焉。以三百乘戍之而还。书曰："复入。"凡去其国，国逆而立之曰入。复其位曰复归。诸侯纳之曰归。以恶曰复入[⑤]。宋人患之。西鉏吾曰："何也？若楚人与吾同恶[⑥]，以德于我，吾固事之也，不敢贰矣。大国无厌，鄙我犹憾[⑦]。不然，而收吾憎，使赞其政，以间吾衅，亦吾患也。今将崇诸侯之奸[⑧]，而披其地[⑨]，以塞夷庚[⑩]。逞奸而携服[⑪]，毒诸侯而惧吴、晋[⑫]，吾庸多矣[⑬]，非吾忧也。且事晋何为[⑭]？晋必恤之。"

【注释】

① 曹门：宋城门名。　② 朝郏：在今河南夏邑县。　③ 子辛：即公子壬夫。城郜：在今安徽萧县。　④ 幽丘：在今安徽萧县。　⑤ 恶：不正当手段。　⑥ 恶：指恶鱼石等。　⑦ 鄙我犹憾：杜注谓："言已事之，则以我为鄙邑，犹恨不足，此吾患也。"　⑧ 崇：尊重。奸：叛逆。⑨ 披：分。　⑩ 夷庚：车马往来的平道。　⑪ 逞奸：让奸人得到满足。携服：使原来顺服的人背离。　⑫ 毒：触犯。惧：威胁。　⑬ 庸：福。⑭ 事晋何为：言宋平时事奉晋国就是为得到晋国帮助。

公至自晋。晋范宣子来聘，且拜朝也。君子谓："晋于是乎有礼。"

秋，杞桓公来朝，劳公，且问晋故。公以晋君语之。杞伯于是骤朝于晋而请为昏[①]。

【注释】

① 骤：赶快。昏：同"婚"。

七月，宋老佐、华喜围彭城，老佐卒焉[①]。

八月，邾宣公来朝，即位而来见也。

筑鹿囿，书，不时也。

己丑，公薨于路寝，言道也[②]。

【注释】

① 老佐:时官司马。 ② 道:正常。

冬十一月,楚子重救彭城,伐宋,宋华元如晋告急。韩献子为政,曰:"欲求得人①,必先勤之②,成霸安疆,自宋始矣。"晋侯师于台谷以救宋③,遇楚师于靡角之谷④,楚师还。

【注释】

① 得人:即得诸侯。 ② 勤之:为之勤劳。 ③ 台谷:在今山西晋城市境。 ④ 靡角之谷:在彭城附近。

晋士鲂来乞师。季文子问师数于臧武仲①,对曰:"伐郑之役,知伯实来②,下军之佐也。今彘季亦佐下军,如伐郑可也。事大国,无失班爵而加敬焉③,礼也。"从之。

【注释】

① 臧武仲:即臧孙纥。 ② 知伯:即荀罃。 ③ 无失班爵:不要紊乱来者爵位高低。即依爵位高低决定。

十二月,孟献子会于虚朾,谋救宋也。宋人辞诸侯而请师以围彭城。孟献子请于诸侯,而先归会葬。

丁未,葬我君成公,书,顺也①。

【注释】

① 书顺:杜注说成公死于路寝,五月而葬,国家安静,太子继位,所以说"书顺"。

卷十四　襄公一

襄公元年

【经】

元年春①，王正月，公即位②。

仲孙蔑会晋栾黡、宋华元、卫宁殖、曹人、莒人、邾人、滕人、薛人围宋彭城。

夏，晋韩厥帅师伐郑。

仲孙蔑会齐崔杼、曹人、邾人、杞人次于鄫③。

秋，楚公子壬夫帅师侵宋。

九月辛酉，天王崩④。

邾子来朝⑤。

冬，卫侯使公孙剽来聘⑥。

晋侯使荀罃来聘⑦。

【注释】

① 元年：公元前572年。　② 杜注云襄公这年四岁。　③ 鄫：郑地，在今河南睢县东南。　④ 天王：周简王。　⑤ 邾子：邾宣公。　⑥ 卫侯：卫献公。公孙剽：子叔黑背子，穆公孙。　⑦ 晋侯：晋悼公。

【传】

元年春己亥，围宋彭城。非宋地，追书也①。于是为宋讨鱼石，故称宋，且不登叛人也②，谓之宋志。彭城降晋，晋人以宋五大夫在彭城者归③，置诸瓠丘④。齐人不会彭城，晋人以为讨。二月，齐大子光为质于晋。

【注释】

① 非宋地,追书:此时彭城为楚所占,让鱼石等居住,故云非宋地。但鱼石是宋臣,所以说《春秋》此条为追书。 ② 不登:不录。 ③ 五大夫:即鱼石、向为人等五人。 ④ 瓠丘:即壶丘,在今山西垣曲县东南。

夏五月,晋韩厥、荀偃帅诸侯之师伐郑,入其郛①,败其徒兵于洧上②。于是东诸侯之师次于鄫,以待晋师。晋师自郑以鄫之师侵楚焦、夷及陈③,晋侯、卫侯次于戚④,以为之援。

【注释】

① 郛:外城。 ② 徒兵:步兵。洧上:洧水边。洧水出河南登封,东流经新郑、长葛、洧川、扶沟等地入贾鲁河。此洧上指郑都城西南洧水流经处。 ③ 焦、夷:本皆陈地,在今安徽亳州。 ④ 戚:卫邑,在今河南濮阳市北。

秋,楚子辛救郑,侵宋吕、留①。郑子然侵宋②,取犬丘③。

九月,邾子来朝,礼也。

冬,卫子叔、晋知武子来聘④,礼也。凡诸侯即位,小国朝之,大国聘焉,以继好结信,谋事补阙⑤,礼之大者也。

【注释】

① 吕:在今江苏徐州市东南。留:在今江苏沛县东南。 ② 子然:穆公子。 ③ 犬丘:在今河南永城市西北。 ④ 子叔:即公孙剽。知武子:即荀䓨。 ⑤ 阙:过失。

襄公二年

【经】

二年春①,王正月,葬简王。

郑师伐宋。

夏五月庚寅,夫人姜氏薨②。

六月庚辰,郑伯睔卒③。

晋师、宋师、卫宁殖侵郑。

秋七月，仲孙蔑会晋荀罃、宋华元、卫孙林父、曹人、邾人于戚。

己丑，葬我小君齐姜。

叔孙豹如宋[4]。

冬，仲孙蔑会晋荀罃、齐崔杼、宋华元、卫孙林父、曹人、邾人、滕人、薛人、小邾人于戚，遂城虎牢[5]。

楚杀其大夫公子申。

【注释】

① 二年：公元前571年。　② 姜氏：成公夫人，谥齐，故下称齐姜。③ 郑伯睔：郑成公。　④ 叔孙豹：叔孙侨如之弟。　⑤ 虎牢：原郑地，在今河南荥阳。

【传】

二年春，郑师侵宋，楚令也。

齐侯伐莱，莱人使正舆子赂夙沙卫以索马牛[1]，皆百匹，齐师乃还。君子是以知齐灵公之为"灵"也[2]。

【注释】

① 正舆子：莱大夫。夙沙卫：齐灵公宠臣，曾任少傅。索：选择。
② 灵：为无道者所谥。《庄子·则阳》："其所以为灵公者何耶？"注："灵，即是无道之谥也。"

夏，齐姜薨。初，穆姜使择美檟[1]，以自为榇与颂琴[2]，季文子取以葬。君子曰："非礼也。礼无所逆[3]，妇，养姑者也，亏姑以成妇，逆莫大焉。《诗》曰：'其惟哲人，告之话言，顺德之行[4]。'季孙于是为不哲矣。且姜氏，君之妣也。《诗》曰：'为酒为醴，烝畀祖妣，以洽百礼，降福孔偕[5]。'"

【注释】

① 檟：一名楸，木纹细密，可制器具及棺木。　② 榇：内棺。颂琴：一种古琴。　③ 无所逆：不能有反常现象。　④ 所引诗见《诗·大雅·抑》。哲：智。话言：善言。　⑤ 所引诗见《诗·周颂·丰年》。烝：进。

畀:与。祖妣:祖父、祖母。孔:甚。偕:遍。

齐侯使诸姜、宗妇来送葬①。召莱子,莱子不会,故晏弱城东阳以偪之②。

【注释】

① 诸姜:嫁给大夫的齐女。宗妇:同姓大夫的妻子。 ② 晏弱:晏桓子。东阳:当在今山东临朐县东,近莱国。偪:威胁。

郑成公疾,子驷请息肩于晋①。公曰:"楚君以郑故,亲集矢于其目,非异人任②,寡人也。若背之,是弃力与言③,其谁昵我?免寡人,唯二三子!"

秋七月庚辰,郑伯睔卒。于是子罕当国④,子驷为政⑤,子国为司马。晋师侵郑,诸大夫欲从晋,子驷曰:"官命未改⑥。"

【注释】

① 息肩于晋:顺服晋国以求休息。时楚国对郑国役使过重,故以息肩为喻。息肩,放下肩负的重担。 ② 非异人任:不是为了别人而承担结果。③ 力:功。言:盟誓。 ④ 当国:摄国事。 ⑤ 为政:为卿秉政。⑥ 官命:指郑成公之命,亦即君命。

会于戚,谋郑故也。孟献子曰:"请城虎牢以偪郑。"知武子曰:"善。鄫之会,吾子闻崔子之言①,今不来矣。滕、薛、小邾之不至,皆齐故也。寡君之忧不唯郑。蕾将复于寡君,而请于齐②。得请而告③,吾子之功也。若不得请,事将在齐④。吾子之请,诸侯之福也,岂唯寡君赖之?"

【注释】

① 崔子:崔杼。 ② 请于齐:请齐国来会。 ③ 得请而告:意为得到允许而通告各位修筑虎牢的城墙。 ④ 事:指军事。

穆叔聘于宋①,通嗣君也②。

冬,复会于戚,齐崔武子及滕、薛、小邾之大夫皆会③,知武子之言故也。遂城虎牢，郑人乃成。

楚公子申为右司马，多受小国之赂，以偪子重、子辛，楚人杀之。故书曰："楚杀其大夫公子申④。"

【注释】

① 穆叔：即叔孙豹。　② 嗣君：指鲁襄公。　③ 崔武子：即崔杼。④ 杜注云："言所以致国讨之文。"

襄公三年

【经】

三年春①，楚公子婴齐帅师伐吴。

公如晋。

夏四月壬戌，公及诸侯盟于长樗②。

公至自晋。

六月，公会单子、晋侯、宋公、卫侯、郑伯、莒子、邾子、齐世子光③。己未，同盟于鸡泽④。

陈侯使袁侨如会⑤。

戊寅，叔孙豹及诸侯之大夫及陈袁侨盟。

秋，公至自会。

冬，晋荀罃帅师伐许。

【注释】

① 三年：公元前 570 年。　② 长樗：当在晋国都郊外。　③ 单子：周卿单顷公。晋侯：晋悼公。宋公：宋平公。卫侯：卫献公。郑伯：郑僖公。莒子：莒犁比公。邾子：邾宣公。　④ 鸡泽：在今河北邯郸市东。⑤ 陈侯：陈成公。袁侨：涛涂四世孙。

【传】

三年春，楚子重伐吴，为简之师①，克鸠兹②，至于衡山③。使邓廖帅组甲三百、被练三千以侵吴④。吴人要而击之⑤，获邓廖。其能免者,组甲八十、被练三百而已。子重归,既饮至⑥三日,吴人伐楚,取驾⑦。驾,良邑也。邓廖,亦楚之良也。君子谓:“子重于是役也,所获不如所亡。”楚人以是咎子重。子重病之,遂遇心疾而卒⑧。

【注释】

① 为:率领。简之师:经过挑选的军队。 ② 鸠兹:吴邑,在今安徽芜湖市东南。 ③ 衡山:即横山,在当涂县东北。 ④ 组甲:以丝带连结皮革或铁片而成的铠甲。被练:以煮熟生丝穿甲片成甲衣。 ⑤ 要:拦阻。 ⑥ 饮至:见隐公五年(前718)注。 ⑦ 驾:在今安徽无为县境。⑧ 遇:患。心疾:精神错乱。

公如晋,始朝也。

夏,盟于长樗。孟献子相,公稽首。知武子曰:“天子在,而君辱稽首,寡君惧矣①。”孟献子曰:“以敝邑介在东表,密迩仇雠②,寡君将君是望,敢不稽首?”

【注释】

① 诸侯相见不当行稽首大礼,所以荀罃如此说。 ② 仇雠:指齐、楚、吴。

晋为郑服故,且欲修吴好,将合诸侯。使士丐告于齐曰:“寡君使丐,以岁之不易①,不虞之不戒②,寡君愿与一二兄弟相见,以谋不协③,请君临之,使丐乞盟。”齐侯欲勿许,而难为不协,乃盟于耏外④。

【注释】

① 岁之不易:谓近年来诸侯之间多纠纷。易,平,治。 ② 不虞:意外事。 ③ 不协:不和睦。暗指齐国。 ④ 耏外:耏水边。在齐都临淄城外。耏水,即时水。

祁奚请老,晋侯问嗣焉。称解狐①,其仇也,将立之而卒。又问焉,对曰:“午也可②”于是羊舌职死矣,晋侯曰:“孰可以代之?”对曰:“赤也可③。”于是使祁午为中军尉,羊舌赤佐之。君子谓:“祁奚于是能举善矣。称其仇，不为谄。立其子，不为比[4]。举其偏[5]，不为党[6]。《商书》曰：'无偏无党，王道荡荡[7]'其祁奚之谓矣！解狐得举，祁午得位，伯华得官，建一官而三物成[8]，能举善也夫！唯善，故能举其类。《诗》云：'惟其有之，是以似之[9]。'祁奚有焉。"

【注释】

① 称：称道，推荐。解狐：解扬族人，食邑于解，故以之为氏。　② 午：祁午，祁奚之子。　③ 赤：羊舌赤，羊舌职之子，字伯华。　④ 比：勾结偏私。　⑤ 偏：副职。　⑥ 党：结党。　⑦ 所引《商书》见《尚书·洪范》。荡荡：平正无私。　⑧ 一官：一个部门的官员，指中军尉。三物：三件事，指得举、得位、得官。　⑨ 所引诗见《诗·小雅·裳裳者华》。意为只有有德行的人，才能举荐与自已相似的人。

六月，公会单顷公及诸侯。己未，同盟于鸡泽。

晋侯使荀会逆吴子于淮上[1]，吴子不至。

楚子辛为令尹，侵欲于小国[2]。陈成公使袁侨如会求成，晋侯使和组父告于诸侯。秋，叔孙豹及诸侯之大夫及陈袁侨盟，陈请服也。

【注释】

① 吴子：吴王寿梦。　② 侵欲于小国：欲望无尽，求索不断，使小国受到侵害。

晋侯之弟扬干乱行于曲梁[1]，魏绛戮其仆[2]。晋侯怒，谓羊舌赤曰："合诸侯以为荣也，扬干为戮，何辱如之？必杀魏绛，无失也！"对曰："绛无贰志，事君不辟难，有罪不逃刑，其将来辞[3]，何辱命焉？"言终，魏绛至，授仆人书[4]，将伏剑[5]。士鲂、张老止之。公读其书曰："日君乏使，使臣斯司马[6]。臣闻师众以顺为武，军事有死无犯为敬。君合诸侯，臣敢不敬？君师不武，执事不敬，罪莫大焉。臣惧其死，以及扬干，无所逃罪。不能致训[7]，至于用钺[8]，臣之罪重，敢有不从，以怒君心？请归死于司寇。"公跣而出，曰："寡人之言，亲爱也。吾子之讨，军礼也。寡人有弟，弗能教训，使干大命⑨，寡人之过也。子无重寡人之过，敢以为请。”

晋侯以魏绛为能以刑佐民矣⑩，反役⑪，与之礼食⑫，使佐新军。张老为中军司马，士富为候奄。

【注释】

① 乱行：扰乱军队行列。曲梁：在鸡泽附近。 ② 仆：驾车人。 ③ 辞：表白，解释。 ④ 仆人：接受官员奏章的官。 ⑤ 伏剑：抽剑自杀。 ⑥ 斯：同“司”，担任。 ⑦ 致训：给予教育训导。 ⑧ 钺：兵器。古行刑用斧、钺。 ⑨ 干：犯。 ⑩ 佐：治理。 ⑪ 反役：指从盟会回国。 ⑫ 礼食：公食大夫之礼。设于庙。

楚司马公子何忌侵陈，陈叛故也。

许灵公事楚，不会于鸡泽。冬，晋知武子帅师伐许。

襄公四年

【经】

四年春①，王三月己酉，陈侯午卒。

夏，叔孙豹如晋。

秋七月戊子，夫人姒氏薨②。

葬陈成公。

八月辛亥，葬我小君定姒。

冬，公如晋。

陈人围顿③。

【注释】

① 四年：公元前569年。 ② 姒氏：成公妾，襄公母，姒姓，杞女，一说莒女。 ③ 顿：近陈的小国，姬姓，地在今河南项城市。

【传】

四年春，楚师为陈叛故，犹在繁阳①。韩献子患之，言于朝曰：

"文王帅殷之叛国以事纣,唯知时也。今我易之[2],难哉!"三月,陈成公卒。楚人将伐陈,闻丧乃止。陈人不听命[3]。臧武仲闻之,曰:"陈不服于楚,必亡。大国行礼焉而不服,在大犹有咎[4],而况小乎?"夏,楚彭名侵陈,陈无礼故也。

【注释】

① 繁阳:在今河南新蔡县北。　② 易之:谓晋力未能服楚,接受楚叛国陈非其时。　③ 不听命:不听楚命。　④ 咎:灾,殃。

穆叔如晋,报知武子之聘也,晋侯享之。金奏《肆夏》之三[1],不拜。工歌《文王》之三[2],又不拜。歌《鹿鸣》之三[3],三拜[4]。韩献子使行人子员问之,曰:"子以君命,辱于敝邑。先君之礼,藉之以乐[5],以辱吾子。吾子舍其大[6],而重拜其细[7],敢问何礼也?"对曰:"三《夏》,天子所以享元侯也[8],使臣弗敢与闻。《文王》,两君相见之乐也,使臣不敢及。《鹿鸣》,君所以嘉寡君也,敢不拜嘉?《四牡》,君所以劳使臣也,敢不重拜?《皇皇者华》,君教使臣曰:'必谘于周[9]。'臣闻之:'访问于善为咨,咨亲为询[10],咨礼为度,咨事为诹[11],咨难为谋。'臣获五善,敢不重拜?"

【注释】

① 金奏:用钟、镈奏,用鼓为节。《肆夏》:古代燕享音乐。《鲁语》言《肆夏》之三为《肆夏》、《樊遏》、《渠》。　② 工:乐工,乐人。《文王》:《诗·大雅》篇名。《文王》之三谓"文王之什"前三篇,即《文王》、《大明》、《緜》。　③《鹿鸣》:《诗·小雅》篇名。《鹿鸣》之三,谓"鹿鸣之什"前三篇,即《鹿鸣》、《四牡》、《皇皇者华》。　④ 三拜:每歌一曲,下拜一次。　⑤ 藉:荐,献。　⑥ 大:指《肆夏》等乐。　⑦ 重:多次。　⑧ 元侯:牧伯,即诸侯之长。　⑨ 必谘于周:《皇皇者华》有"周爰咨诹"、"周爰咨度"、"周爰咨询"等句。谓咨询于忠信的人。　⑩ 亲:亲戚。　⑪ 事:政事。

秋,定姒薨。不殡于庙,无榇,不虞[1]。匠庆谓季文子曰[2]:"子为正卿,而小君之丧不成,不终君也[3]。君长,谁受其咎?"

初,季孙为己树六槚于蒲圃东门之外[4]。匠庆请木,季孙曰:

"略⑤。"匠庆用蒲圃之槚，季孙不御⑥。君子曰："《志》所谓'多行无礼，必自及也⑦'，其是之谓乎！"

【注释】

① 虞：虞祭。死者葬后，生者还殡宫祭祀后安灵、反哭，称虞祭。时襄公幼小，季孙行父执政，不以夫人之礼待定姒，故如此。 ② 匠庆：鲁国著名工匠。 ③ 不终君：使国君不终丧事。 ④ 蒲圃：场圃名。 ⑤ 略：简略。指随意使用，不必精选。 ⑥ 御：止。 ⑦《志》：古书。按季孙行父于定姒之丧无礼，匠庆砍了他的寿木也是无礼，所以引这句话以证实。

冬，公如晋听政①，晋侯享公。公请属鄫②，晋侯不许。孟献子曰："以寡君之密迩于仇雠，而愿固事君③，无失官命④。鄫无赋于司马⑤，为执事朝夕之命敝邑，敝邑褊小，阙而为罪，寡君是以愿借助焉。"晋侯许之。

【注释】

① 听政：指听取晋国的部署打算。 ② 属鄫：以鄫为属国。此时襄公尚幼，凡襄公之言论，皆辅相言之。 ③ 固：一心一意。 ④ 官命：晋君之命。 ⑤ 司马：指晋司马，兼管诸侯之赋。

楚人使顿间陈而侵伐之，故陈人围顿。

无终子嘉父使孟乐如晋①，因魏庄子纳虎豹之皮②，以请和诸戎。晋侯曰："戎狄无亲而贪，不如伐之。"魏绛曰："诸侯新服，陈新来和，将观于我，我德则睦，否则携贰③。劳师于戎，而楚伐陈，必弗能救，是弃陈也，诸华必叛④。戎，禽兽也，获戎失华，无乃不可乎？《夏训》有之曰：'有穷后羿……⑤'"公曰："后羿何如？"对曰："昔有夏之方衰也，后羿自鉏迁于穷石⑥，因夏民以代夏政⑦。恃其射也，不修民事，而淫于原兽⑧。弃武罗、伯因、熊髡、龙圉⑨，而用寒浞⑩。寒浞，伯明氏之谗子弟也⑪。伯明后寒弃之⑫，夷羿收之⑬，信而使之，以为己相。浞行媚于内而施赂于外，愚弄其民而虞羿于田⑭，树之诈慝以取其国家，外内咸服。羿犹不悛，将归自田，家众杀而亨之⑮，以食其子。其子不忍食诸，死于穷门⑯。靡奔有鬲氏[17]。浞因羿室[18]，生浇及豷，恃其谗慝诈伪而不德于民。使浇用师，灭斟灌及斟寻氏[19]。处浇于过[20]，处豷于戈[21]。靡自有鬲氏，收二国之烬[22]，以灭浞而立少康。少康灭浇于过，后杼灭豷于戈[23]。有穷由是遂亡，失人故也。昔周辛甲之为大史也[24]，命百官，官箴王阙[25]。于《虞人之箴》曰[26]：'芒芒禹迹[27]，画为九州，经启九道[28]。民有寝庙，兽有茂草，各有攸处[29]，德用不扰[30]。在帝夷羿，冒于原兽[31]，忘其国恤，而思其麀牡[32]。武不可重[33]，用不恢于夏家[34]。兽臣司原[35]，敢告仆夫[36]。'《虞箴》如是，可不惩乎[37]？"于是晋侯好田，故魏绛及之。

【注释】

① 无终：山戎国名，地流徙无定，此时住山西境内。　② 魏庄子：即魏绛。　③ 携贰：背离。　④ 诸华：对诸戎而言，指中原诸侯。　⑤ 有穷：部落名，居今河南洛阳。后羿：有穷之君。　⑥ 鉏：今河南滑县。穷石：即穷谷，在今洛阳市南。　⑦ "因夏民"句：时禹孙太康淫放失国，夏人立其弟仲康。仲康弱，卒后子相立，后羿代相，号有穷。　⑧ 淫：沉湎。原兽：即田兽，指打猎。　⑨ 武罗、伯因、熊髡、龙圉：皆羿之贤臣。　⑩ 寒：部落名，居今山东潍县。寒浞以部落为氏。　⑪ 伯明：寒部君王。　⑫ 伯明后寒：即"寒后伯明"，寒君伯明。　⑬ 夷羿：夷为羿之氏，或谓种族。⑭ 虞：同"娱"。　⑮ 亨：即"烹"，煮。　⑯ 穷门：穷国国门。⑰ 靡：夏臣。有鬲氏：部落名，居今山东德州市。　⑱ 室：妻妾。⑲ 斟灌：部落名，地在今山东范县。斟寻氏：部落名，居今河南偃师市。⑳ 过：部落名，居今山东莱州。　㉑ 戈：部落名，地在今河南境内。㉒ 烬：遗民。　㉓ 后杼：少康子。　㉔ 辛甲：本为纣臣，后事周为公卿，封长子。　㉕ 箴：诫谏。阙：过失。　㉖ 虞人：掌田猎之官。　㉗ 芒芒：远貌。　㉘ 经启：经略开通。九道：众多道路。　㉙ 攸：所。㉚ 德用不扰：德指人与兽的本质。用，因。句谓人与兽需求不同因此而互不干扰。　㉛ 冒：贪。　㉜ 麀：牝鹿。牡：公兽。此以麀牡泛指禽兽。㉝ 重：累次。　㉞ 用：因此。恢：廓，大。　㉟ 兽臣：即虞人。㊱ 仆夫：即"左右"之意，不敢直言君王，故云"仆夫"。　㊲ 惩：教训。

公曰："然则莫如和戎乎？"对曰："和戎有五利焉：戎狄荐居[1]，

贵货易土，土可贾焉[2]，一也。边鄙不耸[3]，民狎其野[4]，穑人成功，二也。戎狄事晋，四邻振动，诸侯威怀，三也。以德绥戎，师徒不勤，甲兵不顿[5]，四也。鉴于后羿，而用德度[6]，远至迩安，五也。君其图之！"公说，使魏绛盟诸戎，修民事，田以时。

【注释】

① 荐：草。荐居，逐水草而居。 ② 贾：买。 ③ 耸：惧。指无警。 ④ 狎：习。此指安心。 ⑤ 顿：坏。 ⑥ 德度：道德法度。

冬十月，邾人、莒人伐鄫。臧纥救鄫[1]，侵邾，败于狐骀[2]。国人逆丧者皆髽[3]，鲁于是乎始髽。国人诵之曰："臧之狐裘，败我于狐骀。我君小子[4]，朱儒是使[5]。朱儒！朱儒！使我败于邾。"

【注释】

① 臧纥：即臧孙纥，字武仲。 ② 狐骀：在今山东滕州市东南。 ③ 髽(zhuā)：妇人的丧髻，以麻发合结。 ④ 小子：小孩子。 ⑤ 朱儒：即侏儒，矮小。臧孙纥当矮小。

襄公五年

【经】

五年春[1]，公至自晋。

夏，郑伯使公子发来聘[2]。

叔孙豹、鄫世子巫如晋。

仲孙蔑、卫孙林父会吴于善道[3]。

秋，大雩。

楚杀其大夫公子壬夫[4]。

公会晋侯、宋公、陈侯、卫侯、郑伯、曹伯、莒子、邾子、滕子、薛伯、齐世子光、吴人、鄫人于戚[5]。

公至自会。

冬，戍陈。

楚公子贞帅师伐陈⑥。

公会晋侯、宋公、卫侯、郑伯、曹伯、齐世子光救陈。

十有二月,公至自救陈。

辛未,季孙行父卒。

【注释】

① 五年:公元前568年。 ② 郑伯:郑僖公。公子发:郑大夫,子产之父,字子国。 ③ 善道:在今江苏盱眙县北。 ④ 公子壬夫:即令尹子辛。杜注:“书名,罪其贪。” ⑤ 晋侯:晋悼公。宋公:宋平公。陈侯:陈哀公,公元前568—前534年在位。卫侯:卫献公。曹伯:曹成公。莒子:莒犁比公。邾子:邾宣公。滕子:滕悼公。薛伯:不详。 ⑥ 公子贞:庄王子子囊,后以囊为氏。

【传】

五年春,公至自晋。

王使王叔陈生诉戎于晋①,晋人执之。士鲂如京师,言王叔之贰于戎也②。

【注释】

①王叔陈生:周卿士。诉戎:控告戎人侵陵周室。 ② 贰于戎:与戎人勾结。

夏,郑子国来聘①,通嗣君也。

穆叔觌鄫大子于晋②,以成属鄫③。书曰:“叔孙豹、鄫大子巫如晋。”言比诸鲁大夫也④。

【注释】

① 子国:公子发。 ② 觌:相见。 ③ 以成属鄫:完成将鄫作为鲁属国的手续。 ④ 此释经不加“及”字。鲁大夫两人同行均不加“及”字,故云将鄫太子比于鲁大夫。

吴子使寿越如晋①,辞不会于鸡泽之故,且请听诸侯之好②。晋人将为之合诸侯,使鲁、卫先会吴,且告会期。故孟献子、孙文子会吴于善道。

【注释】

① 吴子:吴王寿梦。寿越:吴大夫。 ② 听:听从。

秋,大雩,旱也。

楚人讨陈叛故,曰:“由令尹子辛实侵欲焉①。”乃杀之。书曰:“楚杀其大夫公子壬夫。”贪也。君子谓:“楚共王于是不刑②。《诗》曰:‘周道挺挺,我心扃扃,讲事不令,集人来定③。’已则无信,而杀人以逞,不亦难乎?《夏书》曰:‘成允成功④。’”

【注释】

① 侵欲:不断索取以满足私欲。 ② 不刑:刑罚不当。 ③ 所引诗为逸诗,不见今《诗经》。周道:大路。挺挺:宽广笔直。扃扃:明察。令:善。定:商量。 ④ 所引文今入《大禹谟》。允:信。

九月丙午,盟于戚,会吴,且命戍陈也。穆叔以属鄫为不利,使鄫大夫听命于会①。

楚子囊为令尹。范宣子曰:“我丧陈矣!楚人讨贰而立子囊,必改行而疾讨陈②。陈近于楚,民朝夕急,能无往乎③?有陈,非吾事也,无之而后可。”冬,诸侯戍陈。子囊伐陈。十一月甲午,会于城棣以救之④。

【注释】

① 听命于会:以独立国家身份与会听取盟主命令。 ② 改行:改变以往的作法。 ③ 往:往归于楚。 ④ 城棣:在今河南原阳县北。

季文子卒。大夫入敛,公在位①。宰庀家器为葬备②。无衣帛之妾,无食粟之马,无藏金玉,无重器备③。君子是以知季文子之忠于公室也。相三君矣,而无私积,可不谓忠乎?

【注释】

① 公在位:依礼,大夫大敛,国君亲自看视,于东序设君位。 ② 宰:家宰。家臣之首。庀:具。 ③ 重:重复。器备:一切用具。

襄公六年

【经】

六年春①,王三月壬午,杞伯姑容卒。

夏,宋华弱来奔。

秋,葬杞桓公。

滕子来朝②。

莒人灭鄫。

冬,叔孙豹如邾。

季孙宿如晋③。

十有二月,齐侯灭莱④。

【注释】

① 六年:公元前567年。　② 滕子:滕悼公。　③ 季孙宿:季孙行父之子。　④ 齐侯:齐灵公。

【传】

六年春,杞桓公卒,始赴以名,同盟故也。

宋华弱与乐辔少相狎①,长相优②,又相谤也。子荡怒③,以弓梏华弱于朝。平公见之,曰:"司武而梏于朝④,难以胜矣!"遂逐之。夏,宋华弱来奔。司城子罕曰⑤:"同罪异罚,非刑也。专戮于朝⑥,罪孰大焉!"亦逐子荡。子荡射子罕之门,曰:"几日而不我从⑦?"子罕善之如初⑧。

【注释】

① 狎:习,过分亲密,互相狎玩。　② 优:调戏。　③ 子荡:即乐辔。　④ 司武:即司马,时华弱官司马。　⑤ 子罕:戴公六世孙。　⑥ 戮:辱。　⑦ 几日而不我从:没几天你也要落得同我一样下场。　⑧ 善之如初:和当初一样安定,不计较遭辱。

秋,滕成公来朝,始朝公也。

莒人灭鄫，鄫恃赂也①。

冬，穆叔如邾，聘，且修平。

晋人以鄫故来讨，曰："何故亡鄫？"季武子如晋见，且听命②。

【注释】

① 赂：赂者为谁，无明言。时鄫已不是鲁属国，故鲁不救。但晋国不承认，所以下文派人指责鲁国。 ② 听命：听从处分。

十一月，齐侯灭莱，莱恃谋也①。于郑子国之来聘也，四月，晏弱城东阳，而遂围莱。甲寅，堙之环城②，傅于堞③。及杞桓公卒之月，乙未，王湫帅师及正舆子、棠人军齐师④，齐师大败之。丁未，入莱。莱共公浮柔奔棠。正舆子、王湫奔莒，莒人杀之。

四月，陈无宇献莱宗器于襄宫⑤。晏弱围棠，十一月丙辰，而灭之。迁莱于郳⑥。高厚、崔杼定其田⑦。

【注释】

① 恃谋：仗着计谋，指送夙沙卫牛马，事见襄公二年(前571)。 ② 堙：堆土为山。 ③ 傅：迫近。堞：女墙，城墙上的小墙。 ④ 王湫：齐国佐之党，逃亡在莱。正舆子：莱大夫。棠：当在今山东平度市附近。 ⑤ 陈无宇：敬仲玄孙。襄宫：齐襄公庙。 ⑥ 郳(ní)：齐地，今不详。当与郳国非一地。 ⑦ 高厚：高固子，齐卿。定其田：划定其土地疆界以分配给齐君臣。

襄公七年

【经】

七年春①，郯子来朝。

夏四月，三卜郊，不从，乃免牲。

小邾子来朝②。

城费③。

秋，季孙宿如卫。

八月，螽。

冬十月,卫侯使孙林父来聘[④]。

壬戌,及孙林父盟。

楚公子贞帅师围陈。

十有二月,公会晋侯、宋公、陈侯、卫侯、曹伯、莒子、邾子于鄬[⑤]。

郑伯髡顽如会[⑥],未见诸侯。丙戌,卒于鄵[⑦]。

陈侯逃归。

【注释】

① 七年:公元前566年。　② 小邾子:小邾穆公。　③ 费:在今山东费县西南,鲁僖公赐季友为封邑。　④ 卫侯:卫献公。　⑤ 晋侯:晋悼公。宋公:宋平公。陈侯:陈哀公。曹伯:曹成公。莒子:莒犁比公。邾子:邾宣公。鄬(wéi):郑地,当在今河南鲁山县。　⑥ 郑伯:郑僖公。⑦ 鄵(cāo):郑地。

【传】

七年春,郯子来朝,始朝公也。

夏四月,三卜郊,不从,乃免牲。孟献子曰:"吾乃今而后知有卜筮。夫郊,祀后稷以祈农事也[①]。是故启蛰而郊[②],郊而后耕。今既耕而卜郊,宜其不从也。"

【注释】

① 后稷:周之始祖。　② 启蛰:蛰虫启动。

南遗为费宰[①]。叔仲昭伯为隧正[②],欲善季氏而求媚于南遗,谓遗:"请城费,吾多与而役。"故季氏城费。

小邾穆公来朝,亦始朝公也。

秋,季武子如卫,报子叔之聘[③],且辞缓报[④],非贰也。

【注释】

① 宰:地方长官。　② 叔仲昭伯:惠伯之孙,名带。隧正:掌徒役之官。　③ 子叔之聘:在襄公元年(前572)。　④ 辞:解释。

冬十月,晋韩献子告老。公族穆子有废疾[①],将立之。辞曰:

"《诗》曰:'岂不夙夜,谓行多露②。'又曰:'弗躬弗亲,庶民弗信③。'无忌不才,让,其可乎?请立起也④。与田苏游⑤,而曰好仁。《诗》曰:'靖共尔位,好是正直。神之听之,介尔景福⑥。'恤民为德,正直为正,正曲为直,参和为仁⑦。如是,则神听之,介福降之⑧。立之,不亦可乎?"庚戌,使宣子朝,遂老。晋侯谓韩无忌仁,使掌公族大夫⑨。

【注释】

① 穆子:韩厥长子,名无忌,为公族大夫。废疾:残疾。 ② 所引诗见《诗·召南·行露》,原为爱情诗,此借句面意。 ③ 所引诗见《诗·小雅·节南山》,也借句面言自己残疾不便。 ④ 起:无忌弟,谥宣子。 ⑤ 田苏:晋贤人。 ⑥ 所引诗见《诗·小雅·小明》。靖共尔位:谓谨慎忠诚地执行职责。介:助。景:大。 ⑦ 参和:将德、正、直三者和为一体。 ⑧ 介福:大福。 ⑨ 掌公族大夫:为公族大夫之长。

卫孙文子来聘,且拜武子之言,而寻孙桓子之盟①。公登亦登。叔孙穆子相,趋进曰:"诸侯之会,寡君未尝后卫君②。今吾子不后寡君,寡君未知所过。吾子其少安③!"孙子无辞,亦无悛容④。穆叔曰:"孙子必亡⑤。为臣而君,过而不悛,亡之本也。《诗》曰:'退食自公,委蛇委蛇⑥。'谓从者也⑦。衡而委蛇必折⑧。"

【注释】

① 孙桓子:孙良夫,孙文子林父之父,其聘鲁且盟在成公三年(前588)。 ② 未尝后卫君:谓与卫君地位相等。 ③ 少安:稍停。 ④ 悛容:愧悔的神色。 ⑤ 亡:被驱逐。 ⑥ 所引诗见《诗·召南·羔羊》。委蛇:从容自得貌。 ⑦ 从:顺从。 ⑧ 衡:强横、专横。折:受挫折。

楚子囊围陈,会于鄬以救之。

郑僖公之为大子也,于成之十六年,与子罕适晋,不礼焉①。又与子丰适楚②,亦不礼焉。及其元年,朝于晋,子丰欲诉诸晋而废之,子罕止之。及将会于鄬,子驷相,又不礼焉。侍者谏,不听,又谏,杀之。及鄵,子驷使贼夜弑僖公,而以疟疾赴于诸侯③。简公生五年④,奉而立之。

【注释】

① 不礼:对子罕不加礼遇。　② 子丰:与子罕同为穆公子。　③ 赴:讣告。　④ 简公:僖公子,名嘉。公元前 565—前 530 年在位。

陈人患楚。庆虎、庆寅谓楚人曰①:“吾使公子黄往而执之②。”楚人从之。二庆使告陈侯于会,曰:“楚人执公子黄矣!君若不来,群臣不忍社稷宗庙,惧有二图③。”陈侯逃归。

【注释】

① 庆虎、庆寅:陈执政大夫。　② 公子黄:陈哀公弟。　③ 二图:另立国君。

襄公八年

【经】

八年春①,王正月,公如晋。

夏,葬郑僖公。

郑人侵蔡,获蔡公子燮②。

季孙宿会晋侯、郑伯、齐人、宋人、卫人、邾人于邢丘③。

公至自晋。

莒人伐我东鄙。

秋九月,大雩。

冬,楚公子贞帅师伐郑。

晋侯使士丐来聘。

【注释】

① 八年:公元前 565 年。　② 公子燮:蔡庄侯子,官司马。　③ 晋侯:晋悼公。郑伯:郑简公。邢丘:在今河南温县东。

【传】

八年春,公如晋朝,且听朝聘之数①。

郑群公子以僖公之死也,谋子驷。子驷先之。夏四月庚辰,辟杀子狐、子熙、子侯、子丁②。孙击、孙恶出奔卫。

【注释】

① 朝聘之数:指朝聘所贡礼物数目。 ② 辟:罪。此指借口有他罪而杀之。

庚寅,郑子国、子耳侵蔡①,获蔡司马公子燮。郑人皆喜,唯子产不顺②,曰:“小国无文德,而有武功,祸莫大焉。楚人来讨,能勿从乎?从之,晋师必至。晋、楚伐郑③,自今郑国,不四五年弗得宁矣。”子国怒之曰:“尔何知?国有大命④,而有正卿⑤。童子言焉,将为戮矣。”

【注释】

① 子耳:子良之子。 ② 子产:公孙侨,子国之子。不顺:意见不同,不附和。 ③ 晋、楚伐郑:郑不能抵挡晋、楚,来伐则顺从。从楚则晋来伐,从晋则楚来伐,故云“晋、楚伐郑”。 ④ 大命:行军作战之事。 ⑤ 正卿:指子驷,时专郑政。

五月甲辰,会于邢丘,以命朝聘之数,使诸侯之大夫听命。季孙宿、齐高厚、宋向戌、卫宁殖、邾大夫会之。郑伯献捷于会①,故亲听命。大夫不书,尊晋侯也。

【注释】

① 献捷:献胜蔡所俘。

莒人伐我东鄙,以疆鄫田①。

秋九月,大雩,旱也。

冬,楚子囊伐郑,讨其侵蔡也。

【注释】

① 疆鄫田:划定鄫国田地疆界。莒灭鄫后,鲁侵其西界,所以莒伐鲁,以正其封疆。

子驷、子国、子耳欲从楚,子孔、子蟜、子展欲待晋①。子驷曰:

"《周诗》有之曰:'俟河之清,人寿几何?兆云询多,职竞作罗②。'谋之多族③,民之多违④,事滋无成⑤。民急矣,姑从楚以纾吾民。晋师至,吾又从之。敬共币帛⑥,以待来者,小国之道也。牺牲玉帛,待于二竟⑦,以待强者而庇民焉。寇不为害,民不罢病⑧,不亦可乎?"子展曰:"小所以事大,信也。小国无信,兵乱日至,亡无日矣。五会之信⑨,今将背之,虽楚救我,将安用之?亲我无成⑩,鄙我是欲⑪,不可从也。不如待晋。晋君方明,四军无阙⑫,八卿和睦⑬,必不弃郑。楚师辽远,粮食将尽,必将速归,何患焉?舍之闻之⑭:'杖莫如信⑮。'完守以老楚,杖信以待晋,不亦可乎?"子驷曰:"《诗》云:'谋夫孔多,是用不集。发言盈庭,谁敢执其咎?如匪行迈谋,是用不得于道⑯。'请从楚,骓也受其咎⑰。"乃及楚平。

【注释】

① 子孔:穆公子。子蟜:子游子,即公孙虿,谥桓子。子展:子罕子,即公孙舍之,谥桓子。　② 所引诗为逸诗。兆:占卜。询:信。职:主要。竞:争。这两句意为:占卜的次数实在太多,都是抢着为自己结网织罗。　③ 谋之多族:商量的人太多。　④ 民之多违:多数人民不能跟从。　⑤ 滋:益,更加。　⑥ 共:同"供"。　⑦ 竟:同"境"。　⑧ 罢:同"疲"。　⑨ 五会:指从襄公三年(前 570)会于鸡泽以来共会盟五次。　⑩ 成:终。　⑪ 鄙:以边鄙县邑待之。　⑫ 无阙:谓乘卒甲兵完备。　⑬ 八卿:即晋四军的主帅与辅佐。　⑭ 舍之:子展名。　⑮ 杖:倚仗。　⑯ 所引诗见《诗·小雅·小旻》。孔:甚。集:成就。匪:彼。行迈:行。此指行人,谓行路人问行路人。不得于道:找不到正确的路。　⑰ 骓:子驷名。

使王子伯骈告于晋,曰:"君命敝邑:'修而车赋①,儆而师徒②,以讨乱略③。'蔡人不从,敝邑之人,不敢宁处,悉索敝赋,以讨于蔡,获司马燮,献于邢丘。今楚来讨曰:'女何故称兵于蔡?'焚我郊保④,冯陵我城郭⑤。敝邑之众,夫妇男女,不遑启处⑥,以相救也。翦焉倾覆⑦,无所控告。民死亡者,非其父兄,即其子弟,夫人愁痛⑧,不知所庇。民知穷困,而受盟于楚,孤也与其二三臣不能禁止。不敢不告。"知武子使行人子员对之曰:"君有楚命,亦不使一个行李告于寡君⑨,而即安于楚。君之所欲也,谁敢违君?寡君将帅诸侯以见于城下,唯君图之!”

【注释】

① 车赋:即车乘,战车。 ② 儆:戒备。 ③ 乱略:即乱。 ④ 郊保:郊外城堡。 ⑤ 冯陵:侵犯。 ⑥ 遑:闲暇。启处:小跪曰启。启处,指休息。 ⑦ 翦:尽。 ⑧ 夫人:即人人,众人。 ⑨ 行李:使者。

晋范宣子来聘,且拜公之辱①,告将用师于郑。公享之,宣子赋《摽有梅》②。季武子曰:“谁敢哉!今譬于草木,寡君在君,君之臭味也③。欢以承命④,何时之有?”武子赋《角弓》⑤。宾将出,武子赋《彤弓》⑥。宣子曰:“城濮之役⑦,我先君文公献功于衡雍,受彤弓于襄王,以为子孙藏。丐也,先君守官之嗣也⑧,敢不承命?”君子以为知礼。

【注释】

① 拜公之辱:指鲁襄公朝晋。 ②《摽有梅》:《诗·召南》篇名,写男女及时婚嫁。范宣子赋此,意请鲁及时出兵。 ③ 臭味:气味。谓晋君如草木,鲁君是草木的气味。 ④ 欢:高兴。 ⑤《角弓》:《诗·小雅》篇名,取意兄弟之国互相亲近,中有“兄弟昏姻,无胥远矣”句。 ⑥《彤弓》:《诗·小雅》篇名,是天子赐诸侯的诗。武子赋此,意在晋悼公继承霸业。 ⑦ 城濮之役:在鲁僖公二十八年(前632)。 ⑧ 先君守官之嗣:士丐先世为郤缺,文公时为卿。

襄公九年

【经】

九年春①,宋灾②。

夏,季孙宿如晋。

五月辛酉,夫人姜氏薨③。

秋八月癸未,葬我小君穆姜。

冬,公会晋侯、宋公、卫侯、曹伯、莒子、邾子、滕子、薛伯、杞伯、小邾子、齐世子光伐郑④。

十有二月己亥，同盟于戏⑤。

楚子伐郑⑥。

【注释】

① 九年：公元前564年。　② 灾：天火。　③ 姜氏：成公母。　④ 晋侯：晋悼公。宋公：宋平公。卫侯：卫献公。曹伯：曹成公。莒子：莒犁比公。邾子：邾宣公。滕子：滕成公。薛伯：不详。杞伯：杞孝公。小邾子：小邾穆公。　⑤ 戏：在今河南登封市。　⑥ 楚子：楚共王。

【传】

九年春，宋灾。乐喜为司城以为政①，使伯氏司里②。火所未至，彻小屋③，涂大屋④；陈畚挶⑤，具绠缶⑥，备水器⑦；量轻重⑧，蓄水潦⑨，积土涂⑩；巡丈城⑪，缮守备，表火道⑫。使华臣具正徒⑬，令隧正纳郊保⑭，奔火所。使华阅讨右官⑮，官庀其司⑯。向戌讨左，亦如之。使乐遄庀刑器⑰，亦如之。使皇郧命校正出马⑱，工正出车，备甲兵，庀武守。使西钼吾庀府守⑲，令司宫、巷伯儆宫⑳。二师令四乡正敬享㉑，祝宗用马于四墉㉒，祀盘庚于西门之外㉓。

【注释】

① 乐喜：即子罕。　② 司里：管辖城内街巷。　③ 彻：撤。撤除小屋，留出空地，便于隔火。　④ 涂：以泥涂，使不易燃。　⑤ 畚挶(jū)：均为盛土器具。　⑥ 绠：汲水绳索。缶：瓦罐，汲水用具。　⑦ 水器：盛水的器具。　⑧ 量轻重：依人力量大小分配轻重工作。　⑨ 水潦：水塘。　⑩ 涂：即土。　⑪ 丈城：不详，或指内城。　⑫ 表：标明。火道：火所行之道。表火道即标明万一着火疏散的路径。　⑬ 华臣：华元之子，官司徒。正徒：核定徒役人员。　⑭ 隧正：掌徒役之官。纳郊保：谓调集郊外城堡的徒卒入都供役。　⑮ 华阅：华元之子，官右师。讨：治。右官：右师所管属官。　⑯ 庀：管理。　⑰ 乐遄：官司寇。　⑱ 皇郧：字椒，官司马。校正：司马属官，管理马匹。　⑲ 西钼吾：官太宰。府守：管府库藏物之官。　⑳ 司宫：宫内宦官之长。巷伯：管宫中巷、宫门户的宦官。儆宫：加强宫中警戒。　㉑ 二师：左师、右师。乡正：宋都有四乡，每乡设乡正。敬享：祭祀神明。　㉒ 祝宗：祝史之长。墉：城。　㉓ 盘

庚:殷商十世君,迁都于今河南安阳,为宋之远祖。

晋侯问于士弱曰①:"吾闻之,宋灾,于是乎知有天道。何故?"对曰:"古之火正②,或食于心③,或食于咮④,以出内火⑤。是故咮为鹑火⑥,心为大火⑦。陶唐氏之火正阏伯居商丘⑧,祀大火,而火纪时焉⑨。相土因之⑩,故商主大火⑪。商人阅其祸败之衅⑫,必始于火,是以日知其有天道也⑬。"公曰:"可必乎?"对曰:"在道。国乱无象,不可知也。"

【注释】

① 士弱:士渥浊之子,谥庄子。 ② 火正:官名,行火政,为五行官之一。《汉书·五行志》:"古之火正,谓火官也,掌祭火星,行火政。" ③ 食:配食。心:二十八宿之一。 ④ 咮:二十八宿之一,即柳宿。古祭火星时,或以心宿或以柳宿配享陪祭。 ⑤ 以:因为。出内:出入。此句谓火星出入于二宿。 ⑥ 鹑火:柳宿别名。 ⑦ 大火:心宿别名。 ⑧ 阏伯:传为高辛氏之后。 ⑨ 火纪时:以火星出没来确定时节。 ⑩ 相土:殷商先祖。 ⑪ 主:祭祀主星。 ⑫ 阅:察。衅:预兆。 ⑬ 日:此或当作"曰",与晋侯之问相呼应,否则晋侯问今,士弱答以古,不合文意。

夏,季武子如晋①,报宣子之聘也②。

穆姜薨于东宫③。始往而筮之,遇《艮》之八䷳④。史曰:"是谓《艮》之《随》䷐。《随》,其出也⑤。君必速出。"姜曰:"亡。是于《周易》曰:'《随》,元亨利贞,无咎。'元,体之长也⑥。亨,嘉之会也⑦。利,义之和也。贞,事之干也⑧。体仁足以长人,嘉德足以合礼⑨,利物足以和义,贞固足以干事,然,故不可诬也⑩,是以虽《随》无咎。今我妇人而与于乱。固在下位而有不仁⑪,不可谓元。不靖国家⑫,不可谓亨。作而害身,不可谓利。弃位而姣⑬,不可谓贞。有四德者,《随》而无咎。我皆无之,岂《随》也哉？我则取恶,能无咎乎？必死于此,弗得出矣。"

【注释】

① 季武子:季孙宿。 ② 宣子之聘:指上年士匄来鲁国进行聘问。

③ 穆姜：襄公祖母，因欲去成公，私通叔孙侨如，被迫迁于东宫。 ④《艮》之八：按《周易》言卦，均言“九”、“六”，变一爻而成他卦，曰某卦之某(卦名)。此筮变《随》卦则唯第二爻不变，余爻均变，因此杜注言此为《连山易》或《归藏易》。但下文释卦，仍用《周易》。 ⑤ 出：谓《随》乃随人而行，有出走之象。 ⑥ 体之长：元即首，头，故云体之长。 ⑦ 嘉之会：亨即享，享礼，故云嘉礼中主宾相会。 ⑧ 事之干：贞为信，《易·乾·文言》：“贞固足以干事。”故云为事物的本体、主干。 ⑨ 合：洽，和合、调协。 ⑩ 诬：妄，欺。 ⑪ 不仁：指逼成公事。见成公十六年(前575)传。 ⑫ 靖：安，静。 ⑬ 姣：美好。此指修饰。穆姜夫死，当守太后之位，不加修饰，今私通叔孙侨如，修饰美色，故云弃位而姣。

秦景公使士雃乞师于楚①，将以伐晋，楚子许之。子囊曰：“不可。当今吾不能与晋争。晋君类能而使之②，举不失选③，官不易方④。其卿让于善，其大夫不失守，其士竞于教⑤，其庶人力于农穑。商工皂隶，不知迁业⑥。韩厥老矣，知罃禀焉以为政⑦。范匄少于中行偃而上之⑧，使佐中军。韩起少于栾黡，而栾黡、士鲂上之，使佐上军。魏绛多功，以赵武为贤而为之佐。君明臣忠，上让下竞。当是时也，晋不可敌，事之而后可。君其图之！”王曰：“吾既许之矣。虽不及晋⑨，必将出师。”秋，楚子师于武城以为秦援⑩。秦人侵晋，晋饥，弗能报也⑪。

【注释】

① 士雃(qiān)：秦大夫。 ② 类能：将能人分成不同类型。 ③ 失选：不恰当。 ④ 方：政策，政令。 ⑤ 竞：争，努力。 ⑥ 迁业：改行。 ⑦ 禀：敬。 ⑧ 此句王引之谓“而”下当脱“中行偃”三字，句格始与下同。盖句谓范匄比中行偃年少，但中行偃让范匄职高于已任中军辅佐，已任上军主将。 ⑨ 不及：不如。 ⑩ 武城：楚地，在今河南南阳市北。 ⑪ 报：回击。

冬十月，诸侯伐郑。庚午，季武子、齐崔杼、宋皇郧从荀罃、士匄门于鄟门①。卫北宫括、曹人、邾人从荀偃、韩起门于师之梁②。滕人、薛人从栾黡、士鲂门于北门③。杞人、郳人从赵武、魏绛斩行栗④。甲戌,师于汜⑤,令于诸侯曰:“修器备⑥,盛糇粮⑦,归老幼,居疾于虎牢⑧,肆眚⑨,围郑。”郑人恐,乃行成⑩。中行献子曰⑪:“遂围之,以待楚人之救也而与之战。不然,无成⑫。”知武子曰:“许之盟而还师,以敝楚人⑬。吾三分四军,与诸侯之锐以逆来者⑭,于我未病,楚不能矣⑮。犹愈于战。暴骨以逞⑯,不可以争⑰。大劳未艾⑱,君子劳心,小人劳力,先王之制也。”诸侯皆不欲战,乃许郑成。

【注释】

① 鄟(zhuān)门:郑城门名,为都城东门。此言鲁、齐、宋三国军队跟从晋中军。 ② 师之梁:郑都城西门。此言卫、曹、邾三国军队跟从晋上军。③ 滕、薛二国军队跟从晋下军。 ④ 郳:即小邾国。行栗:道路两旁的栗树。此言杞、小邾二国跟从晋新军。 ⑤ 汜:即东汜水,在河南中牟县南。⑥ 器备:攻守器具。 ⑦ 糇粮:干粮。 ⑧ 疾:患病者。 ⑨ 肆眚:宽赦有罪的人。 ⑩ 行成:求和。 ⑪ 中行献子:即荀偃。 ⑫ 成:指郑国真心讲和。 ⑬ 敝:使之疲敝。 ⑭ 锐:精锐。逆:迎击。来者:楚军。 ⑮ 楚不能:楚军得不到休整,不能持久应付。 ⑯ 暴骨:暴露尸骨。指战争。 ⑰ 不可以争:不能用这样的办法与楚争胜。意谓用智不用力。 ⑱ 大劳:大事。艾:止息。

十一月己亥,同盟于戏,郑服也。将盟,郑六卿公子騑、公子发、公子嘉、公孙辄、公孙虿、公孙舍之及其大夫、门子皆从郑伯①。晋士庄子为载书,曰:“自今日既盟之后,郑国而不唯晋命是听②,而或有异志者,有如此盟。”公子騑趋进曰:“天祸郑国,使介居二大国之间。大国不加德音而乱以要之③,使其鬼神不获歆其禋祀④,其民人不获享其土利,夫妇辛苦垫隘⑤,无所底告⑥。自今日既盟之后,郑国而不唯有礼与强可以庇民者是从,而敢有异志者,亦如之。”荀偃曰:“改载书。”公孙舍之曰:“昭大神要言焉⑦。若可改也,大国亦可叛也。”知武子谓献子曰:“我实不德,而要人以盟⑧,岂礼也哉!非礼,何以主盟?姑盟而退,修德息师而来,终必获郑,何必今日?我之不德,民将弃我,岂唯郑?若能休和⑨,远人将至,何恃于郑？”乃盟而还。

【注释】

① 门子：卿的嫡子。　② 而：如果。　③ 乱：兵乱。要：约言，此指载书。　④ 歆：神食饩。此即指享用。禋祀：洁祀。　⑤ 垫隘：委顿、困苦而羸弱。　⑥ 厎（zhǐ）：致。　⑦ 昭：诏，昭示。要言：指盟誓。⑧ 要：要挟。　⑨ 休和：安逸和平。《文选》张诜注云：“休和，谓祸乱已平，兵戈不用，故致之使休息和平也。”

晋人不得志于郑，以诸侯复伐之。十二月癸亥，门其三门。闰月戊寅，济于阴阪①，侵郑。次于阴口而还②。子孔曰③：“晋师可击也，师老而劳，且有归志，必大克之。”子展曰④：“不可。”

【注释】

① 阴阪：洧水渡口，在今河南新郑市西。　② 阴口：当在阴阪对岸。③ 子孔：公子嘉。　④ 子展：公孙舍之。

公送晋侯。晋侯以公宴于河上，问公年，季武子对曰：“会于沙随之岁①，寡君以生。”晋侯曰：“十二年矣！是谓一终，一星终也②。国君十五而生子。冠而生子，礼也，君可以冠矣！大夫盍为冠具？”武子对曰：“君冠，必以祼享之礼行之③，以金石之乐节之④，以先君之祧处之⑤。今寡君在行，未可具也。请及兄弟之国而假备焉。”晋侯曰：“诺。”公还，及卫，冠于成公之庙⑥，假钟磬焉，礼也。

【注释】

① 会于沙随之岁：在成公十六年（前575）。　② 一终，一星终：古人划周天为十二次，以木星为岁星，木星一年行一次，十二年满一周天，称一星终。　③ 祼：即灌，用香料加入酒内煮，然后倒于地，使受祭者及宾客闻香气。享：即飨。　④ 节：表示节度。　⑤ 祧（tiāo）：祖庙。　⑥ 成公：卫成公。

楚子伐郑，子驷将及楚平。子孔、子蟜曰：“与大国盟，口血未干而背之①，可乎？”子驷、子展曰：“吾盟固云：‘唯强是从。’今楚师至，晋不我救，则楚强矣。盟誓之言，岂敢背之？且要盟无质②,神弗临也③,所临唯信。信者,言之瑞也,善之主也,是故临之。明神不蠲要盟④,背之可也。"乃及楚平。公子罢戎入盟⑤,同盟于中分⑥。

楚庄夫人卒⑦,王未能定郑而归。

【注释】

① 口血未干:同盟必歃血,口血未干指言之未久。 ② 质:诚。 ③ 临:莅临。 ④ 蠲(juān):洁。 ⑤ 公子罢戎:楚大夫。 ⑥ 中分:郑都城中里名。 ⑦ 楚庄夫人:楚共王之母。

晋侯归,谋所以息民。魏绛请施舍,输积聚以贷①。自公以下,苟有积者,尽出之。国无滞积,亦无困人②。公无禁利③,亦无贪民。祈以币更④,宾以特牲⑤,器用不作,车服从给⑥。行之期年⑦,国乃有节⑧。三驾而楚不能与争⑨。

【注释】

① 输积聚:转运、调拨财货。 ② 困人:困难无助者。 ③ 公无禁利:国君没有专享的利益。指园宅山林之利与民共享。 ④ 祈:祈祷。以币更:谓用绢帛代替牺牲。 ⑤ 特牲:于牛、羊、豕中仅取其一作为牺牲。 ⑥ 从给:够用就行。 ⑦ 期年:即朞年,一年。 ⑧ 节:法度。 ⑨ 三驾:三次出动兵车。指襄公十年(前 563)出兵牛首,十一年出兵于向,同年观兵郑东门。

卷十五　襄公二

襄公十年

【经】

十年春①，公会晋侯、宋公、卫侯、曹伯、莒子、邾子、滕子、薛伯、杞伯、小邾子、齐世子光会吴于柤②。

夏五月甲午，遂灭偪阳③。

公自至会。

楚公子贞、郑公孙辄帅师伐宋。

晋师伐秦。

秋，莒人伐我东鄙。

公会晋侯、宋公、卫侯、曹伯、莒子、邾子、齐世子光、滕子、薛伯、杞伯、小邾子伐郑。

冬，盗杀郑公子騑、公子发、公孙辄。

戍郑虎牢。

楚公子贞帅师救郑。

公至自伐郑。

【注释】

① 十年：公元前563年。　② 晋侯：晋悼公。宋公：宋平公。卫侯：卫献公。曹伯：曹成公。莒子：莒犁比公。邾子：邾宣公。滕子：滕成公。杞伯：杞孝公。小邾子：小邾穆公。柤(zhā)：楚地，在今江苏邳州市北。③ 偪阳：妘姓小国，地在今江苏邳州市西北。

【传】

十年春，会于柤，会吴子寿梦也①。三月癸丑，齐高厚相大子光以先会诸侯于钟离②,不敬。士庄子曰:“高子相大子以会诸侯,将社稷是卫,而皆不敬,弃社稷也,其将不免乎③!”夏四月戊午,会于柤。

【注释】

① 吴子寿梦:吴王寿梦,公元前585—前561年在位。② 钟离:在今安徽凤阳县东。③ 不免:不免于祸。为二人后皆被杀伏笔。

晋荀偃、士匄请伐偪阳,而封宋向戌焉。荀罃曰:“城小而固,胜之不武,弗胜为笑。”固请。丙寅,围之,弗克。孟氏之臣秦堇父辇重如役①。偪阳人启门,诸侯之士门焉②。县门发③,郰人纥抉之以出门者④。狄虒弥建大车之轮而蒙之以甲以为橹⑤,左执之,右拔戟⑥,以成一队。孟献子曰:“《诗》所谓‘有力如虎’者也⑦。”主人县布,堇父登之,及堞而绝之⑧。队则又县之,苏而复上者三。主人辞焉⑨,乃退,带其断以徇于军三日⑩。

【注释】

① 辇重:人力拉着装辎重的车。役:指交战之地。② 门:此指攻进门去。③ 县门:城上的闸门。④ 郰(zhōu):鲁邑,在今山东曲阜东南。郰人,即郰邑大夫。纥:叔梁纥,孔子之父。抉:高举。出门者:让攻城门的人撤出。⑤ 狄虒(sī)弥:鲁勇士。大车:平地行驶的载重车,轮大于常车。橹:大盾。⑥ 拔戟:执戟。⑦ 所引诗见《诗·邶风·简兮》。⑧ 堞:城垛。⑨ 辞:辞谢。偪阳人服其勇,故辞谢,表示不用再试。⑩ 断:断布。

诸侯之师久于偪阳,荀偃、士匄请于荀罃曰:“水潦将降,惧不能归,请班师!”知伯怒,投之以机①,出于其间②,曰:“女成二事而后告余③。余恐乱命④,以不女违。女既勤君而兴诸侯,牵帅老夫以至于此,既无武守⑤,而又欲易余罪,曰:‘是实班师,不然克矣。’余羸老也,可重任乎⑥?七日不克,必尔乎取之⑦!”

【注释】

① 机:即“几”。② 出于其间:从两人中间穿过。③ 二事:指伐偪阳,封向戌。④ 乱命:军中将帅各执己见则乱军令,故云乱命。

⑤ 武守:坚守武攻。此指二人没能成就武功。　⑥ 重任:再次承担罪责。荀罃曾在邲之战被俘,此次任主帅又不胜,所以说"重任"。　⑦ 必尔乎取之:一定要拿你们问罪。

五月庚寅,荀偃、士匄帅卒攻偪阳,亲受矢石。甲午,灭之。书曰"遂灭偪阳",言自会也①。以与向戌,向戌辞曰:"君若犹辱镇抚宋国,而以偪阳光启寡君②,群臣安矣,其何贶如之③?若专赐臣,是臣兴诸侯以自封也,其何罪大焉?敢以死请。"乃予宋公。

【注释】

① 自会:是接着盟会发生的。　② 光启:扩大疆土。　③ 贶:赐予。

宋公享晋侯于楚丘①,请以《桑林》②。荀罃辞。荀偃、士匄曰:"诸侯,宋、鲁于是观礼③。鲁有禘乐,宾祭用之。宋以《桑林》享君,不亦可乎?"舞,师题以旌夏④,晋侯惧而退入于房⑤。去旌,卒享而还。及著雍⑥,疾。卜,桑林见⑦。荀偃、士匄欲奔请祷焉。荀罃不可,曰:"我辞礼矣,彼则以之⑧。犹有鬼神⑨,于彼加之。"晋侯有间⑩,以偪阳子归,献于武宫,谓之夷俘。偪阳,妘姓也。使周内史选其族嗣,纳诸霍人⑪,礼也⑫。

【注释】

① 楚丘:在宋都,今河南商丘市。　②《桑林》:汤求雨于桑林,宋因有《桑林》之乐。此为天子之乐,故荀罃辞。　③ 于是观礼:在那儿可以观看礼仪。因宋用殷商天子礼,鲁用周天子禘礼。　④ 师题以旌夏:乐师举着旌夏引乐人进来。题,额,此指走在前面。旌夏,以雉羽饰于竿首的旌旗。⑤ 晋侯惧:杜注说旌夏不常见,一下子见了令人害怕。　⑥ 著雍:晋地,具体所在不详。　⑦ 桑林见:从卜兆中显示桑林之神。　⑧ 彼则以之:他们一定要这样做。　⑨ 犹有:如果有。　⑩ 有间:病愈。⑪ 纳:安顿。霍人:晋邑,在今山西繁峙县东。　⑫ 礼也:灭人之国而不灭其姓,故合于礼。

师归,孟献子以秦堇父为右。生秦丕兹①,事仲尼。

六月,楚子囊、郑子耳伐宋,师于訾毋②。庚午,围宋,门于桐门③。

晋荀罃伐秦,报其侵也。

【注释】

① 秦丕兹:或以为即孔子弟子秦商。 ② 訾毋:宋地,当在今河南鹿邑县南。 ③ 桐门:宋北门。

卫侯救宋,师于襄牛①。郑子展曰:"必伐卫,不然,是不与楚也。得罪于晋,又得罪于楚,国将若之何?"子驷曰:"国病矣②!"子展曰:"得罪于二大国,必亡。病不犹愈于亡乎?"诸大夫皆以为然。故郑皇耳帅师侵卫③,楚令也。孙文子卜追之④,献兆于定姜⑤。姜氏问繇。曰:"兆如山陵,有夫出征,而丧其雄。"姜氏曰:"征者丧雄,御寇之利也。大夫图之!"卫人追之,孙蒯获郑皇耳于犬丘⑥。

【注释】

① 襄牛:卫地,在今河南濮阳市东。 ② 病:困,疲。 ③ 皇耳:郑大夫,皇戌子。 ④ 孙文子:即孙林父,卫执政。卜追之:占卜确定是否要追击郑军。 ⑤ 定姜:卫定公夫人,献公母。 ⑥ 孙蒯:林父子。犬丘:在今河南永城市西北。

秋七月,楚子囊、郑子耳伐我西鄙。还,围萧①,八月丙寅,克之。九月,子耳侵宋北鄙。孟献子曰:"郑其有灾乎!师竞已甚②。周犹不堪竞,况郑乎?有灾,其执政之三士乎③!"

【注释】

① 萧:宋邑,在今安徽萧县北。 ② 竞:相争。已:太。 ③ 执政之三士:指子驷、子国、子耳。时郑简公年幼,所以归罪执政。

莒人间诸侯之有事也,故伐我东鄙。

诸侯伐郑。齐崔杼使大子光先至于师,故长于滕①。己酉,师于牛首②。

【注释】

① 长于滕:班次排在滕国前。 ② 牛首:郑地,在今河南通许县。

初，子驷与尉止有争，将御诸侯之师而黜其车[①]。尉止获，又与之争，子驷抑尉止曰："尔车，非礼也[②]。"遂弗使献[③]。初，子驷为田洫[④]，司氏、堵氏、侯氏、子师氏皆丧田焉。故五族聚群不逞之人[⑤]，因公子之徒以作乱[⑥]。于是子驷当国，子国为司马，子耳为司空，子孔为司徒。冬十月戊辰，尉止、司臣、侯晋、堵女父、子师仆帅贼以入，晨攻执政于西宫之朝，杀子驷、子国、子耳，劫郑伯以如北宫。子孔知之，故不死。书曰"盗"，言无大夫焉[⑦]。

【注释】

① 黜：减少，废除。　② 尔车，非礼：说尉止车太多，不合乎礼。③ 献：献上所获俘虏。　④ 田洫：田间沟洫。此当指整顿田界、核实田亩。　⑤ 不逞之人：不满之人。　⑥ 公子之徒：指襄公八年（前565）子驷所杀群公子的族党。　⑦ 无大夫：杜注："尉止等五人皆士也。大夫谓卿。"

子西闻盗[①]，不儆而出[②]，尸而追盗[③]，盗入于北宫，乃归授甲[④]。臣妾多逃[⑤]，器用多丧。子产闻盗，为门者[⑥]，庀群司[⑦]，闭府库，慎闭藏，完守备，成列而后出[⑧]，兵车十七乘，尸而攻盗于北宫，子蟜帅国人助之，杀尉止、子师仆，盗众尽死。侯晋奔晋，堵女父、司臣、尉翩、司齐奔宋。

【注释】

① 子西：公孙夏，子驷子。　② 儆：戒备。　③ 尸：收敛尸体。④ 授甲：发放皮甲。谓召集战士。　⑤ 臣妾：家中男女奴仆。　⑥ 为门者：安排好守门人。　⑦ 庀群司：杜注："具众官。"　⑧ 成列：以其族之兵列队。

子孔当国，为载书，以位序，听政辟[①]。大夫、诸司、门子弗顺，将诛之。子产止之，请为之焚书[②]。子孔不可，曰："为书以定国，众怒而焚之，是众为政也，国不亦难乎？"子产曰："众怒难犯，专欲难成，合二难以安国，危之道也。不如焚书以安众，子得所欲，众亦得安，不亦可乎？专欲无成，犯众兴祸，子必从之。"乃焚书于仓门之外[③]，众而后定。

【注释】

① 以位序，听政辟：各守其职，以受执政的命令。这是子孔想独专郑国之政。 ② 焚书：把盟书烧了。 ③ 仓门：郑东南门。

诸侯之师城虎牢而戍之。晋师城梧及制①，士鲂、魏绛戍之。书曰"戍郑虎牢"，非郑地也②，言将归焉③。

【注释】

① 梧：当在虎牢附近，即今河南汜水西。制：即虎牢。此言另为小城。 ② 非郑地：虎牢原为郑地，此时已为诸侯占领。 ③ 归：归还郑国。

郑及晋平。楚子囊救郑。十一月，诸侯之师还郑而南①，至于阳陵②，楚师不退。知武子欲退，曰："今我逃楚，楚必骄，骄则可与战矣。"栾黡曰："逃楚，晋之耻也。合诸侯以益耻，不如死！我将独进。"师遂进。已亥，与楚师夹颍而军。子蟜曰③："诸侯既有成行④，必不战矣。从之将退，不从亦退。退，楚必围我。犹将退也⑤，不如从楚，亦以退之。"宵涉颍，与楚人盟。栾黡欲伐郑师，荀罃不可，曰："我实不能御楚，又不能庇郑，郑何罪？不如致怨焉而还⑥。今伐其师，楚必救之，战而不克，为诸侯笑。克不可命⑦，不如还也！"丁未，诸侯之师还，侵郑北鄙而归。楚人亦还。

【注释】

① 还：同"环"，围绕。 ② 阳陵：郑地，在今河南许昌市北。 ③ 子蟜：郑大夫。 ④ 成行：已完成退兵的准备。 ⑤ 犹将退：同样是要退兵。 ⑥ 致怨：谓使郑怨楚。郑服于楚，楚必诛求无厌，使郑怨望。 ⑦ 命：信，有信心。

王叔陈生与伯舆争政①。王右伯舆，王叔陈生怒而出奔。及河，王复之，杀史狡以说焉②。不入，遂处之③。晋侯使士匄平王室，王叔与伯舆讼焉。王叔之宰与伯舆之大夫瑕禽坐狱于王庭④，士匄听之。王叔之宰曰："筚门闺窦之人而皆陵其上⑤，其难为上矣！"瑕禽曰："昔平王东迁，吾七姓从王，牲用备具，王赖之，而赐之骍旄之盟[6]，曰：'世世无失职。'若筚门闺窦，其能来东底乎[7]？且王何赖焉？今自王叔之相也，政以贿成，而刑放于宠[8]，官之师旅，不胜其富，吾能无筚门闺窦乎？唯大国图之！下而无直，则何谓正矣？"范宣子曰："天子所右，寡君亦右之。所左，亦左之。"使王叔氏与伯舆合要[9]，王叔氏不能举其契[10]。王叔奔晋。不书，不告也。单靖公为卿士，以相王室。

【注释】

① 王叔陈生、伯舆：二人皆周卿士。争政：争夺政权。　② 史狡：当为王叔陈生的仇人。　③ 处：居。　④ 坐狱：两面对讼。即后来所说"对簿公堂"。礼，命夫命妇不亲自到场受审，以其手下人代替。　⑤ 筚门：柴门。闺窦：小户。言微贱之家。　⑥ 骍旄：赤牛。以赤牛为牺牲歃盟，言十分重视。　⑦ 来东底：言东来而安。　⑧ 放：寄。全句谓任用宠臣专刑，不据法。　⑨ 合要：对证。　⑩ 契：证据。

襄公十一年

【经】

十有一年春[1]，王正月，作三军[2]。

夏四月，四卜郊不从，乃不郊。

郑公孙舍之帅师侵宋。

公会晋侯、宋公、卫侯、曹伯、齐世子光、莒子、邾子、滕子、薛伯、杞伯、小邾子伐郑[3]。

秋七月己未，同盟于亳城北[4]。

公至自伐郑。

楚子、郑伯伐宋[5]。

公会晋侯、宋公、卫侯、曹伯、齐世子光、莒子、邾子、滕子、薛伯、杞伯、小邾子伐郑。

会于萧鱼[6]。

公至自会。

楚人执郑行人良霄[7]。

【注释】

① 十有一年:公元前562年。 ② 作三军:杜注:"增立中军,万二千五百人为军。" ③ 晋侯:晋悼公。宋公:宋平公。卫侯:卫献公。曹伯:曹成公。莒子:莒犁比公。邾子:邾宣公。滕子:滕成公。杞伯:杞孝公。小邾子:小邾穆公。 ④ 亳城:郑地,在今河南荥阳。 ⑤ 楚子:楚共王。郑伯:郑简公。 ⑥ 萧鱼:郑地,在今河南原武县东。 ⑦ 良霄:公孙辄子,字伯有。

【传】

十一年春,季武子将作三军,告叔孙穆子曰:"请为三军,各征其军[1]。"穆子曰:"政将及子,子必不能[2]。"武子固请之,穆子曰:"然则盟诸?"乃盟诸僖闳[3],诅诸五父之衢[4]。正月,作三军,三分公室而各有其一[5]。三子各毁其乘[6]。季氏使其乘之人,以其役邑入者[7],无征;不入者,倍征。孟氏使半为臣[8],若子若弟[9]。叔孙氏使尽为臣,不然[10],不舍[11]。

【注释】

① 各征其军:在此是各组其军的意思。 ② 不能:无法使三家团结。因季武子年少,恐其欲一人专权,难以胜任。 ③ 僖闳:僖公庙的正门。④ 五父之衢:在曲阜东南。 ⑤ 公室:指原有军队。鲁军原归公室指挥。⑥ 乘:此指私人军队。 ⑦ 役邑:提供兵役的乡邑。 ⑧ 臣:指奴隶兵。 ⑨ 若:或。 ⑩ 不然:不愿意的。 ⑪ 不舍:不编入。

郑人患晋、楚之故,诸大夫曰:"不从晋,国几亡。楚弱于晋,晋不吾疾也[1]。晋疾,楚将辟之。何为而使晋师致死于我[2],楚弗敢敌,而后可固与也[3]。"子展曰:"与宋为恶,诸侯必至,吾从之盟。楚师至,吾又从之,则晋怒甚矣。晋能骤来,楚将不能,吾乃固与晋。"大夫说之,使疆埸之司恶于宋[4]。宋向戌侵郑,大获。子展曰:"师而伐宋可矣[5]。若我伐宋,诸侯之伐我必疾,吾乃听命焉,且告于楚。楚师至,吾又与之盟,而重赂晋师,乃免矣。"夏,郑子展侵宋。

【注释】

① 疾:同"急"。　② 何为:想个什么办法。致死:致死力。　③ 固与:与晋国的关系巩固。　④ 疆埸之司:边境负责官员。　⑤ 师:指出兵。

四月,诸侯伐郑。己亥,齐大子光、宋向戌先至于郑,门于东门。其莫①,晋荀罃至于西郊,东侵旧许②。卫孙林父侵其北鄙。六月,诸侯会于北林③,师于向④,右还,次于琐⑤,围郑。观兵于南门⑥,西济于济隧⑦。郑人惧,乃行成。

【注释】

① 莫:同"暮"。　② 旧许:原许国之地,许南迁后为郑所得。　③ 北林:在今河南新郑市北。　④ 向:在今河南尉氏县西南。　⑤ 琐:在今新郑市北。　⑥ 观兵:炫耀武力。　⑦ 济隧:水名,今已堙,或谓原在今原阳县西。但原阳与郑都甚远,且在新郑之北,与"西济"不合。

秋七月,同盟于亳。范宣子曰:"不慎①,必失诸侯。诸侯道敝而无成②,能无贰乎?"乃盟,载书曰:"凡我同盟,毋蕴年③,毋壅利④,毋保奸⑤,毋留慝⑥,救灾患,恤祸乱,同好恶,奖王室⑦。或间兹命⑧,司慎司盟⑨,名山名川,群神群祀,先王先公⑩,七姓十二国之祖⑪,明神殛之,俾失其民,队命亡氏⑫,踣其国家⑬。"

【注释】

① 不慎:指盟书不慎重。　② 道敝:疲于道路。　③ 年:谷熟。蕴年,谓积粮不救人之灾。　④ 壅利:专山川之利。　⑤ 保奸:藏奸人。⑥ 留慝:收留邪恶的人。　⑦ 奖:助。　⑧ 间:犯。　⑨ 司慎司盟:二天神,一察不敬者,一监盟。　⑩ 先王:诸侯之太祖。先公:诸侯始封者。　⑪ 七姓十二国:指姬姓的晋、鲁、卫、曹、滕,曹姓的邾、小邾,子姓的宋,姜姓的齐,己姓的莒,姒姓的杞,任姓的薛。　⑫ 队命:同坠命,死去。⑬ 踣:毙。

楚子囊乞旅于秦①,秦右大夫詹帅师从楚子,将以伐郑②。郑伯逆之③。丙子,伐宋。

九月,诸侯悉师以复伐郑。郑人使良霄、大宰石㚟如楚④,告将服于晋，曰："孤以社稷之故，不能怀君。君若能以玉帛绥晋⑤，不然则武震以摄威之⑥，孤之愿也。"楚人执之，书曰"行人"，言使人也。诸侯之师观兵于郑东门，郑人使王子伯骈行成。甲戌，晋赵武入盟郑伯。冬十月丁亥，郑子展出盟晋侯。十二月戊寅，会于萧鱼。庚辰，赦郑囚，皆礼而归之。纳斥候⑦，禁侵掠。晋侯使叔肸告于诸侯⑧。公使臧孙纥对曰："凡我同盟，小国有罪，大国致讨，苟有以藉手⑨，鲜不赦宥，寡君闻命矣。"郑人赂晋侯以师悝、师触、师蠲⑩，广车、軘车淳十五乘⑪，甲兵备。凡兵车百乘，歌钟二肆⑫，及其镈磬，女乐二八⑬。

【注释】

① 乞旅：即乞师。 ② 将：率领。 ③ 逆：迎接。表示对楚顺服。④ 石臭(chuò)：时官太宰，为卿之一，但为散卿，故位良霄后。 ⑤ 绥：安，和好。 ⑥ 摄：同"慑"。 ⑦ 纳：收回。斥候：侦察兵与巡逻兵。⑧ 叔肸(xī)：即羊舌肸，字叔向。 ⑨ 藉手：少有所得。 ⑩ 师悝(kuī)、师触、师蠲：三人皆郑乐师。 ⑪ 广车：横陈之车，攻敌用。軘车：屯守之车。淳：以广车、軘车搭配为一淳。 ⑫ 歌钟：编钟。二肆：两架。⑬ 女乐：能够歌舞的美女。二八：两行，每行八人。古乐舞以八人为一行，称佾，二八即二佾。

晋侯以乐之半赐魏绛，曰："子教寡人和诸戎狄，以正诸华。八年之中，九合诸侯，如乐之和，无所不谐。请与子乐之。"辞曰："夫和戎狄，国之福也。八年之中，九合诸侯，诸侯无慝，君之灵也①，二三子之劳也，臣何力之有焉？抑臣愿君安其乐而思其终也！《诗》曰：'乐只君子，殿天子之邦。乐只君子，福禄攸同，便蕃左右，亦是帅从②。'夫乐以安德，义以处之，礼以行之，信以守之，仁以厉之③，而后可以殿邦国，同福禄，来远人，所谓乐也。《书》曰④：'居安思危。'思则有备，有备无患。敢以此规⑤。"公曰："子之教，敢不承命？抑微子，寡人无以待戎，不能济河。夫赏，国之典也，藏在盟府⑥，不可废也，子其受之！"魏绛于是乎始有金石之乐，礼也。

【注释】

① 灵：威灵。 ② 所引诗见《诗·小雅·采菽》，文字略有不同。乐

只(zhǐ):娱乐吧。殿:镇抚。便蕃:得到治理。亦是帅从:意为顺从君命,得到安康。　③ 厉:同“励”,勉励。　④ 所引文不见今《尚书》。《逸周书》有之,作“于安思危”。　⑤ 规:规劝。　⑥ 盟府:掌管功勋赏赐的官府。

秦庶长鲍、庶长武帅师伐晋以救郑①。鲍先入晋地,士鲂御之,少秦师而弗设备②。壬午,武济自辅氏③,与鲍交伐晋师。己丑,秦、晋战于栎④,晋师败绩,易秦故也⑤。

【注释】

① 庶长:爵名。　② 少秦师:见秦军人少。　③ 辅氏:在今陕西大荔县东。　④ 栎:其地不详。　⑤ 易:轻视。

襄公十二年

【经】

十有二年春①,王二月,莒人伐我东鄙,围台②。

季孙宿帅师救台,遂入郓③。

夏,晋侯使士鲂来聘。

秋九月,吴子乘卒④。

冬,楚公子贞帅师侵宋。

公如晋。

【注释】

① 十有二年:公元前561年。　② 台:在今山东费县东南。　③ 郓:莒邑,在今山东沂水县北。　④ 吴子乘:吴王寿梦。

【传】

十二年春,莒人伐我东鄙,围台。季武子救台,遂入郓,取其钟以为公盘①。

夏,晋士鲂来聘,且拜师②。

【注释】

①盘:食器,又为浴器。 ②拜师:拜谢鲁国前年出兵助晋伐郑。

秋,吴子寿梦卒。临于周庙[①],礼也。凡诸侯之丧,异姓临于外[②],同姓于宗庙,同宗于祖庙[③],同族于祢庙[④]。是故鲁为诸姬,临于周庙。为邢、凡、蒋、茅、胙、祭[⑤],临于周公之庙。

【注释】

①临:哭丧,吊唁。周庙:周文王庙。 ②外:城外。 ③祖庙:始封君之庙。 ④祢庙:父庙。 ⑤邢、凡、蒋、茅、胙、祭:六国都为周公之子所封,与鲁同祖周公。

冬,楚子囊、秦庶长无地伐宋,师于杨梁[①],以报晋之取郑也。

灵王求后于齐。齐侯问对于晏桓子,桓子对曰:"先王之礼辞有之,天子求后于诸侯,诸侯对曰:'夫妇所生若而人[②]。妾妇之子若而人。'无女而有姊妹及姑姊妹,则曰:'先守某公之遗女若而人[③]。'"齐侯许昏,王使阴里结之[④]。

【注释】

①杨梁:在今河南商丘市东南。 ②夫妇所生:己与嫡配所生。若而:若干。 ③先守:同先君。 ④阴里:周大夫。结:口头约定。

公如晋,朝,且拜士鲂之辱[①],礼也。

秦嬴归于楚[②]。楚司马子庚聘于秦[③],为夫人宁[④],礼也。

【注释】

①辱:聘问。 ②秦嬴:秦景公妹,楚共王夫人,嫁楚已久。此时返秦省母,又回楚国。 ③子庚:庄王子,名午。 ④宁:归宁,回娘家。

襄公十三年

【经】

十有三年春[①],公至自晋。

夏，取邿②。

秋九月庚辰，楚子审卒③。

冬，城防④。

【注释】

① 十有三年：公元前560年。　② 邿(shī)：小国，地在今山东济宁市南。　③ 楚子：楚共王。　④ 防：指东防，在今山东费城东北。

【传】

十三年春，公至自晋，孟献子书劳于庙①，礼也。

夏，邿乱，分为三。师救邿，遂取之。凡书"取"，言易也。用大师焉曰"灭"，弗地曰"入②"。

【注释】

① 书劳：即策勋，把功劳记载下来。　② 弗地：不占有它的土地。

荀罃、士鲂卒。晋侯蒐于绵上以治兵①，使士匄将中军，辞曰："伯游长②。昔臣习于知伯③，是以佐之，非能贤也。请从伯游。"荀偃将中军，士匄佐之。使韩起将上军，辞以赵武。又使栾黡，辞曰："臣不如韩起。韩起愿上赵武，君其听之！"使赵武将上军，韩起佐之。栾黡将下军，魏绛佐之。新军无帅，晋侯难其人，使其什吏④，率其卒乘官属，以从于下军，礼也。晋国之民，是以大和，诸侯遂睦。

【注释】

① 绵上：在今山西翼城县西。治兵：检阅军队。　② 伯游：荀偃。③ 习：了解、熟悉。知伯：即荀罃。　④ 什吏：即十吏，指军尉、司马、司空、舆尉、候奄及其副职。

君子曰："让，礼之主也。范宣子让①，其下皆让。栾黡为汰②，弗敢违也。晋国以平③，数世赖之④，刑善也夫⑤！一人刑善，百姓休和⑥，可不务乎？《书》曰：'一人有庆，兆民赖之，其宁惟永⑦。'其是之谓乎？周之兴也，其《诗》曰：'仪刑文王，万邦作孚⑧。'言刑善也。及其衰也，其《诗》曰：'大夫不均，我从事独贤⑨。'言不让也。

世之治也，君子尚能而让其下，小人农力以事其上，是以上下有礼，而谗慝黜远，由不争也，谓之懿德。及其乱也，君子称其功以加小人，小人伐其技以冯君子⑩，是以上下无礼，乱虐并生，由争善也⑪，谓之昏德。国家之敝，恒必由之⑫。"

【注释】

① 范宣子：即士丐。 ② 汰："汏"的俗字，骄侈。 ③ 平：和平，团结。 ④ 赖：利。 ⑤ 刑：法。 ⑥ 百姓：百官族姓。休和：安逸和平。 ⑦ 所引句见《尚书·吕刑》。永：长久。 ⑧ 所引诗见《诗·大雅·文王》。仪刑：效法。孚：信。 ⑨ 所引诗见《诗·小雅·北山》。我从事独贤：派我做的事最辛勤。 ⑩ 伐：称。冯：凌越。 ⑪ 争善：争着以为自己了不起。 ⑫ 恒：总是。

楚子疾，告大夫曰①："不穀不德，少主社稷，生十年而丧先君，未及习师保之教训②，而应受多福。是以不德，而亡师于鄢③，以辱社稷，为大夫忧，其弘多矣④。若以大夫之灵，获保首领以殁于地，唯是春秋窀穸之事⑤，所以从先君于祢庙者⑥，请为'灵'若'厉'⑦。大夫择焉！"莫对。及五命乃许。秋，楚共王卒。子囊谋谥。大夫曰："君有命矣。"子囊曰："君命以共，若之何毁之？赫赫楚国，而君临之，抚有蛮夷，奄征南海⑧，以属诸夏，而知其过，可不谓共乎？请谥之'共'。"大夫从之。

【注释】

① 大夫：指卿。 ② 师保：指太子太师、少师，太子太保、少保，太子太傅、少傅，均为教育太子的官。 ③ 亡师于鄢：在成公十六年（前575）。④ 弘多：即多。 ⑤ 春秋：指祭祀。窀穸（zhūn xī）：墓穴。 ⑥ 祢庙：父庙。生称父，死称考，入庙称祢。 ⑦ 灵、厉：指谥号。灵、厉在当时是恶谥。 ⑧ 奄：大。

吴侵楚，养由基奔命①，子庚以师继之②。养叔曰："吴乘我丧，谓我不能师也，必易我而不戒。子为三覆以待我③，我请诱之。"子庚从之。战于庸浦④，大败吴师，获公子党。君子以吴为不吊⑤。《诗》

曰:“不吊昊天,乱靡有定⑥。”

【注释】

① 奔命:谓急行军中为前锋。　② 子庚:公子午,时为司马。　③ 覆:埋伏。　④ 庸浦:楚地。在今安徽无为县南。　⑤ 不吊:不善。　⑥ 所引诗见《诗·小雅·节南山》。

冬,城防,书事,时也。于是将早城,臧武仲请俟毕农事,礼也。

郑良霄、大宰石㚟犹在楚。石㚟言于子囊曰:“先王卜征五年,而岁习其祥①,祥习则行,不习则增修德而改卜。今楚实不竞②,行人何罪③?止郑一卿,以除其偪④,使睦而疾楚,以固于晋,焉用之?使归而废其使⑤,怨其君以疾其大夫,而相牵引也⑥,不犹愈乎?”楚人归之。

【注释】

① 习:重复。　② 不竞:不能自强。　③ 行人:使者。指良霄与自己。　④ 偪:威逼。良霄为人刚愎,所以威逼郑君臣。　⑤ 废其使:完不成使命。　⑥ 相牵引:指君臣之间互相牵掣。

襄公十四年

【经】

十有四年春①,王正月,季孙宿、叔老会晋士丐、齐人、宋人、卫人、郑公孙虿、曹人、莒人、邾人、滕人、薛人、杞人、小邾人会吴于向②。

二月乙未朔,日有食之。

夏四月,叔孙豹会晋荀偃、齐人、宋人、卫北宫括、郑公孙虿、曹人、莒人、邾人、滕人、薛人、杞人、小邾人伐秦。

己未,卫侯出奔齐③。

莒人侵我东鄙。

秋,楚公子贞帅师伐吴。

冬,季孙宿会晋士丐、宋华阅、卫孙林父、郑公孙虿、莒人、邾人于戚④。

【注释】

① 十有四年：公元前559年。 ② 叔老：即子叔齐子，声伯之子。向：郑地，在今河南尉氏县西南。或云吴地，在今安徽怀远县西。 ③ 卫侯：卫献公。 ④ 戚：孙林父采邑，在今河南濮阳市。

【传】

十四年春，吴告败于晋。会于向，为吴谋楚故也。范宣子数吴之不德也①，以退吴人②。执莒公子务娄，以其通楚使也。

【注释】

① 数：责问。 ② 退：拒绝。

将执戎子驹支①。范宣子亲数诸朝②，曰："来！姜戎氏，昔秦人迫逐乃祖吾离于瓜州③，乃祖吾离被苫盖④，蒙荆棘⑤，以来归我先君。我先君惠公有不腆之田，与女剖分而食之。今诸侯之事我寡君不如昔者，盖言语漏泄，则职女之由⑥。诘朝之事，尔无与焉！与将执女！"对曰："昔秦人负恃其众，贪于土地，逐我诸戎。惠公蠲其大德，谓我诸戎是四岳之裔胄也⑦，毋是翦弃。赐我南鄙之田，狐狸所居，豺狼所嗥。我诸戎除剪其荆棘，驱其狐狸豺狼，以为先君不侵不叛之臣，至于今不贰。昔文公与秦伐郑，秦人窃与郑盟而舍戍焉⑧，于是乎有殽之师。晋御其上，戎亢其下⑨，秦师不复，我诸戎实然。譬如捕鹿，晋人角之，诸戎掎之⑩，与晋踣之，戎何以不免？自是以来，晋之百役，与我诸戎相继于时，以从执政，犹殽志也，岂敢离逷⑪？今官之师旅⑫，无乃实有所阙，以携诸侯⑬，而罪我诸戎！我诸戎饮食衣服，不与华同，贽币不通⑭，言语不达，何恶之能为？不与于会，亦无瞢焉⑮！"赋《青蝇》而退⑯。宣子辞焉⑰，使即事于会，成恺悌也。于是，子叔齐子为季武子介以会⑱，自是晋人轻鲁币⑲，而益敬其使。

【注释】

① 戎子：戎人首领。 ② 朝：此指诸侯使臣一起议事临时设立的朝廷。

③ 瓜州:今甘肃敦煌。　④ 苫盖:用草编成的覆盖物。　⑤ 荆棘:指荆棘编成的帽子。　⑥ 职:主要。　⑦ 四岳:舜时四方部落首领。　⑧ 舍戍:留下戍守的人。僖公三十年(前630),秦、晋伐郑,秦与郑和,留下杞子等戍守。　⑨ 亢:同"抗",攻击。　⑩ 掎(jǐ):拉住。　⑪ 离逷(tì):疏远,违背。　⑫ 官:指晋执政。师旅:指一般官员。　⑬ 携:叛离。　⑭ 贽币:礼物。贽币不通,即使者不相往来。　⑮ 瞢(méng):惭愧。　⑯《青蝇》:《诗·小雅》篇名,中有"恺悌君子,无信谗言"等句。驹支引以责备晋国听信谗言。恺悌:和蔼可亲。　⑰ 辞:道歉。　⑱ 介:副手。　⑲ 轻:减少。币:币帛,礼物。

吴子诸樊既除丧①,将立季札②。季札辞曰:"曹宣公之卒也,诸侯与曹人不义曹君,将立子臧。子臧去之,遂弗为也,以成曹君③。君子曰:'能守节。'君,义嗣也④,谁敢奸君⑤?有国,非吾节也。札虽不才,愿附于子臧,以无失节。"固立之。弃其室而耕。乃舍之。

【注释】

① 诸樊:吴王寿梦之长子。　② 季札:诸樊弟。寿梦四子,季札最为贤明,寿梦及诸兄皆欲立之,季札不同意。　③ 曹宣公卒后,曹人欲立子臧事,见成公十三年(前578)及十五、十六年。　④ 义嗣:诸樊为嫡长子,故云义嗣。　⑤ 奸:犯。

夏,诸侯之大夫从晋侯伐秦①,以报栎之役也。晋侯待于竟,使六卿帅诸侯之师以进。及泾②,不济。叔向见叔孙穆子③,穆子赋《匏有苦叶》④。叔向退而具舟。鲁人、莒人先济。郑子蟜见卫北宫懿子曰⑤:"与人而不固⑥,取恶莫甚焉!若社稷何?"懿子说。二子见诸侯之师而劝之济,济泾而次。秦人毒泾上流,师人多死。郑司马子蟜帅郑师以进,师皆从之,至于棫林⑦,不获成焉⑧。荀偃令曰:"鸡鸣而驾,塞井夷灶,唯余马首是瞻!"栾黡曰:"晋国之命,未是有也。余马首欲东⑨。"乃归。下军从之。左史谓魏庄子曰⑩:"不待中行伯乎⑪?"庄子曰:"夫子命从帅⑫。栾伯,吾帅也,吾将从之。从帅，所以待夫子也。”伯游曰⑬：“吾令实过，悔之何及？多遗秦禽⑭。”乃命大还⑮。晋人谓之迁延之役⑯。

【注释】

① 晋侯：晋悼公。 ② 泾：泾水，在今陕西省关中地区。此指泾阳附近的泾水。 ③ 叔孙穆子：即鲁叔孙豹。 ④《匏有苦叶》：《诗·邶风》篇名。穆子赋之，取匏可在渡水时作凭依物之意，表示将渡河。 ⑤ 北宫懿子：即北宫括。 ⑥ 与人：亲附人。不固：三心二意。 ⑦ 棫林：秦地，在今陕西泾阳县。 ⑧ 不获成：指秦不肯屈服。 ⑨ 欲东：晋国在东，欲东即回国。 ⑩ 左史：官名，犹后代记室。魏庄子：魏绛。 ⑪ 中行伯：荀偃。 ⑫ 夫子：指荀偃。 ⑬ 伯游：即荀偃。 ⑭ 多遗秦禽：意为多留下人马只会增加被秦俘虏的人数。 ⑮ 大还：全军撤退。 ⑯ 迁延：拖拉而无成。

栾鍼曰：“此役也，报栎之败也。役又无功，晋之耻也。吾有二位于戎路①，敢不耻乎？”与士鞅驰秦师②，死焉。士鞅反，栾黡谓士匄曰：“余弟不欲往，而子召之③。余弟死，而子来，是而子杀余之弟也。弗逐，余亦将杀之。”士鞅奔秦。

于是，齐崔杼、宋华阅、仲江会伐秦④，不书⑤，惰也⑥。向之会亦如之。卫北宫括不书于向，书于伐秦，摄也⑦。

【注释】

① 二位：指栾黡、栾鍼兄弟。戎路：将帅所乘的兵车。 ② 士鞅：士匄之子。驰：冲进。 ③ 而：同“尔”。 ④ 仲江：公孙师之子。 ⑤ 不书：崔杼、华阅等都是卿，依例当书。 ⑥ 惰：懈怠。 ⑦ 摄：整顿、佐助。这里与“惰”对比，是勤勉之意。

秦伯问于士鞅曰①：“晋大夫其谁先亡？”对曰：“其栾氏乎！”秦伯曰：“以其汰乎？”对曰：“然。栾黡汰虐已甚②，犹可以免。其在盈乎③！”秦伯曰：“何故？”对曰：“武子之德在民④，如周人之思召公焉，爱其甘棠⑤，况其子乎？栾黡死，盈之善未能及人，武子所施没矣，而黡之怨实章⑥，将于是乎在。”秦伯以为知言，为之请于晋而复之。

【注释】

① 秦伯:秦景公。公元前 576—前 537 年在位。　② 已甚:太甚。　③ 盈:栾盈。栾黡之子。　④ 武子:栾黡之父栾书。　⑤ 爱其甘棠:召公奭曾舍于甘棠之下,周人感念召公德政,对树加以保护,并作《甘棠》诗。　⑥ 章:彰明。

卫献公戒孙文子、宁惠子食①,皆服而朝。日旰不召②,而射鸿于囿。二子从之,不释皮冠而与之言③。二子怒。孙文子如戚④,孙蒯入使⑤。公饮之酒,使大师歌《巧言》之卒章⑥。大师辞,师曹请为之⑦。初,公有嬖妾,使师曹诲之琴,师曹鞭之。公怒,鞭师曹三百。故师曹欲歌之,以怒孙子以报公。公使歌之,遂诵之。

【注释】

① 戒:约。孙文子:孙林父。宁惠子:宁殖。　② 日旰:太阳下山。　③ 皮冠:打猎时所戴的帽子,用皮制。依礼,臣朝服见君,君不得戴皮冠。　④ 戚:孙文子采邑,在今河南濮阳县北。　⑤ 孙蒯:孙文子之子。入使:入朝请命。　⑥《巧言》:《诗·小雅》篇名。其末章为"彼何人斯,居河之麋。无拳无勇,职为乱阶"。卫献公隐示孙文子要作乱。　⑦ 师曹:太师(即乐官之长)所属乐人。

蒯惧,告文子。文子曰:"君忌我矣,弗先,必死。"并帑于戚而入①,见蘧伯玉曰②:"君之暴虐,子所知也。大惧社稷之倾覆,将若之何?"对曰:"君制其国,臣敢奸之③?虽奸之,庸知愈乎④?"遂行,从近关出⑤。公使子蟜、子伯、子皮与孙子盟于丘宫⑥,孙子皆杀之。

【注释】

① 帑:所有家人。　② 蘧伯玉:名瑗,谥成子。　③ 奸:此指冒犯。　④ 庸知愈乎:怎知新君一定比旧君好呢?　⑤ 近关:指距离最近的国界所设的关。　⑥ 子蟜、子伯、子皮:皆卫公子。丘宫:当在卫都。

四月己未,子展奔齐①。公如鄄②,使子行请于孙子③,孙子又杀之。公出奔齐,孙氏追之,败公徒于阿泽④,鄄人执之。初,尹公佗学射于庾公差,庾公差学射于公孙丁。二子追公,公孙丁御公。子鱼曰:“射为背师,不射为戮,射为礼乎?”射两軥而还[5]。尹公佗曰:“子为师,我则远矣。”乃反之[6]。公孙丁授公辔而射之,贯臂。

【注释】

① 子展:卫献公弟。 ② 鄄(juān):在今山东鄄城县北。 ③ 子行:卫公子。 ④ 阿泽:在今山东阳谷县东北。 ⑤ 軥(qú):车辕前驾马之具,即軛。 ⑥ 反之:回车再追。

子鲜从公[1]。及竟,公使祝宗告亡[2],且告无罪。定姜曰[3]:“无神何告?若有,不可诬也。有罪,若何告无?舍大臣而与小臣谋,一罪也。先君有冢卿以为师保[4],而蔑之,二罪也。余以巾栉事先君,而暴妾使余[5],三罪也。告亡而已,无告无罪。”

【注释】

① 子鲜:献公同母弟。 ② 祝宗:主祭祀的官。告:向神明报告。 ③ 定姜:卫定公夫人。 ④ 冢卿:指孙林父与宁殖。 ⑤ 暴妾使余:对我残暴如婢妾。

公使厚成叔吊于卫[1],曰:“寡君使瘠,闻君不抚社稷,而越在他竟,若之何不吊?以同盟之故,使瘠敢私于执事曰:‘有君不吊[2],有臣不敏[3],君不赦宥,臣亦不帅职[4],增淫发泄[5],其若之何?’”卫人使大叔仪对曰[6]:“群臣不佞,得罪于寡君。寡君不以即刑而悼弃之[7],以为君忧。君不忘先君之好,辱吊群臣,又重恤之。敢拜君命之辱,重拜大贶。”厚孙归,复命,语臧武仲曰:“卫君其必归乎!有大叔仪以守,有母弟鱄以出[8],或抚其内,或营其外,能无归乎?”

【注释】

① 厚成叔:孝公子惠伯革的后人,名瘠。吊:慰问。 ② 吊:淑,善。 ③ 敏:达。 ④ 帅职:尽职。 ⑤ 增淫:积渐。 ⑥ 大叔仪:卫大夫,谥文子。 ⑦ 悼:远。 ⑧ 鱄:即子鲜。

齐人以郲寄卫侯①。及其复也②，以郲粮归③。右宰谷从而逃归④，卫人将杀之。辞曰："余不说初矣⑤，余狐裘而羔袖⑥。"乃赦之。卫人立公孙剽⑦，孙林父、宁殖相之，以听命于诸侯⑧。

【注释】

① 郲：即莱国。寄：居住。　② 复：复位。此言日后事。　③ 以郲粮归：杜注："言其贪。"　④ 右宰谷：卫大夫。　⑤ 说：同"悦"。初：一开始。　⑥ 狐裘而羔袖：言一身是善，只有很小部分是恶。　⑦ 公孙剽：穆公孙。　⑧ 听命于诸侯：指参加盟会。

卫侯在郲。臧纥如齐①，唁卫侯。卫侯与之言，虐②。退而告其人曰："卫侯其不得入矣！其言粪土也，亡而不变，何以复国？"子展、子鲜闻之，见臧纥，与之言，道③。臧孙说，谓其人曰："卫君必入。夫二子者，或挽之，或推之，欲无入，得乎？"

【注释】

① 臧纥：即臧武仲。　② 虐：态度恶劣。　③ 道：理顺辞达。

师归自伐秦，晋侯舍新军①，礼也。成国不过半天子之军②，周为六军，诸侯之大者，三军可也。于是知朔生盈而死，盈生六年而武子卒，彘裘亦幼③，皆未可立也。新军无帅，故舍之。

【注释】

① 舍：解散。　② 成国：大国。　③ 彘裘：士鲂子。

师旷侍于晋侯①。晋侯曰："卫人出其君，不亦甚乎？"对曰："或者其君实甚。良君将赏善而刑淫，养民如子，盖之如天，容之如地。民奉其君，爱之如父母，仰之如日月，敬之如神明，畏之如雷霆，其可出乎？夫君，神之主而民之望也。若困民之主②，匮神乏祀，百姓绝望，社稷无主，将安用之？弗去何为？天生民而立之君，使司牧之③，勿使失性④。有君而为之贰⑤，使师保之，勿使过度。是故天子有公，诸侯有卿，卿置侧室，大夫有贰宗，士有朋友⑥，庶人、工、商、皂、隶、牧、圉皆有亲昵，以相辅佐也。善则赏之⑦，过则匡之，患则救之，失则革之[8]。自王以下，各有父兄子弟，以补察其政[9]。史为书，瞽为诗[10]，工诵箴谏[11]，大夫规诲，士传言，庶人谤[12]，商旅于市[13]，百工献艺[14]。故《夏书》曰：'遒人以木铎徇于路，官师相规，工执艺事以谏[15]。'正月孟春，于是乎有之，谏失常也。天之爱民甚矣，岂其使一人肆于民上[16]，以从其淫，而弃天地之性？必不然矣。"

【注释】

① 师旷：杜注："晋乐大师子野。" ② 困民之主：《新序》、《说苑》引均作"困民之性"。"主"在此当作"性"解，谓使人民生活匮乏。 ③ 司牧：统治。 ④ 性：匮乏。 ⑤ 贰：指卿佐。 ⑥ 朋友：指同宗一类亲人。 ⑦ 赏：宣扬，表彰。 ⑧ 革：更改。 ⑨ 补察其政：杜注："补其愆过，察其得失。" ⑩ 瞽：乐师。 ⑪ 工：乐工。 ⑫ 谤：指责。 ⑬ 于市：指在市场上议论。 ⑭ 献艺：以艺为谏。 ⑮ 上引文见《尚书·胤征》。遒人：巡行之官。木铎：金口木舌之铃。官师：官长。 ⑯ 肆：放纵。

秋，楚子为庸浦之役故①，子囊师于棠以伐吴②，吴不出而还。子囊殿，以吴为不能而弗儆。吴人自皋舟之隘要而击之③，楚人不能相救。吴人败之，获楚公子宜谷。

【注释】

① 楚子：楚康王，公元前559—前545年在位。 ② 棠：在今江苏六合县。 ③ 皋舟：吴险隘，所在不详。要而击之：拦腰袭击。

王使刘定公赐齐侯命①，曰："昔伯舅大公，右我先王②，股肱周室，师保万民，世胙大师③，以表东海④。王室之不坏，繄伯舅是赖。今余命女环⑤！兹率舅氏之典⑥，纂乃祖考⑦，无忝乃旧⑧。敬之哉，无废朕命！"

【注释】

① 刘定公：刘夏，周大夫。齐侯：齐灵公。命：宠命。 ② 右：同"佑"，辅佐。 ③ 胙：酬报。大师：即太公。吕尚为文王师。 ④ 表：显。 ⑤ 环：齐灵公名。 ⑥ 兹：孜孜不倦。率：循。典：常，经。 ⑦ 纂：继承。 ⑧ 旧：即祖考。

晋侯问卫故于中行献子①,对曰:“不如因而定之。卫有君矣,伐之,未可以得志而勤诸侯。史佚有言曰:‘因重而抚之②。’仲虺有言曰③:‘亡者侮之,乱者取之,推亡固存,国之道也④。’君其定卫以待时乎!”冬,会于戚,谋定卫也。

【注释】

① 故:事。中行献子:荀偃。　② 因重而抚之:根据他安定的现状而安抚他。　③ 仲虺:汤左相。　④ 道:指治国的常规。

范宣子假羽毛于齐而弗归①,齐人始贰。

楚子囊还自伐吴,卒。将死,遗言谓子庚②:“必城郢。”君子谓:“子囊忠。君薨不忘增其名,将死不忘卫社稷,可不谓忠乎?忠,民之望也。《诗》曰:‘行归于周,万民所望③。’忠也。”

【注释】

① 假:借。羽毛:为当时制造旗子及装饰仪仗的材料,即鸟羽及旄牛尾。② 子庚:即公子午,继子囊为令尹。　③ 所引诗见《诗·小雅·都人士》。行:德行。周:忠信。

襄公十五年

【经】

十有五年春①,宋公使向戌来聘②。

二月己亥,及向戌盟于刘③。

刘夏逆王后于齐④。

夏,齐侯伐我北鄙⑤,围成⑥。

公救成,至遇⑦。

季孙宿、叔孙豹帅师城成郛。

秋八月丁巳,日有食之。

邾人伐我南鄙。

冬十有一月癸亥,晋侯周卒⑧。

【注释】

① 十有五年:公元前558年。 ② 宋公:宋平公。 ③ 刘:在曲阜郊外。 ④ 刘夏:周臣,即刘定公。 ⑤ 齐侯:齐灵公。 ⑥ 成:在今山东宁阳县东北。 ⑦ 遇:鲁地。具体所在不详。 ⑧ 晋侯周:晋悼公。

【传】

十五年春,宋向戌来聘,且寻盟。见孟献子,尤其室①,曰:"子有令闻,而美其室,非所望也!"对曰:"我在晋,吾兄为之,毁之重劳,且不敢间②。"

官师从单靖公逆王后于齐③。卿不行,非礼也。

【注释】

① 尤:责备。 ② 间:非。以兄之所为为非。 ③ 官师:指刘夏。

楚公子午为令尹,公子罢戎为右尹,蒍子冯为大司马①,公子橐师为右司马,公子成为左司马,屈到为莫敖②,公子追舒为箴尹③,屈荡为连尹,养由基为宫厩尹,以靖国人。君子谓:"楚于是乎能官人。官人,国之急也。能官人,则民无觎心④。《诗》云:'嗟我怀人,置彼周行⑤。'能官人也。王及公、侯、伯、子、男、甸、采、卫大夫⑥,各居其列,所谓周行也。"

【注释】

① 蒍子冯:孙叔敖兄之子。 ② 屈到:字子夕,屈荡子。 ③ 公子追舒:庄王子,字子南。 ④ 觎心:非分侥幸心理。 ⑤ 所引诗见《诗·周南·卷耳》,这里是从字面上来解释,非用《诗》原意。周行:大道。这里解作官的行列。 ⑥ 甸、采、卫:五服之名。天子所居千里曰圻,其外曰侯服,依次为甸服、男服、采服、卫服,五百里一服。

郑尉氏、司氏之乱,其余盗在宋①。郑人以子西、伯有、子产之故②,纳贿于宋,以马四十乘与师茷、师慧③。三月,公孙黑为质焉④。司城子罕以堵女父、尉翩、司齐与之,良司臣而逸之⑤,托诸季武子,武子置诸卞⑥。郑人醢之三人也⑦。

【注释】

① 作乱事见襄公十年(前 563)。　② 子西之父子驷、伯有之父子耳、子产之父子国皆被尉氏、司氏等杀害。　③ 乘:驷马为一乘。师茷、师慧:皆乐师。　④ 公孙黑:子驷子,字子皙。　⑤ 良司臣:认为司臣品行优良。逸之:放他走。　⑥ 下:在今山东泗水县东。　⑦ 醢(hǎi):使成肉酱。

师慧过宋朝,将私焉①。其相曰:"朝也。"慧曰:"无人焉。"相曰:"朝也,何故无人?"慧曰:"必无人焉。若犹有人,岂其以千乘之相易淫乐之矇②?必无人焉故也。"子罕闻之,固请而归之。

【注释】

① 私:小便。　② 千乘之相:杜注谓子产等人。淫乐:郑声淫,故称奏郑声的乐师为"淫乐之矇"。矇:盲人,春秋时乐师例以盲人充任。全句谓宋国应重视子产等人,不该纳贿交换他们的仇人。

夏,齐侯围成,贰于晋故也。于是乎城成郛。

秋,邾人伐我南鄙①。使告于晋,晋将为会以讨邾、莒。晋侯有疾,乃止。冬,晋悼公卒,遂不克会。

郑公孙夏如晋奔丧②,子蟜送葬③。

【注释】

① 杜注:"亦贰于晋故。"　② 公孙夏:即子西,郑卿。　③ 子蟜:即公孙虿,郑卿。

宋人或得玉,献诸子罕。子罕弗受。献玉者曰:"以示玉人,玉人以为宝也,故敢献之。"子罕曰:"我以不贪为宝,尔以玉为宝,若以与我,皆丧宝也。不若人有其宝。"稽首而告曰:"小人怀璧,不可以越乡①。纳此以请死也。"子罕置诸其里,使玉人为之攻之,富而后使复其所②。

十二月,郑人夺堵狗之妻③,而归诸范氏。

【注释】

① 越乡:走出自己乡里。　② 富:指帮他卖掉玉,富起来。复其所:回到他的家乡。　③ 堵狗:堵女父之族,妻范氏。

卷十六　　襄公三

襄公十六年

【经】

十有六年春[①]，王正月，葬晋悼公。

三月，公会晋侯、宋公、卫侯、郑伯、曹伯、莒子、邾子、薛伯、杞伯、小邾子于溴梁[②]。

戊寅，大夫盟。

晋人执莒子、邾子以归。

齐侯伐我北鄙[③]。

夏，公至自会。

五月甲子，地震。

叔老会郑伯、晋荀偃、卫宁殖、宋人伐许[④]。

秋，齐侯伐我北鄙，围成。

大雩。

冬，叔孙豹如晋。

【注释】

① 十有六年：公元前 557 年。　② 晋侯：晋平公，名彪，公元前 557—前 532 年在位。宋公：宋平公。卫侯：卫殇公，公元前 558—前 547 年在位。郑伯：郑简公。曹伯：曹成公。莒子：莒犁比公。邾子：邾宣公。杞伯：杞孝公。小邾子：小邾穆公。溴(jú)梁：溴水堤梁。溴水流经今河南西北部。　③ 齐侯：齐灵公。　④ 叔老：即子叔齐子。

【传】

十六年春，葬晋悼公。平公即位，羊舌肸为傅[①]，张君臣为中军司马②,祁奚、韩襄、栾盈、士鞅为公族大夫③,虞丘书为乘马御。改服修官④,烝于曲沃⑤。警守而下⑥,会于溴梁。命归侵田。以我故,执邾宣公、莒犁比公,且曰:“通齐、楚之使。”

【注释】

① 羊舌肸:叔向。傅:太傅。　② 张君臣:张老子。　③ 韩襄:韩无忌之子。　④ 改服:换上吉服。修官:选拔贤能的人为官。　⑤ 烝:祭名,冬天祭祀于宗庙。　⑥ 警守:布置守备。下:顺黄河而下。

晋侯与诸侯宴于温①,使诸大夫舞,曰:“歌诗必类②!”齐高厚之诗不类。荀偃怒,且曰:“诸侯有异志矣!”使诸大夫盟高厚,高厚逃归。于是,叔孙豹、晋荀偃、宋向戌、卫宁殖、郑公孙虿、小邾之大夫盟曰:“同讨不庭③。”

【注释】

① 温:今河南温县。　② 类:与舞相配。　③ 不庭:指不忠于盟主晋国。

许男请迁于晋①,诸侯遂迁许。许大夫不可,晋人归诸侯。郑子蟜闻将伐许,遂相郑伯以从诸侯之师。穆叔从公,齐子帅师会晋荀偃。书曰:“会郑伯。”为夷故也②。

【注释】

① 许男:许灵公。许国原在河南许昌市,鲁成公时迁入楚国叶地,此时求迁,欲离楚托庇于晋。　② 夷:平。郑伯为君,故虽出兵以晋为主帅,仍居位于上,方为合序。

夏六月,次于棫林①。庚寅,伐许,次于函氏②。晋荀偃、栾黡帅师伐楚,以报宋杨梁之役③。楚公子格帅师及晋师战于湛阪④,楚师败绩。晋师遂侵方城之外⑤,复伐许而还。

【注释】

① 棫林:许地,在今河南叶县东北。　② 函氏:在叶县北。　③ 杨梁之役:在襄公十二年(前 561)。　④ 湛阪:在湛水边,即今河南平顶山市北。　⑤ 方城:山名,在淮水以南,江、汉以北。

秋，齐侯围成，孟孺子速徼之①。齐侯曰："是好勇，去之以为之名。"速遂塞海陉而还②。

【注释】

① 孟孺子速：献子之子，谥庄子。徼：同"要"，拦腰截击。 ② 塞：截断。海陉：鲁要道，在今山东宁阳县北。

冬，穆叔如晋聘，且言齐故。晋人曰："以寡君之未禘祀①，与民之未息②。不然，不敢忘。"穆叔曰："以齐人之朝夕释憾于敝邑之地，是以大请③！敝邑之急，朝不及夕，引领西望曰：'庶几乎！'比执事之间④，恐无及也！"见中行献子，赋《圻父》⑤。献子曰："偃知罪矣！敢不从执事以同恤社稷，而使鲁及此？"见范宣子，赋《鸿雁》之卒章⑥。宣子曰："匄在此，敢使鲁无鸠乎⑦？"

【注释】

① 禘祀：即致悼公神主入太庙的吉禘。 ② 杜注："新伐许及楚。" ③ 大请：郑重请求。 ④ 间：空。 ⑤《圻父》：即《诗·小雅·祈父》。内容是责备圻父为王爪牙而不忠于职守，使百姓困苦。 ⑥《鸿雁》：《诗·小雅》篇名，其卒章说："鸿雁于飞，哀鸣嗸嗸。唯此哲人，谓我劬劳。"穆叔引此，以鸿雁比鲁。 ⑦ 鸠：安。

襄公十七年

【经】

十有七年春①，王二月庚午，邾子牼卒。

宋人伐陈。

夏，卫石买帅师伐曹②。

秋，齐侯伐我北鄙③。围桃④。高厚帅师伐我北鄙，围防⑤。

九月，大雩。

宋华臣出奔陈⑥。

冬，邾人伐我南鄙。

【注释】

① 十有七年：公元前 556 年。　② 石买：石稷子。　③ 齐侯：齐灵公。　④ 桃：在今山东汶上县。　⑤ 防：在今山东费县东北。此时为臧纥采邑。　⑥ 华臣：华阅弟。

【传】

十七年春，宋庄朝伐陈，获司徒印①，卑宋也②。

卫孙蒯田于曹隧③，饮马于重丘④，毁其瓶。重丘人闭门而询之⑤，曰："亲逐而君，尔父为厉⑥。是之不忧，而何以田为？"夏，卫石买、孙蒯伐曹，取重丘。曹人诉于晋。

【注释】

① 司徒印：陈大夫。　② 卑：轻视。　③ 曹隧：曹地。具体所在不详。　④ 重丘：在今山东茌平县西南。　⑤ 询：同"诟"。　⑥ 厉：恶。

齐人以其未得志于我故，秋，齐侯伐我北鄙，围桃。高厚围臧纥于防。师自阳关逆臧孙①，至于旅松②。郰叔纥、臧畴、臧贾帅甲三百③，宵犯齐师，送之而复④。齐师去之。

【注释】

① 阳关：在今山东泰安市。　② 旅松：距防不远，在今山东泗水县。　③ 郰(zōu)叔纥：孔子之父。臧畴、臧贾：臧纥之兄弟。　④ 送之而复：把臧纥送到旅松后回防。

齐人获臧坚①。齐侯使夙沙卫唁之②，且曰："无死！"坚稽首曰："拜命之辱！抑君赐不终③，姑又使其刑臣礼于士④。"以杙抉其伤而死⑤。

【注释】

① 臧坚：臧纥的族人。　② 唁：慰问。　③ 不终：即无死。　④ 姑：却。刑臣：指夙沙卫，为宦官。　⑤ 杙(yì)：一头尖的小木桩。

冬，邾人伐我南鄙，为齐故也。

宋华阅卒。华臣弱皋比之室①，使贼杀其宰华吴。贼六人以铍杀诸卢门合左师之后[②]。左师惧曰："老夫无罪。"贼曰："皋比私有讨于吴[③]。"遂幽其妻[④]，曰："畀余而大璧。"宋公闻之[⑤]，曰："臣也不唯其宗室是暴，大乱宋国之政，必逐之！"左师曰："臣也，亦卿也。大臣不顺，国之耻也。不如盖之[⑥]。"乃舍之。左师为己短策[⑦]，苟过华臣之门，必骋。十一月甲午，国人逐瘈狗[⑧]，瘈狗入于华臣氏，国人从之。华臣惧[⑨]，遂奔陈。

【注释】

① 弱：以为弱而侵害。皋比：华阅之子。 ② 铍(pí)：剑属，形如刀而两边有刃。卢门：宋城门。合左师：向戌，官左师，合为采邑。 ③ 此是杀手借口说是皋比私下讨伐他的家宰华吴。 ④ 其妻：指华吴之妻。 ⑤ 宋公：宋平公。 ⑥ 盖：掩盖。 ⑦ 为己短策：为自己做了根短马鞭。 ⑧ 瘈狗：疯狗。 ⑨ 华臣惧：杜注："华臣心不自安，见逐狗而惊走。"

宋皇国父为大宰，为平公筑台，妨于农收。子罕请俟农功之毕，公弗许。筑者讴曰："泽门之皙[①]，实兴我役。邑中之黔[②]，实慰我心。"子罕闻之，亲执扑[③]，以行筑者，而抶其不勉者[④]，曰："吾侪小人，皆有阖庐以辟燥湿寒暑[⑤]。今君为一台而不速成，何以为役？"讴者乃止。或问其故，子罕曰："宋国区区，而有诅有祝，祸之本也。"

【注释】

① 泽门之皙：指皇国父，居泽门，面白皙。泽门，宋东城南门。 ② 邑中之黔：指子罕，居城内，面黑。 ③ 扑：竹鞭。 ④ 抶：鞭打。 ⑤ 阖庐：屋宇。

齐晏桓子卒。晏婴粗缞斩[①]，苴绖、带、杖[②]，菅屦[③]，食鬻[④]，居倚庐[⑤]，寝苫[⑥]，枕草。其老曰[⑦]："非大夫之礼也。"曰："唯卿为大夫[⑧]。"

【注释】

① 晏婴：晏弱(桓子)子。粗缞斩：粗麻布丧服。缞，被在胸前的麻布条，广四寸，长六寸。斩，左右及下边不缝。 ② 苴绖：头上戴的麻带。杖：苴杖，即竹杖。 ③ 菅屦：草鞋。 ④ 鬻(zhōu)：粥。 ⑤ 倚庐：临时搭的

草棚,倚木为庐,夹草为墙,向北开门。　⑥ 苫:草垫子。　⑦ 老:家臣。⑧ 齐国的大夫即卿,晏婴故云。

襄公十八年

【经】

十有八年春[①],白狄来。

夏,晋人执卫行人石买[②]。

秋,齐师伐我北鄙。

冬十月,公会晋侯、宋公、卫侯、郑伯、曹伯、莒子、邾子、滕子、薛伯、杞伯、小邾子[③],同围齐。

曹伯负刍卒于师。

楚公子午帅师伐郑。

【注释】

① 十有八年:公元前 555 年。　② 杜注云,石买伐曹有罪,但他这次是作为使者去晋国,依礼不能抓使者,所以《春秋》书"行人"以责备晋国。　③ 晋侯:晋平公。宋公:宋平公。卫侯:卫殇公。郑伯:郑简公。曹伯:曹成公。莒子:莒犁比公。邾子:邾悼公。杞伯:杞孝公。小邾子:小邾穆公。

【传】

十八年春,白狄始来。

夏,晋人执卫行人石买于长子[①],执孙蒯于纯留[②],为曹故也。

【注释】

① 长子:在今山西长子县。　② 纯留:在今山西屯留县南。

秋,齐侯伐我北鄙。中行献子将伐齐,梦与厉公讼[①],弗胜;公以戈击之,首队于前,跪而戴之,奉之以走,见梗阳之巫皋[②]。他日,见诸道,与之言,同。巫曰:"今兹主必死[③],若有事于东方,则可以逞[④]。"献子许诺。

【注释】

①厉公:晋厉公。荀偃杀晋厉公,故有此梦。②梗阳:在今山西清徐县。③今兹:今年。④逞:取胜。

晋侯伐齐,将济河。献子以朱丝系玉二瑴①,而祷曰:"齐环怙恃其险②,负其众庶③,弃好背盟,陵虐神主④。曾臣彪将率诸侯以讨焉⑤,其官臣偃实先后之⑥。苟捷有功,无作神羞⑦,官臣偃无敢复济。唯尔有神裁之!"沉玉而济。

【注释】

①瑴(jué):一双玉。②环:齐灵公名。③负:倚仗。众庶:人多。④神主:人民。⑤曾臣:陪臣。彪:晋平公名。⑥官臣:受天子命能自置官吏以治家邑的臣子。⑦羞:耻。

冬十月,会于鲁济,寻溴梁之言①,同伐齐。齐侯御诸平阴②,堑防门而守之③,广里。夙沙卫曰:"不能战,莫如守险。"弗听。诸侯之士门焉,齐人多死。范宣子告析文子曰④:"吾知子,敢匿情乎?鲁人、莒人皆请以车千乘自其乡入⑤,既许之矣。若入,君必失国。子盍图之?"子家以告公,公恐。晏婴闻之曰:"君固无勇,而又闻是,弗能久矣。"齐侯登巫山以望晋师⑥。晋人使司马斥山泽之险⑦,虽所不至,必旆而疏陈之⑧。使乘车者左实右伪⑨,以旆先,舆曳柴而从之。齐侯见之,畏其众也,乃脱归⑩。

【注释】

①溴梁之言:指溴梁会盟时的盟誓"同讨不庭"。②平阴:在今山东平阴县东北。③堑:挖壕沟。防门:在平阴东北。④析文子:齐大夫子家。⑤乡:同"向"。鲁在齐西南,莒在齐东南,从其向入,即从二国经过合击齐国。⑥巫山:在今山东肥城市西北。⑦斥:开拓,排除。⑧旆而疏陈之:插上军旗稀疏地布成军阵的样子。⑨左实右伪:左边用真人,右边用假人。⑩脱归:脱离前线逃回国都。

丙寅晦,齐师夜遁。师旷告晋侯曰:"鸟乌之声乐①,齐师其遁。"邢伯告中行伯曰[②]："有班马之声[③]，齐师其遁。"叔向告晋侯曰："城上有乌，齐师其遁。"十一月丁卯朔，入平阴，遂从齐师[④]。

【注释】

① 乌乌：即乌鸦。　② 邢伯：晋大夫邢侯。　③ 班马：马匹盘桓。④ 从：追赶。

夙沙卫连大车以塞隧而殿[①]。殖绰、郭最曰："子殿国师，齐之辱也。子姑先乎！"乃代之殿。卫杀马于隘以塞道。晋州绰及之，射殖绰，中肩，两矢夹脰，曰："止，将为三军获。不止，将取其衷[②]。"顾曰[③]："为私誓[④]。"州绰曰："有如日！"乃弛弓而自后缚之[⑤]。其右具丙亦舍兵而缚郭最[⑥]。皆衿甲面缚[⑦]，坐于中军之鼓下。

【注释】

① 隧：山中小路。殿：殿后，后卫。　② 衷：中心。　③ 顾：回头。④ 私誓：个人间的誓言。　⑤ 弛弓：松下弓弦。　⑥ 舍兵：放下武器。⑦ 衿甲：披着甲。面缚：反绑。

晋人欲逐归者，鲁、卫请攻险。己卯，荀偃、士匄以中军克京兹[①]。乙酉，魏绛、栾盈以下军克邿[②]。赵武、韩起以上军围卢[③]，弗克。十二月戊戌，及秦周[④]，伐雍门之萩[⑤]。范鞅门于雍门，其御追喜以戈杀犬于门中。孟庄子斩其槆以为公琴[⑥]。己亥，焚雍门及西郭、南郭。刘难、士弱率诸侯之师焚申池之竹木[⑦]。壬寅，焚东郭、北郭。范鞅门于扬门[⑧]。州绰门于东闾[⑨]，左骖迫[⑩]，还于门中[⑪]，以枚数阖[⑫]。

【注释】

① 京兹：在今山东平阴县东。　② 邿(shī)：在平阴县西。　③ 卢：在今山东长清县西南。　④ 秦周：在齐都临淄附近。　⑤ 雍门：齐都城西门。萩：即楸，落叶乔木。　⑥ 槆：木名，可制琴、车辕。　⑦ 刘难、士弱：均为晋大夫。申池：在齐都南门申门外。　⑧ 扬门：齐都西北门。　⑨ 东闾：齐都东门。　⑩ 迫：由于路窄无法前进。　⑪ 还：盘

旋。⑫ 以枚数阖:数城门上的枚数。枚,门上铁钉。此谓州绰有意表示闲暇。

齐侯驾,将走邮棠①。大子与郭荣扣马②,曰:“师速而疾,略也③。将退矣,君何惧焉!且社稷之主,不可以轻④,轻则失众。君必待之。”将犯之⑤,大子抽剑断鞅,乃止。甲辰,东侵及潍⑥,南及沂⑦。

【注释】

① 邮棠:或即棠,即在今山东平度市东南。② 大子:太子光。郭荣:齐大夫。扣:拉,牵。③ 略:夺取物资。④ 轻:轻举妄动。⑤ 犯:突,冲。⑥ 潍:潍水,源出山东莒县,经诸城,北流至昌邑入海。⑦ 沂:沂水,源出山东蒙阴县,南流至江苏邳州市入废黄河。

郑子孔欲去诸大夫,将叛晋而起楚师以去之。使告子庚①,子庚弗许。楚子闻之②,使杨豚尹宜告子庚曰③:“国人谓不穀主社稷,而不出师,死不从礼④。不穀即位,于今五年,师徒不出,人其以不穀为自逸,而忘先君之业矣。大夫图之,其若之何?”子庚叹曰:“君王其谓午怀安乎!吾以利社稷也。”见使者,稽首而对曰:“诸侯方睦于晋,臣请尝之⑤。若可,君而继之。不可,收师而退,可以无害,君亦无辱。”子庚帅师治兵于汾⑥。于是子蟜、伯有、子张从郑伯伐齐⑦,子孔、子展、子西守。二子知子孔之谋⑧,完守入保⑨。子孔不敢会楚师。

【注释】

① 子庚:楚令尹子午。② 楚子:楚康王。③ 杨豚尹宜:杨宜,官豚尹。④ 死不从礼:死了后不能用与先君相同的礼祭祀安葬。⑤ 尝:试探。⑥ 汾:在今河南许昌市南。⑦ 子张:公孙黑肱。⑧ 二子:子展、子西。⑨ 完守入保:巩固守备后入城坚守。

楚师伐郑,次于鱼陵①。右师城上棘②,遂涉颍,次于旃然③。𫇭子冯、公子格率锐师侵费滑、胥靡、献于、雍梁④,右回梅山⑤,侵郑东北,至于虫牢而反⑥。子庚门于纯门,信于城下而还⑦,涉于鱼齿之下[8]，甚雨及之，楚师多冻，役徒几尽[9]。

【注释】

① 鱼陵：今所在不详。　② 上棘：在今河南禹州市南。　③ 旃然：即索水，在今河南荥阳市南。　④ 费滑：即今河南偃师市之缑氏镇。胥靡：在今偃师市东。献于：当亦在偃师市。雍梁：在今河南禹州市东北。⑤ 梅山：在今河南郑州市西南。　⑥ 虫牢：在今河南封丘县北。⑦ 信：信宿，住了二夜。　⑧ 鱼齿：鱼齿山，在今河南平顶山市西北。山下为滍水。　⑨ 役徒：军中服杂役的人。

晋人闻有楚师，师旷曰："不害。吾骤歌北风[1]，又歌南风。南风不竞[2]，多死声。楚必无功。"董叔曰："天道多在西北[3]，南师不时[4]，必无功。"叔向曰："在其君之德也。"

【注释】

① 骤：屡，多次。风：指曲调。　② 竞：强大。　③ 天道多在西北：天道指木星所行之道。这年木星行娵訾，在十二支中为亥，方向为西北。④ 不时：不合天时。

襄公十九年

【经】

十有九年春[1]，王正月，诸侯盟于祝柯[2]。

晋人执邾子[3]。

公至自伐齐。

取邾田，自漷水[4]。

季孙宿如晋。

葬曹成公。

夏，卫孙林父帅师伐齐。

秋七月辛卯，齐侯环卒[5]。

晋士丐帅师侵齐至谷[6]，闻齐侯卒，乃还。

八月丙辰，仲孙蔑卒。

齐杀其大夫高厚。

郑杀其大夫公子嘉⑦。

冬,葬齐灵公。

城西郛。

叔孙豹会晋士丐于柯⑧。

城武城⑨。

【注释】

① 十有九年:公元前554年。 ② 诸侯:指上年围齐的诸侯。祝柯:在今山东长清县东北。 ③ 邾子:邾悼公。 ④ 漷(guō)水:当时流出今山东峄城,经鲁国,至鱼台县入泗水。 ⑤ 齐侯环:齐灵公。 ⑥ 谷:在今山东东阿县。 ⑦ 公子嘉:即子孔。 ⑧ 柯:在今河南内黄县东北。 ⑨ 武城:在今山东嘉祥县。

【传】

十九年春,诸侯还自沂上,盟于督扬①,曰:"大毋侵小。"执邾悼公,以其伐我故。遂次于泗上,疆我田。取邾田,自漷水归之于我。晋侯先归。公享晋六卿于蒲圃,赐之三命之服。军尉、司马、司空、舆尉、候奄,皆受一命之服。贿荀偃束锦②,加璧,乘马③,先吴寿梦之鼎④。

【注释】

① 督扬:即祝阿。 ② 束:一束为十端,二端为一匹。 ③ 乘:四匹。 ④ 先吴寿梦之鼎:先于吴寿梦的鼎。送礼先以轻物,后以重物。

荀偃瘅疽①,生疡于头②。济河,及著雍③,病,目出④。大夫先归者皆反。士丐请见,弗内。请后,曰:"郑甥可⑤。"二月甲寅,卒,而视⑥,不可含⑦。宣子盥而抚之,曰:"事吴,敢不如事主?"犹视。栾怀子曰⑧:"其为未卒事于齐故也乎?"乃复抚之曰:"主苟终,所不嗣事于齐者,有如河!"乃瞑,受含。宣子出,曰:"吾浅之为丈夫也⑨。"

【注释】

① 瘅疽(dān jū):恶疮。 ② 疡:痈疮。 ③ 著雍:晋地,所在不

详。　④ 目出：眼睛突出。　⑤ 郑甥：郑国女子所生之子。指荀吴。⑥ 视：睁着眼。　⑦ 含：以珠玉等放入死者口中。不可含，谓嘴紧闭，放不进珠玉。　⑧ 栾怀子：栾盈。　⑨ 浅之：指自己以私事度荀偃。

晋栾鲂帅师从卫孙文子伐齐。季武子如晋拜师，晋侯享之。范宣子为政，赋《黍苗》①。季武子兴，再拜稽首曰："小国之仰大国也，如百谷之仰膏雨焉！若常膏之，其天下辑睦，岂唯敝邑？"赋《六月》②。

【注释】

① 《黍苗》：《诗·小雅》篇名，首为"芃芃黍苗，阴雨膏之"。膏，泽，滋润。② 《六月》：《诗·小雅》篇名，为尹吉甫佐周宣王征伐之诗。季武子在此以尹吉甫比晋侯。

季武子以所得于齐之兵①，作林钟而铭鲁功焉②。臧武仲谓季孙曰："非礼也。夫铭，天子令德③，诸侯言时计功④，大夫称伐⑤。今称伐则下等也，计功则借人也，言时则妨民多矣，何以为铭？且夫大伐小，取其所得以作彝器⑥，铭其功烈以示子孙⑦，昭明德而惩无礼也。今将借人之力以救其死⑧，若之何铭之？小国幸于大国⑨，而昭所获焉以怒之，亡之道也。"

【注释】

① 兵：兵器。　② 林钟：钟名。　③ 令德：记载德行。　④ 言时计功：举得时，动有功，则铭。　⑤ 称伐：记载征伐。　⑥ 彝器：宗庙中常用的器具。　⑦ 功烈：即功。　⑧ 将：殆，似是。　⑨ 幸于：侥幸胜了。

齐侯娶于鲁，曰颜懿姬①，无子。其侄鬷声姬，生光，以为大子。诸子仲子、戎子②，戎子嬖。仲子生牙，属诸戎子。戎子请以为大子，许之。仲子曰："不可。废常，不祥，间诸侯③，难。光之立也，列于诸侯矣。今无故而废之，是专黜诸侯④，而以难犯不祥也。君必悔之。"公曰："在我而已。"遂东大子光⑤，使高厚傅牙以为大子,夙沙卫为少傅。

【注释】

① 颜懿姬:据杜注,与侄女鬷(zōng)声姬均为姬姓,懿与声为谥号,懿姬母姓颜,声姬母姓鬷。声姬为媵。 ② 诸子:亦宫中姬妾。 ③ 间:触犯。 ④ 专黜:专擅而轻视。 ⑤ 东:徙于东方。

齐侯疾,崔杼微逆光[①]。疾病[②],而立之。光杀戎子,尸诸朝,非礼也。妇人无刑。虽有刑,不在朝市。夏五月壬辰晦,齐灵公卒。庄公即位,执公子牙于句渎之丘[③]。以夙沙卫易已[④],卫奔高唐以叛[⑤]。

【注释】

① 微:秘密。 ② 疾病:病危。 ③ 句渎之丘:齐地,不详所在。④ 以夙沙卫易已:杜注云公子光认为是夙沙卫向灵公建议废除自己。⑤ 高唐:在今山东高唐县东。

晋士丐侵齐及谷,闻丧而还,礼也。

于四月丁未,郑公孙虿卒,赴于晋大夫。范宣子言于晋侯,以其善于伐秦也。六月,晋侯请于王[①],王追赐之大路[②],使以行[③],礼也。

【注释】

① 王:周灵王。 ② 大路:卿以上所乘车。 ③ 行:从柩车以行。

秋八月,齐崔杼杀高厚于洒蓝而兼其室[①]。书曰:"齐杀其大夫。"从君于昏也。

【注释】

① 洒蓝:或谓在齐都临淄城外。兼其室:兼并了他的家财、采邑。

郑子孔之为政也专[①],国人患之,乃讨西宫之难与纯门之师[②]。子孔当罪[③],以其甲及子革、子良氏之甲守。甲辰,子展、子西率国人伐之,杀子孔而分其室。书曰:"郑杀其大夫。"专也[④]。子然、子孔,宋子之子也[⑤]。士子孔,圭妫之子也。圭妫之班,亚宋子而相亲也,二子孔亦相亲也。僖之四年⑥，子然卒。简之元年⑦，士子孔卒。司徒孔实相子革、子良之室⑧，三室如一⑨，故及于难。子革、子良出奔楚，子革为右尹。郑人使子展当国，子西听政⑩，立子产为卿。

【注释】

① 专：专权，专横。　② 西宫之难：事在襄公十年（前563）。纯门之师：事在去年。　③ 当罪：有罪该受处罚。　④ 专也：这是责备他专横。　⑤ 宋子：与下圭妫均郑穆公妾。　⑥ 僖之四年：相当鲁襄公六年（前567）。　⑦ 简之元年：相当鲁襄公八年（前565）。　⑧ 司徒孔：即子孔，子驷当国时为司徒。　⑨ 三室如一：子革、子良均为子孔之侄，一为子然之子，一为士子孔之子，皆听从子孔。　⑩ 听政：处理政务。

齐庆封围高唐，弗克。冬十一月，齐侯围之，见卫在城上①，号之②，乃下。问守备焉，以无备告。揖之，乃登。闻师将傅③，食高唐人。殖绰、工偻会夜缒纳师④，醢卫于军。

【注释】

① 卫：夙沙卫。　② 号：高声叫喊。　③ 傅：爬墙登城。　④ 缒：放下绳子拉人上城。

城西郛，惧齐也。

齐及晋平，盟于大隧①。故穆叔会范宣子于柯。穆叔见叔向，赋《载驰》之四章②。叔向曰："肸敢不承命？"穆叔归曰："齐犹未也，不可以不惧。"乃城武城。

【注释】

① 大隧：在今山东高唐县。　②《载驰》：《诗·鄘风》篇名，杜注云其四章云"控于大邦，谁因谁及"。控，引，言欲大国援引。

卫石共子卒①，悼子不哀②。孔成子曰③："是谓蹷其本④，必不有其宗。"

【注释】

① 石共子：石买。　② 悼子：石买子石恶。　③ 孔成子：卫卿孔烝钼。　④ 蹷（jué）：颠仆，引申为败坏、损失。

襄公二十年

【经】

二十年春[①]，王正月辛亥，仲孙速会莒人，盟于向[②]。

夏六月庚申，公会晋侯、齐侯、宋公、卫侯、郑伯、曹伯、莒子、邾子、滕子、薛伯、杞伯、小邾子[③]，盟于澶渊[④]。

秋，公至自会。

仲孙速帅师伐邾。

蔡杀其大夫公子燮[⑤]。

蔡公子履出奔楚[⑥]。

陈侯之弟黄出奔楚[⑦]。

叔老如齐。

冬十月丙辰朔，日有食之。

季孙宿如宋。

【注释】

① 二十年：公元前553年。 ② 向：在今山东莒县南。 ③ 晋侯：晋平公。齐侯：齐庄公，公元前553—前548年在位。宋公：宋平公。卫侯：卫殇公。郑伯：郑简公。曹伯：曹武公，公元前554—前528年在位。莒子：莒犁比公。邾子：邾悼公。滕子：滕成公。杞伯：杞孝公。小邾子：小邾穆公。④ 澶渊：在今河南濮阳市北。 ⑤ 公子燮：蔡庄侯子。 ⑥ 公子履：公子燮同母弟。 ⑦ 陈侯：陈哀公。杜注云："称弟，明无罪也。"

【传】

二十年春，及莒平。孟庄子会莒人，盟于向，督扬之盟故也[①]。

夏，盟于澶渊，齐成故也。

邾人骤至[②]，以诸侯之事，弗能报也。秋，孟庄子伐邾以报之。

蔡公子燮欲以蔡之晋，蔡人杀之。公子履，其母弟也，故出奔楚。

【注释】

① 督扬之盟：在去年。 ② 骤：多次。

陈庆虎、庆寅畏公子黄之偪①，诉诸楚曰："与蔡司马同谋②。"楚人以为讨，公子黄出奔楚③。初，蔡文侯欲事晋，曰："先君与于践土之盟④，晋不可弃，且兄弟也。"畏楚，不能行而卒。楚人使蔡无常⑤，公子燮求从先君以利蔡，不能而死。书曰"蔡杀其大夫公子燮"，言不与民同欲也。"陈侯之弟黄出奔楚"，言非其罪也。公子黄将出奔，呼于国曰："庆氏无道，求专陈国，暴蔑其君⑥，而去其亲，五年不灭，是无天也。"

【注释】

① 庆虎、庆寅：陈卿。　② 蔡司马：即公子燮。　③ 公子黄出奔楚：杜注云："奔楚自理。"　④ 先君：指蔡庄侯甲午。践土之盟：在僖公二十八年(前632)。　⑤ 使：役使。无常：没有常规法度。　⑥ 暴蔑：怠慢轻视。

齐子初聘于齐①，礼也。

冬，季武子如宋，报向戌之聘也。褚师段逆之以受享②，赋《常棣》之七章以卒③。宋人重贿之。归，复命，公享之，赋《鱼丽》之卒章④。公赋《南山有台》⑤。武子去所⑥，曰："臣不堪也。"

【注释】

① 齐子：即叔老。初聘：齐庄公今年即位，故云。　② 褚师段：宋大夫，字子石。　③《常棣》：《诗·小雅》篇名。七章以卒：七章与末章。七章为"妻子好合，如鼓瑟琴。兄弟既翕，和乐且湛"。末章为"宜尔家室，乐尔妻帑。是究是图，亶其然乎"。季武子歌之，表示鲁与宋为婚姻之国，要和睦相处。　④《鱼丽》：《诗·小雅》篇名。卒章为"物其有矣，维其时矣"。指公派遣使者得时。　⑤《南山有台》：《诗·小雅》篇名。杜注说襄公赋之，取其中"乐只君子，邦家之基"等语表彰季武子。　⑥ 去所：避席，离开坐位，表示谦恭。

卫宁惠子疾，召悼子曰①："吾得罪于君②，悔而无及也。名藏在诸侯之策，曰：'孙林父、宁殖出其君。'君入则掩之③。若能掩之，则吾子也。若不能，犹有鬼神④，吾有馁而已，不来食矣。"悼子许诺，惠子遂卒。

【注释】

① 召:同“诏”,告。悼子:宁殖子宁喜。 ② 君:指卫献公。 ③ 君入则掩之:只有国君回国,才能掩饰我的罪名。 ④ 犹:如果。

襄公二十一年

【经】

二十有一年春①,王正月,公如晋。

邾庶其以漆、闾丘来奔②。

夏,公至自晋。

秋,晋栾盈出奔楚。

九月庚戌朔,日有食之。

冬十月庚辰朔,日有食之。

曹伯来朝③。

公会晋侯、齐侯、宋公、卫侯、郑伯、曹伯、莒子、邾子于商任④。

【注释】

① 二十有一年:公元前552年。 ② 庶其:邾大夫。漆、闾丘:均在今山东邹城东北。 ③ 曹伯:曹武公。 ④ 晋侯:晋平公。齐侯:齐庄公。宋公:宋平公。卫侯:卫殇公。郑伯:郑简公。莒子:莒犁比公。邾子:邾悼公。商任:不详所在。或谓在今河北任县,或谓在河南安阳市。

【传】

二十一年春,公如晋,拜师及取邾田也。

邾庶其以漆、闾丘来奔。季武子以公姑姊妻之①,皆有赐于其从者。

【注释】

① 姑姊:姑妈。杜注谓姑与姊,“寡者二人”。

于是鲁多盗。季孙谓臧武仲曰:“子盍诘盗①?”武仲曰:“不可诘也,纥又不能。”季孙曰:“我有四封②,而诘其盗,何故不可?子为司寇,将盗是务去,若之何不能?”武仲曰:“子召外盗而大礼焉,何以止吾盗?子为正卿而来外盗,使纥去之,将何以能?庶其窃邑于邾以来,子以姬氏妻之,而与之邑,其从者皆有赐焉。若大盗,礼焉以君之姑姊与其大邑[3],其次皂牧舆马,其小者衣裳剑带,是赏盗也。赏而去之,其或难焉。纥也闻之,在上位者,洒濯其心,壹以待人,轨度其信[4],可明征也[5],而后可以治人。夫上之所为,民之归也[6]。上所不为而民或为之,是以加刑罚焉,而莫敢不惩[7]。若上之所为而民亦为之,乃其所也[8],又可禁乎?《夏书》曰:‘念兹在兹,释兹在兹,名言兹在兹,允出兹在兹,惟帝念功[9]。’将谓由己壹也[10]。信由己壹,而后功可念也。”

【注释】

① 诘:捕治,禁止。　② 四封:四边边境。　③ 其大邑:指公姑姊之大邑。　④ 轨度:纳于规范。信:诚。　⑤ 可明征:有了显明的行为作证。　⑥ 归:仿效,榜样。　⑦ 惩:警戒。　⑧ 乃其所:是必然的现象。　⑨ 以上所引为逸书,伪古文入《大禹谟》篇。释:丢弃。名言:所要命令的。允:诚信。念:记录。　⑩ 由己壹:由自己来体现统一的标准。

庶其非卿也,以地来,虽贱必书,重地也。

齐侯使庆佐为大夫,复讨公子牙之党,执公子买于句渎之丘[1]。公子钽来奔。叔孙还奔燕。

【注释】

① 公子买:与公子钽、叔孙还均齐公族。

夏,楚子庚卒,楚子使薳子冯为令尹[1]。访于申叔豫[2],叔豫曰:“国多宠而王弱,国不可为也。”遂以疾辞。方暑,阙地[3],下冰而床焉[4]。重茧衣裘[5],鲜食而寝[6]。楚子使医视之,复曰:“瘠则甚矣!而血气未动。”乃使子南为令尹[7]。

【注释】

① 楚子:楚康王。　② 访:咨询,请教。此指薳子冯向申叔豫请教。申叔豫:申叔时之孙。　③ 阙:挖掘。　④ 下冰而床:放入冰,把床架

在上面。⑤ 重茧:两层绵袍。⑥ 鲜食:少吃东西。⑦ 子南:公子追舒。

栾桓子娶于范宣子①,生怀子②。范鞅以其亡也③,怨栾氏,故与栾盈为公族大夫而不相能。桓子卒,栾祁与其老州宾通④,几亡室矣⑤。怀子患之。祁惧其讨也,诉诸宣子曰:"盈将为乱,以范氏为死桓主而专政矣⑥,曰:'吾父逐鞅也,不怒而以宠报之,又与吾同官而专之,吾父死而益富。死吾父而专于国,有死而已!吾蔑从之矣⑦。'其谋如是,惧害于主,吾不敢不言。"范鞅为之征⑧。怀子好施,士多归之。宣子畏其多士也,信之。怀子为下卿,宣子使城著而遂逐之⑨。

【注释】

① 栾桓子:栾黡。范宣子:士匄。此指士匄之女。② 怀子:栾盈。③ 亡:指被栾黡逼走事,见襄公十四年(前559)。④ 栾祁:栾盈之母。老:室老,即家宰。⑤ 亡室:指家财均被州宾占有。⑥ 死桓主:弄死了栾桓子。⑦ 蔑:不愿。⑧ 征:做证。⑨ 著:不详。或谓即著雍。

秋,栾盈出奔楚。宣子杀箕遗、黄渊、嘉父、司空靖、邴豫、董叔、邴师、申书、羊舌虎、叔罴①,囚伯华、叔向、籍偃。人谓叔向曰:"子离于罪②,其为不知乎③?"叔向曰:"与其死亡若何④?《诗》曰:'优哉游哉,聊以卒岁⑤。'知也。"乐王鲋见叔向曰⑥:"吾为子请!"叔向弗应。出,不拜。其人皆咎叔向。叔向曰:"必祁大夫。"室老闻之,曰:"乐王鲋言于君无不行,求赦吾子,吾子不许。祁大夫所不能也,而曰'必由之'何也?"叔向曰:"乐王鲋,从君者也,何能行?祁大夫外举不弃仇,内举不失亲,其独遗我乎?《诗》曰:'有觉德行,四国顺之⑦。'夫子,觉者也。"

【注释】

① 杜注云:"十子皆晋大夫,栾盈之党也。羊舌虎,叔向弟。"② 离:同罹。③ 知:同"智"。④ 与其:比起。死亡:死去与逃亡。⑤ 所引诗为佚诗,今《小雅·采菽》有上句。聊以卒岁,就这样度过一年又一年。

叔向因受弟牵连而入狱,故以诗表示自己不介入党争,优游卒岁为智。⑥ 乐王鲋:晋大夫乐桓子。　⑦ 所引诗见《诗·大雅·抑》。觉:直,正直。

晋侯问叔向之罪于乐王鲋,对曰:"不弃其亲,其有焉①。"于是祁奚老矣,闻之,乘驲而见宣子,曰:"《诗》曰:'惠我无疆,子孙保之②。'《书》曰:'圣有谟勋,明征定保③。'夫谋而鲜过,惠训不倦者,叔向有焉,社稷之固也④,犹将十世宥之,以劝能者。今一不免其身,以弃社稷,不亦惑乎?鲧殛而禹兴。伊尹放大甲而相之⑤,卒无怨色。管、蔡为戮,周公右王⑥。若之何其以虎也弃社稷?子为善,谁敢不勉?多杀何为?"宣子说,与之乘,以言诸公而免之。不见叔向而归。叔向亦不告免焉而朝。

【注释】

① 不弃其亲,其有焉:意谓叔向不会背弃亲人,可能参与了策划叛乱。② 所引诗见《诗·周颂·烈文》。　③ 所引句见古文《尚书·胤征》。谟:谋略。征:证明。两句意为:圣贤有谋略训诲,应该对他的保护有明确的表示。　④ 社稷之固:国家的栋梁。　⑤ 大甲:汤之孙,即位后荒淫,伊尹把他放逐到桐宫,使改过后复位,已为相,大甲终无怨色。　⑥ 右:同"佑",辅佐。管叔、蔡叔与周公为兄弟,二人被杀,周公佐成王。

初,叔向之母妒叔虎之母美而不使①。其子皆谏其母。其母曰:"深山大泽,实生龙蛇。彼美,余惧其生龙蛇以祸女。女,敝族也②。国多大宠③,不仁人间之④,不亦难乎?余何爱焉?"使往视寝,生叔虎。美而有勇力,栾怀子嬖之,故羊舌氏之族及于难。

【注释】

① 不使:不让她侍寝。　② 敝:衰败。　③ 大宠:杜注谓指"六卿专权"。　④ 间:离间。

栾盈过于周,周西鄙掠之①。辞于行人②,曰:"天子陪臣盈,得罪于王之守臣③,将逃罪。罪重于郊甸④,无所伏窜,敢布其死⑤。昔陪臣书能输力于王室,王施惠焉。其子黡,不能保任其父之劳。大君若不弃书之力,亡臣犹有所逃。若弃书之力,而思黡之罪,臣,戮余也,将归死于尉氏[⑥],不敢还矣。敢布四体[⑦],唯大君命焉!”王曰:“尤而效之,其又甚焉!”使司徒禁掠栾氏者,归所取焉。使候出诸轘辕[⑧]。

【注释】

① 掠:劫掠财物。 ② 辞:申诉。行人:官名,掌出使或接待宾客。③ 守臣:诸侯。 ④ 罪重:再次得罪。 ⑤ 布其死:冒死陈言。⑥ 尉氏:军尉,掌刑戮。 ⑦ 布四体:杜注谓“言无所隐”。 ⑧ 候:候人,管迎送宾客事。轘辕:山名,在河南登封市西北。

冬,曹武公来朝,始见也。

会于商任,锢栾氏也[①]。齐侯、卫侯不敬。叔向曰:“二君者必不免。会朝,礼之经也。礼,政之舆也[②]。政,身之守也。怠礼失政,失政不立,是以乱也。”

【注释】

① 锢:禁锢,令诸侯不得接受栾氏党羽。 ② 政之舆:政载于礼而行,故云。

知起、中行喜、州绰、邢蒯出奔齐,皆栾氏之党也。乐王鲋谓范宣子曰:“盍反州绰、邢蒯?勇士也。”宣子曰:“彼栾氏之勇也,余何获焉[①]?”王鲋曰:“子为彼栾氏,乃亦子之勇也[②]。”

【注释】

① 获:得。 ② 杜注云:“言子待之如栾氏,亦为子用也。”

齐庄公朝,指殖绰、郭最曰:“是寡人之雄也[①]。”州绰曰:“君以为雄,谁敢不雄?然臣不敏,平阴之役[②],先二子鸣。”庄公为勇爵,殖绰、郭最欲与焉。州绰曰:“东闾之役[③],臣左骖迫,还于门中,识其枚数。其可以与于此乎?”公曰:“子为晋君也。”对曰:“臣为隶新[④]。然二子者,譬于禽兽,臣食其肉而寝处其皮矣[⑤]。”

【注释】

① 雄:雄鸡。春秋时喜斗鸡,故以雄鸡代表勇敢。 ② 平阴之役:见

襄公十八年(前555)。在平阴,州绰擒获殖绰、郭最。　③东闾之役:见襄公十八年。　④为隶新:谓充当齐隶时间不长。隶,仆人。　⑤譬于禽兽:用禽兽来打比方的话。

襄公二十二年

【经】

二十有二年春①,王正月,公至自会。

夏四月。

秋七月辛酉,叔老卒。

冬,公会晋侯、齐侯、宋公、卫侯、郑伯、曹伯、莒子、邾子、薛伯、杞伯、小邾子于沙随②。

公至自会。

楚杀其大夫公子追舒③。

【注释】

①二十有二年:公元前551年。　②晋侯:晋平公。齐侯:齐庄公。宋公:宋平公。卫侯:卫殇公。郑伯:郑简公。曹伯:曹武公。莒子:莒犁比公。邾子:邾悼公。杞伯:杞孝公。小邾子:小邾穆公。沙随:在今河南宁陵县西北。　③公子追舒:即令尹子南。

【传】

二十二年春,臧武仲如晋,雨,过御叔①。御叔在其邑,将饮酒,曰:"焉用圣人②!我将饮酒而己雨行,何以圣为?"穆叔闻之曰:"不可使也,而傲使人,国之蠹也。"令倍其赋。

【注释】

①御叔:御邑大夫。御邑在今山东郓城县东。　②圣人:聪明通达的人。臧武仲多智,故人称为圣人。

夏,晋人征朝于郑①。郑人使少正公孙侨对曰②:"在晋先君悼公九年,我寡君于是即位。即位八月,而我先大夫子驷从寡君以朝于执事。执事不礼于寡君,寡君惧。因是行也,我二年六月朝于楚,晋是以有戏之役③。楚人犹竞④,而申礼于敝邑。敝邑欲从执事而惧为大尤⑤,曰晋其谓我不共有礼,是以不敢携贰于楚。我四年三月,先大夫子蟜又从寡君以观衅于楚⑥,晋于是乎有萧鱼之役⑦。谓我敝邑,迩在晋国,譬诸草木,吾臭味也,而何敢差池?楚亦不竞,寡君尽其土实⑧,重之以宗器⑨,以受齐盟⑩。遂帅群臣随于执事以会岁终⑪。贰于楚者,子侯、石盂⑫,归而讨之。溴梁之明年,子蟜老矣,公孙夏从寡君以朝于君,见于尝酎⑬,与执燔焉⑭。间二年,闻君将靖东夏,四月又朝,以听事期。不朝之间,无岁不聘,无役不从。以大国政令之无常,国家罢病,不虞荐至⑮,无日不惕,岂敢忘职?大国若安定之,其朝夕在庭,何辱命焉?若不恤其患,而以为口实⑯,其无乃不堪任命,而翦为仇雠⑰,敝邑是惧,其敢忘君命?委诸执事,执事实重图之⑱。"

【注释】

① 征朝:令朝见。 ② 少正:亚卿。公孙侨:即子产。 ③ 戏之役:同盟于戏。见襄公九年(前564)。 ④ 竞:强。 ⑤ 大尤:大罪。 ⑥ 观衅:考察是否有衅隙。此是朝楚的饰词。 ⑦ 萧鱼之役:见襄公十一年(前562)。 ⑧ 土实:土地所生。 ⑨ 重:加上。宗器:礼乐之器。 ⑩ 齐盟:即"斋盟",斋戒然后盟誓。 ⑪ 会岁终:在岁终朝见。这是当时诸侯尊事霸主的礼。 ⑫ 子侯、石盂:皆郑大夫。 ⑬ 尝酎:夏正七月时举行的祭礼为尝,酎为醇酒。 ⑭ 燔:同"膰",祭肉。与执燔,指助祭。 ⑮ 不虞:忧患。 ⑯ 口实:借口。 ⑰ 翦:弃除。 ⑱ 重图:深思。

秋,栾盈自楚适齐。晏平仲言于齐侯曰①:"商任之会,受命于晋。今纳栾氏,将安用之?小所以事大,信也。失信不立,君其图之。"弗听。退告陈文子曰②:"君人执信,臣人执共,忠信笃敬,上下同之,天之道也。君自弃也,弗能久矣!"

【注释】

① 晏平仲:即晏婴。 ② 陈文子:名须无。陈完之曾孙。

九月,郑公孙黑肱有疾①,归邑于公,召室老、宗人立段②,而使黜官、薄祭③。祭以特羊④,殷以少牢⑤。足以共祀,尽归其余邑,曰:"吾闻之,生于乱世,贵而能贫,民无求焉,可以后亡。敬共事君,与二三子。生在敬戒,不在富也。"己巳,伯张卒。君子曰:"善戒。《诗》曰:'慎尔侯度,用戒不虞⑥。'郑子张其有焉。"

【注释】

① 公孙黑肱:字子张。　② 段:黑肱子,字子石,谥献子。　③ 黜官:减少家臣。　④ 特羊:一只羊。　⑤ 殷:殷祭,即祫禘,除服时的祭祀。大夫殷祭例应用太牢(牛、羊、豕),今减少为用少牢(羊、豕)。　⑥ 所引诗见《诗·大雅·抑》。侯度:公侯的法度。

冬,会于沙随,复锢栾氏也。栾盈犹在齐,晏子曰:"祸将作矣!齐将伐晋,不可以不惧。"

楚观起有宠于令尹子南,未益禄①,而有马数十乘。楚人患之,王将讨焉。子南之子弃疾为王御士,王每见之,必泣。弃疾曰:"君三泣臣矣,敢问谁之罪也?"王曰:"令尹之不能,尔所知也。国将讨焉,尔其居乎②?"对曰:"父戮子居,君焉用之?泄命重刑,臣亦不为。"王遂杀子南于朝,轘观起于四竟③。子南之臣谓弃疾:"请徙子尸于朝。"曰:"君臣有礼,唯二三子④。"三日,弃疾请尸,王许之。既葬,其徒曰:"行乎!"曰:"吾与杀吾父,行将焉入?"曰:"然则臣王乎?"曰:"弃父事仇,吾弗忍也。"遂缢而死。

【注释】

① 未益禄:没增加俸禄。凡建大功,士大夫益爵,庶人益禄。观起为庶人。庶人依礼只能木车单马,如今观起有马数十乘,所以楚人患之。　② 居:留下不逃走。　③ 轘:车裂。于四竟:把尸体在国内四方巡回示众。　④ 唯二三子:看诸位大臣怎么处理。

复使薳子冯为令尹,公子齮为司马,屈建为莫敖①。有宠于薳子者八人,皆无禄而多马。他日朝,与申叔豫言,弗应而退。从之,入于人中。又从之,遂归。退朝,见之,曰:"子三困我于朝,吾惧,不敢不见。吾过，子姑告我，何疾我也[②]？”对曰：“吾不免是惧，何敢告子？”曰：“何故？”对曰：“昔观起有宠于子南，子南得罪，观起车裂，何故不惧？”自御而归，不能当道[③]。至，谓八人者曰：“吾见申叔，夫子所谓生死而肉骨也。知我者，如夫子则可。不然，请止[④]。”辞八人者，而后王安之。

【注释】

① 屈建：屈到之子，字子木。 ② 疾：厌恶，嫌弃。 ③ 当道：走在道路正中。此写薳子冯心中害怕，无心驾车。 ④ 请止：表示绝交之词。

十二月，郑游眅将归晋[①]，未出竟，遭逆妻者，夺之，以馆于邑。丁巳，其夫攻子明，杀之，以其妻行。子展废良而立大叔[②]，曰：“国卿，君之贰也，民之主也，不可以苟。请舍子明之类。”求亡妻者，使复其所。使游氏勿怨，曰：“无昭恶也。”

【注释】

① 游眅(fǎn)：公孙虿之子，字子明。 ② 良：游眅之子。大叔：即游吉，游眅之弟。

卷十七　　襄公四

襄公二十三年

【经】

二十有三年春①,王二月癸酉朔,日有食之。

二月己巳,杞伯匄卒。

夏,邾畀我来奔②。

葬杞孝公。

陈杀其大夫庆虎及庆寅。陈侯之弟黄自楚归于陈③。

晋栾盈复入于晋,入于曲沃。

秋,齐侯伐卫④,遂伐晋。

八月,叔孙豹帅师救晋,次于雍榆⑤。

己卯,仲孙速卒。

冬十月乙亥,臧孙纥出奔邾。

晋人杀栾盈。

齐侯袭莒。

【注释】

① 二十有三年:公元前 550 年。　② 畀我:庶其的同党。　③ 陈侯:陈哀公。　④ 齐侯:齐庄公。　⑤ 雍榆:在今河南浚县西南。

【传】

二十三年春,杞孝公卒,晋悼夫人丧之①。平公不彻乐,非礼也。礼,为邻国阙②。

【注释】

① 晋悼夫人:杞孝公妹。丧之:为他服丧。　② 阙:即彻乐。依礼,

邻国有丧,诸侯不举乐。

陈侯如楚[①]。公子黄诉二庆于楚[②],楚人召之。使庆乐往,杀之。庆氏以陈叛。夏,屈建从陈侯围陈。陈人城,板队而杀人[③]。役人相命[④],各杀其长,遂杀庆虎、庆寅。楚人纳公子黄。君子谓:“庆氏不义,不可肆也[⑤]。故《书》曰:‘惟命不于常[⑥]。’”

【注释】

① 如楚:去楚国朝见。 ② 诉:告状。二庆:庆虎、庆寅。 ③ 板:指筑城用的夹板。队:同“坠”。 ④ 相命:互相转告。 ⑤ 肆:赦免。 ⑥ 引句见《书·康诰》。命:天命。

晋将嫁女于吴,齐侯使析归父媵之,以藩载栾盈及其士[①],纳诸曲沃。栾盈夜见胥午而告之[②],对曰:“不可。天之所废,谁能兴之?子必不免。吾非爱死也,知不集也[③]。”盈曰:“虽然,因子而死,吾无悔矣。我实不天,子无咎焉。”许诺。伏之[④],而觞曲沃人,乐作,午言曰:“今也得栾孺子[⑤],何如?”对曰:“得主而为之死,犹不死也。”皆叹,有泣者。爵行,又言。皆曰:“得主,何贰之有?”盈出,遍拜之。

【注释】

① 藩:有车厢的车。 ② 胥午:守曲沃的大夫。 ③ 集:成事。 ④ 伏之:把他藏起来。 ⑤ 栾孺子:栾盈。此就栾黡而言,曲沃为栾氏封邑。

四月,栾盈帅曲沃之甲,因魏献子[①],以昼入绛。初,栾盈佐魏庄子于下军[②],献子私焉,故因之。赵氏以原、屏之难怨栾氏,韩、赵方睦。中行氏以伐秦之役怨栾氏[③],而固与范氏和亲[④]。知悼子少[⑤],而听于中行氏。程郑嬖于公。唯魏氏及七舆大夫与之[⑥]。

【注释】

① 魏献子:魏舒。 ② 魏庄子:魏绛,魏舒之父。 ③ 中行氏:荀氏之一支。伐秦之役:见襄公十四年(前559)。时荀偃为主帅,栾黡不听

军令,使出师无功。　④ 与范氏和亲:范宣子士丐佐荀偃于中军。　⑤ 知悼子:知罃之子知盈。　⑥ 七舆大夫:卿以外诸大夫,参僖公十年(前650)注。

乐王鲋侍坐于范宣子。或告曰:"栾氏至矣!"宣子惧。桓子曰①:"奉君以走固宫②,必无害也。且栾氏多怨,子为政,栾氏自外,子在位,其利多矣。既有利权,又执民柄③,将何惧焉?栾氏所得④,其唯魏氏乎,而可强取也⑤。夫克乱在权,子无懈矣。"公有姻丧,王鲋使宣子墨缞冒绖⑥,二妇人辇以如公,奉公以如固宫。

【注释】

① 桓子:即乐王鲋。　② 固宫:晋侯的别宫,设有台观守备。　③ 民柄:赏罚的权力。　④ 所得:支持的人。　⑤ 强取:通过武力争取。　⑥ 缞:丧服。冒:冒巾。绖:麻带。

范鞅逆魏舒①,则成列既乘,将逆栾氏矣。趋进,曰:"栾氏帅贼以入,鞅之父与二三子在君所矣,使鞅逆吾子。鞅请骖乘持带②。"遂超乘③,右抚剑,左援带,命驱之出。仆请,鞅曰:"之公。"宣子逆诸阶,执其手,赂之以曲沃。

【注释】

① 范鞅:士鞅,范宣子士丐子。　② 骖乘持带:骖乘,乘车时居于车右,即陪乘。带,车上挽带。杜注谓骖乘必持带,防备掉下车子。　③ 超乘:跳上车。

初,斐豹隶也,著于丹书①。栾氏之力臣曰督戎②,国人惧之。斐豹谓宣子曰:"苟焚丹书,我杀督戎。"宣子喜,曰:"而杀之,所不请于君焚丹书者,有如日!"乃出豹而闭之③。督戎从之,逾隐而待之④,督戎逾入,豹自后击而杀之。范氏之徒在台后,栾氏乘公门⑤。宣子谓鞅曰:"矢及君屋,死之!"鞅用剑以帅卒,栾氏退。摄车从之⑥,遇栾乐⑦,曰:"乐免之⑧,死将讼女于天。"乐射之,不中。又注⑨,则乘槐本而覆⑩。或以戟钩之,断肘而死。栾鲂伤。栾盈奔曲沃,晋人围之。

【注释】

① 丹书:以红字写在简牍上。凡有罪没为奴,以丹书其罪。 ② 力臣:力士。 ③ 闭之:关上宫门。 ④ 隐:矮墙。 ⑤ 乘:登。 ⑥ 摄车:跳上车。 ⑦ 栾乐:栾盈族人。 ⑧ 免之:免战。之字无义。 ⑨ 注:瞄准。 ⑩ 槐本:槐树根。

秋,齐侯伐卫。先驱[①],谷荣御王孙挥,召扬为右。申驱[②],成秩御莒恒,申鲜虞之傅挚为右。曹开御戎,晏父戎为右。贰广[③],上之登御邢公,卢蒲癸为右。启[④],牢成御襄罢师,狼蘧疏为右。胠[⑤],商子车御侯朝,桓跳为右。大殿[⑥],商子游御夏之御寇,崔如为右,烛庸之越驷乘[⑦]。

【注释】

① 先驱:前锋。 ② 申驱:次前锋。 ③ 贰广:公副车。 ④ 启:左翼。 ⑤ 胠:右翼。 ⑥ 大殿:后军。 ⑦ 驷乘:四人乘一辆车,站在后面的为驷乘。

自卫将遂伐晋。晏平仲曰:"君恃勇力以伐盟主,若不济,国之福也。不德而有功,忧必及君。"崔杼谏曰:"不可。臣闻之,小国间大国之败而毁焉[①],必受其咎。君其图之!"弗听。陈文子见崔武子[②],曰:"将如君何?"武子曰:"吾言于君,君弗听也。以为盟主,而利其难。群臣若急,君于何有?子姑止之[③]。"文子退,告其人曰:"崔子将死乎!谓君甚,而又过之,不得其死。过君以义,犹自抑也,况以恶乎?"

【注释】

① 败:坏,指栾盈之乱。毁:攻打,诉诸武力。 ② 陈文子:陈须无。崔武子:崔杼。 ③ 姑止之:且罢休。

齐侯遂伐晋,取朝歌[①],为二队,入孟门[②],登大行[③],张武军于荧庭[④]。戍郫邵[⑤],封少水[⑥],以报平阴之役,乃还。赵胜帅东阳之师以追之⑦,获晏氂⑧。八月,叔孙豹帅师救晋,次于雍榆,礼也。

【注释】

① 朝歌:在今河南淇县。　② 孟门:在今河南辉县市西。　③ 大行:太行山。指今河南沁阳市的太行山。　④ 张:建造。武军:军营。或谓坟墓。荧庭:即陉庭,在今山西翼城县东南,距晋都不远。　⑤ 郫邵:在今河南济源市西。　⑥ 封:封尸。少水:即今沁水,流山西沁源、沁水、阳城诸县。　⑦ 赵胜:赵旃之子,谥顷子,封邯郸,故又称邯郸胜。东阳:晋属太行山以东地区,即今河北邢台、邯郸一带。　⑧ 晏氂:一作晏莱,晏婴之子。

季武子无適子,公弥长①,而爱悼子,欲立之。访于申丰②,曰:“弥与纥,吾皆爱之,欲择才焉而立之③。”申丰趋退,归,尽室将行。他日,又访焉,对曰:“其然,将具敝车而行。”乃止。访于臧纥,臧纥曰:“饮我酒,吾为子立之。”季氏饮大夫酒,臧纥为客④。既献⑤,臧孙命北面重席⑥,新樽絜之。召悼子,降,逆之。大夫皆起。及旅⑦,而召公鉏,使与之齿⑧,季孙失色。

【注释】

① 公弥:即下文的公鉏。　② 申丰:季氏的家臣。　③ 择才:古立继承人,有嫡立嫡,无嫡立长。此曰择才,是为立悼子(即纥)找借口。　④ 为客:为上宾。　⑤ 献:向宾客敬酒。　⑥ 重席:铺两层席子,表示敬重。　⑦ 旅:即旅酬。主人安顿宾客,互相敬酒,排定座次。　⑧ 使与之齿:与之叙齿,即依长幼排列。这样做则以公鉏为庶子,不与大夫之列。

季氏以公鉏为马正①,愠而不出。闵子马见之②,曰:“子无然!祸福无门,唯人所召。为人子者,患不孝,不患无所。敬共父命③,何常之有?若能孝敬,富倍季氏可也④。奸回不轨⑤,祸倍下民可也。”公鉏然之。敬共朝夕,恪居官次。季孙喜,使饮己酒,而以具往⑥,尽舍旃⑦。故公鉏氏富,又出为公左宰。

【注释】

① 马正:即大夫家族中的司马,主土地之军赋。　② 闵子马:亦称闵马父,鲁臣。　③ 敬共:恭敬。　④ 季氏:指悼子。因悼子将继承季武子。

⑤ 奸回：奸邪。　⑥ 具：宴会的器具。　⑦ 旃："之焉"的合字。

孟孙恶臧孙，季孙爱之。孟氏之御驺丰点好羯也①，曰："从余言，必为孟孙。"再三云，羯从之。孟庄子疾，丰点谓公鉏："苟立羯，请仇臧氏。"公鉏谓季孙曰："孺子秩②，固其所也。若羯立，则季氏信有力于臧氏矣。"弗应。己卯，孟孙卒，公鉏奉羯立于户侧③。季孙至，入，哭，而出，曰："秩焉在？"公鉏曰："羯在此矣！"季孙曰："孺子长。"公鉏曰："何长之有？唯其才也。且夫子之命也。"遂立羯。秩奔邾。

【注释】

① 御驺：养马兼驾车的官。羯：孟孙（即仲孙速，谥庄子）的庶子，孺子秩之弟，亦称孝伯。　② 孺子秩：称为孺子，则已定为继承人，所以说"固其所"。　③ 立于户侧：依礼，死者尸在室，其后人则于户侧南面而立以待宾客来吊唁。

臧孙入，哭甚哀，多涕。出，其御曰："孟孙之恶子也，而哀如是。季孙若死，其若之何？"臧孙曰："季孙之爱我，疢疢也①。孟孙之恶我，药石也②。美疢不如恶石。夫石犹生我③，疢之美，其毒滋多。孟孙死，吾亡无日矣。"

【注释】

① 疢疢（chèn）：病害。　② 药石：草木可治病者为药，石指砭石。③ 石犹生我：意谓药石虽苦却能使我生存。

孟氏闭门，告于季孙曰："臧氏将为乱，不使我葬。"季孙不信。臧孙闻之，戒①。冬十月，孟氏将辟②，藉除于臧氏③。臧孙使正夫助之④，除于东门，甲从己而视之⑤。孟氏又告季孙。季孙怒⑥，命攻臧氏。乙亥，臧纥斩鹿门之关以出⑦，奔邾。

【注释】

① 戒：戒备。　② 辟：挖坑道。此指挖掘墓道。　③ 藉：借。除：役夫。　④ 正夫：鲁三乡中正卒，即常任的徒役，属司徒管辖。　⑤ 甲从己而视之：臧孙纥带着甲士去视察。　⑥ 季孙怒：季武子以为臧孙纥真

的作乱不让孟氏安葬,故怒。⑦ 鹿门:鲁都南城东门。

初,臧宣叔娶于铸①,生贾及为而死。继室以其侄,穆姜之姨子也②。生纥,长于公宫。姜氏爱之,故立之。臧贾、臧为出在铸。臧武仲自邾使告臧贾③,且致大蔡焉④,曰:"纥不佞,失守宗祧,敢告不吊⑤。纥之罪,不及不祀,子以大蔡纳请,其可。"贾曰:"是家之祸也,非子之过也。贾闻命矣。"再拜受龟。使为以纳请,遂自为也。臧孙如防⑥,使来告曰:"纥非能害也,知不足也。非敢私请。苟守先祀,无废二勋⑦,敢不辟邑⑧?"乃立臧为。

【注释】

① 铸:国名,在今山东肥城市南。 ② 穆姜:宣公夫人。姨子:外甥女。 ③ 臧武仲:即臧孙纥。 ④ 大蔡:大龟。 ⑤ 不吊:不淑。⑥ 防:臧孙的封邑。 ⑦ 二勋:指其先人文仲、宣叔。 ⑧ 辟邑:离开封邑。

臧纥致防而奔齐。其人曰:"其盟我乎?"臧孙曰:"无辞①。"将盟臧氏,季孙召外史掌恶臣②,而问盟首焉③,对曰:"盟东门氏也④,曰:'毋或如东门遂,不听公命,杀嫡立庶。'盟叔孙氏也⑤,曰:'毋或如叔孙侨如,欲废国常,荡覆公室。'"季孙曰:"臧孙之罪,皆不及此。"孟椒曰⑥:"盍以其犯门斩关?"季孙用之。乃盟臧氏曰:"无或如臧孙纥,干国之纪⑦,犯门斩关。"臧孙闻之,曰:"国有人焉!谁居?其孟椒乎!"

【注释】

① 无辞:指盟辞难以措词。凡被逐者,必为其盟,数说其罪,现臧孙纥出奔无罪可言,故云"无辞"。 ② 外史:官名。恶臣:谓逃亡在外的臣。③ 盟首:载书的首章,即述其罪的部分。 ④ 东门氏:指东门遂,杀嫡子立宣公。见文公十八年(前 609)。 ⑤ 叔孙氏:叔孙侨如,其罪见成公十六年(前 575)。 ⑥ 孟椒:孟献子之孙子服惠伯。 ⑦ 干:犯。

晋人克栾盈于曲沃,尽杀栾氏之族党。栾鲂出奔宋。书曰:"晋人杀栾盈。"不言大夫,言自外也。

齐侯还自晋，不入。遂袭莒，门于且于①，伤股而退。明日，将复战，期于寿舒②。杞殖、华还载甲③，夜入且于之隧④，宿于莒郊。明日，先遇莒子于蒲侯氏⑤。莒子重赂之，使无死，曰："请有盟。"华周对曰："贪货弃命，亦君所恶也。昏而受命⑥，日未中而弃之，何以事君？"莒子亲鼓之，从而伐之，获杞梁⑦。莒人行成。齐侯归，遇杞梁之妻于郊，使吊之。辞曰："殖之有罪，何辱命焉？若免于罪，犹有先人之敝庐在，下妾不得与郊吊⑧。"齐侯吊诸其室。

【注释】

① 且于：当在今山东莒县境内。② 期：约定。此指约定军队聚集。寿舒：莒邑，当亦在莒县。　③ 杞殖、华还：齐大夫。　④ 隧：隘道。⑤ 莒子：莒犁比公。蒲侯氏：近莒之邑。⑥ 昏：指昨晚。⑦ 获：有俘获与获尸二解，此处是杀死杞殖而获其尸。杞梁：即杞殖。⑧ 依礼，地位低贱者受郊吊，杞殖为大夫，故辞郊吊。

齐侯将为臧纥田①。臧孙闻之，见齐侯。与之言伐晋。对曰："多则多矣②！抑君似鼠。夫鼠，昼伏夜动，不穴于寝庙，畏人故也。今君闻晋之乱而后作焉，宁将事之③，非鼠如何？"乃弗与田。仲尼曰："知之难也。有臧武仲之知，而不容于鲁国，抑有由也，作不顺而施不恕也④。《夏书》曰：'念兹在兹。'顺事、恕施也。"

【注释】

① 为臧纥田：与臧纥田邑。② 多：指战功多。③ 宁将事之：安定时便事奉他。　④ 不顺：与道理不合。

襄公二十四年

【经】

二十有四年春①，叔孙豹如晋。

仲孙羯帅师侵齐②。

夏，楚子伐吴③。

秋七月甲子朔，日有食之，既[④]。

齐崔杼帅师伐莒。

大水。

八月癸巳朔，日有食之。

公会晋侯、宋公、卫侯、郑伯、曹伯、莒子、邾子、滕子、薛伯、杞伯、小邾子于夷仪[⑤]。

冬，楚子、蔡侯、陈侯、许男伐郑[⑥]。

公至自会。

陈鍼宜咎出奔楚[⑦]。

叔孙豹如京师。

大饥。

【注释】

① 二十有四年：公元前 549 年。　② 仲孙羯：即孟孝伯。　③ 楚子：楚康王。　④ 既：日全食。　⑤ 晋侯：晋平公。宋公：宋平公。卫侯：卫殇公。郑伯：郑简公。曹伯：曹武公。莒子：莒犁比公。邾子：邾悼公。滕子：滕成公。杞伯：杞文公。小邾子：小邾穆公。夷仪：在今河北邢台市西。　⑥ 蔡侯：蔡景侯，公元前 591—前 543 年在位。陈侯：陈哀公。许男：许灵公。　⑦ 鍼宜咎：陈大夫，陈鍼子八世孙。

【传】

二十四年春，穆叔如晋。范宣子逆之，问焉，曰："古人有言曰'死而不朽'，何谓也？"穆叔未对。宣子曰："昔丐之祖[①]，自虞以上，为陶唐氏，在夏为御龙氏[②]，在商为豕韦氏，在周为唐杜氏[③]，晋主夏盟为范氏[④]，其是之谓乎？"穆叔曰："以豹所闻，此之谓世禄，非不朽也。鲁有先大夫曰臧文仲，既没，其言立[⑤]。其是之谓乎？豹闻之，大上有立德[⑥]，其次有立功，其次有立言，虽久不废，此之谓不朽。若夫保姓受氏，以守宗祊[⑦]，世不绝祀，无国无之。禄之大者，不可谓不朽。"

【注释】

① 丐：士丐，即范宣子。　② 御龙氏：陶唐氏之后刘累，赐氏御龙。

③ 唐杜氏：杜注误为二国名，实一国，其地在今陕西西安市南。 ④ 夏：指中原诸侯。 ⑤ 立：不废绝。 ⑥ 大上：太上。最上等的。 ⑦ 宗祊：宗庙。

范宣子为政，诸侯之币重①，郑人病之。二月，郑伯如晋。子产寓书于子西以告宣子②，曰："子为晋国，四邻诸侯，不闻令德，而闻重币，侨也惑之。侨闻君子长国家者，非无贿之患，而无令名之难。夫诸侯之贿聚于公室，则诸侯贰。若吾子赖之③，则晋国贰。诸侯贰，则晋国坏。晋国贰，则子之家坏。何没没也④！将焉用贿？夫令名，德之舆也。德，国家之基也。有基无坏，无亦是务乎⑤！有德则乐，乐则能久。《诗》云：'乐只君子，邦家之基⑥。'有令德也夫！'上帝临女，无贰尔心⑦。'有令名也夫！恕思以明德⑧，则令名载而行之，是以远至迩安。毋宁使人谓子'子实生我'，而谓'子浚我以生乎⑨'？象有齿以焚其身，贿也。"宣子说，乃轻币。是行也，郑伯朝晋，为重币故，且请伐陈也。郑伯稽首，宣子辞。子西相，曰："以陈国之介恃大国而陵虐于敝邑⑩，寡君是以请罪焉，敢不稽首？"

【注释】

① 币：指诸侯向晋国贡献的礼物。 ② 寓书：托，请捎带书信。子西：公孙夏，公子骈之子。 ③ 赖：利。指占为己有。 ④ 没没：即"昧昧"，昏聩，糊涂。 ⑤ 无亦是务：为什么不尽力去谋取这一切。 ⑥ 所引诗见《诗·小雅·南山有台》。乐只君子：得到君子真快乐。 ⑦ 所引诗见《诗·大雅·大明》。 ⑧ 恕思：以宽厚的心情。 ⑨ 浚：搜刮。 ⑩ 介恃：仗恃。

孟孝伯侵齐，晋故也。

夏，楚子为舟师以伐吴①，不为军政②，无功而还。

齐侯既伐晋而惧，将欲见楚子。楚子使薳启强如齐聘，且请期。齐社③，蒐军实④，使客观之。陈文子曰："齐将有寇。吾闻之，兵不戢⑤，必取其族⑥。"

【注释】

① 舟师：水军。　② 军政：在军中颁发命令，规定赏罚。　③ 社：在军中祭社神。　④ 军实：车徒及军器。　⑤ 戢：收藏。　⑥ 取其族：使自己的族类受害。

秋，齐侯闻将有晋师，使陈无宇从薳启强如楚，辞[①]，且乞师。崔杼帅师送之，遂伐莒，侵介根[②]。

会于夷仪，将以伐齐，水，不克。

冬，楚子伐郑以救齐，门于东门，次于棘泽[③]。诸侯还救郑。

【注释】

① 辞：指不再安排会见。　② 介根：在今山东高密市东南。　③ 棘泽：在今河南新郑市东南。

晋侯使张骼、辅跞致楚师，求御于郑[①]。郑人卜宛射犬吉[②]。子大叔戒之曰："大国之人，不可与也[③]。"对曰："无有众寡，其上一也[④]。"大叔曰："不然，部娄无松柏[⑤]。"二子在幄，坐射犬于外，既食而后食之。使御广车而行[⑥]，己皆乘乘车[⑦]。将及楚师，而后从之乘，皆踞转而鼓琴[⑧]。近，不告而驰之。皆取胄于橐而胄，入垒，皆下，搏人以投，收禽挟囚。弗待而出。皆超乘，抽弓而射。既免，复踞转而鼓琴，曰："公孙[⑨]！同乘，兄弟也，胡再不谋[⑩]？"对曰："曩者志入而已[⑪]，今则怯也。"皆笑，曰："公孙之亟也[⑫]。"

【注释】

① 求御于郑：向郑国要求派遣驾车的人。因在郑国作战，郑国人熟悉地形、道路。　② 宛射犬：郑大夫，食邑于宛，名射犬。　③ 与：敌，抗礼。④ 上：指在车左车右之上。　⑤ 部娄：小土山。　⑥ 广车：攻敌之车。⑦ 乘车：平时所乘的战车。　⑧ 转：车轸，即车后横木。　⑨ 公孙：宛射犬当为郑伯之孙。　⑩ 再不谋：连续两次不商量。指宛射犬先不打招呼直接冲入敌阵，二将在车下时又不打招呼趋车出楚营。　⑪ 曩：前一次。　⑫ 亟：急。意为马上就进行报复。

楚子自棘泽还，使薳启强帅师送陈无宇。

吴人为楚舟师之役故，召舒鸠人[①]，舒鸠人叛楚。楚子师于荒浦[②]，使沈尹寿与师祁犁让之[③]。舒鸠子敬逆二子，而告无之，且请受盟。二子复命，王欲伐之。薳子曰："不可。彼告不叛，且请受盟，而又伐之，伐无罪也。姑归息民，以待其卒[④]。卒而不贰，吾又何求？若犹叛我，无辞有庸[⑤]。"乃还。

【注释】

① 舒鸠：楚属国，地在今安徽舒城县。 ② 荒浦：舒鸠国地。 ③ 沈尹寿、师祁犁：均为楚大夫。让：责备。 ④ 卒：结果。 ⑤ 庸：功。

陈人复讨庆氏之党，鍼宜咎出奔楚。

齐人城郏[①]。穆叔如周聘，且贺城。王嘉其有礼也，赐之大路[②]。

【注释】

① 郏：即郏鄏，周城。 ② 大路：天子所赐车的总名。

晋侯嬖程郑，使佐下军。郑行人公孙挥如晋聘[①]。程郑问焉，曰："敢问降阶何由[②]？"子羽不能对。归以语然明[③]，然明曰："是将死矣。不然将亡。贵而知惧，惧而思降，乃得其阶，下人而已，又何问焉？且夫既登而求降阶者，知人也，不在程郑[④]。其有亡衅乎[⑤]？不然，其有惑疾[⑥]，将死而忧也。"

【注释】

① 公孙挥：郑大夫，字子羽。 ② 降阶：即降级。何由：有什么办法。 ③ 然明：即鬷蔑。 ④ 不在程郑：程郑不属于这类人。 ⑤ 亡衅：逃亡的迹象。 ⑥ 惑疾：疑心病。

襄公二十五年

【经】

二十有五年春[①]，齐崔杼帅师伐我北鄙。

夏五月乙亥，齐崔杼弑其君光②。

公会晋侯、宋公、卫侯、郑伯、曹伯、莒子、邾子、滕子、薛伯、杞伯、小邾子于夷仪③。

六月壬子，郑公孙舍之帅师入陈。

秋八月己巳，诸侯同盟于重丘④。

公至自会。

卫侯入于夷仪⑤。

楚屈建帅师灭舒鸠。

冬，郑公孙夏帅师伐陈。

十有二月，吴子遏伐楚⑥，门于巢⑦，卒。

【注释】

① 二十有五年：公元前548年。　② 光：齐庄公。　③ 晋侯：晋平公。宋公：宋平公。卫侯：卫殇公。郑伯：郑简公。曹伯：曹武公。莒子：莒犁比公。邾子：邾悼公。滕子：滕成公。杞伯：杞文公。小邾子：小邾穆公。
④ 重丘：齐地。或谓在今山东聊城市东南，或谓在今德州市东北。
⑤ 卫侯：卫献公。　⑥ 吴子遏：吴王诸樊。公元前560年即位。
⑦ 巢：在今安徽巢湖市东北。

【传】

二十五年春，齐崔杼帅师伐我北鄙，以报孝伯之师也。公患之，使告于晋。孟公绰曰①："崔子将有大志，不在病我，必速归，何患焉！其来也不寇②，使民不严③，异于他日。"齐师徒归④。

【注释】

① 孟公绰：鲁大夫。　② 不寇：不劫掠杀害。　③ 使：驱使。
④ 徒：空。

齐棠公之妻①，东郭偃之姊也。东郭偃臣崔武子。棠公死，偃御武子以吊焉。见棠姜而美之，使偃取之。偃曰："男女辨姓②，今君出自丁③，臣出自桓④，不可。"武子筮之，遇《困》䷮之《大过》䷛⑤。史皆曰："吉。"示陈文子，文子曰："夫从风⑥，风陨妻⑦，不可娶也。且其繇曰:‘困于石,据于蒺藜,入于其宫,不见其妻,凶。’困于石,往不济也。据于蒺藜,所恃伤也。入于其宫,不见其妻,凶,无所归也。”崔子曰:“嫠也何害?先夫当之矣。”遂取之。庄公通焉,骤如崔氏⑧。以崔子之冠赐人,侍者曰:“不可。”公曰:“不为崔子⑨,其无冠乎?”崔子因是,又以其间伐晋也⑩,曰:“晋必将报。”欲弑公以说于晋,而不获间。公鞭侍人贾举而又近之⑪,乃为崔子间公⑫。

【注释】

① 棠公:棠邑大夫。棠,或云在今山东平度县东南。 ② 辨:区别。③ 丁:齐丁公,太公子。 ④ 桓:齐桓公。东郭偃与崔杼均为齐宗室之后,同姓姜。 ⑤《困》之《大过》:《困》坎下兑上,其第三爻之六三变为九三,坎变为巽,即成《大过》。兑为少女,坎为中男,两者相配,故云皆吉。⑥ 夫从风:坎为中男,故曰夫。变为巽,巽为风,故曰从风。 ⑦ 风陨妻:兑在上,故象征坠落。 ⑧ 骤:屡。 ⑨ 不为崔子:意为不用崔氏的帽子。 ⑩ 间:此指晋国内乱的机会。 ⑪ 贾举:庄公近臣有二贾举,一为侍人,一后死难。 ⑫ 间:窥察机会。

夏五月,莒为且于之役故,莒子朝于齐。甲戌,飨诸北郭。崔子称疾不视事。乙亥,公问崔子①,遂从姜氏。姜入于室,与崔子自侧户出。公拊楹而歌②。侍人贾举止众从者,而入闭门。甲兴。公登台而请,弗许。请盟,弗许。请自刃于庙,弗许。皆曰:“君之臣杼疾病③,不能听命。近于公宫,陪臣干掫有淫者④,不知二命。”公逾墙,又射之,中股,反队⑤。遂弑之。贾举、州绰、邴师、公孙敖、封具、铎父、襄伊、偻堙皆死⑥。祝佗父祭于高唐⑦,至,复命,不说弁而死于崔氏⑧。申蒯侍渔者⑨,退,谓其宰曰:“尔以帑免⑩,我将死。”其宰曰:“免,是反子之义也⑪。”与之皆死。崔氏杀鬷蔑于平阴⑫。

【注释】

① 问:探望。 ② 拊楹:敲打着柱子。 ③ 疾病:病重。④ 陪臣:臣子的臣子。干掫(zōu):保卫巡夜。此指捉拿。 ⑤ 反队:翻身跌入墙内。队,通“坠”。 ⑥ 杜注谓以上八人皆庄公宠爱的勇士。

⑦ 高唐:在今山东高唐县附近。齐国有别庙在高唐。⑧ 说:同“脱”。弁:祭祀时所戴帽子。⑨ 侍渔者:掌管渔业的官。⑩ 帑:妻与子。⑪ 反子之义:违背了你所持的道义。⑫ 鬷蔑:庄公母党。平阴:在临淄附近,在今山东平阴县。

晏子立于崔氏之门外,其人曰:“死乎?”曰:“独吾君也乎哉,吾死也?”曰:“行乎?”曰:“吾罪也乎哉,吾亡也①?”曰:“归乎?”曰:“君死,安归?君民者,岂以陵民?社稷是主。臣君者,岂为其口实②?社稷是养。故君为社稷死,则死之;为社稷亡,则亡之。若为己死而为己亡,非其私昵③,谁敢任之?且人有君而弑之④,吾焉得死之,而焉得亡之?将庸何归?”门启而入,枕尸股而哭,兴⑤,三踊而出⑥。人谓崔子:“必杀之!”崔子曰:“民之望也!舍之,得民。”卢蒲癸奔晋⑦,王何奔莒。

【注释】

① 亡:与上“行”同意,指逃往国外。② 口实:指俸禄。③ 私昵:为个人所宠爱的人。④ 有君:立了君。庄公为崔杼所立。⑤ 兴:起来。⑥ 三踊:跳跃了三次,表示哀痛。⑦ 卢蒲癸:杜注谓与王何均为庄公党。

叔孙宣伯之在齐也①,叔孙还纳其女于灵公②。嬖,生景公。丁丑,崔杼立而相之。庆封为左相。盟国人于大宫③,曰:“所不与崔、庆者……④”晏子仰天叹曰:“婴所不唯忠于君利社稷者是与,有如上帝!”乃歃。辛巳,公与大夫及莒子盟。大史书曰:“崔杼弑其君。”崔子杀之。其弟嗣书而死者⑤,二人。其弟又书,乃舍之。南史氏闻大史尽死,执简以往。闻既书矣,乃还。

【注释】

① 叔孙宣伯:即叔孙侨如,鲁大夫,成公十六年(前575)逃到齐国。② 叔孙还:齐公子。③ 大宫:太公庙。④ 不与:不亲附。这句誓词未终,被晏子打断。⑤ 嗣:接着。

闾丘婴以帷缚其妻而载之[①]，与申鲜虞乘而出。鲜虞推而下之，曰："君昏不能匡，危不能救，死不能死，而知匿其昵，其谁纳之？"行及弇中[②]，将舍。婴曰："崔、庆其追我！"鲜虞曰："一与一[③]，谁能惧我？"遂舍，枕辔而寝，食马而食，驾而行。出弇中，谓婴曰："速驱之！崔、庆之众，不可当也[④]。"遂来奔。

【注释】

① 闾丘婴：与申鲜虞均为庄公近臣。缚：包裹、遮掩。　② 弇中：在临淄西南，为两山间通道，长三百里。　③ 一与一：一对一。因山道狭窄，只容一车，只能一对一交战。　④ 杜注："道广，众得用，故不可当。"

崔氏侧庄公于北郭[①]。丁亥，葬诸士孙之里[②]，四翣[③]，不跸[④]，下车七乘[⑤]，不以兵甲。

【注释】

① 侧：直接下葬，不殡于太庙。　② 士孙：人名。诸侯五月后葬，且当葬族墓，现速葬不入族墓，以示惩罚。　③ 翣：长柄羽扇，是随葬车的仪仗。诸侯当用六翣。　④ 跸：戒严清道。　⑤ 下车：送葬之车。诸侯应用九辆，列甲兵。

晋侯济自泮，会于夷仪，伐齐，以报朝歌之役。齐人以庄公说[①]，使隰钼请成[②]。庆封如师，男女以班[③]。赂晋侯以宗器、乐器。自六正、五吏、三十帅、三军之大夫、百官之正长、师旅及处守者[④]，皆有赂。晋侯许之。使叔向告于诸侯。公使子服惠伯对曰："君舍有罪，以靖小国，君之惠也。寡君闻命矣！"

【注释】

① 说：解释。　② 隰钼：齐大夫，隰朋之后。　③ 班：分开排列。④ 六正：六卿。五吏：军尉、司马、司空、舆尉、候奄。三十帅：每军五师，每师正副帅各一人，三军共三十帅。三军之大夫：军中其他长官。百官之正长：朝廷各部门长官。师旅：各部属官。处守：留守国内的官员。

晋侯使魏舒、宛没逆卫侯[①]，将使卫与之夷仪。崔子止其帑，以求五鹿[2]。

初,陈侯会楚子伐郑[3],当陈隧者[4],井堙木刊[5]。郑人怨之。六月,郑子展、子产帅车七百乘伐陈,宵突陈城[6],遂入之。陈侯扶其大子偃师奔墓,遇司马桓子,曰:"载余!"曰:"将巡城。"遇贾获[7],载其母妻,下之,而授公车。公曰:"舍而母[8]!"辞曰:"不祥。"与其妻扶其母以奔墓,亦免。子展命师无入公宫,与子产亲御诸门。陈侯使司马桓子赂以宗器。陈侯免[9],拥社[10]。使其众,男女别而累[11],以待于朝。子展执絷而见,再拜稽首,承饮而进献[12]。子美入[13],数俘而出。祝祓社[14],司徒致民[15],司马致节,司空致地,乃还。

【注释】

① 卫侯:指卫献公,于襄公十四年(前559)奔齐。 ② 五鹿:卫地,在今河南濮阳市南。 ③ 陈侯:陈哀公。楚子:楚康王。 ④ 隧:道路。⑤ 堙:填没。刊:砍倒。 ⑥ 宵突:夜间强攻。 ⑦ 贾获:陈大夫。⑧ 舍而母:别让你母亲下车。 ⑨ 免:丧服。 ⑩ 拥社:抱着社神的牌位。 ⑪ 累:捆绑。 ⑫ 承饮:奉觞,捧着酒杯。 ⑬ 子美:杜注谓即子产。 ⑭ 祓社:祭社神,祓除不祥。 ⑮ 致:归还。

秋七月己巳,同盟于重丘,齐成故也。

赵文子为政[1],令薄诸侯之币而重其礼。穆叔见之。谓穆叔曰:"自今以往,兵其少弭矣[2]!齐崔、庆新得政,将求善于诸侯。武也知楚令尹[3]。若敬行其礼,道之以文辞,以靖诸侯,兵可以弭。"

【注释】

① 赵文子:赵武。时士匄已死,赵武代之。 ② 弭:止。 ③ 知:相知,交好。楚令尹:屈建,字子木。

楚薳子冯卒,屈建为令尹,屈荡为莫敖。舒鸠人卒叛楚。令尹子木伐之,及离城[1]。吴人救之,子木遽以右师先[2],子强、息桓、子捷、子骈、子盂帅左师以退。吴人居其间七日。子强曰:"久将垫隘[3],隘乃禽也[4],不如速战。请以其私卒诱之,简师陈以待我[5]。

我克则进，奔则亦视之⑥，乃可以免。不然，必为吴禽。”从之。五人以其私卒先击吴师。吴师奔，登山以望，见楚师不继⑦，复逐之。傅诸其军⑧，简师会之，吴师大败。遂围舒鸠，舒鸠溃。八月，楚灭舒鸠。

【注释】

① 离城：在今安徽舒城县西。 ② 遽：急。 ③ 垫隘：羸弱。 ④ 禽：同“擒”。 ⑤ 简师陈以待我：挑选精兵列阵以等待我。 ⑥ 奔则亦视之：败逃就看情况采取行动。 ⑦ 不继：没有后援。 ⑧ 傅：迫近。

卫献公入于夷仪。

郑子产献捷于晋，戎服将事①。晋人问陈之罪，对曰：“昔虞阏父为周陶正②，以服事我先王③。我先王赖其利器用也④，与其神明之后也⑤，庸以元女大姬配胡公⑥，而封诸陈，以备三恪⑦。则我周之自出，至于今是赖⑧。桓公之乱⑨，蔡人欲立其出。我先君庄公奉五父而立之⑩，蔡人杀之。我又与蔡人奉戴厉公，至于庄、宣，皆我之自立。夏氏之乱⑪，成公播荡⑫，又我之自入，君所知也。今陈忘周之大德，蔑我大惠⑬，弃我姻亲，介恃楚众⑭，以冯陵我敝邑，不可亿逞⑮。我是以有往年之告。未获成命，则有我东门之役。当陈隧者，井堙木刊。敝邑大惧不竞⑯，而耻大姬⑰。天诱其衷，启敝邑心。陈知其罪，授手于我⑱。用敢献功！”晋人曰：“何故侵小？”对曰：“先王之命，唯罪所在，各致其辟⑲。且昔天子之地一圻⑳，列国一同㉑，自是以衰㉒。今大国多数圻矣，若无侵小，何以至焉？”晋人曰：“何故戎服？”对曰：“我先君武、庄，为平、桓卿士。城濮之役，文公布命，曰：‘各复旧职㉓！’命我文公戎服辅王，以授楚捷，不敢废王命故也。”士庄伯不能诘㉔，复于赵文子。文子曰：“其辞顺，犯顺不祥。”乃受之。

【注释】

① 将事：处理政事。 ② 陶正：主管陶器的官。 ③ 先王：指周武王。 ④ 赖：善，嘉奖。 ⑤ 神明：指舜。阏父为舜后。 ⑥ 庸：同“乃”，连词。胡公：阏父之子。 ⑦ 三恪：三敬。指封黄帝、帝尧、帝舜之

后。见《礼记·乐记》。或谓指封虞、夏、商之后为三恪。　⑧ 赖：赖周德庇护。　⑨ 桓公之乱：指陈桓公卒，陈乱，蔡人立桓公子厉公。事在鲁桓公五年（前707）。　⑩ 五父：五父佗，桓公弟，杀太子免而代之，郑庄公为定其位。　⑪ 夏氏之乱：夏徵舒之乱，在宣公十年（前599）。　⑫ 播荡：流离失所。　⑬ 蔑：弃，灭。　⑭ 介恃：凭仗。　⑮ 亿逞：满足。　⑯ 不竞：不强。　⑰ 耻大姬：使太姬蒙受耻辱。　⑱ 授手：即授首。　⑲ 辟：刑。　⑳ 一圻：方千里。　㉑ 一同：方百里。　㉒ 衰：差降。　㉓ 旧职：指仍为王卿。　㉔ 士庄伯：士弱。

冬十月，子展相郑伯如晋，拜陈之功①。子西复伐陈，陈及郑平。仲尼曰："《志》有之②：'言以足志③，文以足言④。'不言，谁知其志？言之无文，行而不远⑤。晋为伯，郑入陈，非文辞不为功。慎辞哉！"

【注释】

① 拜陈之功：拜谢晋国接受郑国献胜陈之功。　②《志》：古书。　③ 足志：完成愿望。　④ 文：文彩。　⑤ 行：流传。

楚蒍掩为司马①，子木使庀赋②，数甲兵。甲午，蒍掩书土田：度山林③，鸠薮泽④，辨京陵⑤，表淳卤⑥，数疆潦⑦，规偃猪⑧，町原防⑨，牧隰皋⑩，井衍沃⑪，量入修赋⑫。赋车籍马，赋车兵、徒兵甲楯之数。既成，以授子木，礼也。

【注释】

① 蒍掩：蒍子冯之子。　② 子木：屈建。庀赋：征发赋税。　③ 度：度量。　④ 鸠：聚集。薮：浅水地。泽：深水。　⑤ 辨：辨别。京：高地。陵：山陵。　⑥ 表：标识。淳卤：盐碱地。　⑦ 疆潦：易受水淹的地。⑧ 规：规划。偃猪：蓄水之地。　⑨ 町：划分田块。原防：杂边地。⑩ 隰皋：湿地，沼泽。　⑪ 井：划分井田。　⑫ 赋：与籍均为税。

十二月，吴子诸樊伐楚，以报舟师之役。门于巢。巢牛臣曰："吴王勇而轻①，若启之，将亲门②。我获射之，必殪。是君也死，疆其少安。"从之。吴子门焉，牛臣隐于短墙以射之，卒。

楚子以灭舒鸠赏子木。辞曰："先大夫蒍子之功也③。"以与蒍掩。

【注释】

① 轻:轻率。 ② 亲门:亲自冲进城门。 ③ 芳子:芳子冯。

晋程郑卒。子产始知然明①,问为政焉。对曰:“视民如子。见不仁者诛之,如鹰鹯之逐鸟雀也。”子产喜,以语子大叔②,且曰:“他日吾见蔑之面而已,今吾见其心矣。”子大叔问政于子产。子产曰:“政如农功,日夜思之,思其始而成其终。朝夕而行之,行无越思,如农之有畔③。其过鲜矣。”

【注释】

① 去年然明预言程郑将死。 ② 子大叔:即游吉。 ③ 畔:田埂。

卫献公自夷仪使与宁喜言①,宁喜许之。大叔文子闻之②,曰:“乌乎!《诗》所谓‘我躬不说,皇恤我后’者③,宁子可谓不恤其后矣。将可乎哉?殆必不可④。君子之行,思其终也,思其复也⑤。《书》曰:‘慎始而敬终,终以不困⑥。’《诗》曰:‘夙夜匪解,以事一人⑦。’今宁子视君不如弈棋,其何以免乎?弈者举棋不定,不胜其耦⑧,而况置君而弗定乎?必不免矣。九世之卿族,一举而灭之,可哀也哉!”

【注释】

① 与宁喜言:与宁喜商议要回国复位。 ② 大叔文子:太叔仪。 ③ 所引诗见《诗·邶风·谷风》,又见《小雅·小弁》。躬:自身。说:今作“阅”,容。皇:暇。皇恤我后,怎能顾到我后代。 ④ 殆:恐怕。 ⑤ 复:下一次。 ⑥ 所引《书》见今《逸周书·常训篇》。 ⑦ 所引诗见《诗·大雅·烝民》。夙夜:白天黑夜。解:懈怠。 ⑧ 耦:对手。

会于夷仪之岁①,齐人城郏。其五月,秦、晋为成。晋韩起如秦莅盟,秦伯车如晋莅盟②,成而不结③。

【注释】

① 会于夷仪之岁:指襄公二十四年(前549)之会。按:本段原置下卷首二十六年(前547)之经前,为清眉目,依清武英殿本移于本年末。 ② 伯车:秦伯弟,名鍼。 ③ 结:固。

卷十八　襄公五

襄公二十六年

【经】

二十有六年春[1]，王二月辛卯，卫宁喜弑其君剽[2]。

卫孙林父入于戚以叛。

甲午，卫侯衎复归于卫[3]。

夏，晋侯使荀吴来聘[4]。

公会晋人、郑良霄、宋人、曹人于澶渊[5]。

秋，宋公杀其世子痤[6]。

晋人执卫宁喜。

八月壬午，许男宁卒于楚。

冬，楚子、蔡侯、陈侯伐郑[7]。

葬许灵公。

【注释】

① 二十有六年：公元前547年。　② 剽：卫殇公。　③ 卫侯衎：卫献公。　④ 晋侯：晋平公。荀吴：荀偃子。　⑤ 澶渊：在今河南濮阳市北。⑥ 宋公：宋平公。　⑦ 楚子：楚康王。蔡侯：蔡景侯。陈侯：陈哀公。

【传】

二十六年春，秦伯之弟鍼如晋修成[1]，叔向命召行人子员。行人子朱曰："朱也当御[2]。"三云，叔向不应。子朱怒，曰："班爵同[3]，何以黜朱于朝？"抚剑从之[4]。叔向曰："秦、晋不和久矣！今日之事，幸而集[5]，晋国赖之。不集，三军暴骨。子员道二国之言无私，子常易之[6]。奸以事君者，吾所能御也。"拂衣从之[7]。人救之[8]。

平公曰:“晋其庶乎[9]!吾臣之所争者大。”师旷曰:“公室惧卑,臣不心竞而力争,不务德而争善,私欲已侈,能无卑乎?”

【注释】

① 秦伯:秦景公。 ② 当御:当值,当班。 ③ 班爵:职务地位。 ④ 抚:持。 ⑤ 集:成功。 ⑥ 易:相反。 ⑦ 拂衣:振衣,撩起衣服。 ⑧ 救:止。 ⑨ 庶:杜注:“庶几于治。”

卫献公使子鲜为复[1],辞。敬姒强命之[2]。对曰:“君无信,臣惧不免。”敬姒曰:“虽然,以吾故也。”许诺。初,献公使与宁喜言,宁喜曰:“必子鲜在,不然必败。”故公使子鲜。子鲜不获命于敬姒[3],以公命与宁喜言曰:“苟反,政由宁氏,祭则寡人。”宁喜告蘧伯玉,伯玉曰:“瑗不得闻君之出[4],敢闻其入?”遂行,从近关出。告右宰谷,右宰谷曰:“不可。获罪于两君,天下谁畜之[5]?”悼子曰[6]:“吾受命于先人,不可以贰。”谷曰:“我请使焉而观之。”遂见公于夷仪[7]。反曰:“君淹恤在外十二年矣[8],而无忧色,亦无宽言,犹夫人也[9]。若不已,死无日矣。”悼子曰:“子鲜在。”右宰谷曰:“子鲜在,何益?多而能亡[10],于我何为?”悼子曰:“虽然,不可以已。”孙文子在戚[11],孙嘉聘于齐,孙襄居守。

【注释】

① 子鲜:献公同母弟鱄。为复:操办复位的事。 ② 敬姒:献公母。 ③ 不获命:谓未得明确指示。 ④ 瑗:蘧伯玉名。不得闻君之出:指襄公十四年(前559)孙氏欲逐献公,蘧伯玉出走,从近关出事。 ⑤ 畜:犹“容”。 ⑥ 悼子:即宁喜。受命于先人事见襄公二十年(前553)。 ⑦ 夷仪:本卫地,后入于晋,参襄公二十四年(前549)传。 ⑧ 淹恤:避难。 ⑨ 犹夫人也:还是那个老样子。 ⑩ 多而能亡:至多不过能逃亡而已。 ⑪ 戚:孙氏采邑,故孙林父在戚。

二月庚寅,宁喜、右宰谷伐孙氏,不克。伯国伤[1]。宁子出舍于郊。伯国死,孙氏夜哭。国人召宁子,宁子复攻孙氏,克之。辛卯,杀子叔及大子角[2]。书曰:“宁喜弑其君剽。”言罪之在宁氏也。

孙林父以戚如晋。书曰:"入于戚以叛。"罪孙氏也。臣之禄,君实有之。义则进,否则奉身而退,专禄以周旋,戮也[3]。甲午,卫侯入。书曰:"复归。"国纳之也。大夫逆于竟者,执其手而与之言。道逆者,自车揖之。逆于门者,颔之而已。

【注释】

① 伯国:孙襄。　② 子叔:即卫殇公剽。　③ 戮:谓罪可杀戮。

公至,使让大叔文子曰[1]:"寡人淹恤在外,二三子皆使寡人朝夕闻卫国之言,吾子独不在寡人[2]。古人有言曰'非所怨勿怨'。寡人怨矣。"对曰:"臣知罪矣!臣不佞,不能负羁绁,以从扞牧圉[3],臣之罪一也。有出者,有居者,臣不能贰[4],通外内之言以事君,臣之罪二也。有二罪,敢忘其死?"乃行,从近关出。公使止之。

【注释】

① 大叔文子:即大叔仪。　② 在:问候。　③ 负羁绁,以从扞牧圉:背着马缰绳、拉着马笼头跟随着保卫牛马。意即随献公出逃。参僖公二十八年(前632)注,这是当时常用语。　④ 贰:两面讨好。

卫人侵戚东鄙,孙氏诉于晋,晋戍茅氏[1]。殖绰伐茅氏,杀晋戍三百人。孙蒯追之,弗敢击。文子曰:"厉之不如[2]!"遂从卫师,败之圉[3]。雍钼获殖绰。复诉于晋。

【注释】

① 茅氏:杜注谓为戚邑的东部境。　② 厉:厉鬼。　③ 圉:在今河南濮阳市东。

郑伯赏入陈之功。三月甲寅朔,享子展,赐之先路、三命之服[1],先八邑[2]。赐子产次路、再命之服,先六邑。子产辞邑,曰:"自上以下,降杀以两,礼也。臣之位在四,且子展之功也。臣不敢及赏礼,请辞邑。"公固予之,乃受三邑。公孙挥曰:"子产其将知政矣!让不失礼。"

【注释】

① 先路:路即辂,天子及诸侯所乘车,天子及诸侯亦以之赐卿大夫,据

《尚书·顾命》及《礼记·郊特牲》,分大路、先路、次路三等。三命之服:参僖公三十三年(前627)注。 ② 先:古送礼,以轻礼为先,然后为重礼。此以路、服为邑之先。

晋人为孙氏故,召诸侯,将以讨卫也。夏,中行穆子来聘[①],召公也。

楚子、秦人侵吴,及雩娄[②],闻吴有备而还。遂侵郑,五月,至于城麇[③]。郑皇颉戍之,出,与楚师战,败。穿封戌囚皇颉,公子围与之争之,正于伯州犁。伯州犁曰:"请问于囚。"乃立囚。伯州犁曰:"所争,君子也,其何不知?"上其手[④],曰:"夫子为王子围,寡君之贵介弟也。"下其手,曰:"此子为穿封戌,方城外之县尹也。谁获子?"囚曰:"颉遇王子,弱焉[⑤]。"戌怒,抽戈逐王子围,弗及。楚人以皇颉归。

【注释】

① 中行穆子:即荀吴。 ② 雩娄:在今河南商城县东。 ③ 城麇:郑地,今不详何所。 ④ 上其手:高举手。 ⑤ 弱:抵挡不住。意为被擒。

印堇父与皇颉戍城麇[①],楚人囚之,以献于秦。郑人取货于印氏以请之,子大叔为令正[②],以为请。子产曰:"不获[③]。受楚之功而取货于郑,不可谓国[④]。秦不其然。若曰:'拜君之勤郑国,微君之惠[⑤],楚师其犹在敝邑之城下。'其可。"弗从,遂行。秦人不予。更币[⑥],从子产而后获之。

【注释】

① 印堇父:郑大夫。 ② 令正:杜注谓主稿文件的官。 ③ 不获:意为这样做肯定赎不回印堇父。 ④ 不可谓国:不能说合乎国体。 ⑤ 微君之惠:如果不是君王施恩。 ⑥ 更币:再派使者执礼物。

六月,公会晋赵武、宋向戌、郑良霄、曹人于澶渊以讨卫,疆戚田。取卫西鄙懿氏六十以与孙氏[①]。赵武不书,尊公也[②]。向戌不书,后也。郑先宋,不失所也[③]。于是卫侯会之。晋人执宁喜、北宫遗④，使女齐以先归⑤。卫侯如晋，晋人执而囚之于士弱氏⑥。

【注释】

① 懿氏：在今濮阳市西北。六十：服虔注说是六十邑。古凡村庄均有土城堡，均称为邑，故邑之范围有时极小，《论语·公冶长》云"十室之邑"，可见其规模，未必都是大城邑。　② 尊公：尊重国君。赵武为晋卿，依例当书，不书名，表示君臣不平等。　③ 不失所：如期至。　④ 北宫遗：北宫括之子，谥成子。　⑤ 女齐：女叔齐，晋臣。　⑥ 士弱：晋主刑狱的大夫。

秋七月，齐侯、郑伯为卫侯故①，如晋，晋侯兼享之。晋侯赋《嘉乐》②。国景子相齐侯③，赋《蓼萧》④。子展相郑伯，赋《缁衣》⑤。叔向命晋侯拜二君曰："寡君敢拜齐君之安我先君之宗祧也，敢拜郑君之不贰也⑥。"

【注释】

① 齐侯：齐景公。　②《嘉乐》：《诗·大雅》篇名。杜注谓取其"嘉乐君子，显显令德，宜民宜人，受禄于天"，表示对齐、郑二君的欢迎。　③ 国景子：国弱。　④《蓼萧》：《诗·小雅》篇名。取其中"既见君子，孔燕岂弟，宜兄宜弟"意，谓晋、郑兄弟，为卫说情。　⑤《缁衣》：《诗·郑风》篇名，取其中"适子之馆兮，还，予授子之粲兮"，谓请晋国允许二国之请。⑥ 按：齐、郑二国为卫求情，叔向故意从另一角度理解，把齐所赋诗中有"既见君子，燕笑语兮，是以有誉处兮"理解成祝晋得宗庙之安；把郑所赋诗理解为进献衣服，忠心不二。

国子使晏平仲私于叔向，曰："晋君宣其明德于诸侯，恤其患而补其阙①，正其违而治其烦②，所以为盟主也。今为臣执君，若之何？"叔向告赵文子③，文子以告晋侯。晋侯言卫侯之罪，使叔向告二君。国子赋"辔之柔矣"④，子展赋"将仲子兮"⑤，晋侯乃许归卫侯。叔向曰："郑七穆⑥，罕氏其后亡者也。子展俭而一。"

【注释】

① 恤：忧心。　② 烦：乱。　③ 赵文子：赵武。　④ 辔之柔矣：杜注谓逸诗，义取宽政以待诸侯，犹如柔辔之御刚马。　⑤ 将仲子兮：出《诗·郑风·将仲子》，取其中"人之多言，亦可畏兮"句。　⑥ 七穆：郑穆

公的七个后代。时公孙舍之(子展)为罕氏,公孙夏(子西)为驷氏,公孙侨(子产)为国氏,良霄(伯有)为良氏,游吉(子太叔)为游氏,公孙段(子石)为丰氏,印段(伯石)为印氏。

初,宋芮司徒生女子①,赤而毛,弃诸堤下。共姬之妾取以入②,名之曰弃。长而美。平公入夕③,共姬与之食。公见弃也,而视之,尤④。姬纳诸御,嬖,生佐,恶而婉⑤。大子痤美而很⑥,合左师畏而恶之⑦。寺人惠墙伊戾为大子内师而无宠⑧。

【注释】

① 芮司徒:宋大夫。 ② 共姬:宋伯姬,共公夫人。 ③ 入夕:傍晚入内问安。 ④ 尤:绝美。 ⑤ 恶而婉:长相丑恶而性格温和。⑥ 很:狠,狠毒。 ⑦ 合左师:向戌。 ⑧ 内师:太子内宫宦官之长。

秋,楚客聘于晋,过宋。大子知之①,请野享之。公使往,伊戾请从之。公曰:"夫不恶女乎?"对曰:"小人之事君子也,恶之不敢远,好之不敢近。敬以待命,敢有贰心乎?纵有共其外②,莫共其内③。臣请往也。"遣之。至,则欿④,用牲,加书,征之⑤,而骋告公曰:"大子将为乱,既与楚客盟矣。"公曰:"为我子,又何求?"对曰:"欲速。"公使视之,则信有焉。问诸夫人与左师,则皆曰:"固闻之。"公囚大子。大子曰:"唯佐也能免我。"召而使请,曰:"日中不来,吾知死矣。"左师闻之,聒而与之语⑥。过期,乃缢而死。佐为大子。公徐闻其无罪也,乃亨伊戾⑦。

【注释】

① 知:相识。 ② 共:同"供",侍奉。 ③ 莫共其内:意为宫内侍奉的人不可少。 ④ 欿:同"坎",挖坑。 ⑤ 征:验,检查。 ⑥ 聒:絮语不止。 ⑦ 亨:同"烹"。

左师见夫人之步马者①,问之,对曰:"君夫人氏也②。"左师曰:"谁为君夫人?余胡弗知?"圉人归,以告夫人。夫人使馈之锦与马,先之以玉,曰:"君之妾弃使某献。"左师改命曰③:"君夫人。"而后再拜稽首受之。

【注释】

① 步马：遛马。　② 君夫人：《论语·卫灵公》："邦君之妻……邦人称之曰君夫人。"　③ 改命：纠正使者传达的命词。

郑伯归自晋，使子西如晋聘，辞曰："寡君来烦执事，惧不免于戾[①]，使夏谢不敏[②]。"君子曰："善事大国。"

【注释】

① 戾：罪戾。杜注谓"言自惧失敬于大国而得罪"。　② 夏：子西名。

初，楚伍参与蔡太师子朝友[①]，其子伍举与声子相善也[②]。伍举娶于王子牟[③]，王子牟为申公而亡，楚人曰："伍举实送之[④]。"伍举奔郑，将遂奔晋。声子将如晋，遇之于郑郊，班荆相与食[⑤]，而言复故。声子曰："子行也！吾必复子。"及宋向戌将平晋、楚，声子通使于晋。还如楚，令尹子木与之语，问晋故焉[⑥]。且曰："晋大夫与楚孰贤？"对曰："晋卿不如楚，其大夫则贤，皆卿材也。如杞、梓、皮革，自楚往也。虽楚有材，晋实用之。"子木曰："夫独无族姻乎[⑦]？"对曰："虽有，而用楚材实多。归生闻之：'善为国者，赏不僭而刑不滥[⑧]。'赏僭，则惧及淫人[⑨]；刑滥，则惧及善人。若不幸而过，宁僭无滥。与其失善，宁其利淫。无善人，则国从之[⑩]。《诗》曰：'人之云亡，邦国殄瘁[⑪]。'无善人之谓也。故《夏书》曰[⑫]：'与其杀不辜，宁失不经[⑬]。'惧失善也。《商颂》有之曰：'不僭不滥，不敢怠皇。命于下国，封建厥福[⑭]。'此汤所以获天福也。古之治民者，劝赏而畏刑[⑮]，恤民不倦。赏以春夏，刑以秋冬。是以将赏，为之加膳，加膳则饫赐[⑯]，此以知其劝赏也。将刑，为之不举[⑰]，不举则彻乐，此以知其畏刑也。夙兴夜寐，朝夕临政，此以知其恤民也。三者，礼之大节也。有礼无败。今楚多淫刑，其大夫逃死于四方，而为之谋主，以害楚国，不要救疗[⑱]，所谓不能也[⑲]。

【注释】

① 子朝：文公子。　② 声子：子朝之子，即公孙归生。　③ 王子

牟:曾为申公。　④ 送:护送。　⑤ 班荆:扯草铺地而坐。　⑥ 故:事。　⑦ 夫:彼,指晋。族姻:同宗亲戚。　⑧ 僭:僭越,泛滥。⑨ 淫:邪。　⑩ 从之:跟随受害。　⑪ 所引诗见《诗·大雅·瞻卬》。殄:尽。瘁:病。　⑫《夏书》:杜注:"逸书。"　⑬ 不经:不守正法的人。⑭ 所引诗见《诗·商颂·殷武》。皇:暇。封:大。　⑮ 劝:乐。⑯ 饫:饱。饫赐,以剩余的赏赐。　⑰ 不举:减膳。　⑱ 不要救疗:至于无法挽救。　⑲ 不能:不能用其材。

"子仪之乱①,析公奔晋。晋人置诸戎车之殿②,以为谋主。绕角之役③,晋将遁矣,析公曰:'楚师轻窕,易震荡也。若多鼓钧声,以夜军之④,楚师必遁。'晋人从之,楚师宵溃。晋遂侵蔡,袭沈,获其君;败申、息之师于桑隧,获申丽而还。郑于是不敢南面。楚失华夏,则析公之为也。

【注释】

① 子仪之乱:在文公十四年(前 613)。　② 戎车之殿:国君的兵车后。　③ 绕角之役:见成公六年(前 585)。　④ 军之:全军出击。

"雍子之父兄谮雍子,君与大夫不善是也①,雍子奔晋。晋人与之鄐②,以为谋主。彭城之役③,晋、楚遇于靡角之谷。晋将遁矣,雍子发命于军曰:'归老幼,反孤疾,二人役,归一人,简兵蒐乘,秣马蓐食,师陈焚次④,明日将战。'行归者而逸楚囚,楚师宵溃。晋降彭城而归诸宋,以鱼石归⑤。楚失东夷,子辛死之,则雍子之为也。

【注释】

① 不善是:不裁定是非曲直。　② 鄐(chù):在今河南温县附近。③ 彭城之役:见成公十八年(前 573)。　④ 焚次:烧毁营帐。　⑤ 以鱼石归:见襄公元年(前 572)。

"子反与子灵争夏姬①,而雍害其事②,子灵奔晋。晋人与之邢,以为谋主,扞御北狄,通吴于晋,教吴叛楚,教之乘车、射御、驱侵，使其子狐庸为吴行人焉。吴于是伐巢，取驾③；克棘，入州来④。楚罢于奔命⑤，至今为患，则子灵之为也。

【注释】

① 子灵：即巫臣，屈氏。争夏姬：事见成公二年（前589）。　② 雍害：阻碍，破坏。　③ 伐巢，取驾：见成公十七年（前574）。　④ 克棘，入州来：参成公七年（前584）传。棘，在今河南永城市南。　⑤ 罢：同“疲”。

“若敖之乱①，伯贲之子贲皇奔晋②。晋人与之苗，以为谋主。鄢陵之役③，楚晨压晋军而陈，晋将遁矣。苗贲皇曰：‘楚师之良，在其中军王族而已。若塞井夷灶，成陈以当之，栾、范易行以诱之④，中行、二郤必克二穆⑤，吾乃四萃于其王族，必大败之。’晋人从之，楚师大败，王夷师熸⑥，子反死之。郑叛吴兴，楚失诸侯，则苗贲皇之为也。”

【注释】

① 若敖之乱：见宣公四年（前605）。　② 伯贲：宣公四年作“伯棼”。③ 鄢陵之役：见成公十六年（前575）。　④ 栾、范易行：谓当时中军主将栾书、士燮率私族兵出列诱敌。易行，改变行列，中军本夹国君而行。⑤ 中行、二郤：荀偃、郤锜、郤至。二穆：楚穆王之后子重、子辛，二人分别将左、右军。　⑥ 夷：伤。共王伤目。熸：火灭，此指军威士气不振。

子木曰：“是皆然矣。”声子曰：“今又有甚于此。椒举娶于申公子牟①，子牟得戾而亡，君大夫谓椒举：‘女实遣之！’惧而奔郑，引领南望曰：‘庶几赦余！’亦弗图也②。今在晋矣，晋人将与之县，以比叔向。彼若谋害楚国，岂不为患？”子木惧，言诸王，益其禄爵而复之。声子使椒鸣逆之③。

【注释】

① 椒举：即伍举。　② 弗图：言楚不以为意。　③ 椒鸣：伍举之子，伍奢之弟。

许灵公如楚，请伐郑，曰：“师不兴，孤不归矣！”八月，卒于楚。

楚子曰:“不伐郑,何以求诸侯?”冬十月,楚子伐郑。郑人将御之。子产曰:“晋、楚将平,诸侯将和,楚王是故昧于一来①。不如使逞而归,乃易成也。夫小人之性,衅于勇②,啬于祸③,以足其性而求名焉者,非国家之利也,若何从之?”子展说,不御寇。十二月乙酉,入南里④,堕其城。涉于乐氏⑤,门于师之梁⑥。县门发,获九人焉。涉于汜而归⑦,而后葬许灵公。

【注释】

① 昧:冒昧。 ② 衅于勇:凭血气之勇。 ③ 啬于祸:贪于祸,即唯恐不乱。 ④ 南里:在今河南新郑市南。 ⑤ 乐氏:亦在新郑,为洧水渡口。 ⑥ 师之梁:郑城门。 ⑦ 汜:南汜,在今河南襄城县南。

卫人归卫姬于晋,乃释卫侯。君子是以知平公之失政也。

晋韩宣子聘于周①。王使请事②,对曰:“晋士起将归时事于宰旅③,无他事矣。”王闻之曰:“韩氏其昌阜于晋乎!辞不失旧。”

【注释】

① 韩宣子:韩起。 ② 王:周灵王。请事:即问事,请使者说明来意。 ③ 士:天子之士分三等,上士三命,地位同诸侯的卿。韩起为晋卿,故自称为士。时事:四时贡品。宰旅:冢宰的下士。犹称左右、职事。

齐人城郏之岁①,其夏,齐乌馀以廪丘奔晋②,袭卫羊角③,取之。遂袭我高鱼④,有大雨,自其窦入⑤,介于其库⑥,以登其城,克而取之。又取邑于宋。于是范宣子卒,诸侯弗能治也。及赵文子为政,乃卒治之。文子言于晋侯曰:“晋为盟主,诸侯或相侵也,则讨而使归其地。今乌馀之邑,皆讨类也,而贪之,是无以为盟主也。请归之!”公曰:“诺。孰可使也?”对曰:“胥梁带能无用师⑦。”晋侯使往。

【注释】

① 城郏之岁:在襄公二十四年(前 549)。 ② 乌馀:齐大夫。廪丘:在今山东范县。 ③ 羊角:在今山东郓城县与范县交界处。 ④ 高鱼:在今郓城县北。 ⑤ 窦:城墙的出水洞。 ⑥ 介:取甲。 ⑦ 胥梁带:晋大夫,胥甲父之孙。无用师:不动用军队。

襄公二十七年

【经】

二十有七年春①，齐侯使庆封来聘②。

夏，叔孙豹会晋赵武、楚屈建、蔡公孙归生、卫石恶、陈孔奂、郑良霄、许人、曹人于宋③。

卫杀其大夫宁喜。

卫侯之弟鱄出奔晋④。

秋七月辛巳，豹及诸侯之大夫盟于宋⑤。

冬十有二月乙卯朔，日有食之。

【注释】

① 二十有七年：公元前 546 年。　② 齐侯：齐景公。　③ 杜注谓与会者有十四国，齐、秦不交相见，邾、滕为私属，故不与盟。宋为主人，当与盟。　④ 卫侯：卫献公。　⑤ 豹：叔孙豹。

【传】

二十七年春，胥梁带使诸丧邑者，具车徒以受地，必周①。使乌馀具车徒以受封。乌馀以其众出，使诸侯伪效乌馀之封者②，而遂执之，尽获之③。皆取其邑而归诸侯，诸侯是以睦于晋。

【注释】

① 周：保密。　② 效：致。此句意为胥梁带让诸侯假装把土地送上作为乌馀的封地。　③ 尽获之：杜注谓："皆获其徒众。"

齐庆封来聘，其车美。孟孙谓叔孙曰："庆季之车①，不亦美乎？"叔孙曰："豹闻之：'服美不称②，必以恶终。'美车何为？"叔孙与庆封食，不敬。为赋《相鼠》③，亦不知也。

【注释】

① 庆季：庆封排行最幼，故称。　② 服：服用之物，如衣饰、车马等。不称：与人不相称。　③《相鼠》：《诗·鄘风》篇名。孙叔取其中"人而无仪，不死何为"、"人而无止，不死何俟"等句讽刺庆封。

卫宁喜专,公患之。公孙免馀请杀之①。公曰:“微宁子不及此,吾与之言矣。事未可知,只成恶名,止也。”对曰:“臣杀之,君勿与知。”乃与公孙无地、公孙臣谋,使攻宁氏。弗克,皆死。公曰:“臣也无罪,父子死余矣②。”夏,免馀复攻宁氏,杀宁喜及右宰穀,尸诸朝。石恶将会宋之盟,受命而出。衣其尸,枕之股而哭之。欲敛以亡③,惧不免,且曰④:“受命矣。”乃行。

【注释】

① 公孙免馀:卫大夫。 ② 父子:公孙臣之父在卫献公出奔时被孙氏杀死。 ③ 敛:敛尸入棺。 ④ 且:借口。

子鲜曰:“逐我者出①,纳我者死,赏罚无章,何以沮劝②?君失其信,而国无刑,不亦难乎!且鱄实使之。”遂出奔晋。公使止之,不可。及河,又使止之。止使者而盟于河,托于木门③,不乡卫国而坐。木门大夫劝之仕,不可,曰:“仕而废其事,罪也。从之,昭吾所以出也④。将谁诉乎?吾不可以立于人之朝矣。”终身不仕。公丧之如税服终身⑤。

【注释】

① 逐我者:指孙林父。 ② 沮:止。劝:劝勉。沮劝,止恶劝善。 ③ 托:托身,寄寓。木门:不详。或谓在河北河间市西北。 ④ 昭吾所以出:谓将卫献公使自己出逃的罪彰明于世。 ⑤ 税服:缌服,丧服的一种,服期为五月。子鲜死,献公旋亦亡,故云服终身。

公与免馀邑六十,辞曰:“唯卿备百邑,臣六十矣,下有上禄①,乱也。臣弗敢闻。且宁子唯多邑,故死。臣惧死之速及也。”公固与之,受其半。以为少师。公使为卿,辞曰:“大叔仪不贰,能赞大事②,君其命之!”乃使文子为卿③。

【注释】

① 下:公孙免馀为大夫。 ② 赞:佐,助。 ③ 文子:即太叔仪。

宋向戌善于赵文子,又善于令尹子木,欲弭诸侯之兵以为名①。如晋，告赵孟。赵孟谋于诸大夫，韩宣子曰：“兵，民之残也②，财用之蠹③，小国之大灾也。将或弭之，虽曰不可，必将许之。弗许，楚将许之，以召诸侯，则我失为盟主矣。”晋人许之。如楚，楚亦许之。如齐，齐人难之。陈文子曰：“晋、楚许之，我焉得已？且人曰弭兵，而我弗许，则固携吾民矣④，将焉用之？”齐人许之。告于秦，秦亦许之。皆告于小国，为会于宋。

【注释】

① 弭：停止。兵：战争。　② 民之残：残害人民。　③ 蠹：木中虫。此指耗费。　④ 携：叛离。

五月甲辰，晋赵武至于宋。丙午，郑良霄至。六月丁未朔，宋人享赵文子，叔向为介①。司马置折俎②，礼也。仲尼使举是礼也③，以为多文辞④。戊申，叔孙豹、齐庆封、陈须无、卫石恶至。甲寅，晋荀盈从赵武至。丙辰，邾悼公至。壬戌，楚公子黑肱先至，成言于晋⑤。丁卯，宋向戌如陈，从子木成言于楚。戊辰，滕成公至。子木谓向戌：“请晋、楚之从交相见也⑥。”庚午，向戌复于赵孟。赵孟曰：“晋、楚、齐、秦，匹也。晋之不能于齐，犹楚之不能于秦也。楚君若能使秦君辱于敝邑，寡君敢不固请于齐？”壬申，左师复言于子木。子木使驲谒诸王。王曰：“释齐、秦，他国请相见也。”秋七月戊寅，左师至。是夜也，赵孟及子皙盟⑦，以齐言⑧。庚辰，子木至自陈。陈孔奂、蔡公孙归生至。曹、许之大夫皆至。以藩为军⑨，晋、楚各处其偏。伯夙谓赵孟曰⑩：“楚氛甚恶，惧难。”赵孟曰：“吾左还，入于宋，若我何？”

【注释】

① 介：宾之副。　② 折俎：将牲体斩成一节一段，置于俎中。是宴会所献食品。　③ 使：见到。举：记录。　④ 多文辞：宾主间文辞过分。⑤ 成言：约定。　⑥ 交相见：跟从楚与跟从晋的国家交换朝见。⑦ 子皙：公子黑肱。　⑧ 齐言：统一口径。　⑨ 藩：藩篱，篱笆。⑩ 伯夙：晋大夫，杜预谓即荀盈。

辛巳,将盟于宋西门之外,楚人衷甲[①]。伯州犁曰:“合诸侯之师,以为不信,无乃不可乎?夫诸侯望信于楚,是以来服。若不信,是弃其所以服诸侯也。”固请释甲。子木曰:“晋、楚无信久矣,事利而已。苟得志焉,焉用有信?”大宰退[②],告人曰:“令尹将死矣,不及三年。求逞志而弃信[③],志将逞乎?志以发言,言以出信,信以立志,参以定之[④]。信亡,何以及三?”赵孟患楚衷甲,以告叔向。叔向曰:“何害也?匹夫一为不信,犹不可,单毙其死[⑤]。若合诸侯之卿,以为不信,必不捷矣[⑥]。食言者不病[⑦],非子之患也。夫以信召人,而以僭济之[⑧],必莫之与也,安能害我?且吾因宋以守病[⑨],则夫能致死[⑩]。与宋致死,虽倍楚可也。子何惧焉?又不及是。曰‘弭兵’以召诸侯,而称兵以害我[⑪],吾庸多矣[⑫],非所患也。”

【注释】

① 衷甲:衣内穿甲。 ② 大宰:太宰,指伯州犁。 ③ 逞:满足。志:志向。 ④ 参:三者。指言、信、志。 ⑤ 单:殚,尽。毙:倒地。此句言全都不得善终。 ⑥ 捷:胜,成功。 ⑦ 不病:不足以对人造成危害。 ⑧ 僭:假,不信。济:利用。 ⑨ 因宋以守病:依靠宋国来防守他们造成的危害。 ⑩ 夫:人人。致死:舍命,拼命。 ⑪ 称:举。⑫ 庸:用。庸多:得到好处很多。

季武子使谓叔孙以公命,曰:“视邾、滕[①]。”既而齐人请邾,宋人请滕,皆不与盟[②]。叔孙曰:“邾、滕,人之私也[③]。我,列国也,何故视之?宋、卫,吾匹也。”乃盟。故不书其族,言违命也。

【注释】

① 视:同等。 ② 齐以邾为附属国,宋以滕为附属国。属国不参与盟会。 ③ 私:私属。

晋、楚争先[①]。晋人曰:“晋固为诸侯盟主,未有先晋者也。”楚人曰:“子言晋、楚匹也,若晋常先,是楚弱也。且晋、楚狎主诸侯之盟也久矣[②],岂专在晋?”叔向谓赵孟曰:“诸侯归晋之德只[③],非归其尸盟也[④]。子务德,无争先!且诸侯盟,小国固必有尸盟者,楚为晋细⑤,不亦可乎?”乃先楚人。书先晋,晋有信也。

【注释】

① 争先:争先歃盟。　② 狎:更,交换。　③ 只:语末词,无义。　④ 尸:主。　⑤ 楚为晋细:楚作为晋国的小国。

壬午,宋公兼享晋、楚之大夫,赵孟为客①。子木与之言,弗能对;使叔向侍言焉②,子木亦不能对也。乙酉,宋公及诸侯之大夫盟于蒙门之外③。子木问于赵孟曰:“范武子之德何如④?”对曰:“夫子之家事治,言于晋国无隐情。其祝史陈信于鬼神⑤,无愧辞。”子木归,以语王。王曰:“尚矣哉!能歆神人⑥,宜其光辅五君以为盟主也⑦。”子木又语王曰:“宜晋之伯也!有叔向以佐其卿,楚无以当之,不可与争。”晋荀盈遂如楚莅盟。

【注释】

① 客:上宾,主宾。　② 侍言:代答。　③ 蒙门:宋都东北门。　④ 范武子:士会。　⑤ 信:诚。　⑥ 歆:欣喜。　⑦ 五君:指文、襄、灵、成、景五君。

郑伯享赵孟于垂陇①,子展、伯有、子西、子产、子大叔、二子石从②。赵孟曰:“七子从君,以宠武也。请皆赋以卒君贶,武亦以观七子之志③。”子展赋《草虫》④,赵孟曰:“善哉!民之主也。抑武也不足以当之。”伯有赋《鹑之贲贲》⑤,赵孟曰:“床笫之言不逾阈,况在野乎?非使人之所得闻也。”子西赋《黍苗》之四章⑥,赵孟曰:“寡君在,武何能焉?”子产赋《隰桑》⑦,赵孟曰:“武请受其卒章⑧。”子大叔赋《野有蔓草》⑨,赵孟曰:“吾子之惠也。”印段赋《蟋蟀》⑩,赵孟曰:“善哉!保家之主也。吾有望矣。”公孙段赋《桑扈》⑪,赵孟曰:“‘匪交匪敖⑫’,福将焉往?若保是言也,欲辞福禄,得乎?”卒享,文子告叔向曰:“伯有将为戮矣!诗以言志,志诬其上,而公怨之,以为宾荣,其能久乎?幸而后亡。”叔向曰:“然。已侈⑬,所谓不及五稔者⑭,夫子之谓矣。”文子曰:“其余皆数世之主也。子展其后亡者也,在上不忘降⑮。印氏其次也,乐而不荒。乐以安民,不淫以使之[16],后亡,不亦可乎?"

【注释】

① 郑伯:郑简公。垂陇:在今河南郑州市西北。 ② 二子石:印段、公孙段。 ③ 观七子之志:请七人赋诗以明志。 ④《草虫》:《诗·召南》篇名。中有"未见君子,忧心忡忡。亦既见止,亦既觏止,我心则降"句,以赵文子为君子,意为自己忧虑国事而信任晋国。 ⑤《鹑之贲贲》:《诗·鄘风》篇名,"贲贲"今作"奔奔"。诗为刺卫宣姜淫乱而作,所以赵文子说是"床笫之言"。伯有赋之,取其中"人之无良,我以为君"句,攻击自己的国君不良。 ⑥《黍苗》:《诗·小雅》篇名,其第四章为"肃肃谢功,召伯营之。列列征师,召伯成之"。把赵文子比作周贤臣召公姬奭。 ⑦《隰桑》:《诗·小雅》篇名。杜注说子产取其中"既见君子,其乐如何"句,谓思君子而尽心事奉他。 ⑧ 卒章:《隰桑》的最后一章为:"心乎爱矣,遐不谓矣。中心藏之,何日忘之?"赵文子意为接受子产的规诲。 ⑨《野有蔓草》:《诗·郑风》篇名。取其"邂逅相遇,适我愿兮"句,言与赵文子初次相见,十分高兴。 ⑩《蟋蟀》:《诗·唐风》篇名,取其中"无以大康,职思其居。好乐无荒,良士瞿瞿"句,说遵守礼仪。所以赵文子说他能戒惧不荒,是保家之主。 ⑪《桑扈》:《诗·小雅》篇名,是周王宴诸侯的诗,义取君子有礼文,故受上天保佑。 ⑫ 匪交匪敖:今作"彼交匪敖","彼"与"匪"通,即"非"意。交,侥幸。敖,傲慢。 ⑬ 已:太。⑭ 五稔:五年。 ⑮ 不忘降:子展所赋诗中有"我心则降"句。 ⑯ 不淫以使之:不过分地放纵欢乐。

宋左师请赏,曰:"请免死之邑[1]。"公与之邑六十。以示子罕,子罕曰:"凡诸侯小国,晋、楚所以兵威之。畏而后上下慈和,慈和而后能安靖其国家,以事大国,所以存也。无威则骄,骄则乱生,乱生必灭,所以亡也。天生五材[2],民并用之,废一不可,谁能去兵[3]?兵之设久矣,所以威不轨而昭文德也。圣人以兴,乱人以废,废兴存亡昏明之术[4],皆兵之由也。而子求去之,不亦诬乎?以诬道蔽诸侯[5],罪莫大焉。纵无大讨,而又求赏,无厌之甚也[6]!"削而投之[7]。左师辞邑。向氏欲攻司城[8],左师曰:"我将亡,夫子存我,德莫大焉,又可攻乎?"君子曰:"'彼己之子,邦之司直[9]',乐喜之谓乎[10]?'何以恤我,我其收之[11]',向戌之谓乎?"

【注释】

① 免死之邑：杜注谓是谦称。从文意看，意为自己做成此事，可免于一死，应赏给城邑。　② 五材：谓金、木、水、火、土。　③ 兵：指兵器，材用金与木，铸造时用水、火，且产自土地。　④ 昏明：昏聩与贤明。⑤ 诬道：欺蒙，诈骗。蔽：蒙蔽，遮掩。　⑥ 厌：满足。　⑦ 削：削去简策上的字。　⑧ 司城：即子罕。　⑨ 所引见《诗·郑风·羔裘》。"己"，今作"其"，无义。彼己之子，意为他是这样一个人。司直，主持正义。⑩ 乐喜：即子罕。　⑪ 所引诗见《诗·周颂·维天之命》。上句今作"假以溢我"，溢、恤，均赐意。杜注说"善向戌能知其过"。

齐崔杼生成及强而寡[①]。娶东郭姜，生明。东郭姜以孤入[②]，曰棠无咎，与东郭偃相崔氏[③]。崔成有疾，而废之，而立明。成请老于崔，崔子许之。偃与无咎弗予，曰："崔，宗邑也，必在宗主。"成与强怒，将杀之，告庆封曰："夫子之身亦子所知也，唯无咎与偃是从，父兄莫得进矣。大恐害夫子，敢以告。"庆封曰："子姑退，吾图之。"告卢蒲嫳[④]。卢蒲嫳曰："彼，君之仇也[⑤]。天或者将弃彼矣。彼实家乱，子何病焉？崔之薄，庆之厚也。"他日又告。庆封曰："苟利夫子，必去之！难，吾助女。"

【注释】

① 寡：与"鳏"同义。　② 孤：前夫棠公的儿子。　③ 东郭偃：东郭姜的弟弟。　④ 卢蒲嫳(piè)：庆封属下大夫。　⑤ 君之仇：指崔杼杀齐庄公。

九月庚辰，崔成、崔强杀东郭偃、棠无咎于崔氏之朝[①]。崔子怒而出，其众皆逃，求人使驾，不得。使圉人驾[②]，寺人御而出。且曰："崔氏有福，止余犹可。"遂见庆封。庆封曰："崔、庆一也。是何敢然？请为子讨之。"使卢蒲嫳帅甲以攻崔氏。崔氏堞其宫而守之[③]，弗克。使国人助之，遂灭崔氏，杀成与强，而尽俘其家。其妻缢。嫳复命于崔子，且御而归之。至，则无归矣[④]，乃缢。崔明夜辟诸大墓[⑤]。辛巳，崔明来奔，庆封当国。

【注释】

① 朝:古诸侯与大夫皆有朝堂。 ② 圉人:养马人。 ③ 堞其宫:加固宫墙。 ④ 无归:无家可归。 ⑤ 辟:同“避”。

楚薳罢如晋莅盟①,晋侯享之。将出,赋《既醉》②,叔向曰:“薳氏之有后于楚国也,宜哉!承君命,不忘敏③。子荡将知政矣。敏以事君,必能养民,政其焉往?”

【注释】

① 薳罢:楚大夫,字子荡,后任令尹。 ②《既醉》:《诗·大雅》篇名。杜注云取其中“既醉以酒,既饱以德。君子万年,介尔景福”句,赞美晋侯,比之为太平君子。 ③ 敏:处事敏捷。

崔氏之乱①,申鲜虞来奔②,仆赁于野③,以丧庄公④。冬,楚人召之,遂如楚为右尹。

十一月乙亥朔,日有食之。辰在申⑤,司历过也,再失闰矣。

【注释】

① 崔氏之乱:指襄公二十五年(前548)崔杼杀死齐庄公。 ② 申鲜虞:齐臣。 ③ 仆赁:雇人为仆。 ④ 以丧庄公:为庄公服丧。⑤ 辰在申:斗柄指着申,于周正应为九月,经书“十二月”误。故传记为十一月,并指出管历法的官员两次该加闰而未加,以致差了两个月。

襄公二十八年

【经】

二十有八年春①,无冰。

夏,卫石恶出奔晋。

邾子来朝②。

秋八月,大雩。

仲孙羯如晋③。

冬,齐庆封来奔。

十有一月，公如楚。

十有二月甲寅，天王崩④。

乙未，楚子昭卒⑤。

【注释】

①二十有八年：公元前545年。②邾子：邾悼公。③仲孙羯：即孟孝伯。④天王：周灵王。⑤楚子：楚康王。

【传】

二十八年春，无冰。梓慎曰①："今兹宋、郑其饥乎？岁在星纪，而淫于玄枵②，以有时灾③，阴不堪阳④。蛇乘龙⑤。龙，宋、郑之星也⑥，宋、郑必饥。玄枵，虚中也⑦。枵，耗名也⑧。土虚而民耗，不饥何为？"

【注释】

①梓慎：鲁大夫。②"岁在"二句：岁，岁星，即木星。古人以为木星公转一圈为十二年，因分周天为十二次。次，即日月相会之处。将十二次配十二支。十二次顺序为：降娄、大梁、实沉、鹑首、鹑火、鹑尾、寿星、大火、析木、星纪、玄枵、娵訾。照梓慎推算，这年的岁星应该在星纪，但实际却在玄枵。淫，过。③时灾：天时不正之灾。④阴不堪阳：因无冰，故云。⑤蛇乘龙：岁星即木星，木为青龙。玄枵相当二十八宿中女、虚、危，虚危为蛇。龙行失位，出蛇之下，故云。⑥宋、郑之星：宋、郑是岁星的分野。⑦虚中：玄枵三宿，居中为虚宿。参后昭公十年"颛顼之虚"注。⑧耗名：是用来称呼消耗的字。

夏，齐侯、陈侯、蔡侯、北燕伯、杞伯、胡子、沈子、白狄朝于晋①，宋之盟故也。齐侯将行，庆封曰："我不与盟，何为于晋②？"陈文子曰："先事后贿③，礼也。小事大，未获事焉，从之如志④，礼也。虽不与盟，敢叛晋乎？重丘之盟⑤，未可忘也。子其劝行！"

【注释】

①齐侯：齐景公。陈侯：陈哀公。蔡侯：蔡景侯。北燕伯：北燕即姬姓燕，都蓟。据《史记·燕召公世家》，此时北燕伯为燕懿公。杞伯：杞文公。胡子：胡为归姓国，地在今安徽阜阳市，后于定公时被楚灭。②何为于晋：为什

么去朝见晋国。 ③ 先事后贿:先考虑大事,再考虑财物。凡朝聘必送礼,庆封惜财,所以劝阻齐景公。 ④ 如志:如晋之意愿。 ⑤ 重丘之盟:见襄公二十五年(前548)。

卫人讨宁氏之党,故石恶出奔晋。卫人立其从子圃以守石氏之祀①,礼也。

邾悼公来朝,时事也②。

秋八月,大雩,旱也。

【注释】

① 从子:兄弟之子。 ② 时事:通常的朝聘。表示与宋之盟无关。

蔡侯归自晋,入于郑。郑伯享之①,不敬。子产曰:"蔡侯其不免乎?日其过此也,君使子展迋劳于东门之外②,而傲。吾曰犹将更之。今还,受享而惰,乃其心也。君小国事大国③,而惰傲以为己心,将得死乎④?若不免,必由其子⑤。其为君也,淫而不父⑥。侨闻之⑦,如是者,恒有子祸。"

【注释】

① 郑伯:郑简公。 ② 迋:同"往"。 ③ 君小国:为小国国君。 ④ 得死:善终。 ⑤ 必由其子:一定死在儿子手里。 ⑥ 淫而不父:杜注:"通太子班之妻。" ⑦ 侨:子产名。

孟孝伯如晋,告将为宋之盟故如楚也。

蔡侯之如晋也,郑伯使游吉如楚①。及汉②,楚人还之③,曰:"宋之盟,君实亲辱。今吾子来,寡君谓吾子姑还,吾将使驲奔问诸晋而以告④。"子大叔曰:"宋之盟,君命将利小国,而亦使安定其社稷,镇抚其民人,以礼承天之休⑤,此君之宪令⑥,而小国之望也。寡君是故使吉奉其皮币⑦,以岁之不易⑧,聘于下执事。今执事有命曰:女何与政令之有?必使而君弃而封守⑨,跋涉山川,蒙犯霜露,以逞君心。小国将君是望,敢不唯命是听?无乃非盟载之言⑩,以阙君德,而执事有不利焉,小国是惧。不然,其何劳之敢惮？”

【注释】

① 游吉：子大叔。　② 汉：汉水。　③ 还之：令他回去。　④ 奔问诸晋：杜注云“问郑君应来朝否”。　⑤ 休：福禄。　⑥ 宪令：法令。　⑦ 皮币：兽皮与绸帛，是聘问常用的礼物。　⑧ 以岁之不易：杜注谓“岁有饥荒之难”。　⑨ 封守：疆土。　⑩ 盟载：即盟书。

子大叔归，复命，告子展曰：“楚子将死矣！不修其政德，而贪昧于诸侯①，以逞其愿，欲久，得乎？《周易》有之，在《复》䷗之《颐》䷚②，曰：‘迷复，凶。’其楚子之谓乎？欲复其愿③，而弃其本④，复归无所，是谓迷复，能无凶乎？君其往也！送葬而归，以快楚心。楚不几十年⑤，未能恤诸侯也，吾乃休吾民矣。”裨灶曰⑥：“今兹周王及楚子皆将死。岁弃其次，而旅于明年之次，以害鸟帑，周、楚恶之⑦。”

【注释】

① 贪昧：贪图。　②《复》之《颐》：《复》卦震下坤上，其第六爻阴变为阳，坤则变为艮，成《颐》，故下用第六爻辞。　③ 复：实行，实践。　④ 弃其本：杜注说：“不修德。”　⑤ 几：近。《复》上六爻辞有“至于十年不克征”句，故游吉说楚不近十年无能争霸。　⑥ 裨灶：郑大夫。　⑦ 杜注云岁星所在的国家有福，如今失次于北面，祸冲在南。南为朱鸟，鸟尾名帑。鹑火、鹑尾是周、楚的分野，二次皆属朱雀，所以周天子、楚王担当恶运。

九月，郑游吉如晋，告将朝于楚，以从宋之盟。子产相郑伯以如楚，舍不为坛①。外仆言曰②：“昔先大夫相先君，适四国③，未尝不为坛。自是至今，亦皆循之。今子草舍④，无乃不可乎？”子产曰：“大适小，则为坛。小适大，苟舍而已，焉用坛？侨闻之，大适小有五美：宥其罪戾，赦其过失，救其灾患，赏其德刑，教其不及。小国不困，怀服如归。是故作坛以昭其功，宣告后人，无怠于德。小适大有五恶：说其罪戾⑤，请其不足，行其政事⑥，共其职贡⑦，从其时命⑧。不然，则重其币帛，以贺其福而吊其凶，皆小国之祸也，焉用作坛以昭其祸？所以告子孙，无昭祸焉可也。”

【注释】

① 舍:设立帐篷,建旌门,受郊劳。坛:国君至他国,建舍后,必辟地建坛,以受郊劳。 ② 外仆:官名,主建舍、坛。 ③ 四国:四方国家。④ 草舍:建舍先除草,不除草而建舍,称草舍。 ⑤ 说:解说,解释。⑥ 行其政事:杜注:"奉行大国之政。" ⑦ 共:同"供"。 ⑧ 时命:此指不时之命。

齐庆封好田而耆酒①,与庆舍政②,则以其内实迁于卢蒲嫳氏③,易内而饮酒。数日,国迁朝焉④。使诸亡人得贼者⑤,以告而反之⑥,故反卢蒲癸。癸臣子之⑦,有宠,妻之。庆舍之士谓卢蒲癸曰:"男女辨姓。子不辟宗⑧,何也?"曰:"宗不余辟,余独焉辟之?赋诗断章⑨,余取所求焉,恶识宗?"癸言王何而反之⑩,二人皆嬖,使执寝戈而先后之⑪。

【注释】

① 耆:同"嗜"。 ② 庆舍:庆封之子。 ③ 内实:宝器妻妾。④ 迁朝:大夫到卢蒲嫳家去朝见。 ⑤ 亡人:避崔杼之难而逃者。贼:指崔氏之党。 ⑥ 以告而反之:前来告发就允许他们回来。反,同"返"。⑦ 子之:即庆舍。 ⑧ 子不辟宗:辟,避。庆氏与卢蒲氏皆姜姓,为同宗,故云。 ⑨ 赋诗断章:外交上需要,赋诗者往往各取所求,断章取义。⑩ 王何:时逃亡莒国。 ⑪ 寝戈:近身护卫用的兵器。

公膳①,日双鸡。饔人窃更之以鹜②。御者知之③,则去其肉而以其洎馈④。子雅、子尾怒⑤。庆封告卢蒲嫳。卢蒲嫳曰:"譬之如禽兽,吾寝处之矣。"使析归父告晏平仲。平仲曰:"婴之众不足用也,知无能谋也。言弗敢出,有盟可也。"子家曰⑥:"子之言云,又焉用盟?"告北郭子车⑦。子车曰:"人各有以事君,非佐之所能也。"陈文子谓桓子曰⑧:"祸将作矣!吾其何得?"对曰:"得庆氏之木百车于庄⑨。"文子曰:"可慎守也已⑩!"

【注释】

① 公膳:朝廷供应大夫的膳食。 ② 饔人:主宰杀的人。鹜:鸭子。③ 御者:上菜进食的人。 ④ 洎:肉汁。 ⑤ 子雅、子尾:皆齐惠公孙。

伙食不好，执政有责，二人怒庆封。　⑥ 子家：即析归父。　⑦ 北郭子车：齐大夫，名佐。　⑧ 桓子：文子之子无宇。　⑨ 庄：临淄大街名。此句隐言庆氏必败，木为建屋之材，故以得木喻得人得权。　⑩ 慎守：谓得之不可失。

卢蒲癸、王何卜攻庆氏，示子之兆①，曰："或卜攻仇，敢献其兆。"子之曰："克，见血。"冬十月，庆封田于莱②，陈无宇从。丙辰，文子使召之。请曰："无宇之母疾病，请归。"庆季卜之③，示之兆，曰："死。"奉龟而泣。乃使归。庆嗣闻之④，曰："祸将作矣！"谓子家⑤："速归！祸作必于尝⑥，归犹可及也。"子家弗听，亦无悛志。子息曰："亡矣！幸而获在吴、越。"陈无宇济水而戕舟发梁⑦。卢蒲姜谓癸曰⑧："有事而不告我，必不捷矣。"癸告之。姜曰："夫子愎⑨，莫之止，将不出，我请止之。"癸曰："诺。"十一月乙亥，尝于大公之庙，庆舍莅事。卢蒲姜告之，且止之。弗听，曰："谁敢者。"遂如公⑩。麻婴为尸⑪，庆奊为上献⑫。卢蒲癸、王何执寝戈。庆氏以其甲环公宫⑬。陈氏、鲍氏之圉人为优⑭。庆氏之马善惊，士皆释甲束马而饮酒，且观优，至于鱼里⑮。栾、高、陈、鲍之徒介庆氏之甲⑯。子尾抽桷击扉三⑰，卢蒲癸自后刺子之，王何以戈击之，解其左肩⑱。犹援庙桷，动于甍⑲，以俎壶投，杀人而后死。遂杀庆绳、麻婴。公惧。鲍国曰："群臣为君故也。"陈须无以公归⑳，税服而如内宫㉑。

【注释】

① 兆：龟甲上的裂纹，以此卜吉凶。　② 莱：在今山东昌邑市东南。　③ 庆季：庆封。　④ 庆嗣：庆封族人，字子息。　⑤ 子家：庆封。　⑥ 尝：尝祭，在夏历秋天举行。　⑦ 戕舟发梁：破舟撤桥。　⑧ 卢蒲姜：庆舍女，卢蒲癸妻。　⑨ 夫子：指庆舍。　⑩ 公：至公所，即太公庙。　⑪ 尸：古代祭祀，以活人代受祭者，称尸。　⑫ 庆奊(xiè)：庆封族人，即庆绳。上献：上宾，由属吏中选取。　⑬ 环公宫：围住公宫。杜注谓太公庙在公宫内。　⑭ 优：俳优，演戏及表演杂艺者。　⑮ 鱼里：在宫外。杜注谓"优在鱼里，就观之"。　⑯ 栾、高、陈、鲍：子雅、子尾、陈须无、鲍国。

介:穿上。 ⑰ 桷:椽条。扉:门扇。 ⑱ 解:斩下。 ⑲ 甍(méng):栋梁。 ⑳ 陈须无:陈文子。 ㉑ 税服:脱下祭服。

庆封归,遇告乱者。丁亥,伐西门,弗克。还伐北门,克之。入,伐内宫,弗克。反,陈于岳①,请战,弗许,遂来奔。献车于季武子,美泽可以鉴②。展庄叔见之③,曰:"车甚泽,人必瘁,宜其亡也。"叔孙穆子食庆封④,庆封氾祭⑤。穆子不说,使工为之诵《茅鸱》⑥,亦不知,既而齐人来让⑦,奔吴。吴句余予之朱方⑧,聚其族焉而居之,富于其旧。子服惠伯谓叔孙曰:"天殆富淫人,庆封又富矣。"穆子曰:"善人富谓之赏,淫人富谓之殃。天其殃之也,其将聚而歼旃⑨?"

【注释】

① 岳:临淄街市名。 ② 美泽:华美光泽。 ③ 展庄叔:鲁大夫。 ④ 食:便宴。 ⑤ 氾祭:即周祭,遍祭群神。臣子侍君宴,君氾祭。现在穆子请庆封宴,庆封这样做是无礼的行为,所以穆子不高兴。 ⑥《茅鸱》:杜注谓"逸诗,刺不敬"。 ⑦ 让:责备收留庆封。 ⑧ 句余:吴王夷末。朱方:吴邑,在今江苏镇江市。 ⑨ 旃:语助,"之焉"的合字。

癸巳,天王崩。未来赴,亦未书,礼也。

崔氏之乱,丧群公子。故鉏在鲁,叔孙还在燕,贾在句渎之丘①。及庆氏亡,皆召之,具其器用而反其邑焉。与晏子邶殿其鄙六十②,弗受。子尾曰:"富,人之所欲也,何独弗欲?"对曰:"庆氏之邑足欲,故亡。吾邑不足欲也。益之以邶殿,乃足欲。足欲,亡无日矣。在外,不得宰吾一邑③。不受邶殿,非恶富也,恐失富也。且夫富如布帛之有幅焉④,为之制度,使无迁也⑤。夫民生厚而用利⑥,于是乎正德以幅之,使无黜嫚⑦,谓之幅利⑧。利过则为败。吾不敢贪多,所谓幅也。"与北郭佐邑六十,受之。与子雅邑,辞多受少。与子尾邑,受而稍致之⑨。公以为忠,故有宠。

【注释】

① 贾:襄公二十一年(前552)云"执公子买于句渎之丘",未知孰是。 ② 邶殿:在今山东昌邑。 ③ 宰:主宰。 ④ 幅:布的宽度。古代规定

布宽二尺二寸,帛宽二尺四寸。　⑤ 迁:改变。　⑥ 生厚:生活享受要求丰厚。用利:器物财物要求富饶。　⑦ 黜嫚:贬损与过分。　⑧ 幅利:限制私利。　⑨ 稍:尽,全部。致:退还。

释卢蒲嫳于北竟①。求崔杼之尸,将戮之,不得。叔孙穆子曰:"必得之。武王有乱臣十人②,崔杼其有乎?不十人,不足以葬③。"既,崔氏之臣曰:"与我其拱璧④,吾献其柩。"于是得之。十二月乙亥朔,齐人迁庄公,殡于大寝⑤。以其棺尸崔杼于市⑥。国人犹知之⑦,皆曰:"崔子也。"

【注释】

① 释:放逐。竟:同"境"。　② 乱臣:治理天下之臣。十人:周公、召公、文母、太公、毕公、荣公、太颠、闳夭、散宜生、南宫括。　③ 不足以葬:一定不能安葬。意为未葬必能找到尸体。　④ 拱璧:大璧。　⑤ 大寝:即路寝,天子与诸侯的正室。　⑥ 尸:暴尸。　⑦ 知:认识。

为宋之盟故,公及宋公、陈侯、郑伯、许男如楚。公过郑,郑伯不在。伯有廷劳于黄崖①,不敬。穆叔曰:"伯有无戾于郑②,郑必有大咎。敬,民之主也,而弃之,何以承守③?郑人不讨,必受其辜。济泽之阿④,行潦之蘋藻⑤,置诸宗室,季兰尸之⑥,敬也。敬可弃乎?"及汉,楚康王卒。公欲反,叔仲昭伯曰⑦:"我楚国之为,岂为一人?行也!"子服惠伯曰:"君子有远虑,小人从迩。饥寒之不恤,谁遑其后?不如姑归也。"叔孙穆子曰:"叔仲子专之矣⑧,子服子始学者也。"荣成伯曰⑨:"远图者,忠也。"公遂行。宋向戌曰:"我一人之为,非为楚也。饥寒之不恤,谁能恤楚?姑归而息民,待其立君而为之备。"宋公遂反。

【注释】

① 黄崖:在今河南新郑市北。　② 戾:罪。此谓不受禄。　③ 承守:承先祖,守其家。　④ 济泽之阿:渡口水泽边。　⑤ 行潦:路上的积水。蘋藻:浮蘋水草。　⑥ 季兰尸之:季兰作为祭尸接受。此数句用《诗·召南·采蘋》意,诗中有:"于以采蘋?南涧之滨。于以采藻?于彼行

潦。”“于以奠之？宗室牖下。谁其尸之？有齐季女。” ⑦ 叔仲昭伯：鲁大夫，即叔仲带。 ⑧ 专：言足以专用。 ⑨ 荣成伯：荣驾鹅，叔肸曾孙。

楚屈建卒。赵文子丧之如同盟，礼也。

王人来告丧。问崩日，以甲寅告①。故书之，以征过也②。

【注释】

① 以甲寅告：实死于癸巳。 ② 征：惩罚。

卷十九　　襄公六

襄公二十九年

【经】

二十有九年春[①]，王正月，公在楚。

夏五月，公至自楚。

庚午，卫献公衎卒。

阍杀吴子馀祭[②]。

仲孙羯会晋荀盈、齐高止、宋华定、卫世叔仪、郑公孙段、曹人、莒人、滕人、薛人、小邾人城杞[③]。

晋侯使士鞅来聘[④]。

杞子来盟[⑤]。

吴子使札来聘[⑥]。

秋九月，葬卫献公。

齐高止出奔北燕。

冬，仲孙羯如晋。

【注释】

① 二十有九年：公元前 544 年。　② 阍：守门人。　③ 高止：高厚子，字子容。　④ 晋侯：晋平公。　⑤ 杞子：杞文公。　⑥ 吴子：仍指吴王馀祭。季札受命时，馀祭尚未被杀。

【传】

二十九年春，王正月，公在楚，释不朝正于庙也。楚人使公亲禭[①]，公患之。穆叔曰："祓殡而禭[②]，则布币也[③]。"乃使巫以桃茢先祓殡[④]。楚人弗禁，既而悔之。

二月癸卯，齐人葬庄公于北郭。

【注释】

① 襚：为死者穿衣。这是诸侯使臣吊邻国之丧的礼节，所以鲁襄公不满。　② 祓殡：为殡葬祓除不详，举行祭祀。　③ 则布币：等同于朝聘时送礼物。　④ 茢：苕帚。与桃木均用以扫除不祥。《礼·檀弓》："君临臣丧，以巫祝桃茢执戈，恶之也。"知此为君临臣丧的礼，所以楚人不禁而后悔。

夏四月，葬楚康王。公及陈侯、郑伯、许男送葬，至于西门之外。诸侯之大夫皆至于墓。楚郏敖即位①。王子围为令尹②。郑行人子羽曰："是谓不宜，必代之昌。松柏之下，其草不殖③。"

【注释】

① 郏敖：楚康王之子熊麇。公元前544—前541年在位。　② 王子围：康王弟。　③ 杜注云："言楚君弱，令尹强，物不两盛。为昭元年围弑郏敖起本。"殖：成长。

公还，及方城。季武子取卞①，使公冶问②，玺书追而与之③，曰："闻守卞者将叛，臣帅徒以讨之，既得之矣，敢告。"公冶致使而退④，及舍而后闻取卞。公曰："欲之而言叛，祇见疏也。"公谓公冶曰："吾可以入乎？"对曰："君实有国，谁敢违君？"公与公冶冕服⑤。固辞，强之而后受。公欲无入，荣成伯赋《式微》⑥，乃归。五月，公至自楚。公冶致其邑于季氏，而终不入焉⑦，曰："欺其君，何必使余？"季孙见之，则言季氏如他日⑧。不见，则终不言季氏。及疾，聚其臣⑨，曰："我死，必无以冕服敛，非德赏也。且无使季氏葬我。"

【注释】

① 卞：鲁公室邑，在今泗水县东。季武子私取之。　② 公冶：季武子的私属大夫。问：问候襄公。　③ 玺书：以印封书。　④ 致使：即问候襄公，交出玺书。　⑤ 冕服：杜注："以卿服玄冕赏之。"　⑥《式微》：《诗·邶风》篇名，中有"式微式微，胡不归"句，因以之劝襄公回国。　⑦ 入：进季孙家。　⑧ 则言季氏如他日：与季孙和平常一样交谈。　⑨ 臣：指公冶家仆役。

葬灵王。郑上卿有事①,子展使印段往。伯有曰:“弱②,不可。”子展曰:“与其莫往,弱不犹愈乎?《诗》云:‘王事靡盬,不遑启处③。’东西南北,谁敢宁处?坚事晋、楚,以蕃王室也④。王事无旷,何常之有⑤?”遂使印段如周。

【注释】

① 有事:有国事。时郑简公在楚,上卿要守卫国家。　② 弱:年轻。③ 所引诗见《诗·小雅·四牡》。靡盬(gǔ):没有止息。启处:安息。④ 蕃:藩,捍卫。　⑤ 常:常例。

吴人伐越,获俘焉,以为阍,使守舟。吴子馀祭观舟,阍以刀弑之。

郑子展卒,子皮即位①。于是郑饥而未及麦,民病。子皮以子展之命,饩国人粟,户一钟②,是以得郑国之民。故罕氏常掌国政,以为上卿。宋司城子罕闻之,曰:“邻于善,民之望也。”宋亦饥,请于平公,出公粟以贷。使大夫皆贷。司城氏贷而不书③,为大夫之无者贷。宋无饥人。叔向闻之,曰:“郑之罕,宋之乐④,其后亡者也。二者其皆得国乎!民之归也。施而不德,乐氏加焉,其以宋升降乎⑤?”

【注释】

① 子皮:子展之子,接父位为上卿。又称罕皮。　② 钟:合六石四斗,合今一石三斗。　③ 不书:不书借据。　④ 乐:宋子罕为乐氏。⑤ 以宋升降:与宋之盛衰而升降,即与国家同运。

晋平公,杞出也,故治杞①。六月,知悼子合诸侯之大夫以城杞,孟孝伯会之。郑子大叔与伯石往。子大叔见大叔文子②,与之语。文子曰:“甚乎!其城杞也。”子大叔曰:“若之何哉?晋国不恤周宗之阙③,而夏肄是屏④。其弃诸姬,亦可知也已。诸姬是弃,其谁归之?吉也闻之,弃同即异⑤,是谓离德。《诗》曰:‘协比其邻,昏姻孔云⑥。’晋不邻矣,其谁云之?”

【注释】

① 治:杜注:“理其地,修其城。”　② 大叔文子:卫太叔仪。　③ 周宗:周室。阙:空乏。　④ 肄:余。夏肄,夏朝之后。杞国是夏之后。屏:藩

屏,即保护。⑤ 即:就。⑥ 所引诗见《诗·小雅·正月》。协比:亲附。邻:原意为相近者,这里断章取义,指近亲、同姓。孔:甚。云:友待,周旋。

齐高子容与宋司徒见知伯①,女齐相礼②。宾出,司马侯言于知伯曰:"二子皆将不免。子容专,司徒侈,皆亡家之主也。"知伯曰:"何如?"对曰:"专则速及③,侈将以其力毙④,专则人实毙之,将及矣。"

【注释】

① 高子容:高止。司徒:华定。知伯:即知悼子荀盈。② 女齐:司马侯。③ 速及:很快遭到祸难。④ 以其力:因自己的过于强大。

范献子来聘,拜城杞也。公享之,展庄叔执币①。射者三耦②,公臣不足③,取于家臣。家臣,展瑕、展玉父为一耦。公臣,公巫召伯、仲颜庄叔为一耦,鄫鼓父、党叔为一耦。

【注释】

① 执币:拿着礼物。凡享礼,主人劝宾酒,送上束帛为礼,称酬币。② 耦:对。③ 公臣:朝廷之臣。参加射礼的需既懂礼又工射者,所以一时凑不出六人。

晋侯使司马女叔侯来治杞田①,弗尽归也。晋悼夫人愠曰②:"齐也取货③。先君若有知也,不尚取之④!"公告叔侯,叔侯曰:"虞、虢、焦、滑、霍、扬、韩、魏,皆姬姓也,晋是以大。若非侵小,将何所取?武、献以下⑤,兼国多矣,谁得治之?杞,夏余也,而即东夷⑥。鲁,周公之后也,而睦于晋。以杞封鲁犹可,而何有焉?鲁之于晋也,职贡不乏,玩好时至,公卿大夫相继于朝,史不绝书,府无虚月⑦。如是可矣!何必瘠鲁以肥杞?且先君而有知也⑧,毋宁夫人⑨,而焉用老臣?"

【注释】

① 女叔侯:即女齐。治杞田:使鲁归还以前所取杞田。② 晋悼夫人:晋平公母,杞女。③ 取货:收取贿赂。④ 不尚取之:谓不尽取之,先君不佑汝。⑤ 武、献:晋武公、献公。⑥ 即:接近。⑦ 府

无虚月:国库没有一个月不收进他们的礼物。　⑧ 而:同“如”,假如,如果。　⑨ 毋宁:宁,宁可。谓宁可让夫人去做这事。

杞文公来盟。书曰“子”,贱之也。

吴公子札来聘,见叔孙穆子,说之。谓穆子曰:“子其不得死乎①!好善而不能择人。吾闻君子务在择人。吾子为鲁宗卿,而任其大政,不慎举②,何以堪之?祸必及子!”

【注释】

① 不得死:即不得好死。　② 不慎举:不慎重举拔人。

请观于周乐。使工为之歌《周南》、《召南》,曰:“美哉!始基之矣①,犹未也②。然勤而不怨矣③。”为之歌《邶》、《鄘》、《卫》,曰:“美哉,渊乎④!忧而不困者也⑤。吾闻卫康叔、武公之德如是⑥,是其《卫风》乎?”为之歌《王》,曰:“美哉!思而不惧⑦,其周之东乎⑧?”为之歌《郑》,曰:“美哉!其细已甚⑨,民弗堪也,是其先亡乎!”为之歌《齐》,曰:“美哉,泱泱乎⑩,大风也哉⑪!表东海者⑫,其大公乎!国未可量也。”为之歌《豳》,曰:“美哉,荡乎⑬!乐而不淫⑭,其周公之东乎⑮?”为之歌《秦》,曰:“此之谓夏声⑯。夫能夏则大⑰,大之至也,其周之旧乎?”为之歌《魏》,曰:“美哉,沨沨乎⑱!大而婉⑲,险而易行⑳,以德辅此,则明主也。”为之歌《唐》,曰:“思深哉!其有陶唐氏之遗民乎?不然,何忧之远也?非令德之后㉑,谁能若是?”为之歌《陈》,曰:“国无主,其能久乎?”自《郐》以下无讥焉㉒。为之歌《小雅》,曰:“美哉!思而不贰㉓,怨而不言㉔,其周德之衰乎?犹有先王之遗民焉。”为之歌《大雅》,曰:“广哉,熙熙乎㉕!曲而有直体㉖,其文王之德乎?”为之歌《颂》,曰:“至矣哉!直而不倨㉗,曲而不屈㉘,迩而不逼,远而不携㉙,迁而不淫㉚,复而不厌,哀而不愁,乐而不荒㉛,用而不匮,广而不宣㉜,施而不费㉝,取而不贪㉞,处而不底㉟,行而不流㊱。五声和㊲,八风平㊳,节有度㊴,守有序㊵,盛德之所同也。”见舞《象箾》、《南籥》者㊶,曰:“美哉!犹有憾㊷。”见舞《大武》者㊸,曰:“美哉!周之盛也,其若此乎?”见舞《韶濩》者[44]，曰："圣人之弘也[45]，而犹有惭德[46]，圣人之难也。"见舞《大夏》者[47]，曰："美哉！勤而不德[48]，非禹其谁能修之[49]？"见舞《韶箾》者[50]，曰："德至矣哉！大矣！如天之无不帱也[51]，如地之无不载也，虽甚盛德，其蔑以加于此矣。观止矣[52]！若有他乐，吾不敢请已！"

【注释】

① 始基之矣：周的教化已奠定基础了。"二南"是产生较早的音乐，故云。② 犹未：还没有尽善。 ③ 勤：勤劳。 ④ 渊：深。 ⑤ 忧：忧虑。困：困穷。 ⑥ 卫康叔：周公之弟，始封于卫。武公为他九世孙。二人皆卫贤君。 ⑦ 思：忧思。 ⑧ 周之东：周室东迁。 ⑨ 细：琐碎。也象征郑国政令苛细。 ⑩ 泱泱：深广宏大貌。 ⑪ 大风：大国之风。⑫ 表：表率。 ⑬ 荡：坦荡无邪。 ⑭ 乐而不淫：欢乐而有节制。淫，过度。 ⑮ 周公之东：周公东征。 ⑯ 夏声：西方之声。 ⑰ 能夏则大："夏"即"大"意。此言夏声宏大。 ⑱ 沨(fàn)沨：浮泛轻飘。⑲ 婉：委婉，多曲折。 ⑳ 险而易行：指节拍局促但不艰涩难歌。险，迫促、狭隘。 ㉑ 令德：美德。 ㉒ 无讥：不加评论。《郐》以下还有《曹风》。 ㉓ 思：忧思。不贰：无背叛之心。 ㉔ 不言：不尽情吐述。㉕ 熙熙：和美，融洽。 ㉖ 直体：本体刚劲有力。 ㉗ 倨：放肆。㉘ 屈：卑下、靡弱。 ㉙ 携：离开。 ㉚ 迁：变化。 ㉛ 荒：过度。㉜ 宣：显露。 ㉝ 费：减少。 ㉞ 不贪：言易于满足。 ㉟ 处：不动。底：停止。 ㊱ 不流：不流荡以致泛滥无归。 ㊲ 五声：宫、商、角、徵、羽。 ㊳ 八风：即八音。指金、石、丝、竹、匏、土、革、木八类乐器奏出的声音。 ㊴ 节：节奏。 ㊵ 守有序：言更相鸣奏，次序不乱。㊶《象箾(shuò)》：一种武舞。箾是舞者所执的竿子。执竿而舞，如战争时以戈刺击之状。《南籥》：以籥伴奏而舞，是一种文舞。籥，管乐器，似笛。㊷ 憾：遗憾，美中不足。 ㊸《大武》：周武王之乐。 ㊹《韶濩(hù)》：殷汤之乐。 ㊺ 弘：伟大。 ㊻ 惭德：缺点。 ㊼《大夏》：夏禹之乐。 ㊽ 不德：不自以为功德。 ㊾ 修：作。 ㊿《韶箾》：即"箫韶"，虞舜之乐。 [51] 帱(dǎo)：覆盖。 [52] 观止：到达顶点了。

其出聘也，通嗣君也[1]。故遂聘于齐，说晏平仲，谓之曰："子速纳邑与政[2]！无邑无政，乃免于难。齐国之政，将有所归，未获所归，难未歇也。”故晏子因陈桓子以纳政与邑，是以免于栾、高之难③。

【注释】

① 通嗣君：杜注谓嗣君指馀祭，时立已五年，故有人认为指夷末。② 纳：交出。　③ 栾、高之难：见昭公八年（前 534）。

聘于郑，见子产，如旧相识，与之缟带①，子产献纻衣焉②。谓子产曰：“郑之执政侈③，难将至矣！政必及子。子为政，慎之以礼。不然，郑国将败。”

【注释】

① 缟带：白色生绢做的大带。　② 纻衣：麻织的衣服。　③ 执政：指伯有。

适卫，说蘧瑗、史狗、史鳍、公子荆、公叔发、公子朝①，曰：“卫多君子，未有患也。”

【注释】

① 蘧瑗：字伯玉。史狗：史朝之子，谥文子。史鳍：一作史鱼。公叔发：即公叔文子。

自卫如晋，将宿于戚。闻钟声焉，曰：“异哉！吾闻之也：‘辩而不德①，必加于戮。’夫子获罪于君以在此，惧犹不足，而又何乐？夫子之在此也，犹燕之巢于幕上。君又在殡②，而可以乐乎？”遂去之。文子闻之，终身不听琴瑟。

【注释】

① 辩：变乱。戚为孙文子封邑，孙文子曾在此逐君。　② 君又在殡：时卫献公卒而未葬。

适晋，说赵文子、韩宣子、魏献子，曰：“晋国其萃于三族乎①！”说叔向，将行，谓叔向曰：“吾子勉之！君侈而多良②，大夫皆富，政将在家③。吾子好直，必思自免于难。”

【注释】

① 萃:集中。 ② 良:良臣。 ③ 在家:在大夫手中。

秋九月,齐公孙虿、公孙灶放其大夫高止于北燕①。乙未,出。书曰:"出奔。"罪高止也。高止好以事自为功,且专,故难及之。

【注释】

① 公孙虿:字子尾。公孙灶:字子雅。放:放逐。

冬,孟孝伯如晋,报范叔也①。

为高氏之难故,高竖以卢叛②。十月庚寅,闾丘婴帅师围卢。高竖曰:"苟使高氏有后,请致邑。"齐人立敬仲之曾孙酀③,良敬仲也。十一月乙卯,高竖致卢而出奔晋,晋人城绵而置旃④。

【注释】

① 范叔:士鞅。 ② 高竖:高止之子。卢:高氏封邑,在今山东长清县南。 ③ 敬仲:高傒。酀:即后之高偃。 ④ 绵:绵上,在今山西介休市东南。

郑伯有使公孙黑如楚①,辞曰:"楚、郑方恶,而使余往,是杀余也。"伯有曰:"世行也②。"子皙曰:"可则往,难则已,何世之有?"伯有将强使之。子皙怒,将伐伯有氏,大夫和之。十二月己巳,郑大夫盟于伯有氏。裨谌曰:"是盟也,其与几何③?《诗》曰:'君子屡盟,乱是用长④。'今是长乱之道也。祸未歇也,必三年而后能纾。"然明曰:"政将焉往?"裨谌曰:"善之代不善,天命也,其焉辟子产?举不逾等,则位班也⑤。择善而举,则世隆也⑥。天又除之,夺伯有魄,子西即世,将焉辟之?天祸郑久矣,其必使子产息之⑦,乃犹可以戾⑧。不然,将亡矣。"

【注释】

① 公孙黑:字子皙。 ② 世行:世代为行人之职。 ③ 其与几何:能维持多久。 ④ 所引诗见《诗·小雅·巧言》。长:滋长。 ⑤ 位班:依班次。 ⑥ 世隆:世重。为世人所推重。 ⑦ 息:平息。 ⑧ 戾:定。

襄公三十年

【经】

三十年春[1],王正月,楚子使薳罢来聘[2]。

夏四月,蔡世子般弑其君固[3]。

五月甲午,宋灾。

宋伯姬卒[4]。

天王杀其弟佞夫[5]。

王子瑕奔晋。

秋七月,叔弓如宋[6],葬宋共姬。

郑良霄出奔许。自许入于郑。

郑人杀良霄。

冬十月,葬蔡景公。

晋人、齐人、宋人、卫人、郑人、曹人、莒人、邾人、滕人、薛人、杞人、小邾人会于澶渊[7],宋灾故。

【注释】

① 三十年:公元前543年。　② 楚子:楚郏敖。　③ 固:蔡景公。　④ 伯姬:即共姬,共公夫人,平公母。　⑤ 天王:周景王。　⑥ 叔弓:叔老之子,又称子叔敬叔。　⑦ 澶渊:指今河南濮阳市西北之澶渊。

【传】

三十年春,王正月,楚子使薳罢来聘,通嗣君也。穆叔问:"王子之为政何如[1]?"对曰:"吾侪小人,食而听事,犹惧不给命而不免于戾[2],焉与知政?"固问焉,不告。穆叔告大夫曰:"楚令尹将有大事[3],子荡将与焉[4],助之匿其情矣。"

【注释】

① 王子:王子围,楚令尹。　② 不给命:不足以完成使命。　③ 大事:指篡逆。　④ 子荡:薳罢字。

子产相郑伯以如晋,叔向问郑国之政焉。对曰:“吾得见与否,在此岁也。驷、良方争[①],未知所成[②]。若有所成,吾得见,乃可知也。”叔向曰:“不既和矣乎?”对曰:“伯有侈而愎,子晳好在人上,莫能相下也。虽其和也,犹相积恶也,恶至无日矣[③]。”

【注释】

① 驷、良:驷氏子晳、良氏伯有。 ② 成:调和。 ③ 恶至无日:谓爆发的日子不久了。

二月癸未,晋悼夫人食舆人之城杞者[①]。绛县人或年长矣,无子,而往与于食。有与疑年[②],使之年。曰:“臣小人也,不知纪年。臣生之年,正月甲子朔,四百有四十五甲子矣[③],其季于今三之一也[④]。”吏走问诸朝,师旷曰:“鲁叔仲惠伯会郤成子于承匡之岁也[⑤]。是岁也,狄伐鲁。叔孙庄叔于是乎败狄于咸,获长狄侨如及虺也豹也,而皆以名其子。七十三年矣。”史赵曰:“亥有二首六身,下二如身,是其日数也[⑥]。”士文伯曰:“然则二万六千六百有六旬也。”

【注释】

① 舆人:役卒。 ② 与疑年:怀疑他的年龄。 ③ 甲子:六十天。 ④ 其季:其末,其尾数。 ⑤ 杜注:在文公十一年(前616)。 ⑥ 此句诸说纷纭,大致从古篆拆字以言之。其意即言二万六千六百六十日。

赵孟问其县大夫[①],则其属也。召之[②],而谢过焉,曰:“武不才,任君之大事,以晋国之多虞[③],不能由吾子[④],使吾子辱在泥涂久矣,武之罪也。敢谢不才。”遂仕之,使助为政。辞以老。与之田,使为君复陶[⑤],以为绛县师[⑥],而废其舆尉[⑦]。于是,鲁使者在晋,归以语诸大夫。季武子曰:“晋未可媮也[⑧]。有赵孟以为大夫,有伯瑕以为佐[⑨],有史赵、师旷而咨度焉[⑩],有叔向、女齐以师保其君。其朝多君子,其庸可媮乎?勉事之而后可。”

【注释】

① 县大夫:绛县大夫。 ② 召之:召见老人。 ③ 虞:忧。 ④ 由:用。 ⑤ 复陶:主持免除徭役的事务。 ⑥ 县师:主管地区内事务

的官。　⑦ 舆尉:主持征发徭役的官。因其让老人任役夫,故罢免他。⑧ 媮:轻视,怠慢。　⑨ 伯瑕:即士匄,亦即上文的士文伯。　⑩ 咨度:咨询、顾问。

夏四月己亥,郑伯及其大夫盟①。君子是以知郑难之不已也。

蔡景侯为大子般娶于楚,通焉。大子弑景侯。

【注释】

① 杜注:"驷、良争故。"

初,王儋季卒①,其子括将见王,而叹。单公子愆期为灵王御士②,过诸廷,闻其叹而言曰:"乌乎!必有此夫③!"入以告王,且曰:"必杀之!不戚而愿大,视躁而足高④,心在他矣。不杀,必害。"王曰:"童子何知?"及灵王崩,儋括欲立王子佞夫⑤,佞夫弗知。戊子,儋括围蒍⑥,逐成愆⑦。成愆奔平畤⑧。五月癸巳,尹言多、刘毅、单蔑、甘过、巩成杀佞夫⑨。括、瑕、廖奔晋⑩。书曰:"天王杀其弟佞夫。"罪在王也。

【注释】

① 王儋季:周灵王弟。　② 御士:侍御。　③ 必有此夫:杜注:"欲有此朝廷之权。"　④ 视躁:言其四处张望。足高:即趾高。　⑤ 佞夫:灵王子,景王弟。　⑥ 蒍:在今河南沁阳市。　⑦ 成愆:杜注:"蒍邑大夫。"　⑧ 平畤:周邑,当离洛阳不远。　⑨ 尹言多、刘毅、单蔑、甘过、巩成:五人皆周大夫。　⑩ 瑕、廖:均为周王子。

或叫于宋大庙①,曰:"嘻嘻!出出!"鸟鸣于亳社②,如曰:"嘻嘻。"甲午,宋大灾。宋伯姬卒,待姆也③。君子谓:"宋共姬,女而不妇④。女待人,妇义事也⑤。"

【注释】

① 大庙:即大宫,始封君微子的庙。　② 亳社:宋社名,宋为殷商之后,故建亳社。　③ 姆:女师,即保姆。　④ 女而不妇:未嫁称女,已嫁称妇。女无保傅不下堂,妇则非。如今伯姬等待保姆来而不出外避火,所以说她"不妇"。　⑤ 义事:便宜行事。

六月,郑子产如陈莅盟。归,复命。告大夫曰:“陈,亡国也,不可与也。聚禾粟,缮城郭,恃此二者,而不抚其民。其君弱植①,公子侈②,大子卑③,大夫敖④,政多门,以介于大国,能无亡乎? 不过十年矣。”

【注释】

① 弱植:根基不巩固。 ② 公子:指公子留。 ③ 大子:指太子偃师。 ④ 敖:同“傲”。

秋七月,叔弓如宋,葬共姬也。

郑伯有耆酒,为窟室①,而夜饮酒,击钟焉,朝至未已②。朝者曰:“公焉在③?”其人曰:“吾公在壑谷。”皆自朝布路而罢④。既而朝⑤,则又将使子皙如楚,归而饮酒。庚子,子皙以驷氏之甲伐而焚之。伯有奔雍梁⑥,醒而后知之,遂奔许。大夫聚谋。子皮曰:“《仲虺之志》云⑦:‘乱者取之,亡者侮之。’推亡固存,国之利也。罕、驷、丰同生⑧,伯有汰侈,故不免。”

【注释】

① 窟室:地下室。 ② 朝:早朝。此指大夫朝卿。未已:还没喝完。 ③ 公:伯有。 ④ 布路:分散。 ⑤ 朝:此指伯有与大夫一起朝见国君。 ⑥ 雍梁:在今河南新郑市西南。 ⑦ 仲虺:汤左相,下引语,前宣公十二年(前597)传引作“取乱侮亡”。 ⑧ 罕、驷、丰:子皮、子皙、公孙段,三家本同母兄弟。

人谓子产就直助强①,子产曰:“岂为我徒②? 国之祸难,谁知所敝③? 或主强直,难乃不生。姑成吾所④。”辛丑,子产敛伯有氏之死者而殡之,不及谋而遂行。印段从之。子皮止之。众曰:“人不我顺,何止焉?”子皮曰:“夫子礼于死者,况生者乎?”遂自止之⑤。壬寅,子产入。癸卯,子石入⑥。皆受盟于子皙氏。

【注释】

① 就直助强:谓站在理直的一边,帮助强者。指子皙一方。 ② 徒:党。 ③ 敝:止。 ④ 成:定。所:处,地位。 ⑤ 止之:指止子产。 ⑥ 子石:印段。

乙巳，郑伯及其大夫盟于大宫①。盟国人于师之梁之外。伯有闻郑人之盟己也怒，闻子皮之甲不与攻己也喜，曰："子皮与我矣。"癸丑，晨，自墓门之渎入②，因马师颉介于襄库③，以伐旧北门。驷带率国人以伐之④。皆召子产。子产曰："兄弟而及此，吾从天所与。"伯有死于羊肆，子产襚之⑤，枕之股而哭之，敛而殡诸伯有之臣在市侧者。既而葬诸斗城⑥。子驷氏欲攻子产⑦，子皮怒之曰："礼，国之干也，杀有礼，祸莫大焉。"乃止。

【注释】

① 大宫：太庙，郑始封君桓叔之庙。 ② 墓门：杜注云郑城门。渎：出水洞。 ③ 马师颉：子羽孙，郑大夫。介：取衣甲。襄库：放衣甲的仓库。 ④ 驷带：子西之子，子皙的宗主。 ⑤ 襚：为死者穿衣入敛。 ⑥ 斗城：在今河南通许县东北。 ⑦ 子驷氏：即驷氏。

于是游吉如晋还，闻难不入，复命于介①，八月甲子，奔晋。驷带追之，及酸枣②。与子上盟③，用两珪质于河。使公孙肸入盟大夫④。己巳，复归。书曰："郑人杀良霄。"不称大夫，言自外入也。

【注释】

① 介：游吉的副手。 ② 酸枣：在今河南延津县西南。 ③ 子上：即驷带。 ④ 公孙肸：当为游吉从人。

于子蟜之卒也①，将葬，公孙挥与裨灶晨会事焉。过伯有氏，其门上生莠②。子羽曰："其莠犹在乎？"于是岁在降娄③，降娄中而旦④。裨灶指之曰："犹可以终岁⑤，岁不及此次也已。"及其亡也，岁在娵訾之口⑥。其明年，乃及降娄。

【注释】

① 子蟜：公孙虿。襄公十九年（前554）卒。 ② 莠：草名，俗称狗尾巴草。 ③ 降娄：岁星运行的十二次之一。 ④ 中而旦：季夏，相当周历八月，时降娄在中天而天刚亮。 ⑤ 终岁：岁星走完一周。 ⑥ 娵訾：降娄前一次。

仆展从伯有①,与之皆死。羽颉出奔晋②,为任大夫③。鸡泽之会④,郑乐成奔楚,遂适晋。羽颉因之,与之比⑤,而事赵文子,言伐郑之说焉⑥。以宋之盟故,不可。子皮以公孙钼为马师⑦。

【注释】

① 仆展:郑大夫,伯有党。 ② 羽颉:即马师颉,马师为官名。 ③ 任:晋邑,在今河北任县东南。 ④ 鸡泽之会:在襄公三年(前570)。 ⑤ 比:朋比。 ⑥ 言伐郑之说:提出攻打郑国的建议。 ⑦ 公孙钼:子罕之子。

楚公子围杀大司马蒍掩而取其室。申无宇曰①:“王子必不免②。善人,国之主也。王子相楚国,将善是封殖③,而虐之,是祸国也。且司马,令尹之偏④,而王之四体也。绝民之主,去身之偏,艾王之体⑤,以祸其国,无不祥大焉⑥!何以得免?”

【注释】

① 申无宇:芋尹无宇,楚臣。 ② 王子:指公子围。楚自称王,宗室则为王子、王孙。 ③ 封殖:培养。 ④ 偏:佐。此以身体做比喻,谓是令尹的半身。 ⑤ 艾:同“刈”,斩除。 ⑥ 无:语首助词,无义。

为宋灾故,诸侯之大夫会,以谋归宋财①。冬十月,叔孙豹会晋赵武、齐公孙虿、宋向戌、卫北宫佗、郑罕虎及小邾之大夫②,会于澶渊。既而无归于宋,故不书其人。君子曰:“信其不可不慎乎!澶渊之会,卿不书,不信也。夫诸侯之上卿,会而不信,宠名皆弃③,不信之不可也如是!《诗》曰:‘文王陟降,在帝左右④。’信之谓也。又曰:‘淑慎尔止,无载尔伪⑤。’不信之谓也。”书曰“某人某人会于澶渊,宋灾故”,尤之也。不书鲁大夫,讳之也。

【注释】

① 归:同“馈”,赠送。 ② 北宫佗:北宫括之子。 ③ 宠名:尊贵的名字。因与会者地位很高。 ④ 所引诗见《诗·大雅·文王》。陟:登,升。 ⑤ 所引诗为逸诗。淑:善。止:举止。载:行为。

郑子皮授子产政，辞曰："国小而偪①，族大宠多②，不可为也③。"子皮曰："虎帅以听④，谁敢犯子？子善相之，国无小，小能事大，国乃宽⑤。"

【注释】

① 偪：处在大国之间。　② 族：公族。　③ 不可为：即不可治。④ 虎：子皮名罕虎。　⑤ 宽：对上"偪"而言，谓能宽舒缓和。

子产为政，有事伯石①，赂与之邑。子大叔曰②："国，皆其国也。奚独赂焉？"子产曰："无欲实难。皆得其欲，以从其事，而要其成③，非我有成，其在人乎？何爱于邑④，邑将焉往？"子大叔曰："若四国何⑤？"子产曰："非相违也⑥，而相从也，四国何尤焉⑦？《郑书》有之曰⑧：'安定国家，必大焉先⑨。'姑先安大，以待其所归。"既，伯石惧而归邑，卒与之。伯有既死，使大史命伯石为卿，辞。大史退，则请命焉⑩。复命之，又辞。如是三，乃受策入拜。子产是以恶其为人也，使次已位⑪。

【注释】

① 伯石：公孙段，一字子石。　② 子大叔：即游吉。　③ 要：取，求。　④ 爱：惜。　⑤ 四国：四方的邻国。子太叔怕邻国有议论。⑥ 非相违：不是使国家分裂。　⑦ 尤：见怪。　⑧《郑书》：郑国史籍。⑨ 大：大族。　⑩ 请命：指伯石又请求太史再次发布命令。　⑪ 杜注云子产恶其为人，但又怕他作乱，所以对他宠遇。

子产使都鄙有章①，上下有服②，田有封洫③，庐井有伍④。大人之忠俭者⑤，从而与之；泰侈者⑥，因而毙之⑦。

【注释】

① 都鄙：城市与边鄙。章：规章。　② 服：制度。　③ 封：疆界。洫：沟渠。　④ 庐井：指村落、房舍与水井。伍：布置、安排。　⑤ 大人：大夫。　⑥ 泰侈：即"汰侈"。　⑦ 毙：惩罚。

丰卷将祭①，请田焉②。弗许，曰："唯君用鲜，众给而已③。"子张怒，退而征役④。子产奔晋，子皮止之而逐丰卷。丰卷奔晋。子产请其田里，三年而复之⑤，反其田里及其入焉⑥。

【注释】

① 丰卷：郑大夫，字子张。 ② 田：打猎。 ③ 给：一般的供应。 ④ 征役：招集兵卒。 ⑤ 复之：让他回国。 ⑥ 入：田的收入。

从政一年，舆人诵之①，曰："取我衣冠而褚之②，取我田畴而伍之③。孰杀子产，吾其与之！"及三年，又诵之，曰："我有子弟，子产诲之。我有田畴，子产殖之④。子产而死，谁其嗣之？"

【注释】

① 舆人：众人。 ② 褚：同"贮"，收藏。这里有没收意。 ③ 伍：重新安排。 ④ 殖：增产，蕃殖。

襄公三十一年

【经】

三十有一年春①，王正月。

夏六月辛巳，公薨于楚宫②。

秋九月癸巳，子野卒③。

己亥，仲孙羯卒。

冬十月，滕子来会葬④。

癸酉，葬我君襄公。

十有一月，莒人弑其君密州⑤。

【注释】

① 三十有一年：公元前542年。 ② 楚宫：杜注云"襄公适楚，好其宫，归而作之"。 ③ 子野：襄公之子。 ④ 滕子：滕成公。 ⑤ 密州：莒犁比公，传作"买朱钼"，音近，故不同。

【传】

三十一年春，王正月，穆叔至自会，见孟孝伯，语之曰："赵孟将死矣。其语偷[1]，不似民主。且年未盈五十，而谆谆焉如八九十者[2]，弗能久矣。若赵孟死，为政者其韩子乎[3]！吾子盍与季孙言之，可以树善[4]，君子也。晋君将失政矣，若不树焉，使早备鲁[5]，既而政在大夫，韩子懦弱，大夫多贪，求欲无厌，齐、楚未足与也[6]，鲁其惧哉！"孝伯曰："人生几何？谁能无偷？朝不及夕，将安用树？"穆叔出而告人曰："孟孙将死矣。吾语诸赵孟之偷也，而又甚焉。"又与季孙语晋故[7]，季孙不从。

【注释】

① 偷：苟且偷安，无远虑。　② 谆谆：语絮絮不休，唠叨。　③ 韩子：韩起。　④ 树善：早与其结好。　⑤ 早备鲁：早为鲁准备。　⑥ 未足与：不足与交，靠不住。　⑦ 故：事。

及赵文子卒[1]，晋公室卑，政在侈家[2]。韩宣子为政，不能图诸侯[3]。鲁不堪晋求，谗慝弘多[4]，是以有平丘之会[5]。

【注释】

① 赵文子卒：在昭公元年（前541）。　② 侈家：奢侈的大夫手中。　③ 图诸侯：谋为诸侯之霸。　④ 弘多：很多。　⑤ 平丘之会：在昭公十三年（前529）。

齐子尾害闾丘婴[1]，欲杀之，使帅师以伐阳州[2]。我问师故[3]。夏五月，子尾杀闾丘婴以说于我师[4]。工偻洒、渻灶、孔虺、贾寅出奔莒[5]。出群公子。

【注释】

① 害：患，担心。　② 阳州：在今山东东平县北。　③ 问师故：起兵向齐问罪。　④ 说：解释。　⑤ 工偻洒、渻（shěng）灶、孔虺、贾寅：四人都是闾丘婴同党。

公作楚宫。穆叔曰："《大誓》云[1]：'民之所欲，天必从之。'君欲楚也夫，故作其宫。若不复适楚，必死是宫也。"六月辛巳，公薨于楚宫。叔仲带窃其拱璧[2]，以与御人，纳诸其怀而从取之，由是得罪③。

【注释】

①《大誓》:今《尚书·泰誓》无此文。 ② 拱璧:大璧。 ③ 得罪:杜注:“得罪谓鲁人薄之,故子孙不得志于鲁。”

立胡女敬归之子子野①,次于季氏②。秋九月癸巳,卒,毁也③。

己亥,孟孝伯卒。

立敬归之娣齐归之子公子裯,穆叔不欲,曰:“大子死,有母弟则立之,无则立长。年钧择贤④,义钧则卜,古之道也。非適嗣⑤,何必娣之子?且是人也,居丧而不哀,在慼而有嘉容⑥,是谓不度⑦。不度之人,鲜不为患。若果立之,必为季氏忧。”武子不听,卒立之。比及葬,三易衰⑧,衰衽如故衰⑨。于是昭公十九年矣,犹有童心,君子是以知其不能终也。

【注释】

① 敬归:襄公妾,胡国人,归姓。 ② 次:此指暂时居住。 ③ 毁:悲伤过度。 ④ 钧:同“均”。 ⑤ 適:同“嫡”。 ⑥ 慼:忧。父母死曰在慼。嘉容:喜色。 ⑦ 不度:不孝。 ⑧ 衰:孝服。 ⑨ 衽:衣襟。古丧服衣襟比衣长,掩于裳际。如故衰:三次都相同。指弄得很脏。

冬十月,滕成公来会葬,惰而多涕①。子服惠伯曰:“滕君将死矣!怠于其位,而哀已甚,兆于死所矣②。能无从乎③?”癸酉,葬襄公。

【注释】

① 惰:不敬。 ② 兆:预兆。死所:指葬礼。 ③ 从:谓跟着,随后死亡。

公薨之月,子产相郑伯以如晋,晋侯以我丧故,未之见也。子产使尽坏其馆之垣而纳车马焉①。士文伯让之,曰:“敝邑以政刑之不修,寇盗充斥,无若诸侯之属辱在寡君者何②,是以令吏人完客所馆[3]，高其闬闳[4]，厚其墙垣，以无忧客使。今吾子坏之，虽从者能戒[5]，其若异客何[6]？以敝邑之为盟主，缮完葺墙[7]，以待宾客，若皆毁之，其何以共命[8]？寡君使匄请命。”对曰：“以敝邑褊小，介于大国，诛求无时[9]，是以不敢宁居，悉索敝赋[10]，以来会时事[11]。逢执事之不闲，而未得见，又不获闻命，未知见时，不敢输币[12]，亦不敢暴露。其输之，则君之府实也[13]，非荐陈之[14]，不敢输也。其暴露之，则恐燥湿之不时而朽蠹[15]，以重敝邑之罪。侨闻文公之为盟主也，宫室卑庳[16]，无观台榭，以崇大诸侯之馆，馆如公寝。库厩缮修，司空以时平易道路[17]，圬人以时塓馆宫室[18]。诸侯宾至，甸设庭燎[19]，仆人巡宫[20]，车马有所，宾从有代[21]，巾车脂辖[22]，隶人牧圉[23]，各瞻其事[24]，百官之属，各展其物[25]。公不留宾[26]，而亦无废事，忧乐同之，事则巡之[27]，教其不知，而恤其不足。宾至如归，无宁灾患[28]，不畏寇盗，而亦不患燥湿。今铜鞮之宫数里[29]，而诸侯舍于隶人[30]。门不容车，而不可逾越。盗贼公行，而天疠不戒[31]。宾见无时，命不可知。若又勿坏，是无所藏币，以重罪也。敢请执事，将何所命之？虽君之有鲁丧，亦敝邑之忧也。若获荐币，修垣而行，君之惠也，敢惮勤劳？”

【注释】

① 馆：接待外宾的馆舍。　② 诸侯之属：诸侯的臣属。　③ 完：修缮。　④ 闬闳：闬为大门，闳为里巷之门，此指馆舍的大门。　⑤ 从者：指子产的随从。　⑥ 异客：他国的宾客。　⑦ 完：此与下墙对举，当为“院”字，指围墙。　⑧ 共命：供应其他宾客的需要。共，同“供”。⑨ 诛求：责求。指责成郑国供献礼物。　⑩ 赋：指财物。　⑪ 时事：朝见聘问。　⑫ 输币：献纳礼物。币，财帛之类。　⑬ 府实：府库中的物品。　⑭ 荐陈：朝聘向主人献礼，必先陈列于庭，称荐陈。　⑮ 朽蠹：朽烂，残毁。　⑯ 卑庳：卑小。　⑰ 易：修治。　⑱ 圬人：泥水匠。塓：粉刷墙壁。　⑲ 甸：甸人，管薪火之官。庭燎：庭中设大烛照明。⑳ 巡：巡视，警卫。　㉑有代：代仆役服劳役。　㉒ 巾车：管车辆的官。脂辖：给车轴上涂油。辖本为裹在车轴上的铁皮，此代指车轴。　㉓ 隶人：指司洒扫的人。牧圉：牧牛羊看马匹的人。　㉔ 瞻：照顾，管理。

㉕ 展:陈列。 ㉖ 留:耽搁。不留宾,谓随到随见。 ㉗ 事:指意外。 ㉘ 无宁:岂但没有。 ㉙ 铜鞮之宫:晋君别宫,在今山西沁县南。 ㉚ 舍于隶人:住在奴仆所住的地方。 ㉛ 天疠:天灾。

文伯复命,赵文子曰:"信!我实不德,而以隶人之垣以赢诸侯①,是吾罪也。"使士文伯谢不敏焉。晋侯见郑伯,有加礼,厚其宴好而归之②。乃筑诸侯之馆。

【注释】

① 赢:受,这里指接待、容纳。 ② 厚其宴好:厚加燕礼、多送礼物。

叔向曰:"辞之不可以已也如是夫①!子产有辞,诸侯赖之,若之何其释辞也②?《诗》曰:'辞之辑矣,民之协矣。辞之绎矣,民之莫矣③。'其知之矣。"

【注释】

① 辞:辞令,口才。不可以已:不可以废。 ② 释辞:放弃辞令。 ③ 所引诗见《诗·大雅·板》。辑:和。绎:喜悦。莫:安定。

郑子皮使印段如楚,以适晋告,礼也①。

莒犁比公生去疾及展舆,既立展舆,又废之。犁比公虐,国人患之。十一月,展舆因国人以攻莒子②,弑之,乃立。去疾奔齐,齐出也③。展舆,吴出也。书曰:"莒人弑其君买朱钼。"言罪之在也。

【注释】

① 杜注:"得事大国之礼。" ② 因:依靠,凭借。 ③ 齐出:齐女所生。

吴子使屈狐庸聘于晋①,通路也②。赵文子问焉,曰:"延州来季子其果立乎③?巢陨诸樊④,阍戕戴吴⑤,天似启之⑥,何如?"对曰:"不立。是二王之命也,非启季子也。若天所启,其在今嗣君乎!甚德而度⑦,德不失民,度不失事,民亲而事有序,其天所启也。有吴国者,必此君之子孙实终之。季子,守节者也。虽有国,不立。"

【注释】

① 吴子:吴王夷末。屈狐庸:巫臣之子,任行人。　② 通路:指沟通两国外交关系。　③ 延州来季子:季札,封延陵,又加封州来。　④ 巢陨诸樊:襄公二十五年(前 548),吴王诸樊死于攻巢。　⑤ 戴吴:吴王馀祭。被阍人杀死,事见襄公二十九年(前 544)。　⑥ 启之:开辟让他做国君的大门。　⑦ 度:行为有法度。

十二月,北宫文子相卫襄公以如楚①,宋之盟故也。过郑,印段迋劳于棐林②,如聘礼而以劳辞③。文子入聘。子羽为行人,冯简子与子大叔逆客。事毕而出,言于卫侯曰:"郑有礼,其数世之福也,其无大国之讨乎!《诗》云:'谁能执热,逝不以濯④。'礼之于政,如热之有濯也。濯以救热,何患之有?"

【注释】

① 北宫文子:北宫佗。卫襄公:公元前 543—前 535 年在位。　② 迋:同"往"。劳:慰问。棐林:即北林,在今河南新郑市北。　③ 以劳辞:用郊劳之辞。　④ 所引诗见《诗·大雅·桑柔》。执热:驱除炎热。逝:发语词。濯:沐浴。

子产之从政也,择能而使之。冯简子能断大事。子大叔美秀而文①。公孙挥能知四国之为②,而辨于其大夫之族姓、班位、贵贱、能否,而又善为辞令。裨谌能谋,谋于野则获③,谋于邑则否。郑国将有诸侯之事,子产乃问四国之为于子羽,且使多为辞令。与裨谌乘以适野,使谋可否。而告冯简子,使断之。事成,乃授子大叔使行之,以应对宾客。是以鲜有败事。北宫文子所谓有礼也。

【注释】

① 美秀:容貌清秀。文:习于典章诗文,故言谈有文采。　② 公孙挥:即子羽。四国之为:四面国家的行动。　③ 获:得其当,正确。此言裨谌为人喜静不喜闹,所以在野外思考问题才能有正确的判断。

郑人游于乡校①,以论执政,然明谓子产曰②:"毁乡校,何如?"子产曰:"何为?夫人朝夕退而游焉③,以议执政之善否。其所善者,吾则行之。其所恶者,吾则改之。是吾师也,若之何毁之?我闻忠善以损怨④,不闻作威以防怨。岂不遽止⑤?然犹防川,大决所犯,伤人必多,吾不克救也。不如小决使道⑥,不如吾闻而药之也⑦。"然明曰:"蔑也今而后知吾子之信可事也⑧。小人实不才。若果行此,其郑国实赖之,岂唯二三臣?"仲尼闻是语也⑨,曰:"以是观之,人谓子产不仁,吾不信也。"

【注释】

① 乡校:乡间公共场所,既是学校,又是人民聚会议事的地方。 ② 然明:即鬷蔑。 ③ 退:工作完毕后休息。 ④ 忠善:忠于为善。 ⑤ 遽止:马上可以制止。 ⑥ 道:疏导。 ⑦ 药之:当作治病的药石。 ⑧ 信:确实。 ⑨ 仲尼:孔子。孔子时方十岁,此语当系以后所说。

子皮欲使尹何为邑①。子产曰:"少,未知可否?"子皮曰:"愿②,吾爱之,不吾叛也。使夫往而学焉,夫亦愈知治矣。"子产曰:"不可。人之爱人,求利之也。今吾子爱人则以政,犹未能操刀而使割也,其伤实多。子之爱人,伤之而已,其谁敢求爱于子?子于郑国,栋也,栋折榱崩③,侨将厌焉④,敢不尽言?子有美锦,不使人学制焉。大官、大邑,身之所庇也,而使学者制焉。其为美锦,不亦多乎?侨闻学而后入政,未闻以政学者也。若果行此,必有所害。譬如田猎,射御贯则能获禽⑤,若未尝登车射御,则败绩厌覆是惧⑥,何暇思获?"子皮曰:"善哉!虎不敏。吾闻君子务知大者远者,小人务知小者近者。我小人也。衣服附在吾身,我知而慎之。大官、大邑所以庇身也,我远而慢之⑦。微子之言,吾不知也。他日我曰⑧:'子为郑国⑨,我为吾家,以庇焉,其可也。'今而后知不足。自今,请虽吾家,听子而行。"子产曰:"人心之不同,如其面焉。吾岂敢谓子面如吾面乎?抑心所谓危,亦以告也。"子皮以为忠,故委政焉。子产是以能为郑国。

【注释】

① 尹何:子皮的家臣。 ② 愿:为人谨厚。 ③ 榱:椽子。 ④ 厌:同"压"。 ⑤ 贯:同"惯",熟练。 ⑥ 败绩:指车碰坏。

⑦ 远:有“疏忽”之意。慢:轻视。　　⑧ 他日:以前。　　⑨ 为:治理。

卫侯在楚,北宫文子见令尹围之威仪,言于卫侯曰:“令尹似君矣! 将有他志①,虽获其志,不能终也。《诗》云:‘靡不有初,鲜克有终②。’终之实难,令尹其将不免。”公曰:“子何以知之?”对曰:“《诗》云:‘敬慎威仪,惟民之则③。’令尹无威仪,民无则焉。民所不则,以在民上,不可以终。”公曰:“善哉! 何谓威仪?”对曰:“有威而可畏谓之威,有仪而可象谓之仪。君有君之威仪,其臣畏而爱之,则而象之,故能有其国家,令闻长世。臣有臣之威仪,其下畏而爱之,故能守其官职,保族宜家。顺是以下皆如是,是以上下能相固也。《卫诗》曰:‘威仪棣棣,不可选也④。’言君臣、上下、父子、兄弟、内外、大小皆有威仪也。《周诗》曰:‘朋友攸摄,摄以威仪⑤。’言朋友之道,必相教训以威仪也。《周书》数文王之德⑥,曰:‘大国畏其力,小国怀其德。’言畏而爱之也。《诗》云:‘不识不知,顺帝之则⑦。’言则而象之也。纣囚文王七年,诸侯皆从之囚。纣于是乎惧而归之,可谓爱之。文王伐崇,再驾而降为臣⑧,蛮夷帅服⑨,可谓畏之。文王之功,天下诵而歌舞之,可谓则之。文王之行,至今为法,可谓象之。有威仪也。故君子在位可畏,施舍可爱⑩,进退可度⑪,周旋可则⑫,容止可观,作事可法,德行可象,声气可乐⑬,动作有文⑭,言语有章⑮,以临其下,谓之有威仪也。”

【注释】

① 他志:谓将有杀王以代之志。　　② 所引诗见《诗·大雅·荡》。　　③ 所引诗见《诗·大雅·抑》。惟民之则:人民以此为标准。　　④ 所引诗见《诗·邶风·柏舟》。棣棣:安和貌。选:计,数。　　⑤ 所引诗见《诗·大雅·既醉》。攸:所。摄:佐。　　⑥《周书》:逸书,下引语今入古文《尚书·武成》。　　⑦ 所引诗见《诗·大雅·皇矣》。帝:天帝。　　⑧ 再驾:两次出兵。降为臣:使崇国降服。　　⑨ 帅服:相继归顺。　　⑩ 施舍可爱:赏赐给人使人爱戴。　　⑪ 度:法制。　　⑫ 周旋:进退。　　⑬ 声气:声音气度。　　⑭ 文:优雅。　　⑮ 章:条理。

卷二十　昭公一

昭 公 元 年

【经】

元年春①，王正月，公即位。

叔孙豹会晋赵武、楚公子围、齐国弱、宋向戌、卫齐恶、陈公子招、蔡公孙归生、郑罕虎、许人、曹人于虢②。

三月，取郓③。

夏，秦伯之弟鍼出奔晋④。

六月丁巳，邾子华卒。

晋荀吴帅师败狄于大卤⑤。

秋，莒去疾自齐入于莒。

莒展舆出奔吴。

叔弓帅师疆郓田⑥。

葬邾悼公。

冬十有一月己酉，楚子麇卒⑦。

楚公子比出奔晋⑧。

【注释】

① 元年：公元前541年。　② 虢：指东虢，在今河南郑州市北。③ 郓：在今山东沂水县东北。原为鲁地，时为莒所占。　④ 秦伯：秦景公。　⑤ 大卤：即大原，在今山西太原市西南。　⑥ 疆：划定疆界。⑦ 楚子麇：即楚郏敖。详下“传”。　⑧ 公子比：字子干，官右尹。

【传】

元年春，楚公子围聘于郑，且娶于公孙段氏。伍举为介①。将入馆，郑人恶之[②]，使行人子羽与之言，乃馆于外。既聘，将以众逆[③]。子产患之，使子羽辞，曰："以敝邑褊小，不足以容从者，请墠听命[④]！"令尹命大宰伯州犁对曰[⑤]："尹辱贶寡大夫围，谓围：'将使丰氏抚有而室[⑥]。'围布几筵[⑦]，告于庄、共之庙而来。若野赐之，是委君贶于草莽也[⑧]！是寡大夫不得列于诸卿也！不宁唯是，又使围蒙其先君[⑨]，将不得为寡君老[⑩]，其蔑以复矣[⑪]。唯大夫图之！"子羽曰："小国无罪，恃实其罪[⑫]。将恃大国之安靖己，而无乃包藏祸心以图之。小国失恃而惩诸侯[⑬]，使莫不憾者，距违君命[⑭]，而有所壅塞不行是惧[⑮]！不然，敝邑，馆人之属也[⑯]，其敢爱丰氏之祧？"伍举知其有备也，请垂櫜而入[⑰]。许之。正月乙未，入，逆而出[⑱]，遂会于虢，寻宋之盟也。

【注释】

① 伍举：即椒举。介：副手。　② 恶之：知楚国人别有图谋，故恶之。③ 逆：迎亲。　④ 墠(shàn)：祭祀的场地。古迎亲，婿受女于女家祖庙，子产不想让楚国大队人马入城，所以在郊外辟墠代庙行亲迎之礼。　⑤ 令尹：公子围。　⑥ 丰氏：公孙段赐氏为丰。抚有：即有。　⑦ 布几筵：陈设几筵，指布置祭品。　⑧ 莽：草深。　⑨ 蒙：骗。　⑩ 老：卿。杜注："大臣称老。惧辱命而黜退。"　⑪ 复：复命。　⑫ 恃实其罪：杜注："恃大国而无备，则是罪。"　⑬ 惩：指引起惩戒。　⑭ 距违：拒绝及违抗。君：指楚王。　⑮ 壅塞不行：谓命令不能顺利执行。　⑯ 馆人：馆舍。属：类。　⑰ 垂櫜：倒悬弓袋。示无兵器。　⑱ 逆：迎亲。

祁午谓赵文子曰[①]："宋之盟，楚人得志于晋。今令尹之不信，诸侯之所闻也。子弗戒[②]，惧又如宋。子木之信称于诸侯[③]，犹诈晋而驾焉[④]，况不信之尤者乎？楚重得志于晋[⑤]，晋之耻也。子相晋国以为盟主，于今七年矣！再合诸侯，三合大夫，服齐、狄，宁东夏[⑥]，平秦乱，城淳于[⑦]，师徒不顿[⑧]，国家不罢，民无谤讟[⑨]，诸侯无怨，天无大灾，子之力也。有令名矣，而终之以耻，午也是惧。吾子其不可以不戒！"文子曰："武受赐矣！然宋之盟，子木有祸人之心，武有仁人之心，是楚所以驾于晋也。今武犹是心也，楚又行僭[⑩],非所害也。武将信以为本,循而行之。譬如农夫,是穮是蓘[⑪],虽有饥馑,必有丰年。且吾闻之:'能信不为人下。'吾未能也。《诗》曰:'不僭不贼,鲜不为则[⑫]。'信也。能为人则者,不为人下矣。吾不能是难[⑬],楚不为患。"

【注释】

① 祁午:祁奚之子。 ② 戒:戒惕警备。 ③ 子木:楚屈建。 ④ 驾:凌驾。 ⑤ 重:再次。 ⑥ 宁东夏:安宁中原东方的国家。指齐国。 ⑦ 淳于:杞国都,在今山东安丘市北。 ⑧ 顿:疲弊,挫伤。 ⑨ 谤讟(dú):诽谤。 ⑩ 僭:不信。 ⑪ 穮(biāo):田中除草。蓘(gǔn):培土。 ⑫ 所引诗见《诗·大雅·抑》。不僭:待人以信。贼:害。 ⑬ 不能是难:倒装句,言以不能信为难。

楚令尹围请用牲,读旧书,加于牲上而已。晋人许之。三月甲辰,盟,楚公子围设服离卫[①]。叔孙穆子曰[②]:"楚公子美矣,君哉[③]!"郑子皮曰:"二执戈者前矣!"蔡子家曰:"蒲宫有前[④],不亦可乎?"楚伯州犁曰:"此行也,辞而假之寡君。"郑行人挥曰:"假不反矣!"伯州犁曰:"子姑忧子皙之欲背诞也[⑤]。"子羽曰:"当璧犹在[⑥],假而不反,子其无忧乎?"齐国子曰[⑦]:"吾代二子愍矣[⑧]!"陈公子招曰:"不忧何成?二子乐矣。"卫齐子曰[⑨]:"苟或知之,虽忧何害[⑩]?"宋合左师曰[⑪]:"大国令,小国共[⑫]。吾知共而已。"晋乐王鲋曰[⑬]:"《小旻》之卒章善矣[⑭],吾从之。"

【注释】

① 设服:陈设国君的仪仗服饰。离卫:离通"俪",成双成对。离卫,一对卫兵。 ② 叔孙穆子:叔孙豹。 ③ 君:指已同于国君。 ④ 蒲宫:楚君离宫,时公子围居之。有前:有前戈。 ⑤ 背诞:背命放诞。指作乱。 ⑥ 当璧:杜注:"当璧谓弃疾(楚平王),事在昭十年,言弃疾有当璧之命,围虽取国,犹将有难,不无忧也。" ⑦ 国子:国弱。 ⑧ 二子:公子围与伯州犁。愍:忧。 ⑨ 齐子:即齐恶。 ⑩ 杜注:"言先知为备,虽有忧难,无所损害。" ⑪ 合左师:向戌。 ⑫ 共:恭,恭敬。 ⑬ 乐王鲋:见襄公二十一年(前552)注。 ⑭《小旻》:《诗·小雅》篇名。其卒章为:"不敢暴虎,不敢冯河。人知其一,莫知其他。战战兢兢,如临深渊,如履薄

冰。”乐王鲋言此，意在不赞同大夫们公开讨论讥刺这事。

退会，子羽谓子皮曰：“叔孙绞而婉①，宋左师简而礼，乐王鲋字而敬②，子与子家持之③，皆保世之主也。齐、卫、陈大夫其不免乎？国子代人忧，子招乐忧，齐子虽忧弗害④。夫弗及而忧⑤，与可忧而乐，与忧而弗害，皆取忧之道也，忧必及之。《大誓》曰⑥：‘民之所欲，天必从之。’三大夫兆忧⑦，忧能无至乎？言以知物⑧，其是之谓矣。”

【注释】

① 绞而婉：恰切而婉转。　② 字：爱，不侵犯别人。　③ 持之：持平而论，无讥刺之言。　④ 弗害：没意识到有危害。　⑤ 弗及：与己无关。　⑥《大誓》：即《泰誓》，《尚书》篇名。　⑦ 兆忧：有了忧的预兆。⑧ 知物：了解事物的结局。

季武子伐莒①，取郓，莒人告于会②。楚告于晋曰：“寻盟未退，而鲁伐莒，渎齐盟③，请戮其使④。”乐桓子相赵文子⑤，欲求货于叔孙而为之请，使请带焉⑥。弗与。梁其胫曰⑦：“货以藩身⑧，子何爱焉？”叔孙曰：“诸侯之会，卫社稷也。我以货免，鲁必受师。是祸之也，何卫之为？人之有墙，以蔽恶也。墙之隙坏，谁之咎也？卫而恶之，吾又甚焉。虽怨季孙，鲁国何罪？叔出季处⑨，有自来矣，吾又谁怨？然鲋也贿⑩，弗与，不已⑪。”召使者，裂裳帛而与之，曰：“带其褊矣⑫。”

【注释】

① 季武子：季孙宿。　② 告于会：到盟会来报告，主要是向楚申诉。③ 齐盟：誓词。　④ 使：指叔孙豹。　⑤ 乐桓子：乐王鲋。　⑥ 请带：杜注：“难指求货，故以带为辞。”　⑦ 梁其胫：叔孙家臣。　⑧ 藩：保卫。　⑨ 叔出季处：叔孙出使，季孙守国。　⑩ 鲋也贿：乐王鲋贪图财货。　⑪ 不已：不会死心。　⑫ 其：恐怕。褊：狭窄。

赵孟闻之，曰：“临患不忘国，忠也。思难不越官①，信也。图国忘死，贞也。谋主三者，义也。有是四者，又可戮乎？”乃请诸楚曰:“鲁虽有罪,其执事不辟难,畏威而敬命矣。子若免之,以劝左右可也[②]。若子之群吏处不辟污[③],出不逃难,其何患之有?患之所生,污而不治,难而不守,所由来也。能是二者,又何患焉?不靖其能[④],其谁从之?鲁叔孙豹可谓能矣,请免之以靖能者。子会而赦有罪,又赏其贤,诸侯其谁不欣焉望楚而归之,视远如迩?疆埸之邑,一彼一此,何常之有?王伯之令也[⑤],引其封疆[⑥],而树之官[⑦],举之表旗[⑧],而著之制令[⑨]。过则有刑,犹不可壹[⑩]。于是乎虞有三苗[⑪],夏有观、扈[⑫],商有姺、邳[⑬],周有徐、奄[⑭]。自无令王,诸侯逐进[⑮],狎主齐盟[⑯],其又可壹乎?恤大舍小[⑰],足以为盟主,又焉用之[⑱]?封疆之削,何国蔑有?主齐盟者,谁能辩焉[⑲]。吴、濮有衅[⑳],楚之执事,岂其顾盟?莒之疆事,楚勿与知。诸侯无烦[㉑],不亦可乎?莒、鲁争郓,为日久矣,苟无大害于其社稷,可无亢也[㉒]。去烦宥善,莫不竞劝[㉓]。子其图之!”固请诸楚,楚人许之,乃免叔孙。

【注释】

① 思难:考虑到危难。越官:放弃职守。指出使的任务。 ② 劝:劝勉。左右:指楚群臣。 ③ 污:困难的事。 ④ 靖其能:安抚贤能。⑤ 王伯:古之三王夏禹、商汤、周文王;五霸夏昆吾,商大彭、豕韦,周齐桓、晋文。令:政令。 ⑥ 引:正。 ⑦ 官:界上官守。 ⑧ 表旗:标志,如界碑一类。 ⑨ 制令:边境条约。 ⑩ 不可壹:使之没有变更。⑪ 三苗:上古部族,为舜所放逐。或说即饕餮氏。 ⑫ 观、扈:夏时国名,曾侵犯夏。 ⑬ 姺、邳:古国名,曾叛商。 ⑭ 徐、奄:周时国名,为西周所灭。 ⑮ 逐进:追逐、争竞,侵略邻国。 ⑯ 狎:交替。主齐盟:担任盟主。 ⑰ 恤:以为忧患。大:指篡弑灭亡之祸。 ⑱ 焉用之:不用管小事。 ⑲ 辩:治理。 ⑳ 吴、濮:楚之邻国。衅:间隙,可趁之机。㉑ 无烦:不劳兵。 ㉒ 亢:扞护。 ㉓ 竞劝:竞力为善。

令尹享赵孟,赋《大明》之首章[①]。赵孟赋《小宛》之二章[②]。事毕,赵孟谓叔向曰:“令尹自以为王矣,何如?”对曰:“王弱,令尹强,其可哉!虽可,不终[③]。”赵孟曰:“何故?”对曰:“强以克弱而安之[4]，强不义也。不义而强，其毙必速。《诗》曰：‘赫赫宗周，褒姒灭之[5]。’强不义也。令尹为王，必求诸侯。晋少懦矣[6]，诸侯将往。若获诸侯，其虐滋甚[7]。民弗堪也，将何以终？夫以强取，不义而克，必以为道[8]。道以淫虐，弗可久已矣！”

【注释】

①《大明》：《诗·大雅》篇名。杜注云：“首章言文王明明照于下，故能赫盛于上。令尹意在首章，故特称首章，以自光大。”　②《小宛》：《诗·小雅》篇名。杜注：“二章取其各敬尔仪，天命不又，言天命一去，不可复还，以戒令尹。”　③ 不终：不得善终。　④ 安之：安心于这样干。　⑤ 所引诗见《诗·小雅·正月》。褒姒：周幽王后。叔向引此，言虽然强大，但行不义，便遭灭亡。　⑥ 懦：弱。　⑦ 虐：暴虐。　⑧ 以为道：以不义为道。

夏四月，赵孟、叔孙豹、曹大夫入于郑，郑伯兼享之。子皮戒赵孟[1]，礼终，赵孟赋《瓠叶》[2]。子皮遂戒穆叔，且告之。穆叔曰：“赵孟欲一献[3]，子其从之！”子皮曰：“敢乎？”穆叔曰：“夫人之所欲也，又何不敢？”及享，具五献之笾豆于幕下[4]。赵孟辞，私于子产曰：“武请于冢宰矣[5]。”乃用一献。赵孟为客，礼终乃宴。穆叔赋《鹊巢》[6]。赵孟曰：“武不堪也。”又赋《采蘩》[7]，曰：“小国为蘩，大国省穑而用之[8]，其何实非命[9]？”子皮赋《野有死麕》之卒章[10]。赵孟赋《常棣》[11]，且曰：“吾兄弟比以安，尨也可使无吠[12]。”穆叔、子皮及曹大夫兴，拜，举兕爵[13]，曰：“小国赖子，知免于戾矣。”饮酒乐。赵孟出，曰：“吾不复此矣[14]。”

【注释】

① 戒：告。凡国君享大夫，先期通告日子，有一定的礼节，称戒。②《瓠叶》：《诗·小雅》篇名。杜注谓：“义取古人不以微薄废礼，虽瓠叶兔首，犹与宾客享之。”瓠，葫芦类植物。　③ 一献：主人向宾客敬一次酒。指享宴尽量简单。　④ 笾豆：均为食器。幕下：东房。　⑤ 冢宰：指上卿。　⑥《鹊巢》：《诗·召南》篇名。诗中有“维鹊有巢，维鸠居之。之子于归，百两御之”句，将赵文子比为鹊，自己比为鸠，得到赵文子的庇护，免于

被杀。 ⑦《采蘩》:《诗·召南》篇名。中有"于以采蘩?于沼之沚。于以用之?公侯之事"句,言晋国不责成别人奉献丰厚。 ⑧ 省穑:爱惜。穑,通"啬"。 ⑨ 其何实非命:杜注:"何敢不从命?" ⑩《野有死麕》:《诗·召南》篇名。其卒章云:"舒而脱脱兮,无感我帨兮,无使尨也吠。"言行动轻慢,别摇动围裙,别惊动狗。子皮以此喻赵文子抚爱诸侯,以礼相加。 ⑪《常棣》:《诗·小雅》篇名,赵文子赋此,取"凡今之人,莫如兄弟"句,言兄弟之国相亲。 ⑫ 尨(máng):多毛而凶猛的狗。 ⑬ 兕爵:以兕牛角做的酒杯。 ⑭ 不复此:不复见此乐。

天王使刘定公劳赵孟于颍①,馆于雒汭②。刘子曰:"美哉禹功,明德远矣。微禹,吾其鱼乎!吾与子弁冕端委③,以治民临诸侯,禹之力也。子盍亦远绩禹功④,而大庇民乎?"对曰:"老夫罪戾是惧,焉能恤远?吾侪偷食⑤,朝不谋夕,何其长也?"刘子归,以语王曰:"谚所谓老将知而耄及之者⑥,其赵孟之谓乎!为晋正卿,以主诸侯,而侪于隶人,朝不谋夕,弃神人矣⑦。神怒民叛,何以能久?赵孟不复年矣⑧。神怒,不歆其祀;民叛,不即其事⑨。祀事不从,又何以年?"

【注释】

① 天王:周景王。刘定公:刘夏。颍:在今河南登封市东。 ② 雒汭:洛水弯曲处。 ③ 弁冕:卿大夫的礼帽。端委:礼服。 ④ 绩:继。 ⑤ 偷食:苟且度日。 ⑥ 耄:八十岁。这句谚语的意思是老年人富有智慧但又糊涂。 ⑦ 弃神人:杜注:"民为神主,不恤民,故神人皆去。" ⑧ 不复年:不复终今年。 ⑨ 即:就。不即事,即不肯工作,怠工。

叔孙归,曾夭御季孙以劳之①。旦及日中不出。曾夭谓曾阜曰②:"旦及日中,吾知罪矣。鲁以相忍为国也,忍其外不忍其内,焉用之?"阜曰:"数月于外③,一旦于是,庸何伤④?贾而欲赢⑤,而恶嚣乎⑥?"阜谓叔孙曰:"可以出矣!"叔孙指楹曰⑦:"虽恶是,其可去乎?"乃出见之。

【注释】

① 曾夭:季孙的家臣。 ② 曾阜:叔孙的家臣。 ③ 数月于外:杜

注:“言叔孙劳役在外数月。” ④ 庸何:即“何”。 ⑤ 贾而欲赢:商人要想赚钱。 ⑥ 嚣:喧闹。 ⑦ 楹:堂上大柱。

郑徐吾犯之妹美①,公孙楚聘之矣②,公孙黑又使强委禽焉③。犯惧,告子产。子产曰:“是国无政,非子之患也。唯所欲与。”犯请于二子,请使女择焉。皆许之。子皙盛饰入④,布币而出⑤。子南戎服入,左右射,超乘而出。女自房观之,曰:“子皙信美矣,抑子南夫也。夫夫妇妇,所谓顺也。”适子南氏。子皙怒。既而櫜甲以见子南⑥,欲杀之而取其妻。子南知之,执戈逐之。及冲⑦,击之以戈。子皙伤而归,告大夫曰:“我好见之,不知其有异志也,故伤。”

【注释】

① 徐吾犯:郑大夫。 ② 公孙楚:穆公孙,字子南。 ③ 委禽:婚礼最先为纳采,纳采用雁,委禽即纳采。 ④ 子皙:即公孙黑。 ⑤ 布币:送上礼品,陈于堂上。 ⑥ 櫜甲:即衷甲,把甲穿在衣服里面。⑦ 冲:大道四交处。

大夫皆谋之。子产曰:“直钧①,幼贱有罪。罪在楚也。”乃执子南而数之,曰:“国之大节有五,女皆奸之②。畏君之威,听其政③,尊其贵,事其长,养其亲,五者所以为国也。今君在国,女用兵焉,不畏威也。奸国之纪,不听政也。子皙,上大夫,女,嬖大夫④,而弗下之,不尊贵也。幼而不忌⑤,不事长也。兵其从兄,不养亲也。君曰:‘余不女忍杀,宥女以远。’勉,速行乎,无重而罪!”五月庚辰,郑放游楚于吴⑥,将行子南⑦,子产咨于大叔⑧。大叔曰:“吉不能亢身⑨,焉能亢宗?彼,国政也,非私难也。子图郑国,利则行之,又何疑焉?周公杀管叔而蔡蔡叔⑩,夫岂不爱?王室故也。吉若获戾,子将行之,何有于诸游?”

【注释】

① 直钧:双方都有理。 ② 奸:犯。 ③ 听:听从。 ④ 嬖大夫:下大夫。 ⑤ 忌:敬。 ⑥ 游楚:即公孙楚。 ⑦ 行:遣之上路。⑧ 大叔:游吉,为游氏宗主,所以子产征询他的意见。 ⑨ 亢:捍卫,保

护。 ⑩ 蔡蔡叔:将蔡叔流放。

秦后子有宠于桓[①],如二君于景[②]。其母曰:“弗去,惧选[③]。”癸卯,鍼适晋,其车千乘。书曰:“秦伯之弟鍼出奔晋。”罪秦伯也。后子享晋侯[④],造舟于河[⑤],十里舍车[⑥],自雍及绛[⑦]。归取酬币[⑧],终事八反。司马侯问焉[⑨],曰:“子之车,尽于此而已乎?”对曰:“此之谓多矣!若能少此,吾何以得见?”女叔齐以告公,且曰:“秦公子必归。臣闻君子能知其过,必有令图[⑩]。令图,天所赞也。”

【注释】

① 后子:秦桓公子,景公母弟,名鍼。 ② 如二君于景:在景公时犹如第二个国君。 ③ 选:历数其罪。 ④ 晋侯:晋平公。 ⑤ 造舟于河:把船连接在河上,铺上木板,犹如浮桥。 ⑥ 十里舍车:每隔十里停放一批车子。 ⑦ 雍:秦都,今陕西凤翔县。绛:指新绛,晋都,今山西侯马市。 ⑧ 酬币:享礼时每次主人敬酒,必赠礼物,称酬币。隆重的享礼用九献,故下文云“八反”。 ⑨ 司马侯:即女叔齐。 ⑩ 令图:好的举动、打算。

后子见赵孟。赵孟曰:“吾子其曷归[①]?”对曰:“鍼惧选于寡君,是以在此,将待嗣君。”赵孟曰:“秦君何如?”对曰:“无道。”赵孟曰:“亡乎?”对曰:“何为?一世无道,国未艾也[②]。国于天地,有与立焉。不数世淫[③],弗能毙也。”赵孟曰:“夭乎[④]?”对曰:“有焉。”赵孟曰:“其几何?”对曰:“鍼闻之,国无道而年谷和熟,天赞之也。鲜不五稔[⑤]。”赵孟视荫,曰:“朝夕不相及,谁能待五?”后子出,而告人曰:“赵孟将死矣。主民,玩岁而愒日[⑥],其与几何[⑦]?”

【注释】

① 曷:何时。 ② 艾:绝。 ③ 数世淫:连续几代君王淫乱。 ④ 天乎:一作“夭乎”,指短命。 ⑤ 鲜:少。稔:此指年。 ⑥ 玩岁:贪图安逸。愒日:虚度岁月。 ⑦ 其与几何:“其几何欤”的倒句。

郑为游楚乱故,六月丁巳,郑伯及其大夫盟于公孙段氏。罕虎、公孙侨、公孙段、印段、游吉、驷带私盟于闺门之外[1]，实薰隧[2]。公孙黑强与于盟，使大史书其名，且曰七子[3]。子产弗讨。

【注释】

① 闺门：郑都城门。　② 实：具体地点。薰隧：门外道路名。③ 七子：杜注："自欲同于六卿，故曰七子。"

晋中行穆子败无终及群狄于大原[1]，崇卒也[2]。将战，魏舒曰："彼徒我车，所遇又阨[3]，以什共车必克[4]。困诸阨，又克。请皆卒，自我始。"乃毁车以为行[5]，五乘为三伍[6]。荀吴之嬖人不肯即卒，斩以徇。为五陈以相离[7]，两于前，伍于后，专为右角，参为左角，偏为前拒[8]，以诱之。翟人笑之[9]。未陈而薄之，大败之。

【注释】

① 中行穆子：荀吴。无终：山戎国名，游离于今山西境内。大原：即今山西太原市。　② 崇：尚，重视。卒：步兵。　③ 阨：险要。　④ 以什共车：以十个人对付一辆战车。　⑤ 毁车：留下车不用。行：步兵行列。⑥ 乘：三人为一乘。伍：五人为小组。　⑦ 相离：互相配合。　⑧ 两、伍、专、参、偏：即上所谓五陈，杜注谓"皆临时处置之名"。　⑨ 翟：同"狄"。

莒展舆立，而夺群公子秩[1]。公子召去疾于齐。秋，齐公子鉏纳去疾，展舆奔吴。

叔弓帅师疆郓田，因莒乱也。于是莒务娄、瞀胡及公子灭明以大厖与常仪靡奔齐[2]。君子曰："莒展之不立，弃人也夫！人可弃乎？《诗》曰：'无竞维人[3]。'善矣。"

【注释】

① 夺：削减。秩：俸禄。　② 莒务娄、瞀胡、灭明：均展舆的党羽。大厖、常仪靡：莒邑，均在今山东莒县境内。　③ 所引诗见《诗·周颂·烈文》。无：发语词。竞：强。

晋侯有疾，郑伯使公孙侨如晋聘，且问疾。叔向问焉，曰："寡君之疾病，卜人曰：'实沈、台骀为祟。'史莫之知，敢问此何神也？"

子产曰:“昔高辛氏有二子①,伯曰阏伯,季曰实沈,居于旷林,不相能也。日寻干戈②,以相征讨。后帝不臧③,迁阏伯于商丘,主辰。商人是因,故辰为商星。迁实沈于大夏④,主参。唐人是因,以服事夏、商。其季世曰唐叔虞⑤。当武王邑姜方震大叔⑥,梦帝谓己:‘余命而子曰虞,将与之唐,属诸参,而蕃育其子孙。’及生,有文在其手曰‘虞’⑦,遂以命之。及成王灭唐而封大叔焉,故参为晋星。由是观之,则实沈,参神也。昔金天氏有裔子曰昧⑧,为玄冥师⑨,生允格、台骀。台骀能业其官⑩,宣汾、洮⑪,障大泽⑫,以处大原。帝用嘉之⑬,封诸汾川⑭。沈、姒、蓐、黄⑮,实守其祀。今晋主汾而灭之矣。由是观之,则台骀,汾神也。抑此二者,不及君身。山川之神,则水旱疠疫之灾⑯,于是乎禜之⑰。日月星辰之神,则雪霜风雨之不时,于是乎禜之。若君身,则亦出入饮食哀乐之事也⑱。山川星辰之神,又何为焉?侨闻之,君子有四时:朝以听政,昼以访问,夕以修令,夜以安身。于是乎节宣其气⑲,勿使有所壅闭湫底以露其体⑳。兹心不爽,而昏乱百度。今无乃壹之㉑,则生疾矣。侨又闻之,内官不及同姓㉒,其生不殖。美先尽矣㉓,则相生疾,君子是以恶之。故《志》曰:‘买妾不知其姓,则卜之。’违此二者,古之所慎也。男女辨姓,礼之大司也㉔。今君内实有四姬焉㉕,其无乃是也乎?若由是二者,弗可为也已㉖。四姬有省犹可㉗,无则必生疾矣。”叔向曰:“善哉!肸未之闻也㉘,此皆然矣。”

叔向出,行人挥送之㉙。叔向问郑故焉,且问子皙。对曰:“其与几何㉚?无礼而好陵人,怙富而卑其上㉛,弗能久矣。”

晋侯闻子产之言,曰:“博物君子也。”重贿之。

【注释】

① 高辛氏:帝喾。 ② 寻:用。 ③ 后帝:尧。臧:善。 ④ 大夏:即今山西太原市。 ⑤ 季世:末世。 ⑥ 邑姜:武王后,传为姜太公女。震:娠,怀孕。大叔:即叔虞。 ⑦ 文:文字。 ⑧ 金天氏:少昊。 ⑨ 玄冥师:水官之长。 ⑩ 业:世,继承。 ⑪ 宣:疏通。汾、洮:二水均在山西境内。 ⑫ 障:堤防。大泽:台骀泽,在太原市南。 ⑬ 用:因。 ⑭ 汾川:即汾水流域。 ⑮ 沈、姒、蓐、黄:四国皆在山西,

为台骀之后。　⑯ 疠疫:流行时疫。　⑰ 禜(yíng):束草而祭,求山川鬼神,去祸降福。　⑱ 出入:指劳逸。　⑲ 节宣:有节制地散发。气:血气、精气。　⑳ 壅闭湫底:阻塞不流通。露:瘦弱。　㉑ 壹之:专一于某处。　㉒ 内官:国君的姬妾。　㉓ 美先尽矣:言娶同姓则其女必美。　㉔ 司:主。　㉕ 四姬:四位姓姬的姬妾。　㉖ 为:治。　㉗ 省:去掉。　㉘ 肸:叔向名。　㉙ 行人挥:即子羽。　㉚ 其与几何:他还能活多久?　㉛ 怙富:仗着富贵。卑:轻视。

晋侯求医于秦。秦伯使医和视之,曰:“疾不可为也。是谓:‘近女室,疾如蛊[①]。非鬼非食,惑以丧志[②]。良臣将死,天命不祐。’”公曰:“女不可近乎?”对曰:“节之。先王之乐,所以节百事也,故有五节,迟速本末以相及[③],中声以降[④],五降之后,不容弹矣。于是有烦手淫声[⑤],慆堙心耳[⑥],乃忘平和,君子弗听也。物亦如之,至于烦[⑦],乃舍也已,无以生疾。君子之近琴瑟[⑧],以仪节也[⑨],非以慆心也。天有六气[⑩],降生五味[⑪],发为五色[⑫],征为五声[⑬],淫生六疾[⑭]。六气曰阴、阳、风、雨、晦、明也。分为四时,序为五节[⑮],过则为灾。阴淫寒疾,阳淫热疾,风淫末疾[⑯],雨淫腹疾,晦淫惑疾,明淫心疾。女,阳物而晦时[⑰],淫则生内热惑蛊之疾。今君不节不时[⑱],能无及此乎?”

【注释】

① 蛊:蛊惑,一种令人心志惑乱的病。　② 丧志:丧失心志。　③ 以相及:来互相调节。　④ 中声:中和之声。　⑤ 烦手:烦复的手法。淫声:靡靡之音。　⑥ 慆(tāo)堙(yīn):使得人心荡耳烦。　⑦ 烦:指过度。　⑧ 琴瑟:喻指女色。　⑨ 仪节:礼仪、礼节。　⑩ 六气:六种气象,见下文说明。　⑪ 五味:辛、酸、咸、苦、甘。　⑫ 五色:白、青、黑、赤、黄。　⑬ 征:验。五声:宫、商、角、徵、羽。　⑭ 淫:过度。六疾:即下寒、热、末、腹、惑、心六疾。　⑮ 五节:即五声之节。⑯ 末:四肢。　⑰ 阳物:杜注谓:“女常随男,故言阳物。”晦时:杜注:“家道常在夜,故言晦时。”　⑱ 不时:谓近女色不分晦明。

出,告赵孟。赵孟曰:“谁当良臣[①]?”对曰:“主是谓矣!主相晋国，于今八年，晋国无乱，诸侯无阙，可谓良矣。和闻之，国之大臣，荣其宠禄，任其大节，有灾祸兴而无改焉，必受其咎。今君至于淫以生疾，将不能图恤社稷[2]，祸孰大焉！主不能御[3]，吾是以云也。"赵孟曰："何谓蛊？"对曰："淫溺惑乱之所生也。于文，皿虫为蛊，谷之飞亦为蛊[4]。在《周易》，女惑男，风落山，谓之《蛊》䷑[5]。皆同物也[6]。"赵孟曰："良医也。"厚其礼而归之。

【注释】

① 谁当良臣：哪一个人应你所说的"良臣将死"中的良臣。　② 图恤社稷：为国家图谋操心。　③ 御：禁止。　④ 谷之飞：谷子所生的飞虫。　⑤ 杜注云：《蛊》卦下为巽上为艮。巽为长女，为风；艮为少男，为山。少男悦长女，非匹，故惑。山木得风而落。　⑥ 同物：同类。

楚公子围使公子黑肱、伯州犁城犨、栎、郏[1]，郑人惧。子产曰："不害。令尹将行大事，而先除二子也。祸不及郑，何患焉？"

【注释】

① 公子黑肱：公子围的弟弟，字子皙。犨：在今河南鲁山县东南，与郏本均为郑邑。栎：在今河南新蔡县北。郏：在今河南三门峡市西北。

冬，楚公子围将聘于郑，伍举为介。未出竟，闻王有疾而还。伍举遂聘。十一月己酉，公子围至，入问王疾，缢而弑之。遂杀其二子幕及平夏。右尹子干出奔晋[1]，宫厩尹子皙出奔郑。杀大宰伯州犁于郏。葬王于郏，谓之郏敖[2]。使赴于郑，伍举问应为后之辞焉[3]。对曰："寡大夫围。"伍举更之曰："共王之子围为长。"

【注释】

① 右尹子干：即公子比。　② 郏敖：无谥，故以葬地称之。敖，或谓酋长之义，或谓陵之意。　③ 应为后之辞：立继承人的措辞。

子干奔晋，从车五乘。叔向使与秦公子同食[1]，皆百人之饩[2]。赵文子曰："秦公子富。"叔向曰："底禄以德[3]，德钧以年，年同以尊。公子以国[4]，不闻以富。且夫以千乘去其国，强御已甚[5]。

《诗》曰:'不侮鳏寡,不畏强御[6]。'秦、楚,匹也。"使后子与子干齿[7]。辞曰:"鍼惧选,楚公子不获[8],是以皆来,亦唯命。且臣与羁齿[9],无乃不可乎?史佚有言曰:'非羁何忌[10]?'"

【注释】

① 同食:食禄相同。　② 饩:此指粮食及生活必需品。　③ 厎:致。　④ 以国:根据国家的大小。　⑤ 强御:横暴,强梁。已:太。⑥ 所引诗见《诗·大雅·烝民》。　⑦ 齿:并列。　⑧ 不获:不获于上,即被国君所厌恶。　⑨ 羁:羁旅。后子先来,已为晋臣,子干刚到,尚同羁旅。后子因以主人自居,视子干为客,自谦不敢与客人并列。　⑩ 忌:敬。

楚灵王即位[1],薳罢为令尹,薳启强为大宰。郑游吉如楚,葬郏敖,且聘立君。归,谓子产曰:"具行器矣[2]!楚王汰侈而自说其事[3],必合诸侯,吾往无日矣。"子产曰:"不数年,未能也。"

【注释】

① 楚灵王:从此年至公元前529年在位。　② 具行器:准备好行装。③ 说:喜。

十二月,晋既烝[1],赵孟适南阳,将会孟子馀[2]。甲辰朔,烝于温[3],庚戌,卒。郑伯如晋吊,及雍乃复[4]。

【注释】

① 烝:冬祭。　② 会:会祭。孟子馀:赵衰。　③ 温:在今河南温县西南。　④ 雍:在今河南修武县西。按郑简公往吊,赵氏辞之,故中途而返。

昭公二年

【经】

二年春[1],晋侯使韩起来聘[2]。

夏,叔弓如晋。

秋,郑杀其大夫公孙黑。

冬,公如晋,至河乃复[3]。

季孙宿如晋。

【注释】

① 二年:公元前540年。 ② 晋侯:晋平公。 ③ 杜注:"吊少姜也。晋人辞之,故还。"

【传】

二年春,晋侯使韩宣子来聘,且告为政而来见,礼也。观书于大史氏,见《易象》与《鲁春秋》①,曰:"周礼尽在鲁矣。吾乃今知周公之德,与周之所以王也。"公享之。季武子赋《绵》之卒章②。韩子赋《角弓》③。季武子拜,曰:"敢拜子之弥缝敝邑④,寡君有望矣。"武子赋《节》之卒章⑤。既享,宴于季氏,有嘉树焉,宣子誉之。武子曰:"宿敢不封殖此树⑥,以无忘《角弓》。"遂赋《甘棠》⑦。宣子曰:"起不堪也,无以及召公。"

【注释】

① 易象:杜注谓《周易》的象辞,即爻辞。 ②《绵》:《诗·大雅》篇名。其卒章云:"虞芮质厥成,文王蹶厥生。予曰有疏附,予曰有先后,予曰有奔奏,予曰有御侮。"这章写文王有参谋政事、使群臣归附、奔走效力、抵御外侮的四种臣子。季武子把晋侯比作文王,把韩起比作四种臣子。 ③《角弓》:《诗·小雅》篇名。韩起取诗中"兄弟昏姻,无胥远矣"句,言兄弟之国要相亲。 ④ 弥缝:补合,弥补。 ⑤《节》:《诗·小雅》篇名。杜注谓取卒章中"式讹尔心,以蓄万邦"句,颂晋德可蓄万邦。 ⑥ 封殖:培殖。 ⑦《甘棠》:《诗·召南》篇名。杜注云:"召伯息于甘棠之下,诗人思之,而爱其树。武子欲封殖嘉树如甘棠,以宣子比召公。"

宣子遂如齐纳币①。见子雅。子雅召子旗②,使见宣子。宣子曰:"非保家之主也,不臣。"见子尾。子尾见强③。宣子谓之如子旗。大夫多笑之。唯晏子信之,曰:"夫子,君子也。君子有信,其有以知之矣。"自齐聘于卫,卫侯享之。北宫文子赋《淇澳》④。宣子赋《木瓜》⑤。

【注释】

① 纳币:为平公聘少姜。 ② 子旗:子雅之子。 ③ 强:子尾之子。 ④《淇澳》:《诗·卫风》篇名。诗赞卫武公,北宫文子言宣子有武公

的德行。　⑤《木瓜》:《诗·卫风》篇名,韩起取其中"投我以木瓜,报之以琼瑶"等句,表示要与卫结好,施以厚报。

夏四月,韩须如齐逆女①。齐陈无宇送女,致少姜②。少姜有宠于晋侯,晋侯谓之少齐。谓陈无宇非卿,执诸中都③。少姜为之请曰:"送从逆班④,畏大国也,犹有所易⑤,是以乱作⑥。"

【注释】

① 韩须:谥贞子,一作平子,晋大夫。　② 致:护送。　③ 中都:在今山西介休东北,或云在晋中市东。　④ 送从逆班:送亲人的地位应等同于迎亲人的班次。　⑤ 易:改易。韩须为普通大夫,陈无宇是上大夫,故云。　⑥ 乱:指陈无宇被执。

叔弓聘于晋,报宣子也。晋侯使郊劳。辞曰:"寡君使弓来继旧好,固曰:'女无敢为宾!'彻命于执事①,敝邑弘矣②,敢辱郊使?请辞。"致馆,辞曰:"寡君命下臣来继旧好,好合使成,臣之禄也③,敢辱大馆?"叔向曰:"子叔子知礼哉!吾闻之曰:'忠信,礼之器也④。卑让,礼之宗也⑤。'辞不忘国,忠信也。先国后己,卑让也。《诗》曰:'敬慎威仪,以近有德⑥。'夫子近德矣。"

【注释】

① 彻命:把命令传达。　② 弘:大。此指光荣。　③ 禄:福。　④ 器:载体。　⑤ 宗:主干。　⑥ 所引诗见《诗·大雅·民劳》。意为:立身端正有威仪,亲近贤德勤学习。

秋,郑公孙黑将作乱,欲去游氏而代其位①,伤疾作而不果②。驷氏与诸大夫欲杀之③。子产在鄙,闻之,惧弗及,乘遽而至④。使吏数之,曰:"伯有之乱⑤,以大国之事,而未尔讨也。尔有乱心,无厌,国不女堪。专伐伯有,而罪一也。昆弟争室⑥,而罪二也。薰隧之盟⑦,女矫君位,而罪三也。有死罪三,何以堪之?不速死,大刑将至。"再拜稽首,辞曰:"死在朝夕,无助天为虐。"子产曰:"人谁不死?凶人不终,命也。作凶事,为凶人。不助天,其助凶人乎⑧?"

请以印为褚师[⑨]。子产曰:"印也若才,君将任之。不才,将朝夕从女。女罪之不恤,而又何请焉?不速死,司寇将至。"七月壬寅,缢。尸诸周氏之衢,加木焉[⑩]。

【注释】

① 游氏:游吉,即子大叔。 ② 伤:指去年被子南所伤。 ③ 驷氏:公孙黑之族。其族人见诸大夫恶之,恐遭灭族之祸,故欲杀之。 ④ 遽:传车。 ⑤ 伯有之乱:指襄公三十年(前 543)公孙黑攻打伯有。 ⑥ 争室:争徐吾犯之妹。 ⑦ 薰隧之盟:见上年(昭公元年)传。 ⑧ 其:岂。 ⑨ 印:公孙黑之子。褚师:市官。 ⑩ 加木:书其罪于木,以加尸上。

晋少姜卒。公如晋,及河。晋侯使士文伯来辞,曰:"非伉俪也[①]。请君无辱!"公还,季孙宿遂致服焉[②]。叔向言陈无宇于晋侯曰:"彼何罪?君使公族逆之[③],齐使上大夫送之,犹曰不共,君求以贪[④]。国则不共,而执其使,君刑已颇[⑤],何以为盟主?且少姜有辞。"冬十月,陈无宇归。十一月,郑印段如晋吊。

【注释】

① 非伉俪:不是正室。 ② 致服:送下葬的衣服。 ③ 公族:公族大夫。 ④ 以:太。 ⑤ 颇:偏。

昭 公 三 年

【经】

三年春[①],王正月丁未,滕子原卒。

夏,叔弓如滕。

五月,葬滕成公。

秋,小邾子来朝[②]。

八月,大雩。

冬,大雨雹。

北燕伯款出奔齐[③]。

【注释】

① 三年:公元前539年。　② 小邾子:小邾穆公。　③ 北燕伯款:燕简公。

【传】

三年春,王正月,郑游吉如晋,送少姜之葬。梁丙与张趯见之[①]。梁丙曰:"甚矣哉!子之为此来也[②]。"子大叔曰:"将得已乎?昔文、襄之霸也[③],其务不烦诸侯,令诸侯三岁而聘,五岁而朝,有事而会,不协而盟[④]。君薨,大夫吊,卿共葬事。夫人,士吊,大夫送葬。足以昭礼命事谋阙而已[⑤],无加命矣。今嬖宠之丧,不敢择位[⑥],而数于守適[⑦],唯惧获戾,岂敢惮烦?少齐有宠而死,齐必继室。今兹吾又将来贺,不唯此行也。"张趯:"善哉!吾得闻此数也。然自今,子其无事矣。譬如火焉[⑧],火中[⑨],寒暑乃退。此其极也,能无退乎?晋将失诸侯,诸侯求烦不获。"二大夫退。子大叔告人曰:"张趯有知,其犹在君子之后乎[⑩]!"

【注释】

① 梁丙、张趯(tì):均为晋大夫。　② 杜注:"卿共妾葬,过礼甚。"　③ 文、襄:晋文公、晋襄公。　④ 不协:不和睦,有冲突。　⑤ 谋阙:商议补救缺失。　⑥ 择位:指依礼选派相当职位的人吊唁。　⑦ 数:礼数。守適:正妻、夫人。　⑧ 火:大火,即心宿。　⑨ 火中:心宿夏末于黄昏时在天空正中,暑气渐退;冬末于天明时在天空正中,寒气渐退。⑩ 在君子之后:即相从于君子,在君子之列。

丁未,滕子原卒。同盟,故书名。

齐侯使晏婴请继室于晋,曰:"寡君使婴曰:'寡人愿事君,朝夕不倦,将奉质币[①],以无失时,则国家多难,是以不获[②]。不腆先君之適,以备内官,焜燿寡人之望[③],则又无禄,早世殒命,寡人失望。君若不忘先君之好,惠顾齐国,辱收寡人[④],徼福于大公、丁公[⑤],照临敝邑,镇抚其社稷,则犹有先君之適及遗姑姊妹若而人。君若不弃敝邑,而辱使董振择之⑥,以备嫔嫱,寡人之望也。'"

【注释】

① 将:欲。质币:礼物。 ② 不获:杜注:"不得自来。" ③ 焜燿:明亮、照耀。 ④ 收:安抚。 ⑤ 大公、丁公:指齐始祖。 ⑥ 董振:慎重。

韩宣子使叔向对曰:"寡君之愿也。寡君不能独任其社稷之事,未有伉俪。在缞绖之中,是以未敢请。君有辱命,惠莫大焉。若惠顾敝邑,抚有晋国,赐之内主①,岂唯寡君,举群臣实受其贶,其自唐叔以下②,实宠嘉之。"

【注释】

① 内主:正夫人。 ② 唐叔:晋始祖。

既成昏①,晏子受礼②。叔向从之宴,相与语。叔向曰:"齐其何如?"晏子曰:"此季世也,吾弗知,齐其为陈氏矣!公弃其民,而归于陈氏。齐旧四量,豆、区、釜、钟。四升为豆,各自其四③,以登于釜。釜十则钟。陈氏三量,皆登一焉④,钟乃大矣。以家量贷,而以公量收之。山木如市,弗加于山⑤。鱼盐蜃蛤,弗加于海。民参其力⑥,二入于公,而衣食其一⑦。公聚朽蠹,而三老冻馁⑧。国之诸市,屦贱踊贵⑨。民人痛疾,而或燠休之⑩,其爱之如父母,而归之如流水,欲无获民,将焉辟之?箕伯、直柄、虞遂、伯戏⑪,其相胡公、大姬⑫,已在齐矣⑬。"

【注释】

① 成昏:即订婚。 ② 受礼:杜注:"受宾享之礼。" ③ 各自其四:以四进位。 ④ 登:增加。 ⑤ 弗加于山:谓价格同在山中一样。⑥ 参:三分。 ⑦ 衣食其一:以其一分谋取衣食。杜注:"言公重赋敛。"⑧ 三老:或谓上寿、中寿、下寿,皆八十以上老人。或谓致仕老臣。⑨ 屦:麻或革制的鞋。踊:被斩断脚的人所用假足,一说为杖。 ⑩ 燠休:厚赐。 ⑪ 箕伯、直柄、虞遂、伯戏:皆舜后人,陈氏祖先。 ⑫ 相:随。胡公:陈始封之祖。大姬:胡公之妃。 ⑬ 言陈氏祖先将追随胡公到

齐国享受祭祀,即陈氏将有齐国之意。

叔向曰:“然。虽吾公室,今亦季世也。戎马不驾[①],卿无军行[②]。公乘无人,卒列无长[③]。庶民罢敝,而宫室滋侈。道殣相望[④],而女富溢尤[⑤]。民闻公命,如逃寇仇。栾、郤、胥、原、狐、续、庆、伯,降在皂隶[⑥]。政在家门[⑦],民无所依。君日不悛[⑧],以乐慆忧[⑨]。公室之卑,其何日之有?谗鼎之铭曰[⑩]:‘昧旦丕显[⑪],后世犹怠。’况日不悛,其能久乎?”

【注释】

① 不驾:不驾兵车。　② 无军行:不率领军队。　③ 卒:百人为一卒。卒列,泛指军队。　④ 殣:指饿死的人。　⑤ 女:指受到宠爱的人。　⑥ 杜注:“八姓,晋旧臣之族也。皂隶,贱官。”　⑦ 家门:指大夫之家。时韩、赵专政。　⑧ 日不悛:没有一天想到悔改。　⑨ 慆:过度。以乐慆忧,用过度的欢乐代替忧愁。　⑩ 谗鼎:鬻鼎。　⑪ 昧旦:天未亮。丕显:大显赫。

晏子曰:“子将若何?”叔向曰:“晋之公族尽矣。肸闻之,公室将卑,其宗族枝叶先落,则公从之。肸之宗十一族[①],唯羊舌氏在而已,肸又无子。公室无度,幸而得死[②],岂其获祀[③]?”

【注释】

① 宗:杜注:“同祖为宗。”　② 得死:获得善终。　③ 岂其获祀:言必然灭族,得不到祭祀。其,将。

初,景公欲更晏子之宅,曰:“子之宅近市,湫隘嚣尘[①],不可以居,请更诸爽垲者[②]。”辞曰:“君之先臣容焉,臣不足以嗣之,于臣侈矣。且小人近市,朝夕得所求,小人之利也。敢烦里旅[③]?”公笑曰:“子近市,识贵贱乎?”对曰:“既利之,敢不识乎?”公曰:“何贵何贱?”于是景公繁于刑,有鬻踊者,故对曰:“踊贵屦贱。”既已告于君,故与叔向语而称之。景公为是省于刑。君子曰:“仁人之言,其利博哉。晏子一言而齐侯省刑。《诗》曰:‘君子如祉,乱庶遄已④。'其是之谓乎!"

【注释】

① 湫隘:潮湿狭小。嚣尘:喧闹多尘。 ② 爽垲:高敞明亮。 ③ 里旅:司里之官,管卿大夫家宅。 ④ 所引诗见《诗·小雅·巧言》。祉:喜。遄:快速。已:阻止。

及晏子如晋,公更其宅,反,则成矣。既拜,乃毁之,而为里室①,皆如其旧②,则使宅人反之③,曰:"谚曰:'非宅是卜,唯邻是卜。'二三子先卜邻矣,违卜不祥。君子不犯非礼,小人不犯不祥,古之制也。吾敢违诸乎?"卒复其旧宅,公弗许,因陈桓子以请④,乃许之。

【注释】

① 里室:邻居的住宅。指为造新宅而拆毁的邻居的家。 ② 旧:旧观。 ③ 宅人:原住者。 ④ 陈桓子:陈无宇。

夏四月,郑伯如晋,公孙段相,甚敬而卑,礼无违者。晋侯嘉焉,授之以策①,曰:"子丰有劳于晋国②,余闻而弗忘。赐女州田③,以胙乃旧勋④。"伯石再拜稽首,受策以出。君子曰:"礼,其人之急也乎!伯石之汰也⑤,一为礼于晋,犹荷其禄,况以礼终始乎?《诗》曰:'人而无礼,胡不遄死⑥。'其是之谓乎!"

【注释】

① 策:策书,赐命之书。 ② 子丰:公孙段之父。 ③ 州:在今河南沁阳东南,温县东北。 ④ 胙:酬报。 ⑤ 汰:骄奢。公孙段欲为卿而伪让,子产恶之,见襄公三十年(前543)。 ⑥ 所引诗见《诗·鄘风·相鼠》。遄:快。

初,州县,栾豹之邑也①。及栾氏亡,范宣子、赵文子、韩宣子皆欲之。文子曰:"温,吾县也②。"二宣子曰:"自郤称以别③,三传矣④。晋之别县不唯州,谁获治之?"文子病之,乃舍之。二子曰:"吾不可以正议而自与也。"皆舍之。及文子为政,赵获曰⑤:"可以取州矣。”文子曰：“退！二子之言，义也。违义，祸也。余不能治余县，又焉用州？其以徼祸也。君子曰：‘弗知实难[6]。’知而弗从，祸莫大焉。有言州必死。”

丰氏故主韩氏[7]，伯石之获州也，韩宣子为之请之，为其复取之之故[8]。

【注释】

① 栾豹：栾盈的族人。　② 杜注：“州本属温，温，赵氏邑。”　③ 郤称：晋大夫，划州与温为二，始受州。别：划分。　④ 三传：郤称受州，后传赵氏，又传栾豹，故曰三传。　⑤ 赵获：赵文子之子。　⑥ 弗知实难：杜注：“患不知祸所起。”　⑦ 丰氏：公孙段之族。主：住其家。　⑧ 复取之之故：为自己再取此地打下基础。后于昭公七年(前535)丰氏归还州邑。

五月，叔弓如滕，葬滕成公，子服椒为介。及郊，遇懿伯之忌[1]，敬子不入。惠伯曰：“公事有公利，无私忌，椒请先入。”乃先受馆，敬子从之。

【注释】

① 懿伯：子服椒(惠伯)之父。忌日不能举乐，但出使外国，外国郊劳时必有音乐，所以叔弓(敬子)延缓入滕的日子。

晋韩起如齐逆女。公孙虿为少姜之有宠也，以其子更公女而嫁公子[1]。人谓宣子：“子尾欺晋[2]，晋胡受之？”宣子曰：“我欲得齐而远其宠[3]，宠将来乎[4]？”

【注释】

① 更：代替。子、女：皆指女。　② 子尾：公孙虿。　③ 远：疏远。宠：指公孙虿。　④ 来：拥护。

秋七月，郑罕虎如晋，贺夫人，且告曰：“楚人日征敝邑以不朝立王之故[1]。敝邑之往，则畏执事，其谓寡君‘而固有外心’。其不往，则宋之盟云。进退罪也。寡君使虎布之。”宣子使叔向对曰：“君若辱有寡君[2]，在楚何害？修宋盟也。君苟思盟，寡君乃知免于戾矣。君若不有寡君,虽朝夕辱于敝邑,寡君猜焉③。君实有心,何辱命焉④?君其往也!苟有寡君,在楚犹在晋也。”

【注释】

① 征:问。 ② 有:有心,忠于。 ③ 猜:疑,忌。 ④ 何辱命:谓不须秉告。

张趯使谓大叔曰:“自子之归也,小人粪除先人之敝庐①,曰:‘子其将来!’今子皮实来②,小人失望。”大叔曰:“吉贱,不获来,畏大国,尊夫人也。且孟曰③:‘而将无事。’吉庶几焉④。”

【注释】

① 粪除:打扫。 ② 子皮:罕虎。 ③ 孟:即张趯。其语见前。④ 庶几:差不多。

小邾穆公来朝。季武子欲卑之①,穆叔曰:“不可。曹、滕、二邾②,实不忘我好。敬以逆之,犹惧其贰。又卑一睦,焉逆群好也?其如旧而加敬焉。《志》曰:‘能敬无灾。’又曰:‘敬逆来者,天所福也。’”季孙从之。

【注释】

① 卑之:杜注:“不欲以诸侯礼待之。” ② 二邾:邾与小邾。

八月,大雩,旱也。

齐侯田于莒①,卢蒲嫳见,泣且请曰:“余发如此种种②,余奚能为?”公曰:“诺,吾告二子③。”归而告之。子尾欲复之。子雅不可,曰:“彼其发短而心甚长,其或寝处我矣。”九月,子雅放卢蒲嫳于北燕。

【注释】

① 莒:齐东部边境城邑。 ② 种种:短。 ③ 二子:子雅与子尾。

燕简公多嬖宠,欲去诸大夫而立其宠人。冬,燕大夫比以杀公之外嬖①。公惧,奔齐。书曰:“北燕伯款出奔齐。”罪之也。

十月，郑伯如楚，子产相。楚子享之②，赋《吉日》③。既享，子产乃具田备，王以田江南之梦④。

【注释】

① 比：联合起来。　② 楚子：楚灵王。　③《吉日》：《诗·小雅》篇名，是写宣王田猎之诗。　④ 江南之梦：指云梦泽。

齐公孙灶卒①。司马灶见晏子②，曰："又丧子雅矣。"晏子曰："惜也，子旗不免③，殆哉！姜族弱矣，而妫将始昌④。二惠竞爽⑤，犹可，又弱一个焉⑥，姜其危哉！"

【注释】

① 公孙灶：即子雅。　② 司马灶：齐大夫。　③ 子旗：子雅之子。④ 妫：陈氏。　⑤ 二惠：子雅、子尾均惠公之孙。竞爽：强明。　⑥ 弱：丧失。

卷二十一 昭公二

昭公四年

【经】

四年春①,王正月,大雨雹。

夏,楚子、蔡侯、陈侯、郑伯、许男、徐子、滕子、顿子、胡子、沈子、小邾子、宋世子佐、淮夷会于申②。

楚人执徐子。

秋七月,楚子、蔡侯、陈侯、许男、顿子、胡子、沈子、淮夷伐吴。

执齐庆封杀之。

遂灭赖③。

九月,取鄫④。

冬十有二月乙卯,叔孙豹卒。

【注释】

① 四年:公元前538年。 ② 楚子:楚灵王。蔡侯:蔡灵侯,公元前542—前531年在位。陈侯:陈哀公。郑伯:郑简公。许男:许悼公。滕子:滕悼公。小邾子:小邾穆公。申:在今河南南阳市北。 ③ 赖:国名,地在今湖北随州市东北。 ④ 鄫:本国,姒姓,襄公六年(前567)被莒国灭亡。地在今山东枣庄市东。

【传】

四年春,王正月,许男如楚,楚子止之,遂止郑伯,复田江南,许男与焉。使椒举如晋求诸侯①,二君待之。椒举致命曰:"寡君使举曰,日君有惠②,赐盟于宋,曰:'晋、楚之从,交相见也。'以岁之不易③,寡人愿结欢于二三君,使举请间④。君若苟无四方之虞⑤,则愿假宠以请于诸侯⑥。"

【注释】

① 椒举:即伍举,食邑于椒。　② 日:往日。　③ 不易:多难。　④ 请间:请问什么时候有空。　⑤ 虞:戒备、担忧。这句是外交辞令。　⑥ 假宠:借以光耀。

晋侯欲勿许。司马侯曰:"不可。楚王方侈,天或者欲逞其心,以厚其毒而降之罚,未可知也。其使能终①,亦未可知也。晋、楚唯天所相,不可与争。君其许之,而修德以待其归②。若归于德,吾犹将事之,况诸侯乎?若适淫虐,楚将弃之,吾又谁与争?"公曰:"晋有三不殆③,其何敌之有?国险而多马,齐、楚多难。有是三者,何乡而不济?"对曰:"恃险与马,而虞邻国之难④,是三殆也。四岳、三涂、阳城、大室、荆山、中南⑤,九州之险也,是不一姓。冀之北土⑥,马之所生,无兴国焉。恃险与马,不可以为固也,从古以然。是以先王务修德音以亨神人⑦,不闻其务险与马也。邻国之难,不可虞也。或多难以固其国,启其疆土;或无难以丧其国,失其守宇。若何虞难?齐有仲孙之难而获桓公⑧,至今赖之。晋有里、丕之难而获文公⑨,是以为盟主。卫、邢无难,敌亦丧之⑩。故人之难,不可虞也。恃此三者,而不修政德,亡于不暇,又何能济?君其许之!纣作淫虐,文王惠和⑪,殷是以陨,周是以兴,夫岂争诸侯?"乃许楚使。使叔向对曰:"寡君有社稷之事,是以不获春秋时见⑫。诸侯,君实有之,何辱命焉?"椒举遂请昏,晋侯许之。

【注释】

① 能终:能得善终。　② 归:归宿,结局。　③ 殆:危。　④ 虞:乐。以为己乐,即依靠、寄希望之意。　⑤ 四岳:东岳泰山,西岳华山,南岳衡山,北岳恒山。三涂:在河南嵩县南,一名水门。或云指太行、崤渑、轘辕。阳城:在今河南登封市东南。大室:即河南登封市北嵩山。荆山:在今湖北南漳县西。中南:即陕西南部的终南山。　⑥ 冀之北土:冀州北面地区,指燕、代一带。　⑦ 亨:同"享"。　⑧ 仲孙:即公孙无知。事见庄公八年(前686)、九年。　⑨ 里、丕:里克、丕郑。事见僖公九年(前

651)。 ⑩ 丧:亡。闵公二年(前660)狄灭卫,僖公二十五年(前635)卫灭邢。 ⑪ 惠和:贤惠和顺。 ⑫ 杜注:"言不得自往。谦辞。"

楚子问于子产曰:"晋其许我诸侯乎?"对曰:"许君。晋君少安①,不在诸侯。其大夫多求,莫匡其君②。在宋之盟,又曰如一,若不许君,将焉用之③?"王曰:"诸侯其来乎?"对曰:"必来。从宋之盟,承君之欢,不畏大国④,何故不来?不来者,其鲁、卫、曹、邾乎?曹畏宋,邾畏鲁,鲁、卫逼于齐而亲于晋,唯是不来⑤。其余,君之所及也,谁敢不至?"王曰:"然则吾所求者,无不可乎?"对曰:"求逞于人,不可。与人同欲,尽济。"

【注释】

① 少安:杜注:"安于小,小不能远图。" ② 匡:帮助。 ③ 焉用之:指焉用宋盟。 ④ 大国:指晋国。 ⑤ 唯:因。

大雨雹。季武子问于申丰曰:"雹可御乎①?"对曰:"圣人在上,无雹,虽有,不为灾。古者,日在北陆而藏冰②,西陆朝觌而出之③。其藏冰也,深山穷谷,固阴冱寒④,于是乎取之。其出之也,朝之禄位⑤,宾食丧祭⑥,于是乎用之。其藏之也,黑牡、秬黍⑦,以享司寒⑧。其出之也,桃弧、棘矢,以除其灾。其出入也时。食肉之禄⑨,冰皆与焉。大夫命妇,丧浴用冰。祭寒而藏之,献羔而启之⑩,公始用之。火出而毕赋⑪,自命夫、命妇,至于老疾,无不受冰。山人取之⑫,县人传之⑬,舆人纳之,隶人藏之⑭。夫冰以风壮⑮,而以风出。其藏之也周,其用之也遍,则冬无愆阳⑯,夏无伏阴⑰,春无凄风⑱,秋无苦雨⑲,雷不出震⑳,无灾霜雹,疠疾不降,民不夭札㉑。今藏川池之冰,弃而不用,风不越而杀㉒,雷不发而震。雹之为灾,谁能御之?《七月》之卒章㉓,藏冰之道也。"

【注释】

① 御:止,防止。 ② 北陆:指虚宿与危宿。日在北陆时当夏历十二月。《周礼·凌人》:"正岁十有二月斩冰。" ③ 西陆:昴宿与毕宿。朝觌:早晨出现。昴、毕晨现为夏历四月。 ④ 固:凝固。阴:寒气。冱:凝。

⑤ 朝之禄位:朝中各级官员。　⑥ 宾:迎宾。食:君王膳食。　⑦ 黑牡:黑色公羊。秬黍:黑色黍米。　⑧ 司寒:冬神玄冥。　⑨ 食肉之禄:有禄位分享祭肉的。　⑩ 献羔:用羔羊祭祀。　⑪ 火:大火星。指夏历三月火星黄昏出现。毕赋:分配完。　⑫ 山人:管山的小官。　⑬ 县人:地方官。　⑭舆人、隶人:均小官。　⑮ 壮:坚实。　⑯ 愆阳:过分的阳气。指冬暖。　⑰ 伏阴:潜伏的阴气。指夏寒。　⑱ 凄风:寒风。　⑲ 苦雨:连绵不断的雨。　⑳ 不出震:不损坏东西。　㉑ 夭札:短命及患流行病死。　㉒ 越:散。　㉓《七月》:《诗·豳风》篇名。其卒章有"二之日凿冰冲冲,三之日纳于凌阴。四之日其蚤,献羔祭韭"句,历叙取冰、藏冰、用冰。

夏,诸侯如楚,鲁、卫、曹、邾不会。曹、邾辞以难①,公辞以时祭,卫侯辞以疾。郑伯先待于申。六月丙午,楚子合诸侯于申。椒举言于楚子曰:"臣闻诸侯无归,礼以为归。今君始得诸侯,其慎礼矣。霸之济否,在此会也。夏启有钧台之享②,商汤有景亳之命③,周武有孟津之誓④,成有岐阳之蒐⑤,康有酆宫之朝⑥,穆有涂山之会⑦,齐桓有召陵之师⑧,晋文有践土之盟⑨。君其何用?宋向戌、郑公孙侨在,诸侯之良也,君其选焉。"王曰:"吾用齐桓。"

【注释】

① 难:国内不安定。　② 钧台:在今河南禹州市,夏启曾燕享诸侯于此。　③ 景亳:在今河南商丘市。　④ 孟津:在今河南孟津县,周武王曾两次会诸侯于此。　⑤ 岐阳:在今陕西岐山县。周成王曾大蒐于岐阳,与诸侯盟。　⑥ 酆宫:当为文王之庙,在今陕西户县。　⑦ 涂山:在今安徽怀远县东。周康、周穆会诸侯事仅见记载于此。　⑧ 召陵之师:见僖公四年(前656)。　⑨ 践土之盟:见僖公二十八年(前632)。

王使问礼于左师与子产。左师曰:"小国习之,大国用之,敢不荐闻①?"献公合诸侯之礼六。子产曰:"小国共职②,敢不荐守③?"献伯、子、男会公之礼六。君子谓合左师善守先代,子产善相小国。王使椒举侍于后,以规过④。卒事,不规。王问其故,对曰:"礼,吾所未见者有六焉,又何以规⑤?"

【注释】

① 荐闻:献上所听说的。杜注:"言所闻,谦示所未行。" ② 共职:谓小国的职责是供奉大国。 ③ 荐守:进献日常所做的。 ④ 规:纠正。 ⑤ 杜注:"左师、子产所献六礼,楚皆未尝行。"

宋大子佐后至,王田于武城[①],久而弗见。椒举请辞焉。王使往,曰:"属有宗祧之事于武城[②],寡君将堕币焉[③],敢谢后见。"徐子,吴出也[④],以为贰焉,故执诸申。

【注释】

① 武城:当在今河南南阳市北。 ② 宗祧:此指为荐祭祀用之兽而打猎。 ③ 堕币:输币,谓将输宋之币于宗庙。 ④ 吴出:其母为吴女。

楚子示诸侯侈[①],椒举曰:"夫六王二公之事[②],皆所以示诸侯礼也,诸侯所由用命也。夏桀为仍之会[③],有缗叛之[④]。商纣为黎之蒐[⑤],东夷叛之。周幽为大室之盟,戎狄叛之。皆所以示诸侯汏也,诸侯所由弃命也。今君以汏,无乃不济乎?"王弗听。

【注释】

① 侈:即下文"汏",骄奢。 ② 六王二公:启、汤、武、成、康、穆,及齐桓、晋文。 ③ 仍:即任,太昊风姓后,地在今山东金乡县北。 ④ 有缗:帝舜之后,姚姓。 ⑤ 黎:黎丘,在今山西黎城县。

子产见左师曰:"吾不患楚矣,汏而愎谏[①],不过十年。"左师曰:"然。不十年侈,其恶不远[②],远恶而后弃[③]。善亦如之,德远而后兴。"

【注释】

① 愎谏:不听劝谏。 ② 其恶不远:他的恶名不会远播。 ③ 弃:被抛弃。

秋七月,楚子以诸侯伐吴。宋大子、郑伯先归。宋华费遂、郑大夫从。使屈申围朱方[①],八月甲申,克之。执齐庆封而尽灭其族。将戮庆封。椒举曰:“臣闻无瑕者可以戮人。庆封唯逆命,是以在此,其肯从于戮乎②?播于诸侯③,焉用之?”王弗听,负之斧钺④,以徇于诸侯,使言曰:“无或如齐庆封,弑其君,弱其孤⑤,以盟其大夫。”庆封曰:“无或如楚共王之庶子围,弑其君兄之子麇而代之,以盟诸侯。”王使速杀之。

【注释】

① 屈申:屈荡子。朱方:吴人赐齐庆封邑,见襄公二十八年(前545)。② 其:同“岂”。从于戮:甘心被戮。　③ 播:言宣扬丑事。　④ 负:背上。钺:大斧。　⑤ 孤:指齐景公,庆封以其年幼而轻弱之。

遂以诸侯灭赖。赖子面缚衔璧,士袒,舆榇从之,造于中军①。王问诸椒举。对曰:“成王克许,许僖公如是,王亲释其缚,受其璧,焚其榇。”王从之。迁赖于鄢②。楚子欲迁许于赖,使鬬韦龟与公子弃疾城之而还。申无宇曰③:“楚祸之首,将在此矣。召诸侯而来,伐国而克,城竟莫校④。王心不违⑤,民其居乎⑥?民之不处⑦,其谁堪之⑧?不堪王命,乃祸乱也。”

【注释】

① 中军:指楚王所率的军队。　② 鄢:在今湖北宜城市南。③ 申无宇:楚臣。　④ 竟:边境。校:争论。　⑤ 王心不违:王的心意全得到满足。　⑥ 居:安。　⑦ 不处:不安居。　⑧ 堪:忍受。

九月,取鄫,言易也。莒乱,著丘公立而不抚鄫,鄫叛而来,故曰取。凡克邑不用师徒曰取。

郑子产作丘赋①。国人谤之,曰:“其父死于路②,己为虿尾③。以令于国,国将若之何?”子宽以告④。子产曰:“何害?苟利社稷,死生以之⑤。且吾闻为善者不改其度⑥,故能有济也。民不可逞,度不可改。《诗》曰:‘礼义不愆,何恤于人言⑦?’吾不迁矣。”浑罕曰⑧:“国氏其先亡乎⑨!君子作法于凉⑩,其敝犹贪⑪,作法于贪,敝将若之何?姬在列者⑫,蔡及曹、滕其先亡乎!偪而无礼。郑先卫亡,偪而无法。政不率法⑬,而制于心⑭;民各有心,何上之有?”

【注释】

① 丘赋:与丘甲同,即以丘为单位派定赋税。九夫为井,四井为邑,四邑为丘。 ② 死于路:子产父子国为尉氏等所杀。 ③ 虿尾:长尾蝎的尾巴,有毒。此言子产毒害人民。 ④ 子宽:郑大夫。 ⑤ 以:由。 ⑥ 度:法度。 ⑦ 所引诗为逸诗。愆,过失。恤:担心。 ⑧ 浑罕:即子宽。 ⑨ 国氏:即子产族,以其父子国为氏。 ⑩ 凉:薄。 ⑪ 敝:后果,结果。 ⑫ 列:列国。 ⑬ 政:政策,政令。法:指先代之法。 ⑭ 制于心:任凭自己心意决定。

冬,吴伐楚,入棘、栎、麻①,以报朱方之役。楚沈尹射奔命于夏汭②,箴尹宜咎城钟离③,薳启彊城巢④,然丹城州来⑤。东国水,不可以城,彭生罢赖之师⑥。

【注释】

① 棘:在今河南永城市南。栎:在今河南新蔡县北。麻:在今安徽砀山县东北。 ② 沈尹射:沈县尹,名射。沈,在今安徽临泉县。夏汭:夏淝水入淮处,在今安徽凤台县。 ③ 钟离:在今安徽凤台县东北。 ④ 巢:在今安徽寿县南。 ⑤ 州来:在今安徽凤台县。 ⑥ 罢:撤回。赖之师:赖地筑城的军队。

初,穆子去叔孙氏①,及庚宗②,遇妇人,使私为食而宿焉。问其行,告之故,哭而送之。适齐,娶于国氏,生孟丙、仲壬。梦天压己,弗胜。顾而见人,黑而上偻③,深目而豭喙,号之曰"牛助余",乃胜之。旦而皆召其徒,无之。且曰:"志之。"及宣伯奔齐④,馈之。宣伯曰:"鲁以先子之故,将存吾宗,必召女。召女,何如?"对曰:"愿之久矣。"鲁人召之,不告而归⑤。既立,所宿庚宗之妇人献以雉⑥。问其姓⑦,对曰:"余子长矣,能奉雉而从我矣。"召而见之,则所梦也。未问其名,号之曰"牛",曰"唯"。皆召其徒,使视之,遂使为竖⑧。有宠,长使为政⑨。公孙明知叔孙于齐⑩,归,未逆国姜,子明取之。故怒,其子长而后使逆之。田于丘莸⑪,遂遇疾焉。竖牛欲乱其室而有之,强与孟盟,不可。叔孙为孟钟⑫,曰:"尔未际[13]，飨大夫以落之[14]。”既具，使竖牛请日。入，弗谒[15]。出，命之日。及宾至，闻钟声，牛曰：“孟有北妇人之客[16]。”怒，将往。牛止之。宾出，使拘而杀诸外。牛又强与仲盟，不可。仲与公御莱书观于公[17]，公与之环，使牛入示之。入，不示。出，命佩之。牛谓叔孙：“见仲而何？”叔孙曰：“何为？”曰：“不见，既自见矣，公与之环而佩之矣。”遂逐之，奔齐。疾急，命召仲，牛许而不召。

【注释】

① 穆子：即叔孙豹，其离族事前未载。　② 庚宗：鲁地。或云在今山东泗水县东。　③ 上偻：上身向前弯曲。　④ 宣伯：叔孙侨如，穆子之兄。其奔齐在成公十六年(前575)。　⑤ 不告：不告宣伯。　⑥ 献以雉：献雉表示有子。　⑦ 姓：子。　⑧ 竖：小臣。　⑨ 为政：理家政。⑩ 公孙明：齐大夫，字子明。　⑪ 丘莸：地名，今所在不详。　⑫ 为孟钟：为孟丙铸了口钟。　⑬ 际：交际，交往。　⑭ 落之：举行落成典礼。⑮ 弗谒：没有谒见穆子。　⑯ 北妇人：指国姜。北妇人之客，杜注谓公孙明。　⑰ 莱书：公御士。观于公：在公宫游玩。

杜泄见[1]，告之饥渴，授之戈[2]。对曰：“求之而至，又何去焉？”竖牛曰：“夫子疾病，不欲见人。”使置馈于个而退[3]。牛弗进，则置虚[4]，命彻。十二月癸丑，叔孙不食。乙卯，卒。牛立昭子而相之[5]。

【注释】

①杜泄：叔孙氏家宰。　② 授之戈：杜注：“牛不食叔孙，叔孙怒，欲使杜泄杀之。”　③ 个：东西厢房。　④ 置虚：倒掉。　⑤ 昭子：叔仲昭子，名婼。

公使杜泄葬叔孙。竖牛赂叔仲昭子与南遗[1]，使恶杜泄于季孙而去之。杜泄将以路葬[2]，且尽卿礼。南遗谓季孙曰：“叔孙未乘路，葬焉用之？且冢卿无路[3]，介卿以葬[4]，不亦左乎[5]？”季孙曰：“然。”使杜泄舍路。不可，曰：“夫子受命于朝而聘于王，王思旧勋而赐之路，复命而致之君。君不敢逆王命而后赐之，使三官书之。吾子为司徒，实书名。夫子为司马，与工正书服[6]。孟孙为司空，以书勋。今死而弗以[7],是弃君命也。书在公府而弗以,是废三官也。若命服,生弗敢服,死又不以,将焉用之?"乃使以葬。

季孙谋去中军。竖牛曰:"夫子固欲去之。"

【注释】

① 南遗:季氏家臣。 ② 路:路车。为周王所赐。 ③ 冢卿:执政的卿。 ④ 介卿:次卿。 ⑤ 左:不合规矩。 ⑥ 服:车服之器。 ⑦ 以:用。

昭公五年

【经】

五年春[1],王正月,舍中军。

楚杀其大夫屈申。

公如晋。

夏,莒牟夷以牟娄及防、兹来奔[2]。

秋七月,公至自晋。

戊辰,叔弓帅师败莒师于蚡泉[3]。

秦伯卒[4]。

冬,楚子、蔡侯、陈侯、许男、顿子、沈子、徐人、越人伐吴[5]。

【注释】

① 五年:公元前537年。 ② 及:带着。牟娄、兹:均在今山东诸城市。防:在今山东安丘市。 ③ 蚡泉:杜注:"鲁地。" ④ 秦伯:秦景公。 ⑤ 楚子:楚灵王。蔡侯:蔡灵侯。陈侯:陈哀公。许男:许悼公。

【传】

五年春,王正月,舍中军,卑公室也。毁中军于施氏[1],成诸臧氏[2]。初作中军[3],三分公室而各有其一。季氏尽征之,叔孙氏臣其子弟,孟氏取其半焉。及其舍之也,四分公室,季氏择二,二子各一。皆尽征之,而贡于公。以书使杜洩告于殡,曰:"子固欲毁中军,既毁之矣,故告。”杜洩曰:“夫子唯不欲毁也,故盟诸僖闳,诅诸五父之衢④。”受其书而投之,帅士而哭之。叔仲子谓季孙曰⑤:“带受命于子叔孙曰⑥,葬鲜者自西门⑦。”季孙命杜洩。杜洩曰:“卿丧自朝,鲁礼也。吾子为国政,未改礼,而又迁之⑧,群臣惧死,不敢自也⑨。”既葬而行。

【注释】

① 施氏:公子施父之族。于施氏:指在施氏家商量。　② 成:决定。臧氏:公子子臧之族。　③ 初作中军:事详襄公十一年(前562)传。④ 盟诸僖闳,诅诸五父之衢:见襄公十一年传。　⑤ 叔仲子:叔仲带(昭子)。　⑥ 子叔孙:叔孙州仇,鲁大夫。　⑦ 鲜:不以寿终。西门:非正门。　⑧ 迁:易。　⑨ 自:从。

仲至自齐①,季孙欲立之。南遗曰②:“叔孙氏厚则季氏薄。彼实家乱,子勿与知,不亦可乎?”南遗使国人助竖牛以攻诸大库之庭③。司宫射之④,中目而死。竖牛取东鄙三十邑,以与南遗。

【注释】

① 仲:仲壬,叔孙豹子,见上年传。　② 南遗:季氏家臣。　③ 攻诸:指攻打仲壬。大库之庭:大库的庭院。或谓是大庭氏之库的误倒。④ 司宫:宦官。当为叔孙氏或季孙氏家之宦官。

昭子即位,朝其家众,曰:“竖牛祸叔孙氏,使乱大从①,杀適立庶,又披其邑②,将以赦罪③,罪莫大焉。必速杀之。”竖牛惧,奔齐。孟、仲之子杀诸塞关之外④,投其首于宁风之棘上⑤。

【注释】

① 乱大从:使大节混乱。　② 披:析,分割。　③ 赦罪:逃避罪责。④ 孟、仲:孟丙、仲壬。塞关:为齐、鲁边界上关塞。　⑤ 宁风:齐边境之地。

仲尼曰:“叔孙昭子之不劳①,不可能也②。周任有言曰③:‘为政者不赏私劳,不罚私怨。’《诗》云:‘有觉德行,四国顺之。’④”

【注释】

①不劳:不以立已为功劳。　② 不可能:难能。　③ 周任:古良史名。　④ 所引诗见《诗·大雅·抑》。觉:直。

初，穆子之生也，庄叔以《周易》筮之①，遇《明夷》䷣之《谦》䷎②，以示卜楚丘。曰："是将行，而归为子祀。以谗人入③，其名曰牛；卒以馁死。《明夷》，日也④。日之数十⑤，故有十时⑥，亦当十位。自王已下，其二为公，其三为卿。日上其中⑦，食日为二⑧，旦日为三⑨。《明夷》之《谦》，明而未融⑩，其当旦乎，故曰为子祀。日之《谦》，当鸟，故曰'明夷于飞'⑪。明而未融，故曰'垂其翼'⑫。象日之动，故曰'君子于行'⑬。当三在旦，故曰'三日不食'。《离》，火也。《艮》，山也。《离》为火，火焚山，山败。于人为言，败言为谗。故曰'有攸往，主人有言'，言必谗也。纯《离》为牛⑭。世乱谗胜，胜将适《离》，故曰其名曰牛。《谦》不足，飞不翔；垂不峻，翼不广。故曰其为子后乎。吾子，亚卿也，抑少不终⑮。"

【注释】

① 庄叔：穆子之父得臣。　② 《明夷》之《谦》：离下坤上为《明夷》，初九阳爻变阴爻，离变为艮，即成《谦》。　③ 以：率。　④ 日也：《明夷》离下坤上，离为火为日，坤为地。　⑤ 日之数十：古时认为尧时十日并出。⑥ 十时：指甲至癸。古分昼夜为十时，每时十刻。　⑦ 日上其中：杜注："日中盛明，故以当王。"或谓指日由地中上，即日出，方合以下顺序。⑧ 食日：天将亮，日升起一点。　⑨ 旦日：日初开。　⑩ 融：高。⑪ "日之《谦》"三句：杜注："离为日，为鸟。离变为谦，日光不足，故当鸟。鸟飞行，故曰于飞。"　⑫ 垂其翼：杜注："于日为未融，于鸟为垂翼。"⑬ 君子于行：杜注："《明夷》初九，得位有应，君子象也。在明伤之世，居谦下之位，故将辟难而行。"　⑭ 纯《离》为牛：《明夷》以坤配离，故云"纯《离》"。纯，配偶。坤为牛。　⑮ 少不终：小不终。虽老寿而仍不得善终。

楚子以屈申为贰于吴，乃杀之。以屈生为莫敖①，使与令尹子荡如晋逆女。过郑，郑伯劳子荡于汜②，劳屈生于菟氏③。晋侯送女于邢丘④。子产相郑伯，会晋侯于邢丘。

【注释】

① 屈生：屈建子。　② 汜：在今河南襄城县南。　③ 菟氏：在今河

南尉氏县西北。　④ 邢丘:在今河南温县东北。

公如晋,自郊劳至于赠贿,无失礼。晋侯谓女叔齐曰:“鲁侯不亦善于礼乎?”对曰:“鲁侯焉知礼?”公曰:“何为?自郊劳至于赠贿,礼无违者,何故不知?”对曰:“是仪也,不可谓礼。礼所以守其国,行其政令,无失其民者也。今政令在家①,不能取也。有子家羁②,弗能用也。奸大国之盟③,陵虐小国。利人之难④,不知其私。公室四分,民食于他。思莫在公,不图其终。为国君,难将及身,不恤其所。礼之本末,将于此乎在,而屑屑焉习仪以亟⑤。言善于礼,不亦远乎?”君子谓:“叔侯于是乎知礼。”

【注释】

① 家:指大夫。　② 子家羁:庄公玄孙懿伯,名羁,字驹。　③ 奸:犯。　④ 利人之难:指乘莒难而取郓。　⑤ 屑屑:区区。亟:急。

晋韩宣子如楚送女,叔向为介。郑子皮、子大叔劳诸索氏①。大叔谓叔向曰:“楚王汰侈已甚,子其戒之。”叔向曰:“汰侈已甚,身之灾也,焉能及人?若奉吾币帛,慎吾威仪,守之以信②,行之以礼,敬始而思终,终无不复③。从而不失仪④,敬而不失威,道之以训辞⑤,奉之以旧法⑥,考之以先王⑦,度之以二国⑧,虽汰侈,若我何?”

【注释】

① 劳:慰劳。索氏:在今河南荥阳市。　② 信:诚信。　③ 终无不复:杜注:“事皆可复行。”　④ 从:指顺从主人。　⑤ 道:引导。训辞:前贤的言语。　⑥ 奉:奉行。　⑦ 考:稽考。　⑧ 度:衡量。

及楚。楚子朝其大夫,曰:“晋,吾仇敌也。苟得志焉,无恤其他①。今其来者,上卿、上大夫也。若吾以韩起为阍,以羊舌肸为司宫,足以辱晋,吾亦得志矣,可乎?”大夫莫对。薳启强曰:“可。苟有其备,何故不可?耻匹夫不可以无备,况耻国乎?是以圣王务行礼,不求耻人。朝聘有珪②,享覜有璋③,小有述职④,大有巡功⑤。设机而不倚⑥,爵盈而不饮。宴有好货,飧有陪鼎⑦。入有郊劳,出有赠贿。礼之至也。国家之败,失之道也,则祸乱兴。城濮之役⑧,晋无楚备,以败于邲⑨。邲之役,楚无晋备,以败于鄢⑩。自鄢以来,晋不失备,而加之以礼,重之以睦,是以楚弗能报而求亲焉。既获姻亲,又欲耻之,以召寇仇,备之若何?谁其重此⑪?若有其人,耻之可也⑫。若其未有,君亦图之。晋之事君,臣曰可矣。求诸侯而麇至⑬。求昏而荐女,君亲送之,上卿及上大夫致之。犹欲耻之,君其亦有备矣。不然,奈何?韩起之下,赵成、中行吴、魏舒、范鞅、知盈⑭;羊舌肸之下,祁午、张趯、籍谈、女齐、梁丙、张骼、辅跞、苗贲皇,皆诸侯之选也⑮。韩襄为公族大夫⑯,韩须受命而使矣⑰。箕襄、邢带、叔禽、叔椒、子羽⑱,皆大家也。韩赋七邑,皆成县也⑲。羊舌四族,皆强家也。晋人若丧韩起、杨肸⑳,五卿八大夫辅韩须、杨石㉑,因其十家九县㉒,长毂九百㉓,其余四十县,遗守四千,奋其武怒,以报其大耻,伯华谋之㉔,中行伯、魏舒帅之㉕,其蔑不济矣。君将以亲易怨,实无礼以速寇,而未有其备,使群臣往遗之禽㉖,以逞君心,何不可之有?"王曰:"不穀之过也,大夫无辱。"厚为韩子礼。王欲敖叔向以其所不知㉗,而不能。亦厚其礼。

【注释】

① 恤:顾。 ② 珪:玉制礼器,手执之。 ③ 享覜(tiào):诸侯聘问相见之礼。璋:礼器,圭属。 ④ 小:小国。述职:指向大国朝见。 ⑤ 巡功:巡察。指大国国君去小国。 ⑥ 机:同"几"。古人席地而坐,放几于侧以凭倚。 ⑦ 飧:熟食。陪:加。加鼎所以厚殷勤。 ⑧ 城濮之役:见僖公二十八年(前 632)。 ⑨ 败于邲:见宣公十二年(前 597)。 ⑩ 败于鄢:见成公十六年(前 575)。 ⑪ 重:任。 ⑫ 杜注:"谓有贤人以敌晋,则可耻之。" ⑬ 麇:群。 ⑭ 杜注:"五卿位在韩起之下,皆三军之将佐也。成,赵武之子。吴,荀偃之子。" ⑮ 诸侯之选:诸侯的大夫中的贤良。 ⑯ 韩襄:韩无忌之子。 ⑰ 韩须:韩无忌嫡子,亦官公族大夫。 ⑱ 箕襄、邢带:韩氏族人。叔禽、叔椒、子羽:皆韩起庶子。 ⑲ 成县:大县。 ⑳ 杨肸:即叔向,名肸,食采于杨。 ㉑ 杨石:叔向之子食我。 ㉒ 九县:韩氏七县,杨氏二县。 ㉓ 长毂:兵车。每县百

辆，九县九百辆。㉔ 伯华：叔向兄。㉕ 中行伯：即中行吴。㉖ 往遗之禽：送上门去做俘虏。㉗ 敖：同"傲"，贬视。

韩起反，郑伯劳诸圉[1]。辞不敢见，礼也。

郑罕虎如齐，娶于子尾氏。晏子骤见之[2]。陈桓子问其故，对曰："能用善人，民之主也。"

【注释】

① 圉：在今河南杞县北。② 骤：多次。

夏，莒牟夷以牟娄及防、兹来奔。牟夷非卿而书，尊地也。莒人诉于晋。晋侯欲止公[1]。范献子曰："不可。人朝而执之，诱也。讨不以师，而诱以成之，惰也。为盟主而犯此二者，无乃不可乎？请归之，间而以师讨焉[2]。"乃归公。秋七月，公至自晋。

【注释】

① 止公：时鲁昭公朝晋尚未回国，故晋平公想扣留他。② 间：暇。

莒人来讨，不设备。戊辰，叔弓败诸蚡泉，莒未陈也。

冬十月，楚子以诸侯及东夷伐吴，以报棘、栎、麻之役。薳射以繁扬之师[1]，会于夏汭。越大夫常寿过帅师会楚子于琐[2]。闻吴师出，薳启强帅师从之，遽不设备[3]，吴人败诸鹊岸[4]。

【注释】

① 繁扬：即繁阳。在今河南新蔡县。② 琐：在今安徽霍丘县东。③ 遽：匆忙中。④ 鹊岸：今安徽无为县至铜陵市一带江岸。

楚子以驲至于罗汭[1]。吴子使其弟蹶由犒师，楚人执之，将以衅鼓[2]。王使问焉，曰："女卜来吉乎？"对曰："吉。寡君闻君将治兵于敝邑，卜之以守龟[3]，曰：'余亟使人犒师[4]，请行以观王怒之疾徐，而为之备，尚克知之[5]。'龟兆告吉，曰：'克可知也。'君若欢焉，好逆使臣，滋敝邑休怠，而忘其死，亡无日矣。今君奋焉，震电冯怒[6]，虐执使臣，将以衅鼓，则吴知所备矣。敝邑虽羸，若早修完，其可以息师[⑦]。难易有备[⑧]，可谓吉矣。且吴社稷是卜，岂为一人？使臣获衅军鼓，而敝邑知备，以御不虞，其为吉孰大焉？国之守龟，其何事不卜？一臧一否[⑨]，其谁能常之？城濮之兆，其报在邲[⑩]。今此行也，其庸有报志[⑪]？"乃弗杀。

【注释】

① 罗汭：在今湖南汨罗县，即汨罗江边。或云在河南罗山县。 ② 衅：用血涂。 ③ 守龟：天子、诸侯之龟。 ④ 亟：急。 ⑤ 尚：庶几。此句意为：如大致能胜请神明明示。 ⑥ 冯：盛。 ⑦ 息师：平息楚师。 ⑧ 难易：祸难与平安。 ⑨ 臧、否：吉、凶。 ⑩ 城濮之兆，其报在邲：城濮之战，楚卜吉而实败，故云兆应在邲之役的胜利。 ⑪ 其庸有报志：承上句，意为这次所得的吉卜，也许应验在下一件事上。

楚师济于罗汭，沈尹赤会楚子，次于莱山[①]。薳射帅繁扬之师，先入南怀[②]，楚师从之。及汝清，吴不可入。楚子遂观兵于坻箕之山[③]。是行也，吴早设备，楚无功而还，以蹶由归。楚子惧吴，使沈尹射待命于巢[④]，薳启强待命于雩娄[⑤]，礼也[⑥]。

秦后子复归于秦，景公卒故也。

【注释】

① 莱山：或云在今河南光山县。 ② 南怀：与下汝清均在今江淮间。 ③ 坻箕之山：在今安徽巢湖市南。 ④ 巢：在今安徽巢湖市东北。 ⑤ 雩娄：在今安徽金寨县北。 ⑥ 礼也：杜注："善有备。"

昭公六年

【经】

六年春[①]，王正月，杞伯益姑卒。

葬秦景公。

夏，季孙宿如晋。

葬杞文公。

宋华合比出奔卫。

秋九月，大雩。

楚薳罢帅师伐吴。

冬，叔弓如楚。

齐侯伐北燕②。

【注释】

① 六年：公元前536年。　② 齐侯：齐景公。

【传】

六年春，王正月，杞文公卒，吊如同盟，礼也。

大夫如秦，葬景公，礼也。

三月，郑人铸刑书①。叔向使诒子产书，曰："始吾有虞于子②，今则已矣。昔先王议事以制③，不为刑辟④，惧民之有争心也。犹不可禁御，是故闲之以义⑤，纠之以政⑥，行之以礼，守之以信，奉之以仁，制为禄位以劝其从⑦，严断刑罚以威其淫。惧其未也，故诲之以忠，耸之以行⑧，教之以务⑨，使之以和，临之以敬，莅之以强⑩，断之以刚。犹求圣哲之上，明察之官，忠信之长⑪，慈惠之师，民于是乎可任使也，而不生祸乱。民知有辟，则不忌于上，并有争心⑫，以征于书，而侥幸以成之，弗可为矣。夏有乱政而作《禹刑》⑬，商有乱政而作《汤刑》，周有乱政而作《九刑》，三辟之兴⑭，皆叔世也⑮。今吾子相郑国，作封洫，立谤政⑯，制参辟⑰，铸刑书，将以靖民，不亦难乎？《诗》曰：'仪式刑文王之德，日靖四方⑱。'又曰：'仪刑文王，万邦作孚⑲。'如是，何辟之有？民知争端矣，将弃礼而征于书。锥刀之末⑳，将尽争之。乱狱滋丰㉑，贿赂并行，终子之世，郑其败乎！肸闻之，国将亡，必多制，其此之谓乎！"复书曰："若吾子之言，侨不才，不能及子孙㉒，吾以救世也。既不承命，敢忘大惠？"

【注释】

① 铸刑书：把刑法铸在鼎上，以为国之常法，垂之久远。　② 虞：希望。　③ 议事以制：衡量事之轻重以判定罪行。议，度。制，断。④ 刑辟：刑法。　⑤ 闲：防。　⑥ 纠：纠察、约束。　⑦ 劝其从：勉

励顺从教诲的人。 ⑧ 耸:奖励。 ⑨ 务:专业。 ⑩ 强:威严。 ⑪ 长:指乡长。 ⑫ 并:遍。 ⑬ 乱政:触犯政令者。 ⑭ 三辟:三种刑法。 ⑮ 叔世:衰微之末世。 ⑯ 谤政:指作丘赋,为民所谤。 ⑰ 参辟:子产所作刑法分三部分。 ⑱ 所引诗见《诗·周颂·我将》。仪、式、刑:均为法。 ⑲ 所引诗见《诗·大雅·文王》。孚:信。 ⑳ 锥刀之末:锥刀皆刻字工具,此因以之代指字句。 ㉑ 丰:繁多。 ㉒ 不能及子孙:承应上"终子之世,郑其败乎"句。

士文伯曰:"火见①,郑其火乎!火未出而作火以铸刑器,藏争辟焉②。火如象之③,不火何为?"

【注释】

① 火:大火,即心宿。 ② 争辟:指刑法,以其引起争端,故称。 ③ 如:同"而"。

夏,季孙宿如晋,拜莒田也①。晋侯享之,有加笾②。武子退,使行人告曰:"小国之事大国也,苟免于讨,不敢求贶③。得贶不过三献。今豆有加,下臣弗堪,无乃戾也④。"韩宣子曰:"寡君以为欢也⑤。"对曰:"寡君犹未敢,况下臣,君之隶也,敢闻加贶?"固请彻加而后卒事。晋人以为知礼,重其好货⑥。

【注释】

① 拜莒田:杜注:"谢前年受牟夷邑不见讨。" ② 笾:与豆都是食器。加笾,指有额外的菜肴。 ③ 贶:赐。 ④ 无乃戾:不能因此而得罪。 ⑤ 以为欢:以此表示高兴。 ⑥ 重:加重。好货:指财物。凡享礼,主人必有礼物给宾客。

宋寺人柳有宠①,大子佐恶之。华合比曰:"我杀之。"柳闻之,乃坎、用牲、埋书,而告公曰:"合比将纳亡人之族②,既盟于北郭矣。"公使视之,有焉,遂逐华合比。合比奔卫。于是华亥欲代右师③,乃与寺人柳比,从为之征④,曰:"闻之久矣。"公使代之。见于左师,左师曰:"女夫也必亡⑤!女丧而宗室,于人何有?人亦于女何有?《诗》曰:'宗子维城,毋俾城坏,毋独斯畏⑥。'女其畏哉！”

【注释】

① 有宠：有宠于宋平公。　② 亡人之族：指随华臣逃往陈国的人。见襄公十七年（前556）。　③ 华亥：华合比之弟。　④ 征：证。　⑤ 女夫：同“而夫”，凡夫，轻视之词。　⑥ 所引诗见《诗·大雅·板》。宗子：宗族之长。维城：如同城墙。毋独斯畏：不要孤立而害怕。

六月丙戌，郑灾。

楚公子弃疾如晋，报韩子也。过郑，郑罕虎、公孙侨、游吉从郑伯以劳诸柤①。辞不敢见。固请见之。见，如见王，以其乘马八匹私面②。见子皮如上卿，以马六匹。见子产，以马四匹。见子大叔，以马二匹。禁刍牧采樵，不入田，不樵树，不采蓺③，不抽屋④，不强丐⑤。誓曰：“有犯命者，君子废⑥，小人降。”舍不为暴⑦，主不慁宾⑧。往来如是。郑三卿皆知其将为王也⑨。

【注释】

① 柤：当在郑都城附近。　② 私面：以私人身份献上的礼物。③ 蓺：种植。不采蓺，即不采摘人民种植的菜果。　④ 抽屋：拆人房屋的木料为己用。　⑤ 丐：索取。　⑥ 废：撤职。　⑦ 舍：寄宿。暴：糟蹋，损坏。　⑧ 慁(hùn)：惊动，打扰。　⑨ 三卿：即罕虎、公孙侨、游吉。

韩宣子之适楚也，楚人弗逆。公子弃疾及晋竟，晋侯将亦弗逆。叔向曰：“楚辟我衷①，若何效辟？《诗》曰：‘尔之教矣，民胥效矣②。’从我而已，焉用效人之辟？《书》曰：‘圣作则③。’无宁以善人为则，而则人之辟乎？匹夫为善，民犹则之，况国君乎？”晋侯说，乃逆之。

【注释】

① 辟：邪。衷：正。　② 所引诗见《诗·小雅·角弓》。教：指言教、身教。胥：皆。　③ 所引《书》为逸《书》。则：法，榜样。

秋九月，大雩，旱也。

徐仪楚聘于楚[1]。楚子执之,逃归。惧其叛也,使薳洩伐徐。吴人救之。令尹子荡帅师伐吴,师于豫章[2],而次于乾谿[3]。吴人败其师于房钟[4],获宫厩尹弃疾。子荡归罪于薳洩而杀之。

【注释】

① 仪楚:杜注:"徐大夫。"但据出土文物,仪楚为徐太子,后登基。② 豫章:指安徽、河南一带。 ③ 乾谿:在今安徽亳州市东南。 ④ 房钟:在今安徽蒙城县西南。

冬,叔弓如楚聘,且吊败也。

十一月,齐侯如晋,请伐北燕也。士匄相士鞅,逆诸河,礼也。晋侯许之。十二月,齐侯遂伐北燕,将纳简公。晏子曰:"不入。燕有君矣,民不贰。吾君贿,左右谄谀,作大事不以信,未尝可也。"[1]

【注释】

① 杜注:"为明年暨齐平传。"此段与明年传文相连。据《史记·燕世家》,简公实回国为君。

昭 公 七 年

【经】

七年春[1],王正月,暨齐平[2]。

三月,公如楚。叔孙婼如齐莅盟。

夏四月甲辰朔,日有食之。

秋八月戊辰,卫侯恶卒。

九月,公至自楚。

冬十有一月癸未,季孙宿卒。

十有二月癸亥,葬卫襄公。

【注释】

① 七年:公元前535年。 ② 暨齐平:《谷梁》以为是鲁与齐平,据《左传》是北燕与齐平。暨:及,与。

【传】

七年春，王正月，暨齐平，齐求之也①。癸巳，齐侯次于虢②。燕人行成，曰："敝邑知罪，敢不听命？先君之敝器，请以谢罪。"公孙皙曰："受服而退，俟衅而动，可也。"二月戊午，盟于濡上③。燕人归燕姬，赂以瑶瓮、玉椟、斝耳④，不克而还⑤。

【注释】

① 齐求之：杜注："齐伐燕，燕人赂之，反从齐平，如晏子言。"　② 虢：燕邑，在今河北任丘市西北。　③ 濡上：濡水边。此指濡水流经任丘的一段。　④ 瑶瓮：玉做的瓮。玉椟：玉做的木匣。斝耳：有耳的玉杯。　⑤ 不克：没能纳简公。

楚子之为令尹也，为王旌以田①。芋尹无宇断之②，曰："一国两君，其谁堪之？"及即位，为章华之宫，纳亡人以实之。无宇之阍入焉。无宇执之，有司弗与，曰："执人于王宫，其罪大矣。"执而谒诸王。王将饮酒，无宇辞曰③："天子经略④，诸侯正封⑤，古之制也。封略之内，何非君土？食土之毛⑥，谁非君臣？故《诗》曰：'普天之下，莫非王土。率土之滨，莫非王臣⑦。'天有十日，人有十等，下所以事上，上所以共神也。故王臣公，公臣大夫，大夫臣士，士臣皂，皂臣舆，舆臣隶，隶臣僚，僚臣仆，仆臣台，马有圉，牛有牧，以待百事。今有司曰：'女胡执人于王宫？'将焉执之？周文王之法曰'有亡，荒阅⑧'，所以得天下也。吾先君文王，作仆区之法⑨，曰'盗所隐器⑩，与盗同罪'，所以封汝也⑪。若从有司，是无所执逃臣也。逃而舍之，是无陪台也⑫。王事无乃阙乎？昔武王数纣之罪，以告诸侯曰'纣为天下逋逃主，萃渊薮⑬'，故夫致死焉。君王始求诸侯而则纣，无乃不可乎？若以二文之法取之⑭，盗有所在矣⑮。"王曰："取而臣以往，盗有宠⑯，未可得也。"遂赦之。

【注释】

① 王旌：楚王所用的旌旗。　② 芋尹无宇：申无宇。断之：砍断旗子的旒，即流苏。　③ 辞：申诉，辩解。　④ 经略：筹划、治理天下。　⑤ 正封：治理境内。封与略均指边界。　⑥ 毛：草。此指土地所长之物。

⑦ 所引诗见《诗·小雅·北山》。普:今作"溥"。 ⑧ 荒阅:大肆搜捕。 ⑨ 仆区:隐藏,窝藏。 ⑩ 盗所隐器:收藏盗贼所得的赃物。 ⑪ 封汝:得到了直到汝水的封地。杜注:"行善法,故能启疆,北至汝水。" ⑫ 陪台:逃奴抓回者为陪台,比最低等奴隶台还低一等。 ⑬ 渊薮:渊为鱼所藏,薮为兽所聚,形容纣处为天下逃亡者聚集地。 ⑭二文:周文王、楚文王。 ⑮ 盗有所在:杜注:"言王亦为盗。"从上文,意为盗贼还是有地方可以捕获的,即使楚灵王庇护他。 ⑯ 杜注:"盗有宠,王自谓。"

楚子成章华之台,愿与诸侯落之。大宰薳启强曰:"臣能得鲁侯。"薳启强来召公,辞曰:"昔先君成公,命我先大夫婴齐曰:'吾不忘先君之好,将使衡父照临楚国,镇抚其社稷,以辑宁尔民①。'婴齐受命于蜀,奉承以来,弗敢失陨,而致诸宗祧。日我先君共王②,引领北望,日月以冀。传序相授,于今四王矣③。嘉惠未至,唯襄公之辱临我丧。孤与其二三臣,悼心失图④,社稷之不皇⑤,况能怀思君德!今君若步玉趾,辱见寡君,宠灵楚国⑥,以信蜀之役,致君之嘉惠,是寡君既受贶矣,何蜀之敢望⑦?其先君鬼神,实嘉赖之,岂唯寡君?君若不来,使臣请问行期⑧,寡君将承质币而见于蜀⑨,以请先君之贶。"

【注释】

① 辑:安。事见成公二年(前589)。 ② 日:往日。 ③ 四王:杜注:"四王,共、康、郏敖及灵王。" ④ 悼心:心中摇撼不定。失图:没有主意。 ⑤ 不皇:不暇。谓遭丧事而无暇。 ⑥ 灵:福。 ⑦ 杜注:"言但欲使君来,不敢望如蜀复有质子。" ⑧ 行期:指领兵出征之期。意为楚将伐鲁,鲁将出兵应战,是恐吓语。 ⑨ 质:挚。

公将往,梦襄公祖①。梓慎曰:"君不果行。襄公之适楚也,梦周公祖而行。今襄公实祖,君其不行。"子服惠伯曰:"行。先君未尝适楚,故周公祖以道之。襄公适楚矣,而祖以道君。不行,何之?"

三月,公如楚,郑伯劳于师之梁②。孟僖子为介③,不能相仪。

及楚,不能答郊劳。

【注释】

① 祖:祭路神。　② 师之梁:郑城门名。　③ 孟僖子:仲孙貜。

夏四月甲辰朔,日有食之。晋侯问于士文伯曰:“谁将当日食①?”对曰:“鲁、卫恶之②,卫大鲁小。”公曰:“何故?”对曰:“去卫地,如鲁地③,于是有灾,鲁实受之④。其大咎,其卫君乎,鲁将上卿。”公曰:“《诗》所谓‘彼日而食,于何不臧’者⑤,何也?”对曰:“不善政之谓也。国无政,不用善,则自取谪于日月之灾。故政不可不慎也。务三而已,一曰择人,二曰因民,三曰从时。”

【注释】

① 当日食:古人以日食为不祥,人将受其祸。　② 恶之:受其恶。③ 去卫地,如鲁地:此次日食发生于卫地的分野而结束于鲁地的分野。④ 杜注:“灾发于卫,而鲁受其余祸。”　⑤ 所引诗见《诗·小雅·十月之交》。彼日:今作“此日”。于何不臧:哪些地方事没做好。

晋人来治杞田,季孙将以成与之①。谢息为孟孙守②,不可。曰:“人有言曰:‘虽有挈瓶之知③,守不假器④,礼也。’夫子从君,而守臣丧邑,虽吾子亦有猜焉⑤。”季孙曰:“君之在楚,于晋罪也。又不听晋,鲁罪重矣。晋师必至,吾无以待之,不如与之,间晋而取诸杞⑥。吾与子桃⑦,成反,谁敢有之?是得二成也。鲁无忧而孟孙益邑,子何病焉?”辞以无山,与之莱、柞⑧,乃迁于桃。晋人为杞取成。

【注释】

① 成:即郕,本杞田,后为孟氏封邑,在今山东宁阳县北。　② 守:成宰。　③ 挈瓶之知:垂瓶汲水的智慧。指小智慧。　④ 守不假器:守着器物不出借。　⑤ 猜:疑忌。　⑥ 间晋:等晋国有机可乘时。⑦ 桃:在今山东汶上县东北。　⑧ 莱、柞:二小山,在山东莱芜市。

楚子享公于新台①,使长鬣者相②,好以大屈③。既而悔之。薳启强闻之,见公。公语之,拜贺。公曰:“何贺?”对曰:“齐与晋、越欲此久矣。寡君无适与也,而传诸君[④],君其备御三邻,慎守宝矣,敢不贺乎?"公惧,乃反之。

【注释】

① 新台:即章华台。 ② 长鬣:长须。或谓高大健壮的人。 ③ 好:赠送。大屈:弓名。 ④ 传:送,授。

郑子产聘于晋。晋侯有疾,韩宣子逆客,私焉,曰:"寡君寝疾,于今三月矣,并走群望[①],有加而无瘳[②]。今梦黄熊入于寝门,其何厉鬼也?"对曰:"以君之明,子为大政[③],其何厉之有?昔尧殛鲧于羽山[④],其神化为黄熊,以入于羽渊[⑤],实为夏郊[⑥],三代祀之。晋为盟主,其或者未之祀也乎?"韩子祀夏郊。晋侯有间[⑦],赐子产莒之二方鼎。

【注释】

① 并走:遍走。群望:所有望祀的山川。 ② 瘳:减损,病愈。 ③ 大政:正卿。 ④ 殛:诛杀。 ⑤ 羽渊:羽山流水汇为渊。 ⑥ 郊:郊祭所祀神。 ⑦ 有间:病渐痊愈。

子产为丰施归州田于韩宣子[①],曰:"日君以夫公孙段为能任其事,而赐之州田,今无禄早世,不获久享君德。其子弗敢有,不敢以闻于君,私致诸子。"宣子辞。子产曰:"古人有言曰:'其父析薪[②],其子弗克负荷。'施将惧不能任其先人之禄[③],其况能任大国之赐?纵吾子为政而可,后之人若属有疆埸之言[④],敝邑获戾,而丰氏受其大讨[⑤]。吾子取州,是免敝邑于戾,而建置丰氏也[⑥]。敢以为请。"宣子受之,以告晋侯。晋侯以与宣子。宣子为初言[⑦],病有之,以易原县于乐大心[⑧]。

【注释】

① 丰施:郑公孙段之子。 ② 析薪:劈柴。此喻父辈勤劳创业。 ③ 任:负荷,承担。 ④ 属:碰巧,遇到。疆埸之言:谓边境上的磨擦、纠纷。 ⑤ 大讨:大治罪。 ⑥ 建置:扶持安顿。 ⑦ 初言:起初争州田之言,见昭公三年(前539)。 ⑧ 原县:今河南济源市西北。为晋邑而

赐乐大心者。乐大心:宋大夫。

郑人相惊以伯有,曰"伯有至矣",则皆走,不知所在。铸刑书之岁二月,或梦伯有介而行[①],曰:"壬子,余将杀带也[②]。明年壬寅,余又将杀段也。"及壬子,驷带卒。国人益惧。齐、燕平之月壬寅[③],公孙段卒。国人愈惧。其明月,子产立公孙泄及良止以抚之[④],乃止。子大叔问其故。子产曰:"鬼有所归,乃不为厉,吾为之归也。"大叔曰:"公孙泄何为?"子产曰:"说也[⑤],为身无义而图说,从政有所反之[⑥],以取媚也[⑦]。不媚,不信。不信,民不从也。"

【注释】

① 介:穿甲。　② 带:驷带。　③ 齐、燕平之月:此年正月。④ 公孙泄:子孔之子。良止:伯有之子。　⑤ 说:取得欢心。　⑥ 从政:执政。反之:违背礼仪。　⑦ 媚:悦,爱。

及子产适晋,赵景子问焉[①],曰:"伯有犹能为鬼乎?"子产曰:"能。人生始化曰魄[②],既生魄,阳曰魂[③]。用物精多[④],则魂魄强。是以有精爽,至于神明。匹夫匹妇强死[⑤],其魂魄犹能冯依于人,以为淫厉。况良霄,我先君穆公之胄,子良之孙,子耳之子,敝邑之卿,从政三世矣。郑虽无腆,抑谚曰蕞尔国[⑥],而三世执其政柄,其用物也弘矣,其取精也多矣[⑦]。其族又大,所冯厚矣。而强死,能为鬼,不亦宜乎?"

【注释】

① 赵景子:赵成。　② 化:死。　③ 阳:阳神。魄为阴神。④ 用物:享用的物品。　⑤ 强死:不得善终。　⑥ 蕞尔:小。⑦ 精:物之精。

子皮之族饮酒无度,故马师氏与子皮氏有恶[①]。齐师还自燕之月,罕朔杀罕魋[②]。罕朔奔晋。韩宣子问其位于子产。子产曰:"君之羁臣,苟得容以逃死,何位之敢择?卿违[③],从大夫之位,罪人以其罪降,古之制也。朔于敝邑,亚大夫也,其官,马师也。获戾而逃,唯执政所置之。得免其死,为惠大矣,又敢求位?”宣子为子产之敏也[④],使从嬖大夫[⑤]。

【注释】

① 马师氏:公孙鉏之子罕朔,官马师,与子皮同族。公孙鉏为子皮之父子展的弟弟。 ② 罕魋:与罕朔为从父兄弟。 ③ 违:离开国家。 ④ 敏:审,恰当。 ⑤ 嬖大夫:下大夫。

秋八月,卫襄公卒。晋大夫言于范献子曰:“卫事晋为睦[①],晋不礼焉,庇其贼人而取其地[②],故诸侯贰。《诗》曰:‘鹏鸰在原,兄弟急难[③]。’又曰:‘死丧之威,兄弟孔怀[④]。’兄弟之不睦,于是乎不吊[⑤],况远人,谁敢归之?今又不礼于卫之嗣[⑥],卫必叛我,是绝诸侯也。”献子以告韩宣子。宣子说,使献子如卫吊,且反戚田。卫齐恶告丧于周,且请命。王使成简公如卫吊[⑦],且追命襄公曰:“叔父陟恪[⑧],在我先王之左右,以佐事上帝。余敢忘高圉、亚圉[⑨]?”

【注释】

① 睦:顺、敬,和睦。 ② 贼人:指孙林父。 ③ 所引诗见《诗·小雅·常棣》。鹏鸰:即鹡鸰,一种水鸟。 ④ 所引诗亦见《常棣》。威:畏。孔:甚。 ⑤ 不吊:不善。 ⑥ 不礼于卫之嗣:指不去卫国吊丧。嗣,嗣君。 ⑦ 成简公:王卿士。 ⑧ 陟恪:升天。 ⑨ 高圉、亚圉:周之祖先。

九月,公至自楚。孟僖子病不能相礼,乃讲学之,苟能礼者从之。及其将死也[①],召其大夫,曰:“礼,人之干也。无礼,无以立。吾闻将有达者曰孔丘,圣人之后也,而灭于宋[②]。其祖弗父何[③],以有宋而授厉公。及正考父佐戴、武、宣[④],三命兹益共[⑤]。故其鼎铭云:‘一命而偻,再命而伛,三命而俯。循墙而走,亦莫余敢侮。饘于是[⑥],鬻于是[⑦],以糊余口。’其共也如是。臧孙纥有言曰:‘圣人有明德者,若不当世[⑧],其后必有达人。’今其将在孔丘乎?我若获没,必属说与何忌于夫子[⑨],使事之,而学礼焉,以定其位。”故孟懿子与南宫敬叔师事仲尼。仲尼曰:“能补过者,君子也。《诗》曰:

'君子是则是效[10]。'孟僖子可则效已矣。"

【注释】

① 及其将死:孟僖子死于昭公二十四年(前518)。　② 灭于宋:孔子六代祖孔父嘉为宋华督所杀。　③ 弗父何:宋湣公子,厉公之兄,当嗣位而让于厉公。　④ 正考父:弗父何之曾孙,历佐戴公、武公、宣公。⑤ 三命:任上卿。兹:更加。　⑥ 饘(zhān):厚粥。　⑦ 鬻(zhōu):稀粥。　⑧ 当世:为国君。　⑨ 说:一作"阅",即南宫敬叔。何忌:即孟懿子。　⑩ 所引诗见《诗·小雅·鹿鸣》。

单献公弃亲用羁[1]。冬十月辛酉,襄、顷之族杀献公而立成公[2]。

十一月,季武子卒。晋侯谓伯瑕曰[3]:"吾所问日食,从之[4],可常乎[5]?"对曰:"不可。六物不同,民心不壹,事序不类,官职不则,同始异终,胡可常也?《诗》曰:'或燕燕居息,或憔悴事国[6]。'其异终也如是。"公曰:"何谓六物?"对曰:"岁、时、日、月、星、辰是谓也。"公曰:"多语寡人辰,而莫同。何谓辰?"对曰:"日月之会是谓辰,故以配日。"

【注释】

① 单献公:周卿士,靖公之子,顷公孙。羁:他国逃臣。　② 成公:献公之弟。　③ 伯瑕:即士文伯。　④ 从之:已经应验。　⑤ 常:作为规律。　⑥ 所引诗见《诗·小雅·北山》。燕燕:安逸的样子。居息:在家休息。憔悴:今作"尽瘁"。

卫襄公夫人姜氏无子,嬖人婤姶生孟絷。孔成子梦康叔谓己[1]:"立元[2],余使羁之孙圉与史苟相之[3]。"史朝亦梦康叔谓己:"余将命而子苟与孔烝钼之曾孙圉相元。"史朝见成子,告之梦,梦协。晋韩宣子为政,聘于诸侯之岁[4],婤姶生子,名之曰元。孟絷之足不良能行。孔成子以《周易》筮之,曰:"元尚享卫国[5],主其社稷。"遇《屯》䷂。又曰:"余尚立絷,尚克嘉之[6]。"遇《屯》䷂之《比》䷇[7]。以示史朝。史朝曰:"元亨[8],又何疑焉?"成子曰:"非长之谓乎[9]?"对曰:"康叔名之,可谓长矣。孟非人也,将不列于宗⑩,不可谓长。且其繇曰'利建侯'。嗣吉,何建?建非嗣也⑪。二卦皆云,子其建之。康叔命之,二卦告之。筮袭于梦⑫,武王所用也⑬,弗从何为?弱足者居,侯主社稷,临祭祀,奉民人,事鬼神,从会朝,又焉得居?各以所利,不亦可乎?"故孔成子立灵公。十二月癸亥,葬卫襄公。

【注释】

① 孔成子:孔烝钼,卫上卿。康叔:卫国始祖。 ② 元:孟絷弟。杜注:"梦时元未生。" ③ 羁:孔成子之子。圉:即仲叔圉,谥文子。史苟:史朝之子,亦谥文子,一作史狗。 ④ 杜注:"在二年。" ⑤ 尚:希望。⑥ 余尚立絷,尚克嘉之:此前一"尚"是"还"之意,后一"尚"是"希望"意。⑦《屯》之《比》:《屯》震下坎上,初九爻变,成《比》。 ⑧ 元亨:为《屯》卦卦辞。史朝释"元"为人名,而孔成子释年长。 ⑨ 长:孔成子原意为年长之长,史朝释之"善之长"。 ⑩ 杜注:"足跛非全人,不可立为宗主。"⑪ 建非嗣也:如立孟絷是嗣位,不是"建侯"。 ⑫ 袭:相合。 ⑬ 武王所用:《国语·周语》引《大誓》云:"朕梦协朕卜,袭于休祥,戎商必克。"

卷二十二　昭公三

昭公八年

【经】

八年春[①]，陈侯之弟招杀陈世子偃师[②]。

夏四月辛丑，陈侯溺卒。

叔弓如晋。

楚人执陈行人干徵师杀之[③]。

陈公子留出奔郑。

秋，蒐于红[④]。

陈人杀其大夫公子过。

大雩。

冬十月壬午，楚师灭陈。

执陈公子招，放之于越。

杀陈孔奂。

葬陈哀公。

【注释】

① 八年：公元前534年。　② 陈侯：陈哀公。　③ 杜注："称行人，明非行人之罪。"　④ 红：在今安徽萧县西南。

【传】

八年春，石言于晋魏榆[①]。晋侯问于师旷曰："石何故言？"对曰："石不能言，或冯焉[②]。不然，民听滥也[③]。抑臣又闻之曰：'作事不时，怨讟动于民[④]，则有非言之物而言。'今宫室崇侈，民力凋尽，怨讟并作，莫保其性[⑤]。石言，不亦宜乎？"于是晋侯方筑虒祁之宫[⑥]。叔向曰："子野之言[⑦]，君子哉！君子之言，信而有征[⑧]，故怨远于其身。小人之言，僭而无征，故怨咎及之。《诗》曰：'哀哉不能言，匪舌是出，唯躬是瘁。哿矣能言，巧言如流，俾躬处休[⑨]。'其是之谓乎！是宫也成，诸侯必叛，君必有咎，夫子知之矣。"

【注释】

① 魏榆：在今山西榆次市西北。 ② 冯：有物凭依。 ③ 滥：失。 ④ 怨讟(dú)：怨言，诽谤。 ⑤ 性：生，指生活，生存。 ⑥ 虒(sī)祁之宫：在今山西侯马市附近。 ⑦ 子野：师旷。 ⑧ 信而有征：诚实而能被证实。 ⑨ 所引诗见《诗·小雅·雨无正》。叔向在此解释与原诗意不尽同。出：痡，病。哿(gě)：嘉，欢乐。巧言如流，谓正言而顺叙所闻所见，所以能自取安逸。

陈哀公元妃郑姬，生悼大子偃师，二妃生公子留，下妃生公子胜。二妃嬖，留有宠，属诸司徒招与公子过。哀公有废疾[①]。三月甲申，公子招、公子过杀悼大子偃师，而立公子留。夏四月辛亥，哀公缢。干徵师赴于楚，且告有立君，公子胜诉之于楚[②]，楚人执而杀之[③]。公子留奔郑。书曰"陈侯之弟招杀陈世子偃师"，罪在招也；"楚人执陈行人干徵师杀之"，罪不在行人也。

【注释】

① 废疾：神经不健全或残废。 ② 愬之于楚：杜注："以招、过杀偃师告愬也。" ③ 杀之：杀干徵师。

叔弓如晋，贺虒祁也。游吉相郑伯以如晋，亦贺虒祁也。史赵见子大叔，曰："甚哉，其相蒙也[①]！可吊也[②]，而又贺之！"子大叔曰："若何吊也？其非唯我贺，将天下实贺。"

【注释】

① 蒙：欺。 ② 吊：贺之反义，哀伤。

秋，大蒐于红，自根牟至于商、卫[①]，革车千乘[②]。

七月甲戌，齐子尾卒，子旗欲治其室[③]。丁丑，杀梁婴[④]。八月庚戌,逐子成、子工、子车⑤,皆来奔,而立子良氏之宰⑥。其臣曰:"孺子长矣,而相吾室,欲兼我也。"授甲,将攻之。陈桓子善于子尾,亦授甲,将助之。或告子旗,子旗不信。则数人告。将往,又数人告于道,遂如陈氏。桓子将出矣,闻之而还,游服而逆之⑦,请命。对曰:"闻强氏授甲将攻子⑧,子闻诸?"曰:"弗闻。""子盍亦授甲?无宇请从。"子旗曰:"子胡然?彼孺子也,吾诲之犹惧其不济,吾又宠秩之⑨。其若先人何?子盍谓之⑩?《周书》曰:'惠不惠,茂不茂⑪。'康叔所以服弘大也⑫。"桓子稽颡曰:"顷、灵福子⑬,吾犹有望。"遂和之如初。

【注释】

① 根牟:鲁东境,在今山东莒县西南。商:即宋国。　② 革车:兵车。　③ 子旗:栾施。　④ 梁婴:子尾的家宰。　⑤ 子成、子工、子车:杜注:"三子,齐大夫,子尾之属。子成,顷公子固也;子工,成之弟铸也;子车,顷公之孙捷也。"　⑥ 子良:子尾之子高强。　⑦ 游服:便服。谓脱去戎服。　⑧ 强氏:即高强。　⑨ 宠秩之:指为其立家宰。　⑩ 子盍谓之:你何不去对他讲讲这个道理。　⑪ 所引为《尚书·康诰》文。惠:关怀。茂:今作"懋",勉。　⑫ 服:做事。弘大:宽宏大度。　⑬ 顷、灵:顷公、灵公。

陈公子招归罪于公子过而杀之。九月,楚公子弃疾帅师奉孙吴围陈①,宋戴恶会之②。冬十一月壬午,灭陈。舆嬖袁克③,杀马毁玉以葬。楚人将杀之,请置之④。既又请私⑤,私于幄,加绖于颡而逃⑥。使穿封戌为陈公⑦,曰:"城麇之役⑧,不谄。"侍饮酒于王。王曰:"城麇之役,女知寡人之及此,女其辟寡人乎?"对曰:"若知君之及此,臣必致死礼⑨,以息楚国。"晋侯问于史赵曰:"陈其遂亡乎?"对曰:"未也。"公曰:"何故?"对曰:"陈,颛顼之族也。岁在鹑火,是以卒灭⑩,陈将如之。今在析木之津⑪,犹将复由⑫。且陈氏得政于齐,而后陈卒亡。自幕至于瞽瞍⑬,无违命。舜重之以明德,置德于遂⑭,遂世守之。及胡公不淫⑮,故周赐之姓,使祀虞帝。臣闻盛德必百世祀,虞之世数未也。继守将在齐,其兆既存矣。"

【注释】

① 孙吴:太子偃师之子,后立为惠公。② 戴恶:宋大夫。③ 嬖:

嬖大夫，即下大夫。舆嬖，掌君之乘。 ④ 置：赦。 ⑤ 私：小便。 ⑥ 加绖：加首绖，指为哀公服丧。绖，麻带。 ⑦ 穿封戌：楚臣。陈公：陈的地方长官。楚县长官称公。 ⑧ 城麇之役：见襄公二十六年(前 547)。 ⑨ 致死礼：言为郏敖致死杀灵王。 ⑩ 岁在鹑火，是以卒灭：颛顼死时，岁星在鹑火之次。卒，终于。 ⑪ 析木之津：箕、斗之间的银河中。 ⑫ 复由：复生。由，木生枝条。 ⑬ 幕：颛顼之后，舜的祖先。 ⑭ 置德：把德行落实到。遂：舜后。殷汤兴，存舜之后而封遂。 ⑮ 胡公不淫：遂之后人。周赐姓妫，以太姬配之，封于陈。

昭公九年

【经】

九年春①，叔弓会楚子于陈②。

许迁于夷③。

夏四月，陈灾。

秋，仲孙貜如齐。

冬，筑郎囿④。

【注释】

① 九年：公元前 533 年。 ② 楚子：楚灵王。 ③ 夷：在今安徽亳州市东南。 ④ 囿：有围墙的园子。

【传】

九年春，叔弓、宋华亥、郑游吉、卫赵黡会楚子于陈。

二月庚申，楚公子弃疾迁许于夷，实城父①，取州来淮北之田以益之②。伍举授许男田③。然丹迁城父人于陈，以夷濮西田益之④。迁方城外人于许。

【注释】

① 实：定居。城父：在今安徽亳州市。 ② 州来：即今安徽凤台县。 ③ 许男：许悼公。 ④ 濮：濮水，即沙水，今已堙。

周甘人与晋阎嘉争阎田①。晋梁丙、张趯率阴戎伐颍②。王使詹桓伯辞于晋，曰："我自夏以后稷，魏、骀、芮、岐、毕③，吾西土也。及武王克商，蒲姑、商奄④，吾东土也。巴、濮、楚、邓⑤，吾南土也。肃慎、燕、亳⑥，吾北土也。吾何迩封之有？文、武、成、康之建母弟⑦，以蕃屏周，亦其废队是为⑧，岂如弁髦而因以敝之⑨。先王居梼杌于四裔⑩，以御螭魅，故允姓之奸⑪，居于瓜州⑫。伯父惠公归自秦⑬，而诱以来，使逼我诸姬，入我郊甸，则戎焉取之⑭。戎有中国，谁之咎也？后稷封殖天下⑮，今戎制之，不亦难乎？伯父图之。我在伯父，犹衣服之有冠冕，木水之有本原，民人之有谋主也。伯父若裂冠毁冕，拔本塞原，专弃谋主，虽戎狄其何有余一人？"

【注释】

① 甘人：指甘大夫襄。甘，在今河南洛阳市西南。阎嘉：晋阎大夫。阎地不详，当离甘不远。　② 阴戎：即陆浑之戎。颍：在今河南登封市西南。③ 杜注："在夏世以后稷功，受此五国，为西土之长。"骀，即邰，后稷始封地，在今陕西武功县西南。芮，今山西芮城县。岐，今陕西岐山县。毕，今陕西咸阳市。　④ 蒲姑：今山东博兴县。商奄：在今山东曲阜市。　⑤ 巴：今四川重庆市。濮：今湖北石首市一带。楚：指楚都，今湖北荆州市。邓：今河南邓州市。　⑥ 肃慎：在东北黑龙江宁安以北至混同江一带。燕：即今北京市。亳：不详。　⑦ 建母弟：封同母弟土地以建国。　⑧ 废队：败坏堕落。　⑨ 弁髦：一种帽子，即缁布冠。敝：弃。　⑩ 梼杌：四凶之一。详文公十八年(前609)传文。　⑪ 允姓：阴戎之祖。　⑫ 瓜州：详襄公十四年(前559)传。　⑬ 伯父惠公：晋惠公。　⑭ 焉：于是。⑮ 封殖：培育。

叔向谓宣子曰："文之伯也①，岂能改物②？翼戴天子而加之以共③。自文以来，世有衰德而暴灭宗周④，以宣示其侈⑤，诸侯之贰，不亦宜乎？且王辞直，子其图之。"宣子说。王有姻丧，使赵成如周吊，且致阎田与禭⑥，反颍俘。王亦使宾滑执甘大夫襄以说于晋⑦，晋人礼而归之。

【注释】

① 文之伯:文公为诸侯领袖。 ② 物:制度,礼法。 ③ 共:恭敬。④ 衰德:德行有亏。暴灭:损害。 ⑤ 侈:骄奢。 ⑥ 襚:入殓的衣服。⑦ 宾滑:周大夫。

夏四月,陈灾。郑裨灶曰:"五年,陈将复封。封五十二年而遂亡。"子产问其故。对曰:"陈,水属也[①],火,水妃也[②],而楚所相也[③]。今火出而火陈,逐楚而建陈也。妃以五成[④],故曰五年。岁五及鹑火,而后陈卒亡,楚克有之,天之道也,故曰五十二年[⑤]。"

【注释】

① 水属:杜注:"陈,颛顼之后,故为水属。" ② 妃:配。 ③ 相:治。楚之先祝融,为高辛氏火正,主治火事。 ④ 妃以五成:古代阴阳五行,谓天一生水,地二生火,天三生木,地四生金,天五生土,五者互相配合。⑤ 杜注:"是岁岁在星纪,五岁及大梁,而陈复封。自大梁四岁而及鹑火。后四周四十八岁,凡五及鹑火,五十二年。天数以五为纪,故五及鹑火,火盛水衰。"

晋荀盈如齐逆女[①],还,六月,卒于戏阳[②]。殡于绛,未葬。晋侯饮酒,乐。膳宰屠蒯趋入[③],请佐公使尊。许之。而遂酌以饮工[④],曰:"女为君耳,将司聪也[⑤]。辰在子卯,谓之疾日[⑥]。君彻宴乐,学人舍业,为疾故也。君之卿佐,是谓股肱。股肱或亏,何痛如之?女弗闻而乐,是不聪也。"又饮外嬖嬖叔曰:"女为君目,将司明也。服以旌礼[⑦],礼以行事,事有其物[⑧],物有其容[⑨]。今君之容,非其物也,而女不见,是不明也。"亦自饮也,曰:"味以行气[⑩],气以实志[⑪],志以定言,言以出令。臣实司味,二御失官,而君弗命[⑫],臣之罪也。"公说,彻酒。初,公欲废知氏而立其外嬖[⑬],为是悛而止。秋八月,使荀跞佐下军以说焉[⑭]。

【注释】

① 逆女:杜注:"自为逆。" ② 戏阳:在今河南内黄县北。 ③ 膳宰:主膳食的官。 ④ 工:师旷。 ⑤ 司聪:杜注:"乐所以聪耳。"⑥ 疾日:忌日。商纣死于甲子,夏桀死于乙卯,故以二日为忌日。 ⑦ 旌:

表。　⑧ 物:类。⑨ 容:貌。⑩ 行气:使气血畅通。⑪ 实志:使意志充实。　⑫ 弗命:没下令纠正。　⑬ 知氏:指荀盈。⑭ 荀跞:荀盈子知文子,代父为下军佐。说:杜注:"自解说。"

孟僖子如齐殷聘[1],礼也。

冬,筑郎囿,书,时也。季平子欲其速成也[2],叔孙昭子曰:"《诗》曰:'经始勿亟,庶民子来[3]。'焉用速成?其以剿民也[4]。无囿犹可,无民其可乎?"

【注释】

① 殷聘:盛大的聘问。　② 季平子:季孙意如,悼子之子,武子之孙。③ 所引诗见《诗·大雅·灵台》。经始:开始。庶民:百姓。子来:如同儿子般来。　④ 剿:劳。

昭公十年

【经】

十年春[1],王正月。

夏,齐栾施来奔[2]。

秋七月,季孙意如、叔弓、仲孙貜帅师伐莒。

戊子,晋侯彪卒。

九月,叔孙婼如晋,葬晋平公。

十有二月甲子,宋公成卒[3]。

【注释】

① 十年:公元前 532 年。　② 栾施:即子旗。　③ 宋公:宋平公。成:《公羊》作"戌",阮元考证谓当从《公羊》。

【传】

十年春,王正月,有星出于婺女[1]。郑裨灶言于子产曰:"七月戊子,晋君将死。今兹岁在颛顼之虚[2],姜氏、任氏实守其地[3]。居其维首[4],而有妖星焉[5],告邑姜也[6]。邑姜,晋之妣也。天以七纪[7],戊子,逢公以登[8],星斯于是乎出。吾是以讥之[9]。”

【注释】

① 婺女:即女宿。杜注:“客星也,不书,非孛。” ② 颛顼之虚:即玄枵,在二十八宿中为女、虚、危三宿。 ③ 姜氏、任氏:齐、薛二国。 ④ 维:星次。婺女为玄枵之首。 ⑤ 妖星:即客星。指突然增亮的星或明暗变化的星,也有可能是新增的星。 ⑥ 邑姜:姜太公女,晋始封祖唐叔之母。婺女意为已出嫁之女,故言告预邑姜。 ⑦ 天以七纪:二十八宿分四方,每方各七宿。戊在天干排第七,所以推为七月戊子。 ⑧ 逢公:殷诸侯,居齐地,以戊子日死,而妖星出现。 ⑨ 讥:同“乩”,占卜,预测。

齐惠栾、高氏皆耆酒[1],信内多怨[2],强于陈、鲍氏而恶之[3]。夏,有告陈桓子曰:“子旗、子良将攻陈、鲍。”亦告鲍氏。桓子授甲而如鲍氏,遭子良醉而骋,遂见文子[4],则亦授甲矣。使视二子,则皆将饮酒。桓子曰:“彼虽不信,闻我授甲,则必逐我。及其饮酒也,先伐诸?”陈、鲍方睦,遂伐栾、高氏。

【注释】

① 齐惠栾、高氏:栾施子旗与高强子良均齐惠公后代。 ② 内:妇人。 ③ 强:强盛。 ④ 文子:鲍国。

子良曰:“先得公[1],陈、鲍焉往?”遂伐虎门[2]。晏平仲端委立于虎门之外[3],四族召之,无所往。其徒曰:“助陈、鲍乎?”曰:“何善焉?”“助栾、高乎?”曰:“庸愈乎[4]?”“然则归乎?”曰:“君伐焉归?”公召之而后入。公卜使王黑以灵姑钘率[5],吉,请断三尺焉而用之。五月庚辰,战于稷[6],栾、高败,又败诸庄[7]。国人追之,又败诸鹿门[8]。栾施、高强来奔。陈、鲍分其室。

【注释】

① 先得公:先得到国君支持。此谓要挟国君以令国人。 ② 虎门:路寝门。杜注:“欲入,公不听,故伐公门。” ③ 端委:穿朝服。 ④ 庸:岂。愈:超过。 ⑤ 王黑:齐臣。灵姑钘:周王赐齐桓公的旌旗。 ⑥ 稷:稷门,齐城门。 ⑦ 庄:临淄城内大街。 ⑧ 鹿门:齐城门。

晏子谓桓子:“必致诸公。让,德之主也,让之谓懿德。凡有血气,皆有争心,故利不可强①,思义为愈②。义,利之本也,蕰利生孽③。姑使无蕰乎,可以滋长。”桓子尽致诸公,而请老于莒④。

【注释】

① 不可强:不可强取。 ② 思义为愈:要想到道义能胜过一切。 ③ 蕰:蓄,积。孽:妖害。 ④ 莒:齐邑,在齐东部。

桓子召子山①,私具幄幕、器用、从者之衣屦,而反棘焉②。子商亦如之,而反其邑。子周亦如之,而与之夫于③。反子城、子公、公孙捷④,而皆益其禄。凡公子、公孙之无禄者,私分之邑。国之贫约孤寡者,私与之粟。曰:“《诗》云‘陈锡载周’⑤,能施也,桓公是以霸。”公与桓子莒之旁邑,辞。穆孟姬为之请高唐⑥,陈氏始大。

【注释】

① 子山:与子商、子周均为襄公三十一年(前542)子尾所逐的公子。 ② 棘:在今临淄西北,近稷门。 ③ 夫于:在今山东邹平县东。 ④ 子城、子公、公孙捷:均为昭公八年(前534)子旗所逐者。 ⑤ 所引诗见《诗·大雅·文王》。载:今作“哉”。诗意为陈列获得的赏赐来给别人就创建了周朝。 ⑥ 穆孟姬:景公母。高唐:今山东高唐县。

秋七月,平子伐莒取郠①,献俘,始用人于亳社②。臧武仲在齐,闻之,曰:“周公其不飨鲁祭乎!周公飨义,鲁无义。《诗》曰:‘德音孔昭,视民不恌③。’恌之谓甚矣,而壹用之④,将谁福哉!”

【注释】

① 郠(gěng):莒邑,在今山东沂水县。 ② 亳社:殷社。鲁献俘应于周公庙。 ③ 所引诗见《诗·小雅·鹿鸣》。昭:明。视:示。恌:刻薄。 ④ 壹:专一。

戊子,晋平公卒。郑伯如晋,及河,晋人辞之。游吉遂如晋。

九月,叔孙婼、齐国弱、宋华定、卫北宫喜、郑罕虎、许人、曹人、莒人、邾人、薛人、杞人、小邾人如晋,葬平公也。郑子皮将以币行[①]。子产曰:“丧焉用币?用币必百两[②],百两必千人,千人至,将不行[③]。不行,必尽用之。几千人而国不亡[④]?”子皮固请以行。既葬,诸侯之大夫欲因见新君。叔孙昭子曰:“非礼也。”弗听。叔向辞之,曰:“大夫之事毕矣,而又命孤。孤斩焉在衰绖之中[⑤],其以嘉服见,则丧礼未毕。其以丧服见,是重受吊也,大夫将若之何?”皆无辞以见。子皮尽用其币,归,谓子羽曰:“非知之实难,将在行之。夫子知之矣,我则不足。《书》曰:‘欲败度,纵败礼[⑥]。’我之谓矣。夫子知度与礼矣,我实纵欲而不能自克也。”

【注释】

① 以币行:奉献礼物,拜见新君。 ② 百两:一百辆车。 ③ 行:还。此指一时无法回国。 ④ 几千人:几次派遣上千人。 ⑤ 斩焉:哀痛貌。 ⑥ 所引《书》已佚,古文《尚书》入《太甲》中篇。度:法度。纵:随心所欲,放纵。

昭子至自晋,大夫皆见,高强见而退。昭子语诸大夫曰:“为人子,不可不慎也哉!昔庆封亡,子尾多受邑而稍致诸君,君以为忠而甚宠之。将死,疾于公宫[①],辇而归,君亲推之。其子不能任,是以在此。忠为令德,其子弗能任,罪犹及之,难不慎也[②]?丧夫人之力[③],弃德旷宗[④],以及其身,不亦害乎?《诗》曰:‘不自我先,不自我后[⑤]。’其是之谓乎?”

【注释】

① 疾于公宫:在公宫被疾。 ② 难:“奈何”的合音。 ③ 夫人:指子尾。力:功劳。 ④ 旷宗:使宗庙得不到祭祀。 ⑤ 所引诗见《诗·小雅·正月》。此意为我生不早又不晚,灾祸正好降在我身上。

冬十二月,宋平公卒。初,元公恶寺人柳[①],欲杀之。及丧,柳炽炭于位[②],将至,则去之。比葬,又有宠。

【注释】

① 元公:平公太子佐。自此年至公元前 517 年在位。 ② 位:丧位。时天寒,炽炭使位暖,去之则便于坐。

昭公十一年

【经】

十有一年春①,王二月,叔弓如宋,葬宋平公。

夏四月丁巳,楚子虔诱蔡侯般杀之于申②。

楚公子弃疾帅师围蔡。

五月甲申,夫人归氏薨③。

大蒐于比蒲④。

仲孙貜会邾子盟于祲祥⑤。

秋,季孙意如会晋韩起、齐国弱、宋华亥、卫北宫佗、郑罕虎、曹人、杞人于厥慭⑥。

九月己亥,葬我小君齐归。

冬十有一月丁酉,楚师灭蔡,执蔡世子有以归,用之⑦。

【注释】

① 十有一年:公元前 531 年。　② 楚子虔:即楚灵王。本名围,登王位后改名虔。蔡侯般:蔡灵侯。申:在今河南南阳市北。　③ 归氏:昭公母,胡女,归姓。　④ 比蒲:今不详所在。　⑤ 邾子:邾庄公。祲祥,今不详所在。　⑥ 厥慭:不详所在。或云卫地,在今河南新乡市。　⑦ 用之:用作牺牲。

【传】

十一年春,王二月,叔弓如宋,葬平公也。

景王问于苌弘曰①:"今兹诸侯,何实吉?何实凶?"对曰:"蔡凶。此蔡侯般弑其君之岁也,岁在豕韦②,弗过此矣。楚将有之,然壅也③。岁及大梁④,蔡复,楚凶。天之道也。"

【注释】

① 苌弘:周大夫。　② 豕韦:二十八宿中的室宿。　③ 壅:壅积,积恶使满。　④ 大梁:二十八宿中的胃、昴、毕三宿。

楚子在申,召蔡灵侯。灵侯将往,蔡大夫曰:“王贪而无信,唯蔡于感①,今币重而言甘,诱我也,不如无往。”蔡侯不可。三月丙申,楚子伏甲而飨蔡侯于申,醉而执之。夏四月丁巳,杀之,刑其士七十人②。公子弃疾帅师围蔡。

【注释】

① 感:憾,恨。 ② 刑:杀。

韩宣子问于叔向曰:“楚其克乎?”对曰:“克哉!蔡侯获罪于其君,而不能其民,天将假手于楚以毙之,何故不克?然肸闻之,不信以幸①,不可再也。楚王奉孙吴以讨于陈②,曰:‘将定而国。’陈人听命,而遂县之③。今又诱蔡而杀其君,以围其国,虽幸而克,必受其咎,弗能久矣。桀克有缗以丧其国,纣克东夷而陨其身。楚小位下,而亟暴于二王④,能无咎乎?天之假助不善⑤,非祚之也,厚其凶恶而降之罚也。且譬之如天,其有五材而将用之⑥,力尽而敝之⑦,是以无拯,不可没振⑧。”

【注释】

① 不信以幸:以不讲信用而得利。 ② 孙吴:陈惠公,太子偃师之子。 ③ 事见昭公八年(前534)。 ④ 亟:屡。暴于二王:残暴超过了桀、纣。 ⑤ 假:借。 ⑥ 五材:金、木、水、火、土。 ⑦ 敝:弃。 ⑧ 没振:终兴。

五月,齐归薨,大蒐于比蒲,非礼也。

孟僖子会邾庄公,盟于祲祥,修好,礼也。泉丘人有女梦以其帷幕孟氏之庙①,遂奔僖子,其僚从之②。盟于清丘之社,曰:“有子,无相弃也。”僖子使助薳氏之簉③。反自祲祥,宿于薳氏,生懿子及南宫敬叔于泉丘人。其僚无子,使字敬叔④。

【注释】

① 泉丘:当在今山东宁阳、泗水间。 ② 僚:同伴。 ③ 助:此指服事。薳氏:僖子别邑。簉:副,妾。 ④ 字:抚养。

楚师在蔡,晋荀吴谓韩宣子曰:“不能救陈,又不能救蔡,物以无亲①,晋之不能,亦可知也已！为盟主而不恤亡国,将焉用之?"

【注释】

① 物:人。此句意谓别人因此不再会亲附我们。

秋,会于厥慭,谋救蔡也。郑子皮将行,子产曰:"行不远,不能救蔡也。蔡小而不顺,楚大而不德,天将弃蔡以壅楚①,盈而罚之②,蔡必亡矣。且丧君而能守者,鲜矣。三年,王其有咎乎！美恶周必复③,王恶周矣。"晋人使狐父请蔡于楚④,弗许。

【注释】

① 壅:指积蓄罪恶。　② 盈:即恶贯满盈之意。　③ 周:指岁星行一周,即十二年。复:报复,报应。　④ 狐父:晋大夫。

单子会韩宣子于戚①,视下言徐。叔向曰:"单子其将死乎！朝有著定②,会有表③,衣有襘④,带有结。会朝之言,必闻于表著之位,所以昭事序也⑤。视不过结、襘之中,所以道容貌也⑥。言以命之,容貌以明之,失则有阙。今单子为王官伯⑦,而命事于会,视不登带⑧,言不过步⑨,貌不道容⑩,而言不昭矣⑪。不道,不共;不昭,不从。无守气矣⑫。"

【注释】

① 单子:单成公。　② 著定:即宁定,固定的位置。宁,门屏之间。③ 表:位次的表记。　④ 襘:衣衿交会处。　⑤ 事序:事理。⑥ 道:治。　⑦ 王官伯:天子百官之长。　⑧ 视不登带:目光低于衣带。⑨ 言不过步:说话传不了一步。　⑩ 道容:端正仪容。　⑪ 昭:明白。⑫ 守气:保守身体之气。

九月,葬齐归,公不戚。晋士之送葬者,归以语史赵。史赵曰:"必为鲁郊①。"侍者曰:"何故?"曰:"归,姓也②。不思亲,祖不归也③。"叔向曰:"鲁公室其卑乎！君有大丧,国不废蒐。有三年之丧,而无一日之戚。国不恤丧,不忌君也④。君无戚容,不顾亲也。国不忌君,君不顾亲,能无卑乎？殆其失国。"

【注释】

① 必为鲁郊:言昭公必出在郊野,不能有国。 ② 姓:生,子。 ③ 归:依附,保佑。 ④ 忌:敬畏。

冬十一月,楚子灭蔡,用隐大子于冈山①。申无宇曰:"不祥。五牲不相为用②,况用诸侯乎?王必悔之。"

十二月,单成公卒。

【注释】

① 隐大子:太子有。隐为谥号。冈山:不详。 ② 五牲:牛、羊、豕、犬、鸡。

楚子城陈、蔡、不羹①。使弃疾为蔡公。王问于申无宇曰:"弃疾在蔡,何如?"对曰:"择子莫如父,择臣莫如君。郑庄公城栎而置子元焉②,使昭公不立。齐桓公城谷而置管仲焉,至于今赖之。臣闻五大不在边③,五细不在庭④。亲不在外,羁不在内⑤。今弃疾在外,郑丹在内⑥,君其少戒。"王曰:"国有大城,何如?"对曰:"郑京、栎实杀曼伯⑦,宋萧、亳实杀子游⑧,齐渠丘实杀无知⑨,卫蒲、戚实出献公⑩,若由是观之,则害于国。末大必折⑪,尾大不掉⑫,君所知也。"

【注释】

① 不羹:有二,一在河南襄城县东南,为西不羹;一在河南舞阳县北,为东不羹。 ② 栎:今河南禹州。子元:庄公之子。或云即厉公。 ③ 五大:太子、母弟、贵宠公子、公孙、累世正卿。 ④ 五细:贱、少、远、新、小者。 ⑤ 羁:他国逃臣。 ⑥ 郑丹:他国逃臣,官右尹。 ⑦ 曼伯:指子仪,庄公十四年(前680)被杀。 ⑧ 杀子游:见庄公十二年(前682)。 ⑨ 渠丘:即葵丘,在临淄西,雍廪封邑。庄公九年(前685),雍廪杀无知。 ⑩ 蒲、戚:杜注:"蒲,宁殖邑;戚,孙林父邑。出献公在襄十四年。" ⑪ 末:树梢。 ⑫ 掉:摇,转动。此以尾巴大了转动不灵,喻臣子势力大了难以控制。

昭公十二年

【经】

十有二年春[1]，齐高偃帅师纳北燕伯于阳[2]。

三月壬申，郑伯嘉卒。

夏，宋公使华定来聘[3]。

公如晋，至河乃复。

五月，葬郑简公。

楚杀其大夫成熊[4]。

秋七月。

冬十月，公子慭出奔齐。

楚子伐徐[5]。

晋伐鲜虞[6]。

【注释】

① 十有二年：公元前530年。　② 高偃：一作高郾，高傒玄孙。阳：一作唐，在今河北保定西，唐县东北。　③ 宋公：宋元公。　④ 成熊：传作"成虎"，或以为熊为名，虎为字。　⑤ 楚子：楚灵王。　⑥ 鲜虞：白狄的别种，都城在今河北正定县北。战国时为中山国。

【传】

十二年春，齐高偃纳北燕伯款于唐，因其众也[1]。

三月，郑简公卒，将为葬除[2]。及游氏之庙[3]，将毁焉。子大叔使其除徒执用以立[4]，而无庸毁[5]，曰："子产过女，而问何故不毁[6]，乃曰，不忍庙也！诺，将毁矣！"既如是，子产乃使辟之[7]。司墓之室[8]，有当道者，毁之，则朝而堋[9]；弗毁，则日中而堋。子大叔请毁之，曰："无若诸侯之宾何[10]？"子产曰："诸侯之宾，能来会吾丧，岂惮日中？无损于宾，而民不害，何故不为？"遂弗毁，日中而葬。君子谓："子产于是乎知礼。礼，无毁人以自成也。"

【注释】

① 因其众：杜注："言因唐众欲纳之，故得先入唐。" ② 葬除：为出殡而清道。 ③ 游氏之庙：游氏祖庙，即子太叔祖庙。 ④ 除徒：清道的役夫。用：工具。 ⑤ 无庸：不要。 ⑥ 而：如果。 ⑦ 辟：避开，另走他道。 ⑧ 司墓：墓大夫，管公墓的大夫。 ⑨ 堋(bèng)：葬时下棺入土。毁之则路近，可及朝下葬，不毁则绕道，中午才能下葬。 ⑩ 诸侯之宾：各国来使。因日中下葬，恐各国大夫不高兴。

夏，宋华定来聘，通嗣君也。享之，为赋《蓼萧》①，弗知，又不答赋。昭子曰②："必亡。宴语之不怀③，宠光之不宣④，令德之不知，同福之不受，将何以在？"

【注释】

①《蓼萧》：《诗·小雅》篇名，是诸侯在宴会中祝颂周王的诗。中有"燕笑语兮，是以有誉处兮"句，言宴会快乐；有"既见君子，为宠为光"句，赞扬宾客；有"宜兄宜弟，令德寿岂"，赞宾客美德；有"万福攸同"句，谓同享福禄。华定不知诗意，故昭子一一指摘他。 ② 昭子：叔孙婼。 ③ 怀：思念。 ④ 宣：扬。

齐侯、卫侯、郑伯如晋①，朝嗣君也②。公如晋，至河乃复。取郠之役，莒人诉于晋，晋有平公之丧，未之治也，故辞公③。公子慭遂如晋。晋侯享诸侯，子产相郑伯辞于享，请免丧而后听命。晋人许之，礼也。晋侯以齐侯宴④，中行穆子相⑤。投壶，晋侯先。穆子曰："有酒如淮，有肉如坻⑥。寡君中此，为诸侯师⑦。"中之。齐侯举矢，曰："有酒如渑⑧，有肉如陵。寡人中此，与君代兴。"亦中之。伯瑕谓穆子曰⑨："子失辞。吾固师诸侯矣，壶何为焉？其以中俊也⑩。齐君弱吾君，归弗来矣。"穆子曰："吾军帅强御⑪，卒乘竞劝，今犹古也，齐将何事？"公孙傁趋进曰⑫："日旰君勤⑬，可以出矣。"以齐侯出。

【注释】

① 齐侯：齐景公。卫侯：卫灵公。郑伯：郑定公，简公子。 ② 嗣君：晋昭公。公元前531—前526年在位。 ③ 辞：不接受朝见。 ④ 以：与。

⑤ 中行穆子：荀吴。　⑥ 坻：水中高地。　⑦ 师：长。　⑧ 渑：渑水，在今山东境内。　⑨ 伯瑕：士文伯。　⑩ 杜注："言投壶中，不足为俊异。"　⑪ 强御：即强梁，刚强有力。　⑫ 公孙傁：齐大夫。　⑬ 旰：晚。勤：劳。

楚子谓成虎若敖之余也[①]，遂杀之。或谮成虎于楚子，成虎知之而不能行。书曰："楚杀其大夫成虎。"怀宠也[②]。

六月，葬郑简公。

【注释】

① 成虎：为令尹子玉之孙，出若敖氏。此时若敖氏之支鬥氏被逐已七十余年，楚灵王以此理由杀之，为托词。　② 怀宠：舍不得放弃优厚的生活，所以被杀。

晋荀吴伪会齐师者，假道于鲜虞，遂入昔阳[①]。秋八月壬午，灭肥[②]，以肥子绵皋归。

周原伯绞虐其舆臣[③]，使曹逃[④]。冬十月壬申朔，原舆人逐绞而立公子跪寻[⑤]，绞奔郊[⑥]。

【注释】

① 昔阳：在今河北晋州西。或谓为鲜虞属国鼓国之都城。　② 肥：鲜虞属国，在今河北藁城市。　③ 原伯绞：周大夫。舆臣：众臣。④ 曹：群。　⑤ 公子跪寻：绞弟。　⑥ 郊：周地。

甘简公无子[①]，立其弟过。过将去成、景之族[②]。成、景之族赂刘献公[③]，丙申，杀甘悼公[④]，而立成公之孙鰌[⑤]。丁酉，杀献大子之傅庾皮之子过[⑥]。杀瑕辛于市，及宫嬖绰、王孙没、刘州鸠、阴忌、老阳子[⑦]。

【注释】

① 甘简公：周卿士。　② 成、景：皆过之先君。　③ 刘献公：周卿士，刘定公之子。　④ 悼公：即过。　⑤ 鰌：平公。　⑥ 献大子：或为王太子寿。　⑦ 杜注："六子，周大夫，及庾过，皆甘悼公之党。"

季平子立，而不礼于南蒯①。南蒯谓子仲②："吾出季氏，而归其室于公，子更其位③，我以费为公臣。"子仲许之。南蒯语叔仲穆子④，且告之故。

【注释】

① 南蒯：南遗之子，季氏费邑宰。 ② 子仲：公子慭。 ③ 更：代。 ④ 穆子：叔仲带之子叔仲小。

季悼子之卒也①，叔孙昭子以再命为卿。及平子伐莒，克之，更受三命。叔仲子欲构二家②，谓平子曰："三命逾父兄，非礼也。"平子曰："然。"故使昭子③。昭子曰："叔孙氏有家祸，杀適立庶，故婼也及此。若因祸以毙之，则闻命矣。若不废君命，则固有著矣④。"昭子朝，而命吏曰："婼将与季氏讼，书辞无颇⑤。"季孙惧，而归罪于叔仲子。故叔仲小、南蒯、公子慭谋季氏。慭告公，而遂从公如晋。南蒯惧不克，以费叛如齐。子仲还，及卫，闻乱，逃介而先⑥。及郊，闻费叛，遂奔齐。

【注释】

① 季悼子：季武子之子，平子之父。 ② 叔仲子：即叔仲小。构：离间。 ③ 使昭子：杜注："使昭子自贬黜。" ④ 著：朝位。 ⑤ 颇：偏。 ⑥ 逃介而先：丢下副手先逃回国。

南蒯之将叛也，其乡人或知之，过之而叹，且言曰："恤恤乎①，湫乎②，攸乎③！深思而浅谋，迩身而远志，家臣而君图，有人矣哉④！"

【注释】

① 恤恤：忧愁。 ② 湫：愁。 ③ 攸：忧。 ④ 人：人材。

南蒯枚筮之①，遇《坤》䷁之《比》䷇②，曰："黄裳元吉。"以为大吉也，示子服惠伯，曰："即欲有事③，何如？"惠伯曰："吾尝学此矣，忠信之事则可，不然必败。外强内温④，忠也。和以率贞⑤，信也。故曰'黄裳元吉'。黄，中之色也⑥。裳⑦，下之饰也。元，善之长也。中不忠,不得其色。下不共,不得其饰。事不善,不得其极[8]。外内倡和为忠,率事以信为共,供养三德为善[9],非此三者弗当。且夫《易》,不可以占险,将何事也?且可饰乎[10]?中美能黄,上美为元,下美则裳,参成可筮[11]。犹有阙也[12],筮虽吉,未也。"

【注释】

① 枚筮:杜注:"不指其事,泛卜吉凶。"　② 《坤》之《比》:《坤》卦坤下坤上,六五爻变为坎上,成《比》卦。　③ 即:假如。　④ 外强内温:外卦为坎,坎为险,故强。内卦为坤,坤为顺,故温。　⑤ 和以率贞:坤为水,坎为土,水土相合则和。率,行。贞,卜问。谓以和顺行卜问之事,即信。⑥ 中:内衣。　⑦ 裳:下身所着,即裙。　⑧ 极:准则。　⑨ 三德:忠、信、极。　⑩ 可饰:在下恭。　⑪ 参成可筮:三者尽备,吉可如筮。⑫ 犹:如果。

将适费,饮乡人酒。乡人或歌之曰:"我有圃[1],生之杞乎[2]!从我者子乎,去我者鄙乎[3],倍其邻者耻乎[4]!已乎已乎,非吾党之士乎!"

平子欲使昭子逐叔仲小。小闻之,不敢朝。昭子命吏谓小待政于朝,曰:"吾不为怨府[5]。"

【注释】

① 圃:菜地。　② 杞:杞柳。　③ 去:背离。鄙:鄙陋之人。④ 倍:同"背"。邻:亲。　⑤ 怨府:怨恨积聚之地。

楚子狩于州来[1],次于颍尾[2],使荡侯、潘子、司马督、嚣尹午、陵尹喜帅师围徐以惧吴。楚子次于乾谿[3],以为之援。雨雪,王皮冠,秦复陶[4],翠被[5],豹舄,执鞭以出,仆析父从。

【注释】

① 州来:今安徽凤台县。　② 颍尾:即颍口,颍水入淮处,在今安徽颍上县东南。　③ 乾谿:在今安徽亳州市东南。　④ 复陶:羽绒衣。⑤ 翠被:翠鸟羽毛做的披风。

右尹子革夕[1],王见之,去冠、被,舍鞭。与之语曰:"昔我先王熊绎，与吕伋、王孙牟、燮父、禽父并事康王[②]，四国皆有分[③]，我独无有。今吾使人于周，求鼎以为分，王其与我乎?”对曰:“与君王哉！昔我先王熊绎，辟在荆山[④]，筚路蓝缕，以处草莽。跋涉山林，以事天子，唯是桃弧、棘矢，以共御王事[⑤]。齐，王舅也。晋及鲁、卫，王母弟也。楚是以无分，而彼皆有。今周与四国服事君王，将唯命是从，岂其爱鼎！”王曰:“昔我皇祖伯父昆吾[⑥]，旧许是宅[⑦]。今郑人贪赖其田[⑧]，而不我与。我若求之，其与我乎?”对曰:“与君王哉！周不爱鼎，郑敢爱田?”王曰:“昔诸侯远我而畏晋，今我大城陈、蔡、不羹，赋皆千乘，子与有劳焉。诸侯其畏我乎?”对曰:“畏君王哉！是四国者[⑨]，专足畏也[⑩]，又加之以楚，敢不畏君王哉?”

【注释】

① 子革:郑丹。夕:晚上来见。 ② 吕伋:姜太公子丁公。王孙牟:卫康叔子康伯。燮父:晋唐叔子。禽父:伯禽，姬旦子。康王:成王子。 ③ 四国:齐、晋、鲁、卫。分:珍宝之器。 ④ 荆山:在熊绎之都丹阳北，即今湖北秭归县。 ⑤ 共御:供奉。 ⑥ 昆吾:楚远祖季连之兄。 ⑦ 旧许:即许国。宅:居住。 ⑧ 赖:利。 ⑨ 四国:四大城。即陈、蔡、东西不羹。 ⑩ 专足:就已足够。

工尹路请曰:“君王命剥圭以为鏚柲[①]，敢请命。”王入视之。

析父谓子革:“吾子，楚国之望也！今与王言如响[②]，国其若之何?”子革曰:“摩厉以须[③]，王出，吾刃将斩矣[④]。”

【注释】

① 剥圭:剖圭玉。鏚柲(qī bì):斧柄。 ② 如响:如回声，言皆顺着灵王意思回答。 ③ 摩厉:同“磨砺”。以须:等着。 ④ 杜注:“以己喻锋刃，欲自摩厉以斩王之淫慝。”

王出，复语。左史倚相趋过。王曰:“是良史也，子善视之。是能读《三坟》、《五典》、《八索》、《九丘》[①]。”对曰:“臣尝问焉，昔穆王欲肆其心[②]，周行天下，将皆必有车辙马迹焉。祭公谋父作《祈招》之诗[③]，以止王心，王是以获没于祇宫[④]。臣问其诗而不知也。若问远焉，其焉能知之？”王曰：“子能乎？”对曰：“能。其诗曰：‘祈招之愔愔[5]，式昭德音[6]。思我王度，式如玉[7]，式如金。形民之力[8]，而无醉饱之心。’”

【注释】

① 杜注：“皆古书名。”　② 穆王：周穆王。肆：放纵。　③ 祭公谋父：周公之孙。祈招：祈父招，周司马名。　④ 祇宫：故址在今陕西华县北。　⑤ 愔(yīn)愔：和悦，安闲。　⑥ 式：语首助词。　⑦ 式如：如同。　⑧ 形：刑，犹“成”。

王揖而入，馈不食，寝不寐，数日，不能自克，以及于难[1]。仲尼曰：“古也有志[2]，克己复礼，仁也。信善哉[3]！楚灵王若能如是，岂其辱于乾溪[4]？”

晋伐鲜虞，因肥之役也[5]。

【注释】

① 以及于难：所以遭到祸难。　② 志：记载。　③ 信：诚，确实。④ 辱于乾溪：楚灵王遭弑于乾溪，见下年经传。　⑤ 因肥之役：以灭肥归而伐之。

卷二十三　昭公四

昭公十三年

【经】

十有三年春[①]，叔弓帅师围费。

夏四月，楚公子比自晋归于楚，弑其君虔于乾溪。

楚公子弃疾杀公子比。

秋，公会刘子、晋侯、齐侯、宋公、卫侯、郑伯、曹伯、莒子、邾子、滕子、薛伯、杞伯、小邾子于平丘[②]。

八月甲戌，同盟于平丘。

公不与盟。

晋人执季孙意如以归。

公至自会。

蔡侯庐归于蔡[③]。

陈侯吴归于陈[④]。

冬十月，葬蔡灵公[⑤]。

公如晋，至河乃复。

吴灭州来[⑥]。

【注释】

① 十有三年：公元前529年。　② 刘子：刘献公，周卿士。晋侯：晋昭公。齐侯：齐景公，公元前547—前490年在位。宋公：宋元公。卫侯：卫灵公，公元前534—前493年在位。郑伯：郑定公，公元前529—前514年在位。曹伯：曹武公。莒子：莒著丘公。邾子：邾庄公。滕子：滕悼公。杞伯：杞平公。小邾子：小邾穆公。平丘：在今河南封丘县东。　③ 蔡侯：蔡平侯，公元前530—前522年在位。　④ 陈侯：陈惠公，公元前533—前506

年在位。　⑤ 蔡灵公：蔡灵侯般，昭公十一年（前 531）为楚诱杀。⑥ 州来：国名，在今安徽凤台县。或云为楚邑，故云“灭”。

【传】

十三年春，叔弓围费，弗克，败焉。平子怒，令见费人执之①，以为囚俘。冶区夫曰②：“非也。若见费人，寒者衣之，饥者食之。为之令主，而共其乏困。费来如归③，南氏亡矣④。民将叛之，谁与居邑？若惮之以威，惧之以怒，民疾而叛⑤，为之聚也⑥。若诸侯皆然，费人无归，不亲南氏，将焉入矣？”平子从之，费人叛南氏。

【注释】

① 令见费人：令军队见到费地的民众。　② 冶区夫：鲁臣。③ 费来如归：费地的人民来投就像回到自己家一样。　④ 南氏：南蒯。⑤ 疾：憎恨。　⑥ 聚：聚集力量。

楚子之为令尹也，杀大司马薳掩而取其室①。及即位，夺薳居田②。迁许而质许围③。蔡洧有宠于王，王之灭蔡也，其父死焉，王使与于守而行④。申之会⑤，越大夫戮焉⑥。王夺鬥韦龟中犫⑦，又夺成然邑而使为郊尹⑧。蔓成然故事蔡公⑨。故薳氏之族及薳居、许围、蔡洧、蔓成然，皆王所不礼也。因群丧职之族，启越大夫常寿过作乱，围固城⑩，克息舟，城而居之。

【注释】

① 杀大司马：在襄公三十年（前 543）。　② 薳居：薳掩的族人。③ 迁许：在昭公九年（前 533）。围：许大夫。　④ 与于守：参与留守国都。行：指去乾谿。　⑤ 申之会：在昭公四年。会兵时，辱越大夫常寿过。⑥ 戮：辱。　⑦ 鬥韦龟：令尹子文玄孙。中犫：或云在河南南阳一带。⑧ 成然：韦龟子。食采于蔓。郊尹：治郊境的大夫。　⑨ 故：旧。杜注：“韦龟以弃疾有当璧之命，故使成然事之。”蔡公：公子弃疾。　⑩ 固城：与下文息舟皆城名，具体所在不详。

观起之死也①，其子从在蔡，事朝吴②，曰：“今不封蔡，蔡不封矣。我请试之。”以蔡公之命召子干、子皙③，及郊，而告之情，强与之盟,入袭蔡。蔡公将食,见之而逃。观从使子干食,坎,用牲,加书,而速行,己徇于蔡曰:“蔡公召二子,将纳之,与之盟而遣之矣,将师而从之。”蔡人聚,将执之。辞曰:“失贼成军,而杀余,何益[④]?”乃释之。朝吴曰:“二三子若能死亡,则如违之[⑤],以待所济。若求安定,则如与之,以济所欲[⑥]。且违上[⑦],何适而可?”众曰:“与之。”乃奉蔡公,召二子而盟于邓,依陈、蔡人以国[⑧]。楚公子比、公子黑肱、公子弃疾、蔓成然、蔡朝吴帅陈、蔡、不羹、许、叶之师,因四族之徒[⑨],以入楚。

【注释】

① 观起之死:在襄公二十二年(前551)。 ② 朝吴:蔡大夫声子之子。 ③ 子干、子皙:皆灵王弟,元年时一逃在晋,一逃在郑。子干即公子比,子皙即公子黑肱。 ④ 杜注:“贼谓子干、子皙也。言蔡公已成军,杀己不解罪。” ⑤ 如:应当。违之,违背蔡公(公子弃疾)。 ⑥ 所欲:指恢复祖国。 ⑦ 上:指蔡公,即公子弃疾。 ⑧ 依陈、蔡人以国:答应二国人复国,因此为依赖。 ⑨ 四族:薳氏、许围、蔡洧、蔓成然。

及郊,陈、蔡欲为名,故请为武军[①]。蔡公知之,曰:“欲速,且役病矣[②],请藩而已[③]。”乃藩为军。蔡公使须务牟与史猈先入[④],因正仆人杀大子禄及公子罢敌[⑤]。公子比为王,公子黑肱为令尹,次于鱼陂[⑥]。公子弃疾为司马,先除王宫[⑦]。使观从从师于乾谿[⑧],而遂告之,且曰:“先归复所[⑨],后者劓[⑩]。”师及訾梁而溃[⑪]。

【注释】

① 武军:此指建筑堡垒,树上自己的旗号。 ② 役:役夫。病:疲劳。 ③ 藩:设篱笆。 ④ 须务牟、史猈:楚大夫,蔡公之党。 ⑤ 正仆人:即仆人正,仆人之长。 ⑥ 鱼陂:在今湖北天门市西北。 ⑦ 除:清除。 ⑧ 从:前往。 ⑨ 复所:保留一切待遇。 ⑩ 劓(yì):割鼻。 ⑪ 訾梁:在今河南信阳市。

王闻群公子之死也,自投于车下,曰:“人之爱其子也,亦如余乎?”侍者曰:“甚焉。小人老而无子,知挤于沟壑矣[①]。”王曰:“余杀人子多矣,能无及此乎?”右尹子革曰:“请待于郊,以听国人。”王曰:“众怒不可犯也。”曰:“若入于大都而乞师于诸侯[②]。”王曰:“皆叛矣。”曰:“若亡于诸侯[③],以听大国之图君也[④]。”王曰:“大福不再,只取辱焉。”然丹乃归于楚[⑤]。

【注释】

① 挤:逼迫。　② 若:或者。大都:大都邑。　③ 亡:逃亡。　④ 图君:为君王谋划。　⑤ 然丹:即子革。

王沿夏[①],将欲入鄢[②]。芋尹无宇之子申亥曰:“吾父再奸王命[③],王弗诛,惠孰大焉?君不可忍[④],惠不可弃,吾其从王。”乃求王,遇诸棘闱以归[⑤]。夏五月癸亥,王缢于芋尹申亥氏。申亥以其二女殉而葬之。

【注释】

① 沿:顺水而下。夏:汉水别名。　② 鄢:楚别都,在今湖北宜城市西南。　③ 再奸王命:杜注:“谓断王旌,执人于章台。”　④ 忍:下狠心。　⑤ 棘闱:所在不详。

观从谓子干曰:“不杀弃疾,虽得国,犹受祸也。”子干曰:“余不忍也。”子玉曰[①]:“人将忍子,吾不忍俟也。”乃行。

国每夜骇曰:“王入矣!”乙卯夜,弃疾使周走而呼曰[②]:“王至矣!”国人大惊。使蔓成然走告子干、子皙曰:“王至矣!国人杀君司马,将来矣!君若早自图也,可以无辱。众怒如水火焉,不可为谋。”又有呼而走至者曰:“众至矣!”二子皆自杀。

【注释】

① 子玉:观从之字。　② 周:遍。

丙辰,弃疾即位,名曰熊居。葬子干于訾[①],实訾敖[②]。杀囚,衣之王服而流诸汉,乃取而葬之,以靖国人[③]。使子旗为令尹[④]。

楚师还自徐,吴人败诸豫章[⑤],获其五帅[⑥]。

【注释】

① 訾:在今河南信阳市。 ② 訾敖:以葬地为称,无谥。 ③ 靖:安定。 ④ 子旗:即蔓成然。 ⑤ 豫章:今安徽、河南一带。 ⑥ 五帅:即去年派出伐徐的荡侯、潘子等五人。

平王封陈、蔡[①],复迁邑,致群赂[②],施舍宽民,宥罪举职[③]。召观从,王曰:"唯尔所欲。"对曰:"臣之先,佐开卜[④]。"乃使为卜尹。

使枝如子躬聘于郑,且致犫、栎之田。事毕,弗致。郑人请曰:"闻诸道路,将命寡君以犫、栎,敢请命。"对曰:"臣未闻命。"既复,王问犫、栎。降服而对[⑤],曰:"臣过失命,未之致也。"王执其手,曰:"子毋勤[⑥],姑归,不穀有事,其告子也[⑦]。"

【注释】

① 平王:自此年至公元前 516 年在位。 ② 致群赂:赏赐给众臣财物。 ③ 举职:提拔贤人。 ④ 佐开卜:辅助占卜事。 ⑤ 降服:解冠。是请罪的动作。 ⑥ 勤:辱。 ⑦ 其:将。

他年芋尹申亥以王柩告,乃改葬之。

初,灵王卜,曰:"余尚得天下[①]。"不吉,投龟,诟天而呼曰:"是区区者而不余畀[②],余必自取之。"民患王之无厌也,故从乱如归[③]。

【注释】

① 尚:希望。 ② 区区:小的意思。 ③ 归:此谓百姓跟随作乱,如百川归海。

初,共王无冢適,有宠子五人,无適立焉[①]。乃大有事于群望[②],而祈曰:"请神择于五人者,使主社稷。"乃遍以璧见于群望,曰:"当璧而拜者,神所立也,谁敢违之?"既,乃与巴姬密埋璧于大室之庭[③],使五人齐[④],而长入拜[⑤]。康王跨之,灵王肘加焉,子干、子皙皆远之。平王弱,抱而入,再拜,皆厌纽[⑥]。鬥韦龟属成然焉[⑦],且曰:"弃礼违命,楚其危哉。"

【注释】

① 适:专主。　② 群望:境内望祭的山川。　③ 巴姬:共王妾。太室:祖庙。　④ 齐:斋戒。　⑤ 长:此指根据长幼之序。　⑥ 纽:璧之鼻,即穿绳处。　⑦ 属成然:把成然托付给平王。

子干归,韩宣子问于叔向曰:“子干其济乎?”对曰:“难。”宣子曰:“同恶相求①,如市贾焉,何难?”对曰:“无与同好,谁与同恶?取国有五难:有宠而无人,一也;有人而无主②,二也;有主而无谋,三也;有谋而无民,四也;有民而无德,五也。子干在晋十三年矣,晋、楚之从,不闻达者,可谓无人。族尽亲叛,可谓无主。无衅而动,可谓无谋。为羁终世③,可谓无民。亡无爱征,可谓无德。王虐而不忌,楚君子干,涉五难以弑旧君,谁能济之?有楚国者,其弃疾乎!君陈、蔡,城外属焉④。苛慝不作⑤,盗贼伏隐,私欲不违⑥,民无怨心。先神命之,国民信之,芈姓有乱,必季实立,楚之常也。获神,一也;有民,二也;令德,三也;宠贵,四也;居常⑦,五也。有五利以去五难,谁能害之?子干之官,则右尹也。数其贵宠,则庶子也。以神所命,则又远之。其贵亡矣,其宠弃矣,民无怀焉,国无与焉,将何以立?”宣子曰:“齐桓、晋文,不亦是乎⑧?”对曰:“齐桓,卫姬之子也,有宠于僖。有鲍叔牙、宾须无、隰朋以为辅佐,有莒、卫以为外主,有国、高以为内主。从善如流,下善齐肃⑨,不藏贿,不从欲⑩,施舍不倦,求善不厌,是以有国,不亦宜乎?我先君文公,狐季姬之子也,有宠于献。好学而不贰,生十七年,有士五人⑪。有先大夫子余、子犯以为腹心,有魏犨、贾佗以为股肱,有齐、宋、秦、楚以为外主,有栾、郤、狐、先以为内主⑫。亡十九年,守志弥笃。惠、怀弃民,民从而与之。献无异亲,民无异望,天方相晋,将何以代文?此二君者,异于子干。共有宠子⑬,国有奥主⑭。无施于民,无援于外,去晋而不送,归楚而不逆,何以冀国?”

【注释】

① 同恶:共同厌恶灵王。　② 主:拥护,主持。此指内主,即国内拥护他、主持其事的人。　③ 终世:终身。　④ 城:指方城。　⑤ 苛:

琐细,烦琐。 ⑥ 不违:不违背礼法。 ⑦ 居常:附合楚立年少者为君的常规。 ⑧ 不亦是:不也是作为庶子出逃在外。 ⑨ 下善:一般行为。齐肃:谨严庄重。 ⑩ 从:放纵。 ⑪ 五人:杜注:“狐偃、赵衰、颠颉、魏武子、司空季子五士从出。” ⑫ 栾、郤、狐、先:栾枝、郤縠、狐突、先轸。 ⑬ 宠子:指弃疾。 ⑭ 奥主:深奥居内的主人。指弃疾。

晋成虒祁,诸侯朝而归者皆有贰心。为取郠故,晋将以诸侯来讨。叔向曰:“诸侯不可以不示威。”乃并征会,告于吴。秋,晋侯会吴子于良[1]。水道不可,吴子辞,乃还。七月丙寅,治兵于邾南[2],甲车四千乘,羊舌鲋摄司马[3],遂合诸侯于平丘。子产、子大叔相郑伯以会。子产以幄幕九张行。子大叔以四十,既而悔之,每舍,损焉[4]。及会,亦如之。

【注释】

① 吴子:吴王夷末。良:在今江苏邳州市。 ② 邾南:邾国的南境。③ 羊舌鲋:叔向之弟。 ④ 损:减少。

次于卫地,叔鲋求货于卫,淫刍荛者[1]。卫人使屠伯馈叔向羹与一箧锦[2],曰:“诸侯事晋,未敢携贰,况卫在君之宇下,而敢有异志?刍荛者异于他日,敢请之。”叔向受羹反锦,曰:“晋有羊舌鲋者,渎货无厌,亦将及矣。为此役也,子若以君命赐之[3],其已[4]。”客从之,未退[5],而禁之。

【注释】

① 淫:放纵。刍荛:打草砍柴的人。 ② 箧:狭长的箱子。 ③ 赐之:赐给羊舌鲋锦。 ④ 其已:也许可以制止。 ⑤ 未退:还没离开羊舌鲋那儿。

晋人将寻盟,齐人不可。晋侯使叔向告刘献公曰:“抑齐人不盟[1],若之何?”对曰:“盟以底信[2]。君苟有信,诸侯不贰,何患焉?告之以文辞,董之以武师[3],虽齐不许,君庸多矣[4]。天子之老[5],请帅王赋[6],‘元戎十乘,以先启行[7]’,迟速唯君。”叔向告于齐,曰:

“诸侯求盟,已在此矣。今君弗利⑧,寡君以为请。”对曰:“请侯讨贰,则有寻盟。若皆用命,何盟之寻?”叔向曰:“国家之败,有事而无业⑨,事则不经。有业而无礼,经则不序。有礼而无威,序则不共。有威而不昭⑩,共则不明。不明弃共,百事不终,所由倾覆也。是故明王之制,使诸侯岁聘以志业⑪,间朝以讲礼⑫,再朝而会以示威⑬,再会而盟以显昭明。志业于好,讲礼于等,示威于众,昭明于神,自古以来,未之或失也。存亡之道,恒由是兴。晋礼主盟,惧有不治,奉承齐牺⑭,而布诸君,求终事也⑮。君曰:‘余必废之,何齐之有⑯?’唯君图之,寡君闻命矣!”齐人惧,对曰:“小国言之,大国制之⑰,敢不听从?既闻命矣,敬共以往,迟速唯君。”

【注释】

①抑:句首助词,无义。　②厎:致。　③董:督。　④庸:功。⑤天子之老:天子的卿。　⑥王赋:天子的军队。　⑦所引诗见《诗·小雅·六月》。元戎:大型战车。启行,开路。　⑧弗利:不以盟为利。⑨业:贡赋之事。　⑩昭:昭告神灵。　⑪志业:记住职责。⑫间朝:三年一朝。　⑬再朝而会:六年一会。　⑭齐牺:盟会的牺牲。⑮终事:事情圆满结束。　⑯齐:即斋,指盟会。　⑰制:决断。

叔向曰:“诸侯有间矣①,不可以不示众。”八月辛未,治兵,建而不旆②。壬申,复旆之。诸侯畏之③。

邾人、莒人诉于晋曰:“鲁朝夕伐我,几亡矣。我之不共④,鲁故之以。”晋侯不见公,使叔向来辞曰:“诸侯将以甲戌盟,寡君知不得事君矣,请君无勤⑤。”子服惠伯对曰:“君信蛮夷之诉,以绝兄弟之国,弃周公之后,亦唯君。寡君闻命矣。”叔向曰:“寡君有甲车四千乘在,虽以无道行之,必可畏也。况其率道,其何敌之有?牛虽瘠,偾于豚上⑥,其畏不死?南蒯、子仲之忧,其庸可弃乎⑦?若奉晋之众,用诸侯之师,因邾、莒、杞、鄫之怒,以讨鲁罪,间其二忧⑧,何求而弗克?”鲁人惧,听命。

【注释】

①间:隙,嫌隙。　②建而不旆:树立旗帜而不配上飘带。　③军将

战则建旆,故诸侯畏之。 ④ 共:贡赋。 ⑤ 勤:劳。 ⑥ 偾:仆倒。 ⑦ 其庸:均岂之意。弃:忘。 ⑧ 间:利用。二忧:即南蒯、子仲。

甲戌,同盟于平丘,齐服也。令诸侯日中造于除①。癸酉,退朝。子产命外仆速张于除②,子大叔止之,使待明日。及夕,子产闻其未张也,使速往,乃无所张矣③。

【注释】

① 造:到达。除:会盟辟地为坛。 ② 张:张帷幕。 ③ 无所:没有空地。

及盟,子产争承①,曰:"昔天子班贡②,轻重以列③,列尊贡重,周之制也,卑而贡重者,甸服也④。郑伯男也⑤,而使从公侯之贡,惧弗给也,敢以为请。诸侯靖兵,好以为事。行理之命⑥,无月不至。贡之无艺⑦,小国有阙,所以得罪也。诸侯修盟,存小国也。贡献无及,亡可待也。存亡之制,将在今矣。"自日中以争,至于昏,晋人许之。

【注释】

① 承:贡赋的轻重次序。 ② 班贡:定贡献的次序。 ③ 列:位。 ④ 甸服:王畿之内。 ⑤ 男也:此语历来说法不一,或云伯男相等;或谓为畿内子男;或谓男同南,郑为男服,在九服中列第三,次于侯服、甸服,高于采服、卫服。 ⑥ 行理:使者。 ⑦ 艺:极,限制。

既盟,子大叔咎之曰:"诸侯若讨,其可渎乎①?"子产曰:"晋政多门,贰偷之不暇②,何暇讨?国不竞亦陵③,何国之为?"

【注释】

① 渎:轻慢。 ② 贰偷:苟且偷安。 ③ 竞:争竞。陵:欺陵。

公不与盟。晋人执季孙意如,以幕蒙之①,使狄人守之。司铎射怀锦,奉壶饮冰②,以蒲伏焉③。守者御之④,乃与之锦而入。晋人以平子归,子服湫从⑤。

【注释】

① 蒙:蒙闭。 ② 奉壶饮冰:捧着装了冰的壶。 ③ 蒲伏:爬行。

同“匍匐”。　④ 御:阻止。　⑤ 子服湫:即子服椒,字意伯。

子产归,未至,闻子皮卒,哭,且曰:“吾已,无为为善矣①,唯夫子知我。”仲尼谓:“子产于是行也,足以为国基矣。《诗》曰:‘乐只君子,邦家之基②。’子产,君子之求乐者也。”且曰:“合诸侯,艺贡事③,礼也。”

【注释】

① 无为:无助。　② 所引诗见《诗·小雅·南山有台》。只,语助。③ 艺贡事:确定贡赋的极限。

鲜虞人闻晋师之悉起也,而不警边,且不修备。晋荀吴自著雍以上军侵鲜虞①,及中人②,驱冲竞③,大获而归。

【注释】

① 著雍:晋地,所在不详。　② 中人:在今河北唐县西北。③ 冲:冲车,进攻冲锋的车。竞:与鲜虞人作战。

楚之灭蔡也,灵王迁许、胡、沈、道、房、申于荆焉①。平王即位,既封陈、蔡,而皆复之,礼也。隐大子之子庐归于蔡,礼也。悼大子之子吴归于陈,礼也。

冬十月,葬蔡灵公,礼也。

【注释】

① 胡:妫姓,故国在今安徽阜阳市。沈:姬姓,故国在今河南沈丘县。道:见僖公五年(前655)传注。房:故国在今河南遂平县。申:姜姓,故国在今河南南阳市北。

公如晋。荀吴谓韩宣子曰:“诸侯相朝,讲旧好也。执其卿而朝其君,有不好焉,不如辞之。”乃使士景伯辞公于河①。

吴灭州来。令尹子期请伐吴,王弗许,曰:“吾未抚民人,未事鬼神,未修守备,未定国家,而用民力,败不可悔。州来在吴,犹在楚也。子姑待之。”

【注释】

① 士景伯:士文伯之子弥牟。

季孙犹在晋,子服惠伯私于中行穆子曰:“鲁事晋,何以不如夷之小国?鲁,兄弟也,土地犹大,所命能具。若为夷弃之,使事齐、楚,其何瘳于晋[①]?亲亲、与大[②],赏共、罚否[③],所以为盟主也。子其图之。谚曰:‘臣一主二[④]。’吾岂无大国?”穆子告韩宣子,且曰:“楚灭陈、蔡,不能救,而为夷执亲,将焉用之?”乃归季孙。惠伯曰:“寡君未知其罪,合诸侯而执其老。若犹有罪[⑤],死命可也。若曰无罪而惠免之,诸侯不闻,是逃命也,何免之为?请从君惠于会。”宣子患之,谓叔向曰:“子能归季孙乎?”对曰:“不能。鲋也能。”乃使叔鱼。叔鱼见季孙曰:“昔鲋也得罪于晋君,自归于鲁君[⑥]。微武子之赐[⑦],不至于今。虽获归骨于晋,犹子则肉之,敢不尽情?归子而不归,鲋也闻诸吏,将为子除馆于西河[⑧],其若之何?”且泣。平子惧,先归。惠伯待礼[⑨]。

【注释】

① 瘳:差。 ② 与大:赞助大国。 ③ 共:同“供”。 ④ 杜注:“言一臣必有二主,道不合,得去事他国。” ⑤ 若犹:如果。 ⑥ 自归于鲁君:指襄公二十一年(前552)因叔虎事得罪晋君,逃到鲁国。 ⑦ 武子:季武子,平子之祖父。 ⑧ 西河:在今陕西大荔县、华阴市一带。 ⑨ 待礼:杜注:“待见遣之礼。”

昭公十四年

【经】

十有四年春[①],意如至自晋。

三月,曹伯滕卒。

夏四月。

秋,葬曹武公。

八月,莒子去疾卒[②]。

冬，莒杀其公子意恢。

【注释】

① 十有四年：公元前528年。　② 莒子去疾：莒著丘公。

【传】

十四年春，意如至自晋，尊晋罪己也①。尊晋罪己，礼也。

南蒯之将叛也，盟费人。司徒老祁、虑癸伪废疾②，使请于南蒯曰："臣愿受盟而疾兴，若以君灵不死，请待间而盟③。"许之。二子因民之欲叛也，请朝众而盟。遂劫南蒯曰："群臣不忘其君④，畏子以及今，三年听命矣。子若弗图，费人不忍其君，将不能畏子矣。子何所不逞欲？请送子。"请期五日。遂奔齐。侍饮酒于景公。公曰："叛夫！"对曰："臣欲张公室也⑤。"子韩皙曰："家臣而欲张公室，罪莫大焉。"司徒老祁、虑癸来归费，齐侯使鲍文子致之⑥。

【注释】

① 此句释经书意如而不冠"季孙"之意。杜注："以舍族为尊晋罪己。"　② 伪废疾：假装得了病。废，同"发"。　③ 间：病稍痊愈。　④ 君：指季氏。　⑤ 张：强大。　⑥ 致之：送还费邑。南蒯将费送给齐国，此时齐将费还给鲁国。

夏，楚子使然丹简上国之兵于宗丘①，且抚其民。分贫振穷②，长孤幼，养老疾，收介特③，救灾患，宥孤寡，赦罪戾，诘奸慝，举淹滞。礼新叙旧④，禄勋合亲⑤，任良物官⑥。使屈罢简东国之兵于召陵⑦，亦如之。好于边疆，息民五年，而后用师，礼也。

【注释】

① 楚子：楚平王。简：选拔检阅。上国：楚之西部。兵：指军队、武器。宗丘：在今湖北秭归县。　② 分：与。振：救。　③ 介特：单身流民。④ 新：寄居的人。叙旧：对原住民加以慰问。　⑤ 禄：奖赏。合：和睦。⑥ 任良物官：任用贤良，物色官吏。　⑦ 召陵：在今河南郾城县东。

秋八月，莒著丘公卒，郊公不戚①。国人弗顺，欲立著丘公之弟庚舆②。蒲馀侯恶公子意恢而善于庚舆③，郊公恶公子铎而善于意恢。公子铎因蒲馀侯而与之谋曰："尔杀意恢，我出君而纳庚舆。"许之。

【注释】

① 郊公：著丘之子。　② 庚舆：后立为共公。　③ 蒲馀侯：莒大夫兹夫。

楚令尹子旗有德于王①，不知度，与养氏比②，而求无厌，王患之。九月甲午，楚子杀鬥成然③，而灭养氏之族。使鬥辛居郧④，以无忘旧勋⑤。

【注释】

① 有德：杜注："有佐立之德。"　② 养氏：养由基之后，子旗之党。比：朋比，勾结。　③ 鬥成然：即蔓成然，亦即子旗。　④ 鬥辛：子旗之子。郧：故地在今湖北安陆。　⑤ 旧勋：鬥氏为令尹子文之后，子旗又有佐立之功。

冬十二月，蒲馀侯兹夫杀莒公子意恢，郊公奔齐。公子铎逆庚舆于齐。齐隰党、公子钮送之，有赂田。

晋邢侯与雍子争鄐田①，久而无成。士景伯如楚②，叔鱼摄理③，韩宣子命断旧狱，罪在雍子。雍子纳其女于叔鱼，叔鱼蔽罪邢侯。邢侯怒，杀叔鱼与雍子于朝。宣子问其罪于叔向。叔向曰："三人同罪，施生戮死可也。雍子自知其罪而赂以买直，鲋也鬻狱④，邢侯专杀，其罪一也。己恶而掠美为昏⑤，贪以败官为墨⑥，杀人不忌为贼。《夏书》曰：'昏、墨、贼，杀⑦。'皋陶之刑也。请从之。"乃施邢侯而尸雍子与叔鱼于市⑧。

【注释】

① 邢侯：楚申公巫臣之子。雍子：楚臣，襄公二十六年(前547)逃到晋国，晋国让他居鄐地。　② 士景伯：晋国的理刑官。　③ 叔鱼：羊舌鲋。　④ 鬻狱：受贿而不以情理判曲直。　⑤ 昏：昏乱。　⑥ 墨：贪墨。　⑦ 所引文为逸《书》。　⑧ 施：杀。

仲尼曰："叔向，古之遗直也①。治国制刑，不隐于亲②，三数叔鱼之恶，不为末减③。曰义也夫，可谓直矣！平丘之会，数其贿也④，以宽卫国，晋不为暴⑤。归鲁季孙，称其诈也⑥，以宽鲁国，晋不为虐。邢侯之狱，言其贪也，以正刑书，晋不为颇⑦。三言而除三恶，加三利，杀亲益荣，犹义也夫⑧！"

【注释】

① 古之遗直：有古人遗风。　② 隐：包庇，隐瞒。亲：叔鱼为叔向之弟。③ 末减：减轻。　④ 数其贿：指向屠伯责叔鱼渎货无厌，见上年传。⑤ 不为暴：避免了残暴。　⑥ 称其诈：指推荐叔鱼能劝行，见上年传。⑦ 颇：偏。　⑧ 犹义：同"由义"，行义。

昭公十五年

【经】

十有五年春①，王正月，吴子夷末卒。

二月癸酉，有事于武宫②。籥入③，叔弓卒，去乐卒事④。

夏，蔡朝吴出奔郑⑤。

六月丁巳朔，日有食之。

秋，晋荀吴帅师伐鲜虞。

冬，公如晋。

【注释】

① 十有五年：公元前527年。　② 武宫：武公之庙。武公为伯禽玄孙，名敖。　③ 籥：一种管乐器，长而六孔，文舞时所执。　④ 去乐卒事：撤除音乐，将祭祀举行完。　⑤ 朝吴：蔡大夫声子之子。

【传】

十五年春，将禘于武公①，戒百官②。梓慎曰："禘之日，其有咎乎！吾见赤黑之祲③，非祭祥也，丧氛也。其在莅事乎④？"二月癸酉，禘，叔弓莅事，籥入而卒，去乐，卒事，礼也。

【注释】

① 禘:春天举行的例行祭祀。 ② 戒:告戒。 ③ 祲:妖恶之气。④ 莅事:此指主祭官。

楚费无极害朝吴之在蔡也①,欲去之,乃谓之曰:"王唯信子,故处子于蔡。子亦长矣,而在下位,辱,必求之,吾助子请。"又谓其上之人曰:"王唯信吴,故处诸蔡,二三子莫之如也,而在其上,不亦难乎?弗图,必及于难。"夏,蔡人逐朝吴,朝吴出奔郑。王怒,曰:"余唯信吴,故置诸蔡。且微吴,吾不及此。女何故去之?"无极对曰:"臣岂不欲吴?然而前知其为人之异也②。吴在蔡,蔡必速飞③。去吴,所以翦其翼也。"

【注释】

① 费无极:一作费无忌,楚大夫。 ② 前知:早知。 ③ 飞:腾飞。此指强盛。

六月乙丑,王大子寿卒①。秋八月戊寅,王穆后崩②。

晋荀吴帅师伐鲜虞,围鼓③。鼓人或请以城叛,穆子弗许④。左右曰:"师徒不勤,而可以获城,何故不为?"穆子曰:"吾闻诸叔向曰:'好恶不愆⑤,民知所适,事无不济。'或以吾城叛,吾所甚恶也。人以城来,吾独何好焉?赏所甚恶,若所好何?若其弗赏,是失信也,何以庇民?力能则进,否则退,量力而行。吾不可以欲城而迩奸,所丧滋多。"使鼓人杀叛人而缮守备。围鼓三月,鼓人或请降,使其民见,曰:"犹有食色,姑修而城。"军吏曰:"获城而弗取,勤民而顿兵⑥,何以事君?"穆子曰:"吾以事君也。获一邑而教民怠,将焉用邑?邑以贾怠⑦,不如完旧⑧。贾怠无卒⑨,弃旧不祥。鼓人能事其君,我亦能事吾君。率义不爽⑩,好恶不愆,城可获而民知义所,有死命而无二心,不亦可乎!"鼓人告食竭力尽,而后取之。克鼓而反,不戮一人,以鼓子鸢鞮归⑪。

【注释】

① 王:周景王。 ② 穆后:太子寿之母。 ③ 鼓:国名,姬姓,白狄

之别种,时属鲜虞,地在今河北晋州。　④ 穆子:荀吴。　⑤ 愆:过分。⑥ 顿兵:使军队滞留。　⑦ 邑以贾怠:得到城邑而换来懈怠。　⑧ 完旧:保持原来的样子。　⑨ 无卒:没有好结果。　⑩ 率:遵循。⑪ 鸢(yán)鞮:鼓君名。

冬,公如晋,平丘之会故也。

十二月,晋荀跞如周,葬穆后,籍谈为介。既葬,除丧①,以文伯宴②,樽以鲁壶。王曰:"伯氏,诸侯皆有以镇抚王室,晋独无有,何也?"文伯揖籍谈,对曰:"诸侯之封也,皆受明器于王室③,以镇抚其社稷,故能荐彝器于王④。晋居深山,戎狄之与邻,而远于王室。王灵不及⑤,拜戎不暇⑥,其何以献器?"王曰:"叔氏,而忘诸乎?叔父唐叔,成王之母弟也,其反无分乎⑦?密须之鼓⑧,与其大路,文所以大蒐也。阙巩之甲⑨,武所以克商也。唐叔受之以处参虚⑩,匡有戎狄。其后襄之二路⑪,鏚钺、秬鬯⑫,彤弓、虎贲,文公受之,以有南阳之田,抚征东夏,非分而何?夫有勋而不废,有绩而载,奉之以土田,抚之以彝器,旌之以车服,明之以文章⑬,子孙不忘,所谓福也。福祚之不登⑭,叔父焉在⑮?且昔而高祖孙伯黡⑯,司晋之典籍,以为大政,故曰籍氏。及辛有之二子董之晋⑰,于是乎有董史。女,司典之后也,何故忘之?"籍谈不能对。宾出,王曰:"籍父其无后乎⑱!数典而忘其祖。"

【注释】

① 除丧:除安葬前的丧服,换上守丧期的丧服。即除麻服葛等。② 以:与。文伯:即荀跞。　③ 明器:天子分封诸侯时所赐宝器。④ 彝器:祭祀、饮宴时用的器具。　⑤ 灵:福。　⑥ 拜戎:与戎人周旋。⑦ 其:岂。　⑧ 密须:即密国,姞姓,地在今甘肃灵台县。周文王伐密须,得其鼓与大路,因此田猎检阅军队。　⑨ 阙巩:国名,周武王灭之。⑩ 参虚:为晋国分野。　⑪ 襄之二路:周襄王赐晋文公大路、戎路。⑫ 鏚钺:斧与金钺。秬鬯:黑黍香酒。　⑬ 文章:色彩装饰的器物,如车服旗帜之类。　⑭ 不登:谓没记住。　⑮ 焉在:责备语,犹如说"怎么搞的"。　⑯ 高祖:远祖。　⑰ 辛有:平王时人。二子:次子。　⑱ 籍

父:即籍谈。无后:后代不会长久。

籍谈归,以告叔向。叔向曰:"王其不终乎[①]!吾闻之,所乐必卒焉[②]。今王乐忧,若卒以忧,不可谓终。王一岁而有三年之丧二焉,于是乎以丧宾宴,又求彝器,乐忧甚矣,且非礼也。彝器之来,嘉功之由[③],非由丧也。三年之丧,虽贵遂服[④],礼也。王虽弗遂,宴乐以早[⑤],亦非礼也。礼,王之大经也[⑥]。一动而失二礼,无大经矣。言以考典[⑦],典以志经,忘经而多言举典,将焉用之?"

【注释】

① 终:善终。 ② 所乐必卒:对什么事快乐也为这事而死。 ③ 嘉功之由:是由于嘉奖功劳。 ④ 遂:终。遂服,如礼服完三年丧。 ⑤ 以:同"已"。 ⑥ 大经:重要规范。 ⑦ 考:成。典:指典故。

昭公十六年

【经】

十有六年春[①],齐侯伐徐[②]。

楚子诱戎蛮子杀之[③]。

夏,公至自晋。

秋八月己亥,晋侯夷卒。

九月,大雩。

季孙意如如晋。

冬十月,葬晋昭公。

【注释】

① 十有六年:公元前526年。 ② 齐侯:齐景公。 ③ 楚子:楚平王。戎蛮:地在今河南汝阳县东南一带。

【传】

十六年春,王正月,公在晋,晋人止公[①],不书,讳之也。

齐侯伐徐。楚子闻蛮氏之乱也，与蛮子之无质也②，使然丹诱戎蛮子嘉杀之，遂取蛮氏。既而复立其子焉，礼也③。

【注释】

① 止：扣留。　② 质：信用。　③ 以上文字，诸家以为“齐侯伐徐”当置“二月丙申”下，楚子一事，当在“其是之谓乎”后。

二月丙申，齐师至于蒲隧①。徐人行成。徐子及郯人、莒人会齐侯，盟于蒲隧，赂以甲父之鼎②。叔孙昭子曰：“诸侯之无伯，害哉！齐君之无道也，兴师而伐远方，会之有成而还，莫之亢也③，无伯也夫。《诗》曰：‘宗周既灭，靡所止戾。正大夫离居，莫知我肄④。’其是之谓乎！”

【注释】

① 蒲隧：在今江苏睢宁县西南。　② 甲父：古国名，在山东金乡县。③ 亢：抵御。　④ 所引诗见《诗·小雅·雨无正》。“宗周”今本作“周宗”。戾：安。正大夫：执政大夫。离居：逃亡分散。肄：劳。

三月，晋韩起聘于郑，郑伯享之。子产戒曰：“苟有位于朝，无有不共恪①。”孔张后至②，立于客间。执政御之③，适客后。又御之，适县间④。客从而笑之。

【注释】

① 共恪：恭敬。　② 孔张：公孙申，字子张，子孔之孙。　③ 御：阻止。　④ 县：县同悬，悬挂的钟、磬等乐器。

事毕，富子谏曰①：“夫大国之人，不可不慎也，几为之笑而不陵我②？我皆有礼，夫犹鄙我。国而无礼，何以求荣？孔张失位，吾子之耻也。”子产怒曰：“发命之不衷③，出令之不信，刑之颇类④，狱之放纷⑤，会朝之不敬，使命之不听，取陵于大国，罢民而无功，罪及而弗知，侨之耻也。孔张，君之昆孙、子孔之后也⑥，执政之嗣也。为嗣大夫，承命以使，周于诸侯，国人所尊，诸侯所知。立于朝而祀于家，有禄于国⑦，有赋于军⑧，丧祭有职，受脤归脤⑨，其祭在庙，已有著位⑩，在位数世，世守其业，而忘其所，侨焉得耻之？辟邪之人而皆及执政⑪，是先王无刑罚也。子宁以他规我⑫。"

【注释】

① 富子：杜注："富子，郑大夫，谏子产也。" ② 几：岂。 ③ 衷：当。 ④ 颇类：偏颇不顺。 ⑤ 放纷：放纵纷乱。 ⑥ 子孔：为郑襄公之兄。 ⑦ 有禄于国：受到国家的爵禄封邑。 ⑧ 赋：指大夫采邑所应出的军赋，即战士、军器等。 ⑨ 脤：祭肉。诸侯祭社，赐大夫以祭肉，大夫祭社，献祭肉与国君。 ⑩ 著位：即规定的位置。 ⑪ 此句意为：别人的行为不规范却都归罪于执政。 ⑫ 宁：还是。

宣子有环，有一在郑商。宣子谒诸郑伯，子产弗与，曰："非官府之守器也，寡君不知。"子大叔、子羽谓子产曰："韩子亦无几求，晋国亦未可以贰。晋国、韩子，不可偷也①。若属有谗人交斗其间②，鬼神而助之，以兴其凶怒，悔之何及？吾子何爱于一环，其以取憎于大国也，盍求而与之？"子产曰："吾非偷晋而有二心，将终事之，是以弗与，忠信故也。侨闻君子非无贿之难③，立而无令名之患④。侨闻为国非不能事大字小之难⑤，无礼以定其位之患。夫大国之人，令于小国，而皆获其求，将何以给之？一共一否，为罪滋大。大国之求，无礼以斥之⑥，何餍之有？吾且为鄙邑⑦，则失位矣。若韩子奉命以使，而求玉焉，贪淫甚矣，独非罪乎？出一玉以起二罪，吾又失位，韩子成贪，将焉用之？且吾以玉贾罪，不亦锐乎⑧？"

【注释】

① 偷：随意怠慢。 ② 属：恰逢。交斗：挑拨。 ③ 非无贿之难：不以没有财富为可怕。 ④ 立而无令名之患：以立身没有好名声为忧患。 ⑤ 字：养育抚爱。 ⑥ 斥：驳回。 ⑦ 且为鄙邑：成为他们边境上的一个城邑。 ⑧ 锐：细小。引申为无价值。

韩子买诸贾人，既成贾矣①，商人曰："必告君大夫②。"韩子请诸子产曰："日起请夫环，执政弗义，弗敢复也。今买诸商人，商人曰'必以闻'，敢以为请。"子产对曰："昔我先君桓公，与商人皆出自周。庸次比耦③,以艾杀此地④,斩之蓬蒿藜藋⑤,而共处之。世有盟誓,以相信也,曰:'尔无我叛,我毋强贾,毋或丐夺。尔有利市宝贿⑥,我勿与知。'恃此质誓⑦,故能相保,以至于今。今吾子以好来辱,而谓敝邑强夺商人,是教敝邑背盟誓也,毋乃不可乎!吾子得玉而失诸侯,必不为也。若大国令,而共无艺⑧,郑,鄙邑也,亦弗为也。侨若献玉,不知所成⑨,敢私布之。"韩子辞玉,曰:"起不敏,敢求玉以徼二罪?敢辞之。"

【注释】

① 成贾:成交。　② 君大夫:国君、执政。　③ 庸次:按次序。比耦:一对对地配合耕种。　④ 艾(yì)杀:割草伐木。指整治土地。　⑤ 蓬蒿藜藋(diáo):均为野草。　⑥ 利市:买卖获得利润。宝贿:珍贵的财宝。　⑦ 质誓:有信用的誓言。　⑧ 无艺:没有标准、限度。　⑨ 成:好处。

夏四月,郑六卿饯宣子于郊。宣子曰:"二三君子请皆赋,起亦以知郑志。"子齹赋《野有蔓草》①。宣子曰:"孺子善哉②,吾有望矣。"子产赋郑之《羔裘》③。宣子曰:"起不堪也。"子大叔赋《褰裳》④。宣子曰:"起在此,敢勤子至于他人乎⑤?"子大叔拜。宣子曰:"善哉,子之言是。不有是事,其能终乎?"子游赋《风雨》⑥,子旗赋《有女同车》⑦,子柳赋《萚兮》⑧。宣子喜曰:"郑其庶乎!二三君子以君命贶起,赋不出郑志,皆昵燕好也⑨。二三君子数世之主也,可以无惧矣。"宣子皆献马焉,而赋《我将》⑩。子产拜,使五卿皆拜,曰:"吾子靖乱,敢不拜德?"宣子私觐于子产以玉与马,曰:"子命起舍夫玉,是赐我玉而免吾死也,敢不藉手以拜⑪?"

【注释】

① 子齹(cē):子皮之子公子婴齐。《野有蔓草》:《诗·郑风》篇名,取其中"邂逅相遇,适我愿兮"句。　② 孺子:子皮死未过三年,故称其为孺子。③《羔裘》:《诗·郑风》篇名,以其中"彼其之子,舍命不渝"、"彼其之子,邦之司直"、"彼其之子,邦之彦兮"等句赞美韩宣子。　④《褰裳》:《诗·郑风》篇名。取其中"子惠思我,褰裳涉溱。子不我思,岂无他人"句,言宣子思己,

将有撩起裙子渡过郑国的溱水之举。如不思己,便会去他人处。 ⑤ 勤:劳。 ⑥ 子游:驷带之子驷偃。《风雨》:《诗·郑风》篇名。取"既见君子,云胡不夷"句。 ⑦ 子旗:公孙段之子丰施。《有女同车》:《诗·郑风》篇名。取"洵美且都"句,爱乐宣子之志。 ⑧ 子柳:印段之子印癸。《萚兮》:《诗·郑风》篇名。取"倡予和女"句,言宣子倡,自己将和而从之。 ⑨ 昵:亲。 ⑩《我将》:《诗·周颂》篇名。杜注:"取其'日靖四方,我其夙夜,畏天之威',言志在靖乱,畏惧天威。" ⑪ 藉手:借手中的赠品。

公至自晋。子服昭伯语季平子曰①:"晋之公室,其将遂卑矣。君幼弱,六卿强而奢傲,将因是以习②。习实为常,能无卑乎?"平子曰:"尔幼,恶识国?"

【注释】

① 子服昭伯:杜注:"昭伯,惠伯之子子服回也。随公从晋还。" ② 习:习惯。

秋八月,晋昭公卒。

九月,大雩,旱也。

郑大旱,使屠击、祝款、竖柎有事于桑山①。斩其木,不雨。子产曰:"有事于山,蓺山林也②,而斩其木,其罪大矣。"夺之官邑。

冬十月,季平子如晋葬昭公。平子曰:"子服回之言犹信③,子服氏有子哉!"

【注释】

① 桑山:不详。 ② 蓺:养护使繁殖。 ③ 犹信:可以相信。

昭公十七年

【经】

十有七年春①,小邾子来朝②。

夏六月甲戌朔,日有食之。

秋,郯子来朝。

八月，晋荀吴帅师灭陆浑之戎。

冬，有星孛于大辰[3]。

楚人及吴战于长岸[4]。

【注释】

① 十有七年：公元前525年。 ② 小邾子：小邾穆公。 ③ 孛：彗星。大辰：即大火，心宿二。 ④ 长岸：指今安徽当涂县长江中的东、西梁山，又名天门山。

【传】

十七年春，小邾穆公来朝，公与之燕。季平子赋《采叔》[1]，穆公赋《菁菁者莪》[2]。昭子曰："不有以国[3]，其能久乎？"

【注释】

①《采叔》：今作"采菽"，《诗·小雅》篇名。取其中"君子来朝，何锡与之"句，以穆公喻君子。 ②《菁菁者莪》：《诗·小雅》篇名，取其中"既见君子，乐且有仪"句回答。 ③ 不有：假设词。如果没有。以：为。以国，治国的人才。

夏六月甲戌朔，日有食之。祝史请所用币[1]。昭子曰："日有食之，天子不举，伐鼓于社；诸侯用币于社，伐鼓于朝，礼也。"平子御之[2]，曰："止也。唯正月朔，慝未作[3]，日有食之，于是乎有伐鼓用币，礼也。其余则否。"大史曰："在此月也[4]。日过分而未至[5]，三辰有灾[6]。于是乎百官降物[7]，君不举，辟移时[8]，乐奏鼓，祝用币，史用辞。故《夏书》曰：'辰不集于房，瞽奏鼓，啬夫驰，庶人走[9]。'此月朔之谓也。当夏四月，是谓孟夏。"平子弗从。昭子退曰："夫子将有异志，不君君矣。"

【注释】

① 请所用币：请求颁发所用以祭祀社神的祭品。 ② 御：阻止。③ 慝：阴气。 ④ 在此月：杜注："正月谓建巳正阳之月也，于周为六月，于夏为四月。" ⑤ 过分而未至：过了春分还没到夏至。 ⑥ 三辰：日、月、星。杜注："日月相侵，又犯是宿，故三辰皆为灾。" ⑦ 降物：素服。⑧ 辟移时：杜注："辟正寝，过日食时。" ⑨ 所引《书》已逸。辰，日月交

会。房,舍。啬夫,官名,此指乡啬夫。

秋,郯子来朝,公与之宴。昭子问焉,曰:“少皞氏鸟名官,何故也?”郯子曰:“吾祖也,我知之。昔者黄帝氏以云纪,故为云师而云名①。炎帝氏以火纪,故为火师而火名②。共工氏以水纪,故为水师而水名③。大皞氏以龙纪,故为龙师而龙名④。我高祖少皞挚之立也,凤鸟适至,故纪于鸟,为鸟师而鸟名。凤鸟氏,历正也。玄鸟氏,司分者也⑤。伯赵氏⑥,司至者也。青鸟氏⑦,司启者也⑧。丹鸟氏⑨,司闭者也⑩。祝鸠氏⑪,司徒也。雎鸠氏⑫,司马也。鸤鸠氏⑬,司空也。爽鸠氏⑭,司寇也。鹘鸠氏⑮,司事也。五鸠,鸠民者也⑯。五雉⑰,为五工正⑱,利器用,正度量,夷民者也。九扈⑲,为九农正,扈民无淫者也⑳。自颛顼以来,不能纪远,乃纪于近,为民师而命以民事,则不能故也。”仲尼闻之,见于郯子而学之。既而告人曰:“吾闻之,天子失官㉑,学在四夷㉒,犹信。”

【注释】

① 杜注:“黄帝,姬姓之祖也。黄帝受命而有云瑞,故以云纪事,百官师长皆以云为名号,缙云氏盖其一官也。” ② 杜注:“炎帝神农氏,姜姓之祖也。亦有火瑞,以火纪事,名百官。” ③ 杜注:“共工以诸侯霸有九州者,在神农前,大皞后,亦受水瑞,以水名官。” ④ 杜注:“大皞,伏牺氏,风姓之祖也,有龙瑞,故以龙命官。” ⑤ 分:春分、秋分。 ⑥ 伯赵:即伯劳,以夏至鸣,冬至止,故司至。 ⑦ 青鸟:鸧鹒,以立春鸣,立夏止。 ⑧ 启:立春、立夏。 ⑨ 丹鸟:鷩雉,即锦鸡。以立秋来,立冬去。 ⑩ 闭:立秋、立冬。 ⑪ 祝鸠:杜注:“祝鸠,鶌鸠也。鶌鸠孝,故为司徒,主教民。” ⑫ 雎鸠:杜注:“王雎也。鸷而有别,故为司马主法制。” ⑬ 鸤鸠:杜注:“鸤鸠,鴶鵴也。鴶鵴平均,故为司空平水土。” ⑭ 爽鸠:杜注:“爽鸠,鹰也。鸷,故为司寇,主盗贼。” ⑮ 鹘鸠:杜注:“鹘鸠,鹘雕也。春来冬去,故为司事。” ⑯ 鸠:聚集。 ⑰ 五雉:西曰鷷雉,东曰鶅雉,南曰翟雉,北曰鵗雉,伊、洛之南曰翚雉。 ⑱ 五工:指木工、抟埴工、攻金工、攻皮工、设五色工。 ⑲ 九扈:九种扈鸟。杜注谓指春、夏、秋、冬、棘、行、宵、桑、老九种,管九种农事,如耕、除、收、藏等。 ⑳ 扈:止。 ㉑ 失官:百官失职。 ㉒ 夷:指远方小国。

晋侯使屠蒯如周[①]，请有事于雒与三涂[②]。苌弘谓刘子曰："客容猛，非祭也，其伐戎乎？陆浑氏甚睦于楚，必是故也。君其备之！"乃警戎备。九月丁卯，晋荀吴帅师涉自棘津[③]，使祭史先用牲于雒。陆浑人弗知，师从之。庚午，遂灭陆浑，数之以其贰于楚也。陆浑子奔楚，其众奔甘鹿[④]。周大获[⑤]。宣子梦文公携荀吴而授之陆浑，故使穆子帅师，献俘于文宫[⑥]。

【注释】

① 晋侯：晋顷公。公元前 525—前 512 年在位。　② 有事：指祭祀。三涂：山名，在今河南嵩县西南，伊水之北。　③ 棘津：在今河南卫辉南。④ 甘鹿：在今河南宜阳县东南。　⑤ 大获：指俘获许多戎人。周因事先警备，故逃奔的戎人多被其擒获。　⑥ 文宫：文公庙。

冬，有星孛于大辰，西及汉。申须曰[①]："彗所以除旧布新也[②]。天事恒象[③]，今除于火[④]，火出必布焉[⑤]。诸侯其有火灾乎？"梓慎曰："往年吾见之，是其征也[⑥]，火出而见[⑦]。今兹火出而章[⑧]，必火入而伏[⑨]。其居火也久矣，其与不然乎？火出，于夏为三月，于商为四月，于周为五月。夏数得天[⑩]，若火作，其四国当之，在宋、卫、陈、郑乎？宋，大辰之虚也[⑪]；陈，大皞之虚也；郑，祝融之虚也[⑫]，皆火房也[⑬]。星孛及汉，汉，水祥也。卫，颛顼之虚也，故为帝丘，其星为大水[⑭]，水，火之牡也[⑮]。其以丙子若壬午作乎[⑯]？水火所以合也[⑰]。若火入而伏，必以壬午，不过其见之月[⑱]。"郑裨灶言于子产曰："宋、卫、陈、郑将同日火，若我用瓘斝玉瓒[⑲]，郑必不火。"子产弗与。

【注释】

① 申须：鲁大夫。　② 除旧布新：彗形如帚，故云。　③ 天事衡象：天上发生的事常常显示吉凶。　④ 除于火：使大火星隐没不见。⑤ 布：布散灾祸。　⑥ 征：征兆。　⑦ 见：指见到彗星。　⑧ 章：明亮。　⑨ 火入而伏：秋季大火始入，火灾亦即无。伏：隐伏。　⑩ 数：气数。得天：与自然相应。　⑪ 虚：分野，居处。　⑫ 祝融：高辛氏火正，居郑。　⑬ 火房：大火星所居。　⑭ 大水：营室，卫之星。　⑮ 牡：配。

⑯ 若:或。 ⑰ 水火所以合:杜注:“丙午,火;壬子,水。水火合而相薄,水少而火多,故水不胜火。” ⑱ 其见之月:周正五月。 ⑲ 瓘斝:饮器,即灌尊。瓒:杓。

吴伐楚。阳丐为令尹①,卜战,不吉。司马子鱼曰②:“我得上流,何故不吉?且楚故③,司马令龟④,我请改卜。”令曰:“鲂也,以其属死之⑤,楚师继之,尚大克之⑥。”吉。战于长岸。子鱼先死,楚师继之,大败吴师,获其乘舟馀皇⑦,使随人与后至者守之⑧,环而堑之,及泉,盈其隧炭⑨,陈以待命。

【注释】

① 阳丐:即子瑕,穆王曾孙。 ② 子鱼:即公子鲂。 ③ 故:惯例。④ 令龟:祝告所卜之事。 ⑤ 属:私卒。 ⑥ 尚:希望。 ⑦ 馀皇:一种大船。 ⑧ 随人:随国人。 ⑨ 盈其隧炭:在沟中填满了炭。

吴公子光请于其众,曰:“丧先王之乘舟,岂唯光之罪,众亦有焉。请藉取之①,以救死。”众许之。使长鬣者三人,潜伏于舟侧,曰:“我呼馀皇,则对。”师夜从之。三呼,皆迭对②。楚人从而杀之,楚师乱,吴人大败之,取馀皇以归。

【注释】

① 藉取之:藉众人之力取舟。 ② 迭对:交替回应。

卷二十四　昭公五

昭公十八年

【经】

十有八年春①，王三月，曹伯须卒。

夏五月壬午，宋、卫、陈、郑灾。

六月，邾人入鄅②。

秋，葬曹平公。

冬，许迁于白羽③。

【注释】

① 十有八年：公元前524年。　② 鄅(yú)：国名，妘姓，子爵，地在今山东临沂市北。　③ 白羽：在今河南内乡县。

【传】

十八年春，王二月乙卯，周毛得杀毛伯过而代之①。苌弘曰："毛得必亡，是昆吾稔之日也②，侈故之以③。而毛得以济侈于王都，不亡何待！"

【注释】

① 毛得：毛伯过的族人。毛伯过：周大夫。　② 昆吾：祝融之后，陆终次子。稔：熟。谓积恶满盈。　③ 侈故之以："以侈之故"的倒装句。

三月，曹平公卒。

夏五月，火始昏见。丙子，风。梓慎曰："是谓融风①，火之始也。七日②，其火作乎！"戊寅，风甚。壬午，大甚。宋、卫、陈、郑皆火。梓慎登大庭氏之库以望之③，曰："宋、卫、陈、郑也。"数日，皆来告火。裨灶曰："不用吾言④，郑又将火。"郑人请用之，子产不可。子大叔曰："宝，以保民也。若有火⑤，国几亡。可以救亡，子何爱焉？"子产曰："天道远，人道迩，非所及也，何以知之？灶焉知天道？是亦多言矣，岂不或信⑥？"遂不与，亦不复火。

【注释】

① 融风：东北风，一名炎风。古人认为艮气所生，为火母。　② 七日：自丙子至壬午共七日。壬午为水火交合之日。　③ 大庭氏之库：在鲁都城内。大庭氏或谓古帝名，或谓古国名。　④ 不用吾言：裨灶之言，见上年传。　⑤ 有：同"又"。　⑥ 或信：偶然说中。

郑之未灾也，里析告子产曰①："将有大祥②，民震动，国几亡。吾身泯焉③，弗良及也④。国迁其可乎⑤？"子产曰："虽可，吾不足以定迁矣。"及火，里析死矣，未葬，子产使舆三十人，迁其柩。火作，子产辞晋公子、公孙于东门⑥。使司寇出新客⑦，禁旧客勿出于宫⑧。使子宽、子上巡群屏摄⑨，至于大宫⑩。使公孙登徙大龟⑪。使祝史徙主祏于周庙⑫，告于先君。使府人、库人各儆其事⑬。商成公儆司宫⑭，出旧宫人⑮，置诸火所不及。司马、司寇列居火道，行火所焮⑯。城下之人，伍列登城。明日，使野司寇各保其征⑰。郊人助祝史除于国北⑱，禳火于玄冥、回禄⑲，祈于四鄘⑳。书焚室而宽其征㉑，与之材。三日哭，国不市。使行人告于诸侯。宋、卫皆如是。陈不救火，许不吊灾，君子是以知陈、许之先亡也。

【注释】

① 里析：郑大夫。　② 大祥：大变异，大灾。祥，变异之气。　③ 泯：灭，死亡。　④ 良：能。　⑤ 国：国都。　⑥ 辞：送走。东门：郑国繁华市区，道路宽广平坦。　⑦ 新客：诸侯大夫新来聘问者。　⑧ 宫：宅。　⑨ 子宽：游吉之子游速。子上：郑大夫。屏摄：祭祀之位。　⑩ 大宫：祖庙。　⑪ 公孙登：辅佐占卜的大夫。　⑫ 祏：庙主石函。周庙：周厉王庙。　⑬ 儆：戒备。　⑭ 商成公：郑大夫。司宫：内宫巷伯、寺人之官。　⑮ 旧宫人：先公宫女。　⑯ 焮：火所烧处。　⑰ 野司寇：县士，即县官。征：征役之人。　⑱ 郊人：郊外乡官。除：除地建祭坛。　⑲ 玄冥：水神。回禄：火神。　⑳ 鄘：杜注："鄘，城也。城积土，阴气所

聚,故祈祭之,以禳火之余灾。” ㉑ 书:登记。

六月,鄅人藉稻[①]。邾人袭鄅,鄅人将闭门,邾人羊罗摄其首焉[②],遂入之,尽俘以归。鄅子曰:“余无归矣。”从帑于邾[③],邾庄公反鄅夫人,而舍其女[④]。

【注释】

① 鄅人:鄅国国君。藉稻:在藉田巡行视察水稻。藉田,即天子、诸侯耕种的田地。　② 摄其首:杜注:“斩得闭门者之首。”　③ 帑:妻室儿女。④ 舍:留下。

秋,葬曹平公。往者见周原伯鲁焉[①],与之语,不说学[②],归以语闵子马[③]。闵子马曰:“周其乱乎?夫必多有是说,而后及其大人[④]。大人患失而惑[⑤],又曰:‘可以无学,无学不害。’不害而不学,则苟而可[⑥]。于是乎下陵上替[⑦],能无乱乎?夫学,殖也[⑧],不学将落[⑨],原氏其亡乎?”

【注释】

① 原伯鲁:周大夫。　② 说:同“悦”。　③ 闵子马:鲁臣。　④ 大人:杜注:“在位者。”　⑤ 患失:患失位。　⑥ 苟:政务苟且。　⑦ 下陵上替:臣下的陵驾越位,在上的懒惰坏事。　⑧ 殖:种植。此将学习比做种植。　⑨ 落:指草木枝叶坠落。

七月,郑子产为火故,大为社[①],祓禳于四方,振除火灾[②],礼也。乃简兵大蒐,将为蒐除[③]。子大叔之庙在道南,其寝在道北[④],其庭小。过期三日,使除徒陈于道南庙北,曰:“子产过女而命速除,乃毁于而乡[⑤]。”子产朝,过而怒之,除者南毁。子产及冲[⑥],使从者止之曰:“毁于北方[⑦]。”

【注释】

① 大为社:大规模建造社庙。　② 振除:救治。　③ 蒐除:清理场地。　④ 寝:居室。　⑤ 而:尔,你们。乡:同“向”,所向之地,指子太叔的庙。　⑥ 冲:十字路口。　⑦ 北方:指寝。

火之作也，子产授兵登陴。子大叔曰："晋无乃讨乎？"子产曰："吾闻之，小国忘守则危，况有灾乎？国之不可小①，有备故也。"既，晋之边吏让郑曰："郑国有灾，晋君、大夫不敢宁居，卜筮走望②，不爱牲玉。郑之有灾，寡君之忧也。今执事撊然授兵登陴③，将以谁罪？边人恐惧，不敢不告。"子产对曰："若吾子之言，敝邑之灾，君之忧也。敝邑失政，天降之灾。又惧谗慝之间谋之，以启贪人，荐为敝邑不利④，以重君之忧。幸而不亡，犹可说也⑤。不幸而亡，君虽忧之，亦无及也。郑有他竟，望走在晋⑥。既事晋矣，其敢有二心？"

【注释】

① 不可小：不能轻视。 ② 走望：四出祭祀。 ③ 撊(xiàn)然：威武貌。 ④ 荐：再次。 ⑤ 说：解释。 ⑥ 望走在晋：避难时只希望逃往晋国。

楚左尹王子胜言于楚子曰："许于郑，仇敌也，而居楚地，以不礼于郑。晋、郑方睦，郑若伐许，而晋助之，楚丧地矣。君盍迁许？许不专于楚①，郑方有令政。许曰'余旧国也'②，郑曰'余俘邑也'。叶在楚国，方城外之蔽也。土不可易③，国不可小，许不可俘，仇不可启。君其图之。"楚子说。冬，楚子使王子胜迁许于析，实白羽④。

【注释】

① 不专于楚：迁出楚国，许就不为楚国所专有。 ② 旧国：许国原在许昌市，后迁往叶，许昌为郑国占领。 ③ 易：轻视。 ④ 实：定居。

昭公十九年

【经】

十有九年春①，宋公伐邾②。

夏五月戊辰，许世子止弑其君买。

己卯，地震。

秋，齐高发帅师伐莒。

冬,葬许悼公。

【注释】

① 十有九年:公元前523年。　② 宋公:宋元公。

【传】

十九年春,楚工尹赤迁阴于下阴[①],令尹子瑕城郏[②]。叔孙昭子曰:"楚不在诸侯矣！其仅自完也,以持其世而已[③]。"

【注释】

① 阴:指阴地戎人。阴,在今河南孟津县北。下阴:在今湖北老河口。② 郏:在今河南三门峡市西北,本郑邑。　③ 持其世:维持国家传宗接代。

楚子之在蔡也,郹阳封人之女奔之[①],生大子建。及即位,使伍奢为之师[②],费无极为少师,无宠焉,欲谮诸王,曰:"建可室矣。"王为之聘于秦,无极与逆,劝王取之。正月,楚夫人嬴氏至自秦。

【注释】

① 郹(jué)阳:在今河南新蔡县。　② 伍奢:伍举之子,伍员之父。

鄅夫人,宋向戌之女也,故向宁请师[①]。二月,宋公伐邾,围虫[②]。三月,取之。乃尽归鄅俘。

夏,许悼公疟。五月戊辰,饮大子止之药,卒。大子奔晋。书曰:"弑其君。"君子曰:"尽心力以事君,舍药物可也[③]。"

邾人、郳人、徐人会宋公。乙亥,同盟于虫。

【注释】

① 向宁:向戌之子。　② 虫:邾邑,地在今山东济宁市。　③ 这句解经"弑"字,各家说法不一。一云进药当由医;一云疟非必死之疾,治疟无立毙之药,所以说是太子杀父。

楚子为舟师以伐濮[①]。费无极言于楚子曰:"晋之伯也,迩于诸夏,而楚辟陋,故弗能与争。若大城城父而置大子焉[②],以通北方,王收南方,是得天下也。"王说,从之。故大子建居于城父。

令尹子瑕聘于秦,拜夫人也。

【注释】

① 濮:南夷,散居今湖北石首一带。 ② 城父:在今河南宝丰县东。

秋,齐高发帅师伐莒。莒子奔纪鄣①。使孙书伐之②。

初,莒有妇人,莒子杀其夫,已为嫠妇。及老,托子纪鄣,纺焉以度而去之③。及师至,则投诸外。或献诸子占,子占使师夜缒而登④。登者六十人,缒绝。师鼓噪,城上之人亦噪。莒共公惧,启西门而出。七月丙子,齐师入纪。

【注释】

① 莒子:莒共公。纪鄣:莒邑,在今江苏赣榆县北。 ② 孙书:陈无宇之子子占。 ③ 纺:纺线或葛丝为绳。以度而去之:结成城墙的高度那么长,然后藏好。 ④ 缒:拉着绳子。

是岁也,郑驷偃卒。子游娶于晋大夫①,生丝,弱,其父兄立子瑕②。子产憎其为人也,且以为不顺,弗许,亦弗止。驷氏耸③。

【注释】

① 子游:即驷偃。 ② 子瑕:驷乞,公孙夏子,驷偃弟。 ③ 耸:惧。

他日,丝以告其舅①。冬,晋人使以币如郑,问驷乞之立故。驷氏惧,驷乞欲逃。子产弗遣。请龟以卜,亦弗予。大夫谋对。子产不待而对客曰:"郑国不天,寡君之二三臣,札瘥夭昏②。今又丧我先大夫偃,其子幼弱,其一二父兄,惧队宗主,私族于谋而立长亲③。寡君与其二三老曰④:'抑天实剥乱是⑤,吾何知焉?'谚曰:'无过乱门。'民有兵乱,犹惮过之,而况敢知天之所乱?今大夫将问其故,抑寡君实不敢知,其谁实知之?平丘之会,君寻旧盟曰:'无或失职。'若寡君之二三臣,其即世者⑥,晋大夫而专制其位⑦,是晋之县鄙也⑧,何国之为?"辞客币而报其使。晋人舍之。

【注释】

① 舅:舅父。 ② 札瘥:因疫疠而死。昏:没,即死。 ③ 私族于

谋:“谋于私族”的倒装。　④ 老:卿大夫。　⑤ 剥乱:即乱。剥亦“乱”义。　⑥ 即世:即“去世”。　⑦ 专制其位:专权擅定他们的继承人。⑧ 县鄙:边境城邑。

楚人城州来。沈尹戌曰:“楚人必败。昔吴灭州来,子旗请伐之。王曰:‘吾未抚吾民。’今亦如之,而城州来以挑吴,能无败乎?”侍者曰:“王施舍不倦,息民五年,可谓抚之矣。”戌曰:“吾闻抚民者,节用于内,而树德于外,民乐其性①,而无寇仇。今宫室无量,民人日骇,劳罢死转②,忘寝与食,非抚之也。”

【注释】

① 性:同“生”。　② 死转:死后尸体抛弃在外。

郑大水,龙斗于时门之外洧渊①。国人请为禜焉②,子产弗许,曰:“我斗,龙不我觌也。龙斗,我独何觌焉?禳之,则彼其室也③。吾无求于龙,龙亦无求于我。”乃止也。

【注释】

① 时门:郑都城南门。洧渊:水名,在今河南新郑市南。　② 禜(yǒng):禳除灾害的祭祀。　③ 彼其室:那儿本来就是它们的居住地。

今尹子瑕言蹶由于楚子曰①:“彼何罪?谚所谓‘室于怒,市于色’者②,楚之谓矣。舍前之忿可也。”乃归蹶由。

【注释】

① 蹶由:杜注:“蹶由,吴王弟,五年,灵王执以归。”　② 室于怒,市于色:在家里发怒却到街市上给人看脸色。

昭公二十年

【经】

二十年春①,王正月。

夏,曹公孙会自鄸出奔宋②。

秋，盗杀卫侯之兄絷[③]。

冬十月，宋华亥、向宁、华定出奔陈。

十有一月辛卯，蔡侯庐卒[④]。

【注释】

① 二十年：公元前522年。 ② 公孙会：宣公之孙，子臧之子。鄸(mèng)：曹邑，在今山东菏泽市西北。 ③ 卫侯：卫灵公。 ④ 蔡侯庐：蔡平公。

【传】

二十年春，王二月己丑，日南至[①]。梓慎望氛曰[②]："今兹宋有乱，国几亡，三年而后弭[③]。蔡有大丧。"叔孙昭子曰："然则戴、桓也[④]！汰侈无礼已甚，乱所在也。"

【注释】

① 日南至：冬至。 ② 氛：气。 ③ 弭：平定。 ④ 戴、桓：杜注："戴族，华氏；桓族，向氏。"

费无极言于楚子曰："建与伍奢将以方城之外叛。自以为犹宋、郑也，齐、晋又交辅之，将以害楚，其事集矣[①]。"王信之，问伍奢。伍奢对曰："君一过多矣[②]，何信于谗？"王执伍奢，使城父司马奋扬杀大子，未至，而使遣之。三月，大子建奔宋。王召奋扬，奋扬使城父人执己以至。王曰："言出于余口，入于尔耳，谁告建也？"对曰："臣告之。君王命臣曰：'事建如事余。'臣不佞[③]，不能苟贰[④]。奉初以还[⑤]，不忍后命，故遣之。既而悔之，亦无及已。"王曰："而敢来，何也？"对曰："使而失命，召而不来，是再奸也[⑥]，逃无所入。"王曰："归。"从政如他日。

【注释】

① 集：成。 ② 一过：杜注："纳建妻。"多：重。 ③ 不佞：不才。 ④ 苟贰：苟且叛离。 ⑤ 杜注："奉初命以周旋。" ⑥ 奸：干犯。

无极曰："奢之子材，若在吴，必忧楚国，盍以免其父召之？

彼仁，必来。不然，将为患。”王使召之，曰：“来，吾免而父。”棠君尚谓其弟员曰[①]：“尔适吴，我将归死。吾知不逮[②]，我能死，尔能报。闻免父之命，不可以莫之奔也。亲戚为戮，不可以莫之报也。奔死免父，孝也。度功而行[③]，仁也[④]。择任而往[⑤]，知也。知死不辟，勇也。父不可弃，名不可废，尔其勉之，相从为愈[⑥]。”伍尚归。奢闻员不来，曰：“楚君、大夫其旰食乎[⑦]！”楚人皆杀之。

【注释】

① 棠：或谓今江苏六合，或谓在河南遂平县西北。　② 知：同“智”。不逮：谓比不上伍员。　③ 度功而行：估量成功与否而行动。　④ 杜注：“仁者贵成功。”　⑤ 任：指复仇之任。　⑥ 相从为愈：听我的话为好。　⑦ 旰食：晚食。言楚君臣将因此忧患，不得早食。

员如吴，言伐楚之利于州于[①]。公子光曰：“是宗为戮而欲反其仇[②]，不可从也。”员曰：“彼将有他志，余姑为之求士，而鄙以待之[③]。”乃见鱄设诸焉[④]，而耕于鄙。

【注释】

① 州于：吴王僚。公元前526—前515年在位。　② 宗为戮：家族被杀戮。反其仇：即报仇。　③ 鄙以待之：退处于野而等待机会。　④ 见：推荐。鱄设诸：即专诸，吴勇士。

宋元公无信多私，而恶华、向。华定、华亥与向宁谋曰：“亡愈于死[①]，先诸[②]？”华亥伪有疾，以诱群公子。公子问之[③]，则执之。夏六月丙申，杀公子寅、公子御戎、公子朱、公子固、公孙援、公孙丁，拘向胜、向行于其廪[④]。公如华氏请焉，弗许，遂劫之。癸卯，取大子栾与母弟辰、公子地以为质。公亦取华亥之子无戚、向宁之子罗、华定之子启，与华氏盟，以为质。

【注释】

① 亡愈于死：逃亡胜过死去。　② 先诸：何不先下手。　③ 问：探病。　④ 杜注：“八子皆公党”。廪：仓库。

卫公孟縶狎齐豹[①]，夺之司寇与鄄[②]，有役则反之[③]，无则取之[④]。公孟恶北宫喜、褚师圃，欲去之。公子朝通于襄夫人宣姜[⑤]，惧而欲以作乱。故齐豹、北宫喜、褚师圃、公子朝作乱。

【注释】

① 公孟縶：卫灵公之兄。狎：轻慢。齐豹：齐恶之子，为卫司寇。 ② 鄄：齐豹封邑，在今山东鄄城县西北。 ③ 有役则反之：谓有事就让齐豹去鄄处理。 ④ 取：抢夺。 ⑤ 襄夫人：襄公夫人，灵公之母。

初，齐豹见宗鲁于公孟[①]，为骖乘焉。将作乱，而谓之曰："公孟之不善，子所知也。勿与乘，吾将杀之。"对曰："吾由子事公孟，子假吾名焉[②]，故不吾远也[③]。虽其不善，吾亦知之，抑以利故，不能去，是吾过也。今闻难而逃，是僭子也[④]。子行事乎，吾将死之，以周事子[⑤]，而归死于公孟，其可也[⑥]。"

【注释】

① 见：推荐。 ② 假吾名：为我宣扬好名声。 ③ 不吾远：不远吾，亲近我。 ④ 僭：不信。 ⑤ 周：终竟。或解为密，谓不泄密。 ⑥ 其：也许。

丙辰，卫侯在平寿[①]。公孟有事于盖获之门外[②]，齐子氏帷于门外而伏甲焉。使祝蛙置戈于车薪以当门[③]，使一乘从公孟以出。使华齐御公孟，宗鲁骖乘。及闳中[④]，齐氏用戈击公孟，宗鲁以背蔽之，断肱，以中公孟之肩，皆杀之。

【注释】

① 平寿：杜注："卫下邑"。 ② 盖获：卫都城门。 ③ 车薪：装满柴草的车。当：挡。 ④ 闳中：曲门中。

公闻乱，乘，驱自阅门入[①]，庆比御公，公南楚骖乘，使华寅乘贰车。及公宫，鸿駵魋驷乘于公，公载宝以出。褚师子申遇公于马路之衢，遂从。过齐氏，使华寅肉袒执盖[②]，以当其阙。齐氏射公，中南楚之背，公遂出。寅闭郭门，逾而从公。公如死鸟[③]，析朱鉏宵从窦出，徒行从公。

【注释】

① 阅门：卫都城门。　② 肉袒：光着上身。杜注谓："肉袒示不敢与齐氏争。"或解为示以必死。　③ 死鸟：当为通往齐国的道路上地名。

齐侯使公孙青聘于卫①。既出，闻卫乱，使请所聘。公曰："犹在竟内，则卫君也。"乃将事焉②。遂从诸死鸟，请将事。辞曰："亡人不佞，失守社稷，越在草莽③。吾子无所辱君命。"宾曰："寡君命下臣于朝，曰阿下执事④。臣不敢贰。"主人曰："君若惠顾先君之好，照临敝邑，镇抚其社稷，则有宗祧在⑤。"乃止。卫侯固请见之，不获命，以其良马见，为未致使故也⑥。卫侯以为乘马。宾将掫⑦，主人辞曰："亡人之忧，不可以及吾子。草莽之中，不足以辱从者。敢辞。"宾曰："寡君之下臣，君之牧圉也。若不获扞外役，是不有寡君也。臣惧不免于戾，请以除死。"亲执铎，终夕与于燎⑧。

【注释】

① 齐侯：齐景公。公孙青：齐顷公之孙。　② 将事：行聘事。　③ 越：流落。　④ 阿下：亲附而卑下。　⑤ 杜注："言受聘当在宗庙也。"　⑥ 未致使：未行聘礼，致使命。　⑦ 掫：设置警卫戒备。　⑧ 与于燎：设火燎以防守。

齐氏之宰渠子召北宫子①。北宫氏之宰不与闻谋，杀渠子，遂伐齐氏，灭之。丁巳晦，公入，与北宫喜盟于彭水之上②。秋七月戊午朔，遂盟国人。八月辛亥，公子朝、褚师圃、子玉霄、子高鲂出奔晋。闰月戊辰，杀宣姜。卫侯赐北宫喜谥曰贞子，赐析朱钼谥曰成子，而以齐氏之墓予之③。

【注释】

① 北宫子：指北宫喜。　② 彭水：今已湮没，当在卫都附近。　③ 杜注："皆死而赐谥及墓田，传终言之。"

卫侯告宁于齐，且言子石①。齐侯将饮酒，遍赐大夫曰："二三子之教也。”苑何忌辞，曰：“与于青之赏，必及于其罚[2]。在《康诰》曰：‘父子兄弟，罪不相及。’况在群臣？臣敢贪君赐以干先王[3]？”

【注释】

① 杜注：“子石，公孙青，言其有礼。” ② 必及于其罚：意为如果公孙青受到惩罚时自己也必须同样受惩罚。 ③ 干：干犯。先王：指成王。成王封康叔为卫始君，《康诰》即为此而作。

琴张闻宗鲁死，将往吊之。仲尼曰：“齐豹之盗，而孟絷之贼[1]，女何吊焉？君子不食奸[2]，不受乱，不为利疚于回[3]，不以回待人，不盖不义[4]，不犯非礼。”

【注释】

① 杜注：“言齐豹所以为盗，孟絷所以见贼，皆由宗鲁。” ② 不食奸：不受奸邪之人的俸禄。 ③ 疚：病。回：邪。 ④ 盖：掩盖。

宋华、向之乱，公子城、公孙忌、乐舍、司马强、向宜、向郑、楚建、郳申出奔郑[1]。其徒与华氏战于鬼阎[2]，败子城。子城适晋。华亥与其妻必盥而食所质公子者而后食。公与夫人每日必适华氏，食公子而后归。华亥患之，欲归公子。向宁曰：“唯不信，故质其子。若又归之，死无日矣。”公请于华费遂[3]，将攻华氏。对曰：“臣不敢爱死，无乃求去忧而滋长乎？臣是以惧，敢不听命？”公曰：“子死亡有命，余不忍其询[4]。”

【注释】

① 杜注：“八子，宋大夫，皆公党，辟难出。”公子城为平公子，字子边。乐舍为乐喜孙。向宜、向郑为向戌子。楚建即楚平王太子建。郳申为小邾穆公子。 ② 鬼阎：在今河南西华县东北。 ③ 华费遂：华氏族，官大司马。 ④ 询(gòu)：耻辱。

冬十月，公杀华、向之质而攻之。戊辰，华、向奔陈，华登奔吴[1]。向宁欲杀大子。华亥曰：“干君而出[2]，又杀其子，其谁纳我？且归之有庸[3]。”使少司寇牼以归[4]，曰：“子之齿长矣，不能事人，以三公子为质⑤，必免。”公子既入，华牼将自门行。公遽见之，执其手曰：“余知而无罪也，入，复而所⑥。”

【注释】

① 华登：华费遂之子。　② 干：冒犯。　③ 庸：功劳。　④ 牼：华亥庶兄。　⑤ 质：见证。　⑥ 所：所居官。

齐侯疥①，遂痁②，期而不瘳③，诸侯之宾问疾者多在。梁丘据与裔款言于公曰④：“吾事鬼神丰，于先君有加矣。今君疾病，为诸侯忧，是祝史之罪也⑤。诸侯不知，其谓我不敬。君盍诛于祝固、史嚚以辞宾？”

【注释】

① 疥：一种皮肤病。　② 痁(shān)：一种疟疾。　③ 期：期年，一年。　④ 梁丘据、裔款：都是齐景公所宠爱的大夫。　⑤ 祝史：祝与史皆祭祀之官。

公说，告晏子。晏子曰：“日宋之盟，屈建问范会之德于赵武①。赵武曰：‘夫子之家事治，言于晋国，竭情无私。其祝史祭祀，陈信不愧，其家事无猜，其祝史不祈。’建以语康王②。康王曰：‘神人无怨，宜夫子之光辅五君，以为诸侯主也。’”公曰：“据与款谓寡人能事鬼神，故欲诛于祝史。子称是语，何故？”对曰：“若有德之君，外内不废，上下无怨，动无违事，其祝史荐信③，无愧心矣。是以鬼神用飨④，国受其福，祝史与焉⑤。其所以蕃祉老寿者，为信君使也，其言忠信于鬼神。其适遇淫君，外内颇邪，上下怨疾，动作辟违，从欲厌私。高台深池，撞钟舞女，斩刈民力，输掠其聚⑥，以成其违，不恤后人。暴虐淫从⑦，肆行非度，无所还忌⑧，不思谤讟，不惮鬼神，神怒民痛，无悛于心。其祝史荐信，是言罪也。其盖失数美⑨，是矫诬也。进退无辞，则虚以求媚⑩。是以鬼神不飨其国以祸之，祝史与焉。所以夭昏孤疾者，为暴君使也，其言僭嫚于鬼神⑪。”公曰：“然则若之何？”对曰：“不可为也。山林之木，衡鹿守之⑫。泽之萑蒲⑬，舟鲛守之⑭。薮之薪蒸⑮，虞候守之。海之盐蜃⑯，祈望守之。县鄙之人,入从其政。逼介之关[17],暴征其私。承嗣大夫[18],强易其贿[19]。布常无艺[20],征敛无度,宫室日更,淫乐不违[21]。内宠之妾,肆夺于市。外宠之臣,僭令于鄙。私欲养求[22],不给则应[23]。民人苦病,夫妇皆诅。祝有益也,诅亦有损。聊、摄以东[24],姑、尤以西[25],其为人也多矣!虽其善祝,岂能胜亿兆人之诅?君若欲诛于祝史,修德而后可。"公说,使有司宽政,毁关,去禁,薄敛,已责[26]。

【注释】

① 范会:即士会。 ② 康王:楚康王。 ③ 荐信:陈述实情。 ④ 飨:祭品。 ⑤ 与:与受国福。 ⑥ 输掠:掠夺。 ⑦ 淫从:放纵。 ⑧ 还忌:顾忌。 ⑨ 盖失数美:掩盖过失,妄数美善。 ⑩ 虚:虚辞。说空话。 ⑪ 僭嫚:欺诈轻慢。 ⑫ 衡鹿:守山林之吏。 ⑬ 萑蒲:芦苇蒲草。 ⑭ 舟鲛:或谓当作"舟渔",守水泽之吏。 ⑮ 薪蒸:柴木。 ⑯ 蜃:大蛤。 ⑰ 逼介:迫近国都。 ⑱ 承嗣大夫:世袭的大夫。 ⑲ 强易:强买。 ⑳ 布常:发布的政令。艺:准则。 ㉑ 违:离。 ㉒ 养求:口体之奉、玩好之物。 ㉓ 应:作为罪过。 ㉔ 聊、摄:均在今山东聊城市境内,为齐西界。 ㉕ 姑、尤:即大姑河、小姑河,均流经今山东莱阳市,为齐东界。 ㉖ 已责:除逋责,即减免拖欠的租税。责,债。

十二月,齐侯田于沛[1],招虞人以弓[2],不进。公使执之。辞曰:"昔我先君之田也,旃以招大夫,弓以招士[3],皮冠以招虞人[4]。臣不见皮冠,故不敢进。"乃舍之。仲尼曰:"守道不如守官[5]。"君子韪之。

【注释】

① 沛:在今山东博兴县南。杜注:"言疾愈行猎。沛,泽名。" ② 虞人:掌山泽之官。 ③ 弓以招士:古代聘士用弓,所以用弓招唤士。 ④ 皮冠:诸侯打猎时所戴,故以之招唤虞人。 ⑤ 守官:坚守职守。

齐侯至自田,晏子侍于遄台[1]。子犹驰而造焉[2]。公曰:"唯据与我和夫!"晏子对曰:"据亦同也,焉得为和?"公曰:"和与同异乎?"对曰:"异。和如羹焉,水火醯醢盐梅以烹鱼肉[3],燀之以薪[4]。

宰夫和之，齐之以味[5]，济其不及[6]，以泄其过[7]。君子食之，以平其心。君臣亦然。君所谓可而有否焉，臣献其否以成其可[8]。君所谓否而有可焉，臣献其可以去其否。是以政平而不干，民无争心。故《诗》曰：'亦有和羹，既戒既平。鬷嘏无言，时靡有争[9]。'先王之济五味，和五声也，以平其心，成其政也。声亦如味，一气[10]，二体[11]，三类[12]，四物[13]，五声，六律[14]，七音[15]，八风[16]，九歌[17]，以相成也。清浊，小大，短长，疾徐，哀乐，刚柔，迟速，高下，出入，周疏[18]，以相济也。君子听之，以平其心。心平，德和。故《诗》曰：'德音不瑕[19]。'今据不然。君所谓可，据亦曰可。君所谓否，据亦曰否。若以水济水，谁能食之？若琴瑟之专一，谁能听之？同之不可也如是。"

【注释】

① 遄台：在临淄附近。　② 子犹：梁丘据。　③ 醯(xī)：醋。醢(hǎi)：肉酱。　④ 燀(chǎn)：炊。　⑤ 齐(jì)：使味道适中。⑥ 济：增加。　⑦ 泄：减少。　⑧ 献：指出。　⑨ 所引诗见《诗·商颂·烈祖》。和羹，调和的羹。戒，戒宰夫。鬷，奏。嘏，今本作"假"。鬷假，祭祷。　⑩ 一气：杜注："须气以动。"　⑪ 二体：杜注："舞者有文、武。"⑫ 三类：杜注："风、雅、颂。"　⑬ 四物：杜注："杂用四方之物以成器。"⑭ 六律：杜注："黄钟、大簇、姑洗、蕤宾、夷则、无射也。阳声为律，阴声为吕。"　⑮ 七音：宫、商、角、徵、羽、变宫、变徵。　⑯ 八风：八方之风。⑰ 九歌：杜注："九功之德皆可歌也。六府三事谓之九功。"　⑱ 周：密。⑲ 所引诗见《诗·豳风·狼跋》，杜注："义取心平则德音无瑕阙。"

饮酒乐。公曰："古而无死[1]，其乐若何？"晏子对曰："古而无死，则古之乐也，君何得焉？昔爽鸠氏始居此地，季荝因之[2]，有逢伯陵因之[3]，蒲姑氏因之[4]，而后大公因之。古若无死，爽鸠氏之乐，非君所愿也。"

【注释】

① 而：如果。　② 季荝：虞、夏诸侯，代爽鸠氏者。因：继承。③ 有逢伯陵：殷诸侯，姜姓。　④ 蒲姑氏：殷诸侯，地在今山东博兴县。

郑子产有疾，谓子大叔曰："我死，子必为政。唯有德者能以宽服民，其次莫如猛。夫火烈①，民望而畏之，故鲜死焉。水懦弱，民狎而玩之②，则多死焉。故宽难。"疾数月而卒。大叔为政，不忍猛而宽。郑国多盗，取人于萑苻之泽③。大叔悔之，曰："吾早从夫子，不及此。"兴徒兵以攻萑苻之盗④，尽杀之。盗少止。

【注释】

① 烈：猛烈。 ② 狎：轻慢。 ③ 萑苻：泽名，郑盗贼聚集处。 ④ 徒兵：步兵。

仲尼曰："善哉！政宽则民慢①，慢则纠之以猛。猛则民残，残则施之以宽。宽以济猛，猛以济宽，政是以和。《诗》曰：'民亦劳止，汔可小康。惠此中国，以绥四方②。'施之以宽也。'毋从诡随③，以谨无良④。式遏寇虐⑤，惨不畏明⑥。'纠之以猛也。'柔远能迩，以定我王。'平之以和也。又曰：'不竞不絿，不刚不柔。布政优优，百禄是遒⑦。'和之至也。"及子产卒，仲尼闻之，出涕曰："古之遗爱也！"

【注释】

① 慢：怠慢。 ② 所引诗均见《诗·大雅·民劳》。汔(qì)，差不多。小康：稍微安康。绥：安定。 ③ 从：放纵。诡随：欺诈虚伪，见风使舵。 ④ 谨：约束。 ⑤ 式：应当。 ⑥ 惨：曾。明：明文规定的法令。 ⑦ 所引诗见《诗·商颂·长发》。絿：急。遒：聚集。

昭公二十一年

【经】

二十有一年春①，王三月，葬蔡平公。

夏，晋侯使士鞅来聘②。

宋华亥、向宁、华定自陈入于宋南里以叛③。

秋七月壬午朔，日有食之。

八月乙亥，叔辄卒④。

冬，蔡侯朱出奔楚[⑤]。

公如晋，至河乃复。

【注释】

① 二十有一年：公元前 521 年。　② 晋侯：晋顷公。　③ 南里：杜注：“宋城内名。”　④ 叔辄：叔弓之子伯张。　⑤ 蔡侯朱：平侯子，蔡始即位者，无谥。

【传】

二十一年春，天王将铸无射[①]。泠州鸠曰[②]：“王其以心疾死乎？夫乐，天子之职也[③]。夫音，乐之舆也；而钟，音之器也。天子省风以作乐[④]，器以钟之[⑤]，舆以行之，小者不窕[⑥]，大者不槬[⑦]，则和于物。物和则嘉成[⑧]。故和声入于耳而藏于心，心亿则乐[⑨]。窕则不咸[⑩]，槬则不容，心是以感[⑪]。感实生疾。今钟槬矣，王心弗堪，其能久乎？”

【注释】

① 天王：周景王。无射：钟名，律中无射，至隋时尚存。　② 泠州鸠：泠，乐官；州鸠，名。　③ 职：主。　④ 省风：观风俗。　⑤ 钟：聚。以器聚音。　⑥ 窕：谓音细。　⑦ 槬(huà)：洪大。　⑧ 嘉成：嘉乐成。　⑨ 亿：安。　⑩ 咸：遍。　⑪ 感：同“憾”，不安。

三月，葬蔡平公。蔡大子朱失位，位在卑[①]。大夫送葬者归，见昭子[②]。昭子问蔡故，以告。昭子叹曰：“蔡其亡乎！若不亡，是君也必不终。《诗》曰：‘不解于位，民之攸塈[③]。’今蔡侯始即位，而适卑，身将从之。”

【注释】

① 杜注：“不在適子位，以长幼齿。”　② 昭子：叔孙婼。　③ 所引诗见《诗·大雅·假乐》。解：同“懈”。塈：息。

夏，晋士鞅来聘，叔孙为政[①]。季孙欲恶诸晋[②]，使有司以齐鲍国归费之礼为士鞅[③]。士鞅怒，曰：“鲍国之位下，其国小，而使鞅从其牢礼,是卑敝邑也[4],将复诸寡君[5]。"鲁人恐,加四牢焉,为十一牢。

【注释】

① 叔孙:叔孙婼。为政:主持接待。　② 恶诸晋:使晋国对叔孙不满。　③ 齐鲍国归费之礼:事见昭公十四年(前528)。杜注云:"牢礼各如其命数。鲁人失礼,故为鲍国七牢。"　④ 卑:轻视。　⑤ 复诸:回国汇报。

宋华费遂生华貙、华多僚、华登。貙为少司马,多僚为御士,与貙相恶,乃谮诸公曰:"貙将纳亡人[1]。"亟言之。公曰:"司马以吾故亡其良子[2]。死亡有命,吾不可以再亡之。"对曰:"君若爱司马,则如亡[3]。死如可逃,何远之有?"公惧,使侍人召司马之侍人宜僚,饮之酒而使告司马。司马叹曰:"必多僚也。吾有谗子而弗能杀,吾又不死,抑君有命,可若何?"乃与公谋逐华貙,将使田孟诸而遣之。公饮之酒,厚酬之[4],赐及从者。司马亦如之。张丐尤之[5],曰:"必有故。"使子皮承宜僚以剑而讯之[6]。宜僚尽以告。张丐欲杀多僚。子皮曰:"司马老矣,登之谓甚,吾又重之,不如亡也。"五月丙申,子皮将见司马而行,则遇多僚御司马而朝。张丐不胜其怒,遂与子皮、臼任、郑翩杀多僚,劫司马以叛,而召亡人。壬寅,华、向入。乐大心、丰愆、华牼御诸横[7]。华氏居卢门,以南里叛。六月庚午,宋城旧鄘及桑林之门而守之[8]。

【注释】

① 亡人:指华亥等。　② 司马:指华费遂。良子:指华登。　③ 杜注:"言若爱大司马,则当亡走失国。"　④ 厚酬:礼物丰厚。　⑤ 张丐:华貙臣。尤:怪。　⑥ 子皮:华貙。承宜僚以剑:用剑架在宜僚脖子上。⑦ 横:横城,在宋都商丘西南。　⑧ 旧鄘:故城。桑林:城门名,在都城郊外。

秋七月壬午朔,日有食之。公问于梓慎曰:"是何物也[1]?祸福何为?"对曰:"二至、二分,日有食之,不为灾。日月之行也,分,同道也[2];至,相过也[3]。其他月则为灾。阳不克也,故常为水。"于是叔辄哭日食。昭子曰:"子叔将死,非所哭也[4]。"八月,叔辄卒。

【注释】

① 何物：何事。 ② 同道：古人谓太阳行黄道，月亮行白道，在二分（春分，秋分）时与赤道相交，故称同道。 ③ 相过：日月所行道，在二至（冬至、夏至）时相交点远赤道，故称相过。 ④ 非所哭：哭不该哭的事。

冬十月，华登以吴师救华氏。齐乌枝鸣戍宋①。厨人濮曰②："《军志》有之，先人有夺人之心，后人有待其衰。盍及其劳且未定也伐诸？若入而固，则华氏众矣，悔无及也。"从之。丙寅，齐师、宋师败吴师于鸿口③，获其二帅公子苦雒、偃州员④。华登帅其余以败宋师。公欲出，厨人濮曰："吾小人，可藉死而不能送亡⑤，君请待之。"乃徇曰："扬徽者⑥，公徒也。"众从之。公自扬门见之⑦，下而巡之，曰："国亡君死，二三子之耻也，岂专孤之罪也⑧？"齐乌枝鸣曰："用少，莫如齐致死。齐致死，莫如去备⑨。彼多兵矣，请皆用剑。"从之。华氏北，复即之⑩。厨人濮以裳裹首而荷以走，曰："得华登矣！"遂败华氏于新里⑪。

翟偻新居于新里，既战，说甲于公而归⑫。华妵居于公里，亦如之。

【注释】

① 乌枝鸣：齐大夫。 ② 厨人濮：宋厨邑大夫濮。 ③ 鸿口：在今河南虞城县西北。 ④ 苦雒：雒音箝（qián）。 ⑤ 藉死：为某一目的而死。送亡：护送逃亡。 ⑥ 徽：旗帜。 ⑦ 扬门：宋都东门。 ⑧ 专：独，仅仅。 ⑨ 备：防备。 ⑩ 即：追击。 ⑪ 新里：华氏所取邑。⑫ 说：同"脱"。

十一月癸未，公子城以晋师至①。曹翰胡会晋荀吴、齐苑何忌、卫公子朝救宋②。丙戌，与华氏战于赭丘③。郑翩愿为鹳④，其御愿为鹅。子禄御公子城⑤，庄堇为右。干犨御吕封人华豹⑥，张丐为右。相遇，城还。华豹曰："城也！"城怒而反之。将注⑦，豹则关矣⑧。曰："平公之灵尚辅相余⑨。"豹射出其间⑩。将注，则又关矣。曰："不狎⑪，鄙。"抽矢⑫。城射之，殪。张丐抽殳而下⑬，射之,折股。扶伏而击之⑭,折轸。又射之,死。干犨请一矢⑮。城曰:“余言女于君。”对曰:“不死伍乘⑯,军之大刑也。干刑而从子,君焉用之?子速诸。”乃射之,殪。大败华氏,围诸南里。

【注释】

① 杜注:“城以前年奔晋,今还就宋。” ② 翰胡:曹大夫。苑何忌:齐大夫。 ③ 赭丘:在宋都郊外。 ④ 鹳:与下“鹅”,均为阵名。 ⑤ 子禄:即向宜。 ⑥ 吕封人华豹:华氏党。吕城在今江苏徐州市北。 ⑦ 注:搭箭。 ⑧ 关:拉满了弓。 ⑨ 平公为公子城之父,故祈之。 ⑩ 射出其间:射了个空,没射中。 ⑪ 狎:更。指华豹不给自己回射的机会。 ⑫ 抽矢:谓华豹从弓上取下了箭。 ⑬ 殳:兵器,长丈二,为五兵之一。 ⑭ 扶伏:同“匍匐”。 ⑮ 请一矢:杜注:“求死。” ⑯ 伍乘:同车共伍。

华亥搏膺而呼①,见华貙,曰:“吾为栾氏矣②。”貙曰:“子无我迋③,不幸而后亡。”使华登如楚乞师。华貙以车十五乘,徒七十人,犯师而出④。食于睢上⑤,哭而送之,乃复入。

【注释】

① 搏膺:捶胸。 ② 杜注:“晋栾盈还入,作乱而死,事在襄二十三年。” ③ 迋:恐。 ④ 犯师:突围。 ⑤ 睢上:睢水边。睢水本出河南,流经安徽,入江苏,于宿迁入泗水,今仅存东部一段。此指商丘附近的睢水。

楚薳越帅师将逆华氏。大宰犯谏曰:“诸侯唯宋事其君,今又争国,释君而臣是助①,无乃不可乎?”王曰:“而告我也后②,既许之矣。”

【注释】

① 释君:不管国君。 ② 而:同“尔”。

蔡侯朱出奔楚。费无极取货于东国①,而谓蔡人曰:“朱不用命于楚,君王将立东国。若不先从王欲,楚必围蔡。”蔡人惧,出朱而立东国。朱诉于楚,楚子将讨蔡。无极曰:“平侯与楚有盟,故封。其子有二心,故废之。灵王杀隐大子,其子与君同恶②,德君必甚。又使立之，不亦可乎？用废置在君，蔡无他矣[3]。”

公如晋，及河。鼓叛晋，晋将伐鲜虞，故辞公。

【注释】

① 东国：隐太子之子，平侯庐之弟。　② 其子：东国。同恶：同仇。③ 杜注：“言权在楚，则蔡无他心。”

昭公二十二年

【经】

二十有二年春[1]，齐侯伐莒[2]。

宋华亥、向宁、华定自宋南里出奔楚。

大蒐于昌间[3]。

夏四月乙丑，天王崩。

六月，叔鞅如京师[4]，葬景王。

王室乱。

刘子、单子以王猛居于皇[5]。

秋，刘子、单子以王猛入于王城。

冬十月，王子猛卒[6]。

十有二月癸酉朔，日有食之。

【注释】

① 二十有二年：公元前520年。　② 齐侯：齐景公。　③ 昌间：不详。或谓在山东泗水县境。　④ 叔鞅：叔弓子。　⑤ 刘子：刘蚠，刘献公之庶子，为刘文公。单子：单穆公，名旗。皆周卿士。王猛：谥悼王。皇：当在今河南洛阳市东。　⑥ 杜注：“未即位，故不言崩。”

【传】

二十二年春，王二月甲子，齐北郭启帅师伐莒[1]。莒子将战[2]，苑羊牧之谏曰：“齐帅贱[3]，其求不多，不如下之。大国不可怒也。”弗听，败齐师于寿余[4]。齐侯伐莒，莒子行成，司马灶如莒莅盟[5]。莒子如齐莅盟，盟于稷门之外。莒于是乎大恶其君。

【注释】

① 北郭启：齐大夫，北郭佐之后。 ② 莒子：莒庚舆。 ③ 贱：指地位低。 ④ 寿余：在今山东安丘市。 ⑤ 司马灶：齐大夫。

楚薳越使告于宋曰："寡君闻君有不令之臣为君忧[1]，无宁以为宗羞[2]，寡君请受而戮之。"对曰："孤不佞，不能媚于父兄[3]，以为君忧，拜命之辱。抑君臣日战，君曰'余必臣是助'，亦唯命。人有言曰：'唯乱门之无过。'君若惠保敝邑，无亢不衷[4]，以奖乱人，孤之望也。唯君图之！"楚人患之。诸侯之戍谋曰："若华氏知困而致死[5]，楚耻无功而疾战，非吾利也。不如出之以为楚功，其亦无能为也已。救宋而除其害，又何求？"乃固请出之。宋人从之。己巳，宋华亥、向宁、华定、华貙、华登、皇奄、伤省、臧士平出奔楚。

宋公使公孙忌为大司马，边卬为大司徒[6]，乐祁为司城[7]，仲幾为左师[8]，乐大心为右师，乐輓为大司寇[9]，以靖国人。

【注释】

① 不令之臣：不善之臣。 ② 无宁：无乃。杜注："言华氏为宋宗庙之羞耻。" ③ 媚：取悦。父兄：杜注："华、向，公族也，故称父兄。" ④ 亢：扞蔽、保护。不衷：不忠，不善。 ⑤ 困：没有退路。致死：拼命作战。⑥ 边卬：平公子御戎之孙。 ⑦ 乐祁：又称乐祁犁、司城子梁，子罕孙。⑧ 仲幾：仲江孙。 ⑨ 乐輓：子罕孙。

王子朝、宾起有宠于景王[1]。王与宾孟说之[2]，欲立之。刘献公之庶子伯蚠事单穆公[3]，恶宾孟之为人也，愿杀之。又恶王子朝之言，以为乱，愿去之[4]。宾孟适郊，见雄鸡自断其尾。问之，侍者曰："自惮其牺也。"遽归告王，且曰："鸡其惮为人用乎[5]！人异于是。牺者，实用人[6]，人牺实难，己牺何害？"王弗应。

【注释】

① 王子朝：景王之长庶子。宾起：子朝之傅。 ② 宾孟：即宾起。

说:喜爱。之:指王子朝。　③ 刘献公:刘挚。伯蚠:刘狄。　④ 杜注:"子朝有欲位之言,故刘蚠恶之。"　⑤ 用:用作祭品。　⑥ 实用人:实用于人。

夏四月,王田北山①,使公卿皆从,将杀单子、刘子。王有心疾,乙丑,崩于荣锜氏。戊辰,刘子挚卒,无子,单子立刘蚠。五月庚辰,见王②,遂攻宾起,杀之,盟群王子于单氏。

【注释】

① 北山:洛阳北邙山。　② 王:指王猛。

晋之取鼓也,既献①,而反鼓子焉,又叛于鲜虞。六月,荀吴略东阳②,使师伪籴者负甲以息于昔阳之门外③,遂袭鼓,灭之,以鼓子䳒鞮归,使涉佗守之④。

【注释】

① 献:在宗庙献捷。　② 略:巡行。东阳:即南阳,指太行山东,河南、河北属晋国的疆土。　③ 昔阳:在今河北晋州西。　④ 涉佗:晋大夫。

丁巳,葬景王。王子朝因旧官、百工之丧职秩者,与灵、景之族以作乱。帅郊、要、饯之甲①,以逐刘子。壬戌,刘子奔扬②。单子逆悼王于庄宫以归③。王子还夜取王以如庄宫④。癸亥,单子出。王子还与召庄公谋⑤,曰:"不杀单旗,不捷。与之重盟,必来。背盟而克者多矣。"从之。樊顷子曰⑥:"非言也,必不克。"遂奉王以追单子。及领⑦,大盟而复,杀挚荒以说。刘子如刘⑧。单子亡。乙丑,奔于平畤⑨。群王子追之,单子杀还、姑、发、弱、鬷、延、定、稠⑩,子朝奔京⑪。丙寅,伐之。京人奔山⑫,刘子入于王城。辛未,巩简公败绩于京⑬。乙亥,甘平公亦败焉。叔鞅至自京师,言王室之乱也。闵马父曰:"子朝必不克,其所与者,天所废也⑭。"单子欲告急于晋,秋七月戊寅,以王如平畤,遂如圃车⑮,次于皇。刘子如刘。单子使王子处守于王城,盟百工于平宫⑯。辛卯,鄩肸伐皇⑰,大败,获鄩肸。壬辰,焚诸王城之市。八月辛酉,司徒丑以王师败绩于前城[18]，百工叛。己巳，伐单氏之宫，败焉。庚午，反伐之。辛未，伐东圉[19]。冬十月丁巳，晋籍谈、荀跞帅九州之戎及焦、瑕、温、原之师[20]，以纳王于王城。庚申，单子、刘盆以王师败绩于郊，前城人败陆浑于社[21]。十一月乙酉，王子猛卒，不成丧也。己丑，敬王即位[22]，馆于子旅氏[23]。十二月庚戌，晋籍谈、荀跞、贾辛、司马督帅师军于阴[24]，于侯氏[25]，于谿泉[26]，次于社[27]。王师军于氾[28]，于解[29]，次于任人[30]。闰月，晋箕遗、乐征、右行诡济师，取前城，军其东南。王师军于京楚[31]。辛丑，伐京，毁其西南。

【注释】

①郊、要、饯：三邑均为周地。 ②扬：周邑，距偃师不远。 ③悼王：即王猛。庄宫：在王城。 ④王子还：子朝党。 ⑤召庄公：召伯奂，子朝党。 ⑥樊顷子：樊齐，单、刘党。 ⑦领：即轘辕山，一名崿岭。 ⑧刘：在今河南偃师市西南，刘献公采邑。 ⑨平畤：离洛阳不远。 ⑩杜注："八子，灵、景之族，因战而杀之。" ⑪京：在洛阳西南。 ⑫山：即邙山。 ⑬巩简公：与下甘平公皆周卿士。 ⑭天所废：因所用皆丧职罢免者，故云。 ⑮圃车：在今河南巩县。 ⑯平宫：平王庙。 ⑰鄩肸：子朝党。 ⑱司徒丑：悼王司徒。前城：在洛阳市东南，时为子朝占领。 ⑲东圉：在偃师市西南。 ⑳焦、瑕、温、原：均晋邑。 ㉑社：周邑，在巩义市东北。 ㉒敬王：王子猛母弟王子丐。 ㉓子旅：周大夫。 ㉔阴：即平阴，在今河南孟津县北。此为籍谈军所驻。 ㉕侯氏：在今偃师市南。此为荀跞军所驻。 ㉖谿泉：在洛阳市东南。此为贾辛军所驻。 ㉗社：此为司马督军所驻。 ㉘氾：在今巩义市东北。 ㉙解：在今洛阳市西南。 ㉚任人：在洛阳附近。 ㉛京楚：当在洛阳附近。

卷二十五　昭公六

昭公二十三年

【经】

二十有三年春①，王正月，叔孙婼如晋。

癸丑，叔鞅卒。

晋人执我行人叔孙婼。

晋人围郊②。

夏六月，蔡侯东国卒于楚③。

秋七月，莒子庚舆来奔。

戊辰，吴败顿、胡、沈、蔡、陈、许之师于鸡父④。

胡子髡、沈子逞灭⑤。

获陈夏齧。

天王居于狄泉⑥。

尹氏立王子朝⑦。

八月乙未，地震。

冬，公如晋，至河，有疾，乃复。

【注释】

① 二十有三年：公元前519年。　② 杜注："讨子朝也。郊，周邑。围郊在叔鞅卒前，经书后，从赴。"　③ 蔡侯：蔡悼侯。　④ 鸡父：在今河南固始县南。　⑤ 灭：死。　⑥ 天王：周敬王。狄泉：在今洛阳市。⑦ 尹氏：周世卿。

【传】

二十三年春，王正月壬寅朔，二师围郊①。癸卯，郊、鄩溃。丁未,晋师在平阴,王师在泽邑②。王使告间③,庚戌,还。

【注释】

① 二师:周、晋军队。　② 泽邑:即狄泉。　③ 间:局势好转,已能控制。

邾人城翼①,还,将自离姑②。公孙钼曰:"鲁将御我。"欲自武城还,循山而南。徐钼、丘弱、茅地曰③:"道下遇雨④,将不出,是不归也。"遂自离姑。武城人塞其前,断其后之木而弗殊⑤。邾师过之,乃推而蹷之⑥。遂取邾师,获钼、弱、地。

【注释】

① 翼:邾邑,在今山东费县西南。　② 离姑:邾邑,在翼之北。从离姑回邾都绎(在今山东邹城市东南)要经过鲁武城。　③ 杜注:"三子,邾大夫。"　④ 道下:道路地势低下。　⑤ 断:砍伐。殊:绝。此指不使树断而倒下。　⑥ 蹷:倒。

邾人诉于晋,晋人来讨。叔孙婼如晋,晋人执之。书曰:"晋人执我行人叔孙婼。"言使人也。晋人使与邾大夫坐①。叔孙曰:"列国之卿,当小国之君,固周制也。邾又夷也。寡君之命介子服回在②,请使当之,不敢废周制故也。"乃不果坐。

【注释】

① 坐:坐而诉讼。　② 命介:副使。子服回:鲁大夫,此行为叔孙婼副手。

韩宣子使邾人聚其众,将以叔孙与之。叔孙闻之,去众与兵而朝。士弥牟谓韩宣子曰①:"子弗良图,而以叔孙与其仇,叔孙必死之。鲁亡叔孙,必亡邾。邾君亡国,将焉归②?子虽悔之,何及?所谓盟主,讨违命也。若皆相执,焉用盟主?"乃弗与。使各居一馆。士伯听其辞而诉诸宣子,乃皆执之。

【注释】

① 士弥牟:士景伯。　② 杜注:"时邾君在晋,若亡国,无所归,将益晋忧。"

士伯御叔孙，从者四人，过邾馆以如吏[①]。先归邾子[②]。士伯曰："以刍荛之难，从者之病，将馆子于都[③]。"叔孙旦而立，期焉。乃馆诸箕。舍子服昭伯于他邑[④]。范献子求货于叔孙，使请冠焉。取其冠法[⑤]，而与之两冠，曰："尽矣。"为叔孙故，申丰以货如晋。叔孙曰："见我，吾告女所行货[⑥]。"见，而不出。吏人之与叔孙居于箕者，请其吠狗，弗与。及将归，杀而与之食之。叔孙所馆者，虽一日必葺其墙屋，去之如始至。

【注释】

① 杜注："欲使邾人见叔孙之屈辱。"如吏，押往有关官吏处。　② 归：让他回国。　③ 都：别都，即别邑。此指箕邑，在今山西蒲县东北。④ 舍：安顿。　⑤ 取其冠法：请人取来他的冠以知大小。这是叔孙有意不肯献贿。　⑥ 所行货：把财物送什么人。

夏四月乙酉，单子取訾[①]，刘子取墙人、直人[②]。六月壬午，王子朝入于尹[③]。癸未，尹圉诱刘佗杀之[④]。丙戌，单子从阪道[⑤]，刘子从尹道伐尹[⑥]。单子先至而败，刘子还。己丑，召伯奂、南宫极以成周人戍尹[⑦]。庚寅，单子、刘子、樊齐以王如刘。甲午，王子朝入于王城，次于左巷[⑧]。秋七月戊申，鄩罗纳诸庄宫[⑨]。尹辛败刘师于唐[⑩]。丙辰，又败诸鄩。甲子，尹辛取西闱[⑪]。丙寅，攻蒯[⑫]，蒯溃。

【注释】

① 訾：有东、西之分，均在今河南巩义市。　② 墙人、直人：均在今河南新安县。　③ 尹：在今河南洛宁县境。　④ 尹圉：尹文公。刘佗：刘蚠族人，敬王党。　⑤ 阪道：洛阳一带有鄂里阪、轘辕阪，此不详所指。⑥ 尹道：通尹邑的道路。　⑦ 召伯奂、南宫极：均是周卿士。召伯奂即召庄公。　⑧ 左巷：杜注："近东城。"　⑨ 鄩罗：周大夫，鄩肸之子。庄宫：周王宫。　⑩ 尹辛：尹氏族人。唐：在今洛阳市东。　⑪ 西闱：在洛阳市西南。　⑫ 蒯：在今洛阳市稍西北。

莒子庚舆虐而好剑，苟铸剑，必试诸人。国人患之。又将叛齐[①]。乌存帅国人以逐之[②]。庚舆将出,闻乌存执殳而立于道左,惧将止死[③]。苑羊牧之曰:"君过之,乌存以力闻可矣,何必以弑君成名?"遂来奔。齐人纳郊公[④]。

【注释】

① 叛齐:莒国去年与齐结盟。 ② 乌存:莒大夫。 ③ 止死:拦住自己并杀死自己。 ④ 郊公:名狂,次年即位,在位三十八年。

吴人伐州来,楚薳越帅师及诸侯之师奔命救州来[①]。吴人御诸钟离[②]。子瑕卒,楚师熸[③]。

吴公子光曰:"诸侯从于楚者众,而皆小国也,畏楚而不获已,是以来。吾闻之曰:'作事威克其爱,虽小必济。'胡、沈之君幼而狂[④],陈大夫齧壮而顽[⑤],顿与许、蔡疾楚政。楚令尹死,其师熸,帅贱多宠,政令不壹。七国同役而不同心,帅贱而不能整,无大威命,楚可败也。若分师先以犯胡、沈与陈,必先奔。三国败,诸侯之师乃摇心矣。诸侯乖乱,楚必大奔。请先者去备薄威[⑥],后者敦陈整旅[⑦]。"吴子从之。戊辰晦,战于鸡父。吴子以罪人三千,先犯胡、沈与陈。三国争之[⑧]。吴为三军以系于后:中军从王,光帅右,掩余帅左[⑨]。吴之罪人或奔或止,三国乱。吴师击之,三国败,获胡、沈之君及陈大夫。舍胡、沈之囚,使奔许与蔡、顿,曰:"吾君死矣!"师噪而从之,三国奔。楚师大奔。书曰:"胡子髡、沈子逞灭,获陈夏齧。"君臣之辞也[⑩]。不言战,楚未陈也[⑪]。

【注释】

① 奔命:奉楚平王命率师奔赴。 ② 钟离:在今安徽凤阳县。 ③ 熸:士气低落。 ④ 狂:狂躁。 ⑤ 顽:顽固。 ⑥ 先者:先头部队。去备薄威:放松警备、减少威势,使军容不整肃。 ⑦ 敦陈整旅:加强兵力,整顿军威。 ⑧ 争之:争抢俘获吴兵。 ⑨ 掩余:吴王寿梦之子。 ⑩ 杜注:"国君,社稷之主,与宗庙共存亡者,故称灭。大夫轻,故曰获。获,得也。" ⑪ 陈:列阵。

八月丁酉,南宫极震[①]。苌弘谓刘文公曰[②]:"君其勉之,先君之力可济也[3]。周之亡也,其三川震[4]。今西王之大臣亦震[5],天弃之矣。东王必大克[6]。"

【注释】

① 震:指死于地震。 ② 刘文公:刘蚠。 ③ 先君:指刘蚠父刘献公。 ④ 杜注:"谓幽王时也。三川,泾、渭、洛水也。地动,三川崩。" ⑤ 西王:子朝在王城,故称西王。 ⑥ 东王:指周敬王,时居狄泉,在王城之东,故称。

楚大子建之母在郹[1],召吴人而启之[2]。冬十月甲申,吴大子诸樊入郹[3],取楚夫人与其宝器以归。楚司马薳越追之,不及。将死,众曰:"请遂伐吴以徼之[4]。"薳越曰:"再败君师,死且有罪。亡君夫人,不可以莫之死也。"乃缢于薳澨[5]。

公为叔孙故如晋,及河,有疾而复。

【注释】

① 郹(jǔ):郹阳,在今河南新蔡县。 ② 启:开城门接应。 ③ 诸樊:为吴王僚伯父,已在襄公二十五年(前548)卒,此诸樊误。或以为当作公子光。 ④ 徼:徼幸取胜。 ⑤ 薳澨:薳水边。在今湖北京山县西汉水东岸。

楚囊瓦为令尹[1],城郢[2]。沈尹戌曰:"子常必亡郢,苟不能卫,城无益也。古者天子守在四夷。天子卑,守在诸侯。诸侯守在四邻。诸侯卑,守在四竟。慎其四竟,结其四援,民狎其野[3],三务成功[4],民无内忧,而又无外惧,国焉用城?今吴是惧而城于郢,守已小矣。卑之不获,能无亡乎?昔梁伯沟其公宫而民溃[5]。民弃其上,不亡何待?夫正其疆埸,修其土田,险其走集[6],亲其民人,明其伍候[7],信其邻国,慎其官守,守其交礼,不僭不贪,不懦不耆[8],完其守备,以待不虞,又何畏矣?《诗》曰:'无念尔祖,聿修厥德[9]。'无亦监乎若敖、蚡冒至于武、文[10],土不过同[11],慎其四竟,犹不城郢。今土数圻[12],而郢是城,不亦难乎[13]?"

【注释】

① 囊瓦:子囊之孙子常。 ② 城郢:杜注:"楚用子囊遗言,已筑郢城矣。今畏吴,复增修以自固。" ③ 狎:安习。 ④ 三务:春、夏、秋三时之务。 ⑤ 梁伯沟其公宫:事见僖公十九年(前641)。 ⑥ 走集:边境的堡垒。 ⑦ 明其伍候:杜注:"使民有部伍,相为候望。" ⑧ 耆:强。 ⑨ 所引诗见《诗·大雅·文王》。无、聿,均发语词。 ⑩ 杜注:"四君皆楚先君之贤者。" ⑪ 同:方百里。 ⑫ 圻:方千里。 ⑬ 不亦难:谓要想不必败亡是很困难的。

昭公二十四年

【经】

二十有四年春[①],王二月丙戌,仲孙貜卒[②]。

婼至自晋。

夏五月乙未朔,日有食之。

秋八月,大雩。

丁酉,杞伯郁釐卒。

冬,吴灭巢。

葬杞平公。

【注释】

① 二十有四年:公元前518年。 ②仲孙貜:即孟僖子。子何忌嗣,即孟懿子。

【传】

二十四年春,王正月辛丑,召简公、南宫嚚以甘桓公见王子朝[①]。刘子谓苌弘曰:"甘氏又往矣。"对曰:"何害?同德度义[②]。《大誓》曰:'纣有亿兆夷人[③],亦有离德[④]。余有乱臣十人[⑤],同心同德。'此周所以兴也。君其务德,无患无人。"戊午,王子朝入于邬[⑥]。

【注释】

① 召简公:召庄公之子召伯盈。南宫嚚:南宫极之子。甘桓公:甘平公

之子。　② 度:在。　③ 夷:语助。　④ 亦:语助。　⑤ 乱臣:治乱之臣。　⑥ 郹:在今河南偃师市南。

晋士弥牟逆叔孙于箕。叔孙使梁其踁待于门内①,曰:“余左顾而咳,乃杀之。右顾而笑,乃止。”叔孙见士伯,士伯曰:“寡君以为盟主之故,是以久子②。不腆敝邑之礼③,将致诸从者。使弥牟逆吾子。”叔孙受礼而归。二月,婼至自晋,尊晋也④。

【注释】

① 梁其踁:叔孙家臣。　② 久子:久留子于晋。　③ 礼:指赠贿饯行之礼。　④ 尊晋:指《春秋》记载时只称名而不加族名,是尊重晋国。

三月庚戌,晋侯使士景伯莅问周故①,士伯立于乾祭而问于介众②。晋人乃辞王子朝,不纳其使。

夏五月乙未朔,日有食之。梓慎曰:“将水。”昭子曰:“旱也。日过分而阳犹不克③,克必甚,能无旱乎?阳不克莫④,将积聚也。”

六月壬申,王子朝之师攻瑕及杏⑤,皆溃。

【注释】

① 问周故:杜注:“就问子朝、敬王,知谁曲直也。”　② 乾祭:王城北门。介众:大众。　③ 分:春分。　④ 莫:同“暮”,指阴气。　⑤ 瑕、杏:皆周邑。

郑伯如晋①,子大叔相,见范献子。献子曰:“若王室何?”对曰:“老夫其国家不能恤,敢及王室?抑人亦有言曰:‘嫠不恤其纬②,而忧宗周之陨,为将及焉。’今王室实蠢蠢焉③,吾小国惧矣。然大国之忧也,吾侪何知焉?吾子其早图之!《诗》曰:‘瓶之罄矣,惟罍之耻④。’王室之不宁,晋之耻也。”献子惧,而与宣子图之。乃征会于诸侯,期以明年。

【注释】

① 郑伯:郑定公。　② 嫠:寡妇。纬:纬线。纬线少,织布者应担忧。③ 蠢蠢:骚动、动乱貌。　④ 所引诗见《诗·小雅·蓼莪》。罍,酒坛。此

以罍比晋，瓶比周。

秋八月，大雩，旱也。

冬十月癸酉，王子朝用成周之宝珪于河[1]。甲戌，津人得诸河上。阴不佞以温人南侵[2]，拘得玉者，取其玉，将卖之，则为石[3]。王定而献之[4]，与之东訾。

【注释】

① 于河：祭献河神。　② 阴不佞：周敬王大夫。南侵：向南侵袭王子朝。　③ 则为石：变成了石头。　④ 王定：王室安定后。

楚子为舟师以略吴疆[1]。沈尹戌曰："此行也，楚必亡邑。不抚民而劳之，吴不动而速之[2]，吴踵楚，而疆埸无备，邑能无亡乎？"

越大夫胥犴劳王于豫章之汭[3]，越公子仓归王乘舟[4]，仓及寿梦帅师从王，王及圉阳而还[5]。

【注释】

① 略：侵袭。　② 速：使吴速出兵。　③ 豫章之汭：豫章水边。地在今湖北、江西一带。　④ 归：赠送。　⑤ 圉阳：在今安徽巢湖市。

吴人踵楚，而边人不备，遂灭巢及钟离而还[1]。沈尹戌曰："亡郢之始，于此在矣。王一动而亡二姓之帅[2]，几如是而不及郢？《诗》曰：'谁生厉阶，至今为梗[3]。'其王之谓乎？"

【注释】

① 钟离：在今安徽凤阳县。　② 二姓之帅：杜注："守巢、钟离大夫。"③ 所引诗见《诗·大雅·桑柔》。厉阶：祸端。梗：灾害。

昭公二十五年

【经】

二十有五年春[1]，叔孙婼如宋。

夏，叔诣会晋赵鞅、宋乐大心、卫北宫喜、郑游吉、曹人、邾人、滕人、薛人、小邾人于黄父②。

有鸜鹆来巢③。

秋七月上辛④，大雩，季辛⑤，又雩。

九月己亥，公孙于齐⑥，次于阳州⑦，齐侯唁公于野井⑧。

冬十月戊辰，叔孙婼卒。

十有一月己亥，宋公佐卒于曲棘⑨。

十有二月，齐侯取郓⑩。

【注释】

① 二十有五年：公元前 517 年。　② 黄父：在今山西沁水县西北。　③ 鸜鹆：即八哥鸟。杜注以为"此鸟穴居，不在鲁界，故曰来巢，非常，故书"。　④ 上辛：上旬的辛日。　⑤ 季辛：下旬的辛日。　⑥ 孙：同"逊"，去位。此讳言逃奔。　⑦ 阳州：在今山东东平县北。　⑧ 齐侯：齐景公。唁：慰问。野井：在今山东齐河县东南。　⑨ 宋公：宋元公。曲棘：在今河南兰考县东南。　⑩ 郓：在今山东沂水县北。

【传】

二十五年春，叔孙婼聘于宋。桐门右师见之①，语，卑宋大夫，而贱司城氏②。昭子告其人曰："右师其亡乎！君子贵其身而后能及人，是以有礼。今夫子卑其大夫而贱其宗，是贱其身也。能有礼乎？无礼必亡。"宋公享昭子，赋《新宫》③。昭子赋《车辖》④。

【注释】

① 桐门右师：乐大心，居桐门。桐门为宋都北门。　② 杜注："司城，乐氏之大宗也。卑、贱，谓其才德薄。"　③《新宫》：逸诗名。　④《车辖》：《诗·小雅》篇名，写周人思得贤女以配君子。时昭子将为季孙迎宋公女，故赋此。

明日宴，饮酒，乐。宋公使昭子右坐①，语相泣也。乐祁佐②，退而告人曰："今兹君与叔孙，其皆死乎？吾闻之，哀乐而乐哀，皆丧心也。心之精爽③，是谓魂魄。魂魄去之，何以能久？"

【注释】

① 右坐:依宴礼,主人坐阼阶上,面向西;宾客坐西阶,面向南。二人饮酒乐,为方便谈话,故请叔孙婼移坐东阶,在宋公之右,同向西。 ② 乐祁:宋司城。佐:为宴会佐礼。 ③ 精爽:精明,精神。

季公若之姊为小邾夫人,生宋元夫人,生子以妻季平子①。昭子如宋聘,且逆之。公若从,谓曹氏勿与②,鲁将逐之。曹氏告公,公告乐祁。乐祁曰:"与之。如是,鲁君必出。政在季氏三世矣,鲁君丧政四公矣③。无民而能逞其志者,未之有也。国君是以镇抚其民。《诗》曰:'人之云亡,心之忧矣④。'鲁君失民矣,焉得逞其志?靖以待命犹可⑤,动必忧。"

【注释】

① 子:女。指宋元公夫人的女儿。 ② 曹氏:小邾君之姓。此指宋元公夫人。 ③ 四公:杜注:"宣、成、襄、昭。" ④ 所引诗见《诗·大雅·瞻卬》。人,原指贤人,乐祁在这里解为人民。 ⑤ 靖:安静,安心。命:天命。

夏,会于黄父,谋王室也。赵简子令诸侯之大夫①,输王粟,具戍人,曰:"明年将纳王。"子大叔见赵简子,简子问揖让、周旋之礼焉。对曰:"是仪也,非礼也。"简子曰:"敢问何谓礼?"对曰:"吉也闻诸先大夫子产曰:'夫礼,天之经也②,地之义也③,民之行也④。'天地之经,而民则实之⑤。则天之明⑥,因地之性⑦,生其六气⑧,用其五行⑨。气为五味,发为五色⑩,章为五声⑪,淫则昏乱,民失其性⑫。是故为礼以奉之。为六畜、五牲、三牺⑬,以奉五味。为九文、六采、五章⑭,以奉五色。为九歌、八风、七音、六律,以奉五声⑮。为君臣、上下,以则地义。为夫妇、外内,以经二物⑯。为父子、兄弟、姑姊、甥舅、昏媾、姻亚,以象天明⑰。为政事、庸力、行务⑱,以从四时⑲。为刑罚、威狱,使民畏忌,以类其震曜杀戮⑳。为温慈、惠和,以效天之生殖长育。民有好、恶、喜、怒、哀、乐,生于六气。是故审则宜类,以制六志㉑。哀有哭泣,乐有歌舞,喜有施舍,怒有战斗。喜生于好,怒生于恶。是故审行信令㉒,祸福赏罚,以制死生。生,好物也。死,恶物也。好物,乐也。恶物,哀也。哀乐不失,乃能协于天地之性,是以长久。”简子曰:“甚哉,礼之大也!”对曰:“礼,上下之纪㉓,天地之经纬也,民之所以生也,是以先王尚之㉔。故人之能自曲直以赴礼者㉕,谓之成人。大,不亦宜乎?”简子曰:“鞅也请终身守此言也。”

【注释】

① 赵简子:赵鞅。　② 经:规范。　③ 义:准则。　④ 行:行动的依据。　⑤ 则实之:效法它。　⑥ 天之明:杜注谓日、月、星辰。⑦ 因:依,凭。地之性:高下、刚柔。　⑧ 六气:阴、阳、风、雨、晦、明。⑨ 五行:金、木、水、火、土。　⑩ 发:表现。　⑪ 五声:宫、商、角、徵、羽。　⑫ 杜注:“滋味声色,过则伤性。”　⑬ 六畜:马、牛、羊、鸡、犬、豕。五牲:牛、羊、豕、犬、鸡。三牺:牛、羊、豕,用以祭天、地、宗庙者。凡始养为畜,将用为牲,毛羽完具曰牺。　⑭ 九文:九种文彩。指龙、山、花虫、火、宗彝(虎与长尾猴)、藻、米、黼、黻。前五种绘于衣上,后四种绘于裳上。六采:杜注:“画缋之事,杂用天地四方之色。青与白、赤与黑、玄与黄皆相次,谓之六色。”五章:杜注:“青与赤谓之文,赤与白谓之章,白与黑谓之黼,黑与青谓之黻,五色备谓之绣。”　⑮ 杜注:“解见(昭公)十二年。”　⑯ 经:法。二物:阴阳。　⑰ 象天明:如众星拱辰极。　⑱ 政事:国家政令。庸力:农工管理。行务:行为规范。　⑲ 杜注:“在君为政,在臣为事,民功曰庸,治功曰力,行其德教,务其时要,礼之本也。”　⑳ 震:雷霆。曜:电闪。㉑ 六志:即好、恶、喜、怒、哀、乐。　㉒ 信令:使人信服的政令。　㉓ 纪:纲纪。　㉔ 尚:上,作为首要的事。　㉕ 曲直:委屈、率直。赴:达到。

宋乐大心曰:“我不输粟,我于周为客①,若之何使客?”晋士伯曰:“自践土以来②,宋何役之不会,而何盟之不同?曰同恤王室,子焉得辟之?子奉君命,以会大事,而宋背盟,无乃不可乎?”右师不敢对,受牒而退③。士伯告简子曰:“宋右师必亡。奉君命以使,而欲背盟以干盟主④,无不祥大焉。”

【注释】

① 杜注:“二王后为宾客。”指周对前朝帝王的后代待以客礼。　② 践土:践土之盟见僖公二十八年(前 632),晋始霸。　③ 牒:简札。

④ 干:侵犯。

有鸜鹆来巢,书所无也。师己曰:"异哉,吾闻文、成之世[①],童谣有之,曰:'鸜之鹆之,公出辱之。鸜鹆之羽,公在外野,往馈之马。鸜鹆跦跦[②],公在乾侯[③],征褰与襦[④]。鸜鹆之巢,远哉遥遥。裯父丧劳[⑤],宋父以骄[⑥]。鸜鹆鸜鹆,往歌来哭。'童谣有是,今鸜鹆来巢,其将及乎[⑦]?"

【注释】

① 文、成之世:指鲁文公、宣公、成公之世。 ② 跦跦:跳行貌。 ③ 乾侯:晋邑,在今河北成安县南。 ④ 征:求。褰:袴。襦:短衣。 ⑤ 裯父:昭公。丧劳:指死在外。 ⑥ 宋父:鲁定公。 ⑦ 及:及于祸。

秋,书再雩,旱甚也。

初,季公鸟娶妻于齐鲍文子[①],生甲。公鸟死,季公亥与公思展与公鸟之臣申夜姑相其室[②]。及季姒与饔人檀通[③],而惧,乃使其妾抶己[④],以示秦遄之妻[⑤],曰:"公若欲使余[⑥],余不可而抶余。"又诉于公甫[⑦],曰:"展与夜姑将要余[⑧]。"秦姬以告公之[⑨],公之与公甫告平子。平子拘展于卞而执夜姑[⑩],将杀之。公若泣而哀之,曰:"杀是,是杀余也。"将为之请。平子使竖勿内[⑪],日中不得请。有司逆命[⑫],公之使速杀之。故公若怨平子。

【注释】

① 季公鸟:季公亥之兄,平子庶叔父。 ② 季公亥:即季公若。公思展:季氏族人。相:管理。 ③ 季姒:公鸟之妻,鲍文子之女。饔人:管膳食的官。 ④ 妾:婢女。抶:打伤。 ⑤ 秦遄:鲁大夫,其妻为公鸟的妹妹。 ⑥ 使:侍寝。 ⑦ 公甫:公甫靖穆伯,季孙纥之子。 ⑧ 要:要挟。此指二人逼迫自己与公若通。 ⑨ 秦姬:秦遄之妻。公之:名鞅。 ⑩ 卞:在今山东泗水县东。 ⑪ 竖:小吏。 ⑫ 逆命:接受命令。

季、郈之鸡斗。季氏介其鸡[①],郈氏为之金距。平子怒,益宫于郈氏[②],且让之。故郈昭伯亦怨平子。臧昭伯之从弟会[③],为谗于臧氏，而逃于季氏，臧氏执旃④。平子怒，拘臧氏老⑤。将禘于襄公，万者二人⑥，其众万于季氏。臧孙曰："此之谓不能庸先君之庙⑦。"大夫遂怨平子。公若献弓于公为⑧，且与之出射于外，而谋去季氏。公为告公果、公贲⑨。公果、公贲使侍人僚相告公。公寝，将以戈击之⑩，乃走。公曰："执之。"亦无命也。惧而不出，数月不见，公不怒。又使言，公执戈以惧之，乃走。又使言，公曰："非小人之所及也。"公果自言。公以告臧孙，臧孙以难⑪。告郈孙⑫，郈孙以可，劝⑬。告子家懿伯⑭，懿伯曰："谗人以君侥幸，事若不克，君受其名，不可为也。舍民数世，以求克事，不可必也。且政在焉，其难图也。"公退之⑮，辞曰："臣与闻命矣，言若泄，臣不获死。"乃馆于公。

【注释】

① 介：或云通"芥"，谓洒芥末于鸡翅以迷对方鸡的眼睛。或云披甲。 ② 益：侵郈氏宫室以自益。 ③ 臧昭伯：臧孙赐。会：臧顷伯，昭伯从父昆弟。 ④ 旃："之焉"的合词。 ⑤老：家宰。 ⑥ 万：万舞，用于宗庙祭祀，舞者三十六人。 ⑦ 庸：酬功。 ⑧ 公为：昭公子务人。 ⑨ 公果、公贲：均公为之弟。 ⑩ 戈：指寝戈，置寝室以防万一者。 ⑪ 以难：认为此事难以成功。 ⑫ 郈孙：郈昭伯。 ⑬ 劝：怂恿昭公下手。 ⑭ 子家懿伯：子家羁，庄公玄孙。 ⑮ 退：使去之。

叔孙昭子如阚①，公居于长府②。九月戊戌，伐季氏，杀公之于门，遂入之。平子登台而请曰："君不察臣之罪，使有司讨臣以干戈，臣请待于沂上以察罪③。"弗许。请囚于费④，弗许。请以五乘亡，弗许。子家子曰："君其许之！政自之出久矣，隐民多取食焉⑤。为之徒者众矣，日入慝作⑥，弗可知也。众怒不可蓄也。蓄而弗治，将蕴。蕴畜，民将生心⑦；生心，同求将合。君必悔之。"弗听。郈孙曰："必杀之。"公使郈孙逆孟懿子⑧。叔孙氏之司马鬷戾言于其众曰："若之何？"莫对。又曰："我家臣也，不敢知国⑨。凡有季氏与无⑩，于我孰利？"皆曰："无季氏，是无叔孙氏也。"鬷戾曰："然则救诸。"帅徒以往，陷西北隅以入。公徒释甲，执冰而踞⑪。遂逐之。孟氏使登西北隅⑫,以望季氏。见叔孙氏之旌,以告。孟氏执郈昭伯,杀之于南门之西,遂伐公徒。子家子曰:"诸臣伪劫君者,而负罪以出,君止。意如之事君也⑬,不敢不改。"公曰:"余不忍也。"与臧孙如墓谋,遂行。己亥,公孙于齐,次于阳州。齐侯将唁公于平阴⑭,公先至于野井。齐侯曰:"寡人之罪也。使有司待于平阴,为近故也。"书曰:"公孙于齐,次于阳州。齐侯唁公于野井。"礼也。将求于人,则先下之,礼之善物也。齐侯曰:"自莒疆以西,请致千社⑮,以待君命。寡人将帅敝赋以从执事,唯命是听。君之忧,寡人之忧也。"公喜。子家子曰:"天禄不再,天若胙君,不过周公,以鲁足矣。失鲁,而以千社为臣,谁与之立?且齐君无信,不如早之晋。"弗从。臧昭伯率从者将盟,载书曰:"戮力壹心,好恶同之。信罪之有无⑯,缱绻从公⑰,无通外内。"以公命示子家子。子家子曰:"如此,吾不可以盟。羁也不佞⑱,不能与二三子同心,而以为皆有罪。或欲通外内,且欲去君⑲。二三子好亡而恶定,焉可同也?陷君于难,罪孰大焉?通外内而去君,君将速入,弗通何为?而何守焉⑳?"乃不与盟。

【注释】

① 阚:鲁邑。在今山东南旺湖中。　② 长府:藏财富的府库。　③ 沂上:沂水边。沂水出山东邹城,西流经曲阜合洙水,入于泗水。　④ 费:季氏采邑。　⑤ 隐民:穷人。　⑥ 慝:指奸人。　⑦ 生心:生叛离公室之心。　⑧ 孟懿子:仲孙何忌。　⑨ 知:与闻,考虑。　⑩ 凡:要而言之,大概言之。　⑪ 冰:箭筒的筒盖。　⑫ 使:使郈孙。　⑬ 意如:季平子。　⑭ 平阴:在今山东平阴县东北。　⑮ 千社:二万五千户人家。　⑯ 信:明。杜注:"处者有罪,从者无罪。"　⑰ 缱绻:紧附不散。　⑱ 羁:子家懿伯名。　⑲ 去:此指离开君王去谋划。　⑳ 何守:为什么要死守在这里。

昭子自阚归,见平子。平子稽颡①,曰:"子若我何?"昭子曰:"人谁不死?子以逐君成名,子孙不忘,不亦伤乎!将若子何?"平子曰:"苟使意如得改事君,所谓生死而肉骨也。"昭子从公于齐,与公言。子家子命适公馆者执之。公与昭子言于幄内,曰:"将安众而纳公。"公徒将杀昭子,伏诸道。左师展告公②,公使昭子自铸归③。平子有异志④。冬十月辛酉,昭子齐于其寝⑤,使祝宗祈死,戊辰,卒。左师展将以公乘马而归,公徒执之。

壬申,尹文公涉于巩⑥,焚东訾,弗克。

【注释】

① 稽颡:叩首,是凶拜,平子是为了表示为赶走国君而哀戚。　② 展:鲁大夫。　③ 铸:在今山东肥城市南。　④ 杜注:"不欲复纳公。"　⑤ 齐:斋戒。　⑥ 尹文公:王子朝党。

十一月,宋元公将为公故如晋,梦大子栾即位于庙,己与平公服而相之①。旦,召六卿。公曰:"寡人不佞,不能事父兄②,以为二三子忧,寡人之罪也。若以群子之灵,获保首领以没,唯是楄柎所以藉干者③,请无及先君④。"仲幾对曰:"君若以社稷之故,私降昵宴⑤,群臣弗敢知。若夫宋国之法,死生之度⑥,先君有命矣。群臣以死守之,弗敢失队⑦。臣之失职,常刑不赦。臣不忍其死,君命祗辱⑧。"宋公遂行。己亥,卒于曲棘。

【注释】

① 服:朝服。　② 父兄:杜注:"谓华、向。"　③ 楄柎(pián fū):棺中垫尸体的木板。干:骸骨。　④ 无及先君:不要超过先君的规格。⑤ 降昵宴:杜注:"谓损亲近声乐饮食之事。"　⑥ 度:制度。　⑦ 失队:违背。　⑧ 君命祗辱:谓只能不奉行君王的命令。

十二月庚辰,齐侯围郓。

初,臧昭伯如晋,臧会窃其宝龟偻句①。以卜为信与僭,僭吉。臧氏老将如晋问②,会请往。昭伯问家故,尽对。及内子与母弟叔孙,则不对。再三问,不对。归,及郊,会逆,问,又如初。至,次于外而察之,皆无之。执而戮之,逸,奔郈③。郈鲂假使为贾正焉④。计于季氏⑤。臧氏使五人以戈楯伏诸桐汝之间⑥。会出,逐之,反奔,执诸季氏中门之外。平子怒,曰:"何故以兵入吾门?”拘臧氏老。季、臧有恶。及昭伯从公,平子立臧会。会曰:“偻句不余欺也。”

【注释】

① 偻句:龟所出地名。或云龟名。 ② 问:问昭伯起居。 ③ 郈:在今山东东平县东南。 ④ 郈鲂假:郈邑大夫。贾正:管市肆平价的官。⑤ 计:送账本。 ⑥ 桐汝:里名。

楚子使薳射城州屈[1],复茄人焉[2]。城丘皇[3],迁訾人焉。使熊相禖郭巢[4],季然郭卷[5]。子大叔闻之,曰:“楚王将死矣,使民不安其土,民必忧。忧将及王,弗能久矣。”

【注释】

① 州屈:在今安徽凤阳县西。 ② 茄:淮水边小邑。 ③ 丘皇:在今河南信阳市。 ④ 郭:建造内城。 ⑤ 卷:在今河南叶县西南。

昭公二十六年

【经】

二十有六年春[1],王正月,葬宋元公。

三月,公至自齐,居于郓。

夏,公围成[2]。

秋,公会齐侯、莒子、邾子、杞伯[3],盟于鄟陵[4]。

公至自会,居于郓。

九月庚申,楚子居卒[5]。

冬十月,天王入于成周[6]。

尹氏、召伯、毛伯以王子朝奔楚。

【注释】

① 二十有六年:公元前 516 年。 ② 成:孟氏邑,在今山东宁阳县北。 ③ 齐侯:齐景公。莒子:莒郊公。邾子:邾庄公。杞伯:杞悼公。④ 鄟陵:不详。 ⑤ 楚子居:楚平王熊居。 ⑥ 天王:周敬王。

【传】

二十六年春，王正月庚申，齐侯取郓。

葬宋元公，如先君[1]，礼也。

【注释】

① 如先君：因宋元公前有不要用与平公规格相同的葬礼安葬的话，所以此特记一笔。

三月，公至自齐，处于郓，言鲁地也。夏，齐侯将纳公，命无受鲁货。申丰从女贾[1]，以币锦二两[2]，缚一如瑱[3]，适齐师。谓子犹之人高齮[4]："能货子犹[5]，为高氏后[6]，粟五千庾[7]。"高齮以锦示子犹，子犹欲之。齮曰："鲁人买之，百两一布[8]，以道之不通，先入币财。"子犹受之，言于齐侯曰："群臣不尽力于鲁君者，非不能事君也。然据有异焉[9]。宋元公为鲁君如晋，卒于曲棘。叔孙昭子求纳其君，无疾而死。不知天之弃鲁耶，抑鲁君有罪于鬼神，故及此也？君若待于曲棘，使群臣从鲁君以卜焉。若可，师有济也，君而继之[10]，兹无敌矣[11]。若其无成，君无辱焉。"齐侯从之，使公子钮帅师从公。成大夫公孙朝谓平子曰："有都以卫国也，请我受师[12]。"许之。请纳质，弗许，曰："信女足矣[13]。"告于齐师曰："孟氏，鲁之敝室也。用成已甚，弗能忍也，请息肩于齐[14]。"齐师围成。成人伐齐师之饮马于淄者[15]，曰："将以厌众[16]。"鲁成备而后告曰："不胜众[17]。"师及齐师战于炊鼻[18]。齐子渊捷从洩声子[19]，射之，中楯瓦[20]，繇朐汏辀[21]，匕入者三寸。声子射其马，斩鞅，殪。改驾，人以为鬷戾也而助之[22]。子车曰："齐人也。"将击子车。子车射之，殪。其御曰："又之。"子车曰："众可惧也，而不可怒也。"子囊带从野洩[23]，叱之。洩曰："军无私怒，报乃私也，将亢子[24]。"又叱之，亦叱之。冉竖射陈武子[25]，中手，失弓而骂。以告平子，曰："有君子白皙，鬒须眉[26]，甚口[27]。"平子曰："必子强也，无乃亢诸？"对曰："谓之君子，何敢亢之？"林雍羞为颜鸣右[28]，下。苑何忌取其耳[29]。颜鸣去之。苑子之御曰："视下顾[30]。"苑子剸林雍[31]，断其足，鑋而乘于他车以归[32]。颜鸣三入齐师,呼曰:"林雍乘!"

【注释】

① 申丰、女贾:皆季氏家臣。　② 二两:二匹。　③ 缚一如瑱:捆扎成瑱的形状。瑱,瑱圭,即玉圭。　④ 子犹:梁丘据。　⑤ 货:收买。⑥ 为高氏后:让你做高氏的继承人。　⑦ 庾:二斗四升。　⑧ 布:一堆。　⑨ 异:奇,怪。　⑩ 而:乃。　⑪ 兹:则,因此。　⑫受师:抵御敌军。　⑬ 女:同"汝"。　⑭ 杜注:"公孙朝诈齐师,言欲降,使来取成。"　⑮ 淄:小汶河,源出山东新泰市,至泰安入大汶河,今已涸。⑯ 厌众:平服众人。意谓此举是做给众人看的,以使众人不疑察投降的计划。　⑰ 不胜众:无法说服众人。　⑱ 炊鼻:在宁阳县境内。⑲ 子渊捷:顷公孙,字子车。洩声子:野氏,名洩,谥声子,鲁大夫。　⑳ 楯瓦:盾中间高起之脊。　㉑ 繇:由。朐:轲,軏下曲木。汏:激。辀:辕端曲木。㉒ 人:指鲁人。　㉓ 子囊带:齐大夫。　㉔ 亢:同"抗",敌。　㉕ 冉竖:季氏臣。陈武子:陈无宇之子,名开,字子强。　㉖ 鬒:黑而密。㉗ 甚口:很会骂人。　㉘ 林雍、颜鸣:皆鲁人。　㉙ 苑何忌:齐大夫。取:割下。　㉚ 视下顾:当心下面。　㉛ 剕:击,斫。　㉜ 鞶(qīng):一足行。

四月,单子如晋告急。五月戊午,刘人败王城之师于尸氏①。戊辰,王城人、刘人战于施谷②,刘师败绩。

【注释】

① 尸氏:在今河南偃师县西。　② 施谷:或谓即大谷支径,在今洛阳市东。

秋,盟于鄟陵,谋纳公也。

七月己巳,刘子以王出①。庚午,次于渠②。王城人焚刘。丙子,王宿于褚氏③。丁丑,王次于萑谷④。庚辰,王入于胥靡⑤。辛巳,王次于滑⑥。晋知跞、赵鞅帅师纳王,使女宽守阙塞⑦。

【注释】

① 出:从刘邑而出。　② 渠:阳渠,在今洛阳。　③ 褚氏:在今洛阳市东。　④ 萑谷:大谷支径。　⑤ 胥靡:在今偃师市东。　⑥ 滑:

即今偃师市缑氏镇。　⑦ 女宽：女齐之子。阙塞：即伊阙，在今洛阳市南。

九月，楚平王卒，令尹子常欲立子西①，曰："大子壬弱②，其母非适也，王子建实聘之。子西长而好善，立长则顺，建善则治。王顺国治，可不务乎？"子西怒曰："是乱国而恶君王也③。国有外援④，不可渎也。王有適嗣，不可乱也。败亲速仇，乱嗣不祥，我受其名。赂吾以天下，吾滋不从也⑤，楚国何为？必杀令尹！"令尹惧，乃立昭王。

【注释】

① 子西：平王庶子中年长者。　② 壬：即位为昭王，改名轸，时年八岁。自此年至公元前489年在位。　③ 杜注："言王子建聘之，是彰君王之恶。"　④ 外援：指秦。壬母为秦女。　⑤ 滋：益。

冬十月丙申，王起师于滑。辛丑，在郊①，遂次于尸。十一月辛酉，晋师克巩。召伯盈逐王子朝②。王子朝及召氏之族、毛伯得、尹氏固、南宫嚚奉周之典籍以奔楚。阴忌奔莒以叛③。召伯逆王于尸，及刘子、单子盟。遂军圉泽④，次于隄上⑤。癸酉，王入于成周。甲戌，盟于襄宫。晋师使成公般戍周而还⑥。十二月癸未，王入于庄宫。

【注释】

① 杜注："郊，子朝邑。"　② 召伯盈：即召简公。　③ 阴忌：子朝同党。莒：周邑，具体所在不详。　④ 圉泽：东圉之泽，在今洛阳市东。⑤ 隄上：杜注："周地。"　⑥ 成公般：晋大夫。

王子朝使告于诸侯曰："昔武王克殷，成王靖四方，康王息民，并建母弟①，以蕃屏周。亦曰：'吾无专享文、武之功，且为后人之迷败倾覆，而溺入于难，则振救之。'至于夷王，王愆于厥身②。诸侯莫不并走其望③，以祈王身。至于厉王，王心戾虐④，万民弗忍，居王于彘⑤。诸侯释位⑥，以间王政⑦。宣王有志⑧，而后效官⑨。至于幽王，天不吊周，王昏不若⑩，用愆厥位⑪。携王奸命⑫，诸侯替之⑬,而建王嗣,用迁郏鄏⑭。则是兄弟之能用力于王室也。至于惠王,天不靖周,生颓祸心⑮,施于叔带⑯,惠、襄辟难,越去王都。则有晋、郑,咸黜不端⑰,以绥定王家。则是兄弟之能率先王之命也。在定王六年,秦人降妖,曰:'周其有髭王⑱,亦克能修其职。诸侯服享,二世共职⑲。王室其有间王位⑳,诸侯不图㉑,而受其乱灾。'至于灵王,生而有髭。王甚神圣,无恶于诸侯。灵王、景王,克终其世。今王室乱,单旗、刘狄,剥乱天下,壹行不若㉒。谓先王何常之有?唯余心所命,其谁敢讨之?帅群不吊之人㉓,以行乱于王室。侵欲无厌,规求无度㉔,贯渎鬼神㉕,慢弃刑法,倍奸齐盟㉖,傲很威仪㉗,矫诬先王。晋为不道,是摄是赞㉘,思肆其罔极㉙。兹不榖震荡播越,窜在荆蛮,未有攸底㉚。若我一二兄弟甥舅㉛,奖顺天法,无助狡猾,以从先王之命,毋速天罚,赦图不榖㉜,则所愿也。敢尽布其腹心,及先王之经㉝,而诸侯实深图之!昔先王之命曰:'王后无適,则择立长。年钧以德,德钧以卜。'王不立爱,公卿无私,古之制也。穆后及大子寿早夭即世,单、刘赞私立少,以间先王,亦唯伯仲叔季图之㉞。"

【注释】

① 建:分封。　② 愆于厥身:身患恶疾。　③ 奔走其望:奔走祭祀境内的名山大川。　④ 戾虐:乖戾暴虐。　⑤ 彘:在今山西霍州。⑥ 释位:离开他们的君位。　⑦ 间:参与。　⑧ 志:知识。　⑨ 效官:致天子之位于宣王。　⑩ 若:顺。　⑪ 愆:失。　⑫ 携王:幽王死,虢公立王子余臣于携,申侯等立平王于申,时二王并立。后携王为晋文侯所杀。　⑬ 替:废。　⑭ 郏鄏:即今洛阳。　⑮ 颓:惠王庶叔,庄公十九年(前675)作乱。　⑯ 叔带:襄王弟,僖公二十四年(前636)作乱。⑰ 咸黜:皆去。　⑱ 髭:口上须。　⑲ 共:同"恭"。　⑳ 间:阴谋获取。　㉑ 图:谋划出力。　㉒ 壹:专。不若:不顺。　㉓ 群不吊之人:一伙坏人。　㉔ 规求:贪求。　㉕ 贯:一贯。　㉖ 倍奸:违背触犯。　㉗ 傲很:轻慢无礼。威仪:指礼仪。　㉘ 摄、赞:皆佐助意。㉙ 肆:放。罔极:无限度。此句意为放任他们追求永不满足的欲望。㉚ 攸底:所止。　㉛ 兄弟:同姓国。甥舅:异姓国。　㉜ 杜注:"赦其忧

而图其难。”　㉝ 先王之经:先王之命。　㉞ 亦:语首助词。伯仲叔季:总谓诸侯。

闵马父闻子朝之辞,曰:“文辞以行礼也。子朝干景之命[①],远晋之大[②],以专其志[③],无礼甚矣,文辞何为?”

【注释】

① 干:违背。景:周景王。　② 远:疏远。　③ 专其志:谓一心想做天子。

齐有彗星,齐侯使禳之[①]。晏子曰:“无益也,只取诬焉[②]。天道不谄[③],不贰其命,若之何禳之?且天之有彗也,以除秽也。君无秽德,又何禳焉?若德之秽,禳之何损?《诗》曰:‘惟此文王,小心翼翼。昭事上帝,聿怀多福。厥德不回,以受方国[④]。’君无违德,方国将至,何患于彗?《诗》曰:‘我无所监,夏后及商。用乱之故,民卒流亡[⑤]。’若德回乱[⑥],民将流亡,祝史之为,无能补也。”公说,乃止。

【注释】

① 禳:举行消除灾祸的祭祀。　② 诬:欺罔。　③ 谄:疑。④ 所引诗见《诗·大雅·大明》。怀:思。回:违。方国:四方各国。⑤ 所引诗为逸诗。监:鉴,借鉴。卒:最终。　⑥ 德回乱:德行违背上天而造成混乱。

齐侯与晏子坐于路寝,公叹曰:“美哉室,其谁有此乎[①]?”晏子曰:“敢问何谓也?”公曰:“吾以为在德。”对曰:“如君之言,其陈氏乎!陈氏虽无大德,而有施于民。豆区釜钟之数,其取之公也薄,其施之民也厚。公厚敛焉,陈氏厚施焉,民归之矣。《诗》曰:‘虽无德与女,式歌且舞[②]。’陈氏之施,民歌舞之矣。后世若少惰,陈氏而不亡[③],则国其国也已。”公曰:“善哉,是可若何?”对曰:“唯礼可以已之[④]。在礼,家施不及国,民不迁,农不移,工贾不变,士不滥[⑤],官不滔[⑥],大夫不收公利[⑦]。”公曰:“善哉,我不能矣。吾今而后知礼之可以为国也。"对曰:"礼之可以为国也久矣,与天地并。君令臣共,父慈子孝,兄爱弟敬,夫和妻柔,姑慈妇听,礼也。君令而不违,臣共而不贰,父慈而教,子孝而箴,兄爱而友,弟敬而顺,夫和而义,妻柔而正,姑慈而从,妇听而婉,礼之善物也。"公曰:"善哉,寡人今而后闻此礼之上也[8]。"对曰:"先王所禀于天地,以为其民也,是以先王上之。"

【注释】

① 杜注:"景公自知德不能久有国,故叹也。" ② 所引诗见《诗·小雅·车辖》。式:当。 ③ 而:如。 ④ 已:止。 ⑤ 滥:失职。 ⑥ 滔:慢。 ⑦ 杜注:"不作福。" ⑧ 之上:应当加以崇尚。

卷二十六　昭公七

昭公二十七年

【经】

二十有七年春[①],公如齐。

公至自齐,居于郓。

夏四月,吴弑其君僚。

楚杀其大夫郤宛。

秋,晋士鞅、宋乐祁犁、卫北宫喜、曹人、邾人、滕人会于扈[②]。

冬十月,曹伯午卒[③]。

邾快来奔[④]。

公如齐。

公至自齐,居于郓。

【注释】

① 二十有七年:公元前 515 年。　② 扈:郑邑,在今河南原阳县西。　③ 曹伯午:曹悼公。　④ 邾快:邾大夫名快。

【传】

二十七年春,公如齐。公至自齐,处于郓,言在外也。

吴子欲因楚丧而伐之,使公子掩余、公子烛庸帅师围潜[①]。使延州来季子聘于上国[②],遂聘于晋,以观诸侯。楚莠尹然、工尹麇帅师救潜[③]。左司马沈尹戌帅都君子与王马之属以济师[④],与吴师遇于穷[⑤]。令尹子常以舟师及沙汭而还[⑥]。左尹郤宛、工尹寿帅师至于潜,吴师不能退。

【注释】

① 潜:在今安徽霍山县东北。 ② 延州来季子:季札。本封延陵,复封州来。上国:中原各国。 ③ 工尹:或当作"王尹",否则与下工尹寿重。 ④ 都君子:都邑私卒组成的亲兵。王马之属:王室的管马官及其部属。济师:增援。 ⑤ 穷:在今安徽霍丘县南。 ⑥ 沙汭:沙水边,在今安徽怀远县东北。

吴公子光曰:"此时也,弗可失也。"告鱄设诸曰:"上国有言曰①:'不索,何获?'我,王嗣也,吾欲求之。事若克,季子虽至,不吾废也。"鱄设诸曰:"王可弑也。母老子弱,是无若我何②?"光曰:"我,尔身也③。"夏四月,光伏甲于堀室而享王④。王使甲坐于道,及其门。门阶户席⑤,皆王亲也,夹之以铍⑥。羞者献体改服于门外⑦。执羞者坐行而入⑧,执铍者夹承之,及体以相授也。光伪足疾,入于堀室。鱄设诸置剑于鱼中以进。抽剑刺王,铍交于胸,遂弑王。阖庐以其子为卿⑨。

【注释】

① 上国:中原国家。 ② 是无若我何:意为我死了他们怎么办。 ③ 我,尔身也:我就是你。这是公子光对鱄设诸的誓词。 ④ 堀室:同"窟室",地下室。 ⑤ 门阶户席:大门、台阶、内室门、酒席边。 ⑥ 铍(pī):剑类,形如刀而两边有刃。 ⑦ 羞者:进食的人。献体改服:脱光衣服换上另外的衣服。 ⑧ 坐行:膝行。 ⑨ 阖庐:即公子光。

季子至,曰:"苟先君无废祀,民人无废主,社稷有奉,国家无倾,乃吾君也。吾谁敢怨?哀死事生,以待天命。非我生乱,立者从之①,先人之道也。"复命哭墓②,复位而待。吴公子掩余奔徐,公子烛庸奔钟吾③。楚师闻吴乱而还。

【注释】

① 立者从之:谁立为国君我就服从谁。 ② 复命:复使命于僚墓。 ③ 钟吾:小国,在今江苏宿迁市东北。

郤宛直而和,国人说之。鄢将师为右领,与费无极比而恶之[①]。令尹子常贿而信谗。无极谮郤宛焉,谓子常曰:"子恶欲饮子酒[②]。"又谓子恶:"令尹欲饮酒于子氏。"子恶曰:"我,贱人也,不足以辱令尹。令尹将必来辱,为惠已甚,吾无以酬之,若何?"无极曰:"令尹好甲兵,子出之,吾择焉。"取五甲五兵,曰:"置诸门,令尹至,必观之,而从以酬之。"及飨日,帷诸门左。无极谓令尹曰:"吾几祸子。子恶将为子不利,甲在门矣,子必无往。且此役也[③],吴可以得志,子恶取赂焉而还,又误群帅,使退其师,曰:'乘乱不祥。'吴乘我丧,我乘其乱,不亦可乎?"令尹使视郤氏,则有甲焉,不往,召鄢将师而告之。将师退,遂令攻郤氏,且爇之[④]。子恶闻之,遂自杀也。国人弗爇。令曰:"不爇郤氏,与之同罪。"或取一编菅焉[⑤],或取一秉秆焉[⑥],国人投之,遂弗爇也。令尹炮之[⑦],尽灭郤氏之族党,杀阳令终与其弟完及佗[⑧],与晋陈及其子弟[⑨]。晋陈之族呼于国曰:"鄢氏、费氏自以为王[⑩],专祸楚国,弱寡王室,蒙王与令尹以自利也[⑪]。令尹尽信之矣,国将如何?"令尹病之。

【注释】

① 比:互相勾结。　② 子恶:郤宛。　③ 此役:指春天救潜之役。　④ 爇:放火烧。　⑤ 编菅:盖屋的茅草。　⑥ 一秉秆:一把稻草。　⑦ 炮:烧。　⑧ 阳令终:阳丐子。　⑨ 晋陈:楚大夫,与阳令终均与郤氏交好。　⑩ 自以为王:以王自居。　⑪ 蒙:欺骗。

秋,会于扈,令戍周,且谋纳公也。宋、卫皆利纳公,固请之。范献子取货于季孙,谓司城子梁与北宫贞子曰[①]:"季孙未知其罪,而君伐之,请囚,请亡,于是乎不获。君又弗克,而自出也。夫岂无备而能出君乎?季氏之复,天救之也。休公徒之怒[②],而启叔孙氏之心。不然,岂其伐人而说甲执冰以游?叔孙氏惧祸之滥[③],而自同于季氏,天之道也。鲁君守齐[④],三年而无成。季氏甚得其民,淮夷与之,有十年之备,有齐、楚之援,有天之赞,有民之助,有坚守之心,有列国之权,而弗敢宣也[⑤],事君如在国。故鞅以为难。二子皆图国者也,而欲纳鲁君,鞅之愿也。请从二子以围鲁,无成,死之。"二子惧,皆辞。乃辞小国,而以难复。

【注释】

① 司城子梁:宋乐祁。北宫贞子:卫北宫喜。 ② 休:息。 ③ 滥:泛滥而波及。 ④ 守:求。 ⑤ 宣:宣扬,公开。谓自我为尊,不自立或立新君。

孟懿子、阳虎伐郓①。郓人将战。子家子曰:“天命不慆久矣②。使君亡者,必此众也。天既祸之,而自福也,不亦难乎?犹有鬼神,此必败也。乌呼!为无望也夫,其死于此乎!”公使子家子如晋,公徒败于且知③。

【注释】

① 阳虎:即阳货,季氏家臣。 ② 慆:同“谄”,疑。 ③ 且知:近郓邑。

楚郤宛之难,国言未已,进胙者莫不谤令尹①。沈尹戌言于子常曰:“夫左尹与中厩尹莫知其罪②,而子杀之,以兴谤讟,至于今不已。戌也惑之。仁者杀人以掩谤,犹弗为也。今吾子杀人以兴谤,而弗图,不亦异乎?夫无极,楚之谗人也,民莫不知,去朝吴,出蔡侯朱,丧大子建,杀连尹奢,屏王之耳目,使不聪明。不然,平王之温惠共俭,有过成、庄,无不及焉。所以不获诸侯,迩无极也③。今又杀三不辜,以兴大谤,几及子矣。子而不图,将焉用之?夫鄢将师矫子之命,以灭三族,国之良也,而不愆位④。吴新有君,疆埸日骇⑤,楚国若有大事,子其危哉!知者除谗以自安也,今子爱谗以自危也,甚矣其惑也!”子常曰:“是瓦之罪,敢不良图。”九月己未,子常杀费无极与鄢将师,尽灭其族,以说于国,谤言乃止。

【注释】

① 进胙者:凡诸侯祭祀,赐胙肉与大夫,大夫祭祀,进胙肉与国君。此进胙者即代指大夫们。 ② 左尹:郤宛。中厩尹:阳令终。莫:无人。 ③ 迩:亲近。 ④ 愆位:杜注:“在位无愆过。” ⑤ 骇:紧张。

冬,公如齐,齐侯请飨之①。子家子曰:“朝夕立于其朝,又何飨焉?其饮酒也。”乃饮酒,使宰献②,而请安③。子仲之子曰重④,

为齐侯夫人,曰:"请使重见。"子家子乃以君出⑤。

十二月,晋籍秦致诸侯之戍于周⑥,鲁人辞以难。

【注释】

① 飨:同"享"。　② 使宰献:依礼,诸侯宴饮,身份相等,则自献,即酌酒饮客。如请臣下宴饮,则使宰献。齐景公在这里是把鲁昭公当齐臣对待。③ 请安:请昭公安席,自己退出。　④ 子仲:鲁公子慭。　⑤ 杜注:"辟齐夫人。"　⑥ 籍秦:籍谈之子。

昭公二十八年

【经】

二十有八年春①,王三月,葬曹悼公。

公如晋,次于乾侯②。

夏四月丙戌,郑伯宁卒。

六月,葬郑定公。

秋七月癸巳,滕子宁卒。

冬,葬滕悼公。

【注释】

① 二十有八年:公元前514年。　② 乾侯:在今河北成安县东南。

【传】

二十八年春,公如晋,将如乾侯。子家子曰:"有求于人,而即其安①,人孰矜之?其造于竟②。"弗听。使请逆于晋③。晋人曰:"天祸鲁国,君淹恤在外。君亦不使一个辱在寡人④,而即安于甥舅⑤,其亦使逆君?"使公复于竟而后逆之⑥。

【注释】

① 即其安:心安理得地进入晋国。　② 造:适,往。竟:同"境"。③ 使请逆于晋:派人去要求晋国派人来迎接。　④ 一个:一个人,指使者。在:存问。　⑤ 甥舅:指齐国。　⑥ 竟:指鲁境。

晋祁胜与邬臧通室①。祁盈将执之,访于司马叔游②。叔游曰:"《郑书》有之:'恶直丑正,实蕃有徒③。'无道立矣,子惧不免。《诗》曰:'民之多辟,无自立辟④。'姑已,若何?"盈曰:"祁氏私有讨,国何有焉?"遂执之。祁胜赂荀跞,荀跞为之言于晋侯。晋侯执祁盈。祁盈之臣曰:"钧将皆死,憖使吾君闻胜与臧之死也以为快⑤。"乃杀之。夏六月,晋杀祁盈及杨食我⑥。食我,祁盈之党也,而助乱,故杀之。遂灭祁氏、羊舌氏。

【注释】

① 祁胜、邬臧:均祁盈家臣。通室:易妻而淫。 ② 叔游:司马叔侯之子。 ③ 恶直丑正:厌恶刚直,丑化正派。蕃:多。徒:同党。 ④ 所引诗见《诗·大雅·板》。辟:邪僻。 ⑤ 憖:宁。 ⑥ 杨食我:羊舌氏,食邑于杨,故以杨称。叔向之子,字伯石。

初,叔向欲娶于申公巫臣氏,其母欲娶其党①。叔向曰:"吾母多而庶鲜②,吾惩舅氏矣③。"其母曰:"子灵之妻杀三夫、一君、一子④,而亡一国、两卿矣⑤,可无惩乎?吾闻之,甚美必有甚恶。是郑穆少妃姚子之子,子貉之妹也⑥。子貉早死,无后,而天钟美于是,将必以是大有败也。昔有仍氏生女,黰黑而甚美⑦,光可以鉴,名曰玄妻。乐正后夔取之,生伯封,实有豕心,贪惏无餍⑧,忿纇无期⑨,谓之封豕⑩。有穷后羿灭之,夔是以不祀。且三代之亡、共子之废⑪,皆是物也。女何以为哉?夫有尤物⑫,足以移人。苟非德义⑬,则必有祸。"叔向惧,不敢取。平公强使取之,生伯石。伯石始生,子容之母走谒诸姑⑭,曰:"长叔姒生男⑮。"姑视之,及堂,闻其声而还,曰:"是豺狼之声也。狼子野心,非是,莫丧羊舌氏矣。"遂弗视。

【注释】

① 其党:自己同族。 ② 庶:庶母兄弟。 ③ 惩:惩戒。此句意为我引以为戒,不再娶舅家女子。 ④ 子灵:巫臣。三夫:初嫁子蛮,继嫁夏御叔,又嫁连尹襄老。 ⑤ 一国:陈国。两卿:孔宁、仪行父。 ⑥ 子貉:郑灵公夷。 ⑦ 黰黑:发黑而密。 ⑧ 贪惏:即"贪婪"。 ⑨ 忿纇:急躁乖戾。 ⑩ 封豕:大猪。 ⑪ 三代之亡:谓夏桀宠妹喜,殷纣

宠妲己,周幽宠褒姒。共子:即太子申生,以晋献公宠骊姬而废。　⑫ 尤物:特别漂亮的女人。　⑬ 苟非德义:如果不是有道德正义的人娶她。⑭ 子容之母:叔向嫂,伯华之妻。姑:叔向母。　⑮ 长叔姒:大弟妇。

秋,晋韩宣子卒①,魏献子为政②。分祁氏之田以为七县,分羊舌氏之田以为三县。司马弥牟为邬大夫③,贾辛为祁大夫④,司马乌为平陵大夫⑤,魏戊为梗阳大夫⑥,知徐吾为涂水大夫⑦,韩固为马首大夫⑧,孟丙为盂大夫⑨,乐霄为铜鞮大夫⑩,赵朝为平阳大夫⑪,僚安为杨氏大夫⑫。谓贾辛、司马乌为有力于王室⑬,故举之。谓知徐吾、赵朝、韩固、魏戊,馀子之不失职⑭,能守业者也。其四人者⑮,皆受县而后见于魏子,以贤举也。

【注释】

① 韩宣子:韩起。　② 魏献子:魏舒。　③ 邬:在今山西介休市东北。　④ 祁:在今山西祁县东南。　⑤ 平陵:在今山西文水县东北。⑥ 梗阳:在今山西清徐县。　⑦ 涂水:在今山西晋中市西南。　⑧ 马首:在今山西平定县东南。　⑨ 盂:在今山西盂县。　⑩ 铜鞮:在今山西沁县南。　⑪ 平阳:在今山西临汾市。　⑫ 杨氏:在今山西洪洞县东南。　⑬ 有力于王室:昭公二十二年率师助敬王。　⑭ 馀子:大夫之庶子。　⑮ 其四人:指剩下的司马弥牟、孟丙、乐霄、僚安四人。

魏子谓成鱄:"吾与戊也县,人其以我为党乎?"对曰:"何也?戊之为人也,远不忘君,近不逼同①,居利思义,在约思纯②,有守心而无淫行。虽与之县,不亦可乎?昔武王克商,光有天下③。其兄弟之国者十有五人,姬姓之国者四十人,皆举亲也。夫举无他,唯善所在,亲疏一也。《诗》曰:'唯此文王,帝度其心。莫其德音,其德克明。克明克类,克长克君。王此大国,克顺克比。比于文王,其德靡悔。既受帝祉,施于孙子④。'心能制义曰度,德正应和曰莫,照临四方曰明,勤施无私曰类,教诲不倦曰长,赏庆刑威曰君,慈和遍服曰顺,择善而从之曰比,经纬天地曰文。九德不愆,作事无悔,故袭天禄,子孙赖之。主之举也,近文德矣,所及其远哉!"

【注释】

① 不逼同:杜注:“不逼同位。” ② 约:穷困。纯:纯朴。 ③ 光:同“广”。 ④ 所引诗见《诗·大雅·皇矣》。文王:今作“王季”。莫:今作“貊”,静。克长克君:称为师表,是个好国君。比:亲顺。

贾辛将适其县,见于魏子。魏子曰:“辛来,昔叔向适郑,鬷蔑恶[1],欲观叔向,从使之收器者而往[2],立于堂下,一言而善。叔向将饮酒,闻之,曰:‘必鬷明也。’下,执其手以上,曰:‘昔贾大夫恶,娶妻而美,三年不言不笑,御以如皋[3],射雉,获之,其妻始笑而言。贾大夫曰:“才之不可以已,我不能射,女遂不言不笑夫!”今子少不扬[4],子若无言,吾几失子矣。言之不可以已也如是。’遂如故知。今女有力于王室,吾是以举女。行乎,敬之哉,毋堕乃力[5]。”

【注释】

① 鬷蔑:即鬷明,又称然明。恶:貌丑。 ② 使之收器者:收拾炊具食器的人。 ③ 皋:水边、沼泽。 ④ 少不扬:容貌不扬。 ⑤ 堕:损。力:功。

仲尼闻魏子之举也,以为义,曰:“近不失亲,远不失举,可谓义矣。”又闻其命贾辛也,以为忠:“《诗》曰:‘永言配命,自求多福[1]。’忠也。魏子之举也义,其命也忠,其长有后于晋国乎!”

【注释】

① 所引诗见《诗·大雅·文王》。配,合。命,天命。

冬,梗阳人有狱,魏戊不能断,以狱上。其大宗赂以女乐[1],魏子将受之。魏戊谓阎没、女宽曰:“主以不贿闻于诸侯,若受梗阳人,贿莫甚焉。吾子必谏。”皆许诺。退朝,待于庭[2]。馈入,召之。比置[3],三叹。既食,使坐。魏子曰:“吾闻诸伯叔,谚曰:‘唯食忘忧。’吾子置食之间三叹,何也?”同辞而对曰:“或赐二小人酒,不夕食[4]。馈之始至,恐其不足,是以叹。中置,自咎曰:‘岂将军食之[5],而有不足?’是以再叹。及馈之毕,愿以小人之腹为君子之心，属厌而已⑥。”献子辞梗阳人。

【注释】

①大宗：讼者之大宗。　②庭：魏献子之庭。　③比置：指上饭菜。　④不夕食：昨天因而没有吃饭。　⑤将军：魏献子为中军帅，故称。　⑥属：适。厌：满足。已：止。

昭公二十九年

【经】

二十有九年春①，公至自乾侯，居于郓。

齐侯使高张来唁公②。

公如晋，次于乾侯。

夏四月庚子，叔诣卒。

秋七月。

冬十月，郓溃。

【注释】

①二十有九年：公元前513年。　②齐侯：齐景公。杜注：“唁公至晋不见受。高张，高偃子。”

【传】

二十九年春，公至自乾侯，处于郓。齐侯使高张来唁公，称主君。子家子曰：“齐卑君矣，君祇辱焉①。”公如乾侯。

二月己卯，京师杀召伯盈、尹氏固及原伯鲁之子②。尹固之复也，有妇人遇之周郊，尤之，曰：“处则劝人为祸，行则数日而反，是夫也，其过三岁乎？”夏五月庚寅，王子赵车入于鄻以叛③，阴不佞败之。

【注释】

①祇辱：只是在自取其辱。　②杜注：“皆子朝党也。”　③王子赵车：子朝余党。鄻(nián)：周邑。

平子每岁贾马，具从者之衣屦而归之于乾侯①。公执归马者卖之②，乃不归马。卫侯来献其乘马曰启服③，堑而死④，公将为之椟⑤。子家子曰："从者病矣⑥，请以食之。"乃以帏裹之。

【注释】

① 归：同"馈"，送。 ② 卖之：卖马。 ③ 卫侯：卫灵公。 ④ 堑：掉入沟堑中。 ⑤ 椟：棺木。 ⑥ 病：此指日子艰难。

公赐公衍羔裘，使献龙辅于齐侯①，遂入羔裘。齐侯喜，与之阳谷。公衍、公为之生也，其母偕出②。公衍先生。公为之母曰："相与偕出，请相与偕告。"三日，公为生，其母先以告，公为为兄。公私喜于阳谷而思于鲁③，曰："务人为此祸也④。且后生而为兄，其诬也久矣。"乃黜之，而以公衍为大子。

【注释】

① 龙辅：祭祷旱灾所用的玉，上有龙文。 ② 出：出居产房。 ③ 思于鲁：谓想起在鲁都城发生的这些事。 ④ 务人：公为。除季氏始谋于公为与公若。

秋，龙见于绛郊。魏献子问于蔡墨曰①："吾闻之，虫莫知于龙，以其不生得也。谓之知，信乎？"对曰："人实不知，非龙实知。古者畜龙，故国有豢龙氏，有御龙氏。"献子曰："是二氏者，吾亦闻之，而不知其故，是何谓也？"对曰："昔有飂叔安②，有裔子曰董父，实甚好龙，能求其耆欲以饮食之③，龙多归之。乃扰畜龙④，以服事帝舜。帝赐之姓曰董，氏曰豢龙，封诸鬷川⑤，鬷夷氏其后也。故帝舜氏世有畜龙。及有夏孔甲⑥，扰于有帝。帝赐之乘龙，河、汉各二，各有雌雄，孔甲不能食⑦，而未获豢龙氏。有陶唐氏既衰，其后有刘累，学扰龙于豢龙氏，以事孔甲，能饮食之。夏后嘉之⑧，赐氏曰御龙，以更豕韦之后⑨。龙一雌死，潜醢以食夏后。夏后飨之，既而使求之。惧而迁于鲁县⑩。范氏其后也。"献子曰："今何故无之？"对曰："夫物，物有其官，官修其方⑪，朝夕思之。一日失职，则死及之。失官不食⑫，官宿其业⑬，其物乃至。若泯弃之⑭，物乃坻伏[15]，郁湮不育。故有五行之官，是为五官。实列受氏姓，封为上公，祀为贵神。社稷五祀[16]，是尊是奉。木正曰句芒[17]，火正曰祝融，金正曰蓐收，水正曰玄冥，土正曰后土。龙，水物也。水官弃矣[18]，故龙不生得。不然，《周易》有之，在《乾》䷀之《姤》䷫[19]，曰：'潜龙勿用。'其《同人》䷌曰：'见龙在田。'其《大有》䷍曰：'飞龙在天。'其《夬》䷪曰：'亢龙有悔。'其《坤》䷁曰：'见群龙无首，吉。'《坤》之《剥》䷖曰[20]：'龙战于野。'若不朝夕见，谁能物之[21]？"献子曰："社稷五祀，谁氏之五官也[22]？"对曰："少皞氏有四叔，曰重，曰该，曰修，曰熙，实能金木及水。使重为句芒，该为蓐收，修及熙为玄冥，世不失职，遂济穷桑[23]，此其三祀也。颛顼氏有子曰犁，为祝融，共工氏有子曰句龙，为后土，此其二祀也。后土为社，稷，田正也。有烈山氏之子曰柱为稷[24]，自夏以上祀之。周弃亦为稷[25]，自商以来祀之。"

【注释】

① 蔡墨：晋大夫。官太史。　② 飂（liǎo）：古国名，地在今河南唐河县南。叔安为其国君名。　③ 耆：同"嗜"。　④ 扰：驯服。此为反训。⑤ 鬷川：在今山东定陶县北。　⑥ 孔甲：少康之后九世君。　⑦ 食：饲养。　⑧ 夏后：即孔甲。　⑨ 更：代。豕韦：祝融的后人。　⑩ 鲁县：在今河南鲁山县东北。　⑪ 方：法术。　⑫ 不食：不食禄。⑬ 宿：安。　⑭ 泯：灭。　⑮ 坻伏：隐伏。　⑯ 五祀：从下文，指金、木、水、火、土五官之神，即句芒、祝融、蓐收、玄冥、后土。　⑰ 正：官长。⑱ 弃：废。　⑲《乾》之《姤》：《乾》初九变，巽下乾上为《姤》。　⑳《坤》之《剥》：《坤》第六爻变，坤下艮上为《剥》。　㉑ 物：描绘。　㉒ 谁氏：哪一位帝。　㉓ 济穷桑：少昊邑于穷桑以登帝位，都曲阜。　㉔ 烈山氏：炎帝。　㉕ 弃：周始祖，能播百谷，汤灭夏，废柱而以弃代之。

冬，晋赵鞅、荀寅帅师城汝滨[1]，遂赋晋国一鼓铁[2]，以铸刑鼎，著范宣子所为刑书焉。仲尼曰："晋其亡乎，失其度矣。夫晋国将守唐叔之所受法度[3]，以经纬其民，卿大夫以序守之[4]。民是以能尊其贵，贵是以能守其业。贵贱不愆，所谓度也。文公是以作执秩之官，为被庐之法[5]，以为盟主。今弃是度也，而为刑鼎，民在鼎矣，何以尊贵？贵何业之守？贵贱无序，何以为国？且夫宣子之刑，夷之蒐也[6]，晋国之乱制也，若之何以为法？”蔡史墨曰：“范氏、中行氏其亡乎！中行寅为下卿[7]，而干上令，擅作刑器，以为国法，是法奸也。又加范氏焉，易之[8]，亡也。其及赵氏[9]，赵孟与焉；然不得已，若德，可以免。”

【注释】

① 汝滨：汝水边。汝水出河南嵩县，在襄城入沙河。杜注谓汝滨为“晋所取陆浑地”。 ② 鼓：在重量为四百八十斤，在容量为十二斛。 ③ 唐叔：晋始祖。 ④ 序：位次。 ⑤ 杜注：“僖二十七年文公蒐被庐，修唐叔之法。” ⑥ 杜注：“范宣子所用刑，乃夷蒐之法。夷蒐在文六年，一蒐而易三中军帅，贾季、箕郑之徒遂作乱，故曰乱制。” ⑦ 中行寅：荀寅。 ⑧ 易之：指改易被庐制订的法规。 ⑨ 及：牵连。

昭公三十年

【经】

三十年春[1]，王正月，公在乾侯。

夏六月庚辰，晋侯去疾卒。

秋八月，葬晋顷公。

冬十有二月，吴灭徐，徐子章羽奔楚[2]。

【注释】

① 三十年：公元前512年。 ② 章羽：《左传》、《公羊》等均作“章禹”。

【传】

三十年春，王正月，公在乾侯。不先书郓与乾侯[1]，非公[2]，且征过也[3]。

【注释】

① 不先书：指以前不记载。 ② 非：指责。 ③ 征过：明白指出他的过错。

夏六月，晋顷公卒。秋八月，葬。郑游吉吊，且送葬。魏献子使士景伯诘之，曰："悼公之丧，子西吊，子蟜送葬①。今吾子无贰②，何故？"对曰："诸侯所以归晋君，礼也。礼也者，小事大，大字小之谓③。事大在共其时命，字小在恤其所无。以敝邑居大国之间，共其职贡，与其备御不虞之患④，岂忘共命？先王之制，诸侯之丧，士吊，大夫送葬。唯嘉好、聘享、三军之事⑤，于是乎使卿。晋之丧事，敝邑之间⑥，先君有所助执绋矣⑦。若其不间，虽士大夫有所不获数矣⑧。大国之惠，亦庆其加⑨，而不讨其乏，明厎其情⑩，取备而已，以为礼也。灵王之丧⑪，我先君简公在楚，我先大夫印段实往，敝邑之少卿也⑫。王吏不讨，恤所无也。今大夫曰：'女盍从旧？'旧有丰有省，不知所从。从其丰，则寡君幼弱，是以不共；从其省，则吉在此矣。唯大夫图之。"晋人不能诘。

【注释】

① 事在襄公十五年（前558）。　② 无贰：谓一人兼数事。　③ 字：爱抚。　④ 与：参与。　⑤ 嘉好：朝会。三军：指战争。　⑥ 间：闲暇，安宁。　⑦ 执绋：送葬。绋，挽柩车之绳。　⑧ 不获数：不获尽礼数。　⑨ 庆：善。　⑩ 厎：致。情：忠诚。　⑪ 灵王之丧：在襄公二十八年。　⑫ 少卿：下卿。

吴子使徐人执掩余，使钟吾人执烛庸。二公子奔楚，楚子大封，而定其徙①。使监马尹大心逆吴公子，使居养②。莠尹然、左司马沈尹戌城之，取于城父与胡田以与之③，将以害吴也。子西谏曰："吴光新得国，而亲其民。视民如子，辛苦同之，将用之也。若好吴边疆，使柔服焉，犹惧其至。吾又强其仇以重怒之④，无乃不可乎！吴，周之胄裔也，而弃在海滨，不与姬通。今而始大，比于诸华。光又甚文⑤，将自同于先王。不知天将以为虐乎，使翦丧吴国而封大异姓乎⑥，其抑亦将卒以祚吴乎⑦？其终不远矣⑧。我盍姑亿吾鬼神⑨，而宁吾族姓，以待其归⑩，将焉用自播扬焉⑪？"王弗听。吴子怒，冬十二月，吴子执钟吾子，遂伐徐，防山以水之⑫。己卯，灭徐。徐子章禹断其发，携其夫人，以逆吴子。吴子唁而送之，使其迩臣从之[13],遂奔楚。楚沈尹戌帅师救徐,弗及,遂城夷,使徐子处之。

【注释】

① 杜注:“大封,与土田,定其所徙之居。” ② 养:在今河南沈丘县南。 ③ 城父:即夷,在养东北。胡:在今安徽阜阳市。 ④ 重:加重。⑤ 文:有知识。 ⑥ 翦丧:灭亡。封大异姓:使周边异姓国扩大土地。⑦ 祚吴:保佑吴国。 ⑧ 终:结果。 ⑨ 亿:安。 ⑩ 归:结果。⑪ 播扬:劳动。 ⑫ 防:筑堤。 ⑬ 迩臣:亲近之臣。

吴子问于伍员曰:“初而言伐楚,余知其可也,而恐其使余往也,又恶人之有余之功也。今余将自有之矣,伐楚何如?”对曰:“楚执政众而乖[1],莫适任患[2]。若为三师以肄焉[3],一师至,彼必皆出。彼出则归,彼归则出,楚必道敝。亟肄以罢之[4],多方以误之,既罢而后以三军继之,必大克之。”阖庐从之。楚于是乎始疾。

【注释】

① 乖:互相不和。 ② 莫适任患:没有人肯承担责任。 ③ 肄:同“肆”,突然袭击而快速撤退。 ④ 亟:屡。罢:疲。

昭公三十一年

【经】

三十有一年春[1],王正月,公在乾侯。

季孙意如会晋荀跞于适历[2]。

夏四月丁巳,薛伯谷卒。

晋侯使荀跞唁公于乾侯[3]。

秋,葬薛献公。

冬,黑肱以滥来奔[4]。

十有二月辛亥朔,日有食之。

【注释】

① 三十有一年:公元前 511 年。　② 适历:晋地,具体所在不详。 ③ 晋侯:晋定公,名午。公元前 511—前 475 年在位。　④ 杜注:"黑肱,邾大夫。不书邾,史阙文。"滥:在今山东滕州市东南。

【传】

三十一年春,王正月,公在乾侯,言不能外内也①。晋侯将以师纳公。范献子曰:"若召季孙而不来,则信不臣矣,然后伐之,若何?"晋人召季孙,献子使私焉,曰:"子必来,我受其无咎②。"季孙意如会晋荀跞于适历。荀跞曰:"寡君使跞谓吾子,何故出君?有君不事,周有常刑,子其图之!"季孙练冠麻衣跣行③,伏而对曰:"事君,臣之所不得也,敢逃刑命?君若以臣为有罪,请囚于费,以待君之察也,亦唯君。若以先臣之故,不绝季氏,而赐之死④。若弗杀弗亡,君之惠也,死且不朽。若得从君而归,则固臣之愿也,敢有异心?"夏四月,季孙从知伯如乾侯⑤。子家子曰:"君与之归,一惭之不忍,而终身惭乎?"公曰:"诺。"众曰:"在一言矣⑥,君必逐之。"荀跞以晋侯之命唁公,且曰:"寡君使跞以君命讨于意如,意如不敢逃死,君其入也!"公曰:"君惠顾先君之好,施及亡人,将使归粪除宗祧以事君⑦,则不能见夫人⑧。已所能见夫人者,有如河!"荀跞掩耳而走,曰:"寡君其罪之恐,敢与知鲁国之难?臣请复于寡君。"退而谓季孙:"君怒未怠⑨,子姑归祭⑩。"子家子曰:"君以一乘入于鲁师,季孙必与君归。"公欲从之,众从者胁公,不得归。

【注释】

① 不能外内:不容于国外与国内。　② 受:担保。　③ 练冠:服丧期间与练服相配的帽子。　④ 而赐之死:以下文意不顺,或谓有脱漏,或谓下"死且不朽"四字当移此句下。　⑤ 知伯:即荀跞。　⑥ 在一言:谓昭公只要发句话晋人必逐季氏。　⑦ 粪除:扫除。　⑧ 夫人:指季孙。　⑨ 怠:懈,消。　⑩ 归祭:归主祭事,即代理国君。

薛伯谷卒,同盟,故书。

秋，吴人侵楚，伐夷，侵潜、六[①]。楚沈尹戌帅师救潜，吴师还。楚师迁潜于南冈而还[②]。吴师围弦[③]。左司马戌、右司马稽帅师救弦，及豫章。吴师还。始用子胥之谋也。

【注释】

① 潜：在今安徽霍山县东北。六：在今安徽六安市北。　② 南冈：在霍山县北。　③ 弦：在今河南息县南。

冬，邾黑肱以滥来奔，贱而书名，重地故也。君子曰："名之不可不慎也如是。夫有所有名[①]，而不如其已。以地叛，虽贱，必书地，以名其人，终为不义，弗可灭已。是故君子动则思礼，行则思义，不为利回[②]，不为义疚[③]。或求名而不得，或欲盖而名章，惩不义也。齐豹为卫司寇，守嗣大夫[④]，作而不义，其书为'盗'。邾庶其、莒牟夷、邾黑肱以土地出，求食而已，不求其名，贱而必书。此二物者[⑤]，所以惩肆而去贪也[⑥]。若艰难其身，以险危大人[⑦]，而有名章彻[⑧]，攻难之士[⑨]，将奔走之。若窃邑叛君，以徼大利而无名，贪冒之民，将置力焉[⑩]。是以《春秋》书齐豹曰'盗'，三叛人名，以惩不义，数恶无礼[⑪]，其善志也[⑫]。故曰，《春秋》之称微而显，婉而辨[⑬]。上之人能使昭明，善人劝焉，淫人惧焉，是以君子贵之。"

【注释】

① 有所有名：有时有名。　② 回：违，违礼。　③ 疚：内疚。　④ 守嗣大夫：世袭为大夫。　⑤ 物：事。　⑥ 肆：放肆。　⑦ 大人：在位者。　⑧ 章彻：显扬。　⑨ 攻难：发起祸难。　⑩ 置力：努力去做。　⑪ 数：数说，责备。　⑫ 善志：善于记述。　⑬ 辨：区别明晰。

十二月辛亥朔，日有食之。是夜也，赵简子梦童子羸而转以歌[①]。旦占诸史墨，曰："吾梦如是，今而日食，何也？"对曰："六年及此月也，吴其入郢乎！终亦弗克。入郢，必以庚辰。日月在辰尾[②]，庚午之日，日始有谪[③]。火胜金[④]，故弗克。"

【注释】

① 羸：同"裸"。转以歌：按歌声的节拍跳舞。　② 辰尾：指苍龙星之

尾,即夏历十月,周历十二月。　③ 谪:灾。　④ 火胜金:午为火,南方,指楚。庚为金。

昭公三十二年

【经】

三十有二年春[①],王正月,公在乾侯,取阚[②]。

夏,吴伐越。

秋,七月。

冬,仲孙何忌会晋韩不信、齐高张、宋仲幾、卫世叔申、郑国参、曹人、莒人、薛人、杞人、小邾人[③],城成周。

十有二月己未,公薨于乾侯。

【注释】

① 三十有二年:公元前510年。　② 阚:具体所在不详。　③ 韩不信:韩起孙,字伯音,谥简子。世叔申:世叔仪孙。国参:子产之子。

【传】

三十二年春,王正月,公在乾侯,言不能外内,又不能用其人也[①]。

【注释】

① 杜注:"其人指子家羁也。言公不能用其人,故于今犹在乾侯。"

夏,吴伐越,始用师于越也。史墨曰:"不及四十年,越其有吴乎!越得岁而吴伐之[①],必受其凶。"

【注释】

① 岁:岁星。吴、越同在一星纪,何以越得岁而吴不得;史墨又根据什么推出"四十年"之说,前人解说纷纭,均难以服人。

秋八月,王使富辛与石张如晋,请城成周[①]。天子曰:"天降祸于周,俾我兄弟并有乱心[②],以为伯父忧。我一二亲昵甥舅,不皇启处[③],于今十年,勤戍五年。余一人无日忘之,闵闵焉如农夫之望岁，惧以待时④。伯父若肆大惠，复二文之业⑤，弛周室之忧，徼文、武之福，以固盟主，宣昭令名，则余一人有大愿矣。昔成王合诸侯，城成周，以为东都，崇文德焉。今我欲徼福假灵于成王，修成周之城，俾戍人无勤，诸侯用宁⑥，蝥贼远屏⑦，晋之力也。其委诸伯父，使伯父实重图之。俾我一人无征怨于百姓，而伯父有荣施⑧，先王庸之⑨。"范献子谓魏献子曰："与其戍周，不如城之，天子实云，虽有后事，晋勿与知可也。从王命以纾诸侯，晋国无忧，是之不务，而又焉从事？"魏献子曰："善。"使伯音对曰："天子有命，敢不奉承以奔告于诸侯？迟速衰序⑩，于是焉在。"

【注释】

① 杜注："子朝之乱，其余党多在王城，敬王畏之，徙都成周。成周狭小，故请城之。" ② 并：遍。 ③ 不皇启处：无暇安居。 ④ 时：收割之时。 ⑤ 二文：晋文侯仇、文公重耳。 ⑥ 用宁：因此安宁。 ⑦ 蝥贼：坏人。屏：逐放。 ⑧ 施：功、惠。 ⑨ 庸：酬劳。 ⑩ 衰序：分配工作量的多少差别。

冬十一月，晋魏舒、韩不信如京师，合诸侯之大夫于狄泉①，寻盟，且令城成周。魏子南面②。卫彪傒曰③："魏子必有大咎，干位以令大事，非其任也。《诗》曰：'敬天之怒，不敢戏豫。敬天之渝，不敢驰驱④。'况敢干位以作大事乎？"

【注释】

① 狄泉：即"翟泉"，在洛阳市。 ② 南面：居君位。 ③ 彪傒：卫大夫。 ④ 所引诗见《诗·大雅·板》。戏豫：游戏。渝：变。驰驱：此为随意、狂放之意。

己丑，士弥牟营成周①，计丈数，揣高卑②，度厚薄，仞沟洫③，物土方④，议远迩，量事期⑤，计徒庸⑥，虑材用⑦，书餱粮⑧，以令役于诸侯。属役赋丈⑨，书以授帅⑩，而效诸刘子⑪。韩简子临之，以为成命⑫。

【注释】

① 营：规划。 ② 揣：度量。 ③ 仞：量深度。 ④ 物：相，物

色、考察。　⑤ 量:估量。　⑥ 徒庸:人工。　⑦ 虑:测算。　⑧ 书:登记。　⑨ 属役赋丈:按照情况分配人工及完成的地段。　⑩ 帅:诸侯的大夫。　⑪ 效:致。　⑫ 成命:定命。

十二月,公疾,遍赐大夫,大夫不受。赐子家子双琥[1],一环,一璧,轻服[2],受之。大夫皆受其赐。己未,公薨。子家子反赐于府人[3],曰:“吾不敢逆君命也。”大夫皆反其赐。书曰:“公薨于乾侯。”言失其所也。

【注释】

① 琥(hǔ):以玉为之,虎形,是祭神的玉器。　② 轻服:细好之服。　③ 府人:掌国君财物的官。

赵简子问于史墨曰:“季氏出其君,而民服焉,诸侯与之,君死于外,而莫之或罪也?”对曰:“物生有两,有三,有五,有陪贰[1]。故天有三辰,地有五行,体有左右,各有妃耦。王有公,诸侯有卿,皆有贰也。天生季氏,以贰鲁侯,为日久矣,民之服焉,不亦宜乎?鲁君世从其失,季氏世修其勤,民忘君矣,虽死于外,其谁矜之?社稷无常奉,君臣无常位,自古以然。故《诗》曰:‘高岸为谷,深谷为陵[2]。’三后之姓[3],于今为庶[4],主所知也。在《易》卦,雷乘乾曰《大壮》䷡[5],天之道也。昔成季友,桓之季也,文姜之爱子也,始震而卜[6],卜人谒之,曰:‘生有嘉闻,其名曰友,为公室辅。’及生,如卜人之言,有文在其手曰‘友’,遂以名之。既而有大功于鲁,受费以为上卿。至于文子、武子,世增其业,不废旧绩。鲁文公薨,而东门遂杀適立庶,鲁君于是乎失国,政在季氏,于此君也,四公矣。民不知君,何以得国?是以为君,慎器与名,不可以假人。”

【注释】

① 陪贰:副手、助手。　② 所引诗见《诗·小雅·十月之交》。　③ 三后:虞、夏、商。姓:后代。　④ 庶:平民。　⑤ 杜注:“乾下震上,《大壮》。震在乾上,故曰‘雷乘乾’。”　⑥ 震:娠。

卷二十七　　定公上

定公元年

【经】

元年春①，王②。

三月，晋人执宋仲幾于京师。

夏六月癸亥，公之丧至自乾侯。

戊辰，公即位③。

秋七月癸巳，葬我君昭公。

九月，大雩。

立炀宫④。

冬十月，陨霜杀菽。

【注释】

① 元年：公元前509年。　② 杜注："公之始年而不书'正月'，公即位在六月故。"　③ 公：鲁定公。公元前509—前495年在位。　④ 炀宫：炀公之庙。炀公为伯禽子，考公弟，名熙。鲁建炀宫，为申兄终弟及之义，盖定公为昭公之弟。

【传】

元年春，王正月辛巳，晋魏舒合诸侯之大夫于狄泉，将以城成周。魏子莅政①。卫彪傒曰："将建天子②，而易位以令③，非义也。大事奸义，必有大咎。晋不失诸侯，魏子其不免乎！"是行也，魏献子属役于韩简子及原寿过④，而田于大陆⑤，焚焉⑥。还，卒于宁⑦。范献子去其柏椁⑧，以其未复命而田也。

【注释】

① 莅政：代天子主持政事。　② 建天子：建造天子的居所。

③ 易位:改自己臣位而居君位。　④ 原寿过:周大夫。　⑤ 大陆:在今河南获嘉县西北。　⑥ 焚:打猎时放火驱逐猎物。　⑦ 宁:在今获嘉县西。　⑧ 柏椁:柏木外棺,是大臣所用,范献子去之,以示贬。

孟懿子会城成周。庚寅,栽①。宋仲幾不受功②,曰:"滕、薛、郳,吾役也③。"薛宰曰:"宋为无道,绝我小国于周,以我适楚。故我常从宋。晋文公为践土之盟,曰:'凡我同盟,各复旧职。'若从践土,若从宋,亦唯命。"仲幾曰:"践土固然④。"薛宰曰:"薛之皇祖奚仲,居薛以为夏车正。奚仲迁于邳⑤,仲虺居薛,以为汤左相。若复旧职,将承王官,何故以役诸侯?"仲幾曰:"三代各异物⑥,薛焉得有旧?为宋役,亦其职也。"士弥牟曰:"晋之从政者新⑦,子姑受功。归,吾视诸故府⑧。"仲幾曰:"纵子忘之,山川鬼神其忘诸乎?"士伯怒,谓韩简子曰:"薛征于人⑨,宋征于鬼,宋罪大矣。且己无辞而抑我以神,诬我也⑩。启宠纳侮,其此之谓矣。必以仲幾为戮⑪。"乃执仲幾以归。三月,归诸京师。

【注释】

① 栽:设版筑填土。　② 功:任务。　③ 吾役:我们的徒役。　④ 固然:谓践土之盟所说也是以薛为宋属国。　⑤ 邳:在今江苏邳州市。　⑥ 各异物:事不同。　⑦ 新:指韩简子新为卿。　⑧ 故府:存放档案之处。　⑨ 征:征信,证明。　⑩ 诬:欺侮。　⑪ 戮:同"辱"。

城三旬而毕,乃归诸侯之戍。

齐高张后,不从诸侯①。晋女叔宽曰:"周苌弘、齐高张皆将不免。苌叔违天,高子违人。天之所坏,不可支也。众之所为②,不可奸也③。"

【注释】

① 杜注:"后期,不及诸侯之役。"　② 众之所为:众人要惩办的人。③ 奸:违背。

夏,叔孙成子逆公之丧于乾侯①。季孙曰:"子家子亟言于我,未尝不中吾志也②。吾欲与之从政，子必止之③，且听命焉④。”子家子不见叔孙，易几而哭⑤。叔孙请见子家子，子家子辞，曰：“羁未得见，而从君以出。君不命而薨，羁不敢见。”叔孙使告之曰：“公衍、公为实使群臣不得事君。若公子宋主社稷⑥，则群臣之愿也。凡从君出而可以入者，将唯子是听。子家氏未有后，季孙愿与子从政，此皆季孙之愿也，使不敢以告。”对曰：“若立君，则有卿士、大夫与守龟在⑦，羁弗敢知。若从君者，则貌而出者⑧，入可也。寇而出者⑨，行可也。若羁也，则君知其出也，而未知其入也，羁将逃也。”

【注释】

① 叔孙成子：叔孙婼之子，名不敢。 ② 中吾志：合吾心。 ③ 止之：止其出行外国。 ④ 杜注：“众事皆谘问子家子。” ⑤ 几：时。此句谓子家子不想见到叔孙，有意改变吊丧的时间。 ⑥ 公子宋：昭公弟，继位为定公。 ⑦ 守龟：占卜国事的龟壳。 ⑧ 貌而出：表面从君出而心未必忠于君者。 ⑨ 寇而出：指与季氏为仇而从君出者。

丧及坏隤①，公子宋先入，从公者皆自坏隤反。六月癸亥，公之丧至自乾侯。戊辰，公即位。季孙使役如阚公氏②，将沟焉③。荣驾鹅曰④：“生不能事，死又离之，以自旌也⑤。纵子忍之，后必或耻之。”乃止。

【注释】

① 坏隤：在今曲阜境内。 ② 阚：在曲阜，是鲁国历代国君墓地。阚公氏，管墓大夫。 ③ 杜注：“季孙恶昭公，欲沟绝其兆域，不使与先君同。” ④ 荣驾鹅：鲁大夫荣成伯。 ⑤ 旌：彰。

季孙问于荣驾鹅曰：“吾欲为君谥①，使子孙知之。”对曰：“生弗能事，死又恶之，以自信也②，将焉用之？”乃止。秋七月癸巳，葬昭公于墓道南。孔子之为司寇也，沟而合诸墓③。

昭公出故，季平子祷于炀公④。九月，立炀宫。

周巩简公弃其子弟⑤，而好用远人⑥。

【注释】

① 谥:指恶谥。　② 信:同申。自信即自我表白。　③ 沟而合诸墓:在墓外为沟,扩大墓区,以与墓道北诸公墓相连。　④ 炀公:鲁先君,伯禽之子。　⑤ 巩简公:周卿士。　⑥ 远人:异族。此条本与下为一传。

定公二年

【经】

二年春①,王正月。

夏五月壬辰,雉门及两观灾②。

秋,楚人伐吴。

冬十月,新作雉门及两观。

【注释】

① 二年:公元前508年。　② 雉门:宫殿南门。两观:雉门两旁的土台,上有重屋,可以观望。

【传】

二年夏四月辛酉,巩氏之群子弟贼简公①。

桐叛楚②,吴子使舒鸠氏诱楚人③,曰:"以师临我,我伐桐,为我使之无忌④。"秋,楚囊瓦伐吴,师于豫章。吴人见舟于豫章⑤,而潜师于巢。冬十月,吴军楚师于豫章,败之。遂围巢,克之,获楚公子繁⑥。

邾庄公与夷射姑饮酒,私出⑦。阍乞肉焉,夺之杖以敲之⑧。

【注释】

① 贼:刺杀。　② 桐:楚属国,地在今安徽桐城市。　③ 舒鸠氏:在襄公二十五年(前548)因叛楚而被楚灭,居今安徽舒城县。　④ 为我使之无忌:这样做就能使相对我们出兵没有猜疑。　⑤ 见:陈列。⑥ 公子繁:守巢大夫。　⑦ 私:小便。　⑧ 此段当与下一年传为一条。

定公三年

【经】

三年春[1],王正月,公如晋,至河乃复。

二月辛卯,邾子穿卒。

夏四月。

秋,葬邾庄公。

冬,仲孙何忌及邾子盟于拔[2]。

【注释】

① 三年:公元前 507 年。　② 邾子:邾隐公。拔:不详。传作郯。或云即今山东郯城县。

【传】

三年春二月辛卯,邾子在门台[1],临廷[2]。阍以瓶水沃廷。邾子望见之,怒。阍曰:"夷射姑旋焉[3]。"命执之。弗得,滋怒[4],自投于床,废于炉炭[5],烂[6],遂卒。先葬以车五乘,殉五人。庄公卞急而好洁,故及是。

【注释】

① 门台:相当于今之门楼。　② 廷:外廷。　③ 旋:便溺。　④ 滋:更加。　⑤ 废:堕。　⑥ 烂:因烫伤而溃烂。

秋九月,鲜虞人败晋师于平中[1],获晋观虎,恃其勇也。

冬,盟于郯,修邾好也。

【注释】

① 平中:具体所在不详,当在今河北唐县附近。

蔡昭侯为两佩与两裘,以如楚,献一佩一裘于昭王。昭王服之,以享蔡侯。蔡侯亦服其一。子常欲之[1],弗与。三年止之。唐成公如楚[2],有两肃爽马[3],子常欲之,弗与,亦三年止之。唐人或相与谋,请代先从者,许之。饮先从者酒,醉之,窃马而献之子常。子常归唐侯。自拘于司败④,曰:“君以弄马之故⑤,隐君身⑥,弃国家,群臣请相夫人以偿马⑦,必如之。”唐侯曰:“寡人之过也,二三子无辱。”皆赏之。蔡人闻之,固请而献佩于子常。子常朝,见蔡侯之徒,命有司曰:“蔡君之久也,官不共也⑧。明日,礼不毕,将死。”蔡侯归,及汉⑨,执玉而沉,曰:“余所有济汉而南者,有若大川!”蔡侯如晋,以其子元与其大夫之子为质焉,而请伐楚。

【注释】

① 子常:令尹囊瓦。 ② 唐:楚附庸小国,唐惠侯之后,地在今湖北随州市西北。不久为昭王所灭。 ③ 肃爽:良种骏马,即后人所谓“骕骦”。 ④ 自拘:窃马者自拘。司败:即司寇。 ⑤ 弄:玩。 ⑥ 隐:讳言拘留。 ⑦ 相:助。夫人:养马者。 ⑧ 官:有关官员。不共:谓没备齐送行的礼品。 ⑨ 汉:汉水。

定公四年

【经】

四年春①,王二月癸巳,陈侯吴卒。

三月,公会刘子、晋侯、宋公、蔡侯、卫侯、陈子、郑伯、许男、曹伯、莒子、邾子、顿子、胡子、滕子、薛伯、杞伯、小邾子、齐国夏于召陵②,侵楚。

夏四月庚辰,蔡公孙姓帅师灭沈,以沈子嘉归,杀之。

五月,公及诸侯盟于皋鼬③。

杞伯成卒于会。

六月,葬陈惠公。

许迁于容城④。

秋七月,公至自会。

刘卷卒。

葬杞悼公。

楚人围蔡。

晋士鞅、卫孔圉帅师伐鲜虞[5]。

葬刘文公。

冬十有一月庚午，蔡侯以吴子及楚人战于柏举[6]，楚师败绩。

楚囊瓦出奔郑。

庚辰，吴入郢。

【注释】

① 四年：公元前 506 年。 ② 刘子：刘文公蚠，亦称刘卷。晋侯：晋定公，公元前 511—前 475 年在位。宋公：宋景公。蔡侯：蔡昭侯，公元前 518—前 491 年在位。卫侯：卫灵公。陈子：陈怀公。时守丧，故称"子"。自此年至公元前 502 年在位。郑伯：郑献公，公元前 513—前 501 年在位。许男：许斯。曹伯：曹隐公，公元前 509—前 506 年在位。莒子：莒郊公。邾子：邾隐公。滕子：滕顷公。薛伯：薛襄公。杞伯：杞悼公。小邾子：小邾穆公。国夏：国佐之孙。召陵：在今河南郾城县东。 ③ 皋鼬：在今河南临颍县南。 ④ 容城：在今河南鲁山县。 ⑤ 士鞅：即范鞅。孔圉：孔羁孙。⑥ 吴子：吴王阖庐。柏举：在今湖北麻城市东北。

【传】

四年春三月，刘文公合诸侯于召陵，谋伐楚也。

晋荀寅求货于蔡侯，弗得，言于范献子曰："国家方危，诸侯方贰，将以袭敌，不亦难乎？水潦方降，疾疟方起，中山不服[1]，弃盟取怨，无损于楚，而失中山，不如辞蔡侯。吾自方城以来[2]，楚未可以得志，只取勤焉。"乃辞蔡侯。

【注释】

① 中山：即鲜虞国。 ② 杜注："晋败楚，侵方城，在襄公十六年。"

晋人假羽旄于郑[1]，郑人与之。明日，或旆以会。晋于是乎失诸侯。将会，卫子行敬子言于灵公曰[2]："会同难[3]，啧有烦言[4]，莫之治也。其使祝佗从[5]。"公曰："善。"乃使子鱼。子鱼辞，曰："臣展四体[6]，以率旧职[7]，犹惧不给而烦刑书[8]，若又共二[9]，徼大罪也。且夫祝，社稷之常隶也。社稷不动，祝不出竟，官之制也。君以军行，祓社衅鼓[10]，祝奉以从[11]，于是乎出竟。若嘉好之事[12]，君行师从[13]，卿行旅从[14]，臣无事焉。"公曰："行也。"及皋鼬，将长蔡于卫[15]。卫侯使祝佗私于苌弘曰："闻诸道路，不知信否，若闻蔡将先卫，信乎？"苌弘曰："信。蔡叔，康叔之兄也，先卫，不亦可乎？"

【注释】

①羽旄：装饰旌旗的羽毛。　②子行敬子：卫大夫。　③同难：难以意见一致。　④啧有烦言：意见不一致而发生争执。啧，至。烦言，忿争。　⑤祝佗：太祝名佗，字子鱼。　⑥展四体：展布四肢。谓忙于工作。　⑦率旧职：继承先人的职务。　⑧烦刑书：获罪。　⑨共：同"供"。　⑩祓社：祭祀社神。　⑪奉：奉社主。　⑫嘉好之事：朝会、聘问。　⑬师：二千五百人。　⑭旅：五百人。　⑮长蔡于卫：让蔡国排列在卫国前面。

子鱼曰："以先王观之，则尚德也。昔武王克商，成王定之，选建明德[1]，以藩屏周。故周公相王室，以尹天下[2]，于周为睦[3]。分鲁公以大路、大旂[4]，夏后氏之璜[5]，封父之繁弱[6]，殷民六族，条氏、徐氏、萧氏、索氏、长勺氏、尾勺氏，使帅其宗氏[7]，辑其分族[8]，将其类丑[9]，以法则周公，用即命于周[10]。是使之职事于鲁，以昭周公之明德。分之土田陪敦[11]，祝、宗、卜、史，备物、典策[12]，官司、彝器[13]。因商奄之民[14]，命以《伯禽》而封于少皞之虚[15]。分康叔以大路、少帛、綪茷、旃旌、大吕[16]，殷民七族，陶氏、施氏、繁氏、锜氏、樊氏、饥氏、终葵氏，封畛土略[17]，自武父以南，及圃田之北竟[18]，取于有阎之土[19]，以共王职。取于相土之东都[20]，以会王之东蒐。聃季授土[21]，陶叔授民[22]，命以《康诰》[23]，而封于殷虚[24]。皆启以商政[25]，疆以周索[26]。分唐叔以大路、密须之鼓[27]，阙巩、沽洗[28]，怀姓九宗，职官五正[29]。命以《唐诰》[30]，而封于夏虚[31]，启以夏政，疆以戎索。三者皆叔也，而有令德，故昭之以分物[32]。不然，文、武、成、康之伯犹多，而不获是分也，唯不尚年也。管蔡启商，惎间王室[33]。王于是乎杀管叔而蔡蔡叔[34]，以车七乘，徒七十人。其子蔡仲，改行帅德[35],周公举之,以为己卿士,见诸王而命之以蔡,其命书云:‘王曰:胡[36],无若尔考之违王命也。’若之何其使蔡先卫也?武王之母弟八人,周公为大宰,康叔为司寇,聃季为司空,五叔无官[37],岂尚年哉!曹,文之昭也;晋,武之穆也。曹为伯甸,非尚年也。今将尚之,是反先王也。晋文公为践土之盟,卫成公不在,夷叔,其母弟也,犹先蔡。其载书云:‘王若曰:晋重、鲁申、卫武、蔡甲午、郑捷、齐潘、宋王臣、莒期[38]。’藏在周府,可覆视也。吾子欲复文、武之略[39],而不正其德,将如之何?”苌弘说,告刘子,与范献子谋之,乃长卫侯于盟。

【注释】

① 选建明德:选明德之人,建立国家。 ② 尹:治理。 ③ 睦:亲厚。 ④ 鲁公:伯禽。 ⑤ 璜:半璧,天子之器。 ⑥ 封父:古国名,地在今河南封丘县。繁弱:良弓。 ⑦ 宗氏:大宗,即嫡长房。 ⑧ 辑:集合。分族:其余支族。 ⑨ 类丑:奴隶。 ⑩ 用:因。 ⑪ 土田陪敦:附庸小国。 ⑫ 备物:服饰器物。典策:典籍简册。 ⑬ 官司:百官。谓让鲁设卿、大夫等官。 ⑭ 商奄:古国名,居鲁地。 ⑮《伯禽》:指《伯禽之命》,原为《周书》篇名,已佚。少皞之虚:曲阜。 ⑯ 少帛:即少白、小白,旗名。绩茷:大红色旗帜。旃旌:皆旗帜。帛制无装饰的为旃,用羽毛装饰的为旌。大吕:钟名。 ⑰ 封畛:封疆。土略:定界。 ⑱ 武父、圃田:时均为郑地,当为卫与郑之交界。 ⑲ 有阎:在今河南洛阳附近。 ⑳ 相土:殷商之祖,居商丘。东都:即今河南商丘市。 ㉑ 聃季:周公弟,官司空。 ㉒ 陶叔:官司徒。 ㉓《康诰》:《周书》篇名。 ㉔ 殷虚:即朝歌,今河南淇县。 ㉕ 启:开。 ㉖ 索:法。 ㉗ 密须:国名,地在今甘肃灵台县西。 ㉘ 阙巩:阙巩所产的皮甲。沽洗:即“姑洗”,钟名。 ㉙ 五正:五官之长。 ㉚《唐诰》:《周书》篇名,已佚。 ㉛ 夏虚:今山西太原。 ㉜ 昭:显。 ㉝ 惎:谋。间:犯。 ㉞ 蔡:放逐。 ㉟ 帅:同“率”,遵循。 ㊱ 胡:蔡仲名。 ㊲ 五叔:管叔鲜、蔡叔度、成叔武、霍叔处、毛叔聃。 ㊳ 晋重:晋重耳的省文。 ㊴ 略:道。

反自召陵,郑子大叔未至而卒。晋赵简子为之临[1],甚哀,曰:“黄父之会[2],夫子语我九言,曰:‘无始乱,无怙富,无恃宠,无违同,无敖礼[3],无骄能[4],无复怒[5],无谋非德,无犯非义。'"

【注释】

① 临:哭吊。 ② 黄父之会:在昭公二十五年(前517)。 ③ 敖礼:傲视有礼的人。 ④ 骄能:以能骄人。 ⑤ 复:重。

沈人不会于召陵,晋人使蔡伐之。夏,蔡灭沈。

秋,楚为沈故,围蔡。伍员为吴行人以谋楚。

楚之杀郤宛也[1],伯氏之族出。伯州犁之孙嚭,为吴大宰以谋楚。楚自昭王即位,无岁不有吴师。蔡侯因之[2],以其子乾与其大夫之子为质于吴。

【注释】

① 杜注:"在昭二十七年。" ② 因:依附。

冬,蔡侯、吴子、唐侯伐楚[1]。舍舟于淮汭,自豫章与楚夹汉。左司马戌谓子常曰[2]:"子沿汉而与之上下。我悉方城外以毁其舟,还塞大隧、直辕、冥阨[3],子济汉而伐之,我自后击之,必大败之。"既谋而行。武城黑谓子常曰[4]:"吴用木也,我用革也,不可久也,不如速战。"史皇谓子常:"楚人恶子而好司马,若司马毁吴舟于淮,塞城口而入,是独克吴也。子必速战,不然不免。"及济汉而陈,自小别至于大别[5],三战,子常知不可,欲奔。史皇曰:"安求其事[6],难而逃之,将何所入[7]? 子必死之,初罪必尽说[8]。"

【注释】

① 唐侯:唐成公。 ② 左司马戌:即沈尹戌。 ③ 大隧、直辕、冥阨:河南、湖北交界处的九里关、武胜关、平靖关。 ④ 武城黑:楚武城大夫,名黑。 ⑤ 小别、大别:二山名,均在今淮南、汉北之地。 ⑥ 安求其事:国家平安时谋求执掌政权。 ⑦ 何所入:逃到哪里去。 ⑧ 初罪:过去犯的罪过。说:同"脱"。

十一月庚午,二师陈于柏举。阖庐之弟夫概王,晨请于阖庐曰:"楚瓦不仁,其臣莫有死志,先伐之,其卒必奔。而后大师继之,必克。"弗许。夫概王曰："所谓臣义而行，不待命者，其此之谓也。今日我死①，楚可入也②。"以其属五千，先击子常之卒。子常之卒奔，楚师乱，吴师大败之。子常奔郑。史皇以其乘广死③。

【注释】

① 死：拼死。 ② 楚：指郢都。 ③ 乘广：楚王或主帅所率领的战车。

吴从楚师，及清发①，将击之。夫概王曰："困兽犹斗，况人乎？若知不免而致死②，必败我。若使先济者知免，后者慕之，蔑有斗心矣③。半济而后可击也。"从之。又败之。楚人为食④，吴人及之，奔，食而从之。败诸雍澨⑤，五战及郢。己卯，楚子取其妹季芈畀我以出，涉睢⑥。鍼尹固与王同舟，王使执燧象以奔吴师⑦。庚辰，吴入郢，以班处宫⑧。子山处令尹之宫⑨，夫概王欲攻之，惧而去之，夫概王入之。

【注释】

① 清发：水名，在今湖北安陆市。 ② 致死：拼死作战。 ③ 蔑有：没有。 ④ 为食：做饭。 ⑤ 雍澨：水名，在今湖北京山县。 ⑥ 睢：水名，即今之沮水，在今湖北枝江市东北。 ⑦ 杜注："烧火燧系象尾，使赴吴师惊却之。"燧，火把。 ⑧ 班：爵位班次。 ⑨ 子山：吴王之子。

左司马戌及息而还①，败吴师于雍澨，伤。初，司马臣阖庐，故耻为禽焉②。谓其臣曰："谁能免吾首？"吴句卑曰："臣贱，可乎？"司马曰："我实失子，可哉。"三战皆伤，曰："吾不可用也已。"句卑布裳③，刭而裹之，藏其身而以其首免④。

【注释】

① 息：在今河南息县。 ② 禽：同"擒"。 ③ 布：铺。 ④ 免：逃走。

楚子涉睢，济江，入于云中①。王寝，盗攻之，以戈击王。王孙由于以背受之，中肩。王奔郧[2]，钟建负季芈以从[3]，由于徐苏而从[4]。郧公辛之弟怀将弑王[5]，曰："平王杀吾父，我杀其子，不亦可乎！"辛曰："君讨臣，谁敢仇之？君命，天也，若死天命，将谁仇？《诗》曰：'柔亦不茹，刚亦不吐。不侮矜寡，不畏强御[6]。'唯仁者能之。违强陵弱[7]，非勇也。乘人之约[8]，非仁也。灭宗废祀，非孝也。动无令名，非知也。必犯是，余将杀女。"

【注释】

① 云中：云梦泽中。　② 郧：在今湖北安陆市。　③ 钟建：楚大夫。　④ 徐苏：慢慢苏醒。　⑤ 郧公辛：即鬥辛，令尹蔓成然的儿子，蔓成然在昭公十四年（前528）被楚平王杀死。　⑥ 所引诗见《诗·大雅·烝民》。茹：吃。矜寡：鳏寡。　⑦ 违：避。　⑧ 约：处于困境。

鬥辛与其弟巢以王奔随。吴人从之，谓随人曰："周之子孙在汉川者，楚实尽之[1]。天诱其衷，致罚于楚，而君又窜之[2]。周室何罪？君若顾报周室，施及寡人[3]，以奖天衷[4]，君之惠也。汉阳之田，君实有之。"楚子在公宫之北，吴人在其南。子期似王[5]，逃王，而已为王，曰："以我与之，王必免。"随人卜与之，不吉。乃辞吴曰："以随之辟小而密迩于楚，楚实存之，世有盟誓，至于今未改。若难而弃之，何以事君？执事之患，不唯一人。若鸠楚竟[6]，敢不听命？"吴人乃退。鑢金初宦于子期氏[7]，实与随人要言[8]。王使见，辞，曰："不敢以约为利。"王割子期之心[9]，以与随人盟。

【注释】

① 尽：灭亡。　② 窜：藏匿。　③ 施：推及。　④ 奖：成。　⑤ 子期：公子结，昭王庶兄。似：指形貌与王相似。　⑥ 鸠：安定。　⑦ 鑢金：公子结臣。　⑧ 要：约。　⑨ 割心：当心口割破皮肤使流血。

初，伍员与申包胥友。其亡也，谓申包胥曰："我必复楚国[1]。"申包胥曰："勉之。子能复之，我必能兴之。"及昭王在随，申包胥如秦乞师，曰："吴为封豕、长蛇[2]，以荐食上国[3]，虐始于楚。寡君失守社稷，越在草莽，使下臣告急，曰：'夷德无厌，若邻于君，疆埸之患也。逮吴之未定，君其取分焉。若楚之遂亡，君之土也。若以君灵抚之，世以事君。'”秦伯使辞焉[4]，曰：“寡人闻命矣，子姑就馆，将图而告。”对曰：“寡君越在草莽，未获所伏[5]，下臣何敢即安？”立，依于庭墙而哭，日夜不绝声，勺饮不入口七日。秦哀公为之赋《无衣》[6]，九顿首而坐，秦师乃出。

【注释】

① 复：倾覆，灭亡。 ② 封豕、长蛇：尧时曾为害，故以之比吴国。③ 荐：数。 ④ 秦伯：秦哀公。公元前536—前501年在位。 ⑤ 伏：居处。 ⑥ 杜注：“《诗·秦风》。取其‘王于兴师，修我戈矛，与子同仇’，‘与子偕作’，‘与子偕行’。”

定公五年

【经】

五年春[1]，王三月辛亥朔，日有食之。

夏，归粟于蔡[2]。

於越入吴[3]。

六月丙申，季孙意如卒。

秋七月壬子，叔孙不敢卒。

冬，晋士鞅帅师围鲜虞。

【注释】

① 五年：公元前505年。 ② 杜注：“蔡为楚所围，饥乏，故鲁归之粟也。” ③ 於越：即越，於为发声词。

【传】

五年春，王人杀子朝于楚。

夏，归粟于蔡，以周亟[1]，矜无资[2]。

越入吴，吴在楚也。

【注释】

① 亟:急,急难。　② 矜:哀怜。资:粮。

六月,季平子行东野[①],还,未至,丙申,卒于房[②]。阳虎将以玙璠敛[③],仲梁怀弗与[④],曰:"改步改玉[⑤]。"阳虎欲逐之,告公山不狃[⑥]。不狃曰:"彼为君也,子何怨焉?"既葬,桓子行东野[⑦],及费。子泄为费宰,逆劳于郊,桓子敬之。劳仲梁怀,仲梁怀弗敬。子泄怒,谓阳虎:"子行之乎[⑧]!"

【注释】

① 季平子:季孙意如。行:巡视。东野:季氏邑。　② 房:即"防",在今曲阜东。　③ 玙璠:宝玉。　④ 仲梁怀:季氏臣。　⑤ 改步改玉:身份改变,佩玉改变。古人依身份不同,步履亦不同。季平子代君位,祭宗庙,故行君步,佩君所佩的玙璠;今仍为臣,故不得用玙璠。　⑥ 公山不狃:季氏臣,任费宰,字子泄。　⑦ 桓子:季平子之子季孙斯。　⑧ 行:逐。

申包胥以秦师至,秦子蒲、子虎帅车五百乘以救楚。子蒲曰:"吾未知吴道[①]。"使楚人先与吴人战,而自稷会之[②],大败夫概王于沂[③]。吴人获薳射于柏举[④],其子帅奔徒以从子西[⑤],败吴师于军祥[⑥]。秋七月,子期、子蒲灭唐。九月,夫概王归,自立也,以与王战而败,奔楚,为堂谿氏。

【注释】

① 道:犹法,指作战方法。　② 稷:在今河南桐柏县。　③ 沂:在今河南正阳县。　④ 薳射:楚大夫。　⑤ 奔徒:逃兵,散兵。　⑥ 军祥:当在今湖北随州市西南。

吴师败楚师于雍澨,秦师又败吴师。吴师居麇[①],子期将焚之,子西曰:"父兄亲暴骨焉,不能收,又焚之,不可。"子期曰:"国亡矣!死者若有知也,可以歆旧祀[②]?岂惮焚之?"焚之,而又战,吴师败。又战于公婿之谿[③],吴师大败,吴子乃归。囚闉舆罢[④]。闉舆罢请先,遂逃归。叶公诸梁之弟后臧从其母于吴[⑤],不待而归[⑥]。叶公终不正视。[⑦]

【注释】

① 麇:不详。据下文,吴兵当在此曾打败楚兵,楚兵损失惨重。 ② 可:何。 ③ 公婿之谿:《楚策》作浊水,高诱注谓近长江之地。 ④ 闉舆罢:楚大夫。 ⑤ 诸梁:沈尹戌之子,为叶公,字子高。 ⑥ 不待而归:谓没有听到召见就抛下母亲回楚国。 ⑦ 终:始终。不正视:谓对之不屑一顾。

乙亥,阳虎囚季桓子及公父文伯[①],而逐仲梁怀。冬十月丁亥,杀公何藐[②]。己丑,盟桓子于稷门之内。庚寅,大诅[③],逐公父歜及秦遄[④],皆奔齐。

【注释】

① 公父文伯:季桓子从父兄弟,名歜。 ② 公何藐:季氏族人。 ③ 诅:祭神而诅咒。 ④ 秦遄:季平子姑婿。

楚子入于郢。初,鬭辛闻吴人之争宫也,曰:"吾闻之,不让则不和,不和不可以远征。吴争于楚,必有乱。有乱则必归,焉能定楚?"王之奔随也,将涉于成臼[①],蓝尹亹涉其帑,不与王舟。及宁[②],王欲杀之。子西曰:"子常唯思旧怨以败,君何效焉?"王曰:"善。使复其所,吾以志前恶。"王赏鬭辛、王孙由于、王孙圉、钟建、鬭巢、申包胥、王孙贾、宋木、鬭怀。子西曰:"请舍怀也"[③]。王曰:"大德灭小怨,道也。"申包胥曰:"吾为君也,非为身也。君既定矣,又何求?且吾尤子旗[④],其又为诸?"遂逃赏。王将嫁季芈,季芈辞曰:"所以为女子,远丈夫也[⑤]。钟建负我矣。"以妻钟建,以为乐尹。

【注释】

① 成臼:即臼水,一名臼成河,出湖北京山县,西南入沔。 ② 宁:安定。 ③ 鬭怀曾想杀楚昭王,见上年传。故子西请求将他除名。 ④ 尤:不满。子旗:蔓成然,拥立平王有功而贪得无厌,终被杀。 ⑤ 丈夫:男子。

王之在随也，子西为王舆服以保路①，国于脾泄②。闻王所在，而后从王。王使由于城麇，复命，子西问高厚焉，弗知。子西曰："不能，如辞③。城不知高厚，小大何知？"对曰："固辞不能，子使余也。人各有能有不能。王遇盗于云中，余受其戈，其所犹在。"袒而视之背④，曰："此余所能也，脾泄之事，余亦弗能也。"

晋士鞅围鲜虞，报观虎之役也。

【注释】

① 保路：保护逃难的人。　② 脾泄：当在今湖北荆州市附近。③ 如辞：应当推辞。　④ 视：同"示"。

定公六年

【经】

六年春①，王正月癸亥，郑游速帅师灭许，以许男斯归。

二月，公侵郑。

公至自侵郑。

夏，季孙斯、仲孙何忌如晋。

秋，晋人执宋行人乐祁犁。

冬，城中城②。

季孙斯、仲孙忌帅师围郓。

【注释】

① 六年：公元前 504 年。　② 中城：内城。

【传】

六年春，郑灭许，因楚败也。

二月，公侵郑，取匡①，为晋讨郑之伐胥靡也②。往不假道于卫；及还，阳虎使季、孟自南门入③，出自东门，舍于豚泽④。卫侯怒，使弥子瑕追之。公叔文子老矣⑤，辇而如公，曰："尤人而效之，非礼也。昭公之难，君将以文之舒鼎⑥，成之昭兆⑦，定之鞶鉴⑧，苟可以纳之,择用一焉。公子与二三臣之子,诸侯苟忧之[9],将以为之质。此群臣之所闻也。今将以小忿蒙旧德,无乃不可乎?大姒之子[10],唯周公、康叔为相睦也。而效小人以弃之,不亦诬乎!天将多阳虎之罪以毙之,君姑待之,若何?”乃止。

【注释】

① 匡:在今河南长垣县。 ② 胥靡:在今河南偃师市东。 ③ 季、孟:季桓子、孟献子。 ④ 豚泽:卫都东门外之地。 ⑤ 公叔文子:公叔发。 ⑥ 文之舒鼎:卫文公所得到的鼎。 ⑦ 昭兆:宝龟。 ⑧ 鞶鉴:镶嵌着铜镜的大带。 ⑨ 忧之:为昭公操心。 ⑩ 大姒:周文王妻。

夏,季恒子如晋,献郑俘也。阳虎强使孟懿子往报夫人之币。晋人兼享之。孟孙立于房外,谓范献子曰:“阳虎若不能居鲁,而息肩于晋,所不以为中军司马者,有如先君!”献子曰:“寡君有官,将使其人[1],鞅何知焉?”献子谓简子曰:“鲁人患阳虎矣,孟孙知其衅[2],以为必适晋,故强为之请,以取入焉[3]。”

【注释】

① 使其人:杜注:“择得其人。” ② 衅:兆,预兆。 ③ 以取入:让他留下退路,实则逼其走。

四月己丑,吴大子终累败楚舟师[1],获潘子臣、小惟子及大夫七人[2]。楚国大惕,惧亡。子期又以陵师败于繁扬[3]。令尹子西喜曰:“乃今可为矣[4]。”于是乎迁郢于鄀[5],而改纪其政[6],以定楚国。

【注释】

① 终累:阖庐子,夫差兄。 ② 潘子臣、小惟子:楚水军将帅。 ③ 陵师:陆军。繁扬:在今河南新蔡县北。 ④ 杜注:“言知惧而后可治。” ⑤ 鄀:今湖北宜城市东南。 ⑥ 纪:治理。

周儋翩率王子朝之徒[1],因郑人将以作乱于周。郑于是乎伐冯、滑、胥靡、负黍、狐人、阙外[2]。六月,晋阎没戍周,且城胥靡。

【注释】

① 儋翩:王子朝余党。　② 以上六邑,均周邑,在今洛阳、偃师、登封一带。

秋八月,宋乐祁言于景公曰:"诸侯唯我事晋,今使不往,晋其憾矣。"乐祁告其宰陈寅。陈寅曰:"必使子往。"他日,公谓乐祁曰:"唯寡人说子之言,子必往。"陈寅曰:"子立后而行,吾室亦不亡①,唯君亦以我为知难而行也。"见溷而行②。赵简子逆,而饮之酒于绵上③,献杨楯六十于简子④。陈寅曰:"昔吾主范氏,今子主赵氏,又有纳焉。以杨楯贾祸,弗可为也已。然子死晋国,子孙必得志于宋。"范献子言于晋侯曰:"以君命越疆而使,未致使而私饮酒,不敬二君⑤,不可不讨也。"乃执乐祁。

【注释】

① 杜注:"寅知晋政多门,往必有难,故使乐祁立后而行。"　② 见:引见。溷:乐祁之子。　③ 绵上:在今山西翼城县。　④ 杨楯:杨木盾牌。　⑤ 二君:指晋定公与宋景公。

阳虎又盟公及三桓于周社①,盟国人于亳社②,诅于五父之衢③。

冬,十二月,天王处于姑莸④,辟儋翩之乱也。

【注释】

① 三桓:鲁国季氏、孟孙氏、叔孙氏皆出自桓公,合称三桓。　② 亳社:鲁所得为商故地,故除立周社外,又立亳社。　③ 五父之衢:在曲阜城东南。　④ 姑莸:周地,具体所在不详。

定公七年

【经】

七年春①,王正月。

夏四月。

秋,齐侯、郑伯盟于鹹②。

齐人执卫行人北宫结以侵卫。

齐侯、卫侯盟于沙[3]。

大雩。

齐国夏帅师伐我西鄙。

九月，大雩。

冬十月。

【注释】

① 七年：公元前503年。 ② 齐侯：齐景公。郑伯：郑献公。鹹：在今河南濮阳市东南。 ③ 卫侯：卫灵公。沙：在今河北大名县东。

【传】

七年春二月，周儋翩入于仪栗以叛[1]。

齐人归郓、阳关，阳虎居之以为政。

夏四月，单武公、刘桓公败尹氏于穷谷[2]。

【注释】

① 仪栗：周邑，在洛阳附近。 ② 单武公：穆公子。刘桓公：文公子。穷谷：在洛阳市附近。

秋，齐侯、郑伯盟于鹹，征会于卫。卫侯欲叛晋，诸大夫不可。使北宫结如齐，而私于齐侯曰："执结以侵我。"齐侯从之，乃盟于琐[1]。

【注释】

① 琐：即经之"沙"。

齐国夏伐我。阳虎御季桓子，公敛处父御孟懿子[1]，将宵军齐师[2]。齐师闻之，堕[3]，伏而待之。处父曰："虎不图祸[4]，而必死。"苫夷曰："虎陷二子于难，不待有司[5]，余必杀女。"虎惧，乃还，不败。

【注释】

① 公敛处父：孟氏家臣，成宰公敛阳。 ② 军：击。 ③ 堕：毁军营。 ④ 虎不图祸：谓阳虎不考虑这样做引起的祸患。 ⑤ 有司：指掌军法者。

冬十一月戊午，单子、刘子逆王于庆氏[1]。晋籍秦送王。己巳，王入于王城，馆于公族党氏[2]，而后朝于庄宫。

【注释】

① 庆氏：守姑莸大夫，时敬王居姑莸。　　② 党氏：周大夫。

卷二十八　定公下

定公八年

【经】

八年春①,王正月,公侵齐。

公至自侵齐。

二月,公侵齐。

三月,公至自侵齐。

曹伯露卒②。

夏,齐国夏帅师伐我西鄙。

公会晋师于瓦③。

公至自瓦。

秋七月戊辰,陈侯柳卒④。

晋士鞅帅师侵郑,遂侵卫。

葬曹靖公。

九月,葬陈怀公。

季孙斯、仲孙何忌帅师侵卫。

冬,卫侯、郑伯盟于曲濮⑤。

从祀先公⑥。

盗窃宝玉大弓⑦。

【注释】

① 八年:公元前502年。　② 曹伯露:曹靖公。公元前505年即位,在位四年。　③ 瓦:在今河南滑县南。　④ 陈侯柳:陈怀公。公元前505年即位,在位四年。　⑤ 卫侯:卫灵公。郑伯:郑献公。曲濮:濮水之曲,在卫国。　⑥ 杜注:“从,顺也。先公,闵公、僖公。”　⑦ 杜注:

"盗谓阳虎也。家臣贱,名氏不见,故曰盗。宝玉,夏后氏之璜。大弓,封父之繁弱。"

【传】

八年春,王正月,公侵齐,门于阳州①,士皆坐列②,曰:"颜高之弓六钧③。"皆取而传观之。阳州人出,颜高夺人弱弓,籍丘子鉏击之④,与一人俱毙⑤,偃,且射子鉏,中颊,殪。颜息射人中眉,退曰:"我无勇,吾志其目也。"师退,冉猛伪伤足而先。其兄会乃呼曰:"猛也殿⑥。"

【注释】

① 阳州:在今山东东平县北。　② 杜注:"言无斗志。"　③ 六钧:谓拉满要六钧之力。一钧为三十斤。　④ 籍丘子鉏:齐国人。　⑤ 毙:倒地。　⑥ 殿:断后。

二月己丑,单子伐谷城①,刘子伐仪栗。辛卯,单子伐简城②,刘子伐盂③,以定王室。

【注释】

① 谷城:在洛阳市北。　② 简城:离洛阳不远。　③ 盂:在今河南沁阳市西北。

赵鞅言于晋侯曰:"诸侯唯宋事晋,好逆其使,犹惧不至。今又执之,是绝诸侯也。"将归乐祁。士鞅曰:"三年止之,无故而归之,宋必叛晋。"献子私谓子梁曰①:"寡君惧不得事宋君,是以止之。子姑使溷代子。"子梁以告陈寅。陈寅曰:"宋将叛晋,是弃溷也,不如待之②。"乐祁归,卒于大行③。士鞅曰:"宋必叛,不如止其尸以求成焉。"乃止诸州④。

【注释】

① 献子:范献子范鞅,亦即士鞅。子梁:乐祁。　② 待之:杜注:"留待,勿以子自代。"　③ 大行:太行山。　④ 州:在今河南沁阳市东南。

公侵齐,攻廪丘之郛[1]。主人焚冲[2],或濡马褐以救之[3],遂毁之。主人出,师奔。阳虎伪不见冉猛者,曰:“猛在此,必败。”猛逐之,顾而无继,伪颠。虎曰:“尽客气也[4]。”

苫越生子,将待事而名之。阳州之役获焉,名之曰阳州。

【注释】

① 廪丘:在今山东鄄城县东北。 ② 冲:攻城的冲车。 ③ 马褐:粗麻布所制的短衣。 ④ 尽:完全。客气:谓虚情假意。

夏,齐国夏、高张伐我西鄙。晋士鞅、赵鞅、荀寅救我。公会晋师于瓦。范献子执羔,赵简子、中行文子皆执雁[1]。鲁于是始尚羔。

晋师将盟卫侯于鄟泽[2]。赵简子曰:“群臣谁敢盟卫君者[3]?”涉佗、成何曰[4]:“我能盟之。”卫人请执牛耳[5]。成何曰:“卫,吾温、原也,焉得视诸侯?”将歃,涉佗捘卫侯之手[6],及捥[7],卫侯怒。王孙贾趋进[8],曰:“盟以信礼也[9]。有如卫君,其敢不唯礼是事,而受此盟也?”

【注释】

① 赵简子:赵鞅。中行文子:荀寅。 ② 鄟泽:卫地,具体所在不详。 ③ 杜注:“前年卫叛晋属齐,简子意欲摧辱之。” ④ 涉佗、成何:晋大夫。 ⑤ 请执牛耳:凡盟,卑者执牛耳,尊者莅之。卫灵公与晋大夫盟,故请晋大夫执牛耳。 ⑥ 捘:推。 ⑦ 捥:同“腕”。卫灵公为尊故抢先歃血,涉佗推他,血流及腕。 ⑧ 王孙贾:卫大夫。 ⑨ 信:明。

卫侯欲叛晋,而患诸大夫。王孙贾使次于郊,大夫问故。公以晋诟语之[1],且曰:“寡人辱社稷,其改卜嗣,寡人从焉[2]。”大夫曰:“是卫之祸,岂君之过也?”公曰:“又有患焉,谓寡人必以而子与大夫之子为质。”大夫曰:“苟有益也,公子则往。群臣之子,敢不皆负羁绁以从[3]?”将行,王孙贾曰:“苟卫国有难,工商未尝不为患,使皆行而后可。”公以告大夫,乃皆将行之。行有日,公朝国人,使贾问焉,曰:“若卫叛晋,晋五伐我,病何如矣?”皆曰:“五伐我,犹可以能战。”贾曰:“然则如叛之,病而后质焉,何迟之有?”乃叛晋。晋人请改盟,弗许。

【注释】

① 诟:耻。谓受晋国侮辱。　② 杜注:“使改卜他公子以嗣先君,我从大夫所立。”　③ 羁绁:马笼头与马缰绳。

秋,晋士鞅会成桓公[①],侵郑,围虫牢[②],报伊阙也。遂侵卫。

九月,师侵卫,晋故也。

季寤、公钼极、公山不狃皆不得志于季氏[③],叔孙辄无宠于叔孙氏[④],叔仲志不得志于鲁[⑤]。故五人因阳虎。阳虎欲去三桓,以季寤更季氏,以叔孙辄更叔孙氏,己更孟氏。冬十月,顺祀先公而祈焉。辛卯,禘于僖公。壬辰,将享季氏于蒲圃而杀之[⑥],戒都车曰[⑦]:“癸巳至。”成宰公敛处父告孟孙,曰:”季氏戒都车,何故?”孟孙曰:“吾弗闻。”处父曰:“然则乱也,必及于子,先备诸。”与孟孙以壬辰为期[⑧]。

【注释】

① 成桓公:周卿士。　② 虫牢:在今河南封丘县北。　③ 季寤:季桓子之弟,字子言。公钼极:公弥曾孙,桓子族子。　④ 叔孙辄:叔孙氏之庶子。　⑤ 叔仲志:叔仲带之孙。　⑥ 蒲圃:鲁都城东门外地。　⑦ 戒:命令。都车:都邑的兵车。　⑧ 杜注:“处父期以兵救孟氏。壬辰先癸巳一日。”

阳虎前驱,林楚御桓子,虞人以铍盾夹之,阳越殿[①],将如蒲圃。桓子咋谓林楚曰[②]:“而先皆季氏之良也,尔以是继之。”对曰:“臣闻命后。阳虎为政,鲁国服焉。违之,征死[③],死无益于主。”桓子曰:“何后之有?而能以我适孟氏乎?”对曰:“不敢爱死,惧不免主。”桓子曰:“往也。”孟氏选圉人之壮者三百人[④],以为公期筑室于门外[⑤]。林楚怒马及衢而骋[⑥],阳越射之,不中,筑者阖门。有自门间射阳越,杀之。阳虎劫公与武叔[⑦],以伐孟氏。公敛处父帅成人,自上东门入[⑧],与阳氏战于南门之内,弗胜。又战于棘下[⑨],阳氏败。阳虎说甲如公宫[⑩],取宝玉、大弓以出,舍于五父之衢,寝而为食[⑪]。其徒曰:“追其将至。”虎曰:“鲁人闻余出,喜于征死[⑫],何暇追余?”从者曰:“嘻!速驾,公敛阳在[⑬]。”公敛阳请追之,孟孙弗许。阳欲杀桓子,孟孙惧而归之。子言辨舍爵于季氏之庙而出[14]。阳虎入于讙、阳关以叛[15]。

郑驷歂嗣子大叔为政[16]。

【注释】

① 阳越:阳虎从弟。 ② 咋:同“乍”,突然。 ③ 征死:召致死亡。 ④ 圉人:男仆。 ⑤ 公期:孟氏支子。 ⑥ 怒马:使马怒,即加快。 ⑦ 武叔:叔孙不敢之子州仇。 ⑧ 上东门:鲁都东城的北门。 ⑨ 棘下:城内地名。 ⑩ 说:同“脱”。 ⑪ 寝而为食:睡下后命手下做饭。 ⑫ 征死:此指缓死。 ⑬ 公敛阳:即公敛处父。 ⑭ 子言:即季寤。辨:遍。把酒全都洒满爵以置于祖庙神主前,是告出奔之礼。 ⑮ 讙:在今山东宁阳县北。阳关:在今山东泰安市东南。 ⑯ 驷歂:驷乞子,字子然。

定公九年

【经】

九年春[1],王正月。

夏四月戊申,郑伯虿卒。

得宝玉、大弓。

六月,葬郑献公。

秋,齐侯、卫侯次于五氏[2]。

秦伯卒。

冬,葬秦哀公。

【注释】

① 九年:公元前 501 年。 ② 齐侯:齐景公。卫侯:卫灵公。五氏:在今河北邯郸市西。

【传】

九年春,宋公使乐大心盟于晋,且逆乐祁之尸。辞,伪有疾。乃使向巢如晋盟[1],且逆子梁之尸。子明谓桐门右师出[2],曰:“吾犹衰绖，而子击钟，何也？”右师曰：“丧不在此故也。”既而告人曰：“已衰绖而生子，余何故舍钟？”子明闻之，怒，言于公曰：“右师将不利戴氏[3]，不肯适晋，将作乱也。不然无疾[4]。”乃逐桐门右师。

【注释】

① 向巢：向戌之孙。　② 子明：乐溷。桐门右师：乐大心。出：出城迎接。　③ 戴氏：指宋国。　④ 不然无疾：不然的话，他为什么没病装病。

郑驷歂杀邓析，而用其竹刑[1]。君子谓：“子然于是不忠[2]。苟有可以加于国家者[3]，弃其邪可也[4]。《静女》之三章[5]，取彤管焉。《竿旄》‘何以告之’[6]，取其忠也。故用其道，不弃其人。《诗》云：‘蔽芾甘棠，勿翦勿伐，召伯所茇[7]。’思其人犹爱其树，况用其道而不恤其人乎？子然无以劝能矣[8]。”

【注释】

① 竹刑：邓析所作刑法，书于竹简，故名。　② 子然：驷歂。　③ 加：益。　④ 弃：不责备，不惩罚。　⑤《静女》：《诗·邶风》篇名。其第二章有“静女其娈，贻我彤管”句。彤管，赤管笔。　⑥《竿旄》：《诗·鄘风》篇名，末云“彼姝者子，何以告之”。　⑦ 所引诗见《诗·周南·甘棠》。蔽芾：茂密高大。茇：舍，休憩。　⑧ 劝：勉励。

夏，阳虎归宝玉、大弓。书曰“得”，器用也。凡获器用曰得，得用焉曰获[1]。

【注释】

① 得用：用器物用具获得生物。

六月，伐阳关。阳虎使焚莱门[1]。师惊，犯之而出，奔齐，请师以伐鲁，曰：“三加必取之。”齐侯将许之。鲍文子谏曰：“臣尝为隶于施氏矣[2]，鲁未可取也。上下犹和，众庶犹睦，能事大国，而无天灾，若之何取之？阳虎欲勤齐师也[3]，齐师罢[4]，大臣必多死亡，己于是乎奋其诈谋[5]。夫阳虎有宠于季氏，而将杀季孙，以不利鲁国，而求容焉[6]。亲富不亲仁，君焉用之？君富于季氏，而大于鲁国,兹阳虎所欲倾覆也,鲁免其疾⑦,而君又收之,无乃害乎?"

【注释】

① 莱门:阳关城门。 ② 施氏:鲁大夫。 ③ 勤:劳动。 ④ 罢:疲劳。 ⑤ 奋:施展。 ⑥ 求容:博取欢心。 ⑦ 疾:祸害。

齐侯执阳虎,将东之。阳虎愿东,乃囚诸西鄙。尽借邑人之车,锲其轴,麻约而归之①。载葱灵②,寝于其中而逃。追而得之,囚于齐。又以葱灵逃,奔宋,遂奔晋,适赵氏。仲尼曰:"赵氏其世有乱乎③!"

【注释】

① 麻约:以麻束之。 ② 葱灵:装载衣物的车子。 ③ 世有乱:世代不得安宁。

秋,齐侯伐晋夷仪①。敝无存之父将室之②,辞,以与其弟,曰:"此役也不死,反,必娶于高、国。"先登③,求自门出,死于霤下④。东郭书让登⑤,犁弥从之,曰:"子让而左,我让而右,使登者绝而后下⑥。"书左,弥先下。书与王猛息⑦。猛曰:"我先登。"书敛甲,曰:"曩者之难,今又难焉。"猛笑曰:"吾从子如骖之靳⑧。"

【注释】

① 夷仪:在今河北邢台市西。 ② 室之:为他娶亲。 ③ 先登:先登上城墙。 ④ 霤:滴水檐。 ⑤ 让:同"攘",抢。 ⑥ 绝:谓全登上城。 ⑦ 王猛:犁弥。息:休息。 ⑧ 骖之靳:两旁之马曰骖,中间两马曰服,服背有靳。靳即游环,两旁马之辔由外穿过游环而归拢于驾者之手,故靳的作用是使骖马不致偏行或跑得太快。

晋车千乘在中牟①。卫侯将如五氏,卜过之②,龟焦。卫侯曰:"可也。卫车当其半,寡人当其半,敌矣③。"乃过中牟。中牟人欲伐之,卫褚师圃亡在中牟,曰:"卫虽小,其君在焉,未可胜也。齐师克城而骄,其帅又贱,遇,必败之,不如从齐④。"乃伐齐师,败之。齐侯致禚、媚、杏于卫⑤。齐侯赏犁弥,犁弥辞,曰:"有先登者,臣从之。晳帻而衣狸制⑥。”公使视东郭书,曰:“乃夫子也,吾贶子。”公赏东郭书,辞,曰:“彼,宾旅也⑦。”乃赏犁弥。

【注释】

① 中牟:或谓在今河南汤阴县西,或谓在今河北邯郸与邢台之间。② 过:经过中牟。③ 敌:相等。④ 从齐:迎战齐国。⑤ 禚、媚、杏:杜注:“三邑皆齐西界,以答谢卫意。”⑥ 晳帻:牙齿整齐洁白。狸制:狸皮斗篷。⑦ 宾旅:别国人。

齐师之在夷仪也,齐侯谓夷仪人曰:“得敝无存者,以五家免①。”乃得其尸。公三襚之②,与之犀轩与直盖③,而先归之。坐引者④,以师哭之,亲推之三。

【注释】

① 以五家免:赏赐五户,免除劳役。② 襚:为尸体穿衣。③ 犀轩、直盖:均为贵人殉葬品。④ 坐引者:让挽柩车的人跪着挽车。

定公十年

【经】

十年春①,王三月,及齐平。

夏,公会齐侯于夹谷②。

公至自夹谷。

晋赵鞅帅师围卫。

齐人来归郓、讙、龟阴田③。

叔孙州仇、仲孙何忌帅师围郈④。

秋,叔孙州仇、仲孙何忌帅师围郈。

宋乐大心出奔曹。

宋公子地出奔陈⑤。

冬,齐侯、卫侯、郑游速会于安甫⑥。

叔孙州仇如齐。

宋公之弟辰暨仲佗、石彄出奔陈⑦。

【注释】

① 十年:公元前500年。 ② 齐侯:齐景公。夹谷:即今山东莱芜市夹谷峪。 ③ 杜注:“三邑,皆汶阳田也。” ④ 郈:叔孙氏邑,在今山东东平县南。 ⑤ 公子地:宋景公庶母弟。 ⑥ 卫侯:卫灵公。安甫:不详。 ⑦ 辰:宋景公同母弟。仲佗:仲幾子,宋卿。石彄:褚师段子,宋卿。

【传】

十年春,及齐平。

夏,公会齐侯于祝其,实夹谷①。孔丘相。犁弥言于齐侯曰:“孔丘知礼而无勇,若使莱人以兵劫鲁侯②,必得志焉。”齐侯从之。孔丘以公退,曰:“士兵之③!两君合好,而裔夷之俘④,以兵乱之,非齐君所以命诸侯也。裔不谋夏,夷不乱华,俘不干盟⑤,兵不逼好,于神为不祥,于德为愆义,于人为失礼,君必不然。”齐侯闻之,遽辟之⑥。

【注释】

① 实:止。 ② 莱人:齐国所灭的莱夷。夹谷为莱人流落之地。 ③ 兵之:用武器打他们。 ④ 裔夷:华夏以外地区的人。裔指地,夷指人。 ⑤ 干:犯。 ⑥ 辟:撤走。

将盟,齐人加于载书曰:“齐师出竟,而不以甲车三百乘从我者,有如此盟!”孔丘使兹无还揖对①,曰:“而不反我汶阳之田,吾以共命者,亦如之!”齐侯将享公,孔丘谓梁丘据曰:“齐、鲁之故②,吾子何不闻焉?事既成矣,而又享之,是勤执事也。且牺、象不出门③,嘉乐不野合④。飨而既具⑤,是弃礼也。若其不具,用秕稗也⑥。用秕稗,君辱,弃礼,名恶,子盍图之?夫享,所以昭德也。不昭,不如其已也⑦。”乃不果享。

【注释】

① 兹无还:鲁大夫。 ② 故:故事,故典。 ③ 牺、象:酒器,形如牛及象的尊。 ④ 嘉乐:钟、磬。 ⑤ 既:尽。 ⑥ 用秕稗:言礼草率,犹如秕谷、稗草。 ⑦ 已:止。

齐人来归郓、讙、龟阳之田。

晋赵鞅围卫，报夷仪也。初，卫侯伐邯郸午于寒氏①，城其西北而守之，宵熸②。及晋围卫，午以徒七十人门于卫西门，杀人于门中，曰："请报寒氏之役。"涉佗曰："夫子则勇矣，然我往，必不敢启门。"亦以徒七十人，旦门焉，步左右，皆至而立，如植。日中不启门，乃退。反役，晋人讨卫之叛故③，曰："由涉佗、成何。"于是执涉佗以求成于卫。卫人不许，晋人遂杀涉佗。成何奔燕。君子曰："此之谓弃礼，必不钧④。《诗》曰：'人而无礼，胡不遄死⑤？'涉佗亦遄矣哉！"

【注释】

① 邯郸午：晋邯郸大夫。寒氏：即五氏，见去年经注。　② 熸（jiān）：火灭，引申为溃败。　③ 讨：责问，追究。　④ 钧：等同，公平。　⑤ 所引诗见《诗·鄘风·相鼠》。遄：快速。

初，叔孙成子欲立武叔，公若藐固谏曰："不可。"成子立之而卒。公南使贼射之①，不能杀。公南为马正，使公若为郈宰。武叔既定，使郈马正侯犯杀公若，弗能。其圉人曰②："吾以剑过朝，公若必曰：'谁之剑也？'吾称子以告，必观之。吾伪固③，而授之末④，则可杀也。"使如之。公若曰："尔欲吴王我乎⑤？"遂杀公若。

【注释】

① 公南：叔孙家臣，武叔之党。　② 圉人：管马的仆人。　③ 固：固陋，不懂道理。　④ 末：剑尖。　⑤ 吴王我：指像鱄设诸杀吴王僚一样对我。

侯犯以郈叛。武叔、懿子围郈，弗克。秋，二子及齐师复围郈，弗克。叔孙谓郈工师驷赤曰："郈非唯叔孙氏之忧，社稷之患也。将若之何？"对曰："臣之业，在《扬水》卒章之四言矣。"①叔孙稽首。驷赤谓侯犯曰："居齐、鲁之际，而无事②，必不可矣。子盍求事于齐以临民？不然，将叛。"侯犯从之。齐使至，驷赤与郈人为之宣言于郈中曰："侯犯将以郈易于齐③，齐人将迁郈民。"众凶惧。驷赤谓侯犯曰："众言异矣④，子不如易于齐。与其死也，犹是郈也。而得纾焉,何必此?齐人欲以此逼晋,必倍与子地。且盍多舍甲于子之门[5],以备不虞?"侯犯曰:"诺。"乃多舍甲焉。

【注释】

①《扬水》:即《扬之水》,《诗·唐风》篇名。卒章之四言,指"我闻有命"四字,所以叔孙表示感谢。 ② 无事:无所服事。 ③ 易:交换。 ④ 异:与侯犯不同。 ⑤ 舍:置。

侯犯请易于齐,齐有司观郈,将至,驷赤使周走呼曰:"齐师至矣!"郈人大骇,介侯犯之门甲[1],以围侯犯。驷赤将射之。侯犯止之,曰:"谋免我。"侯犯请行,许之。驷赤先如宿[2],侯犯殿。每出一门,郈人闭之。及郭门,止之,曰:"子以叔孙氏之甲出,有司若诛之[3],群臣惧死。"驷赤曰:"叔孙氏之甲有物[4],吾未敢以出。"犯谓驷赤曰:"子止而与之数[5]。"驷赤止而纳鲁人[6]。侯犯奔齐,齐人乃致郈[7]。

【注释】

① 介:披上。 ② 宿:在今山东东平县东南,离郈不远。 ③ 诛:责罚。 ④ 物:标志。 ⑤ 止:留下来。数:清点。 ⑥ 纳鲁人:接纳鲁人进郈。 ⑦ 致郈:送回郈邑的地图、户籍等。

宋公子地嬖蘧富猎,十一分其室,而以其五与之。公子地有白马四,公嬖向魋[1],魋欲之,公取而朱其尾鬣以与之。地怒,使其徒抶魋而夺之[2]。魋惧,将走,公闭门而泣之,目尽肿。母弟辰曰:"子分室以与猎也,而独卑魋,亦有颇焉[3]。子为君礼[4],不过出竟,君必止子。"公子地出奔陈,公弗止。辰为之请,弗听。辰曰:"是我迋吾兄也[5]。吾以国人出,君谁与处?"冬,母弟辰暨仲佗、石彄出奔陈。

【注释】

① 向魋:司马桓魋。 ② 抶:打。 ③ 颇:偏颇失当。 ④ 为君礼:依礼避君。 ⑤ 迋:诳,欺骗。

武叔聘于齐。齐侯享之,曰:"子叔孙!若使郈在君之他竟,寡人何知焉?属与敝邑际[1],故敢助君忧之。"对曰:"非寡君之望也。

所以事君,封疆社稷是以②,敢以家隶勤君之执事③?夫不令之臣,天下之所恶也,君岂以为寡君赐?"

【注释】

① 际:交界。　② 以:犹"为"。　③ 家隶:家臣。

定公十一年

【经】

十有一年春①,宋公之弟辰及仲佗、石彄、公子地自陈入于萧以叛②。

夏四月。

秋,宋乐大心自曹入于萧。

冬,及郑平。

叔还如郑莅盟③。

【注释】

① 十有一年:公元前499年。　② 萧:在今安徽萧县西北。③ 叔还:叔诣曾孙。

【传】

十一年春,宋公母弟辰暨仲佗、石彄、公子地入于萧以叛。秋,乐大心从之,大为宋患,宠向魋故也。

冬,及郑平,始叛晋也。

定公十二年

【经】

十有二年春①,薛伯定卒。

夏,葬薛襄公。

叔孙州仇帅师堕郈②。

卫公孟弭帅师伐曹[3]。

季孙斯、仲孙何忌帅师堕费。

秋,大雩。

冬十月癸亥,公会齐侯[4],盟于黄[5]。

十有一月丙寅朔,日有食之。

公至自黄。

十有二月,公围成[6]。

公至自围成。

【注释】

① 十有二年:公元前498年。 ② 堕:毁。拆毁城墙。 ③ 公孟弭:孟絷子。 ④ 齐侯:齐景公。 ⑤ 黄:在今山东淄博市淄川北。⑥ 成:在今山东宁阳县东北。鲁三桓季孙氏采邑为费,叔孙氏采邑为郈,孟孙氏采邑为成,时皆为家臣控制,反凌辱主人,故堕之。

【传】

十二年夏,卫公孟弭伐曹,克郊[1]。还,滑罗殿[2]。未出[3],不退于列[4]。其御曰:"殿而在列,其为无勇乎?"罗曰:"与其素厉[5],宁为无勇。"

【注释】

① 郊:曹邑,在今山东菏泽市。 ② 滑罗:卫大夫。 ③ 未出:未出曹境。 ④ 不退于列:不领兵走在队伍最后。 ⑤ 素厉:空受猛烈之名。滑罗知曹国不敢追击,故云。

仲由为季氏宰[1],将堕三都[2]。于是叔孙氏堕郈。季氏将堕费,公山不狃、叔孙辄帅费人以袭鲁。公与三子入于季氏之宫,登武子之台[3]。费人攻之,弗克。入及公侧[4]。仲尼命申句须、乐颀下,伐之,费人北。国人追之,败诸姑蔑[5]。二子奔齐。遂堕费。将堕成,公敛处父谓孟孙:"堕成,齐人必至于北门。且成,孟氏之保障也,无成,是无孟氏也。子伪不知,我将不堕。"

冬十二月,公围成,弗克。

【注释】

①仲由:字子路,孔子弟子。　②三都:三桓采邑。　③武子之台:在曲阜城东北季氏宅中。　④入:或为"矢"之讹。　⑤姑蔑:在山东泗水县东。

定公十三年

【经】

十有三年春①,齐侯、卫侯次于垂葭②。

夏,筑蛇渊囿③。

大蒐于比蒲④。

卫公孟弜帅师伐曹。

秋,晋赵鞅入于晋阳以叛⑤。

冬,晋荀寅、士吉射入于朝歌以叛⑥。

晋赵鞅归于晋。

薛弑其君比。

【注释】

①十有三年:公元前497年。　②齐侯:齐景公。卫侯:卫灵公。垂葭:在今山东巨野县西南。　③蛇渊囿:园林名,在今山东肥城市南。④比蒲:不详。昭公十一年(前531)亦大蒐于此。　⑤晋阳:在今山西太原市西南。　⑥士吉射:士鞅子。朝歌:在今河南淇县。

【传】

十三年春,齐侯、卫侯次于垂葭,实郹氏。使师伐晋,将济河。诸大夫皆曰:"不可。"邴意兹曰:"可。锐师伐河内①,传必数日而后及绛②。绛不三月,不能出河,则我既济水矣。"乃伐河内。齐侯皆敛诸大夫之轩,唯邴意兹乘轩。齐侯欲与卫侯乘,与之宴,而驾乘广③,载甲焉。使告曰:"晋师至矣。"齐侯曰:"比君之驾也④,寡人请摄⑤。"乃介而与之乘,驱之。或告曰:"无晋师。"乃止。

【注释】

① 锐师:选择精兵。河内:在今河南卫辉,本卫都,卫迁楚丘后为晋所占。 ② 传:驿传。 ③ 乘广:战车名。 ④ 比君之驾:来不及等君王套车。 ⑤ 摄:代。代替御者。

晋赵鞅谓邯郸午曰:"归我卫贡五百家,吾舍诸晋阳①。"午许诺。归,告其父兄,父兄皆曰:"不可。卫是以为邯郸②,而置诸晋阳,绝卫之道也③。不如侵齐而谋之④。"乃如之,而归之于晋阳。赵孟怒,召午,而囚诸晋阳。使其从者说剑而入⑤,涉宾不可⑥。乃使告邯郸人曰:"吾私有讨于午也,二三子唯所欲立。"遂杀午。赵稷、涉宾以邯郸叛⑦。夏六月,上军司马籍秦围邯郸。邯郸午,荀寅之甥也;荀寅,范吉射之姻也⑧,而相与睦,故不与围邯郸,将作乱。董安于闻之,告赵孟,曰:"先备诸?"赵孟曰:"晋国有命,始祸者死,为后可也。"安于曰:"与其害于民,宁我独死,请以我说⑨。"赵孟不可。

【注释】

① 杜注:"十年,赵鞅围卫,卫人惧,贡五百家,鞅置之邯郸。今欲徙晋阳。晋阳,赵鞅邑。" ② 卫是以为邯郸:卫国是因为这些人而帮助邯郸。 ③ 绝卫之道:断绝与卫国和好往来之道。 ④ 杜注:"侵齐,则齐当来报,欲因惧而徙,则卫与邯郸好不绝。" ⑤ 说剑:解下佩剑。 ⑥ 涉宾:邯郸午的家臣。 ⑦ 赵稷:午之子。按午与赵鞅同宗,为赵夙之后。 ⑧ 范吉射:即士吉射。 ⑨ 以我说:以我塞责。

秋七月,范氏、中行氏伐赵氏之宫①,赵鞅奔晋阳。晋人围之。范皋夷无宠于范吉射②,而欲为乱于范氏。梁婴父嬖于知文子③,文子欲以为卿。韩简子与中行文子相恶④,魏襄子亦与范昭子相恶⑤。故五子谋,将逐荀寅而以梁婴父代之,逐范吉射而以范皋夷代之。荀跞言于晋侯曰:"君命大臣,始祸者死,载书在河。今三臣始祸,而独逐鞅,刑已不钧矣。请皆逐之。"

【注释】

① 范氏:士吉射。中行氏:荀寅。 ② 范皋夷:范氏侧室子。

③ 梁婴父：晋大夫。知文子：荀跞。　④ 韩简子：韩起孙不信。中行文子：即荀寅。　⑤ 魏襄子：魏舒孙曼多。范昭子：即范吉射。

冬十一月，荀跞、韩不信、魏曼多奉公以伐范氏、中行氏，弗克。二子将伐公，齐高强曰[1]："三折肱知为良医。唯伐君为不可，民弗与也，我以伐君在此矣。三家未睦，可尽克也。克之，君将谁与？若先伐君，是使睦也。"弗听，遂伐公。国人助公，二子败，从而伐之[2]。丁未，荀寅、士吉射奔朝歌。韩、魏以赵氏为请。十二月辛未，赵鞅入于绛，盟于公宫。

【注释】

① 高强：齐子尾之子，昭公十年（前532）奔晋。　② 从而伐之：三家从而伐荀寅、范吉射。

初，卫公叔文子朝而请享灵公，退，见史鳝而告之[1]。史鳝曰："子必祸矣，子富而君贪，罪其及子乎！"文子曰："然。吾不先告子，是吾罪也。君既许我矣，其若之何？"史鳝曰："无害。子臣[2]，可以免。富而能臣，必免于难，上下同之。戍也骄[3]，其亡乎！富而不骄者鲜，吾唯子之见。骄而不亡者，未之有也。戍必与焉。"及文子卒，卫侯始恶于公叔戍，以其富也。公叔戍又将去夫人之党[4]，夫人诉之曰："戍将为乱。"

【注释】

① 史鳝：即史鱼。　② 子臣：杜注："言能执臣礼。"　③ 戍：公叔戍，文子之子。　④ 夫人：灵公夫人南子。其党指宋朝之流。

定公十四年

【经】

十有四年春[1]，卫公叔戍来奔。

卫赵阳出奔宋。

二月辛巳，楚公子结、陈公孙佗人帅师灭顿[②]，以顿子牂归。

夏，卫北宫结来奔。

五月，於越败吴于槜李[③]。

吴子光卒。

公会齐侯、卫侯于牵[④]。

公至自会。

秋，齐侯、宋公会于洮[⑤]。

天王使石尚来归脤[⑥]。

卫世子蒯聩出奔宋。

卫公孟彄出奔郑。

宋公之弟辰自萧来奔。

大蒐于比蒲。

邾子来会公[⑦]。

城莒父及霄[⑧]。

【注释】

① 十有四年：公元前 496 年。 ② 顿：国名，地在今河南项城市西。 ③ 槜李：在今浙江嘉兴市南。 ④ 齐侯：齐景公。卫侯：卫灵公。牵：在今河南浚县北。 ⑤ 宋公：宋景公。洮：曹地，在今河南濮阳南。 ⑥ 天王：周敬王。脤：祭社之肉。 ⑦ 邾子：邾隐公。 ⑧ 莒父、霄：均在今山东莒县境。

【传】

十四年春，卫侯逐公叔戌与其党，故赵阳奔宋，戌来奔。

梁婴父恶董安于，谓知文子曰："不杀安于，使终为政于赵氏，赵氏必得晋国。盍以其先发难也，讨于赵氏？"文子使告于赵孟曰："范、中行氏虽信为乱，安于则发之[①]，是安于与谋乱也[②]。晋国有命，始祸者死。二子既伏其罪矣，敢以告。"赵孟患之。安于曰："我死而晋国宁，赵氏定，将焉用生？人谁不死？吾死莫矣[③]。"乃缢而死。赵孟尸诸市，而告于知氏曰："主命戮罪人，安于既伏其罪矣，敢以告。"知伯从赵孟盟[④]，而后赵氏定，祀安于于庙。

【注释】

① 发之:谓先挑起事端。　② 与:共同。　③ 莫:晚。　④ 知伯:荀跞。

顿子牂欲事晋,背楚而绝陈好。二月,楚灭顿。

夏,卫北宫结来奔,公叔戌之故也。

吴伐越,越子句践御之,陈于槜李。句践患吴之整也,使死士再禽焉①,不动。使罪人三行,属剑于颈,而辞曰:"二君有治②,臣奸旗鼓③,不敏于君之行前,不敢逃刑,敢归死。"遂自刭也。师属之目,越子因而伐之,大败之。灵姑浮以戈击阖庐④,阖庐伤将指⑤,取其一屦。还,卒于陉,去槜李七里。夫差使人立于庭⑥,苟出入,必谓己曰:"夫差,而忘越王之杀而父乎?"则对曰:"唯,不敢忘!"三年,乃报越。

【注释】

① 死士:敢死队,以死报恩的人。禽:同"擒"。此指冲击。　② 治:用兵。　③ 奸旗鼓:违反军令。　④ 灵姑浮:越大夫。　⑤ 将指:足大趾。　⑥ 夫差:阖庐嗣子。

晋人围朝歌,公会齐侯、卫侯于脾、上梁之间①,谋救范、中行氏。析成鲋、小王桃甲率狄师以袭晋②,战于绛中,不克而还,士鲋奔周,小王桃甲入于朝歌。秋,齐侯、宋公会于洮,范氏故也。

【注释】

① 杜注:"脾、上梁间即牵。"　② 杜注:"二子,晋大夫,范、中行氏之党。"析成鲋,即士鲋,士吉射之族。

卫侯为夫人南子召宋朝①,会于洮。大子蒯聩献盂于齐②,过宋野。野人歌之曰:"既定尔娄猪③,盍归吾艾豭④。"大子羞之,谓戏阳速曰⑤:"从我而朝少君⑥,少君见我,我顾,乃杀之。"速曰:"诺。"乃朝夫人。夫人见大子,大子三顾,速不进。夫人见其色,啼而走,曰:"蒯聩将杀余。"公执其手以登台。大子奔宋,尽逐其党,故公孟彄出奔郑，自郑奔齐。大子告人曰："戏阳速祸余。"戏阳速告人曰："大子则祸余。大子无道，使余杀其母。余不许，将戕于余。若杀夫人，将以余说。余是故许而弗为，以纾余死。谚曰：'民保于信。'吾以信义也[⑦]。"

【注释】

① 杜注："南子，宋女也。朝，宋公子，旧通于南子，在宋呼之。" ② 盂：邑名，具体所在不详。 ③ 娄猪：发情的母猪。 ④ 艾豭：公猪。 ⑤ 戏阳速：太子家臣。 ⑥ 少君：夫人，即南子。 ⑦ 信义：杜注："使义可信，不必信言。"

冬十二月，晋人败范、中行氏之师于潞[①]，获籍秦、高强。又败郑师及范氏之师于百泉[②]。

【注释】

① 潞：在今山西潞城市东北。 ② 百泉：在今河南辉县市西北。

定公十五年

【经】

十有五年春[①]，王正月，邾子来朝[②]。

鼷鼠食郊牛，牛死，改卜牛。

二月辛丑，楚子灭胡[③]，以胡子豹归。

夏五月辛亥，郊。

壬申，公薨于高寝[④]。

郑罕达帅师伐宋。

齐侯、卫侯次于渠蒢[⑤]。

邾子来奔丧。

秋七月壬申，姒氏卒[⑥]。

八月庚辰朔，日有食之。

九月，滕子来会葬[⑦]。

丁巳,葬我君定公,雨,不克葬。戊午,日下昃[8],乃克葬。

辛巳,葬定姒。

冬,城漆[9]。

【注释】

① 十有五年:公元前495年。　② 郳子:郳隐公。　③ 楚子:楚昭王。　④ 高寝:正寝。　⑤ 齐侯:齐景公。卫侯:卫灵公。渠蒢:不详。⑥ 姒氏:定公夫人。　⑦ 滕子:滕顷公。　⑧ 日下昃:太阳西偏。⑨ 漆:在今山东邹城市北。

【传】

十五年春,郳隐公来朝。子贡观焉[1]。郳子执玉高,其容仰[2]。公受玉卑,其容俯。子贡曰:"以礼观之,二君者,皆有死亡焉。夫礼,死生存亡之体也。将左右周旋,进退俯仰,于是乎取之。朝祀丧戎[3],于是乎观之。今正月相朝,而皆不度[4],心已亡矣。嘉事不体[5],何以能久?高仰,骄也;卑俯,替也[6]。骄近乱,替近疾。君为主,其先亡乎!"

【注释】

① 观:观礼。　② 容:脸。　③ 丧戎:丧事、战争。　④ 不度:不合法度。　⑤ 体:同"礼"。　⑥ 替:废惰,衰颓。

吴之入楚也,胡子尽俘楚邑之近胡者。楚既定,胡子豹又不事楚,曰:"存亡有命,事楚何为?多取费焉[1]。"二月,楚灭胡。

夏五月壬申,公薨。仲尼曰:"赐不幸言而中[2],是使赐多言者也[3]。"

【注释】

① 多:只。取费:多花费。谓要进贡财礼。　② 赐:端木赐,即子贡。③ 多言者:多嘴多舌的人。这里偏重不吉利的意思,也就是后人所说的"乌鸦嘴"。

郑罕达败宋师于老丘[1]。

齐侯、卫侯次于蘧挐[②]，谋救宋也。

秋七月壬申，姒氏卒。不称夫人，不赴，且不祔也[③]。

葬定公。雨，不克襄事[④]，礼也。

葬定姒。不称小君，不成丧也。

冬，城漆。书，不时告也[⑤]。

【注释】

① 老丘：在今河南开封市东南。 ② 蘧挐：即渠蒢。 ③ 不祔：没有陪祀祖姑。 ④ 襄：成。 ⑤ 不时告：没有及时祭告祖庙。

卷二十九 哀公上

哀公元年

【经】

元年春①,王正月,公即位。

楚子、陈侯、随侯、许男围蔡②。

鼷鼠食郊牛,改卜牛。夏四月辛巳,郊。

秋,齐侯、卫侯伐晋③。

冬,仲孙何忌帅师伐邾。

【注释】

① 元年:公元前494年。 ② 楚子:楚昭王。陈侯:陈闵公,公元前501—前479年在位。许男:许元公。 ③ 齐侯:齐景公。卫侯:卫灵公。

【传】

元年春,楚子围蔡,报柏举也。里而栽①,广丈,高倍。夫屯昼夜九日②,如子西之素③。蔡人男女以辨④,使疆于江、汝之间而还⑤。蔡于是乎请迁于吴。

【注释】

① 杜注:"栽,设板筑为围垒,周币去蔡城一里。" ② 夫屯:派兵士屯守。 ③ 素:计划。 ④ 杜注:"辨,别也。男女各别,系累而出降。" ⑤ 疆:迁移。

吴王夫差败越于夫椒①,报槜李也。遂入越。越子以甲楯五千,保于会稽②。使大夫种因吴大宰嚭以行成③,吴子将许之。伍员曰:"不可。臣闻之树德莫如滋,去疾莫如尽。昔有过浇杀斟灌以伐斟鄩,灭夏后相④。后缗方娠,逃出自窦,归于有仍,生少康焉，为仍牧正。惎浇⑤，能戒之⑥。浇使椒求之，逃奔有虞，为之庖正，以除其害⑦。虞思于是妻之以二姚⑧，而邑诸纶⑨。有田一成⑩，有众一旅，能布其德，而兆其谋⑪，以收夏众，抚其官职。使女艾谍浇⑫，使季杼诱豷⑬，遂灭过、戈⑭，复禹之绩。祀夏配天，不失旧物。今吴不如过，而越大于少康，或将丰之，不亦难乎？句践能亲而务施，施不失人，亲不弃劳，与我同壤而世为仇雠，于是乎克而弗取，将又存之，违天而长寇仇，后虽悔之，不可食已⑮。姬之衰也，日可俟也。介在蛮夷，而长寇仇，以是求伯，必不行矣。"弗听。退而告人曰："越十年生聚⑯，而十年教训⑰，二十年之外，吴其为沼乎⑱！"三月，越及吴平。吴入越，不书，吴不告庆，越不告败也。

【注释】

① 夫椒：在今浙江绍兴市北。　② 会稽：指会稽山，在今绍兴市东南。　③ 大夫种：文种，字禽。　④ "昔有过"二句：参襄公四年(前569)传及注。　⑤ 惎：毒，恨。　⑥ 戒：警惕戒备。　⑦ 除：免除。　⑧ 虞思：有虞酋长，姚姓。二姚：二女，因姓姚，故称二姚。　⑨ 纶：在今河南虞城县东南。　⑩ 成：方十里。　⑪ 兆：始。　⑫ 女艾：少康臣。　⑬ 季杼：少康子。豷：浇之弟。　⑭ 过、戈：浇国与豷国。　⑮ 不可食：无法反悔，无法挽救。　⑯ 生聚：生殖积聚。　⑰ 教训：教育训练。　⑱ 为沼：变成池沼。指被灭亡。

夏四月，齐侯、卫侯救邯郸，围五鹿①。

吴之入楚也，使召陈怀公。怀公朝国人而问焉，曰："欲与楚者右，欲与吴者左。陈人从田，无田从党②。"逢滑当公而进③，曰："臣闻国之兴也以福，其亡也以祸。今吴未有福，楚未有祸。楚未可弃，吴未可从。而晋，盟主也，若以晋辞吴，若何？"公曰："国胜君亡④，非祸而何？"对曰："国之有是多矣，何必不复？小国犹复，况大国乎？臣闻国之兴也，视民如伤，是其福也。其亡也，以民为土芥，是其祸也。楚虽无德，亦不艾杀其民⑤。吴日敝于兵，暴骨如莽，而未见德焉。天其或者正训楚也，祸之适吴，其何日之有?”陈侯从之。及夫差克越,乃修先君之怨⑥。秋八月,吴侵陈,修旧怨也。

【注释】

① 五鹿:在今河北大名县东。杜注云:“赵稷以邯郸叛,范、中行氏之党也。” ② 杜注:“都邑之人无田者随党而立。不知所与,故直从所居。田在西者居右,田在东者居左。” ③ 当公:不左不右,正对陈怀公。 ④ 国胜:国家被征服。 ⑤ 艾:同“刈”。 ⑥ 先君之怨:吴召陈者为阖庐。

齐侯、卫侯会于乾侯,救范氏也。师及齐师、卫孔圉、鲜虞人伐晋,取棘蒲①。

【注释】

① 棘蒲:在今河北赵县。

吴师在陈,楚大夫皆惧,曰:“阖庐惟能用其民,以败我于柏举。今闻其嗣又甚焉,将若之何?”子西曰:“二三子恤不相睦,无患吴矣。昔阖庐食不二味,居不重席①,室不崇坛②,器不彤镂③,宫室不观④,舟车不饰,衣服财用,择不取费⑤。在国,天有灾疠⑥,亲巡孤寡,而共其乏困。在军,熟食者分,而后敢食。其所尝者⑦,卒乘与焉。勤恤其民而与之劳逸,是以民不罢劳,死知不旷⑧。吾先大夫子常易之,所以败我也。今闻夫差次有台榭陂池焉,宿有妃嫱嫔御焉。一日之行,所欲必成,玩好必从。珍异是聚,观乐是务⑨,视民如仇,而用之日新⑩。夫先自败也已,安能败我?”

【注释】

① 居:坐。 ② 坛:古筑宫室先堆土坛,然后在坛上建造宫室。不崇坛,即在平地建房。 ③ 彤镂:漆红色、加雕刻。 ④ 观:楼台亭阁一类。 ⑤ 杜注:“选取坚厚,不尚细靡。” ⑥ 灾疠:天灾与流行病。 ⑦ 所尝:珍品,不是平常所吃的东西。 ⑧ 不旷:不白死,必有补偿。 ⑨ 观乐:游观玩乐。 ⑩ 用之日新:使用人民一天也不间隔。

冬十一月,晋赵鞅伐朝歌。

哀公二年

【经】

二年春①,王二月,季孙斯、叔孙州仇、仲孙何忌帅师伐邾,取漷东田及沂西田②。

癸巳,叔孙州仇、仲孙何忌及邾子盟于句绎③。

夏四月丙子,卫侯元卒。

滕子来朝④。

晋赵鞅帅师纳卫世子蒯聩于戚⑤。

秋八月甲戌,晋赵鞅帅师及郑罕达帅师战于铁⑥,郑师败绩。

冬十月,葬卫灵公。

十有一月,蔡迁于州来⑦。

蔡杀其大夫公子驷。

【注释】

① 二年:公元前 493 年。　② 漷东:漷水之东,在今山东滕州市。沂西:沂水之西,亦在滕州市。　③ 邾子:邾隐公。句绎:在今山东邹城市东南。　④ 滕子:滕顷公。　⑤ 戚:在今河南濮阳市北。　⑥ 铁:在今濮阳市西北。　⑦ 州来:吴地,今安徽凤台县。

【传】

二年春,伐邾,将伐绞①。邾人爱其土②,故赂以漷、沂之田而受盟。

【注释】

① 绞:邾邑,在今山东滕州市北。　② 土:指都城的土地。

初,卫侯游于郊,子南仆①。公曰:"余无子②,将立女。"不对。他日,又谓之。对曰:"郢不足以辱社稷,君其改图。君夫人在堂,三揖在下③,君命祗辱。"夏,卫灵公卒。夫人曰:"命公子郢为大子,君命也。"对曰:"郢异于他子④。且君没于吾手,若有之,郢必闻之。且亡人之子辄在[5]。"乃立辄。六月乙酉，晋赵鞅纳卫大子于戚。宵迷[6]，阳虎曰："右河而南，必至焉。"使大子绕[7]，八人衰绖，伪自卫逆者。告于门，哭而入，遂居之。

【注释】

① 子南：灵公子，名郢。仆：驾车。　② 无子：指没有争气的嫡子。灵公太子蒯聩出逃在外。　③ 三揖：卿、大夫、士。　④ 异于他子：谓自己的志向与别人不同，不愿为国君。　⑤ 亡人：太子蒯聩。　⑥ 宵迷：晚上迷了路。　⑦ 绕：免冠。

秋八月，齐人输范氏粟，郑子姚、子般送之[1]。士吉射逆之，赵鞅御之[2]，遇于戚。阳虎曰："吾车少，以兵车之旆[3]，与罕、驷兵车先陈。罕、驷自后随而从之，彼见吾貌，必有惧心。于是乎会之[4]，必大败之。"从之。卜战，龟焦。乐丁曰[5]："《诗》曰：'爰始爰谋，爰契我龟[6]。'谋协，以故兆询可也[7]。"简子誓曰："范氏、中行氏，反易天明[8]，斩艾百姓，欲擅晋国而灭其君。寡君恃郑而保焉。今郑为不道，弃君助臣，二三子顺天明，从君命，经德义[9]，除诟耻，在此行也。克敌者，上大夫受县，下大夫受郡[10]，士田十万，庶人、工、商遂[11]，人臣、隶、圉免[12]。志父无罪[13]，君实图之。若其有罪，绞缢以戮，桐棺三寸，不设属辟[14]，素车朴马[15]，无入于兆[16]，下卿之罚也。"甲戌，将战，邮无恤御简子[17]，卫大子为右。登铁上，望见郑师众，大子惧，自投于车下。子良授大子绥而乘之[18]，曰："妇人也。"简子巡列，曰："毕万[19]，匹夫也，七战皆获，有马百乘，死于牖下[20]。群子勉之，死不在寇。"繁羽御赵罗[21]，宋勇为右，罗无勇，麇之[22]。吏诘之，御对曰："痁作而伏[23]。"卫大子祷曰："曾孙蒯聩敢昭告皇祖文王[24]，烈祖康叔[25]，文祖襄公[26]：郑胜乱从[27]，晋午在难[28]，不能治乱，使鞅讨之。蒯聩不敢自佚，备持矛焉。敢告无绝筋，无折骨，无面伤，以集大事[29]，无作三祖羞[30]。大命不敢请[31]，佩玉不敢爱。"郑人击简子中肩，毙于车中[32]，获其蜂旗[33]。大子救之以戈，郑师北，获温大夫赵罗[34]。大子复伐之，郑师大败，获齐粟千车。赵孟喜曰："可矣。"傅傁曰[35]："虽克郑，犹有知在[36]，忧未艾也[37]。"

【注释】

① 子姚:罕达。子般:驷弘。 ② 御:抵御。 ③ 兵车之旆:主将的旗帜。 ④ 会:交战。 ⑤ 乐丁:晋大夫。 ⑥ 所引诗见《诗·大雅·绵》。 ⑦ 故兆:即始纳卫太子所得吉兆。询:信。 ⑧ 天明:即天命。 ⑨ 经:治。 ⑩ 郡:一县分四郡。 ⑪ 遂:入仕途。 ⑫ 人臣、隶、圉:均为奴隶。 ⑬ 志父:即赵鞅。 ⑭ 属辟:古天子、诸侯,卿大夫之棺皆有数重,大棺内之大棺为属,近身之棺为椑,亦称辟。卿的大棺八寸厚,属六寸厚。 ⑮ 素车:不以翣、柳饰车。翣为羽毛伞形物,灵车行时,持之两旁随行。柳为复在柩车上的饰物。朴马:未修剪鬃毛的马。 ⑯ 兆:兆域,族中墓地。 ⑰ 邮无恤:王良。即子良。 ⑱ 绥:上车时拉的绳索。 ⑲ 毕万:晋臣,见闵公元年(前661)传。 ⑳ 死于牖下:谓得善终。 ㉑ 赵罗:赵武之子。 ㉒ 麇:束绑。 ㉓ 痁:寒战病。 ㉔ 曾孙:孙之子以下,祭祀先祖皆自称曾孙。 ㉕ 烈祖:始封君。 ㉖ 文祖:继业之君。 ㉗ 郑胜:郑声公。乱从:作乱。 ㉘ 晋午:晋定公。 ㉙ 集:成。 ㉚ 作:为。 ㉛ 大命:死生之命。 ㉜ 毙:倒。 ㉝ 蜂旗:旗名。 ㉞ 温大夫赵罗:或谓此赵罗与上赵罗非一人。 ㉟ 傅傁:赵鞅部属。 ㊱ 知:知氏。 ㊲ 艾:止。

初,周人与范氏田,公孙尨税焉①,赵氏得而献之。吏请杀之,赵孟曰:"为其主也,何罪?"止而与之田。及铁之战,以徒五百人宵攻郑师,取蜂旗于子姚之幕下,献曰:"请报主德。"

【注释】

① 公孙尨:范氏家臣。税:为范氏收地税。

追郑师。姚、般、公孙林殿而射,前列多死。赵孟曰:"国无小①。"既战②,简子曰:"吾伏弢呕血③,鼓音不衰,今日我上也④。"大子曰:"吾救主于车,退敌于下,我,右之上也⑤。"邮良曰:"我两靷将绝⑥,吾能止之,我,御之上也。"驾而乘材⑦,两靷皆绝。

【注释】

① 杜注:"言虽小国,犹有善射者。" ② 既战:战争结束。 ③ 弢:弓袋。 ④ 上:战功最大。 ⑤ 右:车右。 ⑥ 靷:引车前行的革

带。　⑦ 乘:装载。材:细木。

吴泄庸如蔡纳聘,而稍纳师。师毕入,众知之①,蔡侯告大夫②,杀公子驷以说③,哭而迁墓。冬,蔡迁于州来。

【注释】

① 杜注:"元年,蔡请迁于吴,中悔,故因聘袭之。"　② 蔡侯:蔡昭侯。③ 说:塞责。

哀公三年

【经】

三年春①,齐国夏、卫石曼姑帅师围戚。

夏四月甲午,地震。

五月辛卯,桓宫、僖宫灾。

季孙斯、叔孙州仇帅师城启阳②。

宋乐髡帅师伐曹。

秋七月丙子,季孙斯卒。

蔡人放其大夫公孙猎于吴③。

冬十月癸卯,秦伯卒④。

叔孙州仇、仲孙何忌帅师围邾。

【注释】

① 三年:公元前 492 年。　② 启阳:在今山东临沂市北。　③ 公孙猎:杜注谓公子驷之党。　④ 秦伯:秦惠公。

【传】

三年春,齐、卫围戚,求援于中山。

夏五月辛卯,司铎火①。火逾公宫,桓、僖灾。救火者皆曰:"顾府②。"南宫敬叔至③,命周人出御书④,俟于宫,曰:"庀女而不在⑤,死。"子服景伯至⑥,命宰人出礼书⑦,以待命,命不共,有常刑。校人乘马[8],巾车脂辖[9]。百官官备,府库慎守,官人肃给[10]。济濡帷幕[11],郁攸从之[12],蒙葺公屋[13]。自大庙始,外内以悛[14],助所不给。有不用命,则有常刑,无赦。公父文伯至,命校人驾乘车[15]。季桓子至,御公立于象魏之外[16]。命救火者伤人则止,财可为也。命藏《象魏》[17],曰:"旧章不可亡也。"富父槐至,曰:"无备而官办者,犹拾瀋也[18]。"于是乎去表之稾[19],道还公宫[20]。孔子在陈,闻火,曰:"其桓、僖乎!"

【注释】

① 司铎:或以为宫名,或以为宫中官署名。 ② 顾:指去抢救。府:府库,藏财物的地方。 ③ 南宫敬叔:南宫阅,孔子弟子。 ④ 周人:掌管周书与典籍的官。御书:进与国君的书,即国君所读的书。 ⑤ 庀女而不在:交给你们,如果没保管好。 ⑥ 子服景伯:子服何,鲁大夫。 ⑦ 宰人:掌礼法的官。 ⑧ 校人:掌马的官。 ⑨ 巾车:掌车的官。 ⑩ 官人:即馆人,主馆舍的官。肃给:认真地供应物品。 ⑪ 济濡帷幕:运进浇湿的帷幕。 ⑫ 郁攸:救火用具。 ⑬ 蒙葺:覆盖。 ⑭ 悛:次序。 ⑮ 乘车:国君所乘车。 ⑯ 象魏:宫廷外的阙门。 ⑰《象魏》:典章。当时法令等悬挂阙门,故此以象魏称典章。 ⑱ 杜注:"瀋,汁也。言不备而责办,不可得。" ⑲ 表:火势蔓延的方向。稾:干枯易燃之物。 ⑳ 道:隔离道。还:同"环"。

刘氏、范氏世为婚姻,苌弘事刘文公,故周与范氏[1]。赵鞅以为讨,六月癸卯,周人杀苌弘。

【注释】

① 与:支持。

秋,季孙有疾,命正常曰[1]:"无死。南孺子之子[2],男也,则以告而立之。女也,则肥也可[3]。"季孙卒,康子即位。既葬,康子在朝,南氏生男,正常载以如朝,告曰:"夫子有遗言,命其圉臣曰:'南氏生男,则以告于君与大夫而立之。'今生矣,男也,敢告。"遂奔卫。康子请退[4]。公使共刘视之[5],则或杀之矣[6],乃讨之。召正常,正常不反。

【注释】

① 正常:季桓子的宠臣。　② 南孺子:季桓子之妻。　③ 肥:季康子。　④ 退:退位。　⑤ 共刘:鲁大夫。　⑥ 或:有人。

冬十月,晋赵鞅围朝歌,师于其南。荀寅伐其郛,使其徒自北门入,已犯师而出①。癸丑,奔邯郸。十一月,赵鞅杀士皋夷②,恶范氏也。

【注释】

① 杜注:"荀寅使在外救己之徒击赵氏,围之北门,因外内攻得出。"② 士皋夷:即范皋夷,范氏之族。

哀 公 四 年

【经】

四年春①,王二月庚戌,盗杀蔡侯申。

蔡公孙辰出奔吴。

葬秦惠公。

宋人执小邾子。

夏,蔡杀其大夫公孙姓、公孙霍②。

晋人执戎蛮子赤,归于楚。

城西郛。

六月辛丑,亳社灾。

秋八月甲寅,滕子结卒。

冬十有二月,葬蔡昭公。

葬滕顷公。

【注释】

① 四年:公元前491年。　② 公孙霍:传作"公孙盱"。

【传】

四年春,蔡昭侯将如吴,诸大夫恐其又迁也,承公孙翩逐而射之①,入于家人而卒②。以两矢门之③,众莫敢进。文之锴后至,曰:"如墙而进④,多而杀二人⑤。"锴执弓而先,翩射之,中肘。锴遂杀之,故逐公孙辰,而杀公孙姓、公孙盱。

【注释】

① 承:诸家于此字断句及解释各不同,或为"辅佐"之意。 ② 家人:民居。 ③ 以两矢门之:谓公孙翩拿着两枝箭守在门口。 ④ 如:靠。⑤ 多:最多。

夏,楚人既克夷虎①,乃谋北方。左司马眅、申公寿余、叶公诸梁致蔡于负函②,致方城之外于缯关③,曰:"吴将泝江入郢,将奔命焉。"为一昔之期④,袭梁及霍⑤。单浮余围蛮氏⑥,蛮氏溃。蛮子赤奔晋阴地⑦。司马起丰、析与狄戎⑧,以临上洛⑨。左师军于菟和⑩,右师军于仓野⑪,使谓阴地之命大夫士蔑曰⑫:"晋、楚有盟,好恶同之。若将不废,寡君之愿也。不然,将通于少习以听命⑬。"士蔑请诸赵孟。赵孟曰:"晋国未宁,安能恶于楚,必速与之。"士蔑乃致九州之戎⑭,将裂田以与蛮子而城之⑮,且将为之卜。蛮子听卜,遂执之,与其五大夫,以畀楚师于三户⑯。司马致邑立宗焉,以诱其遗民,而尽俘以归。

【注释】

① 夷虎:杜注:"蛮夷叛楚者。" ② 蔡:指蔡国故地。致蔡,聚集蔡故地人民。负函:在今河南信阳市。 ③ 缯关:在今河南方城县。④ 昔:同"夕"。 ⑤ 梁:在今河南汝州市西。霍:在梁西南。 ⑥ 蛮氏:地在今河南许昌市西南。 ⑦ 阴地:在今河南卢氏县东北。⑧ 起:征集。丰:在今河南淅川县。析:今河南淅川与内乡县部分地区。⑨ 上洛:今陕西商洛市。 ⑩ 菟和:山名,在商洛东。 ⑪ 仓野:在商洛东南。 ⑫ 命大夫:接受周朝赐命的大夫。 ⑬ 通:打通道路。少习:山名,在今商洛东。 ⑭ 九州之戎:住在阴地、陆浑的戎人。

⑮ 将:假意准备。裂田:分割土地。　⑯ 三户:在今河南淅川县西南。

秋七月,齐陈乞、弦施、卫宁跪救范氏[①]。庚午,围五鹿。九月,赵鞅围邯郸。冬十一月,邯郸降。荀寅奔鲜虞,赵稷奔临[②]。十二月,弦施逆之,遂堕临。国夏伐晋,取邢、任、栾、鄗、逆畤、阴人、盂、壶口[③]。会鲜虞,纳荀寅于柏人[④]。

【注释】

① 杜注:"陈乞,僖子。弦施,弦多。"　② 临:在今河北临城县西南。③ 邢:今河北邢台市。任:在今河北任县东南。栾:在今河北栾城县。鄗:今河北高邑县、柏乡县。逆畤:在今河北保定市。阴人:不详。盂:在今山西黎城县。壶口:即今山西长治市东南壶关。　④ 柏人:在今河北隆尧县西南。

哀公五年

【经】

五年春[①],城毗[②]。

夏,齐侯伐宋[③]。

晋赵鞅帅师伐卫。

秋九月癸酉,齐侯杵臼卒。

冬,叔还如齐。

闰月,葬齐景公。

【注释】

① 五年:公元前490年。　② 毗:《公羊》作"比",地无考。　③ 齐侯:齐景公。

【传】

五年春,晋围柏人,荀寅、士吉射奔齐。初,范氏之臣王生恶张柳朔,言诸昭子[①],使为柏人[②]。昭子曰:"夫非而仇乎?"对曰:"私仇不及公,好不废过,恶不去善,义之经也,臣敢违之?"及范氏出,张柳朔谓其子："尔从主，勉之。我将止死[3]，王生授我矣[4]，吾不可以僭之[5]。"遂死于柏人。

【注释】

① 昭子：士吉射。　② 为柏人：为柏人宰。　③ 止死：留下来死去。　④ 杜注："授我死节。"　⑤ 僭：不信。

夏，赵鞅伐卫，范氏之故也，遂围中牟。

齐燕姬生子[1]，不成而死[2]，诸子鬻姒之子荼嬖[3]。诸大夫恐其为大子也，言于公曰："君之齿长矣，未有大子，若之何？"公曰："二三子间于忧虞[4]，则有疾疢。亦姑谋乐，何忧于无君？"公疾，使国惠子、高昭子立荼[5]，置群公子于莱[6]。秋，齐景公卒。冬十月，公子嘉、公子驹、公子黔奔卫，公子钮、公子阳生来奔。莱人歌之曰："景公死乎不与埋，三军之事乎不与谋。师乎师乎，何党之乎[7]？"

【注释】

① 燕姬：齐景公嫡夫人。　② 不成：未到成年。　③ 诸子：姬妾。　④ 间：参与、处在。　⑤ 国惠子：国夏。高昭子：高张。　⑥ 莱：杜注谓在齐东部边界。　⑦ 杜注："师，众也。党，所也。之，往也。称谥，盖葬后而为此歌，哀群公子失所。"

郑驷秦富而侈，嬖大夫也[1]，而常陈卿之车服于其庭。郑人恶而杀之。子思曰[2]："《诗》曰：'不解于位，民之攸塈[3]。'不守其位，而能久者鲜矣。《商颂》曰：'不僭不滥，不敢怠皇，命以多福[4]。'"

【注释】

① 嬖大夫：下大夫。　② 子思：子产之子国参。　③ 所引诗见《诗·大雅·假乐》。解：懈。攸：所。塈：息，安宁。　④ 所引诗见《诗·商颂·殷武》，末句为今本无。滥：溢。皇：暇。

哀公六年

【经】

六年春[①]，城邾瑕[②]。

晋赵鞅帅师伐鲜虞。

吴伐陈。

夏，齐国夏及高张来奔。

叔还会吴于柤[③]。

秋七月庚寅，楚子轸卒[④]。

齐阳生入于齐[⑤]。

齐陈乞弑其君荼[⑥]。

冬，仲孙何忌帅师伐邾。

宋向巢帅师伐曹。

【注释】

① 六年：公元前 489 年。② 邾瑕：据杜注，在今山东济宁市南。③ 柤：本楚地，在今江苏邳州市北。④ 楚子：楚昭王，本名壬。轸，或作"珍"。⑤ 阳生：齐景公庶子，上年逃于鲁。后即位为悼公。⑥ 君荼：齐晏孺子。上年即位。

【传】

六年春，晋伐鲜虞，治范氏之乱也。

吴伐陈，复修旧怨也。楚子曰[①]："吾先君与陈有盟，不可以不救。"乃救陈，师于城父[②]。

【注释】

① 楚子：楚昭王。② 城父：北城父，在今河南宝丰县东。

齐陈乞伪事高、国者，每朝必骖乘焉。所从必言诸大夫[①]，曰："彼皆偃蹇[②]，将弃子之命。皆曰：'高、国得君，必逼我，盍去诸？'固将谋子，子早图之。图之，莫如尽灭之。需[③]，事之下也。"

及朝,则曰:“彼虎狼也,见我在子之侧,杀我无日矣。请就之位。”又谓诸大夫曰:“二子者祸矣!恃得君而欲谋二三子,曰:‘国之多难,贵宠之由,尽去之而后君定。’既成谋矣,盍及其未作也,先诸?作而后悔,亦无及也。”大夫从之。夏六月戊辰,陈乞、鲍牧及诸大夫④,以甲入于公宫。昭子闻之⑤,与惠子乘如公⑥,战于庄⑦,败,国人追之。国夏奔莒,遂及高张、晏圉、弦施来奔。

【注释】

① 所从:所往之处。言:谈论。 ② 偃蹇:骄傲。 ③ 需:犹疑不决。 ④ 鲍牧:鲍圉孙。 ⑤ 昭子:高张。 ⑥ 惠子:国夏。 ⑦ 庄:临淄城内大街名。

秋七月,楚子在城父,将救陈,卜战不吉,卜退不吉。王曰:“然则死也!再败楚师,不如死。弃盟逃仇,亦不如死。死一也,其死仇乎!”命公子申为王①,不可;则命公子结②,亦不可;则命公子启③,五辞而后许。将战,王有疾。庚寅,昭王攻大冥④,卒于城父。子闾退,曰:“君王舍其子而让,群臣敢忘君乎?从君之命,顺也。立君之子,亦顺也。二顺不可失也。”与子西、子期谋,潜师闭涂,逆越女之子章,立之而后还。

【注释】

① 公子申:即子西。 ② 公子结:即子期。 ③ 公子启:即子闾。 ④ 大冥:在今河南项城市。

是岁也,有云如众赤鸟,夹日以飞,三日。楚子使问诸周大史,周大史曰:“其当王身乎。若禜之①,可移于令尹、司马。”王曰:“除腹心之疾,而置诸股肱,何益?不穀不有大过,天其夭诸②?有罪受罚,又焉移之?”遂弗禜。

【注释】

① 禜:禳祭。 ② 夭:昭王幼年即位,在位二十七年,时三十几岁,故云夭折。

初,昭王有疾,卜曰:“河为祟。”王弗祭。大夫请祭诸郊。王曰:“三代命祀,祭不越望①。江、汉、睢、漳,楚之望也。祸福之至,不是过也。不穀虽不德,河非所获罪也。”遂弗祭。孔子曰:“楚昭王知大道矣!其不失国也,宜哉!《夏书》曰:‘惟彼陶唐,帅彼天常②,有此冀方③。今失其行,乱其纪纲,乃灭而亡。’又曰:‘允出兹在兹④。’由己率常,可矣。”

【注释】

① 望:望祭,指祭祀本国山川,遥望而祭,故名。　② 帅:同“率”,遵循。天常:上天制予人的常道。　③ 冀方:中国。　④ 允出兹在兹:拿到了什么就得到什么。

八月,齐邴意兹来奔。

陈僖子使召公子阳生。阳生驾而见南郭且于①,曰:“尝献马于季孙,不入于上乘,故又献此,请与子乘之。”出莱门而告之故②。阚止知之③,先待诸外。公子曰:“事未可知,反,与壬也处④。”戒之,遂行。逮夜,至于齐,国人知之。僖子使子士之母养之⑤,与馈者皆入⑥。冬十月丁卯,立之。将盟⑦,鲍子醉而往⑧。其臣差车鲍点曰⑨:“此谁之命也?”陈子曰:“受命于鲍子。”遂诬鲍子曰:“子之命也。”鲍子曰:“女忘君之为孺子牛而折其齿乎⑩?而背之也!”悼公稽首⑪,曰:“吾子奉义而行者也,若我可,不必亡一大夫。若我不可,不必亡一公子。义则进,否则退,敢不唯子是从?废兴无以乱,则所愿也。”鲍子曰:“谁非君之子?”乃受盟。使胡姬以安孺子如赖⑫。去鬻姒,杀王甲,拘江说,囚王豹于句窦之丘⑬。公使朱毛告于陈子⑭,曰:“微子则不及此。然君异于器⑮,不可以二。器二不匮,君二多难,敢布诸大夫。”僖子不对而泣,曰:“君举不信群臣乎⑯?以齐国之困,困又有忧⑰。少君不可以访,是以求长君,庶亦能容群臣乎!不然,夫孺子何罪?”毛复命,公悔之。毛曰:“君大访于陈子,而图其小可也。”使毛迁孺子于骀⑱,不至,杀诸野幕之下⑲,葬诸殳冒淳⑳。

【注释】

① 南郭且于:齐公子钽,居鲁南郊。　② 莱门:鲁都城门名。　③ 阚止:阳生家臣,字子我。　④ 壬:阳生之子。　⑤ 子士之母:陈僖

子之妾。养:服侍。 ⑥ 杜注:"陈僖子又令阳生随馈食之人入处公宫。" ⑦ 杜注:"盟诸大夫。" ⑧ 鲍子:鲍牧。 ⑨ 差车:主车之官。 ⑩ 孺子:指已立为君的公子荼。 ⑪ 悼公:阳生即位,为悼公。自此年至公元前 485 年在位。 ⑫ 安孺子:即荼,在位不及一年,年幼被杀,无谥,号安孺子。赖:在今山东章丘市。 ⑬ 杜注:"三子,景公嬖臣,荼之党也。" ⑭ 朱毛:齐大夫。 ⑮ 君异于器:国君与器具不同。 ⑯ 举:皆。 ⑰ 杜注:"内有饥荒之困,又有兵革之忧。" ⑱ 骀:在今山东临朐县。 ⑲ 野幕:野外的帐篷。 ⑳ 殳冒淳:地名,具体所在不详。

哀公七年

【经】

七年春[①],宋皇瑗帅师侵郑。

晋魏曼多帅师侵卫。

夏,公会吴于鄫[②]。

秋,公伐邾。

八月己酉,入邾,以邾子益来[③]。

宋人围曹。

冬,郑驷弘帅师救曹。

【注释】

① 七年:公元前 488 年。 ② 鄫:在今山东枣庄市东。 ③ 邾子益:邾隐公。来:押回国。

【传】

七年春,宋师侵郑,郑叛晋故也。

晋师侵卫,卫不服也。

夏,公会吴于鄫。吴来征百牢,子服景伯对曰[①]:"先王未之有也。"吴人曰:"宋百牢我[②],鲁不可以后宋。且鲁牢晋大夫过十[③],吴王百牢,不亦可乎?"景伯曰:"晋范鞅贪而弃礼,以大国惧敝邑,故敝邑十一牢之。君若以礼命于诸侯,则有数矣。若亦弃礼,则有淫者矣④。周之王也，制礼，上物不过十二，以为天之大数也。今弃周礼，而曰必百牢，亦唯执事。”吴人弗听。景伯曰：“吴将亡矣，弃天而背本。不与，必弃疾于我⑤。”乃与之。

【注释】

① 子服景伯：子服何。　② 杜注：“是时吴过宋，得百牢。”　③ 过十：昭公二十一年（前521），鲁国给士鞅十一牢。　④ 有：又。淫：过份。⑤ 弃疾：加害。

大宰嚭召季康子，康子使子贡辞。大宰嚭曰：“国君道长①，而大夫不出门，此何礼也？”对曰：“岂以为礼？畏大国也。大国不以礼命于诸侯，苟不以礼，岂可量也？寡君既共命焉，其老岂敢弃其国②？大伯端委以治周礼③，仲雍嗣之④，断发文身，羸以为饰，岂礼也哉？有由然也。”反自鄫，以吴为无能为也。

【注释】

① 道长：跋涉长途。　② 老：卿。　③ 大伯：吴太伯，吴国先祖。端委：玄端之衣、委貌之冠，均周统一以前的礼服。　④ 仲雍：吴太伯弟。

季康子欲伐邾，乃飨大夫以谋之。子服景伯曰：“小所以事大，信也。大所以保小，仁也。背大国，不信；伐小国，不仁。民保于城，城保于德，失二德者①，危，将焉保？”孟孙曰：“二三子以为何如？恶贤而逆之②。”对曰：“禹合诸侯于涂山，执玉帛者万国。今其存者，无数十焉。唯大不字小，小不事大也。知必危，何故不言？鲁德如邾，而以众加之，可乎③？”不乐而出。

【注释】

① 二德：仁与信。　② 恶（wū）：何。　③ 杜注云：“孟孙忿答大夫，今鲁德无以胜邾，但欲恃众可乎？言不可。”则以“鲁德”云云为孟孙之语，然《左传》无此接法。

秋，伐邾，及范门①，犹闻钟声。大夫谏，不听。茅成子请告于吴②，不许，曰：“鲁击柝闻于邾，吴二千里，不三月不至，何及于我？

且国内岂不足[3]?”成子以茅叛[4]。师遂入邾,处其公宫,众师昼掠。邾众保于绎[5]。师宵掠,以邾子益来,献于亳社,囚诸负瑕[6]。负瑕故有绎[7]。邾茅夷鸿以束帛乘韦,自请救于吴,曰:“鲁弱晋而远吴,冯恃其众,而背君之盟,辟君之执事[8],以陵我小国。邾非敢自爱也,惧君威之不立。君威之不立,小国之忧也。若夏盟于鄫衍[9],秋而背之,成求而不违,四方诸侯,其何以事君?且鲁赋八百乘,君之贰也[10]。邾赋六百乘,君之私也。以师奉贰,唯君图之。”吴子从之。

【注释】

① 范门:邾国城门。 ② 茅成子:邾大夫茅夷鸿。 ③ 杜注:“言足以距鲁。” ④ 茅:在今山东金乡县西北。 ⑤ 绎:今山东邹城市东南的峄山。 ⑥ 负瑕:在今山东兖州市西。 ⑦ 故有绎:因此有绎人居住。 ⑧ 辟:陋,鄙薄。 ⑨ 鄫衍:即鄫。 ⑩ 贰:杜注:“敌也。”

宋人围曹。郑桓子思曰:“宋人有曹,郑之患也。不可以不救。”冬,郑师救曹,侵宋。初,曹人或梦众君子立于社宫[1],而谋亡曹,曹叔振铎请待公孙强[2],许之。旦而求之曹,无之。戒其子曰:“我死,尔闻公孙强为政,必去之。”及曹伯阳即位,好田弋。曹鄙人公孙强好弋,获白雁,献之。且言田弋之说,说之。因访政事,大说之。有宠,使为司城以听政[3]。梦者之子乃行。强言霸说于曹伯,曹伯从之,乃背晋而奸宋[4]。宋人伐之,晋人不救。筑五邑于其郊,曰黍丘、揖丘、大城、钟、邗[5]。

【注释】

① 社宫:国社的围墙。 ② 曹叔振铎:周武王弟。 ③ 司城:即司空。 ④ 奸:侵犯。 ⑤ 五邑均在曹国郊外,即今山东曹县、菏泽一带。

哀公八年

【经】

八年春[1],王正月,宋公入曹[2],以曹伯阳归。

吴伐我。

夏，齐人取谨及阐[3]。

归邾子益于邾[4]。

秋，七月。

冬，十有二月癸亥，杞伯过卒[5]。

齐人归谨及阐。

【注释】

① 八年：公元前487年。　② 宋公：宋景公。　③ 谨：在今山东宁阳县北。阐：在今宁阳县东北。　④ 邾子益：邾隐公。　⑤ 杞伯过：杞僖公。

【传】

八年春，宋公伐曹，将还，褚师子肥殿[1]。曹人诟之，不行[2]。师待之[3]。公闻之，怒，命反之，遂灭曹。执曹伯及司城强以归，杀之。

【注释】

① 子肥：宋大夫。　② 不行：谓褚师子肥停下不走。　③ 师：指大军。

吴为邾故，将伐鲁，问于叔孙辄[1]。叔孙辄对曰："鲁有名而无情[2]，伐之，必得志焉。"退而告公山不狃。公山不狃曰："非礼也。君子违[3]，不适仇国。未臣而有伐之[4]，奔命焉，死之可也。所托也则隐[5]。且夫人之行也，不以所恶废乡[6]。今子以小恶而欲覆宗国，不亦难乎？若使子率[7]，子必辞，王将使我。"子张病之[8]。王问于子泄[9]，对曰："鲁虽无与立[10]，必有与毙[11]。诸侯将救之，未可以得志焉。晋与齐、楚辅之，是四仇也。夫鲁，齐、晋之唇，唇亡齿寒，君所知也，不救何为？"三月，吴伐我，子泄率，故道险[12]，从武城[13]。

【注释】

① 叔孙辄：定公十二年（前498），叔孙辄与公山不狃率费人袭鲁，兵败后逃到齐国，又从齐逃到吴国。　② 情：实。　③ 违：出行，流亡。④ 未臣：没尽臣礼。有：同"又"。　⑤ 隐：推托，回避。　⑥ 废：危害。

⑦ 率:领先。 ⑧ 子张:即叔孙辄。病:指心情不好,懊丧。 ⑨ 子泄:公山不狃。 ⑩ 无与立:没有靠山。 ⑪ 与毙:与它共存亡。 ⑫ 故道险:有意从险路进军。 ⑬ 武城:在今山东费县西南。

初,武城人或有因于吴竟田焉①,拘鄫人之沤菅者②,曰:"何故使吾水滋③?"及吴师至,拘者道之,以伐武城,克之。王犯尝为之宰④,澹台子羽之父好焉⑤。国人惧。懿子谓景伯⑥:"若之何?"对曰:"吴师来,斯与之战,何患焉?且召之而至,又何求焉?"吴师克东阳而进⑦,舍于五梧⑧,明日,舍于蚕室。公宾庚、公甲叔子与战于夷,获叔子与析朱鉏⑨,献于王。王曰:"此同车,必使能,国未可望也⑩。"明日,舍于庚宗⑪,遂次于泗上⑫。微虎欲宵攻王舍⑬,私属徒七百人,三踊于幕庭,卒三百人⑭,有若与焉⑮。及稷门之内,或谓季孙曰:"不足以害吴,而多杀国士⑯,不如已也。"乃止之。吴子闻之,一夕三迁。吴人行成,将盟。景伯曰:"楚人围宋,易子而食,析骸而爨,犹无城下之盟。我未及亏,而有城下之盟,是弃国也。吴轻而远,不能久,将归矣。请少待之。"弗从。景伯负载⑰,造于莱门。乃请释子服何于吴⑱,吴人许之,以王子姑曹当之,而后止。吴人盟而还。

【注释】

① 因于吴竟田:杜注:"侨田吴界。"即借种吴田。 ② 沤菅:浸泡菅草。菅为编绳的一种草。 ③ 滋:浑浊。 ④ 王犯:为吴大夫,曾逃鲁任武城宰,所以武城人误认为是王犯助吴,因此害怕。 ⑤ 澹台子羽:武城人,孔子弟子。 ⑥ 懿子:孟懿子。景伯:子服景伯。 ⑦ 东阳:在今费县西南。 ⑧ 五梧:在东阳西北,与下蚕室、夷均在今平邑县境。 ⑨ 获:指杀死而获得尸体。 ⑩ 杜注:"同车能俱死,是国能使人,故不可望得。" ⑪ 庚宗:在今山东泗水县东。 ⑫ 泗上:即今泗水县。 ⑬ 微虎:鲁大夫。王舍:吴王住处。 ⑭ 卒:终。最终选定。 ⑮ 有若:孔子弟子。 ⑯ 多:只,仅。 ⑰ 载:载书,即盟书。 ⑱ 释:舍。指为人质。

齐悼公之来也①,季康子以其妹妻之,即位而逆之,季鲂侯通焉[2]。女言其情,弗敢与也[3]。齐侯怒。夏五月,齐鲍牧帅师伐我,取讙及阐。

【注释】

① 齐悼公出逃到鲁国在哀公五年(前490)。　② 季鲂侯:季康子叔父。　③ 弗敢与:季康子不敢把妹妹交给齐国人。

或谮胡姬于齐侯,曰:"安孺子之党也。"六月,齐侯杀胡姬。

齐侯使如吴请师,将以伐我,乃归邾子。邾子又无道,吴子使大宰子余讨之[1],囚诸楼台,栫之以棘[2]。使诸大夫奉大子革以为政[3]。

【注释】

① 大宰子余:太宰嚭。　② 栫(jiè):围绕。　③ 大子革:即位为桓公。

秋,及齐平。九月,臧宾如如齐莅盟[1]。齐闾丘明来莅盟[2],且逆季姬以归,嬖。

鲍牧又谓群公子曰:"使女有马千乘乎[3]?"公子诉之[4]。公谓鲍子:"或谮子,子姑居于潞以察之[5]。若有之,则分室以行[6]。若无之,则反子之所[7]。"出门,使以三分之一行。半道,使以二乘。及潞,麇之以入[8],遂杀之。

冬十二月,齐人归讙及阐,季姬嬖故也。

【注释】

① 臧宾如:臧会之子。　② 闾丘明:闾丘婴之子。　③ 有马千乘:即为国君。鲍牧本不欲立公子阳生,所以引诱公子们。　④ 诉之:告诉齐悼公。　⑤ 潞:在齐都城外。察:此指等候审查。　⑥ 分室:一半家财。⑦ 反子之所:让你恢复原位。　⑧ 麇之以入:把他绑起来押入城。

哀 公 九 年

【经】

九年春[1],王二月,葬杞僖公。

宋皇瑗帅师取郑师于雍丘②。

夏，楚人伐陈。

秋，宋公伐郑③。

冬，十月。

【注释】

① 九年：公元前486年。 ② 取：歼灭。雍丘：在今河南杞县。 ③ 宋公：宋景公。

【传】

九年春，齐侯使公孟绰辞师于吴①。吴子曰②："昔岁寡人闻命，今又革之，不知所从，将进受命于君③。"

郑武子賸之嬖许瑕求邑④，无以与之。请外取，许之，故围宋雍丘。宋皇瑗围郑师，每日迁舍⑤，垒合，郑师哭。子姚救之，大败。二月甲戌，宋取郑师于雍丘，使有能者无死，以郑张与郑罗归。

【注释】

① 辞师：取消出兵的请求。 ② 吴子：吴王夫差。 ③ 进：前往你们国家。 ④ 武子賸：即罕达，字子賸，又字子姚。 ⑤ 杜注："作垒堑成，辄徙舍合其围。"

夏，楚人伐陈，陈即吴故也。

宋公伐郑。

秋，吴城邗①，沟通江、淮。

【注释】

① 邗：在今江苏扬州市北。

晋赵鞅卜救郑，遇水适火①，占诸史赵、史墨、史龟。史龟曰："是谓沈阳②，可以兴兵。利以伐姜③，不利子商④。伐齐则可，敌宋不吉。"史墨曰："盈，水名也⑤。子，水位也。名位敌，不可干也。炎帝为火师，姜姓其后也。水胜火，伐姜则可。"史赵曰："是谓如川之满，不可游也。郑方有罪，不可救也。救郑则不吉，不知其他。"

阳虎以《周易》筮之，遇《泰》䷊之《需》䷄[6]，曰：“宋方吉，不可与也。微子启，帝乙之元子也。宋、郑，甥舅也。祉，禄也。若帝乙之元子归妹，而有吉禄，我安得吉焉[7]？”乃止。

冬，吴子使来儆师伐齐[8]。

【注释】

① 水适火：当为兆象，具体情况不可知。　② 沈阳：杜注谓“水阳，得水故沉”。　③ 姜：指齐国。　④ 子商：指宋国。　⑤ 盈，水名也：此句与下句，今皆不可解。　⑥《泰》之《需》：《泰》卦乾下坤上，第五爻阴变阳即成《需》卦。　⑦ 据杜注，《泰》六五曰：“帝乙归妹，以祉，元吉。”故阳虎认为宋祖先微子是帝乙的元子（长子），应卦辞当吉。宋与郑是甥舅国，应“归妹”嫁女之辞，亦吉。　⑧ 儆：告诫，这里是通报之意。

哀公十年

【经】

十年春[1]，王二月，邾子益来奔[2]。

公会吴伐齐。

三月戊戌，齐侯阳生卒。

夏，宋人伐郑。

晋赵鞅帅师侵齐。

五月，公至自伐齐。

葬齐悼公。

卫公孟彄自齐归于卫。

薛伯夷卒。

秋，葬薛惠公。

冬，楚公子结帅师伐陈。

吴救陈。

【注释】

① 十年：公元前 485 年。　② 邾子益：邾隐公。

【传】

十年春,邾隐公来奔,齐甥也,故遂奔齐。

公会吴子、邾子、郯子伐齐南鄙[①],师于鄎[②]。齐人弑悼公,赴于师。吴子三日哭于军门之外[③]。徐承帅舟师[④],将自海入齐,齐人败之,吴师乃还。

【注释】

① 吴子:吴王夫差。邾子:邾桓公。 ② 鄎:齐南部边境城邑。 ③ 三日哭于军门之外:是当时诸侯吊丧之礼。 ④ 徐承:吴大夫。

夏,赵鞅帅师伐齐,大夫请卜之。赵孟曰:"吾卜于此起兵[①],事不再令[②],卜不袭吉[③],行也。"于是乎取犁及辕[④],毁高唐之郭[⑤],侵及赖而还[⑥]。

【注释】

① 卜于此起兵:谓去年占卜伐齐吉利,所以出兵伐齐。 ② 令:命龟,即占卜。 ③ 袭:重,再。 ④ 犁:即犁丘,在今山东临邑县西。辕:在今山东禹城市西北。 ⑤ 高唐:即今山东高唐县。 ⑥ 赖:在今山东章丘市西北。

秋,吴子使来复儆师[①]。

冬,楚子期伐陈。吴延州来季子救陈[②],谓子期曰:"二君不务德,而力争诸侯,民何罪焉?我请退,以为子名,务德而安民。"乃还。

【注释】

① 儆师:通报出兵。 ② 延州来季子:或谓即季札,时年已九十余。

哀公十一年

【经】

十有一年春[①],齐国书帅师伐我。

夏,陈辕颇出奔郑。

五月,公会吴伐齐。

甲戌,齐国书帅师及吴战于艾陵②,齐师败绩,获齐国书。

秋七月辛酉,滕子虞母卒。

冬十有一月,葬滕隐公。

卫世叔齐出奔宋。

【注释】

① 十有一年:公元前484年。　② 艾陵:或谓在今山东泰安,或谓在今莱芜。

【传】

十一年春,齐为鄎故,国书、高无丕帅师伐我①,及清②。季孙谓其宰冉求曰③:"齐师在清,必鲁故也。若之何?"求曰:"一子守,二子从公御诸竟④。"季孙曰:"不能。"求曰:"居封疆之间⑤。"季孙告二子,二子不可。求曰:"若不可,则君无出。一子帅师,背城而战。不属者,非鲁人也⑥。鲁之群室⑦,众于齐之兵车。一室敌车⑧,优矣,子何患焉?二子之不欲战也宜,政在季氏。当子之身,齐人伐鲁而不能战,子之耻也,大不列于诸侯矣。"季孙使从于朝,俟于党氏之沟⑨。武叔呼而问战焉⑩,对曰:"君子有远虑,小人何知?"懿子强问之⑪,对曰:"小人虑材而言,量力而共者也。"武叔曰:"是谓我不成丈夫也。"退而蒐乘,孟孺子泄帅右师⑫,颜羽御,邴泄为右⑬。冉求帅左师,管周父御,樊迟为右⑭。季孙曰:"须也弱。"有子曰⑮:"就用命焉⑯。"季氏之甲七千,冉有以武城人三百为己徒卒,老幼守宫,次于雩门之外⑰。五日,右师从之。公叔务人见保者而泣⑱,曰:"事充政重⑲,上不能谋,士不能死,何以治民?吾既言之矣,敢不勉乎!"

【注释】

① 高无丕:高张之子。　② 清:在今山东长清县东。或谓在今山东东阿县。　③ 冉求:孔子弟子。　④ 一子、二子:指季孙、孟孙、叔孙三人。　⑤ 封疆:杜注:"竟内近郊地。"　⑥ 杜注:"属,臣属也,言不战为不臣。"　⑦ 群室:指都邑中居民,即士大夫之家。　⑧ 一室:指季氏。敌车:战车与齐军比。　⑨ 党氏之沟:近鲁公宫。　⑩ 武叔:叔孙州

仇。　⑪ 懿子：孟孙何忌。　⑫ 孟孺子泄：孟懿子之子，名彘，谥武伯。　⑬ 颜羽、邴泄：孟氏家臣。　⑭ 管周父、樊迟：季氏臣。樊迟名须，孔子弟子。　⑮ 有子：即冉求。　⑯ 就用命：他能胜任使命。　⑰ 雩门：鲁都南门。　⑱ 公叔务人：公为，昭公子。保者：守城人。　⑲ 事充：谓徭役烦重。政重：赋税众多。

师及齐师战于郊，齐师自稷曲①。师不逾沟②。樊迟曰："非不能也，不信子也，请三刻而逾之③。"如之，众从之。师入齐军，右师奔，齐人从之，陈瓘、陈庄涉泗④。孟之侧后入以为殿⑤，抽矢策其马，曰："马不进也。"林不狃之伍曰⑥："走乎？"不狃曰："谁不如？"曰："然则止乎？"不狃曰："恶贤⑦？"徐步而死。师获甲首八十⑧，齐人不能师。宵，谍曰："齐人遁。"冉有请从之三，季孙弗许。孟孺子语人曰："我不如颜羽，而贤于邴泄。子羽锐敏，我不欲战而能默。泄曰：'驱之⑨。'"公为与其嬖僮汪锜乘，皆死，皆殡。孔子曰："能执干戈以卫社稷，可无殇也⑩。"冉有用矛于齐师，故能入其军。孔子曰："义也。"

【注释】

① 稷曲：鲁郊外地名。　② 师：指鲁军。　③ 三刻：谓约束、申令三次。　④ 陈瓘、陈庄：齐大夫。一字子玉，陈恒之兄；一即成子之兄弟昭子。　⑤ 孟之侧：孟氏族，字反。　⑥ 林不狃：鲁士。伍：同伍的兵士。　⑦ 恶贤：意为我们比谁贤明。　⑧ 甲首：甲士的首级。　⑨ 驱之：赶马逃走。　⑩ 殇：夭折。未成年人葬礼降于成年人，此谓不用以未成年人之礼下葬。

夏，陈辕颇出奔郑。初，辕颇为司徒，赋封田以嫁公女①。有余，以为己大器②。国人逐之，故出。道渴，其族辕咺进稻醴、粱糗、腶脯焉③。喜曰："何其给也④？"对曰："器成而具⑤。"曰："何不吾谏？"对曰："惧先行。"

【注释】

① 封田：境内所有田地。　② 大器：钟鼎之类。　③ 稻醴：米酒。粱糗：干饭。腶脯：一种干肉。　④ 给：足。言酒、饭、菜都齐全，即事先准备好了。　⑤ 器成而具：谓辕颇造好了钟鼎等器时自己就准备好了这些东西。

为郊战故,公会吴子伐齐。五月克博①,壬申,至于嬴②。中军从王。胥门巢将上军,王子姑曹将下军,展如将右军。齐国书将中军,高无丕将上军,宗楼将下军。陈僖子谓其弟书:"尔死,我必得志。"宗子阳与闾丘明相厉也③。桑掩胥御国子。公孙夏曰:"二子必死。"将战,公孙夏命其徒歌《虞殡》④。陈子行命其徒具含玉⑤。公孙挥命其徒曰:"人寻约,吴发短⑥。"东郭书曰:"三战必死,于此三矣。"使问弦多以琴⑦,曰:"吾不复见子矣。"陈书曰:"此行也,吾闻鼓而已,不闻金矣⑧。"

【注释】

① 博:在今山东泰安市东。　② 嬴:在今山东莱芜市北。　③ 相厉:互相勉励拼死作战。　④《虞殡》:送葬的挽歌。　⑤ 陈子行:即陈逆。具含玉:示必死。死人含玉入殓。　⑥ 杜注:"约,绳也。八尺为寻。吴发短,欲以绳贯其首。"古人杀死敌人后砍下头以头发结连,吴人发短,所以要用绳子。　⑦ 问:赠送。　⑧ 杜注:"鼓以进军,金以退军。不闻金,言将死也。"

甲戌,战于艾陵,展如败高子,国子败胥门巢。王卒助之,大败齐师。获国书、公孙夏、闾丘明、陈书、东郭书,革车八百乘,甲首三千,以献于公。将战,吴子呼叔孙,曰:"而事何也?"对曰:"从司马①。"王赐之甲、剑铍,曰:"奉尔君事,敬无废命。"叔孙未能对②,卫赐进③,曰:"州仇奉甲从君而拜。"公使大史固归国子之元④,置之新箧,褽之以玄纁⑤,加组带焉⑥。置书于其上,曰:"天若不识不衷⑦,何以使下国⑧?"

【注释】

① 从司马:谦词,犹言"备位司马"。　② 依礼,无赐臣剑之理,赐剑即令其自杀,故叔孙不能对。　③ 卫赐:即子贡,卫人,孔子弟子。　④ 国子之元:国书的头。　⑤ 褽(wèi):垫在下面。玄纁:青黑色与浅红色的绢帛。玄为天色,纁为地色,以示庄隆。　⑥ 组带:编丝为带。　⑦ 衷:正。　⑧ 使下国:让下国获胜。

吴将伐齐,越子率其众以朝焉①,王及列士,皆有馈赂。吴人皆喜,惟子胥惧,曰:“是豢吴也夫②!”谏曰:“越在我,心腹之疾也。壤地同,而有欲于我。夫其柔服,求济其欲也,不如早从事焉。得志于齐,犹获石田也,无所用之。越不为沼,吴其泯矣。使医除疾,而曰‘必遗类焉’者③,未之有也。《盘庚》之诰曰:‘其有颠越不共④,则劓殄无遗育⑤,无俾易种于兹邑⑥。’是商所以兴也。今君易之⑦,将以求大,不亦难乎?”弗听。使于齐,属其子于鲍氏,为王孙氏。反役⑧,王闻之,使赐之属镂以死⑨。将死,曰:“树吾墓槚,槚可材也,吴其亡乎!三年,其始弱矣。盈必毁,天之道也。”

【注释】

① 越子:越王勾践。 ② 豢:杜注:“豢,养也。若人养牺牲,非爱之,将杀之。” ③ 类:同“纇”,病。 ④ 颠越:狂乱。 ⑤ 劓:割。殄:绝。无遗育:不留后代。 ⑥ 易:延。 ⑦ 易:违反。 ⑧ 反役:从艾陵战役归来。 ⑨ 属镂:剑名。

秋,季孙命修守备,曰:“小胜大,祸也。齐至无日矣。”

冬,卫大叔疾出奔宋①。初,疾娶于宋子朝,其娣嬖。子朝出,孔文子使疾出其妻而妻之②。疾使侍人诱其初妻之娣,寘于犁③,而为之一宫,如二妻。文子怒,欲攻之,仲尼止之。遂夺其妻。或淫于外州④,外州人夺之轩以献。耻是二者,故出。卫人立遗⑤,使室孔姞⑥。疾臣向魋⑦,纳美珠焉,与之城鉏⑧。宋公求珠,魋不与,由是得罪。及桓氏出⑨,城鉏人攻大叔疾,卫庄公复之。使处巢⑩,死焉,殡于郧,葬于少禘⑪。初,晋悼公子慭亡在卫,使其女仆而田⑫。大叔懿子止而饮之酒⑬,遂聘之,生悼子⑭。悼子即位,故夏戊为大夫⑮。悼子亡,卫人翦夏戊⑯。孔文子之将攻大叔也,访于仲尼。仲尼曰:“胡簋之事⑰,则尝学之矣。甲兵之事,未之闻也。”退,命驾而行,曰:“鸟则择木,木岂能择鸟?”文子遽止之,曰:“圉岂敢度其私⑱,访卫国之难也。”将止,鲁人以币召之,乃归。

【注释】

① 大叔疾:即经所记“世叔齐”。 ② 孔文子:卫卿孔圉。妻之:把自

已的女儿嫁给大叔疾。　③ 犁:在今河南安阳市。　④ 外州:卫地,具体所在不详。　⑤ 遗:疾之弟。　⑥ 孔姞:孔文子女,疾之妻。　⑦ 向魋:桓魋。　⑧ 城钼:在今河南滑县东。　⑨ 桓氏出:向魋叛逃,为后哀公十四年(前481)事。　⑩ 巢:或谓在今河南睢县。　⑪ 郧、少禘:均卫邑,所在不详。　⑫ 仆而田:驾车打猎。　⑬ 大叔懿子:太叔仪之孙。　⑭ 悼子:即太叔疾。　⑮ 夏戊:太叔疾之甥。　⑯ 翦:削其爵邑。　⑰ 胡簋之事:指祭祀之事。胡与簋均为食器。　⑱ 度:谋。

季孙欲以田赋①,使冉有访诸仲尼。仲尼曰:"丘不识也。"三发,卒曰:"子为国老,待子而行,若之何子之不言也?"仲尼不对,而私于冉有曰:"君子之行也②,度于礼,施取其厚,事举其中,敛从其薄,如是则以丘亦足矣③。若不度于礼,而贪冒无厌,则虽以田赋,将又不足。且子季孙若欲行而法,则周公之典在。若欲苟而行,又何访焉?"弗听。

【注释】

① 田赋:具体内容不详。　② 行:杜注:"行政事。"　③ 丘:十六井。方里为井,四井为邑,四邑为丘。丘亦足矣,申谓依照丘来征收赋税也就够了。

哀公十二年

【经】

十有二年春①,用田赋。

夏五月甲辰,孟子卒②。

公会吴于橐皋③。

秋,公会卫侯、宋皇瑗于郧④。

宋向巢帅师伐郑。

冬十有二月,螽。

【注释】

① 十有二年:公元前483年。　② 孟子:昭公夫人。　③ 橐皋:在今安徽巢湖市西北。　④ 卫侯:卫出公,公元前492—前481年在位。郧:

在今江苏如皋市东。或云在今山东莒县。

【传】

十二年春,王正月,用田赋。

夏五月,昭夫人孟子卒。昭公娶于吴,故不书姓①。死不赴,故不称夫人。不反哭②,故不言葬小君。孔子与吊,适季氏。季氏不绕③,放绖而拜④。

【注释】

① 不书姓:因吴国与鲁国同姓姬,同姓依礼不通婚,所以称"孟子"而不记姓氏。　② 反哭:到祖庙哭吊。　③ 绕:脱帽。此言不行丧夫人之礼。　④ 放:脱掉。绖:葛麻丧服。杜注云:"孔子以小君礼往吊,季孙不服丧,故去绖,从主节制。"

公会吴于橐皋。吴子使大宰嚭请寻盟①。公不欲,使子贡对曰:"盟所以周信也②,故心以制之,玉帛以奉之,言以结之,明神以要之。寡君以为苟有盟焉,弗可改也已。若犹可改,日盟何益?今吾子曰:'必寻盟。'若可寻也,亦可寒也③。"乃不寻盟。

【注释】

① 寻盟:重修旧盟。　② 周:巩固。　③ 寒:寒凉,冷落。

吴征会于卫。初,卫人杀吴行人且姚而惧,谋于行人子羽①。子羽曰:"吴方无道,无乃辱吾君,不如止也。"子木曰②:"吴方无道,国无道,必弃疾于人。吴虽无道,犹足以患卫。往也,长木之毙③,无不摽也④,国狗之瘈⑤,无不噬也,而况大国乎?"秋,卫侯会吴于郧。公及卫侯、宋皇瑗盟,而卒辞吴盟。吴人藩卫侯之舍⑥。子服景伯谓子贡曰:"夫诸侯之会,事既毕矣,侯伯致礼,地主归饩⑦,以相辞也。今吴不行礼于卫,而藩其君舍以难之,子盍见大宰?"乃请束锦以行⑧。语及卫故,大宰嚭曰:"寡君愿事卫君,卫君之来也缓,寡君惧,故将止之⑨。"子贡曰:"卫君之来,必谋于其众。其众或欲或否,是以缓来。其欲来者,子之党也。其不欲来者,子

之仇也。若执卫君，是堕党而崇仇也[10]。夫堕子者得其志矣！且合诸侯而执卫君，谁敢不惧？堕党崇仇，而惧诸侯，或者难以霸乎！”大宰嚭说，乃舍卫侯[11]。卫侯归，效夷言[12]。子之尚幼[13]，曰：“君必不免，其死于夷乎！执焉，而又说其言，从之固矣。”

【注释】

① 子羽：卫大夫。　② 子木：卫大夫。　③ 长木：高大的树木。毙：此指倒下。　④ 摽：击。此句意为：旁边的人没有不被击到的。⑤ 国狗：惊动一国的狗。瘈：狂。　⑥ 藩：围。　⑦ 归：同“馈”，赠送。饩：食物。　⑧ 束锦：五匹锦。　⑨ 止：扣留。　⑩ 堕：毁。⑪ 舍：同“捨”，释放。　⑫ 夷言：吴语。　⑬ 子之：公孙弥牟，谥文子。

冬十二月，螽。季孙问诸仲尼，仲尼曰：“丘闻之，火伏而后蛰者毕[1]。今火犹西流，司历过也[2]。”

【注释】

① 火：大火星，一般夏正十月隐没不见。　② 过：算错。

宋郑之间有隙地焉[1]，曰弥作、顷丘、玉畅、嵒、戈、钖。子产与宋人为成，曰：“勿有是。”及宋平、元之族自萧奔郑，郑人为之城嵒、戈、钖。九月，宋向巢伐郑，取钖，杀元公之孙，遂围嵒。十二月，郑罕达救嵒，丙申，围宋师。

【注释】

① 隙地：未开垦的荒地。以下六地，均在今河南杞县、通许县一带。

哀公十三年

【经】

十有三年春[1]，郑罕达帅师取宋师于嵒。

夏，许男成卒。

公会晋侯及吴子于黄池[2]。

楚公子申帅师伐陈。

於越入吴。

秋,公至自会。

晋魏曼多帅师侵卫。

葬许元公。

九月,螽。

冬十有一月,有星孛于东方③。

盗杀陈夏区夫④。

十有二月,螽。

【注释】

① 十有三年:公元前 482 年。　② 晋侯:晋定公。吴子:吴王夫差。黄池:或谓在今河南封丘县。　③ 有星孛于东方:有彗星掠过东方。④ 盗:杜注:"称盗,非大夫也。"

【传】

十三年春,宋向魋救其师。郑子賸使徇曰①:"得桓魋者有赏。"魋也逃归,遂取宋师于嵒,获成讙、郜延②。以六邑为虚③。

夏,公会单平公、晋定公、吴夫差于黄池④。

【注释】

① 子賸:即罕达。　② 成讙、郜延:均为宋大夫。　③ 六邑:即弥作、顷丘、玉畅、嵒、戈、钖。虚:杜注:"空虚之,各不有。"　④ 单平公:周卿士。

六月丙子,越子伐吴,为二隧①。畴无余、讴阳自南方②,先及郊。吴大子友、王子地、王孙弥庸、寿于姚自泓上观之③。弥庸见姑蔑之旗④,曰:"吾父之旗也。不可以见仇而弗杀也。"大子曰:"战而不克,将亡国。请待之。"弥庸不可,属徒五千⑤,王子地助之。乙酉,战,弥庸获畴无余,地获讴阳。越子至,王子地守。丙戌,复战,大败吴师。获大子友、王孙弥庸、寿于姚。丁亥,入吴。吴人告败于王,王恶其闻也⑥,自刭七人于幕下⑦。

【注释】

① 隧：队，路。　② 畴无余、讴阳：越大夫。　③ 泓：水名。或谓即越来溪，泓上即今江苏苏州市西南横山。　④ 姑蔑：在今浙江龙游县北。杜注："弥庸父为越所获，故姑蔑人得其旌旗。"　⑤ 属：聚集。　⑥ 杜注："恶诸侯闻之。"　⑦ 七人：指前后来报信的七个人。

秋七月辛丑，盟，吴、晋争先。吴人曰："于周室，我为长①。"晋人曰："于姬姓，我为伯②。"赵鞅呼司马寅曰："日旰矣，大事未成，二臣之罪也。建鼓整列，二臣死之③，长幼必可知也④。"对曰："请姑视之。"反，曰："肉食者无墨⑤。今吴王有墨，国胜乎⑥？大子死乎？且夷德轻，不忍久，请少待之。"乃先晋人。吴人将以公见晋侯，子服景伯对使者曰："王合诸侯，则伯帅侯牧以见于王。伯合诸侯，则侯帅子男以见于伯。自王以下，朝聘玉帛不同。故敝邑之职贡于吴，有丰于晋，无不及焉，以为伯也。今诸侯会，而君将以寡君见晋君，则晋成为伯矣，敝邑将改职贡。鲁赋于吴八百乘。若为子男，则将半邾以属于吴，而如邾以事晋⑦。且执事以伯召诸侯，而以侯终之，何利之有焉？"吴人乃止。既而悔之，将囚景伯。景伯曰："何也立后于鲁矣⑧。将以二乘与六人从，迟速唯命。"遂囚以还。及户牖⑨，谓大宰曰："鲁将以十月上辛，有事于上帝先王，季辛而毕⑩。何世有职焉，自襄以来，未之改也。若不会，祝宗将曰：'吴实然。'且谓鲁不共，而执其贱者七人⑪，何损焉？"大宰嚭言于王曰："无损于鲁，而祇为名⑫，不如归之。"乃归景伯。

【注释】

① 杜注："吴为大伯后，故为长。"　② 伯：亦长之意。　③ 死之：战死。　④ 长幼：即先后。　⑤ 墨：气色晦暗。　⑥ 胜：为敌所胜。⑦ 杜注："如邾，六百乘。"　⑧ 何：景伯名。　⑨ 户牖：在今河南兰考县东北。　⑩ 季辛：最后一个辛日。　⑪ 贱者七人：景伯与从者六人，皆非卿，故自称贱者。　⑫ 名：恶名。

吴申叔仪乞粮于公孙有山氏①，曰："佩玉繠兮②，余无所系之。

旨酒一盛兮③，余与褐之父睨之④。”对曰：“粱则无矣⑤，粗则有之。若登首山以呼曰⑥‘庚癸乎⑦’，则诺。”王欲伐宋，杀其丈夫而囚其妇人。大宰嚭曰：“可胜也，而弗能居也。”乃归。

冬，吴及越平。

【注释】

① 申叔仪：吴大夫。公孙有山：鲁大夫。 ② 繠（ruǐ）：下垂貌。 ③ 一盛：一杯。 ④ 褐之父：穿褐衣的贱者中的老人。睨之：想得到它。 ⑤ 粱：精米。 ⑥ 首山：在今河南襄城县南。 ⑦ 庚癸：此以呼庚癸为约。或云货分十等，庚癸为下等。

卷三十　哀公下

哀公十四年

【经】

十有四年春①，西狩获麟②。

小邾射以句绎来奔③。

夏四月，齐陈恒执其君④，寘于舒州⑤。

庚戌，叔还卒。

五月庚申朔，日有食之。陈宗竖出奔楚。

宋向魋入于曹以叛。

莒子狂卒。

六月，宋向魋自曹出奔卫⑥。

宋向巢来奔。

齐人弑其君壬于舒州⑦。

秋，晋赵鞅帅师伐卫。

八月辛丑，仲孙何忌卒。

冬，陈宗竖自楚复入于陈，陈人杀之。

陈辕买出奔楚。

有星孛。

饥。

【注释】

① 十有四年：公元前 481 年。　② 《公羊》、《谷梁》均到此为止。各家均云孔子伤麟之死，叹“吾道穷矣”，故修《春秋》，绝笔于获麟。　③ 射：小邾大夫。句绎：在今山东邹城市。　④ 陈恒：即陈成子。其君：指齐简公，公元前 484 年即位，至此年被杀。　⑤ 舒州：或谓在今河北大城县。

或谓在今山东滕州市。　⑥ 曹：原曹国，宋灭曹后为向魋采邑。　⑦ 王：齐简公。

【传】

十四年春，西狩于大野①，叔孙氏之车子钽商获麟②，以为不祥，以赐虞人。仲尼观之，曰："麟也。"然后取之③。

【注释】

① 大野：泽名，在今山东巨野一带。　② 车：御者。子钽商：子钽氏，名商。　③ 取之：把它带走。

小邾射以句绎来奔，曰："使季路要我①，吾无盟矣。"使子路，子路辞。季康子使冉有谓之曰："千乘之国②，不信其盟，而信子之言，子何辱焉？"对曰："鲁有事于小邾，不敢问故，死其城下可也。彼不臣而济其言③，是义之也，由弗能。"

【注释】

① 季路：即子路。要：约言。　② 千乘之国：指鲁。　③ 济：成。

齐简公之在鲁也，阚止有宠焉①。及即位，使为政。陈成子惮之，骤顾诸朝②。诸御鞅言于公曰③："陈、阚不可并也，君其择焉。"弗听。子我夕④，陈逆杀人⑤，逢之，遂执以入。陈氏方睦，使疾⑥，而遗之潘沐⑦，备酒肉焉，飨守囚者，醉而杀之，而逃。子我盟诸陈于陈宗⑧。

【注释】

① 杜注："简公，悼公阳生子壬也。阚止，子我也。事在六年。"　② 骤：多次。顾：回头看。　③ 鞅：齐大夫。　④ 夕：暮见。　⑤ 陈逆：字子行。　⑥ 使疾：让陈逆装病。　⑦ 潘沐：米汁，古人用以洗头。　⑧ 陈宗：陈氏宗主。

初，陈豹欲为子我臣①，使公孙言己②，已有丧而止。既，而言之，曰："有陈豹者，长而上偻③，望视④，事君子必得志。欲为子臣，吾惮其为人也，故缓以告。"子我曰："何害？是其在我也。"使为臣。他日，与之言政，说，遂有宠。谓之曰："我尽逐陈氏，而立女，若

何?”对曰:“我远于陈氏矣。且其违者,不过数人,何尽逐焉?”遂告陈氏。子行曰:“彼得君,弗先,必祸子。”子行舍于公宫。夏五月壬申,成子兄弟四乘如公。子我在幄,出,逆之。遂入,闭门[5]。侍人御之,子行杀侍人。公与妇人饮酒于檀台[6],成子迁诸寝。公执戈,将击之。大史子余曰:“非不利也,将除害也。”

【注释】

① 陈豹:字子皮,陈文子之孙。　② 公孙:齐大夫。言:推荐。　③ 上偻:有些驼背。　④ 望视:仰视。　⑤ 杜注:“成子入,反闭门,不内子我。”　⑥ 檀台:在临淄城东北。

成子出舍于库,闻公犹怒,将出,曰:“何所无君?”子行抽剑,曰:“需[1],事之贼也[2]。谁非陈宗?所不杀子者,有如陈宗!”乃止。子我归,属徒,攻闱与大门[3],皆不胜,乃出。陈氏追之,失道于弇中[4],适丰丘[5]。丰丘人执之,以告,杀诸郭关[6]。成子将杀大陆子方[7],陈逆请而免之,以公命取车于道。及耏[8],众知而东之[9]。出雍门[10],陈豹与之车,弗受,曰:“逆为余请,豹与余车,余有私焉。事子我而有私于其仇,何以见鲁、卫之士?”东郭贾奔卫[11]。庚辰,陈恒执公子舒州。公曰:“吾早从鞅之言,不及此。”

【注释】

① 需:迟疑懦弱。　② 事之贼:危害大事的根本。　③ 闱:宫墙小门。　④ 弇中:在临淄西南。　⑤ 丰丘:不详。杜注谓“陈氏邑”。　⑥ 郭关:齐都外城门。　⑦ 子方:阚止臣,大陆氏。　⑧ 耏:即时,在齐与鲁交界处。　⑨ 东之:逼子方往东走。　⑩ 雍门:齐都城门。　⑪ 东郭贾:即子方。

宋桓魋之宠害于公[1]。公使夫人骤请享焉,而将讨之。未及,魋先谋公,请以鞌易薄[2],公曰:“不可。薄,宗邑也。”乃益鞌七邑,而请享公焉。以日中为期,家备尽往[3]。公知之,告皇野曰[4]:“余长魋也[5]。今将祸余,请即救。”司马子仲曰:“有臣不顺,神之所恶也,而况人乎?敢不承命?不得左师不可[6],请以君命召之。”左师

每食击钟。闻钟声,公曰:“夫子将食。”既食,又奏。公曰:“可矣。”以乘车往,曰:“迹人来告曰⑦:‘逢泽有介麇焉⑧。’公曰:‘虽魋未来,得左师,吾与之田,若何?’君惮告子⑨。野曰:‘尝私焉⑩。’君欲速,故以乘车逆子。”与之乘,至,公告之故,拜,不能起。司马曰:“君与之言。”公曰:“所难子者,上有天,下有先君。”对曰:“魋之不共,宋之祸也。敢不唯命是听?”司马请瑞焉⑪,以命其徒攻桓氏。其父兄故臣曰:“不可。”其新臣曰:“从吾君之命。”遂攻之。子颀聘而告桓司马⑫。司马欲入,子车止之⑬,曰:“不能事君,而又伐国,民不与也,只取死焉。”向魋遂入于曹以叛。

【注释】

① 杜注:“恃宠骄盈。”公:宋景公。 ② 鞌、薄:鞌在今山东定陶县,桓魋(即向魋)邑;薄即“亳”,在今河南商丘市南,公邑。 ③ 家备:私人甲士。 ④ 皇野:司马子仲。 ⑤ 长:养育长大。 ⑥ 左师:桓魋之兄向巢。 ⑦ 迹人:掌管田猎、辨认野兽足迹的官。 ⑧ 逢泽:在今商丘市南。介:孤。 ⑨ 君惮告子:君王难以向你开口。 ⑩ 尝私:意为我私下谈谈看。 ⑪ 瑞:符节。 ⑫ 子颀:桓魋弟。桓司马:即桓魋。 ⑬ 子车:亦桓魋之弟。

六月,使左师巢伐之,欲质大夫以入焉①。不能,亦入于曹,取质②。魋曰:“不可。既不能事君,又得罪于民,将若之何?”乃舍之。民遂叛之。向魋奔卫。向巢来奔,宋公使止之③,曰:“寡人与子有言矣,不可以绝向氏之祀。”辞曰:“臣之罪大,尽灭桓氏可也。若以先臣之故,而使有后,君之惠也。若臣则不可以入矣。”司马牛致其邑与珪焉④,而适齐。向魋出于卫地,公文氏攻之,求夏后氏之璜焉。与之他玉,而奔齐,陈成子使为次卿。司马牛又致其邑焉,而适吴。吴人恶之,而反⑤。赵简子召之,陈成子亦召之,卒于鲁郭门之外,阬氏葬诸丘舆⑥。

【注释】

① 杜注:“巢不能克魋,恐公怒,欲得国内大夫为质还入国。” ② 取

质：取曹地人为人质。　　③ 宋公：宋景公。止：挽留。　　④ 司马牛：桓魋弟。珪：守邑符信。　　⑤ 反：回宋国。　　⑥ 阬氏：鲁人。丘舆：在今山东费县西。

甲午，齐陈恒弑其君壬于舒州。孔丘三日齐①，而请伐齐三。公曰："鲁为齐弱久矣，子之伐之，将若之何？"对曰："陈恒弑其君，民之不与者半。以鲁之众，加齐之半，可克也。"公曰："子告季孙。"孔子辞，退而告人曰："吾以从大夫之后也②，故不敢不言。"

【注释】

① 齐：斋戒。　　② 杜注："尝为大夫而去，故言后。"

初，孟孺子泄将圉马于成①，成宰公孙宿不受，曰："孟孙为成之病②，不圉马焉。"孺子怒，袭成。从者不得入，乃反。成有司使，孺子鞭之。秋八月辛丑，孟懿子卒。成人奔丧③，弗内。袒免哭于衢④，听共⑤，弗许。惧，不归⑥。

【注释】

① 泄：孟懿子之子孟武伯。圉：畜养。　　② 孟孙：孟懿子。病：人民贫困。　　③ 成人：指成宰。　　④ 袒免：脱去上衣、帽子。　　⑤ 听共：要求供驱使。　　⑥ 此条与下一条原为一条。

哀公十五年

【经】

十有五年春①，王正月，成叛。

夏五月，齐高无丕出奔北燕。

郑伯伐宋②。

秋八月，大雩。

晋赵鞅帅师伐卫。

冬，晋侯伐郑③。

及齐平。

卫公孟弫出奔齐。

【注释】

① 十有五年:公元前480年。　② 郑伯:郑声公,公元前500—前463年在位。　③ 晋侯:晋定公。

【传】

十五年春,成叛于齐。武伯伐成①,不克,遂城输②。

夏,楚子西、子期伐吴,及桐汭③。陈侯使公孙贞子吊焉④,及良而卒⑤,将以尸入。吴子使大宰嚭劳,且辞曰:"以水潦之不时,无乃廪然陨大夫之尸⑥,以重寡君之忧。寡君敢辞。"上介芋尹盖对曰⑦:"寡君闻楚为不道,荐伐吴国⑧,灭厥民人。寡君使盖备使,吊君之下吏。无禄,使人逢天之戚⑨,大命陨队⑩,绝世于良,废日共积⑪,一日迁次⑫。今君命逆使人曰:'无以尸造于门。'是我寡君之命委于草莽也。且臣闻之曰:'事死如生,礼也。'于是乎有朝聘而终,以尸将事之礼,又有朝聘而遭丧之礼。若不以尸将命,是遭丧而还也,无乃不可乎!以礼防民⑬,犹或逾之⑭。今大夫曰'死而弃之',是弃礼也,其何以为诸侯主?先民有言曰:'无秽虐士⑮。'备使奉尸将命,苟我寡君之命达于君所,虽陨于深渊,则天命也,非君与涉人之过也⑯。"吴人内之。

【注释】

①武伯:孟懿子之子泄。　② 输:在成邑附近。　③ 桐汭:即桐水。源出安徽广德县,西北入江苏,于高淳县入丹阳湖。　④ 陈侯:陈闵公。吊:慰问。　⑤ 良:近吴都,具体所在不详。　⑥ 廪然:泛滥。⑦ 上介:副手。　⑧ 荐:屡次。　⑨ 逢天之戚:遇上上天不快。⑩ 陨队:此指终止,死亡。队,同"坠"。　⑪ 废日共积:杜注:"废引道之日,以共具殡殓所积聚之用",以积释为助殓之积,似与下文"寡君之命"不合。解作"吊焉"的礼物较当。　⑫ 一日迁次:谓天天抓紧时间赶路,每天换住的地方。　⑬ 防:治理。　⑭ 逾:违反。　⑮ 虐士:死者。⑯ 涉人:津吏。

秋，齐陈瓘如楚①。过卫，仲由见之②，曰："天或者以陈氏为斧斤，既斫丧公室，而他人有之，不可知也；其使终飨之，亦不可知也。若善鲁以待时，不亦可乎？何必恶焉？"子玉曰："然，吾受命矣，子使告我弟。"

【注释】

① 陈瓘：陈恒之兄，字子玉。　② 仲由：子路。

冬，及齐平。子服景伯如齐，子赣为介，见公孙成①，曰："人皆臣人，而有背人之心，况齐人虽为子役，其有不贰乎②？子，周公之孙也，多飨大利，犹思不义。利不可得，而丧宗国③，将焉用之？"成曰："善哉，吾不早闻命。"陈成子馆客④，曰："寡君使恒告曰：'寡人愿事君如事卫君。'"景伯揖子赣而进之，对曰："寡君之愿也。昔晋人伐卫，齐为卫故，伐晋冠氏⑤，丧车五百，因与卫地，自济以西，禚、媚、杏以南，书社五百⑥。吴人加敝邑以乱，齐因其病，取讙与阐，寡君是以寒心。若得视卫君之事君也，则固所愿也。"成子病之⑦，乃归成。公孙宿以其兵甲入于嬴⑧。

【注释】

① 公孙成：成宰公孙宿。　② 其：同"岂"。　③ 宗国：祖国。　④ 馆客：在客馆会见客人。　⑤ 冠氏：在今河北冠县。齐伐冠氏为定公九年（前 501）事。　⑥ 书社：交上各社户籍。二十五家为一社。　⑦ 病：感到难堪、不安。　⑧ 嬴：在今山东莱芜市西北。

卫孔圉取大子蒯聩之姊，生悝。孔氏之竖浑良夫，长而美，孔文子卒，通于内。大子在戚，孔姬使之焉①。大子与之言曰："苟使我入获国，服冕乘轩②，三死无与。"与之盟。为请于伯姬③。闰月，良夫与大子入，舍于孔氏之外圃。昏，二人蒙衣而乘，寺人罗御，如孔氏。孔氏之老栾宁问之，称姻妾以告。遂入，适伯姬氏。既食，孔伯姬杖戈而先，大子与五人介④，舆豭从之⑤。迫孔悝于厕⑥，强盟之，遂劫以登台。栾宁将饮酒，炙未熟，闻乱，使告季子⑦；召获驾乘车，行爵食炙⑧，奉卫侯辄来奔。季子将入，遇

子羔将出⑨，曰："门已闭矣。"季子曰："吾姑至焉。"子羔曰："弗及，不践其难⑩。"季子曰："食焉⑪，不辟其难。"子羔遂出。子路入，及门，公孙敢门焉，曰："无入为也。"季子曰："是公孙也，求利焉而逃其难。由不然，利其禄，必救其患。"有使者出，乃入。曰："大子焉用孔悝？虽杀之，必或继之⑫。"且曰："大子无勇，若燔台半，必舍孔叔。"大子闻之，惧，下。石乞、盂黡敌子路，以戈击之，断缨。子路曰："君子死，冠不免。"结缨而死。孔子闻卫乱，曰："柴也其来，由也死矣。"孔悝立庄公⑬。庄公害故政⑭，欲尽去之。先谓司徒瞒成曰："寡人离病于外久矣⑮，子请亦尝之。"归告褚师比，欲与之伐公，不果。

【注释】

① 使之：杜注："使良夫诣太子所。" ② 服冕乘轩：指任大夫。冕为大夫服，轩为大夫车。 ③ 伯姬：即孔姬，孔悝母。 ④ 介：披甲。 ⑤ 舆豭从之：为结盟取血用。 ⑥ 厕：侧。 ⑦ 季子：子路（仲由）。时为孔悝家邑宰。 ⑧ 行爵食炙：边走边喝酒吃肉。 ⑨ 子羔：卫大夫高柴，孔子弟子。 ⑩ 不：勿。 ⑪ 食焉：谓食其俸禄。 ⑫ 必或继之：一定有人继承他。 ⑬ 庄公：蒯聩。自本年至公元前478年在位。 ⑭ 害：不信任。故政：指卫出公的卿、大夫。 ⑮ 离：同"罹"。

哀公十六年

【经】

十有六年春①，王正月己卯，卫世子蒯聩自戚入于卫。

卫侯辄来奔②。

二月，卫子还成出奔宋③。

夏四月己丑，孔丘卒。

【注释】

① 十有六年：公元前479年。 ② 卫侯辄：卫出公。 ③ 子还成：即司徒瞒成。

【传】

十六年春，瞒成、褚师比出奔宋。

卫侯使鄢武子告于周①，曰："蒯聩得罪于君父君母，逋窜于晋。晋以王室之故，不弃兄弟，置诸河上②。天诱其衷，获嗣守封焉。使下臣肸敢告执事。"王使单平公对曰："肸以嘉命来告余一人。往谓叔父，余嘉乃成世③，复尔禄次，敬之哉！方天之休④，弗敬弗休，悔其可追？"

【注释】

① 鄢武子：卫大夫，名肸。　② 河上：指戚邑。　③ 成世：杜注："继父之世。"　④ 方：有之。休：赐。

夏四月己丑，孔丘卒。公诔之曰："旻天不吊①，不慭遗一老②。俾屏余一人以在位③，茕茕余在疚④。呜呼哀哉！尼父，无自律⑤。"子赣曰："君其不没于鲁乎！夫子之言曰：'礼失则昏，名失则愆⑥。'失志为昏，失所为愆。生不能用，死而诔之，非礼也。称一人，非名也。君两失之。"

【注释】

① 不吊：不善。　② 慭：暂且。　③ 屏：扞蔽。　④ 茕茕余在疚：使我孤苦伶仃，痛苦难熬。　⑤ 杜注："律，法也。言丧尼父，无以自为法。"　⑥ 愆：错。

六月，卫侯饮孔悝酒于平阳①，重酬之，大夫皆有纳焉②。醉而送之，夜半而遣之。载伯姬于平阳而行，及西门③，使贰车反祏于西圃④。子伯季子初为孔氏臣，新登于公⑤，请追之，遇载祏者，杀而乘其车。许公为反祏⑥，遇之，曰："与不仁人争，明无不胜⑦。"必使先射，射三发，皆远许为。许为射之，殪。或以其车从，得祏于橐中。孔悝出奔宋。

【注释】

① 平阳：在今河南滑县东南。　② 纳：赏赐财物。　③ 西门：平阳西门。　④ 杜注："使副车还取庙主。西圃，孔氏庙所在。祏，藏主石函。"

⑤ 登于公：为朝臣。 ⑥ 反祏：返回迎接装庙主的车。 ⑦ 杜注："不仁人，谓子伯季子也。明无不胜，言必胜。"

楚大子建之遇谗也，自城父奔宋①。又辟华氏之乱于郑②，郑人甚善之。又适晋，与晋人谋袭郑，乃求复焉。郑人复之如初。晋人使谍于子木③，请行而期焉。子木暴虐于其私邑，邑人诉之。郑人省之④，得晋谍焉，遂杀子木。其子曰胜，在吴。子西欲召之。叶公曰⑤："吾闻胜也诈而乱，无乃害乎？"子西曰："吾闻胜也信而勇，不为不利，舍诸边竟，使卫藩焉⑥。"叶公曰："周仁之谓信⑦，率义之谓勇⑧。吾闻胜也好复言⑨，而求死士，殆有私乎？复言，非信也。期死，非勇也。子必悔之。"弗从。召之使处吴竟，为白公。请伐郑，子西曰："楚未节也⑩。不然，吾不忘也。"他日，又请，许之，未起师。晋人伐郑，楚救之，与之盟。胜怒，曰："郑人在此⑪，仇不远矣。"胜自厉剑⑫，子期之子平见之，曰："王孙何自厉也？"曰："胜以直闻，不告女，庸为直乎？将以杀尔父。"平以告子西。子西曰："胜如卵，余翼而长之。楚国第⑬，我死，令尹、司马，非胜而谁？"胜闻之，曰："令尹之狂也，得死⑭，乃非我。"子西不悛⑮。胜谓石乞曰⑯："王与二卿士⑰，皆五百人当之⑱，则可矣。"乞曰："不可得也。"曰："市南有熊宜僚者，若得之，可以当五百人矣。"乃从白公而见之，与之言，说。告之故，辞。承之以剑，不动。胜曰："不为利谄，不为威惕，不泄人言以求媚者，去之。"

【注释】

① 事在昭公十九年(前523)。 ② 事在昭公二十年。 ③ 子木：即太子建。 ④ 省：调查。 ⑤ 叶公：沈诸梁，字子高。 ⑥ 卫藩：捍卫国境。 ⑦ 周：密合。 ⑧ 率：遵循。 ⑨ 复言：实行诺言。 ⑩ 节：合乎法度。 ⑪ 杜注："比子西于郑人。" ⑫ 厉：磨。 ⑬ 第：用士的次序。 ⑭ 得死：能够善终。 ⑮ 悛：觉。 ⑯ 石乞：胜之徒。 ⑰ 二卿士：子西、子期。 ⑱ 皆：共。

吴人伐慎①，白公败之。请以战备献②，许之，遂作乱。秋七

月,杀子西、子期于朝,而劫惠王。子西以袂掩面而死。子期曰:“昔者吾以力事君,不可以弗终。”抉豫章以杀人而后死③。石乞曰:“焚库弑王,不然不济。”白公曰:“不可。弑王不祥,焚库无聚,将何以守矣?”乞曰:“有楚国而治其民,以敬事神,可以得祥,且有聚矣,何患?”弗从。叶公在蔡,方城之外皆曰:“可以入矣。”子高曰:“吾闻之,以险侥幸者,其求无餍,偏重必离④。”闻其杀齐管修也而后入⑤。

【注释】

① 慎:在今安徽颍上县北。　② 战备:缴获的武器、盔甲等。　③ 抉:拔起。豫章:樟木。　④ 偏重:不公平。离:人民叛离。　⑤ 齐管修:齐管仲之后,楚贤大夫。

白公欲以子闾为王①。子闾不可,遂劫以兵。子闾曰:“王孙若安靖楚国,匡正王室,而后庇焉,启之愿也,敢不听从?若将专利以倾王室,不顾楚国,有死不能。”遂杀之,而以王如高府②,石乞尹门。圉公阳穴宫③,负王以如昭夫人之宫。叶公亦至,及北门,或遇之,曰:“君胡不胄?国人望君如望慈父母焉。盗贼之矢若伤君,是绝民望也。若之何不胄?”乃胄而进。又遇一人曰:“君胡胄?国人望君如望岁焉,日日以几④。若见君面,是得艾也⑤。民知不死,其亦夫有奋心。犹将旌君以徇于国⑥,而又掩面以绝民望⑦,不亦甚乎?”乃免胄而进。遇箴尹固,帅其属将与白公。子高曰:“微二子者⑧,楚不国矣。弃德从贼,其可保乎?”乃从叶公。使与国人以攻白公。白公奔山而缢,其徒微之⑨。生拘石乞而问白公之死焉⑩,对曰:“余知其死所,而长者使余勿言⑪。”曰:“不言将烹。”乞曰:“此事克则为卿,不克则烹,固其所也,何害?”乃烹石乞。王孙燕奔頯黄氏⑫。沈诸梁兼二事⑬,国宁,乃使宁为令尹⑭,使宽为司马⑮,而老于叶。

【注释】

① 子闾:平王子启。　② 杜注:“高府,楚别府。”王:楚惠王。　③ 圉公阳:楚大夫。　④ 几:同“冀”。　⑤ 艾:安。　⑥ 旌:表。旌

君以徇于国,打着你的旗号在国内传示号召。 ⑦ 掩面:头盔两旁将面遮住。 ⑧ 二子:指子西、子期。 ⑨ 微:藏匿。 ⑩ 死:尸体。 ⑪ 长者:指白公。 ⑫ 王孙燕:白公胜之弟。頯(kuí)黄氏:吴地,或谓在今安徽宣州市。 ⑬ 二事:指令尹、司马。 ⑭ 宁:子西之子子国。 ⑮ 宽:子期之子。

卫侯占梦,嬖人求酒于大叔僖子①,不得,与卜人比而告公曰②:"君有大臣在西南隅③,弗去,惧害。"乃逐大叔遗,遗奔晋。卫侯谓浑良夫曰:"吾继先君而不得其器④,若之何?"良夫代执火者而言⑤,曰:"疾与亡君,皆君之子也。召之而择材焉可也。若不材,器可得也。"竖告大子⑥。大子使五人舆豭从己,劫公而强盟之⑦,且请杀良夫。公曰:"其盟免三死。"曰:"请三之后,有罪杀之。"公曰:"诺哉!"

【注释】

① 大叔僖子:太叔遗。 ② 比:串通。 ③ 西南隅:太叔所居地。 ④ 杜注:"国之宝器,辄皆将去。" ⑤ 代执火者:因商密事,所以屏除在旁执火烛者,自己代替他。 ⑥ 竖:小仆。大子:太子疾。 ⑦ 杜注:"盟求必立己。"

哀公十七年

【传】

十七年春①,卫侯为虎幄于藉圃②,成,求令名者,而与之始食焉。大子请使良夫。良夫乘衷甸两牡③,紫衣狐裘,至,袒裘,不释剑而食。大子使牵以退,数之以三罪而杀之④。

【注释】

① 十七年:公元前478年。 ② 虎幄:以虎为饰的幄幕。藉圃:园圃名。 ③ 衷甸:一辕车,为卿所乘。 ④ 杜注:"三罪,紫衣、袒裘、带剑。"按紫衣为君王服色。袒裘即解开朝衣、皮裘,露出内衣,为大不敬。近君侧不得带佩剑。

三月,越子伐吴①。吴子御之笠泽②,夹水而陈。越子为左右句卒③,使夜或左或右,鼓噪而进。吴师分以御之。越子以三军潜涉,当吴中军而鼓之,吴师大乱,遂败之。

【注释】

① 越子:越王句践。　② 吴子:吴王夫差。笠泽:即吴淞江,在今上海松江、江苏吴江一带。　③ 句卒:杜注:"钩伍相著,别为左右屯。"

晋赵鞅使告于卫曰:"君之在晋也,志父为主①。请君若大子来,以免志父。不然,寡君其曰'志父之为'也②。"卫侯辞以难。大子又使椓之③。夏六月,赵鞅围卫。齐国观、陈瓘救卫④,得晋人之致师者⑤。子玉使服而见之⑥,曰:"国子实执齐柄,而命瓘曰:'无辟晋师。'岂敢废命?子又何辱?"简子曰:"我卜伐卫,未卜与齐战。"乃还。

【注释】

① 志父:即赵鞅。　② 杜注:"恐晋君谓志父教使不来。"　③ 椓:同"诼",中伤、毁谤。　④ 国观:国书之子。　⑤ 致师:单车前来挑战。⑥ 子玉:即陈瓘。服:杜注:"释其囚服,服其本服。"

楚白公之乱,陈人恃其聚而侵楚①。楚既宁,将取陈麦。楚子问帅于大师子谷与叶公诸梁。子谷曰:"右领差车与左史老,皆相令尹、司马以伐陈,其可使也。"子高曰:"率贱②,民慢之,惧不用命焉。"子谷曰:"观丁父,鄀俘也,武王以为军率,是以克州、蓼,服随、唐,大启群蛮。彭仲爽,申俘也,文王以为令尹,实县申、息,朝陈、蔡,封畛于汝。唯其任也,何贱之有?"子高曰:"天命不谄③。令尹有憾于陈④,天若亡之,其必令尹之子是与,君盍舍焉?臣惧右领与左史有二俘之贱,而无其令德也。"王卜之,武城尹吉⑤。使帅师取陈麦。陈人御之,败。遂围陈。秋七月己卯,楚公孙朝帅师灭陈。

【注释】

① 聚:积聚。谓粮草充足。　② 率:都。贱:指名声不好。盖二人均

曾做过俘虏。 ③ 谣:疑。 ④ 杜注:“十五年子西伐吴,陈使贞子吊吴,以此有憾。” ⑤ 武城尹:子西子公孙朝。

王与叶公枚卜子良以为令尹①。沈尹朱曰:“吉,过于其志②。”叶公曰:“王子而相国,过将何为③?”他日,改卜子国而使为令尹④。

【注释】

① 枚卜:不祝告而卜。 ② 志:望。 ③ 杜注:“过相,将为王也。” ④ 子国:即子西之子宁。

卫侯梦于北宫,见人登昆吾之观①,被发北面而噪曰:“登此昆吾之虚,绵绵生之瓜②。余为浑良夫,叫天无辜。”公亲筮之,胥弥赦占之③,曰:“不害。”与之邑,置之,而逃奔宋。卫侯贞卜④,其繇曰:“如鱼竀尾⑤,衡流而方羊⑥。裔焉大国⑦,灭之将亡。阖门塞窦,乃自后逾。”

【注释】

① 昆吾之观:据杜注,筑于古昆吾氏之墟,在今河南濮阳市。 ② 绵绵:不断貌。杜注:“良夫言己有以小成大之功,若瓜之初生,谓使卫侯得国。” ③ 胥弥赦:卫筮史。 ④ 贞卜:卜问。 ⑤ 竀:同“赪”,浅赤色。 ⑥ 衡:同“横”。方羊:同“彷徉”,不安状。 ⑦ 裔:边沿。此指贴近。

冬十月,晋复伐卫,入其郛。将入城,简子曰:“止。叔向有言曰:‘怙乱灭国者无后①。’”卫人出庄公而与晋平,晋立襄公之孙般师而还。十一月,卫侯自鄄入②,般师出。

【注释】

① 怙:凭恃。 ② 鄄:在今濮阳市东。

初,公登城以望,见戎州①。问之,以告。公曰:“我姬姓也,何戎之有焉?”翦之②。公使匠久③。公欲逐石圃④,未及而难作。辛巳,石圃因匠氏攻公,公阖门而请,弗许。逾于北方而队⑤,折股。戎州人攻之,大子疾、公子青逾从公⑥,戎州人杀之。公入于戎州

己氏。初，公自城上见己氏之妻发美，使髡之，以为吕姜髢⑦。既入焉，而示之璧，曰："活我，吾与女璧。"己氏曰："杀女，璧其焉往？"遂杀之而取其璧。卫人复公孙般师而立之。十二月，齐人伐卫，卫人请平。立公子起⑧，执般师以归，舍诸潞⑨。

【注释】

① 戎州：或谓戎人所居之邑。　② 翦：灭。此指毁其地。　③ 久：不让休息。　④ 石圃：卫卿，石恶子。　⑤ 逾于北方：爬过北面的墙。队：同"坠"。　⑥ 公子青：疾之弟。　⑦ 吕姜：庄公夫人。髢(tì)：假发。　⑧ 公子起：灵公子。　⑨ 潞：或云在齐都郊外。

公会齐侯①，盟于蒙②，孟武伯相。齐侯稽首，公拜。齐人怒，武伯曰："非天子，寡君无所稽首。"武伯问于高柴曰："诸侯盟，谁执牛耳③？"季羔曰④："鄫衍之役，吴公子姑曹；发阳之役，卫石魋。"武伯曰："然则彘也⑤。"

【注释】

① 齐侯：齐平公。　② 蒙：在今山东蒙阴县东。　③ 执牛耳：牛耳以盛血。凡诸侯盟，大国先歃血，小国之相礼执牛耳。　④ 季羔：即高柴。⑤ 彘：武伯名。因高柴所言，执牛耳的忽为大国吴，忽为小国卫，所以武伯认为自己可执。

宋皇瑗之子麇①，有友曰田丙，而夺其兄酁般邑以与之②。酁般愠而行，告桓司马之臣子仪克③。子仪克适宋，告夫人曰："麇将纳桓氏。"公问诸子仲④。初，子仲将以杞姒之子非我为子⑤。麇曰："必立伯也，是良材。"子仲怒，弗从。故对曰："右师则老矣，不识麇也⑥。"公执之。皇瑗奔晋，召之⑦。

【注释】

① 皇瑗：宋右师。　② 酁(chán)般：麇之兄，封于酁。　③ 桓司马：桓魋。子仪克：杜注："克在下邑，不与魋之乱，故在。"　④ 子仲：皇野。⑤ 杞姒：皇野妻。　⑥ 不识麇：谓麇会不会这样做难以料定。　⑦ 召之：宋晋公召他回国。此条与下年传文连续。

哀公十八年

【传】

十八年春①,宋杀皇瑗。公闻其情,复皇氏之族,使皇缓为右师②。

【注释】

① 十八年:公元前 477 年。　② 皇缓:瑗从子。

巴人伐楚,围鄾①。初,右司马子国之卜也,观瞻曰:"如志。"故命之。及巴师至,将卜帅。王曰:"宁如志②,何卜焉?"使帅师而行,请承③,王曰:"寝尹、工尹④,勤先君者也。"三月,楚公孙宁、吴由于、薳固败巴师于鄾,故封子国于析⑤。君子曰:"惠王知志。《夏书》曰:'官占,唯能蔽志,昆命于元龟⑥。'其是之谓乎?志曰:'圣人不烦卜筮。'惠王其有焉!"

【注释】

① 鄾:在今湖北襄樊市。　② 王:楚惠王。公元前 488—前 432 年在位。宁:即子国。　③ 承:副手。　④ 寝尹、工尹:即吴由于、薳固。⑤ 析:在今河南内乡县。　⑥ 杜注:"逸书也。官占,卜筮之官。蔽,断也。昆,后也。言当先断意后用龟也。"

夏,卫石圃逐其君起,起奔齐。卫侯辄自齐复归,逐石圃,而复石魋与大叔遗①。

【注释】

① 杜注:"皆蒯聩所逐。"

哀公十九年

【传】

十九年春①,越人侵楚,以误吴也②。夏,楚公子庆、公孙宽追

越师,至冥③,不及,乃还。

秋,楚沈诸梁伐东夷,三夷男女及楚师盟于敖④。

冬,叔青如京师⑤,敬王崩故也。

【注释】

① 十九年:公元前 476 年。　② 误吴:使吴对他不加防备。　③ 冥:在今安徽广德县东与今浙江长兴县之间。　④ 三夷:指今浙江宁波、台州、温州三地区。敖:东夷地,具体所在不详。　⑤ 叔青:叔还之子。

哀公二十年

【传】

二十年春①,齐人来征会。夏,会于廪丘②。为郑故,谋伐晋。郑人辞诸侯,秋,师还。

【注释】

① 二十年:公元前 475 年。　② 廪丘:在今山东范县东。

吴公子庆忌骤谏吴子①,曰:"不改,必亡。"弗听。出居于艾②,遂适楚。闻越将伐吴,冬,请归平越,遂归。欲除不忠者以说于越。吴人杀之。

【注释】

① 吴子:吴王夫差。　② 艾:在今江西修水县西。

十一月,越围吴,赵孟降于丧食①。楚隆曰②:"三年之丧,亲昵之极也。主又降之,无乃有故乎?"赵孟曰:"黄池之役,先主与吴王有质③,曰:'好恶同之。'今越围吴,嗣子不废旧业而敌之,非晋之所能及也,吾是以为降。"楚隆曰:"若使吴王知之,若何?"赵孟曰:"可乎?"隆曰:"请尝之。"乃往。先造于越军,曰:"吴犯间上国多矣,闻君亲讨焉,诸夏之人莫不欣喜,唯恐君志之不从。请入视之。"许之。告于吴王曰:"寡君之老无恤,使陪臣隆敢展谢其不

共④。黄池之役，君之先臣志父得承齐盟⑤，曰：‘好恶同之。’今君在难，无恤不敢惮劳，非晋国之所能及也，使陪臣敢展布之。”王拜稽首曰：“寡人不佞，不能事越，以为大夫忧，拜命之辱。”与之一箪珠⑥，使问赵孟⑦，曰：“句践将生忧寡人，寡人死之不得矣。”王曰：“溺人必笑⑧，吾将有问也。史黯何以得为君子⑨？”对曰：“黯也进不见恶，退无谤言。”王曰：“宜哉！”

【注释】

① 赵孟：赵襄子无恤。时其父赵鞅方死。依礼，守丧饮食减少。 ② 楚隆：襄子家臣。 ③ 质：盟誓。 ④ 展谢：陈告谢罪。 ⑤ 志父：赵鞅。 ⑥ 箪：小笥。 ⑦ 问：遗，赠送。 ⑧ 溺人必笑：快淹死的人必然强作欢容。此当为当时的格言俗语。 ⑨ 史黯：即史墨。杜注言史墨曾预言吴国不出四十年当亡，故吴王因感而问。

哀公二十一年

【传】

二十一年夏五月①，越人始来。

秋八月，公及齐侯、邾子盟于顾②。齐人责稽首，因歌之曰：“鲁人之皋③，数年不觉，使我高蹈④。唯其儒书⑤，以为二国忧。”是行也，公先至于阳谷⑥。齐闾丘息曰：“君辱举玉趾，以在寡君之军⑦。群臣将传遽以告寡君⑧，比其复也，君无乃勤。为仆人之未次⑨，请除馆于舟道⑩。”辞曰：“敢勤仆人？”

【注释】

① 二十一年：公元前474年。 ② 齐侯：齐平公，公元前480—前456年在位。邾子：邾隐公。顾：在今河南范县。 ③ 皋：不恭敬。 ④ 高蹈：发怒貌。 ⑤ 唯其儒书：只因为他们过于相信儒家的书。 ⑥ 阳谷：在今山东阳谷县。 ⑦ 在：存问。 ⑧ 传遽：驿车。 ⑨ 次：舍。此作安排解。 ⑩ 舟道：齐地，具体所在不详。

哀公二十二年

【传】

二十二年夏四月①，郳隐公自齐奔越，曰："吴为无道，执父立子。"越人归之，大子革奔越。

冬十一月丁卯，越灭吴，请使吴王居甬东②。辞曰："孤老矣，焉能事君？"乃缢。越人以归③。

【注释】

① 二十二年：公元前 473 年。　② 甬东：今浙江舟山市东之翁山。③ 以归：指带着他的尸体回国。

哀公二十三年

【传】

二十三年春①，宋景曹卒②。季康子使冉有吊，且送葬，曰："敝邑有社稷之事，使肥之有职竞焉③，是以不得助执绋，使求从舆人④，曰：'以肥之得备弥甥也⑤，有不腆先人之产马，使求荐诸夫人之宰，其可以称旌繁乎⑥？'"

【注释】

① 二十三年：公元前 472 年。　② 宋景曹：元公夫人，谥景，曹姓，小邾女。　③ 肥：季康子名。职竞：事务繁忙。　④ 求：冉有。舆人：仆役。　⑤ 弥甥：远房外孙。　⑥ 称：副，配得上。旌繁：马饰。

夏六月，晋荀瑶伐齐①。高无丕帅师御之。知伯视齐师②，马骇，遂驱之，曰："齐人知余旗，其谓余畏而反也。"及垒而还。将战，长武子请卜③。知伯曰："君告于天子，而卜之以守龟于宗祧，吉矣，吾又何卜焉？且齐人取我英丘④，君命瑶，非敢耀武也，治英丘也⑤。以辞伐罪足矣⑥，何必卜？"壬辰，战于犁丘⑦。齐师败绩，知

伯亲禽颜庚⑧。

秋八月，叔青如越，始使越也。越诸鞅来聘，报叔青也。

【注释】

① 荀瑶：荀跞之孙，知伯襄子。 ② 视：视察。 ③ 长武子：晋大夫。 ④ 英丘：晋地，今不详所在。 ⑤ 治：此指收复。 ⑥ 以辞伐罪：用正当的理由讨伐有罪的人。 ⑦ 犁丘：在今山东临邑县西，一名隰。 ⑧ 颜庚：颜涿聚，齐大夫。

哀公二十四年

【传】

二十四年夏四月①，晋侯将伐齐，使来乞师，曰："昔臧文仲以楚师伐齐，取谷②。宣叔以晋师伐齐，取汶阳③。寡君欲徼福于周公，愿乞灵于臧氏④。"臧石帅师会之⑤，取廪丘。军吏令缮⑥，将进。莱章曰⑦："君卑政暴，往岁克敌，今又胜都⑧。天奉多矣，又焉能进？是躗言也⑨。役将班矣！"晋师乃还，饩臧石牛⑩。大史谢之⑪，曰："以寡君之在行，牢礼不度，敢展谢之。"

【注释】

① 二十四年：公元前471年。 ② 杜注："在僖二十六年。" ③ 杜注："在成二年。" ④ 乞灵：即乞福。乞灵于臧氏，即想请臧氏率领军队。 ⑤ 臧石：臧宾如之子。 ⑥ 缮：修缮皮甲兵器。 ⑦ 莱章：齐大夫。 ⑧ 都：都邑。胜都，指取廪丘。 ⑨ 躗言：大言。 ⑩ 饩：以活畜为食品。 ⑪ 大史：晋太史。

邾子又无道，越人执之以归，而立公子何。何亦无道。

公子荆之母嬖，将以为夫人，使宗人衅夏献其礼。对曰："无之。"公怒曰："女为宗司，立夫人，国之大礼也，何故无之？"对曰："周公及武公娶于薛①，孝、惠娶于商②，自桓以下娶于齐，此礼也则有。若以妾为夫人，则固无其礼也。"公卒立之，而以荆为大子，国人始恶之。

【注释】

① 武公：指武公敖。　　② 孝、惠：孝公称、惠公弗皇。

闰月，公如越，得大子适郢①，将妻公，而多与之地。公孙有山使告于季孙。季孙惧，使因大宰嚭而纳赂焉②，乃止。

【注释】

① 得：相亲相悦。适郢：越王太子。　　② 大宰嚭：杜注："嚭，吴臣也。季孙恐公因越讨己，故惧。"

哀公二十五年

【传】

二十五年夏五月庚辰①，卫侯出奔宋②。卫侯为灵台于藉圃，与诸大夫饮酒焉。褚师声子袜而登席③。公怒。辞曰："臣有疾，异于人。若见之，君将嗀之④，是以不敢。"公愈怒。大夫辞之，不可。褚师出，公戟其手，曰："必断而足。"闻之，褚师与司寇亥乘，曰："今日幸而后亡⑤。"公之入也，夺南氏邑⑥，而夺司寇亥政。公使侍人纳公文懿子之车于池⑦。

【注释】

① 二十五年：公元前470年。　　② 卫侯：卫出公辄。　　③ 褚师声子：褚师比。　　④ 嗀(xiǎo)：呕吐。　　⑤ 幸而后亡：意为能够不死是万幸。　　⑥ 南氏：子南弥牟，即公孙弥牟。　　⑦ 公文懿子：公文要。

初，卫人翦夏丁氏①，以其帑赐彭封弥子②。弥子饮公酒，纳夏戊之女，嬖，以为夫人。其弟期③，大叔疾之从孙甥也，少畜于公，以为司徒。夫人宠衰，期得罪。公使三匠久。公使优狡盟拳弥④，而甚近信之。故褚师比、公孙弥牟、公文要、司寇亥、司徒期因三匠与拳弥以作乱，皆执利兵，无者执斤。使拳弥入于公宫，而自大子疾之宫噪以攻公。鄄子士请御之⑤。弥援其手，曰："子则勇矣，将若君何？不见先君乎？君何所不逞欲？且君尝在外矣，岂必不反？

当今不可,众怒难犯,休而易间也⑥。"乃出。将适蒲⑦,弥曰:"晋无信,不可。"将适鄄⑧,弥曰:"齐、晋争我,不可。"将适泠⑨,弥曰:"鲁不足与,请适城钼以钩越⑩,越有君。"乃适城钼。弥曰:"卫盗不可知也,请速,自我始。"乃载宝以归。

【注释】

① 夏丁氏:即夏戊。事在哀公十一年(前484)。 ② 彭封弥子:弥子瑕。 ③ 期:夏戊之子。 ④ 优狡:俳优,名狡。拳弥:卫大夫。杜注:"使俳优盟之,欲耻辱也。" ⑤ 鄄子士:卫大夫。 ⑥ 休:定。易间:容易钻空子。 ⑦ 蒲:在今河南长垣县东。 ⑧ 鄄:在今山东鄄城县西北。 ⑨ 泠:杜注:"近鲁邑。" ⑩ 城钼:在今河南滑县东。钩:连,连结。

公为支离之卒①,因祝史挥以侵卫②。卫人病之。懿子知之,见子之③,请逐挥。文子曰:"无罪。"懿子曰:"彼好专利而妄④。夫见君之入也,将先道焉⑤。若逐之,必出于南门而适君所。夫越新得诸侯,将必请师焉。"挥在朝,使吏遣诸其室。挥出,信⑥,弗内。五日,乃馆诸外里⑦,遂有宠,使如越请师。

【注释】

① 支离:散阵。 ② 因:此指以祝史挥为内应。 ③ 子之:公孙弥牟,谥文子。 ④ 妄:不法。 ⑤ 先道:前去引路。 ⑥ 信:再宿。⑦ 外里:卫地,当时卫出公在外里。

六月,公至自越。季康子、孟武伯逆于五梧①。郭重仆②,见二子,曰:"恶言多矣,君请尽之③。"公宴于五梧。武伯为祝,恶郭重,曰:"何肥也!"季孙曰:"请饮彘也④。以鲁国之密迩仇雠⑤,臣是以不获从君,克免于大行⑥,又谓重也肥?"公曰:"是食言多矣,能无肥乎?"饮酒不乐,公与大夫始有恶。

【注释】

① 五梧:在鲁国南部边境。 ② 仆:为公仆。 ③ 尽之:好好追究他们。 ④ 彘:孟武伯之名。季康子认为孟武伯失言,所以罚他酒。⑤ 仇雠:指齐国。 ⑥ 大行:远行。

哀公二十六年

【传】

二十六年夏五月①，叔孙舒帅师会越皋如、后庸、宋乐茷纳卫侯，文子欲纳之②。懿子曰："君愎而虐，少待之，必毒于民，乃睦于子矣。"师侵外州，大获。出御之，大败。掘褚师定子之墓，焚之于平庄之上③。文子使王孙齐私于皋如，曰："子将大灭卫乎，抑纳君而已乎？"皋如曰："寡君之命无他，纳卫君而已。"文子致众而问焉④，曰："君以蛮夷伐国，国几亡矣，请纳之。"众曰："勿纳。"曰："弥牟亡而有益，请自北门出。"众曰："勿出。"重赂越人，申开守陴而纳公⑤，公不敢入。师还，立悼公⑥，南氏相之⑦。以城钽与越人。公曰："期则为此⑧。"令苟有怨于夫人者，报之。司徒期聘于越，公攻而夺之币。期告王，王命取之。期以众取之。公怒，杀期之甥之为大子者。遂卒于越。

【注释】

① 二十六年：公元前469年。　② 文子：公孙弥牟：　③ 杜注："定子，褚师比之父也。平庄，陵名也。"　④ 致众：聚集大众。　⑤ 申开：大开重门。守陴：守卫城上女墙。　⑥ 悼公：蒯聩庶弟公子黚。　⑦ 南氏：即文子。　⑧ 期：见上年注。

宋景公无子，取公孙周之子得与启①，畜诸公宫，未有立焉。于是皇缓为右师，皇非我为大司马，皇怀为司徒，灵不缓为左师，乐茷为司城，乐朱钽为大司寇。六卿三族降听政②，因大尹以达③。大尹常不告，而以其欲称君命以令。国人恶之。司城欲去大尹，左师曰："纵之，使盈其罪。重而无基，能无敝乎④？"

【注释】

① 公孙周：元公孙子高。得：后即位为昭公。　② 降：共同。　③ 大尹：近侍官。　④ 杜注："言势重而无德为基，必败也。"

冬十月，公游于空泽①。辛巳，卒于连中②。大尹兴空泽之士

千里，奉公自空桐入，如沃宫③。使召六子，曰："闻下有师④，君请六子画⑤。"六子至，以甲劫之，曰："君有疾病，请二三子盟。"乃盟于少寝之庭⑥，曰："无为公室不利。"大尹立启，奉丧殡于大宫⑦。三日而后国人知之。司城茷使宣言于国曰："大尹惑蛊其君而专其利，今君无疾而死，死又匿之，是无他矣，大尹之罪也。"得梦启北首而寝于卢门之外⑧，己为乌而集于其上，咮加于南门，尾加于桐门⑨。曰："余梦美，必立。"大尹谋曰："我不在盟，无乃逐我，复盟之乎！"使祝为载书。六子在唐盂⑩，将盟之。祝襄以载书告皇非我，皇非我因子潞、门尹得、左师谋曰⑪："民与我，逐之乎？"皆归授甲，使徇于国曰："大尹惑蛊其君，以陵虐公室。与我者，救君者也。"众曰："与之。"大尹徇曰："戴氏、皇氏将不利公室⑫，与我者，无忧不富。"众曰："无别⑬。"戴氏、皇氏欲伐公。乐得曰："不可。彼以陵公有罪，我伐公，则甚焉。"使国人施于大尹⑭。大尹奉启以奔楚，乃立得。司城为上卿，盟曰："三族共政，无相害也。"

【注释】

① 空泽：即空桐泽，在今河南虞城县南，已湮。 ② 连中：馆名，在空泽后。 ③ 沃宫：宋都宫名。 ④ 下：下邑。师：此指敌军。 ⑤ 画：谋画。 ⑥ 少寝：小寝。 ⑦ 大宫：宋祖庙。 ⑧ 卢门：宋都东门。杜注："北首，死象。在门外，失国也。" ⑨ 桐门：北门。 ⑩ 唐盂：当为宋都郊外地名。 ⑪ 子潞：乐茷。 ⑫ 戴氏：指乐氏，为宋戴公之后裔。 ⑬ 杜注："恶其号令与君无别。" ⑭ 施：施罪。

卫出公自城钼使以弓问子赣①，且曰："吾其入乎？"子赣稽首受弓，对曰："臣不识也。"私于使者曰："昔成公孙于陈②，宁武子、孙庄子为宛濮之盟而君入③；献公孙于齐④，子鲜、子展为夷仪之盟而君入⑤。今君再在孙矣，内不闻献之亲，外不闻成之卿，则赐不识所由入也。《诗》曰：'无竞惟人，四方其顺之⑥。'若得其人，四方以为主，而国于何有？"

【注释】

① 子赣：即子贡。 ② 孙：同"逊"，避居。 ③ 杜注："盟在僖二十

八年。”　④ 杜注：“在襄十四年。”　⑤ 杜注：“在襄二十六年。”　⑥ 所引诗见《诗·周颂·烈文》。竞：强。无竞惟人，强大在于得到贤人。

哀公二十七年

【传】

二十七年春①，越子使后庸来聘，且言邾田，封于骀上②。二月，盟于平阳③，三子皆从④。康子病之⑤，言及子赣，曰：“若在此，吾不及此夫。”武伯曰：“然。何不召？”曰：“固将召之。”文子曰：“他日请念。”

【注释】

① 二十七年：公元前468年。　② 封：确定边界。此谓以骀上为两国边界。骀上：在今山东滕州市东南。　③ 平阳：在今山东邹城市。　④ 三子：季康子、叔孙文子、孟武伯。　⑤ 杜注：“耻从蛮夷盟。”

夏四月己亥，季康子卒。公吊焉，降礼①。

晋荀瑶帅师伐郑，次于桐丘②。郑驷弘请救于齐③。齐师将兴，陈成子属孤子④，三日朝。设乘车两马，系五邑焉⑤。召颜涿聚之子晋，曰：“隰之役⑥，而父死焉。以国之多难，未女恤也。今君命女以是邑也，服车而朝，毋废前劳。”乃救郑。及留舒⑦，违谷七里⑧，谷人不知。及濮⑨，雨，不涉。子思曰⑩：“大国在敝邑之宇下，是以告急。今师不行，恐无及也。”成子衣制⑪，杖戈，立于阪上，马不出者，助之鞭之。知伯闻之，乃还，曰：“我卜伐郑，不卜敌齐。”使谓成子曰：“大夫陈子，陈之自出。陈之不祀，郑之罪也。故寡君使瑶察陈衷焉⑫，谓大夫其恤陈乎？若利本之颠⑬，瑶何有焉？”成子怒曰：“多陵人者皆不在⑭，知伯其能久乎⑮？”中行文子告成子曰⑯：“有自晋师告寅者，将为轻车千乘，以厌齐师之门⑰，则可尽也。”成子曰：“寡君命恒曰：‘无及寡，无畏众。’虽过千乘，敢辟之乎？将以子之命告寡君。”文子曰：“吾乃今知所以亡。君子之谋也，始衷终皆举之⑱，而后入焉⑲。今我三不知而入之，不亦难乎？”

【注释】

① 降礼:礼数不备。 ② 桐丘:在今河南扶沟县西。 ③ 驷弘:驷歂子,字子般。 ④ 孤子:为国战死者之子。 ⑤ 系五邑:邑为“裛”之省文,口袋。谓将册书装在五个口袋中。 ⑥ 隰之役:在哀公二十三年(前472)。 ⑦ 留舒:在今山东东阿县。 ⑧ 违:离。 ⑨ 濮:濮水,在今河南滑县,已湮。 ⑩ 子思:子产之子国参。 ⑪ 制:雨衣。 ⑫ 察陈衷:分析陈国灭亡的原因。 ⑬ 本:指陈国,陈恒所自出。 ⑭ 在:终,好结果。 ⑮ 其:同“岂”。 ⑯ 中行文子:荀寅。时逃在齐。 ⑰ 厌:同“压”,迫近。 ⑱ 始衷终:开始、中间、结局。举:谋。 ⑲ 入:向上报告。

公患三桓之侈也①,欲以诸侯去之。三桓亦患公之妄也,故君臣多间。公游于陵阪②,遇孟武伯于孟氏之衢,曰:“请有问于子,余及死乎③?”对曰:“臣无由知之。”三问,卒辞不对。公欲以越伐鲁,而去三桓。秋八月甲戌,公如公孙有陉氏④,因孙于邾⑤,乃遂如越。国人施公孙有山氏⑥。

【注释】

① 侈:威胁。 ② 陵阪:在曲阜东北。 ③ 杜注:“问已可得以寿死不。” ④ 有陉氏:即有山氏。 ⑤ 孙:同“逊”,避居。 ⑥ 施:归罪。

悼之四年,晋荀瑶帅师围郑。未至,郑驷弘曰:“知伯愎而好胜,早下之,则可行也①。”乃先保南里以待之②。知伯入南里,门于桔柣之门。郑人俘酅魁垒③,赂之以知政④,闭其口而死⑤。将门,知伯谓赵孟:“入之。”对曰:“主在此⑥。”知伯曰:“恶而无勇,何以为子⑦?”对曰:“以能忍耻,庶无害赵宗乎!”知伯不悛,赵襄子由是惎知伯⑧,遂丧之⑨。知伯贪而愎,故韩、魏反而丧之。

【注释】

① 行:退兵。 ② 南里:在城外。 ③ 酅魁垒:晋士。 ④ 知政:即卿。 ⑤ 闭其口:封住他嘴。指闷死。 ⑥ 主:指荀瑶。 ⑦ 杜注:“恶,貌丑也。简子废嫡子伯鲁而立襄子,故知伯言其丑且无勇,何故立以为子。” ⑧ 惎:忌。 ⑨ 遂丧之:谓荀瑶想要灭亡赵孟。